THE DEVELOPMENT OF THE POLITICS OF
"RULE BY SCHOLAR-OFFICIALS"
DURING THE WARRING STATES, QIN AND HAN PERIOD

士大夫政治演生史稿

阎步克 著

北京大学出版社

PEKING UNIVERSITY PRESS

图书在版编目(CIP)数据

士大夫政治演生史稿/阎步克著. —3 版. —北京:北京大学出版社,2015.1
(博雅英华)
ISBN 978 - 7 - 301 - 25188 - 1

Ⅰ.①士… Ⅱ.①阎… Ⅲ.①知识分子—政治制度史—研究—中国—古代 Ⅳ.①D691.71

中国版本图书馆 CIP 数据核字(2014)第 282054 号

书　　　　名	士大夫政治演生史稿(第三版)
	SHIDAFU ZHENGZHI YANSHENG SHIGAO
著作责任者	阎步克　著
责 任 编 辑	张凤珠　张　晗
标 准 书 号	ISBN 978 - 7 - 301 - 25188 - 1
出 版 发 行	北京大学出版社
地　　　址	北京市海淀区成府路 205 号　100871
网　　　址	http://www.pup.cn　新浪微博:@北京大学出版社
电 子 邮 箱	编辑部 wsz@pup.cn　　总编室 zpup@pup.cn
电　　　话	邮购部 010 - 62752015　发行部 010 - 62750672
	编辑部 010 - 62767315
印 刷 者	北京中科印刷有限公司
经 销 者	新华书店
	650 毫米 × 980 毫米　16 开本　29 印张　425 千字
	1996 年 5 月第 1 版　1998 年 2 月第 2 版
	2015 年 1 月第 3 版　2023 年 12 月第 11 次印刷
定　　　价	88.00 元

目　录

第一章　问题与前提

在中华帝国的漫长历史之中，"士"或"士大夫"这一群体具有特别重要的地位，当我们着重去观察那些政治—文化性事象之时，就尤其如此。从战国时期"士"阶层的诞生，此后有两汉之儒生、中古之士族，直到唐、宋、明、清由科举入仕的文人官僚，尽管其面貌因时代而不断发生着变异，但这一阶层的基本特征，却保持了可观的连续性。就其社会地位和政治功能而言，我们有理由认为他们构成了中华帝国的统治阶级；中国古代社会的独特政治形态，自汉代以后，也可以说特别地表现为一种"士大夫政治"。这种政治—文化形态有其独特的运作机制，并构成了独特的政治文化传统。

本书将把中国古代的士大夫政治问题作为运思对象。但是，作者为本书所确定的论域是相当有限的，它将只限于士大夫阶层和士大夫政治的演生过程。尽管在历史后期，大致说是在唐、宋、明、清的科举时代，士大夫政治才进入高度成熟的发展形态，但是作者也相信，在经过战国、秦、汉这一段历史演进之后，士大夫政治就已经具备最基本的特征了。特别是，对一事物的演生与形成过程的分析，可以使人得以由之理解，为什么是"这样一个"而不是其他结果，最终地成了演化的定局，从而更为深刻地认识它的特质。那么，对战国、秦、汉间士大夫政治的演生过程的考察，较之对其成熟、典型的形态的考察，或许就具有了同等的重要性。

对于中国古代的士大夫阶层，学人业已从不同角度做出了相当丰富、深刻的研究；这些研究，当然也都构成了本书讨论赖以展开的基础。那么，本书所采用的分析框架和所选定的切入角度是什么呢？本章将把这一点作为开始。

第一节　关于士大夫的"二重角色"

我们的讨论将要涉及的,主要是一个政治文化问题。这里所谓的"政治文化",首先指的是在政治与文化的交界面上所发生的事象,在中国古代这二者的关系来得特别密切。[①] 有必要从社会史、政治史和思想史等视角对"士大夫"这个东西分别地加以解析,但是一项研究却不可能面面俱到,我们并不打算触及围绕"士大夫"而生发出来的所有枝节。本书的视角既不是社会史的,也不是政治史或思想史的,虽然它也必然要广泛涉及那些方面的问题。在有限的讨论范围之内,本书的最终目的在于,通过士大夫政治的演生,揭示一种独特政治文化模式的演生过程和结构设计。这种模式有点儿像、但又不全是被称为"治国之道"的那类东西;它也不就是实际政治行为的"平均数",或等于实际政治制度;但是作为传统,它确实曾经深刻地影响了行为、制度和观念,并且就是在那些行为、制度和观念之中,体现了它的存在。正由于我们是把"士大夫政治"视为一种"独特的政治文化模式"而展开讨论的,基于这一特定视角,本书的叙述线索、整体框架以及对历史材料的运用、解释和组织,与基于政治史、思想史、制度史或社会史的视角所做的处理,就将经常有颇大的不同。对这一点,作者请求读者事先就给予足够的注意。

---

① 在现代政治学中,"政治文化"有其特定含义。例如阿尔蒙德说:"政治文化是一个民族在特定时期流行的一套政治态度、信仰和感情。这个政治文化是由本民族的历史和现在社会、经济、政治活动的进程所形成。人们在过去的经历中形成的态度类型对未来的政治行为有着重要的强制作用。政治文化影响各个担任政治角色者的行为、他们的政治要求内容和对法律的反应。"见阿尔蒙德和鲍维尔:《比较政治学:体系、过程和政策》,曹沛林等译,上海人民出版社,1987 年,第 29 页。又可参看《布莱克维尔政治学百科全书》"政治文化"条,中国政法大学出版社,1992 年,第 550—551 页。本书所说的"政治文化",虽然也大致包含了阿尔蒙德定义的内容在内,但它更为宽泛,也经常用于指涉处于政治和文化的交界面上、兼有政治和文化性质的那些有关事项和问题。做出这种处理,是为了适应中国古代政治与文化之间的密切关系。

在全书的开端，我们先要为讨论的展开找到一个切入之点。在我的另一部著作《察举制度变迁史稿》①之中，我曾经把官僚科层组织的理性行政因素、官僚帝国政体之下的特权分配和权力斗争因素以及一个源远流长的知识群体及其文化传统因素这三者，设定为支配察举制度变迁的主要动因。本书的主题是士大夫政治的演生与形成，研讨对象已经不同了，但是切入问题的角度，依然与之密切相关。本书首先假定，中国自秦汉以来的国家形式就已是一个典型的官僚帝国了，皇帝与担当国务的官僚集团，共同对社会实施统治。这一帝国中官僚的巨大威望、特权及其运用权力谋取财富的可能性，使我们有理由将官僚视为社会统治阶级的重要组成部分。并且，这些帝国的官僚之所以不能仅仅视为职业文官，还在于这样一点：他们来自知识文化群体，来自士人。士人拥有深厚的文化教养，从事哲学、艺术和教育等等文化性活动，特别是，他们承担着被王朝奉为正统的儒家意识形态。科举制度，构成了士人加入帝国政府的制度化渠道。这种特殊类型的文人官僚，在中国古代有着一个众所周知的称呼：士大夫。

我们先来对"士大夫"这一称呼的含义加以讨论，由此来从特定方面取得一些参考，以引发出本书的叙述线索（当然，这些参考本身还不等于本书的分析和结论）。

当学人用"士大夫"一词来指称一个特定阶层的时候，"绅士"有时是其近义语。较早从这一角度进行研究的，有吴晗等学者。他们在40年代的讨论文章，收入了《皇权与绅权》一书。②吴晗说："照我的看法，官僚、士大夫、绅士、知识分子，这四者实在是一个东西，虽然在不同的场合，同一个人可能具有几种身份，然而，在本质上，到底还是一个。……平常，我们讲到士大夫的时候，常常就会联想到现代的'知识分子'。这就是说，士大夫和知识分子，两者间必然有密切的关联。官

---

① 辽宁大学出版社，1991 年。在那部书中，我已经把关于士大夫政治的一些思考贯彻在内了。

② 见吴晗、费孝通等著：《皇权与绅权》，天津人民出版社，1988 年。

僚就是士大夫在官位时的称号,绅士是士大夫的社会身份。"①在晚近的文献中,如韩国学者吴金成的《明、清时代绅士层研究的诸问题》一文,检讨了韩国、日本、西方以及中国的有关研究中对士大夫、绅士等词语的用法。他说:"在韩国,正以士大夫、乡绅、绅士三个用词使用着。士大夫主要用作意识形态及文化概念,或作包含官职经历者与未入仕学位层的用词","以士大夫(=是受儒家教育的知识人,大体上是地主)为支配阶层的社会结构,是从宋代确立以来,本质上没有改变地持续到将近一千年的清末"。② 对"士大夫"一词的这类界定,可以说是具有普遍性的现代用法。

相对说来,"绅士"或"乡绅"("乡绅"一词最初大约出现于 1588年的《明实录》中)这种称谓,强调的主要是士大夫在社区之中的地位与功能。据张仲礼的估算,在 19 世纪、太平天国之前,取得了生员(以及监生)资格者已达一百一十万人左右,这还要加上候补官员与退休官员,才大致构成了绅士阶层的主体。如将绅士的家属计算在内,这个绅士阶层总人数约近五百五十万。绅士及其家族拥有种种正式与非正式的特权,并且在社区与国家之间履行了司法、行政、治安、经济、教育与公益事业等等方面的重要功能。③ 在历史上,这种绅士就经常被直接称为"士大夫"。例如,何良俊《四友斋丛说》卷一三:"此风一起,士大夫不肯买地,不肯放债。"《续藏书》卷二三《海瑞传》:"公独卵翼穷民,而摧折士大夫之豪有力者……自是士大夫之名贪暴者,多窜迹远郡以避。"

对于吴晗所言之官僚、士大夫、绅士和知识分子这四种相关的身份,如果不考虑作为其社会身份的"绅士"一项的话,那么,士大夫就是官僚与知识分子的结合物。在此,士大夫与"绅士"就不能完全等同了

---

① 见吴晗、费孝通等著:《皇权与绅权》,天津人民出版社,1988 年,第 66 页。

② 文载《中国史研究的成果与展望》,东洋史学会第一届研讨会暨国际学术讨论会论文集,中国社会科学出版社,1991 年。此文对以往关于中国绅士研究的引证较为详尽。

③ 参见张仲礼:《中国绅士——关于其在 19 世纪中国社会中作用的研究》,李荣昌译,上海社会科学院出版社,1991 年,有关各处。

（也如吴金成所言，在此"士大夫"一词所强调的是"意识形态概念和文化概念"）。《辞源》为"士大夫"这一语词提供的解释中就包含这样两个义项："居官有职位的人"及"文人"。① "士大夫"既是"居官者"，又是"文人"。对士大夫所拥有的这种双重身份，任何初通中国历史者都不会生疏：只要来看中国历史上浩如烟海的文史著述大抵都是国家官僚的作品，这一点就不言自明了。当然，"士大夫"一词在历代文献中的含义较《辞源》所释更为复杂，对此后面将有专门讨论；大致说来，如果要用现代语言对士大夫之特征做一个最简化概括的话，那么，我们就不妨暂时将之定义为官僚与知识分子这两种角色的结合。

　　来自不同历史文化传统的学人的看法，在此亦很有参考价值。在英语中，"士大夫"一词的译法有 scholar-official（学者—官员）、scholar-bureaucrat（学者—官僚）、literati and officialdom（文人—官员）等。我们看到，英语中需要用两个词才能较好地表达中文中"士大夫"这一个词的意义，仅仅"官员"或"官僚"一个词不足以传达其整体内涵。人们或许就会想到，英语世界的历史上没有过一个与之相当的社会阶层，在那里学者和官僚是相当不同的社会角色，因而也就没有产生与之相近的语词可供对译。这也提示我们，一个具有二重角色的"士大夫"阶层的存在及其在社会中的崇高地位，可能是中国古代社会非常富于特征性的现象。

　　美国学者列文森对中国的士大夫还有一个很有趣的称呼：amateur。此词的原义兼指业余爱好者以及外行，与专业人员或专家意义相对。他说：

　　　　如同八股文的极端美文主义所显示的那样，中国的官员在履行官务上是 amateur，这一情况到明代较此前更甚。他们受过学

---

① 《辞源》，商务印书馆，1984 年修订本，第 640 页。《辞源》为"士大夫"列出的第三义是"封建地主阶级的文人、士族"，"封建地主阶级"这一修饰语在此不是必要的。又，《辞源》在此所举语例有一条出自《荀子·强国》："不比周，不朋党，倜然莫不明通而公也，古之士大夫也。"按此句中的"士大夫"指的是高于"官人百吏"的一个官员层次，不宜直解作"文人"或"士族"。

院式教育,(绝大多数)经过书面考试,但却没有受过直接的职业训练。……学者的人文修养,是一种与官员任务略不相及的学问,但它却赋予了学者以承担政务的资格;这种学问的重要意义,并不在于需要技术效率之官员职能的履行方面(在此它反倒颇有妨碍),而在于为这些职能提供文化粉饰方面。

随后列文森对中国的士大夫给出了如下评语:

> 在政务之中他们是 amateur,因为他们所修习的是艺术;而其对艺术本身的爱好也是 amateur 式的,因为他们的职业是政务。

列文森把中国与英国加以比较,因为在英国"人文修养也经常地构成了进入行政部门的资格"。他引述了一段对一位文官的赞辞,这篇赞辞中将此文官的出色表现归结到他的人文修养。可是列文森随即就指出,"由于作者生活在一个 amateur 几乎在各种场合都要向专家让步的高度专门化社会,一个在其中 amateur 一词事实上已经意味着技能疏浅而非无关报酬的爱好的社会之中",所以作者在申说古典人文修养有益于官员专业任务之时,其语气带有了一种"分辩的意味",因为他感到他的听众会对之表示怀疑。这与古代中国"最高文化价值与最高社会权力辉煌的象征性结合",仍然大为不同。而且列文森指出,在那段赞语之中,古典学识与行政职务之相关,是从"达到目的(按,指官员任务)的合乎逻辑的实用手段"意义上加以论证的;然而对于中国的士大夫,"他们的人文修养中的职业意义,就在于它不具有任何专门化的职业意义"。[①] 对于一位生活于西方世界和现代社会的学者,这显然引起了他的特别注意。

对士大夫之二重角色的这类特别敏感,具有两方面的意义。首先这涉及了中外差异:许多民族历史上没有出现过类似的阶层;同时也涉及了古今差异。众所周知,现代社会的重大特点之一,便是社会分化与专门化,由之知识分子与职业官僚之间发生了制度性的高度分离,知识

---

① 参见 Joseph R. Levenson: *Confucian China And Its Modern Fate: A Trilogy*, University of California Press, Volume One, pp. 16-19。

界与政治建制判然两分了。

　　社会分化，或略微确切一点儿地说，社会的结构与功能分化，是这样一种社会过程：它的推进将导致社会的不同领域、系统以及相应的角色、群体、组织、制度、规范、价值等等的不断增殖。这些要素分化开来之后，随即就显示出各自特有的内部法则和外部联系，具有了自主性和专门性，并将要求在新的基础之上建立新的整合形态。[①] 如果整合的途径和形态产生了一个更复杂、更平衡、更具适应能力的社会系统的话，这往往就被视为进化过程。知识分子和职业官僚，都是社会分化的产物，是社会的文化系统与政治系统分化到一定程度而发生的社会角

---

① 对于"社会分化"（Social Differentiation）概念，在较早的社会科学文献中，社会学家如斯宾塞（H. Spencer）、杜尔凯姆（E. Durkheim）、齐美尔（E. Simmel）等都曾做过讨论。对某些现代作者，它可以用于指称一切角色与群体的增殖过程。例如，*The Encyclopaedia Britanna*（15th Edition, 1983）的 Social Differentiation And Stratification 条（第 16 册第 953 页，作者巴托莫尔[T. B. Bottomore]）："社会分化指的是群体和个体类别之间的差异在社会中的认定和确立"，"另一描述这一现象的方式是说各个人占有或扮演了'社会角色'，这样，社会就被看成是一个由分化了的角色构成的系统"。在 *International Encyclopaedia of the Social Science*（Macmillan and Free Press, 1968）之 Social Differentiation 条（第 14 册，第 406—407 页）中，索罗金（P. A. Sorokin）则把社会分化视为人类社会中的群体划分方式和增殖过程。结构功能主义者帕森斯（T. Parsons）认为，社会分化过程可以被定义为"一个或一类在社会中具有单一和相对明确之地位的单位、子系统，分裂成为一些（通常是两个）就那个更大的系统来说在结构与功能意义上互不相同的单位或子系统"的过程。参看其 *Societies: Evolution and Comparatives Perspectives*, New Jersey, 1966, p. 22。在帕森斯那里，社会分化具有进化的意义，例如他对家庭单位与实业公司的分析所显示的那样，这种分化使得二者都可以更好地履行其特定功能。可以参看帕森斯：《现代社会的结构与过程》，梁向阳译，光明日报出版社，1988 年，第 90—95 页。卢曼（Niklas Luhmann）阐述了进化的三种形式：分割（segmentation）、分层（stratification）和功能分化。"分割"产生了更多的相似的同等单位；"分层"导致了由诸多在权力、财富、威望和教育等方面不平等的诸多群体构成的等级体系的出现；功能分化则是更高的进化形式。参见其 *Differentiation of Society*, tr. by S. Holmes and C. Larmore, Columbia University Press, New York, 1982, pp. 232-238。以色列学者艾森斯塔得在解析官僚帝国这种政治实体的时候，把"社会分化"用作中心概念之一，这对本书的构思颇有启发。参见其《帝国的政治体系》，阎步克译，贵州人民出版社，1992 年。

色专门化的结果。帕森斯、李普塞、希尔斯等把知识分子定义为投注于文化性事务，从事文化的创造、传播和使用的社会角色，其功能来源于人类的这一需要：与人、社会、自然和宇宙的最高或最本质的方面，建立认知、道德与审美的联系。① 至于官僚，依马克斯·韦伯的定义是这样一种社会角色：他们仅仅依照专业资格受职任事，依照功绩和年资领俸迁升，并严格依照和充分利用成文的法典规章、文书簿记从事公共行政的职员。相应地，那种以集权的科层形式分配职能、资源和权威，以经由特定铨选程序进入晋升阶梯的专业领薪文官任职、并依赖成文的系统化法规而运转的行政组织，就可称之为官僚制。② 官僚制的基本精神是所谓"工具理性"，它表现为目的明确的、可计算的、合乎逻辑的、普遍主义的和系统的达到目的的手段。③

上述这些定义产生于高度分化的社会背景之中，因此其定义的作者，首先要尽力略去知识分子与官僚的社会脉络，如其经济利益、社会地位和政治态度等等，以凸显其专业功能。假如进入这一框架来透视中国士大夫，很可能就会生发出这样的印象：较之现代知识分子与官僚的判然两分，中国古代士大夫之二重角色形态，显示了功能混溶性或角

---

① 参看 T. Parsons：“Intellectual：A Social Role Category”，*On Intellectuals*，ed. by P. Rieffs，New York，1969，pp. 3-25. L. M. Lipset：“American Intellctual：Their Politics and Status”，*Daedalus*，1959 年夏季号，第 461 页。E. Shils：“Intellectual”，*International Encyclopaedia of the Social Science*，Macmillan and Free Press，1968，第 7 册第 399—400 页；以及他的“The Intellectual and Power：Some Perspective for Comparative Analysis”，亦见 P. Rieffs 编 *On Intellectual*，第 25—48 页。还可参看叶启政：《谁才是知识分子?》，《中国论坛》第 265 期，台北，1974 年；金耀基：《知识分子在社会上的角色》，收入《中国现代化与知识分子》，时报文化出版企业有限公司，1977 年。

② 马克斯·韦伯对官僚和官僚制的定义，参看 Max Weber：*Economy and Society*，ed. by G. Roth and C. Wittich，University of California Press，1968，pp. 220-221. 此外还可参看 *From Max Weber：Essays in Sociology*，tr. and ed. by H. H. Gerth and C. W. Mills，第八章，特别是第一、二节；以及苏国勋：《理性化及其限制——韦伯思想引论》，上海人民出版社，1988 年，有关章节。

③ 上述六点，参考了社会学家艾森（Arnold Eisen）对韦伯工具理性概念的解释，转述自王振寰：《韦伯"理性化"的意义及其对工具理性的批判》，《思与言》第十八卷第四期，台北。

色弥散性;其制度化的"一身二任",显然与现代社会的专业分工原则相左。前述列文森称士大夫为 amateur 即有此意;又如白乐日断言,"中国士大夫行使所有的中介功能与行政功能……然而在此前他们坚决反对任何形式的专门化"。① 至于官僚制理论的奠基人韦伯对中国士大夫的论断,更是众所周知的:中国缺少专家政治,"士大夫基本上是受过古老文学教育的一个有功名的人;但他丝毫没有受过行政训练,根本不懂法律,但却是写文章的好手,懂八股,擅长古文,并能诠释讲解。在政治服务方面,他不具有任何重要性。……拥有这样官吏的一个国家和西方国家多少有些两样的"②。韦伯引述《论语·为政》"君子不器"之语来概括士大夫之非专家特质,这可以说是对孔子此语之极具匠心的发挥。③ 在他看来,这种士大夫"君子"形态缺乏所谓"合理性"("形式理性")。社会分化当然不等于"合理化",但是它将为"特定手段针对于特定情境的特定问题"的发展开辟道路。反过来说,从理论上讲,不同领域的法则、规范和角色的混淆,将降低由于要素专门化而带来的合理化性质。

他们是否是在套用现代或西方的标准,用一个狭窄的标尺苛求中国古代的士大夫政治呢? 在此,人们确实应该谨慎地把论断限制于一定的范围之内,以免陷入误区。我们做如上引述,只是为了获得一种参考以便引发问题,这个参考并不是没有意义的。官僚组织在中华帝国很早就相当发达了,在西方社会则很晚才达到了相近的规模和复杂程度,然而双方各自的官僚形态却是如此地不同,这毕竟显示了士大夫形态的独特性。在我们把士大夫视为二重角色的结合之时,也就意味着这样一点:从功能上看,我们已足以在其中清晰地分辨出两种角色了——帝国政府庞大复杂的行政事务凸显出了"官僚"的形象,浩如烟海的诗文著述凸显出了"文人"的形象。假如这一事实未曾发生,则如上引述就无大意义;然而士大夫之"二任"已明明有别,并且各自都已

---

① 参看 E. Balazs：*Chinese Civilization and Bureaucracy*，第 2 章。

② 维贝尔(即韦伯):《世界经济通史》,姚曾廙译,上海人民出版社,1981 年,第 287 页。

③ 韦伯:《中国的宗教》,简惠美译,台北:远流出版事业公司,1989 年,第 225—226 页。

相当发达,但是又整合于"一身"之上,甚至发展出了相应的以美文为考试内容来录取文官的科举制度,无论如何,这应是个特别现象。事实上,对科举文人疏于政务的指责并不仅仅来自西方学人,在中国这是"古已有之"。例如对科举制"所习非所用,所用非所习"①之类的批评,很早就是古代选官讨论的重要论题了。这种批评表明,文人居官对行政效率的负面影响,古人已颇有认识。由于那个官僚体制的发达程度,它确实已经表现出要求专门化的内在倾向了。

一般说来,在统治者和被统治者二元分层的传统社会之中,上层阶级往往兼有宗教与文化功能,这原是普遍现象。② 这也可以表述为社会的、政治的、经济的和文化的等级之间的更大重合程度。③ 但是中华帝国的特殊之点在于,这里的文人角色与官僚角色分别都有了相当分化,同时二者又紧密地融合为一种"士大夫"形态,并且达到了列文森所谓"最高文化价值与最高社会权力的辉煌的象征性结合"。这不但不同于现代社会,也不同于西方历史上政权与教权的判然两分或古印度的宗教代表婆罗门与政权代表刹帝利划分为不同瓦尔那的情况。

中国官员在专门化方面呈现出来的如上特征,并不仅仅是个行政组织发达程度的问题,它是一个更大的政治文化秩序之特质在政治角色方面的体现。如韦伯所言,"拥有这样官吏的一个国家和西方国家多少有些两样的"。将士大夫视为文人与官僚的结合,这毕竟仅仅是一个相当简化的说法。士大夫之所谓"一身二任",实际上形成了一种新产物;从另一些方面看,"官员"和"文人"这二者又是有机地融合在一起的。士大夫不仅涉身于纯粹行政事务和纯粹文化活动,还承担了儒家正统意识形态。意识形态是一种综合性的观念体系,以及根据这

---

① 《通典》卷十七《选举五》,赵匡《举选议》。

② 对之亦可参考帕森斯的 *Societies:Evolutionary and Comparative Perspectives* 一书的有关分析。

③ 艾森斯塔得(S. N. Eisenstadt)在区分家产制、封建制政权、官僚帝国政权与现代社会的特征时,把社会、政治、经济等级之间的重合与分化程度作为标准之一。参看氏著:《帝国的政治体系》第二章第九节"历史官僚帝国的政治体系与家产制的、封建制的和现代的政治体系的区别"。

种观念体系从事政治的企图和实践。① 儒家思想对天、地、人之间的众多事象加之以系统的解释安排，以此来处理人生问题、家庭问题、教育问题、文化问题、治国平天下问题等等，直到宇宙问题；并力图以这种无所不包的体系支配帝国政治。帝国官僚深受儒家教育，并有义务在各种情境中奉行、贯彻和维护它。意识形态的无所不包性，与士大夫角色的功能混溶性质互为表里，并使其"文人"的一面与"官僚"的一面，充分地一体化了。

从专门化的角度看，士大夫治国与专家政治颇不相合；但是专门化的行政并不一定就能促成一个平衡的、具有适应性的社会系统，这还取决于整个社会的政治文化传统和政治社会背景。社会分化也必然提出社会整合与调节问题，如果相对于其背景与传统来说某一要素是"过度"地专门化了，那反而有可能对其他要素产生负面功能，这种消极影响又将反馈到其自身。专门化当然不是评价政治文化模式之优劣的唯一标准，中华帝国的士大夫政治也发展出了精致微妙的运作机制，并且尽管它确实存在着缺乏专门化的问题（以及其他种种问题），但它在两千年中的长盛不衰，毕竟表现了其与中国传统社会的高度适应性。

要更为深入地理解这种以"士大夫"形态出现的社会角色，以及由之所承担的"士大夫政治"，上面所引用的那些参考当然还很不够，然而它们还是带来了不少分析上的便利。例如"知识分子—官僚"的二重角色观照，就颇有助于我们切入论题。由之，我们首先就可以指出这样一点：在中国古代，知识分子和官僚之间并不是没有发生过分化；甚至，在中华帝国创建之始，恰恰就是由那种颇为纯粹的职业官僚构成行政骨干的，学者文人在其时反而颇遭排斥——这就是秦帝国的情况。在秦王朝，一种被称为"文法吏"的角色成了帝国政务的基本承担者，他们大异于后世的士大夫。就是说，士大夫政治，在中华帝国的历史上绝不是自初如此。然而这种纯粹的文吏政治在中国古代社会中却难以为

---

① 关于"意识形态"的定义，可参考《简明不列颠百科全书》，中国大百科全书出版社，1986年，第9册，第101—102页以及Edward Shils："Ideology"，*International Encyclopedia of the Social Science*，Macmillan and Free Press，1968，volume 7，pp.66-67。

继,世入汉代,文吏群体就开始逐渐让位于儒生官僚——兼为学者、官僚的"士大夫"了。我们认为,对这一事实的前因后果,应该加以特别的关注;而前述那些论述中国古代士大夫之"一身二任"的学者,对之尚未给予足够深入的讨论。在下面一节,我们就来稍微详细一些地说明这一问题。

第二节　问题:学士与文吏的分与合

在中华帝国的历史上,士大夫政治并不是自初已然。知识文化角色和职业官僚角色之间,曾经有过相当充分的分化与分离,并且确实出现过以颇为纯粹的职业文官担负行政的体制,这就是秦王朝的帝国政府。那种一身二任的士大夫,是较晚的时候才出现的,并非自初如此。在中华帝国奠基之始,政治最初是表现为另一种形态的。

尽管知识分子与官僚在近代社会才达到了制度性的高度分化,但是这并不是说在古代社会中就没有相应的角色。从社会分化概念中可以引申出这样一个设定:那些在近代社会中高度专门化了的功能单位,即使在相当原始的社会之中也必然存在着某种对应之物,但这时它们是不发达的,与其他社会要素尚未分化开来,例如政治、行政、司法、生产、交换、消费、艺术、哲学、宗教等等都混溶于氏族单位之中的那种情况。这就提示我们,社会分化程度是个重要的参考指标。在此,艾森斯塔得对早期社会是否存在政治系统的讨论值得参考。他说,"任何社会都必然显示出它有一个政治系统","这一点现在已经被普遍接受了:已经构成了国家的原始社会和尚未构成国家的社会(所谓'分割性'的部落)这种传统区分,应该被重新阐述为一种以那些社会之中的若干政治活动和政治组织可以被辨认的程度和分化程度为基础的区分"。[1] 基于类似思路,我们也相信,在相当古老的社会中也必然存在着后来由知识分子与职业官僚所承担的那些功能(或是其萌芽),当然此时它们与其他功能要素经常是高度混溶的;然而当文明进化到某一

---

[1]　艾森斯塔得:《帝国的政治体系》,第6页。

阶段之时,社会分化就使得这些功能开始由初具专门性的角色与群体来承担了。这样,我们就以"社会分化"概念为中介,而把知识分子和官僚概念用于中国传统社会,随即就可以看到,在战国、秦汉时期不仅出现了知识分子群体和官僚群体,而且他们之间曾经有过相当充分的分离。

在春秋后期和战国时期,社会中一种名为"士"的角色分外活跃起来了,后人称为"士阶层"。范文澜将战国时期的"士"大致分为四类:学士,如儒、墨、道、名、法、农等专门家,他们著书立说,反映当时社会各阶级的思想,提出各种政治主张,在文化上有巨大贡献;策士,即所谓纵横家;方士或术士,所长为天文、历算、地理、医药、农业、技艺、阴阳、卜筮等等;最下一等的则是食客。① 这是个大致可以接受的分类。策士和方士也不是没有著述,但学士无疑是士阶层的文化代表。《汉书·艺文志》收录了先秦至东汉初年的著作"六略、三十八种、五百九十六家、万三千二百六十九卷",这是一批有继往开来意义的巨大文化成就。正如希尔斯所言,"甚至最不发达的与相对不分化的社会,也为艺术和解释事物的思考这类知识活动提供了场所,即使那里还没有从事这类活动的专门角色;在分工较为发达的社会里,便已要求着和提供了更具专业分工性质的知识分子角色了"②。帕森斯把"书面语言"(written language)的发达和"哲学的突破"(philosophical breakthrough)作为知识分子产生的条件,在公元前一千年中,各大文明都出现了这种变动。③ 对于中国战国秦汉间的学士来说,其聚徒教授的私学组织、游学讲谈的义理研讨、流传至今的和未能流传至今的文化作品,及其对人、社会、自然与宇宙的"突破"性系统认识,已足以使我们将之视为分立的知识文化角色了。

对中国古代知识阶层的诞生,学人已颇多论述;而我们在此所特别关注的,尤其在于他们与职业官僚之间的分化。我们注意到,战国秦汉

---

① 范文澜:《中国通史简编》(修订本)第一编,人民出版社,1949 年,第 251 页。

② E. Shils:"Intellectual",*International Encyclopaedia of the Social Science*,volume 7,p. 400.

③ T. Parson:"Intellectual:A Social Role Category",*On Intellectuals*,pp. 6-7.

间一种被称为"文吏"的角色,曾经构成了职业官僚群体而与学士分立。

战国时期的大规模变法运动,究其实质,可以视为一个专制官僚制化的社会转型。至少就秦帝国而言,学者已公认它是一个典型的官僚帝国了。美国学者顾立雅在分析了中国官僚制度的演生之后,提出了如下论断:还是早在基督教时代开端之时,中华帝国就已显示了众多与20世纪的超级国家的类似之处,这一帝国是由中央集权的官僚制式政府加以管理的;法家学派的学说,在许多方面与现代官僚制理论已颇相近。他还批评韦伯由于不熟悉中国历史而对其官僚制发达水平估计过低,指出即使按韦伯的定义,中国秦汉的政府也颇具现代性了。① 固然对顾立雅的这一论断也有不同意见,例如,帕森斯就认为顾立雅是过高地评价了那一体制,但是他也承认,中国的官僚制度"确实非常先进"。②

官僚制度的发展,必然要求任用专门化的行政人员居职任事,这样,一个"吏"群体就逐渐发达起来了。许多学者指出,"士"阶层在战国构成了新式官僚的重要来源。例如杨宽说:"新兴地主阶级当取得政权,着手进行政治改革时,就迫切需要从各方面选拔人才,来进行改革工作。选拔的对象主要就是士。"③战国时期"士"在列国政治之中异常活跃,这是明确无疑的事实;但与之同时"吏"群体之逐渐脱胎而出,并且与学士日益分途,这一事实同样不容忽视。不错,在战国时代,"士""吏"之间界限区分仍不甚清晰,其间依然存在着大量的过渡或中间性的角色;某种程度上,"士"在当时社会与政坛上的夺目风采,遮掩了"吏"群体悄悄成长并日益成为官僚行政的主要承担者的事实。但是"士"中的文化角色——"学士"与职业文官角色——"吏"的分途,发展到秦帝国时就已沙石澄清、尘埃落定了:所谓"秦尊法吏""秦任刀笔之吏",以"明法"为资格的职业吏员,构成了帝国政府的主要成分。

---

① H. G. Creel: "The Beginning of Bureaucracy in China: The Origin of the Hsien", *Journal of Asian Studies*, XXXII, 1964.

② T. Parsons: *Societies: Evolution and Comparatives Perspective*, New Jersey, 1966, p. 76.

③ 杨宽:《战国史》,上海人民出版社,1980 年,第 401 页。

"士"这一称谓在战国时期包容广泛,关涉复杂;但是"吏"之称呼,其含义就明确得多了,它就是职业行政吏员的意思。后世所谓"吏"多指低级吏胥、吏典,但是这里所论则不尽相同。《说文解字》:"吏,治人者也。"杨泉《物理论》:"吏者理也,所以理万机、平百揆者也。"是凡治人理事者皆可称"吏"。《礼记·曲礼下》:"五官之长曰伯,其摈于天子者,曰天子之吏。"郑玄注:"(伯)谓为三公者。"《左传》成公三年:"王使委于三吏。"杜预注:"三吏,三公也。"《汉书·杜周传》:"张汤、杜周并起文墨小吏,致位三公,列于酷吏。"是三公不妨称"吏"。《韩非子·显学》:"故明主之吏,宰相必起于州部,猛将必发于卒伍。"是将相不妨称"吏"。《史记》《汉书》有《循吏》《酷吏》之传,其中不乏居高官者。郡守二千石又称"长吏"。《国语·周语上》:"王乃使司徒咸戒公卿、百吏、庶民。"韦昭注:"百吏,百官。"《汉书·百官公卿表》:"吏员自佐史至丞相,十二万二百八十五人。"是自佐史至丞相皆可称"吏"。故选曹又称"吏部"。区别之则高者为"官",泛言之则百官皆"吏"。① 尽管"士"确实是战国官僚的重要来源,但是相对于"士",被称为"吏"者,尤其被称为"文吏""文法吏""刀笔吏"的那类角色,更集中地反映了战国至秦汉行政职员以至行政组织的分化、专门化和复杂化程度。

　　"文吏"之称,本有两重含义。在汉代,文吏可以是"武吏"的对称②;同时,"文吏"一词又经常出现在与儒生相对的场合,这一点与我们的

---

① 按,两汉魏晋南北朝时又有一种从事劳动的服役者称"吏",并因有"吏卒""吏士""吏徒""吏匠"等称,可参看高敏:《试论汉代"吏"的阶级地位和历史演变》,《秦汉史论集》,中州书画社,1982年。服役者称"吏",或与"吏""事"古本一字有关。但是这种"吏"与本书所论无涉。

② 汉之仕途,有文有武。《汉书·何并传》:"使文吏治三人狱,武吏往捕之。"《尹赏传》:"闾里少年……得赤丸者斫武吏,得黑丸者斫文吏。"(汉代文吏皂衣青帻,武吏赤帻,故然。)汉仪又有"文东武西"之制。《史记·叔孙通传》:"功臣、列侯、诸将军、军吏,以次陈西方,东乡;文官丞相以下,陈东方,西乡。"《汉书·尹翁归传》:"悉召故吏五六十人,(田)延年亲临见,令有文者东,有武者西。"在此意义上,"文吏"是"武吏"的对称,"文吏"即以文进身者,为文职官吏;"武吏"即以武进身者,为武职官吏。这一用法延续到了后世。如《新唐书·刘蕡传》:"首一戴武弁,疾文吏如仇雠。"

讨论关系尤为密切。所谓"秦尊法吏""狱吏得贵幸""秦任刀笔之吏"等语，都是就秦廷不任学士儒生而言的。又《汉书·元帝纪》记元帝为太子时，"见宣帝所用多文法吏，以刑名绳下"，乃进言曰："陛下持刑太深，宜用儒生。""文法吏"显然又是一种与儒生相对的角色称谓，用儒生与用文吏意味着大为不同的政治路线。又同书《何武传》记何武"然疾朋党，问文吏必于儒者，问儒者必于文吏，以相参验"。朋党的存在，以儒生、文吏为大致分野，他们形成了政治上的不同集团党派。甚至在王朝的选官制度上，也明确地体现出了二者的区别。《后汉书·顺帝纪》阳嘉元年冬十一月诏："初令郡国举孝廉，限年四十以上，诸生通章句，文吏能笺奏，乃得应选。"这一制度，同书《左雄传》记作"诸生试家法，文吏课笺奏"。阳嘉制只是为孝廉科建立了考试制度，至于察举面向儒生、文吏这两个群体，显然还并不始之于此时。这一儒生、文吏兼收并用之制一直延续到曹魏初年。《三国志·魏书·文帝纪》黄初三年春正月诏："其令郡国所选，勿拘老幼，儒通经术，吏达文法，到皆试用。"是直至此时，以儒进与以吏进，仍为选官之二途。

在文吏、武吏之相对意义上，儒生之为文官者也应该算是"文"吏了；而且汉代从郡县吏选官，儒者亦往往要借"吏"以进身，他们入仕后也经常承担着与文吏相同的职责。此期的儒生文吏之别，自不尽同于后世士大夫与胥吏之别。然而在时人态度中，儒生所任之吏与文吏依然是明明有别的。《汉书·倪宽传》："时张汤为廷尉，廷尉府尽用文史法律之吏，而宽以儒生在其间。……除为从史。"倪宽为廷尉从史，这是个法吏之职；然而人们特别地强调他是"儒生"，认为他与单纯的文吏有别。所谓"文史法律"，即是"文法"内容之进一步诠释。因而"文吏"之"文"不仅仅与"武"相对，而且也与儒生所长之"经术""家法"相对。这"文"，特指所谓"文史法律"。

《新唐书·艺文志》丁部有"文史类"，但是，汉代所谓"文史法律之吏"之"文史"却与之不同。《汉书·东方朔传》："年十三学书，三冬文史足用。"在此"书"指书写，"文史"则指文书记事。汉初有谚曰："何以礼义为，史书而仕宦。""史书"在此非指历史书籍，而是文吏令史所

习之书写,亦即隶书,又称"佐书"。① "史""佐"均为吏员之称。根据
汉廷《尉律》,讽书九千字、通八体书法者乃得为吏②,这是文吏必备的
基本技能,故文吏又称"刀笔吏"。汉代孝廉察举的"文吏课笺奏"之
制,《后汉书·胡广传》记作"文吏试章奏"。"笺""奏""章"皆是行政
文书。又严可均辑《全后汉文》卷五十四别有张衡《论举孝廉疏》,其中
有"今诏书,一以能诵章句、结奏案为限"之语,是"课笺奏"的内容为
"结奏案",也就是提供案例使之依法结案之意,其目的是以此考察文
吏之行政能力。③ 结断文案,当然要依照法律;运用法律法令的能力,
便是"文法"的中心内容。"文"在汉代每每就特指法律条文,故有"深
文""文致"等语词。《后汉书·光武帝纪》:"耐罪亡命,吏以文除之。"
又同书《郭躬传》:"法令有故、误……误者其文则轻。"皆是。《汉书·
薛宣传》:"吏道以法令为师。"《朱博传》:"三尺律令,人事出其中。"法
律中包含着基本的行政规程——"吏道"。

在居延汉简之中,有一种记叙吏员个人情况的文书(大约是所谓
"阀阅"之类),也有助于对"文吏"角色的了解。兹摘引数例:

> 肩水候官并山燧长公乘司马成,中劳二岁八月十四日,能书会
> 计、治官民、颇知律令,武……(简号一三·七)
>
> 肩水候官始安隧长公乘许宗,中功一劳一岁十五日,能书会
> 计、治官民、颇知律令,文……(简号三七·五七)
>
> 张掖居延甲渠塞有秩士吏公乘段尊,中劳一岁八月廿日,能书
> 会计、治官民、颇知律令,文……(简号五七·六)
>
> 候官穷虏燧长簪袅单立,中功五劳三月,能书会计、治官民、颇

---

① 《汉书·元帝纪》:"元帝多材艺,善史书。"应劭注谓"史书"为大篆。钱大昕《三史拾
   遗》二"元帝纪"则以为是隶书。《说文解字·后叙》:"四曰佐书,即秦隶书。"《后叙》
   又记:"廷尉说律,至以字断法,苛人受钱,苛之字止句也。"亦可见文字知识,为文吏之
   所必通者。

② 参见《说文解字·后叙》。

③ 关于"课笺奏"和"结奏案"的详细考证,请参看拙著《察举制度变迁史稿》,辽宁大学出版
   社,1991 年,第 62 页及第 67—69 页。

知律令,文……(简号八九·二四)

肩水候官执胡隧长公大夫奚路人,中劳三岁一月,能书会计、治官民、颇知律令,文……(简号一七九·四)

……和候长公乘蓬士长当,中劳三岁六月五日,能书会计、治官民、颇知律令,武……(简号五六二·二)①

上述简文,在记叙了这位吏员的官爵、姓名之后,又记叙其功其劳。功、劳(即功绩和勤务)是汉代吏员升迁的基本依据之一,对其计算汉廷有相当严密的制度。② 下文所谓"能书会计、治官民、颇知律令",则是汉廷对吏员素质的基本要求。简文中"文"或"武"字,则用以标明"文吏"与"武吏"之别。③

《汉书·贾谊传》载其《陈政事疏》云:"俗吏之所务,在于刀笔筐箧。"王先谦《补注》引周寿昌云:"刀笔以治文书,筐箧以贮财币,言俗吏所务在科条征敛也。""刀笔""筐箧"与"科条",分别与上引汉简所谓"能书""会计""颇知律令"一一相合,可知贾谊论"俗吏所务"并非凭空立论。这些行政技能,是通过专门培训而习得的。秦代官署中设有"学室","史子"学于其中,学人释为培训文吏的学校。④ 汉代亦有严密的吏员培训制度。《论衡·程材》记叙当时的学为吏者,"同趋学史书,读律讽令,治作情奏,习对向,滑习跪拜,家成室就,召署辄能"。湖北云梦睡虎地出土秦代法律文书,学人以为有法律教材的性质。又新近发表的江陵张家山汉简《奏谳书》,"其作用应为供官吏工作参考,或学吏者阅读的文书程式"。⑤ 如学人所言,在秦汉时代,"欲进入吏途,则都是必先有一个学吏过程的,不论通过官学或私学,或向正式吏

---

① 引自《居延汉简释文合校》,文物出版社,1987 年,第 21、63、100、157、286 页及第 658 页。

② 可参看大庭脩:《论汉代的论功升进》,姜镇庆译,载《简牍研究译丛》第二辑,中国社会科学出版社,1987 年。

③ 关于上引简文中的"文""武"二字的诠释,可参看金少英:《汉简臆谈及其它》(无出版单位及出版日期),第 68—69 页。

④ 见《秦律十八种·内史杂》,《睡虎地秦墓竹简》,文物出版社,1978 年。

⑤ 李学勤:《〈奏谳书〉解说》(上),《文物》1993 年第 8 期。

员去做学徒,总是必须先取得做吏的业务能力与资格,然后再结合长吏的辟置而进入吏途,故汉有'文吏之学'产生"①。

就上面之所述我们已可看到,"文吏"这种社会角色具有如下特征:他们经专门培训而具备了基本行政技能,依照能力、功绩和年劳任职升迁,并严格地遵循法律规章和充分地利用文书簿计进行工作。就是比照韦伯的定义,我们也有足够的理由将之视为职业官僚,即使他们尚达不到现代文官的那种高度分化程度。固然"文吏"与"武吏"也是对称,并且由于武职与文职的差异,武吏的文法素养可能逊于文吏。例如《汉书·朱博传》:"博本武吏,不更文法。"他曾经自称"本起于武吏,不通法律"。但是由前引居延汉简我们可以知道,"武吏"与"文吏"素质相近,都是以"能书会计、治官民、颇知律令"为资格的,而与儒生不同。即就朱博而言,他不但不是对文法一无所知②,而且公然以"三尺律令"来抵制文学儒吏所持的"圣人道"。因此在政治分野之上,我们不妨把武吏和文吏视同一类。较之文吏、武吏之别,儒生与文吏之别在汉代引发了更多的政治文化纠葛。

就是在当时人的看法之中,"儒生"与"文吏"也构成了一组对称,这两种角色所构成的不同群体的分立和对立,在当时就已经被视为一个重要的社会政治问题了。东汉王充的《论衡》一书中有《程材》等七篇论文,专论儒生文吏之异同优劣,尤能反映时人对此问题的认识和重视。《程材》:

> 论者多谓儒生不及彼文吏,见文吏利便而儒生陆落,则诋訾儒生以为浅短,称誉文吏谓之深长,是不知儒生,亦不知文吏也。儒生、文吏皆有材智,非文吏材高而儒生智下也。……
>
> 文吏以事胜,以忠负;儒生以节优,以职劣。二者长短,各有所

---

① 张金光:《论秦汉的学吏制度》,《文史哲》1984 年第 1 期。

② 《传》谓朱博出身武吏、不更文法,乃是就其不如专职法吏自初即以精通法典进身而言的;然而就《传》中所记他为冀州刺史时处理"吏民数百人遮道自言"一事,以及他为廷尉时平处"前世决事吏议难知者数十事"一事,就可以知道他决不是不通文法吏道。就其政治态度而言,朱博算是文吏势力的主要代表人物之一,处于儒生的对立面。

宜;世之将相,各有所取。取儒生者,必轨德立化者也;取文吏者,必优事理乱者也。……

五曹自有条品,簿书自有故事,勤力玩弄,成为巧吏,安足多矣。……文吏、儒生皆有所志,然而儒生务忠良,文吏趋理事。苟有忠良之业,疏拙于事无损于高!……

然则儒生所学者,道也;文吏所学者,事也。……儒生治本,文吏理末,道本与事末比,定尊卑之高下,可得程矣!……

王充对儒生与文吏的异同辨析颇为清晰:前者之功在于"轨德立化",后者所务则是"优事理乱"。余英时之《汉代循吏与文化传播》一文,指出汉代存在着两种不同的"吏道观",一种是强调奉行律令,一种是强调推行教化。① 王充的辨析正可为印证。尽管王充的立场是左祖儒生的,然而由其叙述也不难看到,当时——也就是东汉初年,社会上仍然颇有轻儒生而高文吏的风气。

视儒生为知识文化角色而视文吏为行政文官角色,至此大约已不会引起什么疑问了。这两个群体的对立在时人心目中业已构成了问题,甚至直接影响到了政治制度层面,例如选官上的儒生、文吏分途考任制度。我们认为,以上事实与士大夫政治的演生问题,特别是与士大夫的二重角色问题直接相关。儒生在汉武帝以后参政者与日俱增,并由此逐渐成了学士群体的主体。但是也应该知道,汉廷在意识形态上的独尊儒术虽使明经之途向儒生大开,可在相当一段时间中这只是造成了儒生、文吏并用之局,并没有就使儒生取代了文吏;实际上,大部分政务往往仍是由文吏承担的。至于中国历史上第一个大一统官僚政权——秦帝国创建之始,在战国风云一时的百家学士更是惨遭"焚书坑儒"的沉重打击;此期训练有素的刀笔吏构成了帝国行政的骨干,堪称是文吏政治的鼎盛之时。并且,在贯彻了官僚制精神并成为秦政之指南的法家商鞅、韩非学说之中,学士之居官从政,遭到了最为激烈的批评和否定。这种否定当然也有蔑视文化与文化专制的意味,但是法

---

① 参见余英时:《汉代循吏与文化传播》,《士与中国文化》,上海人民出版社,1987年。

家为之做出的论证也体现了颇为鲜明的社会分化意识，因为其所提出的论据还表明，由于社会分化的推进，国家公共行政与民间文化研讨，业已判为二事、不可混淆了。

前述帕森斯不赞成顾立雅对中国官僚制度的高度评价，其理由在于科举制的标准并不是职业训练；而这也是韦伯的观点："君子不器。"可是在中华帝国的奠基伊始，恰恰不是由来自知识文化群体的士大夫或君子贤人，而是由相当纯粹的职业文官——文法吏，来承担行政的。韦伯认为，礼教和孝道限制了中国官员的功利理性主义精神①，然而我们又看到，在秦王朝时，是官僚法制而不是道德礼教，支配了国务吏治。如果说专门化构成了官僚制发达程度的指标之一，那么秦王朝的文吏政治是否较后世的士大夫政治更为先进呢？然而，即使我们承认秦帝国的功业确实显示了其专业官僚体制的巨大效能，这个帝国却二世而亡。继起的汉朝转而招纳儒生，并且儒生与文吏在对立中又日益地融合起来，由此融合而产生的"亦儒亦吏"、学者兼为官僚的新型角色构成了政坛的主导，从而使中华帝国由文吏政治转轨到士大夫政治上来，并且维持了两千年之久。那种缺乏专业化的角色，在这个社会中反倒显示了更强大的生命力。

学士与文吏在经历了分立和对立阶段之后，二者在汉代融合为一个"一身二任"的士大夫阶级。同时，如果转而来观察分立阶段的前一端，即西周、春秋宗法封建时代，则又可以看到另一种"士"与"大夫"，他们是贵族官员阶级。帝国时代的"士大夫"之名，就是从周代的"士"与"大夫"承袭演化而来的。这就提示我们不能不关注其间的源流衍变关系。学人一般把"士"看成是贵族的最低等级，位于"大夫"之下；但是广义地说来，"士"也可以是贵族官员的总称，把"大夫"包含在内，我们甚至不妨直接就将之称为"士大夫"，这多少也是于史有征的。就其处于君主之下、庶民之上的层次地位而论，封建时代的士大夫与帝国时代的士大夫，正处于相近的等级，并由此而显示了许多相近的政治文

---

① Max Weber: *Economy and Society*, ed. by G. Roth and C. Wittich, University of California Press, 1968, p. 1050.

化特征。封建士大夫既是国家政务的承担者,尽管此时的政治体制与后世大异,同时他们也是高级文化的承担者,学人用"礼乐"来概括这种文化的内容和特质。不难看到,封建士大夫也是集政治功能和文化功能于一身的,并且早在封建时代的政治文化观念中,士大夫的理想人格就已经被阐述为服膺礼义的"君子"了。种种迹象,使我们有理由把封建士大夫看成是帝国士大夫的前身。战国以来的学士和文吏角色,可以认为,便是由此前的封建士大夫的政治功能与文化功能经过分化和专门化而来的。这也就是说,在学士角色与文吏角色"分"化开来之前,还存在着一个"合"的阶段。

一个"分"的阶段,其两端分别与两个"合"的时期相接——在我们讨论的目前阶段,这一表述或许仍然显得过于简略了,因而可能有点儿像是某种理念的演绎。然而,随后我们就将提供进一步的史料来论证它。换言之,中国历史上被称为"士大夫"的阶级,在其功能分化或角色分化过程之中,曾经经历了一个由"合"到"分"、又由"分"到"合"的过程。这样一点,就将成为我们切入论题的线索。我们将由此来探讨,是什么样的政治文化传统导致了这一变迁;在这种政治文化传统之中,很可能就包含着某种处理政治角色与文化角色的分化和整合,以至那个社会的分化与整合的独特机制与模式。

文化演进的可能性的大小,取决于参与过程的文化要素的多少。这也就意味着,既存的各种传统要素,都将构成"文化基因",从而对演进的方向和形态发生影响。因此,我们的讨论也应该包括溯源的工作。西周春秋时代的"礼"文化与"礼治"传统,显然就是儒家意识形态的文化渊源。"礼治"传统与封建士大夫阶级的结合,在我们看来,就已经潜藏着帝国时代的士大夫政治得以演生的可能性了。社会分化,必然要求着新条件之下的新的社会整合。而"秦政"的文吏政治,兴盛一时又二世而亡,说明片面发达、片面分化的官僚体制,并不足以整合整个社会。学士群体所促成的士大夫政治,则是既深深地扎根于传统之中,同时又适应了帝国时代新的政治发展。

我们所将讨论的,实际也就是中国古代的政治文化对于围绕"士大夫"而产生的社会分化问题,所做出的独特表述、安排与处理。古人并无"社会分化"的概念，但是他们对之却并不是毫无意识。例如《管子·宙合》曰：

> 天不一时，地不一利，人不一事。是以著业不得不多分①，名位不得不殊方。……圣人由此知言之不可兼也，故博为之治而计其意；知事之不可兼也，故各为之说而况其功。② ……乡有俗，国有法，食饮不同味，衣服异采，世用器械，规矩绳准，称量数度，品有所成。故曰：人不一事。此各事之仪，其详不可尽也。

这样一种论述，也就是对社会中"事""业""名""位"业已分化的一种特别体察。其中的"人不一事"句，旧注云："士、农、工、商，各有其事。"这种以士、农、工、商来划分人群，并且以"士"居首的"四民"概念，便体现着中国古代政治传统对社会分化的特有安排。又所谓"乡有俗，国有法"，这里的"俗""法"以及前面所提到的"礼"，也都是对应于不同社会分化程度的政治文化形态。"法治"所要求的政治角色，是文法吏；而"礼治"所要求的政治角色，却是士君子。

在中国古代，"君子—小人"（或"野人"）两分的二元概念，源远流长而根深蒂固。还是在封建时代，"士大夫"就已被视为一个"君子"阶级了；帝国时代仍是如此。当朱元璋向士大夫授予特权的时候，他正是将之视为"君子"的。《明实录》太祖洪武十年二月诏：

> 食禄之家，与庶民贵贱有等。趋事执役以奉上者，庶民之事；若贤人君子，既责其身而复役其家，则君子野人无所分，非劝士待贤之道。自今日百司见任官员之家，有田土者输租税外，悉免其徭役，著为令。

这"君子"称谓，不仅指示其身份的优越，也指示着其在道艺上的优越。

---

① "分"字原作"人之"，上属，据《管子集校》改，科学出版社，1956年，上册，第181页。

② 郭沫若以为句中"兼"字是"慊"字之假借，参见《管子集校》。这里仍然解为"兼"字之本义，即如"兼爱"之"兼"。又"各为之说"之"各"原作"名"，或言"名当作多"，王念孙言"名当作各。事不可兼，故必各为之说而后备"，即如下文"此各事之仪"之"各"。见其《读书杂志》七，"管子第二"，中国书店，1985年，中册，第68页。其说是。

"君子"大不同于文吏那种单纯的专业文官,而是一个极富弥散性的整体理想人格,仅仅强调其某一项具体技能的专长,则将破坏其整体的完美性。进一步说,君子治国,正是士大夫政治的中心理想。在传统政治文化中,"君子"被视为诸多其他社会角色的统摄者。

可以相信,在中国古代,人们对社会分化现象并不是没有意识,但是对之他们有其独特的表述、安排与处理;在其中,就包含着古人对士大夫政治的精妙规划。在对之加以解析的时候,我们引述了一些现代社会科学概念以为参考;同时那些贴近于传统的概念和术语,也有其独到的"曲尽其妙"之功。因此在后面,我们还将充分利用来自中国古代政治文化传统的概念,例如在下文之中,我们将使用"政统""亲统""道统","吏道""师道""父道","尊尊""亲亲""贤贤"等等术语,来解析士大夫政治,它们就更切近于传统的政治文化背景一些。它们关涉于、但却并不正好等同于今人所谓的政治系统、亲缘系统与文化系统及其规范;然而其间的差异,也恰好就是我们的注目之点。我们将把士大夫政治的精义,表述为上述三"统"的三位一体、三"道"的相异相维;而士大夫角色之功能弥散性质,则源于他们是"尊"者、"亲"者、"贤"者或所谓"君、亲、师"的精致融合物。

概而言之,在对士大夫政治的演生与形成、对士大夫政治的模式与机制加以叙述和分析的时候,我们将同时借用来自现代社会科学和传统政治文化的概念与术语,并将尽力使这二者融会起来用于解说。但是这样一来,它们也就有可能与其本来定义不尽一致了;它们或许会在本书的脉络或框架中获得某些新的含义,在此,就不妨认为本书是在"借喻""引申"的意义上使用那些概念的。这一点,亦希望读者给予充分的了解。

第二章　封建士大夫阶层的出现

　　在初步交代了本书的切入角度之后,我们对"士大夫政治的演生"这一论题,就要从对"士"或"士大夫"进行溯源性的考察开始。"士"或"士大夫",都是相当古老的称谓。在先秦时代,"士"这一语词的义涵尤为复杂。据刘泽华统计,在战国文献之中,以"士"为中心组成的称谓和专用名词,约有百余种。[①] 这样一些问题是不能回避的:为什么"士"具有如此繁多的义涵,为什么是这样一批人而不是其他什么人,曾经被视之为"士";所谓"士"或"士大夫"这些称谓,曾经指称过哪些社会角色和群体。学人以往对此的研究成果,已经足以使我们为之梳理出一个较有条理的源流脉络了;这一脉络,将十分有助于对士大夫之渊源的认识,以及对其前后变迁的理解。

　　在下面的叙述之中,我们将把社会群体的等级分层,用作一个参考视角。这一叙述将表明,"士"的最基本含义是成年男子,并由于一个近似于社会分层化的过程,它逐渐衍化出了氏族正式男性成员之称、统治部族成员之称、封建贵族阶级之称、受命居职之贵族官员之称,以及贵族官员的最低等级之称等等内涵。进之,我们将把封建时代的士大夫,视为中国古代的士大夫阶级的最早形态。

第一节　"士"字的初形与初义

　　"士"的最基本的含义,大约就是成年男子。故士、女每可并称,从士之字又可从女,如婿又作壻,从士。《易·归妹》:"女承筐,无实;士

---

① 刘泽华:《士人与社会》,天津人民出版社,1988年,第21页。

刲羊,无血。"《诗·郑风·女曰鸡鸣》:"女曰鸡鸣,士曰昧旦。"孔颖达疏:"士者,男子之大号。"《管子·小问》:"苗,始其少也,眗眗乎何其孺子也;至其壮也,庄庄乎何其士也。"是少为孺子而及壮则为士[1],壮字亦从士。《易·大过》:"枯杨生华,老妇得其士夫。"孔颖达疏:"今年老之妇而得强壮士夫,亦可丑辱也。"《师袁簋》:"殴孚士女羊牛。"此器为周厉王时为伐淮夷之胜利而作,士、女并称,则此"士"必是指男子而言。[2]

---

[1] 古时20岁行冠礼而进入成人,故可言二十成人,及壮为士。又说,"二十曰弱冠,三十曰壮,有室,四十曰强",见《礼记·曲礼》,是为更细致的划分。而《孟子·梁惠王下》:"老弱转乎沟壑,壮者散而之四方者几千人矣。"《礼记·礼运》:"使老有所终,壮有所用,幼有所长。"皆是老、壮、幼弱三分。《秦律十八种·内史杂》:"除佐必当壮以上,毋除士五新傅。"是新傅籍者不为"壮"。《睡虎地秦墓竹简》(文物出版社,1978年)编者释曰:"壮,壮年,古时一般是三十岁。"(见第106页)此说似误。查同书《编年记》:"今元年,喜傅。"此年喜十七岁。"三年……八月,喜揄史。"此年喜19岁,约近20岁当壮之年了。"揄史"依编者注是"进用为史",而"佐""史"相去无多,那么"除佐必当壮以上"之"壮"当在20岁左右,非30岁(当然也有人释"揄史"之"揄"为"榆",是为地名,如韩连琪:《睡虎地秦简〈编年记〉考证》,《中华文史论丛》,1981年第一辑;马非百:《云梦秦简大事记集传》,《中国历史文献研究集刊》第二集,1981年。但无论如何,喜是在20岁上下做了佐史)。

[2] 或曰"士"为未冠娶者之称。《荀子·非相》:"妇人莫不愿得以为夫,处女莫不愿得以为士。"杨倞注云:"士者,未娶妻之称。"王先谦《荀子集解》引郝懿行说:"女、士对言,如《诗》之《氓》,《易》之《大过》,皆是。古以士、女为未嫁娶之称。"又俞正燮《癸巳类稿》卷四《释士补仪礼篇名义》曰:"士者,古人年少未冠娶之通名",是为"总角之士"。此说得其一隅而义未尽安。对言之时,或女与妇异而士与夫异;但是广义地说来,已嫁者未必不称女,已娶者未必不称士。《诗·郑风·女曰鸡鸣》:"女曰鸡鸣,士曰昧旦。"《卫风·氓》:"于嗟女兮,无与士耽。"此二处士、女皆为已嫁娶者之称。俞正燮强为之说,谓前者是"新昏之辞",后者为"总角之晏"的"追称"之语。但《氓》之"女也不爽,士贰其行;士也罔极,二三其德"句,所述却明明是"三岁为妇"之后的被离弃之事。"士"基本含义为成年男子,而非"总角之士",这还可以从"士"之形容词用法中看到。这除了《管子》"至其壮也,庄庄乎何其士也"之外,又如《大戴礼记·五帝德》谓高辛"其动也时,其服也士"("其服也士"谓行为合乎为"士"之道德。王聘珍《解诂》:"服,用也。士,有道德之称。"又《史记·五帝本纪·索隐》:"衣服服士服。"《正义》:"服,士之祭服。"恐误。)《公羊传》定公四年:"伍子胥父诛乎楚,挟弓而去楚,以干阖庐。阖庐曰:'士之甚,勇之甚。'"(《谷梁传》作"大之甚,(转下页)

对于"士"字之构字初义，学者聚讼纷纭。或谓士字从十从一，推十合一为士，如许慎①；或谓士字为牡字之所从，牡为雄畜而士为男子，如王国维②；或谓士象阳物，用以指代男子，如郭沫若③；或谓士字象插苗田中之形，士通事，男子以耕作为事，如杨树达④；或谓士字为人端拱而坐之象，士为官长，如徐仲舒⑤；吴其昌考诸字形，以为士、工、王、壬

（接上页）勇之甚"，当以《公羊传》为正）。当然，"士"为成年男子，引申之亦可为男性之通称，时或施之于未成年者，犹今人或称男孩为"小伙子"，但这应非"士"之初义。又如"丈夫"一词，《谷梁传》文公十二年："男子二十而冠，冠而列丈夫。"其义甚明。虽《孟子·滕文公下》云："丈夫生而愿为之有室。"我们却不能因此说"丈夫"是男子之始生者。《逸周书·太子晋》："人生而重丈夫，谓之胄子；胄子成人能治上官，谓之士。"是"士"之初义必为成人之称。

① 许慎《说文解字》卷一："士，事也。数始于一，终于十，从一从十。孔子曰：推十合一为士。"许氏此说或源于传记纬书，未必为孔子之言，并不可信。

② 王国维《观堂集林》卷六《释牡》："卜辞中牡字皆从⊥，⊥古士字。孔子曰：推十合一为士。⊥字正丨（古文十字）一之合矣。"其说仍拘泥于"推十合一"之说。

③ 郭沫若《释祖妣》："余谓士、且、王、土同系牡器之象形"，以阳物象征男性。《甲骨文字研究》，科学出版社，1962 年，第 47 页。他又指出士与王字同出一源，并以"皇"字早期从士不从王为证。

④ 杨树达引吴承仕说，以为士通事，事谓耕作，事又通菑，皆为"立苗"之意。杨氏补充说："士字甲文作⊥，一象地，丨象苗插入地中之形。"《积微居小学述林》，《释士》，中华书局，1983 年，第 72 页。此说由男子以耕作为事立论。以上王、郭、杨诸氏均以为甲骨文中之⊥字，即是士字；但是解释则甚不相同。

⑤ 徐仲舒在 1934 年发表之《士王皇三字之探源》（《中央研究院历史语言研究所集刊》第四本第四分）一文中，提出士、王同字，均为人端拱而坐之象；二字如加羽冠之形，则为"皇"字。故王为帝王而士为官长。严一萍在《王皇士集释》（《中国文字》第七册，1962 年，台北）一文中也赞成徐说，此说之最有力的证据，是徐氏举出《敔簋》圈足上花纹及《祖甲方鼎》铭文中，均有二虎夹一王字之形；而严一萍又举出《汉武氏石阙铭图》中有一两虎夹一端拱而坐之形图像，正可印证徐说。故严一萍认为："王皇士三字之象人正面端拱而坐之形，至此已成定论矣。"又董作宾以云南拿喜族的麼些文旁证徐说："现在把麼些文拿来作证，确有正面端坐的字，像'坐'字，'王'字，'帝王'字，'客'字皆是，同样心理把他写出，自然相同。"见其《从麼些文字看甲骨文》，《平庐文存》卷四，《董作宾先生全集》（乙集）第四册，台北：艺文印书馆，第 680 页。

数字形近,均为斧钺之形,又征诸文献,指出斧钺既为战士之武器,又为王权之象征,故可以用以表示士、王。①

　　郭沫若、徐仲舒、吴其昌三家释士判然不同,但在认为士、王形近或同形一点上,他们是相同的;金文中"皇"字初从士、后从王,就可证明这一点(汪荣宝最初提出皇字上部之"白"原为羽冠之形,郭、徐、吴皆以为是)。此外这里还可以提出一个证据,这就是"吉"字从士,甲骨文中吉字作 ,而此字上部之 ,正是屡见卜辞的"王"字;金文中吉字则一律从士。由此亦可佐证士、王初本一字。如此说不误,那么"推十合一"说以及王国维、杨树达以⊥字为士字之说,就不能成立了。

　　那么,如果士、王形近或同形的话,它们究竟是牡器之象、人端拱而坐之象还是斧钺之象呢?从吴其昌所提供的有关古文字材料来看,士、王同为斧形之说,最有说服力。金文中士、王二字底部一横加厚、两端有锋以像刃部,均与有柄斧钺之头部相似。② 甲骨文为线刻,而金文,特别是早期金文多作肥笔以象形,更有助于因形见义。如许进雄说,甲骨文"笔画受刀势操作的影响,圆形的笔画被刻成四角或多角状,就减少了许多图画的趣味性",而金文"有些字形看起来比其前的甲骨文更近图画的性质"。③ 董作宾说甲骨文"已把图画变作符号"了,而商代金

---

① 见吴其昌:《金文名象疏证·兵器篇》,《国立武汉大学文哲季刊》第五卷第三期,1936 年。吴其昌也以为"皇"为士、王二字加羽冠之形。

② 下面摘引吴其昌所提供的金文士王字形以供参考:

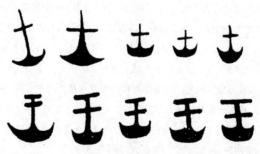

③ 许进雄:《中国古代社会——文字与人类学的透视》,台北:台湾商务印书馆,1988 年,第 9 页。

文"上面的人形、物形、鸟兽虫鱼之形,样样逼真,俨然都是写生画"。①
又如裘锡圭所言,金文是"正规字体",而甲骨文为"俗体字"。② 后来
的一些研究结果,也支持了吴其昌的说法。日人加藤常贤称士、王为斧
形说"乃精细之比较研究之结果下而得之结论,最为是也";又白川静
亦以为士与王同为斧形,并驳"端拱坐象"之说:"然金文字形不见人之
端坐之象,与王皇字相同,下部为钺戚之象也。"③林沄认为在甲骨文中
王字亦为斧形;④范毓周亦本此说,进而提出卜辞中之 **凸** 字即王字之或
体,与横置之钺形相似。⑤

　　正如主张王为斧形的学人所指出的那样,在中国古代,斧钺是王权
的象征。如《史记·殷本纪》:"汤自把钺,以伐昆吾,遂伐桀。""赐(周
文王)弓矢斧钺,使得征伐,为西伯。"《尚书·牧誓》记周武王"左杖黄
钺"以伐殷。古制天子设有"斧扆",即画有斧钺图案的屏风。《礼记·
明堂位》:"天子负斧依,南向而立。"这表明王权来自军事权力,王来自
军事首领。

　　士、王问题是相关的,如"王"字为斧形,则"士"字也应为斧形。皇

------

① 董作宾:《中国文字》,《平庐文存》卷四,《董作宾先生全集》(乙编),第四册,第 654 页。

② 裘锡圭说:"我们可以把甲骨文看作当时的一种比较特殊的俗体字,而金文大体上可以看作
当时的正体字。所谓正体就是在比较郑重的场合使用的正规字体,所谓俗体就是日常使用
的比较简便的字体。"参见其《文字学概要》,商务印书馆,1988 年,第 42—43 页。

③ 分见加藤常贤《汉字之起源》与白川静《说文新义》,转引自周法高编:《金文诂林补》第一
册,"士"(编号 0050)、"王"(编号 0034)条。白川静以端坐人形不见金文驳徐仲舒说,
是。至于徐氏以及严一萍所论《敔簋》《祖甲方鼎》及《汉武氏石阙铭》二虎夹一人形或王
字之问题,其实也不难解释。彝铭中既有二兽夹一王字形,又有二兽夹一"中"字之形,
可分别隶定为狱、狱,皆为"兽"或"狩"字之或体。此"中"为捕杀器之形,那么根据古文
字义近形符通用例,此"王"字也应为兵器之形而非人形。但是"王"字既然以斧钺指代
君主,它在图案中有时又化为人形(田猎——"狩"——由王主持),这并不妨碍其本义为
斧钺。至于麽些文中"王""帝王"作人端坐形问题,董作宾已先承认,"麽些文是唐宋以
来产生的……麽些文字中的象形字和甲骨文中象形字,绝没有亲属的关系的"。

④ 参见林沄:《说王》,《考古》1965 年第 6 期。他还考之古音,提出王字之得声源于"干戈戚
扬"之"扬","扬"即"钺"。

⑤ 参见范毓周:《释 凸》,《西北大学学报》1984 年第 2 期。

字从王又可从士,以及甲骨文中吉字所从之士与王同形①,皆是其证。斧可用为兵器。《诗·豳风·破斧》:"既破我斧,又缺我斨。周公东征,四国是皇。"郭沫若释曰:"他一去便打了三年,弄得斧破斨缺。"②斧又可用为农具。《诗·豳风·伐柯》:"伐柯如何,匪斧不克。"是斧又为斩伐草木之具。石斧(广义的)是初民猎、农、工、战之最基本工具,而氏族社会中成年男子亦同时承担着猎、农、工、战之事,故以斧指代成年男子,义无不通。吴其昌以为士字由战士之义引申为男子,实则初民之成年男子皆战士,无须"引申"。在早期墓葬之中,斧钺已被证明为是男性与首领的标志之物(女性的标志和象征则是纺轮)。③ 而且,斧钺

---

① 甲骨文中"吉"字除了作 之外,又有 、 等形, 明为锐器之象,或释句兵不纳柲之形; 或释矢锋——皆像兵器。根据古文字义近形符通用例,吉字所从之"士"亦当为兵器,实即斧形。或疑斧形有何"吉"可言。按卜辞中又屡见"利"。利字从刀从禾,以割禾之刀利,引申为人事之"利";准以此例,吉字乃是以击物之斧利,引申为人事之"吉"也。工具之利钝,关乎人事之凶吉、社会之衰盛,由吉、利造字之义,先民似已深会此理矣。《诗·大雅·卷阿》:"王多吉人","王多吉士",是"吉"恰可为"士"之赞美之词。又《白吉父鼎》:"隹十又二月初士(吉),白士(吉)父乍毅尊鼎,"假士为吉。此皆士为斧形、甲骨文中 亦士之初字之证。

② 郭沫若:《中国古代社会研究》,科学出版社,1960 年,第 133 页。

③ 例如浙江省余杭瑶山曾发现了一批良渚文化的墓葬,据浙江文物考古研究所之《余杭瑶山良渚文化祭坛遗址发掘简报》(《文物》1988 年第 1 期)所述,在此地的祭坛南部,发现了 11 座墓葬,南列 6 座,北列 5 座。在南列诸墓中,出土的石钺(共 10 件)、玉钺(共 6 件)等等,为北列诸墓所无;而北列诸墓出土的纺轮等等,又为南列诸墓所无。《简报》称:"按史前墓葬的常例,凡纺轮和斧(钺)不共见者,一般作墓主性别的区分。"就是说,南列诸墓之墓主应为男性,而北列诸墓之墓主应为女性;而斧钺与纺轮,分别是男性和女性的标志、象征之物。又据《新中国的考古发现和研究》(文物出版社,1984 年)第 114 页:"据柳湾马厂类型墓葬统计:五十三个男性墓主,有四十五个随葬斧、锛、凿,只有八个随葬纺轮;三十一个女性墓主有二十八个随葬纺轮,可见当时男耕女织的分工更为明显了。"钺来源于作为工具和武器的石斧,这已为从马家浜文化经崧泽文化到良渚文化的穿孔石斧的演变序列所证明。

形象属于最古老的图形文字之列,并且有象征氏族首领之意。① 这当然进一步加强了释士、王二字为斧形的观点。

古之男性自幼便与斧相关。《诗·小雅·斯干》说生男则使"弄之璋",生女则使"弄之瓦",毛传:"半圭为璋","瓦,纺砖也"。按圭源于石斧而璋源于石刀②,从出土文物可知早期之石斧、石刀形制颇近,故曰"半圭为璋"。弄璋、弄瓦,欲使儿童自幼熟悉工具,学习劳作也。又古少年须及年入学学习,这学校也是族众乡民集会、议事和娱乐的场所。《大戴礼记·夏小正》:"(二月)丁亥,万用入学。……万也者,干

---

① 在大汶口文化的一些陶器上,发现了一些图形符号。对之,学者或认为是"图画文字",或认为是处于"原始阶段的象形文字",或者称之为"原始文字"。无论如何,它们与后世文字的相似程度已相当之高了,其间一脉相承的关系,已为学者所公认。在这些符号中,就有一个有柄穿孔石斧钺的图形。参看山东省文物管理处、济南市博物馆编:《大汶口》,文物出版社,1974 年,第 118 页,图九四,3。此图形采自莒县陵阳河之陶器之上,距今已达约四千五百年之久了。其字形义,唐兰释为"戉"或"戊"字(此二字初本一字),参见唐兰:《关于江西吴城文化遗址与文字的初步探索》,《文物》1975 年第 7 期;更有释为"戍"字的,如李学勤,参见其《论新出大汶口文化陶器符号》,《文物》1987 年第 12 期。戉、戊、戍在甲骨文中均为有柄斧钺之形;尤其是戊字,如取其字上部横置则与王字极为相似。士、王本即有柄斧钺头部之象。那么大汶口文化陶器符号中的这一图形,就证明了斧钺形象见之于文字非常之早;斧钺图形符号,属于最古老的文字之列。这类斧钺符号,应该就是戉、戊以至士、王等字的最早起源。

又,1981 年在河南临汝阎村出土了一批仰韶文化陶器,其中有一只作为瓮棺葬葬具的彩陶缸,缸上绘有一白鹳衔一鲢鱼以及一竖立石斧之图形,张绍文命名为《鹳鱼石斧图》。参见临汝县文化馆:《临汝阎村新石器时代遗址调查》及所附彩图,以及张绍文:《原始艺术的瑰宝——记仰韶文化彩陶上的〈鹳鱼石斧图〉》,二文均见《中原文物》1981 年第 1 期。严文明认为,白鹳应为本氏族或部落联盟的图腾,而那只"竖立的石斧……决不是一般人使用的普通劳动工具,而是同酋长身份相适应的、既可实用、又可作为权力标志的东西"。参见严文明:《〈鹳鱼石斧图〉跋》,《文物》1981 年第 12 期。换言之,这一石斧,乃是白鹳氏族或部落联盟酋长的身份与权力的象征。石钺、玉钺以至铜钺,往往出土于较为大型的墓葬之中,学者们相信这与墓主的身份、地位有关。而《鹳鱼石斧图》则近一步显示,石斧作为首领象征这一点,在先民那里业已体现在图形之中了。合理的推断是,从这种图形中后来就演变出了戉、戊、士、王等字。

② 参见郭宝钧:《古玉新诠》,《历史语言研究所集刊》第二十本下册。

戚舞也;入学也者,大学也。"万"即万舞,亦即干戚之舞,《礼记·文王世子》:"大乐正学(教)舞干戚。"教官乐正通过万舞教少男以干戚,由此礼俗追溯上古,不难推知,使用戚斧曾是成年男子的基本技能。

古代男子二十成人之时,须举行一种成丁礼——"士冠礼",由此成为氏族正式成员。这个礼节来源颇古,可以追溯到母系氏族时代。[1]士冠礼上要为这位成年男子取字,称"伯(或仲、叔、季)某父"或"伯某甫",如伯阳父、仲山甫之类。王国维谓,父、甫皆成年男子之美称,父为甫之本字[2];而《仪礼·士冠礼》郑玄注:"甫或为父,今文为斧。"父乃斧之本字,甲骨文作 ,为手持石斧之象,时或简写作 ,如父庚又作庚,由此正见原始石斧之形。《师寰簋》:"王若曰,师寰叟。"叟乃父之或体,从戉从又,为以手执钺之形。[3]《说文解字》释父"从又举杖",不确。至于甫字,《说文解字》:"甫,男子之美称也。从用、父。"甲骨文中何为甫字诸说有异,但金文中甫字皆从父从用,有用斧之意。《释名·释用器》:"斧,甫也。甫,始也。凡将制器,始用斧伐木,已乃制之也。"故父、甫音同义近。父意为斧,甫义用斧,而"士"字恰为有柄斧钺头部之象,三者又同为成年男子之称,是士与父、甫、斧相关。质言之,男子成年加冠为士之后,即可称"父"——"斧",为其已成部族正式成员,已有能力及义务执斧劳作、征战也。源于石斧的圭、璋又为"裳下之饰",这亦来自上古成年男子随身佩带石斧的古老习俗。后来这演变为佩玉之习。《礼记·玉藻》:"古之君子必佩玉。……君子无故,玉不去身。君子于玉比德焉。"郑玄注:"君子,士已上。"是士必佩玉,玉源于斧,所谓"于玉比德",本以能执斧劳作、征战,为成年男子之美德也。

---

[1] 邹昌林谓:"冠者加冠行礼之后,成年礼的第一次行礼,却没有与父亲和众宾行礼的节目,说明冠礼还保留有母系氏族社会成丁礼的古意。这也反过来证明,冠礼必然起源于母系氏族时代。"《中国古礼研究》,台北:文津出版社,1992年,第100页。

[2] 王国维说:"盖男子之美称莫过于父,女子之美称莫过于母。男女既冠笄,有为父母之道,故以某父某母字之也。"见《观堂集林》卷三《女字说》。

[3] 父斧关系,可参看郭沫若:《两周金文辞大系图录考释》第146—147页对《师寰簋》的考释,以及杨宽:《冠礼新探》,收入《古史新探》,中华书局,1965年。

指称氏族正式男性成员的"士",居然与高高在上的"王"同字或形近,这一点或许会引起疑问。但其实这并不奇怪。以指称成年男性之词用作直接称呼之时,往往有尊人或自尊之意。① "士"既然是"男子之大号",亦即男性与战士之尊称,那么以之为氏族首领之称,原是非常自然的事情。这一称呼,意味着他具有高于一般氏族成员的资质,进而就意味着他拥有统辖其他氏族成员的资格了。②

古天子、诸侯均可称"后"③,王国维谓卜辞中"后""毓"同字,而"毓"字象女人产子,即"育"之或体。④ 郭沫若发挥其义曰:"后乃母权时代女性酋长之称谓。母权时代,族中最高之主宰为母,而母氏最高之属德为毓,故以毓为王母之称","其在母权时代用毓以尊其王母者,转

---

① 例如古时称"大丈夫",今人称"男子汉"。《左传》宣公十二年:"且成师以出,闻敌强而退,非夫也!""非夫"即"不算大丈夫"之意。又《汉书·萧望之传》:"萧育杜陵男子,何诣曹也!"《后汉纪》卷二十九:"孔融,鲁国之男子。"杨树达云:"今按凡自云'某某男子'者,皆自豪壮之辞。"《积微居读书记》,《读〈后汉书〉札记》,中华书局,1962年,第141页(按赵翼已先发此义,释此"男子"为"自负之词",见《陔余丛考》卷五,《颜师古注〈汉书〉》,河北人民出版社,1990年,第88页)。

② 又如公、伯、子、男等爵号,亦与男性或男性长者之称有关。又如"夫"指男性丁壮,而"大夫"为官长,这与"士"为战士而"大士"为官员,其理正同。膳夫、啬夫,均以"夫"为号。《礼记·郊特牲》:"夫也者,以知帅人者也。"是"夫"有率人之意。"父"亦男子美称,或谓"父"亦有君长之意。《庄子·天地》:"虽然,有族有祖,可以为众父,而不可以为众父父。"成玄英谓:"父,君也。"《尚书·洛诰》:"笃叙乃正父。"王国维《洛诰解》(《观堂集林》卷一)谓"正、父皆官之长",并引《酒诰》"矧惟若畴圻父,薄违农父,若保宏父,定辟"句证之。按伪孔传:"圻父,司马;农父,司徒;……宏父,司空。"(按《酒诰》上文学人或标点作:"矧惟若畴,圻父薄违,农父若保,宏父定辟。"以"宏父"为司寇。)又《诗·小雅·祈父》:"祈父,予王之爪士。"又《逸周书·成开解》:"通其五典。一,言父典祭;……二,显父登德;……三,正父登过;……四,机父登失。"这里言父、显父、正父、机父似皆官名。至汉,乡亭中有吏称"亭父"。《史记·高祖本纪》集解引应劭说:"旧时亭有两卒,其一为亭父。"

③ 顾炎武:《日知录》卷二十四,"后":"《诗》《书》所云后,皆君也","后则诸侯皆得称之",花山文艺出版社,1991年,第1055页。

④ 王国维:《观堂集林》卷九,《殷卜辞中所见先公先王续考》,"多后"。

入父权则当以大王之雄以尊其王公"。① 我们不取郭沫若王字为牡器之象说,而倾向接受王为斧形的意见;但郭氏以为后、王分别来自女性与男性之称,却颇有说服力。就后、王字形来看,女性之属德为生育,男性之属德则为执斧而劳作、征战了;用作尊称,则分别用以指称氏族的女性与男性首领。父系氏族时期男性之成为首领,已不是因为生育,而是由于他的生产与战斗能力了。

古之官称,时或以所掌之人命名。如掌工匠之官称"工",掌射手之官称"射",掌诸子之官称"诸子",掌公族之官称"公族"之类。准以此例,掌士(战士)之官亦称"士"。氏族之中兵民不分,成年男子皆是战士,氏族首领同时也是军事统帅;而古称"士"之官,如"士""司士""大士"之类,皆与"刑"有关。古兵刑不分,刑法生于军法,广义说杀伐之事皆属于"刑"。士、王二字皆斧形,而斧钺既象征杀伐征讨的权力,又象征治军行刑的权力。虽然后世兵、刑渐别,但士为主刑之"理官"一点,仍然反映了称士的那些官职最初的军事首领性质。② "王"是战士的首领,诸士之长,因此士、王初本一字或形近,也在于"士"是战士

---

① 郭沫若:《释祖妣》,《甲骨文字研究》,第44、46页。

② 《尚书·尧典》记皋陶为"士",伪孔传:"士,理官也。"此官又称"大士"。《左传》僖公二十八年:"士荣为大士。"《周礼·秋官》有士师、乡士、遂士、县士、方士、朝士等官掌刑罚。所谓"其附于刑者归于士"。《国语·鲁语》上:"大刑用甲兵,其次用斧钺。……故大者陈之原野,小者致之市朝。"韦昭注:"斧钺,军戮。"又《汉书·刑法志》同语颜师古注"陈之原野"句:"谓征讨所杀也。"学人据以揭示,杀伐之事皆属于刑。同时又见斧钺兼为杀伐征讨与治军行刑的用具与象征。故《尉缭子·将理》称:"凡将,理官也。"又《淮南子·兵略》记君主授命将军:"亲操钺,持头授将军其柄,曰:从此上至天者,将军制之。"《周礼·秋官》记士师"以五戒先后刑罚。……一曰誓,用之于军旅。"故《尚书》诸《誓》皆有申饬军法之辞。《甘誓》:"用命,赏于祖;弗用命,戮于社。"而斧钺正是"军戮"之刑具。

又《周礼·夏官》有"司士"掌"士治","凡其戒令","稽士任而进退其爵禄"。此官隶于掌军之大司马,其选举黜陟之责,即当与军事有关,包括"赏于祖""戮于社"之类。又《牧簋》有"司士"司掌"辟百僚","乃申政事,毋敢不尹其不中不井(刑)"。其职责或与刑辟法制有关,合于《周礼》之司士。又《多友鼎》有"元士"多友奉命讨伐猃狁,《趞簋》中之"士"与仆、射并列而隶于冢司马,亦见称士之官有军事来源,与士为斧形相合。且由称士之官,可以发现早期王者之责任也。

的尊称。

　　士、王相关，或说指称男子之词与指称首领之词相关，并非古汉语的特殊现象。例如，美洲印第安人的易洛魁部落联盟的军事首领，就是称为"大战士"（Hos-ga-a-geh-da-go-wa）的。① 古代苏美尔城邦中有资格参加3600（或36000）人大会的全权公民称卢（lu），而另一词"卢伽尔"（lugal）直译为"大人"②，此词如与某城邦名称连用，则相当于"王"。如果"卢"可视同于"士"的话，那么"卢伽尔"就相当于"大士""士师"之类。又如古巴比伦见之于《汉谟拉比法典》的"阿维鲁"（awelum）指全权公民或全权自由公社成员，但有时又包括王室成员、高级官吏③，甚至有时就用作首领之称④。又如古波斯帝国的国王称为"卡沙拉"（khshathra），此语兼有"战士"之意。⑤ 古波斯全民皆兵，此语又有"人民"之意。可见在古波斯，士、王也正为一词。"卡沙拉"与古印度的"刹帝利"（ksatriya）出于同一语源⑥，后者为武士阶级之称，是四个瓦尔那的第二等级，国王就属于这一等级。这一等级又称"罗阇尼亚"（rajanya）——王族，而"罗阇"（raja）意为王、统治者、首领以及军事种姓的成员。⑦ 这与中国古代汉语之中的士、王关系，显然亦有

---

① 参见摩尔根：《古代社会》，杨东莼等译，商务印书馆，1977年，上册第140页。

② 参看《世界上古史纲》编写组：《世界上古史纲》，人民出版社，1979年，上册，第160页注①。

③ 参见周一良、吴于廑主编：《世界通史》（上古部分），人民出版社，1962年，第88页注①。

④ 参见《世界上古史纲》，上册，第205页："那里（指迦南——引者）仍然是贵族（长老）政治。有贵族（长老）出身的'王'，一般称阿维鲁（自由民或首领）……"

⑤ 参见 Will Durant：*The Story of Civilization*, Part One, Our Oriental Heritage, Volume I, p. 348. "（波斯）帝国组织的最高层为王，波斯人称王为 khshathra，此语兼有战士之意。用战士之名称王，一方面，显示了王和军事的不可分，一方面亦显示了王的专制本质。"

⑥ 与前注所引书同页："今天波斯王之称 shah，实即 khshathra 之简称。波斯省长之称 satraps，印度武士阶级之称 kshatriya，显然与 khshathra 系同一语系。"

⑦ 参看 Vaman Shivaram Apte：*The Practical Sankrit-English Dictionary*, revised and enlarged edition, p. 1334·b；以及荻原云来编：《梵和大辞典》，第1121页。此注出处系钱文忠先生代为查核，特此致谢。

相似之处。

　　类似的例子，甚至可以在中国古代的某些部族之中看到。据李锦芳揭示，同属越族的吴、越、句町三国君主之名，多冠以夫、无、不、孚、毋等字，如吴之夫差、越之无余。而今天壮侗语中与之读音相近、读为 pau^5、pu^5、po^6 的那几个词，既可以作男性及男性长者尊称，也可以用来称呼头领、领袖。据此李锦芳判定，夫、无等字的意义，很可能是王、头领之类，夫差、无余直译当是"王差""王余"。[①] 可见古代百越族语言之中，男子与首领亦为一词。对"王差""王余"，我们不难联想到殷周先祖王亘、王亥、王季之类。而且汉语中"夫"正指男子，以之对译越族首领之称，可谓音义无不密合了。

　　汉字初为象形文字，士、王关系表现在二字同为斧形之上。至于语音，王在阳部而士在之部，二者差距确实较大。但是上古之时，士字很可能还有鱼部音读[②]，与指称男性的父、甫、夫、斧同在一部；而王、皇二字古在阳部，鱼、阳二部乃阴阳对转关系，其所异者，仅在于韵尾鼻音。直至汉代，江淮之人以及楚人犹呼"士"为"武"，而"武"正为鱼部之字。[③] 推

---

① 参看李锦芳：《百越史三题》，"一，关于越族首领名称"，《文史知识》1990年第10期。

② 朱骏声《说文通训定声》"士"条："转音，《礼记·射义》叶举、士、处、所。"郭沫若指出，士字古音虽在之部，然每与鱼部字为韵，如《礼记·射义》引《诗》"曾孙侯氏"等八句，以举、士、处、所、射、誉为韵；《诗·常武》首章以士、祖、父、武为韵。是士字本有鱼部音读。见其《甲骨文字研究》之《释祖妣》。按士与鱼部字为韵之例，又如《诗·周颂·桓》："桓桓武王，保有厥士。于以四方，克定厥家。"此处士与家为韵，家亦鱼部字。郭氏欲以鱼部字又有与尤部字为韵之例，而牡字本为尤部字，辗转求证士为牡字之所从，以助成"士字为牡器象形"之说。我们在此则是由此推测，士在上古曾有一音读，与王、皇等字可能曾经颇为接近。

③ 《淮南子·览冥》："勇武一人为三军雄"，高诱注："武，士也。江淮间谓士为武。"同书《齐俗》："为天下显武。"高诱注："楚人谓士为武。"同书《修务》："及至勇武攘捲一捣。"高诱注："武，士也。楚人谓士为武。"可见对成年男性战士，江淮人及楚人正呼之为"武"。前注业已述及，"武"为鱼部字，《诗·常武》中正有士、武为韵之例。我们知道，文字产生于语言之后；对同一对象，产生了同一语言，但是又记录为不同文字，决不是不可能的。很有可能，"武"与"士"在早期音读相近，并且这一音读很久犹为江淮人及楚人所继承；文字上用"武"字不用"士"字，大概是要与业已转入之部之士字相区别，但其所指则依然为"士"。

测士、王二字,在音读上最初很有可能颇为接近,并不如后世差距之大。

　　卜辞之中王字初作𝖠,祖甲以后上加一横变为𝖠,帝乙、帝辛时简化为王。至于非指君王而作"士"用的𝖠字,甲骨文中或仅一见。据《小屯殷墟文字甲编》3913:"壬戌卜,狄贞,亚旅士贝𩂣。"为廪辛、康丁时卜辞。董作宾以为这里以亚、旅、士并称,殆即《牧誓》"亚、旅、师氏"之意,皆官名。① 金文之中士、王二字明确有别了。卜辞之中𝖠字之上后加的一横,董作宾以为代表冠冕②,这不无可能。古王、皇同音,而皇字初从士、不从王,其上部为羽冠之形,故皇字有异体作"𡾠"从羽。通过羽冠形制的差异,就使普通氏族成员或战士与首领——"王"区别开来了。③ 当然,对士、王二字的分化过程,还有待于古文字学者的进一步研究;但是二者之间的密切关系,则似已无多疑问。

---

① 参见董作宾:《安阳侯家庄出土之甲骨文字》,见1936年《田野考古报告》第一册。

② 参见董作宾:《殷代的革命政治家》,见《中国政治思想与制度史论集》第三集,中华文化出版事业社,1961年,第4—5页。

③ 徐仲舒认为,上古天子之冠未必与臣庶有何差别(《士王皇三字之探源》)。按古有羽冠而舞之礼俗。如《礼记·明堂位》:"朱干玉戚,冕而舞大武。"君主要参加领舞。《礼记·祭统》:"及入舞,君执干戚就舞位。君为东上,冕而总干,率其群臣以乐皇尸。"甲骨文中之羽舞,亦多由商王亲自主持。古有皇舞,或记作"𡾠舞",显为羽舞(甲骨文中作𡾠)。后儒称此舞自国子至野人皆习之,郑众说此舞"以羽冒覆头上",见《周礼·地官·舞师》及《春官·乐师》郑玄注引。是自君主至群臣庶民,皆可羽冠而舞。然君主与臣民之冠,在形制上仍应有所差别。在广西、云南出土的铜鼓之上,常有头戴羽冠之舞人形象,其中有的还执有干、戚、戈一类兵器作舞具,这与中原之万舞颇为相似。可参看蒋廷瑜:《铜鼓史话》,文物出版社,1982年,第97—103页;汪宁生:《铜鼓与南方民族》,吉林教育出版社,1989年,第101—102页。1976年广西贵县罗泊湾西汉墓出土之一铜鼓上,鼓腰图案中有二十名头戴羽饰之舞人。其中,只有一人头戴七根羽毛,其他舞人全都只戴五根羽毛,此外又有一些划船者,或头戴三根羽毛,或不戴羽毛。学者认为,舞队中头戴七羽者,可能是领舞之人;头上羽饰的多少,可能标志着舞人地位的高低。参见王克芬:《花山岩画和铜鼓》,《舞蹈论丛》1980年第1期。这对于旁证中原民族的万舞或皇舞,不无参考价值;其羽饰的差异,或有助于解释士、王、皇等字字形差异及其原因。

第二节　封建士大夫阶层的出现

"士"的基本意义既然为成年男子，那么这就是一个很宽泛的称呼，最初它似应包括氏族中的所有男性正式成员。士作为氏族正式成员，其最基本的义务便是劳作与战斗了。《礼记·少仪》："问士之子长幼，长则曰能耕矣，幼则曰能负薪、未能负薪。""长"即加冠以后。孙希旦《礼记集解》："长谓已冠，幼谓未冠。"其说是。又《礼记·曲礼》："君使士射，不能则辞以疾，言曰：某有负薪之忧。"孔颖达疏云："大樵曰薪。"以"能耕""能负薪"与否相答之礼，当是士最初作为氏族成员须事劳作的反映。又《盐铁论·未通》："古者……二十冠而成人，与戎事。"冠礼"三加"之一为武弁，这又说明士是正式战士。

但是社会成员之间的平等合作，大约只存在于非常古老的时期。无论如何，随着社会进化、社会内部发生分化，士之含义便不能不因之而复杂化。这种分化最初所采取的形式，看上去颇类似于社会科学所谓"等级分层"[①]的过程；分化的最初结果，则是一个封建士大夫阶级的产生。

至少对商周历史的研究业已显示，中国早期国家的基础，是建立在各个氏族的联盟、臣属、征服和敌对关系之上的。当社会规模扩大、内部复杂化，足以把臣服氏族也纳入本氏族之内时，共同体的结构就要发生变化；在其中，臣服氏族的成员，当然不可能拥有与统治氏族成员同等的权利义务。周代社会已经有了"乡、遂"或"国、野"的分化了。以城邑为中心的乡居者，为拥有基本权利义务的国人，他们兼事耕战，多为周王或诸侯的同族同姓，可称"国士"；而郊外的遂人或野人则为臣服部族，负担贡赋劳役而不能成为正式战士或主力战士，且是不举行士

---

① 可参看 T. Parsons：*Societies*：*Evolutionary and Comparative Perspectives*，New Jersey，1966，第4页以下。这是一种"沿威望、优势和责任的一般轴线的族系分化"，在原始社会最初分化时，"最可能的进化性发展就是分层社会。优势成了族系交换婚姻的基础，高威望的族系群联合起来。平等打破了，高威望的单位成了社会团结因素的新中心"。当然，这一引述在此只是用为辅助性的参考。

冠礼的。① 尽管对《周礼》等书所记载的乡遂制度的结构和严整程度，也不无质疑者，但乡、遂或国、野的大致区分，仍然是可信的。《史密簋》："齐自、族土、遂人乃执啚宽亚。""齐自"即国人主力，"遂人"即野人从征之偏师，"啚"相当于遂、野，"亚"相当于乡、国。② 在这种情况之下，"士"所指称的范围就要趋于复杂并发生分化：相对于国人，遂人或野人又不被视之为"士"了，他们不是拥有完整权利义务的社会成员，即使他们是"成年男子"。

杨向奎依据《周礼》，说士、农有别，"'士'也是农民，但他们是自由农民，住于郊区的乡、遂"。③ 按《国语·齐语》记管仲议定"参其国而伍其鄙"之制，欲使士农工商"群萃而州处"，因作"士乡十五"以成三军。这种士农不杂的制度，大约就是乡遂制的变体。④ 三军共三万人，则此士乡之"士"必为国士，否则不会如此之多；而"农乡"之所居，则当是不任征战的野人。《管子·问》："问……士之身耕者几何家？……士之有田而不使者几何人⑤？恶何事？士之有田而不耕者几何人？身何事？……问士之有田宅、身在陈列者几何人？"这里的有田亲耕并且身在阵列之士，即是士乡之士。《左传》闵公二年："狄人伐卫……将战，国人受甲者皆曰……"此"国人受甲者"即是国士。由于国人是战斗主力，而"执干戈而卫社稷"是国人的义务、荣誉和特权，所以"士"经

---

① 乡遂制度和"国士"关系，参看杨宽：《试论西周春秋的乡遂制度和社会结构》，收入《古史新探》，中华书局，1965 年。

② 参看张懋镕：《史密簋与西周乡遂制度——附论"周礼在齐"》，《文物》1991 年第 1 期。

③ 杨向奎：《宗周社会与礼乐文明》，人民出版社，1992 年，第 355 页。但是他又认为，"乡遂农民是'士'，属于自由农民，在阶级的分野上应当属于贵族，属于贵族的最低层"。这一点我们是不赞同的。我们认为贵族与平民应有区别，详下。

④ 《国语·齐语》之"士乡十五"，《管子·小匡》作"士农之乡十五"。《国语》所记无"农"字，当较《管子》为早。李零又认为，上之所述已不是原始的乡遂或国野制了，"而是由中心城邑和次级城邑组成的双重系统的国家，已经是一种晚期形态"。见其《中国古代居民组织的两大类型及其不同来源》，《文史》第二十八辑，1987 年。但是反过来说，《国语》《管子》所述，仍暗示了此前曾经存在过乡遂或国野两分之制。

⑤ 原文"士"作"上"，据《管子集校》改。

常特指甲士、军士或武士。在这一意义上，所谓"士"的范围就有了相当之缩小，只限于统治部族的成员了。

而且沿着另一方向，在统治部族共同体内部，也早已有了贵族和平民的阶级分化，从而使"士"这个称谓进一步限定于拥有官爵的贵族之内。《礼记·郊特牲》郑玄注："周制爵及命士。"孔颖达疏："命即爵也。"周制，封建领主之封爵授官皆经"册命"，有命则有爵。《礼记·王制》："王者之制禄爵，公、侯、伯、子、男，凡五等；诸侯之上大夫卿、下大夫、上士、中士、下士，凡五等。"孔颖达疏："周则士亦有爵，故郑注：周制以士为爵。"周代封建制下世卿世禄。彝铭之册命记录每有"司乃祖考事"之辞，即命其承袭其父祖职事之语，此即世官制普遍存在之强证。又陈汉平据其对命服之研究，称《豆闭簋》《辅师嫠簋》等铭文所记，即士之册命实例。①《豆闭簋》有"用夙乃且考事"语，《辅师嫠簋》有"更乃且考司辅"语，是士亦世官。有爵命士以上，由封建制、世官制而形成了贵族阶级。

各级贵族，可以总名为"士"。《周礼·夏官·司士》："司士掌群臣之版……周知邦国都家县鄙之卿大夫士、士庶子之数"②，"掌国中之士治，凡其戒令"。郑玄注："国中，城中。"是此国中特指城中；贾公彦疏："谓朝廷之臣及六乡之臣皆是，所有治功善恶皆掌之，以拟黜陟。此城中士，则卿大夫总皆号为士，若'济济多士、文王以宁'之类。……又'作六军之士'是甲士，其余皆臣之总号耳。"按《司士》下文又曰："作六军之士，执披。"③贾公彦疏："即六乡之民。以其乡出一军，六乡，故名六军之士也。"在此贾公彦将"士"分析为二，一为"甲士"，即由"六乡之民"组成的"六军之士"；其余则为"臣之总号"，即大小城邑之中的

---

① 参看陈汉平：《西周册命制度研究》，学林出版社，1986 年，第 297—298 页。

② 按经文原作"周知邦国都家县鄙之数、卿大夫士庶子之数"，前一"数"字据孙诒让《周礼正义》引王引之说删；后一句，据《十三经校勘记》引盛百二《柚堂笔谈》，称贾公彦疏以"卿大夫士"为一说，"士庶子"为一说，是原文当夺一"士"字，其说是，据删。

③ 按此句《十三经注疏》本《周礼》作"作六军之事"，孙诒让《周礼正义》以为"事"当作"士"，"士，《唐石经》误'事'，今从宋本正"。

"朝廷之臣及六乡之臣",包括卿大夫在内——"卿大夫总皆号为士",其说甚是。"司士"一官"掌群臣之版"、掌"士治",并以"周知卿大夫士之数"为务,可见其所"司"之"士"实兼群臣卿大夫而言。《牧簋》中之"司士"职司"辟百僚",亦可为旁证。

《诗·周颂·清庙》:"济济多士,秉文之德。"孔颖达疏:"济济之众士,谓朝廷之臣也。"《书·秦誓》:"公曰,嗟,我士。"伪孔传:"誓其群臣,通称士也。"《礼记·表记》:"唯天子受命于天,士受命于君,故君命顺则臣有顺命。"皆见"士"可为受命之臣之通称。又《左传》僖公二十三年:"有三士足以上人而从之。"指晋大夫狐偃、赵衰、贾佗。襄公十年:"有灾,其执政之三士乎?"指郑大夫子驷、子国、子耳。昭公十三年:"我先君文公……有士五人:有先大夫子余、子犯以为腹心,有魏犫、贾佗以为股肱。"《国语·晋语二》:"夫二国士之所图,无不遂也。"指晋大夫里克、荀息。此皆卿大夫可以称士之证。要之,受命于天子或诸侯而居于官位者可通称为"士",六乡兼事耕战的平民甲士则别为一类。故"士"在文献中又常通"仕"字。那么相对于贵族官员,国人之中的平民,在此又不属于"士"了。①

"士"之所以成了贵族官员的通称,至少可以从如下两个实际是相互重叠的演进中得到理解。首先,"士"作为武士集团,在最初他们可能构成了首领之下的亲兵组织,并随着氏族间征服与联盟的扩大变成军官阶级,直至逐渐变成贵族阶级。在其他民族的历史上,也出现过这一过程。恩格斯曾经指出:"有一种制度促进了王权的产生,这就是扈从队制度","博得了声誉的军事首领,在自己周围集合一队贪图掠夺品的青年人,他们对他个人必须效忠,而他对他们亦然。首领养活他们,奖赏他们,并且按等级制来组织他们;对于小规模的征战,他们充当卫队和战斗预备队;对于大规模的征战,他们是现成的军官团。……在

---

① 受命之"士"不同于作为普通社会成员之"士",这也正如"夫"指丁壮而"命夫"为官长一样。周代受命之卿大夫士称"命夫"。《周礼·天官·阍人》:"凡内外命夫、命妇出入,则为之阖。"贾公彦疏:"内命夫,卿大夫士之在宫中者,谓若宫正所掌者也;对外朝卿大夫士,为外命夫。"

罗马帝国被征服以后，国王们的这种扈从兵，就同非自由人和罗马人出身的宫廷奴仆一起，成了后来的贵族的第二个主要组成部分”。[①] 中国古代的“士”，或许也曾经历了略相类似的演变。《礼记·乐记》云武王克殷后，“将帅之士，使为诸侯”；孔疏：“以报劳赏其功也，即《牧誓》云‘千夫长’是也。”《玉海》卷六十五引《帝王纪》：“汤令，未命之为士者，车不得朱轩及有飞軨，不得乘饰车骈马、衣文绣。命然后得，以顺有德。”似乎都是“士”由“亲兵队”发展为贵族之历史痕迹。

与之同时，“士”成为贵族官员的通称，这大约仍然与“士”最初与“王”同为氏族首领之称有关。古代氏族、部落或方国首领，大抵皆可称王。如王国维言：“古诸侯于境内称王，与称君称公无异。”[②]如金文中之矢王、录伯父厘王、乖伯父武乖王，文献中之吴王、越王、楚王、徐王之类。周王季伐鬼戎，“俘二十翟王”，周穆王伐犬戎“获其五王”，可见一个部落之内未必仅止一王。又如周成王时摄政之周公亦以“王”为称[③]，楚之熊渠同时立其三子为三王。[④] 一部之王，也可能臣属于他部之王。[⑤]

早在甲骨文中，学者就已找到了一二十个称王的氏族或方国首领了。如王失、王阜、王何、王贮、王邑等等；而且还有所谓“多王”的称谓，《甲骨续存》上：“……惠豚，多王……”葛英会谓此“多王”与卜辞中之“多君”同义。[⑥] 其时氏族林立，其首领颇多以王为称者，商王不过是“众王之王”。“多王”对商王承担的责任、义务，与侯伯大体相当，如朝

---

① 恩格斯：《家庭、私有制和国家的起源》，中译本，人民出版社，1972年，第142—143页。

② 见《观堂别集》卷一，《古诸侯称王说》。又《观堂集林》卷十，《殷周制度论》：“自殷以前，天子诸侯君臣之分未定也。……盖诸侯之于天子，犹后世诸侯之于盟主，未有君臣之分也。”

③ 参见顾颉刚：《周公执政称王》，《文史》第二十三辑，中华书局，1984年。

④ 《史记·楚世家》：“熊渠曰，我蛮夷也，不与中国之号谥。乃立其长子康为句亶王，中子红为鄂王，少子执疵为越章王，皆在江上楚蛮之地。”

⑤ 《史记·越王句践世家》记越灭于楚后，“诸族子争立，或为王，或为君，滨于江南海上，服朝于楚”。是越族之王臣服于楚王。

⑥ 葛英会：《殷墟卜辞所见王族及相关问题》，收入《纪念北京大学考古专业三十周年论文集》，文物出版社，1990年。还可参看同书所收高明：《商代卜辞中所见之王与帝》。

觐、纳贡、在王廷供职以及受命率部众出征等等。齐文心认为,这些"王"可分为两类:一类是子姓的宗室贵族或功臣,他们可以参加王室祭典,常常在王廷供职,领有封土;一类是某些异姓的古国。他还指出,夏、商时期方国君长称王者屡见不鲜,周代非天子之称王者就寥寥可数,且周天子不予承认;春秋非周天子之称王者,就仅限于与周天子分庭抗礼的蛮夷之邦了。①

根据商代"多王"的如上性质,我们再来看周代的所谓"多士"。《尚书·多方》:"惟夏之恭多士","猷告尔有方多士、暨殷多士";又同书《多士》篇有"殷遗多士"。这些夏、殷遗留下来的以及"多方"的"多士",当然都是各个氏族、部落的贵族首领,在这一点上,他们与商代卜辞之中的"多王"可以说是一脉相承。周族在灭殷之前尚为"小邦"之时也渐称"王",而且其下也已有其"多士"。《尚书·酒诰》:"乃穆考文王肇国在西土,厥诰毖庶邦庶士,越少正、御事",这一"庶士"与《诗·大雅·文王》之"济济多士,文王以宁"之"多士"同义。他们来自"庶邦",这"庶邦"或许就包括所谓周武王克商时会于盟津之八百诸侯,以及《尚书大传》所谓"天下诸侯之来进受命于周、退见文武之尸者,千七百七十三诸侯"之类。这些"多士"对周王承担的义务,与商代"多王"对商王承担的义务相近;但他们已被称为"士",而不是"王"了。称"士"而不称"王",这当然与国家之氏族、部落联盟性质的淡化和最高王权的强化,有着直接的关系。由此,"士"就逐渐成了封建贵族官员之称了,他们组成了周王之下的"百辟卿士""庶常吉士"。《尚书·立政》:"其惟吉士,用劢相我国家。""士"与"王"明确地区分开来,并构成了封建国家政务的主要承担者。

被称为士、王者的上述演化和分化,必定经历了漫长的过程,其开端或可追溯到相当久远的时候。前已述及,士、王二字皆源于斧形,早期墓葬之中斧钺是男性与首领的象征、标志物。而1986年发现的浙江余杭县良渚文化遗址的反山墓地,出土的11座墓葬中的5件玉钺和

---

① 参看齐文心:《关于商代称王的封国君长的探讨》,《历史研究》1985年第2期。

54 件石钺的情况,不妨引为参考。据王明达之《反山良渚文化墓地初论》①,我们知道这些玉钺、石钺的分布有三种情况:一、兼有玉钺、石钺之墓,在其中玉钺柄端在墓主左手,而石钺则多集中于墓主的腿脚处。对之王明达指出:"墓主自有玉钺在握,这些石钺很可能是墓主人生前的部属为表示对墓主的臣服而敬献的";二、只有石钺而无玉钺之墓,在此石钺的位置就与前一类墓中的玉钺相同了,亦即钺柄在墓主左手处,这说明这些石钺属于墓主所有;三、无钺之墓。上述差异,王明达认为"反映了墓主身份的差异"。又据另一份《发掘简报》提供的情况,我们知道 5 件玉钺所属的 5 位墓主很可能是酋长;且墓葬 M12 所出玉钺尤为特异:其上有羽冠神人与兽面复合图形的浅浮雕,被称为"神徽"。② 上述斧钺的形制、分布情况及其所反映的墓主们的身份关系,当然不是没有意义的。由钺柄执于墓主左手一点,就不难联想到《尚书·牧誓》"王左杖黄钺"之语(又《逸周书·克殷》记周伐殷时,武王持黄钺,周公把大钺,召公把小钺,也见钺之形制有区分身份的意义)。这些玉钺和石钺都不是实用武器,它们已经具有了礼器性质和身份象征意义了。玉钺拥有者的身份当然最高(尤其是雕有神徽的玉钺的拥有者),然而他的部属也用钺来标志身份——虽然是低一等的石钺。

---

① 参见王明达:《反山良渚文化墓地初论》,《文物》1989 年第 12 期。

② 参看浙江省文物考古研究所反山考古队:《浙江余杭反山良渚文化墓地发掘简报》,《文物》1988 年第 1 期。这份报告说:"其中 M12、14、16、17、20 的墓主人更可能是身兼酋长、巫师的人物。"而五件玉钺正好就分别出自这五座墓葬。M12 所出之玉钺编号为 M12:100。此墓之中还出土了多达 21 件的玉琮,且居良渚文化之首的"琮王"就出于此墓;余墓之玉琮仅 1—5 件,或无琮。玉琮上亦有所谓"神徽"。那么 M12 的玉钺上之"神徽",或许就具有不同于同一墓区的其他玉钺的特别意义了。

　　斧钺上雕有羽冠神人与兽面复合图形构成的所谓"神徽",这一点亦颇为有趣。或推测"神徽"为饕餮纹之原形。按"皇"字上部正为羽冠之形,故皇有异体作"皇",其下部或从士、或从王,均为斧钺之形。又美国福格尔美术馆藏一玉斧,其上有饕餮纹,纹顶上部有羽冠之形;弗利尔美术馆藏一石刀,其上有侧视着冠人面,冠后有羽状物;上海博物馆藏一玉戚,也有类似人面(参见李学勤:《论新出大汶口文化陶器符号》,《文物》1987 年第 12 期)。这种羽冠人面与斧钺的结合,或许有助于探讨"皇"字造字所由之"取象"的客体。

这似乎就可以为士、王二字的字形相近和作为称谓时的分化现象，以及"王"与"多王""多士"的关系，提供颇为形象化的参照和进一步研究的线索：玉钺、石钺之间的身份象征关系，颇类似于"王""多王""多士"之间的关系。那种关系之中，业已包含了后来等级分化的萌芽。

这种分化的漫长发展结果，便是一个称"士"的贵族官员阶级的产生；并且在周代封建贵族制度之下，不仅受命者本人，而且其宗族子弟，亦因其贵族身份而为"士"，或特称"士庶子""庶子"或"国子"。上述《周礼》所记"掌群臣之版"的司士，不仅要周知"卿大夫士"之数，而且还要周知"士庶子"之数。《周礼·天官·宫伯》："掌王宫之士庶子。"郑玄注："王宫之士，谓王宫中诸吏之适子也；庶子，其支庶也。"又同书《夏官·诸子》："掌国子之倅"句郑玄注："国子，谓诸侯卿大夫士之子也。"士庶子或国子供职于丧祭宴飨之时，并被约束以秩叙赏罚，平时担任宫廷宿卫，有战事则由诸子"授之车甲，合其卒伍"，组成贵族军队；这种军队，显然不同于六乡甲士或遂人偏师。前引《史密簋》中列于"齐白"与"遂人"之间的"族土"（族徒），当即是这种贵族子弟兵。又《邾公华钟》："台乐大夫，台乐士庶子"，亦是。①

因此，"士"就既可以为受有爵命者的"臣之总号"，又可以指身份世袭的整个贵族阶级，包括其未受命的子弟。《白虎通义·爵》："（诸侯）世子上受爵命，衣士服。"《国语·周语上》记周王册命晋文公："晋侯端委以入。"韦昭注："此士服也。诸侯之子未受爵命，服士服也。"又《仪礼·士冠礼》："古者五十而后爵，何大夫冠礼之有。"郑玄注："周之初礼，年未五十而有贤才者，试以大夫之事，犹服士服、行士礼。二十而冠，急成人也；五十乃爵，重官人也。"《士冠礼》又云："天子之元子犹士

---

① 杨树达谓："《邾公华钟》云'台乐大夫，台宴士庶子'，士庶子者士庶人也，文以与上文忌祀下文旧字为韵，故变人言子耳。"见其《积微居金文说》卷一。按杨说似误，此"庶子"与庶人判然有别。"庶子"为贵族子弟，而"庶人"为平民。又《邾公轻钟》："台宴大夫，台喜者（诸）士。"此"诸士"义同"庶士"，指未命之群士，即贵族子弟、士庶子（详见正文下文），亦可旁证《邾公华钟》之"士庶子"不宜解作"士庶人"。

也。"是太子之身份也是"士"。又《士冠礼》"继世以立诸侯，象贤也"句贾公彦疏："此诸侯之子冠亦行士礼，以其士之子恒为士，有继世之义。诸侯之子亦继世，象父祖之贤。"①由之可以得知，"官人"之"爵"与"继世之义"是有区别的，有因"官人"而来之"士"，亦有因"继世"而来之"士"；前者为受命官员之身份，后者为世袭贵族之身份。②《周礼·夏官·司士》孙诒让《正义》云："凡卿大夫士之子已命者，与命士通称士；其未命者，则谓之庶子。"此语自亦不误，但这仅仅是就前一意义，即"官人之爵"而言的；而在后一意义上，天子、诸侯、大夫之子虽未受命，但依然服士服、行士礼，俨然为"士"，这是因为他们拥有"继世"而来的贵族身份。这种未命之士，有时也称为"庶士"。《礼记·丧大记》："有司、庶士哭于堂下。"孙希旦《集解》曰："庶士，谓未命之士，《燕礼》所谓'士旅食'者也。"章太炎《春秋左氏疑义答问》卷三谓："大夫皆已仕，'士'则兼容未仕者矣。公之昆弟，虽不仕，亦未夷为庶人，故通以'士'概之。"其说甚是。

在《左传》《国语》等周代文献之中，我们时时可以看到天子、诸侯、卿、大夫、士、庶人这种等级序列表述。这表明，统治阶级内部也分化为不同层次。当大小不同的众多同姓、异姓氏族和部落组成了封建国家之时，那些贵族首领们，便不能不依权势高下与宗法原则，

---

① 据礼书注疏家言，周代天子、诸侯、大夫如自幼继位，或别有冠礼；或十二而冠，冠礼四加。但天子、诸侯、大夫之子之冠礼，则当同之于士。《大戴礼记·公冠》："太子与庶子其冠皆自为主，其礼与士同，其飨宾也皆同。"又《礼记·郊特牲》孔颖达疏："故立礼悉用士为正，所以五等并依士礼冠也。"

② 例如《左传》襄公二十三年记鲁大夫季武子欲立幼子季纥，而不欲立庶长子公鉏，臧纥遂于飨宴时以主宾身份对季纥行大夫礼，而对公鉏行士礼，以此宣布了季武子的决定。季纥与公鉏作为卿大夫之子本皆为"士"，而季纥已定嗣、将受命，遂受大夫之礼；公鉏则依然为士。杜预注以为臧纥是以"庶子之礼"待公鉏的，亦是。前引《大戴礼记·公冠》称太子、庶子飨宾之礼与士同，亦即《仪礼·燕礼》"士旅食"之"庶士"。后来公鉏做了马正，杜预注："马正，家司马。"《周礼·夏官·序官》："家司马，各使其臣。"马正是大夫的家臣，大约属于是"大夫臣士"之"士"。臧纥对公鉏行士礼时，公鉏是作为"庶子"的"士"；当他担任马正之后，则是作为官员的"士"了。

而逐渐分化为日趋复杂的不同等级了。郑武公、郑庄公、西虢公等位在诸侯,他们供职于王廷之时位为"卿士";而居于诸侯之下位为大夫者,对天子则只能算是"士"。《礼记·曲礼下》:"列国之大夫入天子之国,曰'某士'。"郑玄注:"亦谓诸侯之卿也。三命以下,于天子为士。曰'某士'者,如晋韩起聘于周,傧者曰'晋士起'。"其事见《左传》襄公二十六年,其时韩起自称"士起",周王赞许其"辞不失旧",可证礼书所载不虚。《尚书·大诰》:"义而邦君,越而多士、尹氏、御事。"邦君们对于周王本来就算是"多士",但邦君之下,又各有其所属的下一级"多士"。卿大夫亦各有其所辖之"士"。《左传》昭公七年:"大夫臣士。"鲁大夫季氏以孔子之弟子冉求、闵子骞为"宰",《公羊传》隐公元年:"宰,士也。"这种分化使"士"这一可以包容所有贵族成员的通称继续分化,其地位高者别作称呼以示区别,"士"便进一步成为贵族与官员的最低等级之称了。而且这一等级之内,也已产生了上士、中士、下士之分。不同等级的礼仪、特权与可以担任的官职,各有严明的规定。

上述天子至庶人之序列表述,也反映了士与庶人的分化。《左传》昭公二十六年:"民不迁,农不移,工贾不变;士不滥,官不滔。"杜预注"不滥":"不失职。"《国语·周语上》:"大夫士日恪位著以儆其官,庶人工商各守其业以供其上。"都见士有官守不事耕作,所谓"禄足以代其耕""君子仕则不稼";而庶人平民则另为一阶级,须"食力"以供其上。前面曾引及《礼记·少仪》所记,问士之子长幼则答之以"能耕""能负薪"与否,这反映了"士"作为氏族男性成员须事耕作这一情况的遗迹;而同书《曲礼上》则称:"问士之子,长曰能典谒矣,幼曰未能典谒也;问庶人之子,长曰能负薪矣,幼曰未能负薪也。"在此"负薪"之劳作已归之"庶人"而不及于"士"了。显然,《少仪》所反映的是较早的情况,《曲礼》所反映的是较晚的情况。

至此,我们便已叙述了"士"之如下诸义:为一切成年男子之称;为氏族正式男性成员之称;为统治部族成员之称;为封建贵族阶级之称;为受命居官的贵族官员之称;为贵族官员的最低等级之称。不难看到,"士"这一称谓的如上义涵繁衍,与社会群体分化的一种重要形式——身份性等级分层，显示了某种相关性。这种等级分层的过程，使得作为"男子之大号"的"士"这一称谓，繁衍出众多的不同义涵，它们在不同场合指称按等级高下排列的不同群体。《礼记·玉藻》说"古之君子必佩玉"，"天子佩白玉而玄组绶，公侯佩山玄玉而朱组绶，大夫佩水苍玉而纯组绶，世子佩瑜玉而綦组绶，士佩瓀玟而缊组绶"。佩玉之俗源于佩斧（原始石斧）之俗；"士"字原即以斧喻代成年男子。而由上古成年男子皆可佩带的石斧，逐渐演变出等级森然有别的白玉、山玄玉、水苍玉、瑜玉、瓀玟等等，这也可以说是上述"士"之义涵繁衍，以及与之对应的社会分层过程的一种直观表征。

我们看到，"士"这一称谓是很复杂的。假如我们像某些论者那样，只把"士"看成是某种单一的东西，而不是一个因社会分化而不断复杂化的称谓，那么，难免在有些时候就会纠缠不清了。例如顾炎武论《管子》所记士农工各自为乡之说，遂言"则谓之士者，大抵皆有职之人矣，恶有所谓群萃而州处、四民各自为乡之法哉？"①这就是把作为国人的"士乡"之"士"，和作为贵族官员、"有职之人"的那种"士"，混淆起来了。而在我们看来，这两种意义上的"士"都曾存在于历史上。

那么，本书将要重点考察的是哪一种"士"呢？我们对"士"的溯源，是服务于"士大夫政治的演生"这一论题的。"士"之义涵繁衍所对应的社会等级分层过程，其结果是一个封建贵族阶级的产生。我们所关注的就是这个阶级。这一阶级可以总名为"士"，而把"卿大夫"也包含在内。帝国时代的士大夫之名，就是从封建时代的士与大夫那里承袭而来的。而且，如果着眼于处于君主之下、庶民之上的这一等级位置，封建时代的士与大夫，与帝国官僚士大夫也正处于相近的层次，且前者的政治文化传统深深地影响了后者。对那些作为封建贵族官员阶级的士与大夫，我们甚至还不妨就直接称之为"士大夫"。

---

① 《日知录》卷七，"士何事"，花山文艺出版社，1991年，第336页。

这样称呼不仅在叙述上较为便利，而且多少也是于史有征的。《左传》昭公三十年："若其不间，虽士大夫有所不获数矣。"《仪礼·士相见礼》："士大夫则奠挚"，"凡自称于君，士大夫则曰下臣"。《礼记·檀弓下》："士大夫既卒哭，麻不入。"《礼记·丧服小记》："士大夫不得祔于诸侯，祔于诸祖父为士大夫者。"《礼记·大传》："为其士大夫之庶者，宗其士大夫之适者。"这里所谓"士大夫"虽然也都可以点断为"士、大夫"，但是这在本书的讨论脉络之中，无伤大体。并且如前所述，"士"与"大夫"虽然确实是两个不同等级，但二者之间也不是没有融贯交汇之处。"士"可以用为贵族官员之通称，兼含"大夫"在内，"卿大夫总皆号为士"。大夫有时又须称"士"，如列国大夫入见天子须自称为"士"。作为贵族子弟的"士"，可以受命而任为大夫；作为低级官员的"士"，也可以上升为大夫，如孔子之初为士、后为大夫所反映的那样。阳货为季氏家臣，依"大夫臣士"之制他应为士，然而孔子须视之为大夫[1]；又邑宰应该是士，"宰，士也"，然而如郈邑大夫、郕邑大夫，皆以大夫为称。[2] 那么，我们把封建贵族官员称之为"士大夫"，就还算是合情合理的。《考工记》："坐而论道，谓之王公；作而行之，谓之士大夫。""王公"是君主，而"士大夫"，则是君主之下的受职居官之人。[3]

有不少论者，是把"士"视作贵族的最低等级，由此来探讨"士阶层"的起源及其政治文化特征的。然而视角不同，称谓的选择便可因之而异。本书把帝国时期的士大夫政治的源流作为论题，那么，就必须把封建时代与之对应的阶层作为一个整体来加以考虑，而不能只局限

---

[1] 《孟子·滕文公下》："阳货欲见孔子，而恶无礼，大夫有赐于士，不得受于其家则往拜其门。"赵岐注："阳货，鲁大夫也；孔子，士也。"

[2] 毛奇龄《四书賸言》卷三征引史籍，指出"故邑宰、家臣，当时得通称大夫"。又阎若璩《四书释地·又续》卷上"大夫僕"条，以卫、鲁、晋等国之例，说明"陪臣至春秋时亦称大夫"。

[3] 按后世之说官制者，有"三公坐而论道"的说法，但《考工记》所谓"王公"之"公"，并非"公卿"之"公"。郑玄释此"王公"为"天子、诸侯"，是。又《吕思勉读史札记》"夫人选老大夫为傅"条亦谓："其实彼言王者谓天子，公者谓诸侯，皆非谓人臣也。"上海古籍出版社，1982年，第245页。

于它的某一部分,例如它的最低等级。即使就文化传统而言,封建时代的大夫也同样承担着后来为"士阶层"所传承的文化;进而着眼于此期政治传统对帝国时代的"士大夫"的影响,就更不宜在讨论中把"大夫"排除在外了。

虽然以往的研究者们所称的"士大夫",一般是指两汉以下,特别是唐宋以后的儒生官僚或文人官僚;但是在本书之中,则将把这一称谓的使用推得更早,并且由之设定,当中国历史上的"士大夫"最初构成了一个分立的群体或阶层的时候,是在封建时代;此时,他们是作为封建贵族官员阶级而出现于历史舞台之上的。

第三节　事·学·族

社会群体的等级分层和功能分化,固然在分析上是不同的过程,但在实际上它们并不能截然分开。等级分层,往往要以一定的功能分化作为基础。首先,统治阶级和被统治阶级这种区分,就不仅标志着财富,而且还标志着权力的不平等分配,从而使"统治"成为贵族阶级独占的事务。并且在中国古代,这种分层所导致的文化资源的不平等分配,还使贵族成了文化的集中代表者。在前面我们通过"士"这一称谓的义涵繁衍,解析出了一个等级分层过程;与之同时,"士"这一语词的另一些含义,还提示了封建士大夫的初步的功能分化形态。

《说文解字》:"士,事也。"士、事二字可以通假,古籍多见其例。《诗·周颂·桓》:"桓桓武王,保有厥士。"毛传:"士,事也。""厥士"即"厥事"。《管子·山至数》:"仓廪虚则国偪贱无禄。""国偪"即"国士"。[①] 这并不仅仅因为"士""事"同音相假。按"事""史""吏"古本一字,《说文解字》谓史"从又持中,中,正也"。但是甲骨文中史

---

① 句中"国偪"之"国"字,系据猪饲彦伯、马元材、闻一多等说校补。参看《管子集校》,科学出版社,1956 年,下册,第 1115—1116 页。

事同字皆作✦形，🡓为有柄猎具之象①，亦读事，如"癸酉，贞，方大出，立🡓(事)于北土。"甲骨文中有叀、叀等字，正为持🡓捕兽之象；又金文中兽(狩)字或作狱、狱，一从🡓，一从王。古文字义近形符每可通用②，而王字本即斧形同士。就是说，士、事构字皆与常用工具有关，士原有事义。

《白虎通义·爵》："士者，事也，任事之称也。""士"初为氏族正式成员，"事"初即当为渔猎耕作之事。随社会进化，生事日繁。国家产生之后，"士"逐渐成了贵族官员之称；社会的公共管理，也形成了政事。《说文解字》："事，职也。"在殷周史料中，"事"已常常特指国家政事。如《左传》成公十三年："国之大事，在祀与戎。"如《国语·周语上》："王曰，史帅阳官以命我司事。"韦昭注："司事，主农事也。"又前述"士"为理官，则事为讼事。祀事、戎事、农事、讼事，皆王朝大事。周之册命彝铭，每有令受命者"用事"之语。《颂鼎》："王曰，颂，令汝官司成周贾廿家……用事。"《贤簋》："公叔初见于卫，贤从，公命事。"《说文解字》："命，使也。"而使、事古亦一字。贵族领受爵命，则有职事。"偕偕士子，朝夕从事。""事"特指"政事"这样一点，甚至还延续到了后世。例如汉代时王朝旧制旧典，就称为"故事"。《论衡·程材》："然而儒生务忠良，文吏趋理事。……儒生所学者，道也；文吏所学者，事也。"这里"事"指的就是政事。魏晋以下，"事"犹特指公文案卷。③ 顾炎武《日知录》卷九谓"则谓之士者，大抵皆有职之人"，作为封建贵族的

---

① 参见王贵民：《说邾史》，收入胡厚宣主编：《甲骨探史录》，三联书店，1982 年。陈梦家、胡厚宣亦以"史"为田猎之具。陈梦家说"古祭祀用牲，故掌祭祀之史亦即博兽之吏"，见其《史字新释》，《考古社刊》第 5 期，1936 年。胡厚宣认为"史"初为武官，见其《殷代的史为武官说》，《全国商史学术讨论会论文集》，殷都学刊编辑部，1985 年。又王国维释"史"字为以手持(筹码)之形，见《观堂集林》卷六，《释史》。徐复观释"史"之字形为"右手所执之笔，由手直通向口"，见其《原史——由宗教通向人文的史官文化的成立》，《两汉思想史》(卷三)，学生书局，1979 年，第 224 页。兹不取。

② 可参看高明：《中国古文字学通论》，文物出版社，1987 年，第三章第三节，"意义相近的形旁互为通用"。

③ 可参看周一良：《魏晋南北朝史札记》，中华书局，1985 年，"南史札记"部分"事"条。

"士"，是封建国家行政之"事"的主要承担者。

称"士"有"任事"者的意味，是因为封建士大夫既是贵族，又是官员。这一结论当然不仅仅是从字义训诂之中得出的。在中国古代的封建时代，已经存在着颇具规模和较为复杂的官员体制，并已蕴涵了后世之官僚帝国体制赖以演生的因素了。加入了军事联盟的各个氏族、部落或方国的大小首领，随着王权的强化，他们也开始逐渐地向各级贵族官员演化。在《左传》昭公十七年中，郯子的一段追溯颇为有趣：

> 我高祖少皞挚之立也，凤鸟适至，故纪于鸟，为鸟师而鸟名。凤鸟氏，历正也。玄鸟氏，司分者也。伯赵氏，司至者也。青鸟氏，司启者也。丹鸟氏，司闭者也。祝鸠氏，司徒也。鴡鸠氏，司马也。鸤鸠氏，司空也。爽鸠氏，司寇也。鹘鸠氏，司事也。五鸠，鸠民者也。五雉，为五工正，利器用，正度量，夷民者也。九扈，为九农正，扈民无淫者也。

少昊氏"以鸟名官"，鸟其实也是少昊部族的图腾。上古氏族之名，与氏族首领之名时或为一，"凤鸟"以下诸氏，大约也是以鸟为图腾的母族之下的各个子族之名，或军事联盟的各个加盟氏族之名；反过来说，它们可能同时也都是各位氏族首领之名。在此我们就看到，子族或加盟氏族的首领们，彼此开始有了职能的分工，各个氏族的首领分别地担任了不同的职事；他们的身份，因而就初步具有了官员的意味。

《左传》下文又谓："自颛顼以来，不能纪远，乃纪于近，为民师而命以民事，则不能故也。"杜预注："颛顼氏，代少昊者。德不能致远瑞，而以民事命官。"这种由"纪远"到"纪近"、由"以鸟名官"到"以民事命官"，其实未必是"德不能致远瑞"所造成的；从官员体制发展的角度来看，这很可能倒是一种进步。又如《尚书·舜典》记舜命禹作司空，弃作后稷，契作司徒，皋陶作士，垂作共工，益作虞，伯夷作秩宗，夔典乐，龙作纳言。这里的各位受命任事者，大抵都是诸部首领，例如，禹为夏族首领、弃为周族首领而契为商族首领；而且此时的官称，都已经是

"以民事命官"了。我们并不就把《左传》《尚书》的上述记载视为信史，事实上的相应演变可能要漫长曲折得多；但是这些记载传说至少暗示了这样一个过程：部落联盟的显贵们除了族酋身份之外，又在逐渐地生发出官员身份。而且，在各个子族或加盟诸族的内部，也应当存在着类似的演进过程。

一方面，"士"作为武士集团，随着征服和共同体的扩大而发展为军官阶级，并且因逐渐承担起民政而演化为行政官员；另一方面，"士"，即与"王"意义相近的"士"，作为加入了军事联盟的各族各类大小首领，即"多王"或"多士"之类，也逐渐因上述分工任事的过程，而发展出了最高王权之下的行政官员身份。夏王朝时国家业已产生，分官设职的情况当有进一步的发展。史称此时有"六卿"，又称"六事之人"，见《尚书·甘誓》；有"稷"主农事，见《史记》；又有牧正、车正、司空、遒人、大理、啬夫、官占、太史令、羲和、瞽、庖正等等，杂见诸书。商王朝亦有"殷正百辟"或"百僚庶尹"，其见于甲骨文者，如宰、卜、史、工、马、亚、射、卫、尹、臣等等。西周时代的官员体制与国家政务已经较为复杂了。根据张亚初、刘雨对此期金文官制的考察，"西周早期有五十种职官专称和十一种职官泛称。到西周中期，职官名发展到七十九种，职官泛称增加到十三种。到西周晚期，有了进一步的发展，职官名增加到八十四种，比西周中期又增多了十一种。西周晚期与西周早期相比，职官名增加了近一倍"[1]。王廷有卿事寮、太史寮两大官署系统，前者着重处理政治行政事务，后者着重处理宗教文化事务。[2]《尚书·立政》："立政：任人、准夫、牧作三事；虎贲、缀衣、趣马、小尹、左右携仆、百司庶府；大都小伯、艺人、表臣百司；太史、尹伯、庶常吉士；司徒、司马、司空、亚旅；夷、微、卢烝、三亳阪尹。"这众多官职，都由"庶常吉

① 张亚初、刘雨：《西周金文官制研究》，中华书局，1986 年，第 148 页。

② 参见前注所揭书"三，总论"；以及郭沫若：《周官质疑》第一、二节，收入《金文丛考》，人民出版社，1952 年，第 49—81 页；杨宽：《西周中央政权机构剖析》，《历史研究》1984 年第 1 期。又李零先生赠予的《西周金文中的职官系统》一文，对于卿事寮、太史寮的分工及辖官情况，亦做了进一步的讨论。

士""济济多士"们担任。《周礼》记有官职三百五六十种,所记虽然非必西周实情①,但由卿、大夫、士等各级贵族分任庶务一点,则应是自西周已然了。他们构成了天子诸侯之下承担各种政务的官员阶级,这种官员体制的初步规模和复杂程度,已经意味着一定程度的功能分化了。

"士"这一称谓除了具有任事者的意味之外,还有指称拥有知识技艺者的意味。《谷梁传》成公元年:"古者有四民,有士民,有商民,有农民,有工民。"范宁注"士民"曰:"学习道艺者。"杨士勋疏引何休说:"德能居位曰士。""德"可以理解为居位任事者必备之知识,它的获得要通过"学习道艺"。《白虎通义·爵》释"士"为"任事之称",又曰:"故《传》曰:通古今、辨然否,谓之士。""任事"则必须"通古今、辨然否",掌握基本的技能。故"士"与"学"有必然联系。"士"可通"仕"。《说文解字》:"仕,学也。""仕"可训"学",这当是一个渊源古老的义项。

或以为"四民"社会乃战国以后之事,至战国社会方出现了"士阶层",前此则无;如顾炎武即作此说。又《谷梁传》杨士勋疏云:"若以居位则不得为民,故云学习道艺者。"此说亦稍拘泥于官、民之截然两分。封建时代之"仕"与后世不尽相同,仕于天子、仕于大夫皆可为"仕"。"士"这一称谓,本可以在"继世之义"和"官人之爵"的不同意义上使用。封建时代贵族子弟依礼法习俗皆须幼年入学学习,此时他们特称"学士",其身份介于官、民之间:虽不同于受命之官员,但也不宜视同

---

① 《周礼》一书的成书年代,向有西周说、春秋说、战国说、周秦之际说、西汉说等,聚讼纷纭。近来对此讨论的有关叙述,可参看余英时:《〈周礼〉的考证和〈周礼〉的现代启示——金春峰〈周官之成书及其文化与时代新考〉》,《中国文化》1990 年第 3 期;以及彭林:《〈周礼〉主体思想与成书年代研究》,中国社会科学出版社,1991 年,第一章"《周礼》成书年代研究的方法问题"。李学勤相信其为西周作品,虽然还不等于实际制度(根据李学勤在 1992 年 5 月 10 日的一次演讲)。又李零所赠《西周金文中的职官系统》一文认为,"但是以系统核系统,我们还是应当承认西周金文的官制与《周礼》的官制差异是很大的。……就总体而论,我们还是应当承认《周礼》代表的已是一种后期的系统"。虽然如此,《周礼》一书中,确实包含着许多西周时代的宝贵史料。

于庶民。尽管这样一大批人未必就等同于《谷梁传》所说的"士民"——那一"士民"或许是指"士乡"之国人甲士；但如果着眼于"学习道艺者"一点的话，我们也不妨将此国子学士视之为"士民"。他们与后世的"士民"——士阶层——在"学习道艺""德能居位"上，确实有某种相近之处。

《周礼·春官·乐师》："诏及彻，帅学士而歌彻。"郑玄注："学士，国子也。""学士"即国子、士庶子或庶子。又《仪礼·丧服》："大夫及学士则知尊祖矣。"贾公彦疏："此学，谓乡庠序及国之大学、小学之学士。《文王世子》①亦云'学士'。虽未有官爵，以其习知四术、闲知六艺……得与大夫之贵同也。"《左传》襄公九年："其大夫不失守，其士竞于教。"又《墨子·七患》：称灾年则"人君彻鼎食之五分之三②，大夫彻县，士不入学"。这两处"竞于教""入于学"的"士"，皆列于大夫之后，正与《丧服》相合。据《周礼》等书所述，学士要接受乐师、公族、宫伯、诸子、诸司马等等官员的教训和管辖，并要参加祭祀宴乐、宿卫征伐等众多活动。古之学校不尽同于后世，它也是进行诸多政治、文化、社会和军事活动的场所③，贵族子弟在就学的同时又承担各种职事，这并不奇怪，这也是他们学习各种知识技能的重要途径。《左传》成公十八年："荀家、荀会、栾黡、韩无忌为公族大夫，使训卿之子弟。"这种有待教训的卿大夫子弟，其身份应该就是学士。

《礼记·内则》谓男童六岁受教，"二十而冠，始学礼，可以衣裘帛、舞大夏。……四十始仕"。"四十始仕"固然不能尽信，但是贵族子弟入仕之前的身份，大约就是学士。古时入大学的年龄，或曰十五，或曰

---

① 原作"文王之世子"，"之"字据《十三经注疏校勘记》删。

② 原作"五分之五"，据孙诒让《墨子间诂》校改。

③ 如杨宽所言，"西周大学不仅是贵族子弟学习之处，同时又是贵族成员集体行礼、集会、聚餐、练武、奏乐之处，兼有礼堂、会议室、俱乐部、运动场和学校的性质，实际上就是当时贵族公共活动的场所"。这种学校保存了相当的原始性质。见其《我国古代大学的特点及其起源》，收入《古史新探》，中华书局，1965 年，第 202 页。

十八,或曰二十,诸说不一。① 以"九年大成"计,学士的身份,无论如何也要延续到"二十而冠"之后。如以二十入大学计,则学士二十九岁方能出学。《周礼·春官·大胥》"掌学士之版"句注引汉《大乐律》:"卑者之子,不得舞宗庙之酎。除吏二千石到六百石、及关内侯到五大夫子,先取适子,高七尺已上,年二十到三十②……以为舞人。"此制学人以为源于周代国子二十学舞大舞、参与祭祀之制。《大乐律》规定舞人年龄以"三十"为限,则周代之学士如未出仕,其学士身份大约也要延续到三十左右。"学士"固然不同于平民甲士和农、工、商之"民",但是他们尚未受命居位,也不得视之为"官"。章太炎谓:"周之故言,仕、学为一训。《说文》:'仕,学也。'何者? 礼不下庶人,非宦于大夫,无所师。"③按"仕"可训之为"学",似当从学士制度求之。学士既受教育,又有职役,其事在仕、学之间。学士的数量当然多于居位的贵族官员;在某种意义上,也不妨将之视为"古"之"士民"。战国时代作为自由学者和文化人的那种"学士",究其渊源,与封建时代的上述那种"学士",不能说没有某种关系。

周代学宫之所习者,据彝铭所记,"射"是其主要内容之一。顾颉刚因谓"吾国古代之士,皆武士也"。文献记士人当学之"六艺",为礼、乐、射、御、书、数,其中射、御两项显为武事。又顾氏谓"礼有大射、乡

---

① 十五入大学的说法,如《汉书·食货志》:"八岁入小学,学六甲五方书计之事,始知室家长幼之节;十五入大学,学先圣礼乐,而知朝廷君臣之礼。"十八入大学的说法,如《大戴礼记·保傅》卢辩注引《尚书大传》:"十五年入小学,十八入大学。"二十入大学的说法,亦见《尚书大传》:"古之帝王者,必立太学、小学,使公卿太子、大夫元士之嫡子,十有三年,始入小学,见小节焉,践小义焉;年二十入大学,见大节焉,践大义焉。"见《太平御览》卷一四六引,及《大戴礼记·保傅》卢辩注引。

② "二十"原作"十二",依贾公彦疏校改。惠栋引《续汉志》驳贾疏以为"十二"不误,孙诒让曰:"但汉制似依放周国子二十学大舞之法,则究当如贾说'十二'作'二十'为是。"见《周礼正义》。

③ 章太炎:《检论》卷四,《正颜》,《章太炎全集》(三),上海人民出版社,1984 年,第 471 页。

射,乐有驺虞、狸首",言礼乐二项实亦武事。① 按礼有军礼。《周礼》记军礼有大师、大均、大田、大役、大封。又古乐官所司之乐,实兼乐、歌、舞三者而言。《周礼·地官·大司徒》"六艺"郑注:"乐,六乐之歌舞。"驺虞、狸首乃乐工所奏之乐曲,"舞"则与学士军训直接相关。《大戴礼记·夏小正》:"(二月)丁亥,万用入学。……万也者,干戚舞也;入学也者,大学也。"② 又如《礼记·文王世子》:"凡学(通"教",下同)……春夏学干戈,秋冬学羽籥,皆于东序。小乐正学干,大胥赞之;籥师学戈,籥师丞赞之。"郑玄注:"干戈,万舞。"干戚、干戈之舞于《周礼》为兵舞,属武舞。《左传》庄公二十八年:"楚令尹子元欲蛊文夫人,为馆于其宫侧而振万焉。夫人闻之,泣曰:先君以是舞也,习戎备也。"是习戎备则为万舞。③ 按出土的殷代兵车所配兵器,既有弓矢又有戈刀④,搏杀中戈之作用不亚于弓矢,而干戈乃由万舞而习,故"舞"与"射"实同样重要。可见周之学校的礼乐课程,确实有军事性质。

---

① 参见顾颉刚:《武士与文士之蜕化》,《史林杂识初编》,中华书局,1963 年。西周学校教射,又可参看杨宽:《我国古代大学的特点及其起源》,他指出周代学校教育内容也包括"礼乐"和"诗书"。

② 《夏小正》相传为夏代文献。"丁亥,万用入学"句,似为较古之文字;"万也者"以下,似为后儒之传注。

③ 《礼记·文王世子》郑玄注:"干戈,万舞,象武也,用动作之时学之。羽,籥舞,象文也,用安静之时学之。"又《公羊传》宣公八年:"万者何,干舞也;籥者何,籥舞也。"均以万舞为一事,籥舞为一事。陈乔枞《韩诗遗说考》之"简兮"条,则以为"万者,舞之总名,干戚、羽籥皆是。"见《清经解》卷一五九。又孙希旦《礼记集解》《檀弓》注亦云:"万兼文武。"但万舞含军技训练内容在内,可无疑问。马叙伦《说文解字六书疏证》卷二十四:"盖舞起于战胜凯旋,图通之武字,盖为一人持戈作舞形。"于省吾《双剑侈古文杂释》亦指出武舞同字。据《诗经》《礼记》等,象、大武等舞均与武事有关。又如《史记·孔子世家》记夹谷之会,齐景公进"四方之乐","于是旍、旄、羽、被、矛、戟、剑、拨,鼓噪而至"。矛、戟、剑、拨,皆兵器之为舞具者。

④ 参见北京大学历史系考古教研室商周组编著:《商周考古》,文物出版社,1979 年,第 76 页;以及中国社会科学院考古研究所编:《新中国的考古发现和研究》,文物出版社,1984年,第 233 页。

早期教育文武不甚分,但随着文明的发展,其"文"的色彩不能不与日俱增。周尚文,以"郁郁乎文哉"为孔子盛赞。射有主皮之射、有礼射,一重力而一重礼①;舞亦有干戚之武舞,又有羽龠之文舞。至于"六书九数",相对于"武"而言自当属"文",顾颉刚亦承认其为"治民之专具"。②《礼记·王制》称乐正"顺先王诗书礼乐以造士,春秋教以礼乐,冬夏教以诗书"。又同书《文王世子》:"瞽宗秋学礼,执礼者诏之;冬读书,典书者诏之。"《周礼·春官》记大司乐教国子以乐德、乐语、乐舞。礼乐是维系贵族社会秩序的主要支柱与纽带,被认为具有"以承天之道,以治人之情,故失之者死,得之者生"的重大意义;故礼乐修养,也就成了学士必修之主课。又诗书,乃与礼乐相辅相成者。《国语·楚语》记申叔时论太子之当学,有《春秋》《世》《诗》《礼》乐、《令》《故志》《训典》等等,颇为可观。据《左传》《国语》等,这些也正是贵族通常所修习、所称引者。《周礼》言大司乐教之以"乐语",为兴、道、讽、诵、言、语,亦即记诵、表述与论说之知识技巧。又"道",郑玄注:"读曰导。导者,言古以剀今也。""古"包括古事、故训、旧制之类。《说文解字》:"古,故也。"章太炎谓:"然则先民言故,总举之矣,有故事者,有故训者。"③《左传》定公十年孔子谓"齐鲁之故,吾子何不闻焉?"吕思勉谓:"此即朝觐会同之礼,《周官》大史所掌。不曰礼而曰故者,礼据成宪言,故据成事言也。"④《国语·周语上》:"赋事行刑,必问于遗训而咨之故实。……然则能训治其民矣。"诗书为先王制礼作乐、遵礼用乐之成文记录,亦为居位任事者必备之知识。

周之教育制度,具有鲜明的等级性。据《周礼》所记学制,朝廷有师氏、保氏、大司乐教国子,六乡有大司徒教国人,六遂则自遂师以下无

---

① 《论语·八佾》:"君子无所争,必也射乎! 揖让而升,下而饮,其争也君子。"余英时谓:"其时'射'在周代决不完全是军事训练,其中含有培养'君子'精神的意味。"参见其《士与中国文化》,上海人民出版社,1987 年,第 23 页。

② 顾颉刚:《武士与文士之蜕化》。

③ 章太炎:《国故论衡·明解故上》,上海大共和日报馆,1912 年,第 98 页。

④ 《吕思勉读史札记》,上海古籍出版社,1982 年,第 231 页。

庠序之文。蒙文通谓：“六乡大比，宾兴贤能；六遂大比，则行诛赏。乡、遂二者，治绝不同。言六遂以下有学者，经师之过也。刘彝言：‘古者乡学教庶人，国学教国子，乡学所升，不过用为乡遂之吏，国学所升，则命为朝廷之官，此乡学、国学教选之异，所以为世家、编户之别也。’是其区辨世庶，厘然不惑，而乡、遂之异，则犹未及论。”①因朝廷、乡、遂学制之别，贵族、国人、野人在文教水准上遂亦较然有别。《诗·鄘风·定之方中》毛传称说“九德”：“故建邦能命龟，田能施命，作器能铭，使能造命，升高能赋，师旅能誓，山川能说，丧纪能诔，祭祀能语，君子能此九者，可谓九德，可以为大夫。”②观其所述，这必定是个颇为古老的说法，正可为“德能居位曰士”之“德”作一注脚。《左传》襄公三十一年记子产称“侨闻学而后入政，未闻以政学者也”；又同书昭公十八年说周大夫原伯鲁不悦学，闵子马称：“夫学，殖也，不学将落。原氏其亡乎！”是不学则不能从政，宗族不免因之而衰。故其时颇以“好学”“敬学”为美德，有“人生而学，非学不入”“人不可以不学”之强调，君主时将“敬教劝学”视为要务。③ 士大夫临事则引书据典，博喻取义，旨远辞微，彬彬有礼，文采粲然可观，显示了深厚的文化素养。“学习道艺”，确实构成了士大夫区别于庶民的固有特征。

我们看到，“士”与“事”、与“学”皆有密切关系。士大夫在垄断政治事务、拥有文化教养上的优势，业已显示了这一群体与角色的功能分化。但是在另一方面，这种分化又是颇为有限的。此期的官务职事与文化教育，在复杂、发达程度上还远不能与后世相比，并且是深深地混溶于宗法封建体制之内的。所谓“宗法”，本是一种处理宗族关系的礼俗制度；然而在中国古代，它与封建国家的政治形态，自初就有了难解

---

① 蒙文通：《儒家政治思想之发展》，《古学甄微》，巴蜀书社，1987年，第176页。

② “可为九德”原作“可谓有德音”，《十三经注疏校勘记》推测说“当是‘可为九德’”。兹依之径改。

③ 分见《国语·晋语七》祁奚称祁午“好学而不戏”，《晋语八》范鞅自谓欲“敬学而好仁”，《晋语四》胥臣论教诲之力，《晋语九》范鞅戒其所知，以及《左传》闵公二年：“卫文公大布之衣，大帛之冠，务材训农，通商惠工，敬教劝学，授方任能……”

难分的密切关系。不少学人都注意到,在中国早期的国家形成过程中,
"族",或说是亲缘关系的因素,并没有像雅典建国过程那样,因让位于
地缘、财产关系而趋于衰落①;与之相反,"族"由于具有了政治意义,而
表现为一个相当活跃的因素。侯外庐把这种保存了氏族"躯壳"或"纽
带"的国家形成过程,称之为"维新"路线。② 张光直认为,西方历史上
的国家形成模式不适于中国古代,因为这里的国家"基政权分配于血
缘关系"。③ 杜正胜谓中国古代早期产生的姓氏"都是政治术语,治理
土地和人民的象征"。④ 又如马雍所言,"第一,'命姓受氏'是来源于
建德立功;第二,'姓'与'氏'是有爵有土的贵族才能拥有的标志",
"胜利的贵族占有一定的统治区域(分土)或担任各种级别的官职,他
们便取得'受姓'的荣耀"⑤。这也显示了亲族与政权最初就处于难解
难分的关系之中。

　　古时"天下万国",氏族林立。商代的甲骨文中,屡见"三族""五
族""王族""子族""多子族"一类记载。丁山相信,根据甲骨文,商代
已知氏族至少有二百个以上,"可以说,殷商后期的国家组织,确以氏

---

① 在公元前 6 世纪的古希腊雅典,梭伦的改革按财产把公民分成四个等级,克里斯提尼的
　　改革又把阿提卡依地域划分为一百个"德莫"(demo)。于是遂如恩格斯所言,"血族制度
　　的各种机关便受到排挤而不再过问社会事务,它们下降为私人性质的团体和宗教会社"
　　了(《家庭、私有制和国家的起源》,人民出版社,1972 年,第 115 页)。

② 参见侯外庐:《中国思想通史》(第一卷),人民出版社,1957 年,第一章"中国古代社会和
　　古代思想"以及《关于亚细亚生产方式之研究与商榷》《中国古代社会与亚细亚生产方
　　式》二文,收入《侯外庐史学论文选集》(上),人民出版社,1987 年。

③ 张光直:《中国青铜时代》,三联书店,1983 年,第 52—53 页。

④ 《吾土与吾民》(中国文化新论·社会篇),台北:联经出版事业公司,1982 年,第 10—13 页。

⑤ 马雍:《中国姓氏制度的沿革》,《中国文化研究集刊》第二辑,复旦大学出版社,1985 年。
　　杜正胜说:"古代姓氏……和血缘没有必然的关系。……同父同母的兄弟变成不同的族
　　类……由于统治地区和人民不同,虽同胞兄弟也不同姓,可见姓是政治的符号,而不是血
　　缘的象征。"见前注引文。对同胞兄弟获得了不同的姓的现象,马雍解释说这大概与多妻
　　制下沿用母姓有关;但他也强调"赐姓命氏"的政治意义,例如周初之赐姓表示对异姓诸
　　侯"政治上予以承认"。

族为基础"①。商代国家的重要基础之一,就是商王族与各个氏族间的统属、联盟和征服、敌对关系。② 周王伐纣所从之"八百诸侯"以及被征服的"殷民六族""殷民七族""怀姓九宗"等等,也都是氏族组织。周初大封建所立之国,大多为同姓,即所谓"文之昭""武之穆""周公之胤";所谓"封建亲戚以藩屏周"。这颇类似于氏族的增殖与分裂;相应的宗法制度,也有确定母族与子族关系的意味。尽管对确定大宗、小宗与族人权利义务的宗法制度,至少存在着两种理解③,但是亲缘关系和政治关系此时具有更高的混溶与重合程度,却是无可置疑的。周以父系单系世系为主导,特别地强调父统和父权;而宗主对各级君位(古"有土者"即可谓"君")、爵位的继承权利,使君主权力保留了浓厚的父家长性质,并使宗法等级与封建等级,紧密地结合起来了。

正如《左传》襄公十四年所言:"是故天子有公,诸侯有卿,卿置侧室,大夫有贰宗,士有朋友,庶人工商皂隶牧圉皆有亲暱,以相辅佐也。……自王以下,各有父兄子弟,以补察其政。"宗法制度对于贵族

---

① 丁山:《甲骨文所见氏族及其制度》,中华书局,1988 年,第 32—33 页。

② 例如朱凤瀚对商人诸宗族与商王朝的研究表明,"商王国的社会组织结构在一定程度上与商族共同体内的亲族组织相统一,这透露了我国历史上早期形成的国家都是由父系的氏族(或部落)联盟转化而成的。"见其《论商人诸宗族与商王朝的关系》,《全国商史学术讨论会论文集》,殷都学刊编辑部,1985 年。在一段时间里,国内一些学者参用雅典的建国模式,以阶级斗争来解释中国早期国家的形成。近年来这有了一些变化,包括族际的征服与联盟在内的其他一些原因,得到了更多的重视。参见叶文宪:《中国国家起源问题研究综述》"二,中国国家形成的原因和途径",《中国史研究动态》1991 年第 3 期。

③ "宗法"一词,或说始于北宋张载,见《张子全书》卷三,《经学理窟·宗法》。今人对"宗法"的异说,涉及宗统和君统的关系。对《礼记·大传·丧服小记》所记之宗法,或以为这种宗法不及于君统。王国维说宗法"为大夫以下设,而不上及天子诸侯"。见《观堂集林》卷十,《殷周制度论》。另一些学者认为,宗法制度的支配范围应该包括君统在内。周灭商之前只是一邦,邦君当然同时又是宗主,其支庶为小宗。周王成为天下共主之后,周支庶同姓封于各地,但大宗小宗关系并未中断。这样,天子当然就成了同姓诸侯的大宗了。王国维亦谓"天子诸侯虽无大宗之名,而有大宗之实(出处同前引)"。在下文中,我们将用"政统"与"亲统"的更大重合或混溶,来表述二者之间的关系。

社会组织的深刻影响,在宗庙族墓制度、世系姓氏制度、嫡长子继承制度、族长家臣制度等众多方面都体现出来了。① 固然宗法不及异姓,但是异姓领主亦各有其宗法组织;并且异姓宗族之间可以通过婚姻而形成"甥舅"关系,从而被纳入亲缘网络。② 周时天子、诸侯称同姓领主为伯父、叔父,称异姓领主为伯舅、叔舅;又同姓领主互谓"兄弟",异姓领主或为"婚姻"。这些称谓都意味着实际的政治权利和义务。我们并不认为周代国家仅仅是一个"家的放大",它已经具有了相当的公共政治性质;即使就社会基层组织而言,它们大约也已由氏族单位发展到所谓"农村公社共同体"了。但是其间亲缘关系、宗族组织浓厚传统影响及其与政治领域的混溶程度,仍然每每使人产生如下观感:"卿大夫以采邑为家,诸侯以国为家,天子以天下为家。周天子就是以天下为家的这个家族系统的总族长。每个在血缘关系中处于不同等差的家族,同时也就是国家政治结构的不同环节,政权与族权合一。"③

封建"士大夫"原是由作为氏族正式成员的"士"经漫长发展而来的,并与加入了军事联盟的各级各类氏族首领逐渐发展出最高王权下的官员身份这一过程相关。这是一个相当漫长而且颇具连续性的过程。其间,那些最为古老、最具原生性质的东西,以变化了的形式在政治领域中保留了深厚的影响,氏族纽带就是其一。国家已经产生并且较为发达了,社会的等级分层却采取了宗法封建制的形式;作为功能分化因素的行政管理和文化教育,深深地混溶于这一体制之内。这一事实具有重要意义,它表明,政治等级、亲缘等级和文化等级这三者,在此

---

① 可参看杨宽:《试论西周春秋间的宗法制度和贵族组织》,收入《古史新探》。亦可参考谢维扬:《周代家庭形态》,中国社会科学出版社,1990 年;朱凤瀚:《商周家族形态研究》,天津古籍出版社,1990 年;以及钱杭:《周代宗法制度史研究》,学林出版社,1991 年;及其他著作。

② 童书业甚至把"甥舅"关系也视同宗法,见氏著《春秋左传研究》,上海人民出版社,1980 年,第 148 页及第 390 页。又周代亲系也追溯女性祖先,这主要是男性祖先的配偶,周人认为女性祖先对后裔也有庇护力,见谢维扬:《周代家庭形态》第一章第一节"双重世系"。这当然会强化"甥舅"关系的政治意义。

③ 苏凤捷:《试论中国古代社会的特点及其成因》,《中国史研究》1984 年第 1 期。

期是高度重合的；封建士大夫拥有政治权力、文化教育，同时又因亲缘网络而结为一体。"士"训"事"、训"学"，又处于"族"中——他们是宗法贵族。与这种体制相适应的，也是一种独特的政治文化形态——"礼"。在下面一章中，我们就将展开对"礼"的解析。

第三章　封建士大夫的政治文化传统
——"礼"

　　人类各民族的早期社会大约会有不少共同之处,然而此期也必然产生某些文化差异,它们在后来每每导致了重大的不同。在中国古代早期的社会等级分层过程中,一个可以称为"士大夫"的阶级产生了,他们是封建贵族官员阶级。在西周和春秋时代,这种等级分层大致说来就构成了社会群体分化的主要形式;并且在春秋时期,这种分层在制度上已经相当地精致和周备了。虽然春秋,特别是春秋的中后期,也被说成是个"礼崩乐坏"的时代,但是一种制度在礼法上发展到精致周备,与其实际上的开始衰落,却也经常地发生于同一时期,这两方面未必全是矛盾的。既然我们把封建士大夫看成中国士大夫阶级的最早形态,那么这一阶级的政治文化传统,就理所当然地成了我们的注目焦点。因为,它作为一种既存的文化基因,对于其后的变迁——对帝国时代士大夫政治的演生,产生了重大影响。中国古代社会的演进相对地较具连续性,早期传统的影响就尤其不能忽略了。

　　我们的讨论当然不会是面面俱到的,出于某种考虑它将有所侧重。在这一章中,被称之为"礼"的那个东西,将得到特别的注意。封建士大夫是"礼"的承担者。我们将用"礼治"来表述周代政治秩序的特质,并由"礼"入手,来解析"周政"所遵循的政治文化模式。在这一章中我们将要论证,在本书的视角之中,所谓"礼",是在分化程度方面处于"俗""法"之间的一种政治文化形态;"礼治"的精义,在于君道、父道和师道的三位一体,"尊尊""亲亲"和"贤贤"的相异相维。与"礼"相适应的政治角色典范,是所谓的"君子",他们是"尊者""亲者"与"贤者"的精致融合物。尽管以往的许多论者,都已指出周政重"礼"、以

"礼"治国,并且他们的阐说也都构成了本书立论的有益参考;但是,由于本书的论题是中国古代士大夫政治的演生,并且如第一章所述,在此我们特别关注的是一种以独特方式表述、安排和处理社会分化与整合问题的政治文化模式与传统,因此这里对于"礼"所做出的解析,在许多方面就将颇有不同。

第一节　礼治:"俗""法"之间

最早出现于中国历史上的可称为士大夫的那个阶级,既是政务的承担者,又是文化的承担者,他们所服务的国家体制又具有强烈的"族"的色彩——深刻地依赖于亲缘纽带。亲缘关系是最具原生性的人际关系,氏族是最原始的人类社会组织形式,因此它们在功能上最少分化、最富混溶性。但中国古代国家形成过程中亲缘关系与国家政制的长期纠缠不清、社会的功能分化推进缓慢,却并不一定就意味着这一社会始终如一的原始性。在漫长的宗法封建时代,文明依然在随时间的流逝、随人类活动的展开而不断积累、不断进步。于是,功能的混溶性、亲缘的弥散性等等,反而因文明的进化而升华了,反而最终形成了一种相对其社会分化程度而言是相当精致的文化形态和相当丰厚的文化传统。对之,我们已经不宜以"粗泛""原始"一类语词加以评述了。这样一种文化形态和文化传统,我们不妨用"礼"加以概括。

卜辞中已有豊、㗊、㗊等字,王国维以为即是"礼"字,它初指"奉神人之器","又推之而奉神人之事通谓之礼"。[1] 就是说"礼"来源于祭祀。近年来何炳棣继续发挥这一说法:"最原始最狭义的礼是祭祀的仪节。"[2]又杨宽认为,"礼"的产生关涉于"醴":"敬献用的高贵礼品是'醴',因而这种敬献仪式称为'礼',后来就把所有各种尊敬神和人的

① 王国维:《观堂集林》,卷六,《释礼》。按邱衍文又以为礼之初字即作"礼",礼字肇造不晚于仓颉之时。见其《中国上古礼制考释》,台北:文津出版社,1980年,第二章。其说多属臆测,录此聊备一说。

② 何炳棣:《原礼》,《二十一世纪》第十一期,香港中文大学文化研究所,1992年6月号。

仪式一概称为'礼'了。"①文字学家的研究则提供了新的线索。裘锡圭指出"豊字应该分析为从壴从珏"，"本是一种鼓的名称"；②林沄说"豊"字从珏从壴，"这是因为古代行礼时常用玉和鼓。孔子曾经感叹说：'礼云礼云，玉帛云乎哉！乐云乐云，钟鼓云乎哉！'这至少反映古代礼仪活动正是以玉帛、钟鼓为代表物的。"③这颇能加深我们对"礼"的认识。就"礼"字之初形与后世所谓"玉帛""钟鼓"的阐说而论，"礼"是个一脉相承的东西这样一点，已是昭然可见了。

虽侯外庐说"在《诗》《书》中，'礼'字并不多见"④；郭沫若谓"'礼'字是后起的字，周初的彝铭中不见有这个字"。⑤然而就《左传》《国语》等书所见，春秋时论"礼"之语已渐多渐精。《左传》中"君子"经常在讨论"礼也""非礼""知礼""有礼"的界限⑥，其论"礼"处多达462处；《论语》讲"礼"亦达75处⑦。今存之《仪礼》及二戴《礼记》，记"礼"论"礼"细针密缕、条分缕析，其中相当一部分篇章内容约成于春秋末年及战国时代。⑧并且在传世礼书制作之前，就已经存在着各种

---

① 杨宽：《"乡饮酒礼"与"飨礼"新探》，"四，由'乡饮酒礼'和'飨礼'推论'礼'的起源和'礼'这个名称的来历"，收入《古史新探》，中华书局，1965年。

② 裘锡圭：《甲骨文中的几种乐器名称》，《中华文史论丛》1980年第2辑。"至于'豊'字为什么从'珏'，还有待研究。也许这表示豊是用玉装饰的贵重大鼓吧。"

③ 林沄：《豊豐辨》，《古文字研究》第十二辑，中华书局，1985年。又周聪俊总结说："'豊'字盖合珏壴二文以成字，似为可信。……从壴者，盖以壴为鼓之初文，而鼓为古人行礼时之重要乐器，举凡祀天神，祭地祇，享宗庙，军旅，田役，大丧，莫不具备焉。故字以玉壴以表达行礼之义。"《说醴》，《第三届中国文字学国际学术研讨会论文集》，台北：辅仁大学出版社，1992年。

④ 侯外庐：《中国思想通史》，第一卷，人民出版社，1957年，第79页。

⑤ 郭沫若：《先秦天道观之进展》，《青铜时代》，人民出版社，1954年，第22页。

⑥ 《左传》中的"君子曰"非后人所附益，参见郑良树：《论〈左传〉"君子曰"非后人所附益》《再论〈左传〉"君子曰"非后人所附益》，见其《竹简帛书论文集》，中华书局，1982年。

⑦ 这一数字来自杨伯峻的统计，见其《试论孔子》，载《论语译注》，中华书局，1980年，第16页。

⑧ 参见沈文倬：《略论礼典的实行和〈仪礼〉书本的撰作》(下)，《文史》第16辑，中华书局，1982年。

记"礼"之典籍了。① 传世礼书的记述,不免踵事增华、编排损益的成分;但其对"礼"的细密记述,以及对之加以细密记述的浓厚兴趣,却绝非无源之水、无本之木。

作为"奉神人之事"的祭祀之礼,在卜辞中历历可见。罗振玉《殷虚书契考释》汇辑了二十多个祭名,陈梦家进一步汇辑了七类三十二个祭名。② 金文中所见祭祀、册命、饮至、执驹、学射等等,与鼎、簋等本身就是礼器一点,以及文献对冠、婚、丧、祭、聘、飨、朝、会等场面的记

---

① 沈文倬说:"天子、诸侯、卿、大夫、士经常举行各种礼典,他们必须自幼学习,成人后又长期实行,十分熟悉,在当时不需要记录成文",春秋以后"礼崩乐坏","某些统治者为了防止它的湮灭,才有必要撰作书本,以利保存"。见其《从汉初今文经的形成说到两汉今文〈礼〉的传授》,收入《纪念顾颉刚学术论文集》,上册,巴蜀书社,1990 年。他说"礼"被记录成文是春秋以后之事,其说可商。按春秋时有《军志》(见《左传》宣公十二年、僖公二十八年),有《御书》(见《左传》哀公三年),有《周志》(见《左传》文公二年),有《郑书》(见《左传》襄公三十年),有《夏书》(见《左传》襄公十四年、昭公十七年),有《誓命》《九刑》《虞书》(见《左传》文公十八年),有《三坟》《五典》《八索》《九丘》(见《左传》昭公十二年),有《春秋》《世》《诗》《令》《语》《故志》《训典》(见《国语·楚语》),这些典籍还未必皆成于春秋,其中许多可能还有更为古老的来源。形形色色的典籍之中独无记"礼"之书,旧事旧制多见之于记录而"礼"独"不需要记录成文",似无此理。《左传》文公十八年:"大史克对曰……先君周公制《周礼》曰:'则以观德,德以处事,事以度功,功以食民。'"这里的《周礼》未必是今所见之《周礼》,但它名之为"礼",并显然是成文的,故为后人所见。顾颉刚说:"周公制礼这件事是应该肯定的,因为在开国的时候哪能不定出许多的制度和仪节来。"见氏著:《"周公制礼"的传说和〈周官〉一书的出现》,《文史》第6辑,1979 年。《左传》哀公三年:"南宫敬叔至……命宰人出《礼书》。"又《国语·晋语四》:"(子余)对曰:《礼志》有之曰:'将有请于人,必先有入焉。欲人之爱己也,必先爱人;欲人之从己也,必先从人。无德于人而求用于人,罪也。'"又同书《楚语上》记子木语曰:"不然。夫子承楚国之政,其法刑在民心而藏在王府,上之可以比先王,下之可以训后世,虽微楚国,诸侯莫不誉。其《祭典》有之曰:'国君有牛享,大夫有羊馈,士有豚犬之奠,庶人有鱼炙之荐,笾豆、脯醢则上下共之。不羞珍异,不陈庶侈。'夫子不以其私欲干国之典。"《周礼·春官·大史》:"大祭祀……与群执事读《礼书》而协事。"就以上所见之各种《周礼》《礼书》《礼志》《祭典》等,其所记有政治原则,有道德说教,亦有典制仪文,与后世礼书颇为类似,应该就是传世礼书之制作所赖以取材者。
② 见陈梦家:《古文字中的商周祭祀》,《燕京学报》第十九期。

载,都证明了"过去有人主张礼书制作以后才会有礼典的实行,这种说法与事实恰恰相反,因而是错误的。经过出土实物与先秦典籍各方面的检验,完全证实殷、西周到春秋,由礼物、礼仪所构成的各种礼典,自在奴隶主贵族中普遍地经常举行"。①

虽然或如侯外庐、郭沫若所言,"礼"字早期并不多见;但由传世礼书对"礼"所做细密记载和着意阐发的浓厚兴趣,我们仍不难推知,在礼书所由自出的文化传统之中,"礼"必定具有过举足轻重的意义。人们或以为春秋是"礼崩乐坏"的时期,但此时人们对"礼"的阐发反而大大增加了。这当然是时人的思想认识向系统化、理论化进步的结果;与之同时,面对社会变动的刺激,人们为什么要用"礼崩乐坏"去描述、用维系"礼乐"去回应它们,这本身就已构成了问题。周代前期对"礼"的阐述不多,这未必就意味着此时"礼"无足轻重。社会发生变迁时人们随即就用"礼"与"非礼"的态度去回应问题,这正意味着在此之前,"礼"这个东西已经成为传统了。

古往今来对"礼"的解说可谓汗牛充栋,而我们的讨论则将不是面面俱到的。我们只准备将"礼"视为封建士大夫的政治文化传统,并观察其在社会分化这一特定视角中呈现出来的特质。我们的关注,并不止于实际的礼仪行为,更在于人们都是把哪些行事规则视为"礼"的,为什么,又为此做了什么样的论述。任何社会都有其礼节礼仪,但人们怎么看待它们,那就大为不同了。今人或其他一些社会的古人并不视之为"礼"者,在中国古代却被认为具有"礼"的意义,这很可能就指示了某种独特政治文化传统的存在。"礼"这个词的起源是一问题,但是到了周代,特别是春秋以下,所谓"礼"已有了更广的包容性和更复杂的含义;春秋以来对"礼"的阐释后来为儒家所继承发挥,从而形成了一脉相承的"礼治"政治精神,我们所关注的就是这个东西。

古人对"礼"有各种概括,或曰"三礼",或曰"五礼",或曰"六礼",

---

① 沈文倬:《略论礼典的实行与〈仪礼〉书本的撰作》,《文史》第 15 辑,1982 年。

或曰"九礼"。① 这未必皆是春秋以上的说法；但由于"礼"形成了一脉相承的深厚传统，而战国以来的儒者由于去古未远，其论述仍颇能得礼之精义，所以我们在此也将参用它们来进行分析。《周礼·春官·大宗伯》记有所谓"吉、凶、宾、军、嘉"之"五礼"，其吉礼十二，为禋祀、实柴、槱燎、血祭、貍沈、疈辜、肆献、馈、祠、禴、尝、烝；其凶礼有五，为丧、荒、吊、禬、恤；其宾礼有八，为朝、宗、觐、遇、会、同、问、视；其军礼有五，为大师、大均、大田、大役、大射；其嘉礼有六，为饮食、婚冠、宾射、飨燕、脤膰、庆贺。我们看到，"五礼"三十六目几乎无所不包，"礼"几乎涵盖了各个领域的社会活动，从政治、经济、军事、外交、宗教、教育，直到家族的日常生活。当然《周礼》的成书年代聚讼纷纭，"五礼"的内容编排，未必就纤毫不爽地等同于西周春秋的实际制度；且邵懿辰谓："故吉、凶、宾、军、嘉五者，特作《周官》者创此目，以括王朝之礼"，"祭祀、丧纪、昏冠、饮酒……乃天下之达礼也"。② 然而在此我们暂且旁置了"礼"的细节，而来观察诸礼的总汇中所显现的整体性质，那么，在各种编排的总汇之中，我们就能看到一种特有的政治文化模式。在西周、春秋之时，相当大一部分制度规范都属于"礼"，体现在朝觐、盟会、锡命、军旅、祭祀、藉蜡、丧葬、搜阅、射御、聘问、宾客、学校、选举、婚配、冠笄等等礼制之中。此时主要的社会活动的规范和程序，几乎都被视之为"礼"、采取了"礼"的形式，并是通过"礼"来完成的。

处于相近分化程度的社会里，大约也存在着类似的制度仪式；但问题的关键还在于，在古代中国，它们都是被人们视之为"礼"，并由此而被着意阐发，从而形成了重"礼"的深厚传统，这就是个颇具特征性的事实了。对客观仪制和主观态度我们有必要略加区分，在另一些情况下，人们是未必在"礼"的概念之下把如此之多的仪制节文集合融会在一起的。《史记·礼书》对"礼"的解释是"君臣朝廷尊卑贵贱之序，下

---

① "三礼"见《尚书·舜典》："有能典朕三礼。"注谓"三礼"为"天神、人鬼、地祇之礼"。"五礼"见下引《周礼》。"六礼"见《礼记·王制》，以冠、婚、丧、祭、飨、相见为"六礼"。"九礼"见《大戴礼记·本命》，以冠、婚、朝、聘、丧、祭、宾主、乡饮酒、军旅为"九礼"。
② 邵懿辰：《礼经通论》，"论五礼"及"论孔子定礼十七篇亦本周公之意"条。

及黎庶车舆衣服宫室饮食嫁娶丧祭之分",从君臣尊卑贵贱之政治秩序,到黎庶"饮食嫁娶丧祭"之日常生活,并不被视为遵循着不同法则的不同社会领域;相反,当它们都被视之为"礼"的时候,至少就在观念上具有了同等的意义与性质。换言之,在后世或其他社会可能分属于不同社会领域的那么多规范与仪制,古人将之统称为"礼",或分别地称之为其他什么东西,并不是个无关宏旨的事情。

古人对于这样一点,也有了日益明确的认识。今之学者已公认"礼"来源于原始礼俗,而战国之慎子已有言曰:"礼从俗,政从上。"①"俗"与"政"在此被视为相形对照的两极,"礼"因其"从俗"而与"政"分说,其言颇具见识。相关说法又如《管子·宙合》:"乡有俗,国有法。""俗""法"之对举,也是个颇可注意的观念。常金仓指出"古代学者总是礼俗对举,说明礼俗在他们心目中已是截然不同的两类事物"。② 这再加上"礼""法"之对举,就更为全面了。在"礼"之外还存在着"俗""法"等不同的规范形态,在其间的比较中,"礼"就显示出它的独特性。"俗""礼""政""法"等等区别,在我们看来,意味着颇不分化的社区单位和已颇分化的国家政权遵循着不同的规范,是古人对之的一种初步但敏锐的体察。周有"六乡",尽管它的主要构成形态,学人认为已经不是氏族或家庭公社,而是所谓农村公社共同体了,但它依然是一种分化程度相当低下的村社聚落。从氏族单位到这种村社聚落,以及其他原生性的基层社区单位,其中通行的主导规范是传统性的习惯风俗,在比较上我们都可视之为原生性礼俗,或参照《管子·宙合》"乡有俗"之说称之为"乡俗"。《宙合》篇又云"国有法"。"国"最初是统治乡村的城邑之称,它的发达与国家的演生相关。在此"国"可以理解为国家、政权,发达的、充分分化的国家政权中居于支配地位的规范形态是政治规则与法律规则,在中国古代这被称之为"法";以"法"治国则称"法治",这在后来就成了法家的主张。《荀子·儒效》说儒生"在本朝则美政,在下位则美俗"。荀子主张以礼治国,而服膺

---

① 见《太平御览》卷五二三、《艺文类聚》卷三十八及《北堂书钞》卷八十等所引。

② 常金仓:《周代礼俗研究》,台北:文津出版社,1993年,第8页。

礼义者则为"君子",这是众所周知的;而"君子"的功能,正在于沟通"俗""政"。这与"君子不器"的理念可以说密切相关。在一个相对意义上,"俗""礼""法"分别指示着不同性质的政治文化形态,并且在社会分化程度的视角之中,所谓"礼",是处于"乡俗"和"法治"之间的。

一个观照角度必须切合于对象才有意义,或者说其所提出的问题在对象中应该是内在的。在此,我们能够找到相应标尺从而使这一视角成立,这首先就是在后来为法家所提出并为秦帝国所实践的那种"法治"。那种"法治"代表着与"乡俗"相对的一极,它更多地体现了这样一种倾向:把政治视为一个与其他社会事务分化开来的自主领域,进而充分利用纯政治性而不是非政治性的规则、组织和角色,来处理政治行政事务。而在另一方面,"乡俗"则构成了"礼"的古老渊源。如杨宽所言:"后来就把所有各种尊敬神和人的仪式一概称为'礼'了。后来更推而广之,把生产和生活中所有的传统习惯和需要遵守的规范,一概称为'礼'。等到贵族利用其中某些仪式和习惯,加以改变和发展,作为维护贵族统治用的制度和手段,仍然叫做'礼'。"①就是说,后来称为"礼"的那些东西源于早期的传统习俗。这样一点,就深刻地影响了"礼"的性质。

何谓"俗"?《说文解字》:"俗,习也。"《周礼·天官·大宰》"六曰礼俗,以驭其民"句注:"礼俗,昏姻丧纪旧所行也。"同书《地官·大司徒》"六曰以俗教安"句注:"俗,谓土地所生习也。"《释名·释言语》:"俗,欲也,俗人所欲也。"《礼记·曲礼下》"入国而问俗"句注:"俗,谓常所行与所恶也。"概而言之,"俗"即生于其土、本于其欲而形成之世代常行之传统风习。

"俗"并非通行于各种场合的人类活动规范——《管子》言"乡有俗"。费孝通对于"礼"与"乡土社会"的关系,曾有一极好论述:"乡土社会是'礼治'的社会。……礼和法不相同的地方是维持规范的力量。法律是靠国家的权力推行的。……而礼却不需要这有形的权力机构来

---

① 杨宽:《"乡饮酒礼"与"飨礼"新探》,《古史新探》,第308页。

维持。维持礼这种规范的是传统。……如果我们在行为和目的之间的关系不加推究，只按照规定的方法做，而且对于规定的方法带着不这样做就会有不幸的观念时，这套行为也就成了我们普通所谓'仪式'了。礼是按着仪式做的意思。……礼是合式的路子，是经过教化过程而成为主动性的服膺于传统的习惯。"①

费孝通所谓之"礼"，实际上较接近于这里所谓的"乡俗"，也不妨称之为"礼俗"。他的论断是为"乡土社会"而发的，但是在一个特定意义上也适用于氏族共同体。之所以提示这样一点，当然是因为"族"之因素，在中国古代的国家形成过程中所具有的特殊意义。越具原生性的社会，例如氏族社会，在其中习惯风俗就越是隐含着整个社会制度，这已是文化人类学的常识了。例如亲属称谓习俗，在氏族社会之中，就"并不是简单的荣誉称号，而是一种负有完全确定的、异常郑重的相互权利义务的称呼，这些义务的总和便构成这些民族的社会制度的实质部分"。② 对亲属称谓习俗的这一论断，实际也适合于这类社会的其他习俗，它们都经常地构成了"社会制度的实质部分"。人所共知，在高度分化的近代社会之中，亲属称谓礼俗，就绝没有如此重大的意义了。进一步说，政治、行政、法律、生产、交换、消费、宗教、艺术、教育、社交、家庭生活以及个体人生等等在现代社会中判然有别者，在原始氏族共同体生活中却大抵是相互混溶的，并不能划分为截然不同的人类活动领域。它们大抵混溶于"俗"中，并且往往是通过仪式或典礼来完成的。固然社会生活的复杂化可能导致礼仪的复杂化，但也可能有些礼俗在早期反而比后世更为复杂，因为这还取决于人们对之的态度：有些后世业已较为自然、自由的行事，在其早期却须遵循庄重的，甚至具有神圣或巫术意味的程序而成为"礼"。

我们可以假定，亲族与礼俗，在功能弥散的性质上相为表里；在亲族关系占有主导地位的地方，"俗"这种规范形态也必定具有支配意义。在社会分化视角中，"礼"呈现出了无所不包性或功能混溶性，它

①　参见费孝通：《乡土中国》，三联书店，1985 年，第 49—53 页。

②　恩格斯：《家庭、私有制和国家的起源》，人民出版社，1972 年，第 26 页。

的节文渗透于各个社会活动领域,融会起来又结聚为一个整体,这与"法"主要是作为政治领域的规范而发挥作用,颇为不同:"法"是一种更分化的政治文化形态。现在我们就可以假定,"礼"的这种功能混溶性,来源于"俗"的无所不包性——慎子所谓"礼从俗";并且,这与"族"之因素在中国古代建国过程中的重大意义,息息相关。因而"礼"就具有了学人所指出的如下特点:"'礼'在中国,乃是一个独特的概念,为其他任何民族所无。其他民族之'礼'一般不出礼俗、礼仪、礼貌的范围。而中国之'礼',则与政治、法律、宗教、思想、哲学、习俗、文学、艺术,乃至于经济、军事,无不结为一个整体,为中国物质文化和精神文化之总名。"[①]

《史记·礼书》谓"乃知缘人情而制礼,依人性而作仪,其所由来尚矣!"认为"礼"源于人情人性,这是一个古老的看法。古"性""姓"二字同出于"生"[②],生而所属之族为"姓",生而秉之于氏族者为"性","性"最初关涉于一氏族的固有素质属性[③],体现于"乡俗"之中。《荀子·正名》:"性之好、恶、喜、怒、哀、乐,谓之情。"氏族近乎所谓原生群体(primary group,或译首属群体)[④],其中所谓"面对面"的(face to face)直接人际关系如胞亲、近邻等等具有决定作用。因此礼俗亦渗透着"生而秉之"的情感成分,如同情、亲近、理解、感召、爱慕、敬仰等等;甚至诉诸于心理效应,如象征、暗示、隐喻、联想之类,这在典礼乐舞中尤为突

---

① 邹昌林:《中国古礼研究》,台北:文津出版社,1992年,第12页。

② 《孟子·告子上》:"生之谓性。"《说文解字》:"姓,人所生也。"又可参考钱钟书:《管锥编》第一册,"性即生"条,中华书局,1979年,第213页。

③ 李玄伯首发此义,且释生、性、姓为图腾。见氏著《中国古代社会新研》,上海文艺出版社,1988年重印本,第33、82—83、130—131、144—145页等处。

④ 对于本文所说的"原生性",不妨参考帕森斯用以分析社会关系的五个"模式变项":情感性与情感中立性、弥散性与专门性、普遍性与特殊性、自致性与先赋性、个人取向与集体取向。可参看特纳:《社会学理论的结构》,吴曲辉等译,浙江人民出版社,1987年,第78页。对于这五个模式变项与首属、次属人际关系的关系,可参看英格尔斯:《社会学是什么?》,陈观胜、李培莱译,中国社会科学出版社,1981年,第五章之"从民风到制度""社会关系的性质"诸节。

出。例如,被宋儒称为"近道"①的《礼记·乐记》强调"乐"的"合爱"作用——氏族的集体乐舞狂欢活动加强了成员的团结,这也正是"礼"之基于原生性的功能方式的反映。在此"礼俗"又一次显示了它与"法"的差异:"法"的基本倾向是"感情无涉"(feeling-free),而唤起人们的亲近、优雅、高尚以至神圣感,却正是"礼"发挥功能的基本手段。所以费孝通说"礼是可以为人所好的"②,郭沫若说"礼"注重的是一个"敬"字③。

王国维谓:"周之制度典礼,乃道德之器械。"④这也合于古人的看法。《乐记》:"礼乐皆得,谓之有德。""德"之初字从彳从直,其意为"循",有"示行而视之"之意,最初也关涉于氏族之固有素质习俗。所以《国语·晋语四》说"异姓则异德""同姓则同德",其义颇关乎"性"⑤;引申则为共同体成员所遵循的习俗规范。郭沫若说:"德字不仅包括着主观方面的修养,同时也包括着客观方面的规模——后人所谓'礼'。……礼是由德的客观方面的节文所蜕化下来的,古代有德者的一切正当行为汇集了下来便成为后代的礼。"⑥"礼"是"德"的"客观方面的节文",但反过来也可以说,"礼"也包含着"主观方面的修养"。"礼"因其包括具体的节文、仪式、典礼、制度等等,而不同于业已从具

---

① 孙希旦:《礼记集解》卷三十一《学记》解题引"程子曰,《礼记》除《中庸》《大学》,唯《学记》《乐记》最近道"。

② 费孝通:《乡土中国》,第 52 页。

③ 郭沫若:《先秦天道观之进展》。

④ 王国维:《观堂集林》卷十,《殷周制度论》。

⑤ 《国语·晋语四》又谓:"黄帝以姬水成,炎帝以姜水成,成而异德。"又《左传》隐公八年:"天子建德,因生而赐姓。"李玄伯因谓"古代社会的团部性……或名为性(生团),或名为德"。见其《中国古代社会新研》,第 144—145 页。又谢维扬说,"所谓德,不是道德,而是古人认为决定某个共同体或个人生存的一种专属该共同体或个人的属性,它与原始社会的氏族图腾的性质相似和有关,实际上相当于我们今天所说的共同体成员资格。"见其《周代家庭形态》,第 60 页。"德"最初包括氏族固有习俗规范在内,仍是含有后世所谓道德成分的。但其说仍颇可参考。诸如"木德""火德"以及"天地之大德曰生"之类,都见"德"为一物之固有属性之义。

⑥ 郭沫若:《先秦天道观之进展》。

体行事之中分化出来的纯粹的道德规范①；但同时它仍把道德规范融之于内，是所谓"道德之器械"。《国语·周语上》："成礼义，德之则也。……且礼所以观忠信仁义也。"成为对照的是，"法"在相当程度上是业已与道德分化开来的纯政治性规范；而"礼"不但不同于充分分化了的"法"，甚至连道德规范与具体节文的界限，在其中也有交融不分之处。

"俗"可以被视为不分化的、原生性的规范形态；但周代之"礼"，已经不尽同于"乡俗"。这因为周之封建国家，早已不是小型的或原生的乡土亲缘共同体了。它已是个较为发达的政权系统，具有了相当的公共行政和政治强权性质。相应地，周礼也因而具有了政制的方面。常金仓指出"礼"与"俗"之区别，在于礼是习俗发展到一定阶段上的产物，是最高政权控制范围内统一规定的法则，并具有严格的等级精神。② 对于这种"礼"，我们不妨称之为"礼制"，而与"乡俗"有所区别。③

《乐记》分疏"礼""乐"，谓"礼自外作"，以处理"贵贱等"（等差）

---

① 有一种看法，认为"礼"就是中国古代的"自然法"。但是梁治平认为，"礼"讲抽象原则，然而"礼同时又是繁复琐屑的细则"，"作为一种具体繁复的规则体系的礼，已经与实在法颇为接近了"。见其《寻求自然秩序中的和谐——中国传统法律文化研究》，上海人民出版社，1991 年，第 309—310 页。当辅之以社会分化的视角之时，这一点就更为明显了。较原始的规范中是很少后世法律、道德与礼仪那种分化的。在此梅因的一段论述亦可参考，他说东西方历史上的早期法律，"其为宗教的、民事的、纯粹道德的规律之混杂物而无所区别"，"从道德中析出法律，从法律中析出宗教，乃分明属于思想大进之后代"。见其《古代法》，商务印书馆，1933 年，第一章第 13 页。"礼从俗"的来源，导致了"礼"之把道德、习俗、仪典、政制等等融会为一的重大特征；在西周春秋时尤其如此。尽管在东西方历史上都有过这种"混杂"，但由之生发出了"礼治"传统，依然构成了中国古代的政治特色。

② 常金仓：《周代礼俗研究》，第 9—11 页。

③ 吴予敏亦使用"礼俗"与"礼制"做同样区别。他说："夏朝建立之后，'家天下'的氏族政体发展为国家形态，普散于民俗生活中的'礼'渐渐发生了分化。一部分继续沉浸在人民的日常生活里，成为礼俗。另一部分成为国家占统治地位的政治、军事、宗教、文化制度的内容，成为礼制。"见其《论周礼的建构及其对村社礼传统的扬弃》，《学人》第一辑，江苏文艺出版社，1991 年。又邹昌林说："'礼'不但是礼俗，而且随着社会的发展，逐渐与政治制度、伦理、法律、宗教、哲学思想等都结合到了一起。这就是从'礼俗'发展到了'礼制'……"《中国古礼研究》，第 11 页。

的问题。国家与阶级的存在,已使"礼"具有了某种外在的性质,它与"日用而不知"的"乡俗"已有区别。西周重"德",而春秋以来对"礼"的申说却日益增多,对之不妨认为,社会的分化与复杂化,已使得在维系古老的"德"时,必须更为强调其"客观方面的节文"了。"礼"已非自然服习的东西,它已具有了处理政治、经济、文化、外交、军事等等事务的程序与原则的意义,并经常地远离了人情人性。《左传》昭公二十五年:"民失其性,是故为礼以奉之。""礼"反而被认为是纠矫民性、"化性起伪"的东西。《礼记·礼器》:"君子曰:礼之近人情者,非其至者也。"郑玄注:"近人情者亵,而远之者敬。"皮锡瑞曰:"《礼器》:'礼之近人情者,非其至者也',古人制礼坊民,不以谐俗为务,故礼文之精义,自俗情视之,多不相近。"①又古之"仪""礼"有别的观念,也在于"礼制"已是国之大法。《左传》昭公五年女叔齐谓:"是仪也,不可谓礼。礼所以守其国、行其政令、无失其民者也。"同书桓公二年:"礼以体政。"

然而"礼制"毕竟源于"乡俗",在将那些政治性的规范和制度都视之为"礼"的时候,人们又在不断地把"礼"追溯到其原生的层面和来源。《左传》文公二年:"孝,礼之始也。"《礼记·昏义》:"夫礼,始于冠,本于昏。"同书《内则》:"礼,始于谨夫妇。"同书《礼运》:"夫礼之初,始诸饮食。"这也反映在所谓"反本修古"的观念中。《礼记·礼器》:"礼也者,反本修古,不忘其初者也。"同书《乐记》:"礼,反其所自始。"疏云:"王者制礼,必追反其所由始祖。"又有"报本反始"之说。《礼记·郊特牲》:"郊之祭也,大报本反始也。"邹昌林论曰:"古礼自身内在地包含有'本'与'古'的根源。古人制礼的目的,就是为了通过'本'与'古'的根源,使后人不忘其初始的情况。这正好证明,古礼是一种原生道路的文化。"②这种"反"追溯,就使"礼"与其原生的来源保

---

① 皮锡瑞:《经学通论》,"论古礼多不近人情后儒以俗情疑古礼所见皆谬"条,中华书局,1954年,"三礼",第38页。

② 邹昌林:《中国古礼研究》,第67页。他指出:"祭礼的礼仪形式中,凡是表示尊、贵、敬等意思,都要把最古老、最质朴、最原始的东西放在最尊的位置上","这说明,各种礼仪,都有其古老的源头。这样设计,目的是为了让人们记住其古老的来源"。第68—70页。

持了密切关系,"礼"依然把"俗"的众多节目包容于内,同时也就承继了"俗"之功能弥散的性质。如《礼记·曲礼下》言:"君子行礼,不求变俗。祭祀之礼,居丧之服,哭泣之位,皆如其国之故。"

所以在"礼制"秩序之下,婚姻之礼依然有"合二姓之好"的政治作用,燕飨之礼依然有"亲宗族兄弟"的政治效能;它们仍不仅仅限于个体家庭生活内容。甚至"乐"也不仅仅是单纯的艺术娱乐。它有宗教功能(如祭祀兴舞作乐)、政治功能(如外交场合用乐)、教育功能(如学宫用乐)、军事功能(如征伐战阵与凯旋用乐),甚至社会整合功能(如集体歌舞狂欢活动之用乐)。学者对西周春秋的主要礼制——如宗法礼制、学礼、籍礼、冠礼、蒐礼、乡饮酒礼、飨礼、射礼、贽见礼、报聘礼、婚礼、军礼等等的分析,都充分地说明了它们在当时功能的广泛性与政治性,并且显示了它们与原始礼俗一脉相承的联系。此时之"礼"具有更多的实体性,是贯穿了政治、文化、经济、军事各个领域的不可或缺的社会制度,与后世仅仅表现为礼节,所谓"繁礼饰貌"的那种东西,确实是相当地不同。《新唐书·礼乐志》称"由三代而上,治出于一,而礼乐达于天下;由三代而下,治出于二,而礼乐为虚名",诸如朝觐、聘问、射乡、食飨、师田、学校、冠婚、丧葬之礼,后世不过是"有司之事尔,所谓礼之末节也","天下之人至于老死未尝见也",而在三代之时,"凡民之事,莫不一出于礼","盖朝夕从事者,无非乎此也"。中国古代政治文化发展的独特性就在于,就是从这种"礼"秩序中生发出了"礼治"的政治精神。

《礼记·乐记》:"礼、乐、刑、政,其极一也。""一"者,在我们看来这是"一"之以"礼"的。后世所谓政、法甚至兵、刑,在春秋以上都可以涵摄于"礼"中。《左传》僖公元年:"凡侯伯救患,分灾讨罪,礼也。"昭公十四年:"息民五年而后用师,礼也。"又同书襄公三年记魏绛刑戮淆乱军行的扬干之仆,晋悼公称"吾子之讨,军礼也"。皆是"礼"可涵摄兵、刑之证。《礼记·仲尼燕居》:"子曰:……以之田猎有礼,故戎事闲也;以之军旅有礼,故武功成也。……若无礼……田猎、戎事失其策,军旅、武功失其制。"同书《檀弓下》孔子所谓"杀人之中,又有礼焉"。《国语·周语中》:随会"归乃讲聚三代之典礼,于是乎修执秩以为晋法"。此即因"礼"以制"法"。同书《晋语四》,子犯"对曰:'民未知礼,盖大蒐,备师尚礼以示之.'乃大蒐于被庐,作三军"。"大蒐"即"大田",于《周礼》为军礼,《谷梁传》昭公八年:"因蒐狩以习用武事,礼之大者也。"然"蒐"又事涉于"唐叔之法""宣子之刑"。①

日人籾山明指出,"在春秋时期,用刀锯、鞭扑等执行的毁伤身体的刑很多,这不是作为法的强制手段的刑。平时的社会秩序,是靠称为'古之法'的传统规范来维持的",同时还有一种军队中的规范,是强制机关执行的,而"在晋国所见的'蒐',就相当于这两者的连接点"。②我们绝不是说,西周春秋"礼""乐"等同于"刑""政";但此时"刑""政"确实处于"礼""乐"的涵摄制约之下。作为传统规范的"古之法",在我们看来应属于"礼",其中的"刑"并不同于后世"法治"之下的那种"刑"。而所谓"蒐",原来也是一种全体部族男性成员(战士)参加的古老礼俗。程树德谓"三代皆以礼治……初未有礼与律之分也"③。吕思勉曾论及古之"断狱重情",其说颇可参考:"古之听讼,所以异于后世者何与?曰:古者以其情,后世则徒以其事而已矣。……古之断狱,所以能重其情者,以其国小民寡而俗朴,上下之情易得而其诚意易相孚也。……然此惟国小民寡而俗朴之世为能。……听狱者之诛事而不诛意,果何自始哉?……盖风气稍变,德与礼之用穷,而不得不专恃法。夫法之与德礼,其初本一也,而后卒至于分歧者,则以民俗渐漓,表里不能如一也。人藏其心,不可测度,何以穷?其不得不舍其意而诛其事,亦势也。故人不能皆合乎礼,而必有刑以驱之,而法之为用由是起。其初犹兼问其意也,卒至于尽舍其意而专诛其事,而法之体由是成。"④用"礼"则重"情"重"德",用"法"则重"刑"重"事"。由此,又见"礼"与注重外部行为、依赖形式条文和政治强制之"法"异;其所

---

① 《左传》昭公二十九年"文公是以作执秩之官,为被庐之法"句杜预注:"僖二十七年,文公蒐被庐,修唐叔之法。"又"且夫宣子之刑,夷之蒐也"句杜预注:"范宣子所用刑,乃夷蒐之法也。""夷蒐"在文六年。可见"蒐"礼又事涉于"刑","礼""刑"未可截然两分。

② 籾山明:《法家以前——春秋时期的刑与秩序》,《国外中国学研究译丛》第二辑,青海人民出版社,1988 年。

③ 程树德:《九朝律考》卷一,"汉律考",中华书局,1963 年,第 11 页。

④ 参见《吕思勉读史札记》,上海古籍出版社,1982 年,第 386—389 页。

以异,则关涉于社会的进化、分化程度。"礼从俗",而"俗"对应着小国寡民的社会状态;后世之社会分化造成了"俗""礼""法"的明确区分,但在封建时代,"其初本一"却是其鲜明特色。《礼记·曲礼上》谓:"道德仁义,非礼不成;教训正俗,非礼不备;分争辩讼,非礼不决;君臣上下、父子兄弟,非礼不定;宦学事师,非礼不亲;班朝、治军、莅官、行法,非礼威严不行;祷祠祭祀、供给鬼神,非礼不诚不庄。"这对"礼"之功能的广泛弥散性,确实是一个很好的概括。

以上分析表明,周之"礼制"已经不同于"乡俗"了——周代国家,已具有了异于小型乡土亲缘共同体的更大规模、复杂程度和分化程度;然而"乡俗"的许多性质,却依然被"礼制"所继承下来了。由于"礼从俗"的来源,"礼制"并没有达到"法制"的那种分化程度。就是说,"礼"仍不把政治、行政视为一个业已分化了的,有其独特的角色、制度、规则和目标,与其他社会活动领域相区别的自主领域。它不依赖于纯粹的法治手段,所为之服务的也不是纯粹的政治性目标,它代表着一种更具混溶性的社会秩序,并求助于许多原生性的功能方式,诉诸于原生性的人际关系。父子、兄弟、甥舅、姻娅之类身份,孝、慈、悌、友、和、睦、仁、爱、忠、信、任、恤之类德行,依然弥漫于政治情境之中。同时,由于"礼"还不仅仅就是"治"之手段——它本身就意味着一种理想社会秩序,所以"治"之手段、过程和目的,在此亦不甚区别。正是因为"礼制"既不同于"乡俗",又不同于"法制",所以基于社会分化的视角,我们认定"礼"是在分化程度方面居于"俗""法"之间的一种政治文化形态。要进一步地说明和理解这一点,我们就必须转入下一节的论述了。

第二节 礼治:尊尊、亲亲与贤贤

在上面一节,我们对封建士大夫所承担的政治文化传统——"礼"做了初步的分析,指出就其所对应的社会分化程度而言,"礼"是处于"俗""法"之间的一种政治文化形态。下面,我们就要对这一点做进一步解说。

王国维论述周之典礼为"道德之器械",又进一步把周礼称之为"尊尊、亲亲、贤贤、男女有别四者之结体","然尊尊、亲亲、贤贤此三者,治天下之通义也"[1]。我们相信王氏对周礼的解释精当可取。所谓"尊尊""亲亲""贤贤",皆出自古义,如《礼记·丧服小记》:"亲亲、尊尊、长长、男女之有别,人道之大者也。"《论语·学而》:"贤贤易色。"《礼记·大学》:"君子贤其贤而亲其亲。"又《公羊传》阐发《春秋》之"大义",有所谓"讳"之义例。《公羊传》庄公四年:"《春秋》为贤者讳。"闵公元年:"《春秋》为尊者讳,为亲者讳,为尊者讳。"又襄公二年:"为中国讳也。"这些"讳"的标准,也正是君子们讨论"礼"与"非礼"的界限时赖以判断的依据。孔广森曰:"《春秋》之为书也,上本天道,中用王法,而下理人情。……人情者,一曰尊,二曰亲,三曰贤。"孔氏将"尊、亲、贤"列入"三科九旨",虽不同何休、宋衷之旧说,却也准确地概括了《公羊春秋》所遵循的主要政治原则。[2] "男女有别"涉及处理两性关系的准则,在本文的视角中这可以部分地归入"亲亲"。[3] "为中国讳"涉及对作为"礼义之邦"的华夏与蛮夷关系的态度。在此可以暂置不论。至于"尊尊""亲亲"与"贤贤",则正是"礼"的精义之所在,也正是我们的瞩目之处。正因为"礼治"秩序构成了这三者之结体,它就与后来法家所倡、秦廷所行的那种"法治"明确区别开来了。随叙述的推进在后面我们将看到,"法治"是独尚"尊尊"而不及"亲亲""贤贤"的;但是在讨论的目前阶段,我们还是来看看"礼"是如何同时体现为这三者之"结体"的。

"礼"尚"尊尊"。《左传》庄公十八年:"名位不同,礼亦异数。"同书宣公十二年:"君子小人,物有服章,贵有常尊,贱有等威,礼不逆矣。"或"以多为贵",或"以少为贵",或"以大为贵",或"以小为贵",或"以高为贵",或"以下为贵",或"以文为贵",或"以素为贵","礼"通过衣服、舆马、宫室、饮食、器物、仪制、典礼等等方面的差异规定,使权势、

---

① 王国维:《观堂集林》卷十,《殷周制度论》。王氏以"贤贤"为用以治官者,本书对所谓"贤贤",则主要理解为文化教育领域的价值、规范,它涉及对于知识技能掌握者,即对"贤人"的推崇,详见下文。

② 孔广森:《公羊春秋经传通义》,"叙",《顨轩孔氏所著书》。

③ 《殷周制度论》说:"有同姓不婚之制,而男女之别严;且异姓之国非宗法之所能统者,以婚媾甥舅之谊通之。"

财富和威望的分配严格地依照于政治等级,鲜明地体现了尊卑贵贱的不可逾越性。天子君临天下,故"礼乐征伐自天子出"。《礼记·曲礼上》谓"礼不下庶人",郑玄注"为其遽于事,且不能备物",孔颖达疏:"谓庶人贫,无物为礼;又分地是务,不暇燕饮。故此礼不下与庶人行也。"等级越高,则礼越豪华隆盛。贵族之礼,既非庶人财力之所及,更非庶人名分之所及。

同时"礼"尚"亲亲"。"礼"又以繁密的节文来处理世系传承、亲疏远近以及其间的权利义务,诸如区分嫡庶长幼、辨定大宗小宗、维系父子名分等等。所谓别子为祖、继别为大宗、继祢为小宗,以三为五、以五为九的宗法礼制,其严密程度为世界史所仅见[1];尤其是丧服之制,"其条理至精密纤悉"[2]。在十几万片甲骨中,发现了人类史上最高度发展的祖先祭祀之礼。[3] 亲属称谓之礼见之于礼书,而据学人比较,人类史上的亲属称谓也以中国古代最为复杂。[4]《左传》昭公二十六年晏子称说"十礼",除"君令、臣恭"之外,"父慈、子孝、兄爱、弟敬、夫和、妻柔、姑慈、妇听"占到了八项。如《礼记·哀公问》所言,"非礼无以别男女、父子、兄弟之亲,昏姻、疏数之交也"。

同时"礼"又尚"贤贤"。故古有"礼贤"之语。《礼记·中庸》:"亲亲之杀,尊贤之等,礼所生也。"对于"贤",我们在此可以理解为"道

---

[1] 钱杭说:"虽然宗族、宗子并非中国独有的现象,虽然它们具有世界性,但是纵观世界史,却没有哪一个地区、哪一个国家有如中国这样完整、严密的宗法制度。"见其《周代宗法制度史研究》,学林出版社,1991年,"绪论",第9页。

[2] 王国维:《殷周制度论》。

[3] 此外,刘雨用金文资料统计了二十多种祭祖之礼,他说,"西周是古礼盛行的时代,因此对西周祭祖礼的研究,是认识礼的关键"。见其《西周金文中的祭祖礼》,《考古学报》1989年第4期。祖先祭祀在"礼"中的地位,也充分说明了"礼"是维系和处理亲缘关系的重要手段。

[4] 中国古代亲属称谓约三百五十种,其次是古罗马,为122种,近代的夏威夷为39种,其余多在20—25种左右。参见 P. Bonannan and J. Middleton: *Kinship and Social Organization*,转引自何炳棣:《原礼》,《二十一世纪》第十一期,香港中文大学中国文化研究所,1992年6月号。

艺"，即道德、知识与技艺的拥有；而道德、知识与技艺，在周代都可统摄于"礼"中。"礼"既是统治手段、国制政典，同时又是礼乐文物、文化教养。周制，"礼乐"以及记录先王制礼作乐、遵礼用乐的"诗书"，皆是学官教习内容。而且"礼乐"本身还就是教育手段。如《周礼·春官》所记大司乐以"乐德""乐语""乐舞"教国子，使之由此而修行义、习阐发、知仪典。可见"礼"本身就是养贤之方。又周制以大射、乡射之礼教士选士，"礼"还直接就是选贤途径。贤者可以为师，祭天祭祖之礼外还有祭师之礼，亦是"礼"尚"贤贤"的又一表征：尊师之礼，也就是尊贤之礼。有礼义者即可称君子贤人，"礼"与"贤贤"有必然联系。《礼记·曲礼上》"礼不下庶人"句孔颖达疏引《白虎通义》云："礼为有知制，刑为无知设。礼谓酬酢之礼，不及庶人，勉民使至于士也。"此说亦有所得。贵族阶级为"有知"者，以其文化教养而别于庶人。《礼记·经解》："是故隆礼、由礼，谓之有方之士；不隆礼、不由礼，谓之无方之民。"孔颖达疏云："方，道也。若君子能隆盛行礼，则可谓有道之士也。反此则为无知之民，民是无知之称故也。""礼"作为文化知识教养，又构成了划分"有知""无知"的标志；它不仅区分尊卑、区分亲疏，也区分贤愚。

　　"尊尊""亲亲"与"贤贤"，显示古人对不同领域、不同性质的规范、关系的一种特有表述、区分，这显然就与我们的社会分化视角密切相关了。封建士大夫原是集"事""族""学"三个因素于一身的，这与礼之崇尚"尊尊""亲亲"与"贤贤"的精神，显然是合若符契。"尊尊"立足于天子、诸侯、大夫、士、庶人之等级，其间关系为政治关系，其所处理之"事"为政务国事，就此而言，它包含了政治系统的规范、规则。相应地，处理"族"内事务的"亲亲"，当然包括着亲缘系统的规范、规则了。《白虎通义·宗族》："族者何也？族者凑也，聚也，谓恩爱相流凑也。生相亲爱，死相哀痛，有合聚之道，故谓之族。""贤贤"意味着对道德技艺、文化教养的尊崇，贤者可以为师教人，它包含着文化（教育）系统的规范、规则。我们在此只是说"包含着"而不说"等同于"，是因为政治系统、亲缘系统和文化系统都是现代社会科学概念，古人观念自不能与之全等；而且其间的差异，恰好就是我们的瞩目之处。因此我们将使用诸如"政统""亲统""道统"这样的语词，它们就较为贴近传统背景一些了(如王国维使用了"尊尊之统""亲亲之统"这样的用语;又王夫之:"天下所极重而不可窃者二:天子之位也,是谓治统;圣人之教也,是谓道统"①)。相应地,我们还将使用"君道""父道"与"师道"一类用语,对这"三统"中之主导角色与规范,作提纲挈领的概括。后面的叙述将会进一步显示出这种概念策略所带来的便利——这样可以更为切近传统背景,并可以使人从古今观念的差异之中,对古人用以应付社会分化问题的那些理念与态度的独特性,有更丝丝入扣的理解。

要加说明的是,政统事涉君臣吏民,本书所论涉及君主制度,而重点则在于士大夫政治,故"君道"有时也称"吏道",以与士大夫的官吏身份一致。吏者事也,任事行政者也。又"父道"也不限于以崇奉父兄为中心的狭义亲缘关系。由于"族"的因素的牵带,使大量原生性的关系进入了政治情境。而在乡党、村社或聚落形态之中,长辈长者皆视同于父,同辈长者皆视同于兄,这类乡土亲缘共同体中的"敬老""尚齿"传统和原生性亲密关系,我们也统归之于"父道""亲亲"之中。这种处理,正是为了适应论说对象的独特性质。

"尊尊""亲亲"和"贤贤"之区分,意味着周之国家与社会已经不是小型乡土亲缘社区了,三统之间不能不减少了混溶性而增大了差异性。"王事靡盬,不遑将父",是说养亲与事君已难两全。②《孟子·梁惠王下》:"国君进贤,如不得已,将使卑逾尊,疏逾戚,可不慎与?"这种申说是出于战国,但是西周春秋未必就没有同类问题。如《尚书·立政》之中周公申说"克用三宅三俊",申明三种官职须选用才俊;又称"则乃宅人,兹乃三宅无义民"。"义民"即贤人,而"宅人"依周秉钧释,乃"任人唯亲也"。③ 须依赖于"选贤任能"原则的官员体制之发达,多少要与"亲亲"原则相矛盾。对"内举不失亲"的赞扬,同时也表明举官时"避亲"与否业已构成问题;而对"大义灭亲"加以褒美,也是

---

① 王夫之:《读通鉴论》卷十三,"七",中华书局,1975 年,中册,第 408 页。

② 见《诗·小雅·四牡》。毛传:"思归者,私恩也;靡盬者,公义也。"郑玄笺:"无私恩,非孝子也;无公义,非忠臣也。"

③ 周秉钧:《尚书易解》。转引自《今古文尚书全译》,贵州人民出版社,1990 年,第 375 页。

说亲缘之私恩不得干犯君国之公义。①《国语·齐语》记管仲所设计的用以"乡举里选""修德进贤"之"三选"制度,已颇周密,这一定是有一个发展过程的。《谷梁传》昭公八年:"诸侯之尊,兄弟不得以属通。"《礼记·大传》:"君有合族之道,族人不得以其戚戚其君位也。"郑玄注:"君恩可以下施,而族人皆臣也,不得以父兄子弟之亲自戚于君位。(戚)谓齿列也,所以尊君别嫌也。"这就是说,亲统已有别于政统,后者当让位于前者。《谷梁传》文公二年:"君子不以亲亲害尊尊,此《春秋》之义也。"周代许多礼制都服务于这一原则,例如未立氏的公子对诸侯应称臣,而不以亲称称之;诸侯与亲属之服制不同于一般亲属,等等。②

但是在另一方面——也是更为重要的方面,就是在封建时代,政统、亲统和道统之间的分化依然有限,并存在着高度的一致性。父道亦尚"尊尊"③,因为父爱之外他还有统辖宗族的父权;在宗法系统混溶于政治秩序的时候,这一点尤为重要。《礼记·内则》:"适子、庶子祇事宗子、宗妇,虽贵富,不敢以贵富入宗子之家……不敢以贵富加于父兄宗族。"此即不得以"尊"废"亲"之义。而君道亦尚"亲亲"。宗法制与封建制高度整合,各级领主,无非大小宗主。君主们依然有"收族""合族"的义务,并有责任惩戒那些破坏宗族道德者,《尚书·康诰》所谓"不孝不友"即"刑兹无赦"。又《尚书·尧典》:"克明俊德,以亲九族,九族既睦,平章百姓,百姓昭明,协合万邦。"同书《洪范》:"天子作民父母。"《诗·小雅·崇丘》:"乐只君子,民之父母。""协合万邦"须由"以亲九族"始,统治者以"父母"的身份和态度处理君臣吏民关系。而且,这种态度就是在民众国人看来在相当程度上也是真实的,如《国语·周语中》阳人仓葛指责晋文公"非礼"之语:"(阳人)夫亦皆天子之父

---

① 叔向赞祁奚"内举不失亲",事见《左传》襄公二十一年;"君子"赞石碏"大义灭亲",见同书隐公四年。

② 参看谢维扬:《周代家庭形态》,第186—193页。这"显然是当时周王朝和各诸侯国政权都已相当政治化、公共化了的结果","它已经区分出政治关系和血缘关系"。

③ 《礼记·大传》:"上治祖祢,尊尊也;下治子孙,亲亲也。"又同书《表记》:"母,亲而不尊;父,尊而不亲。"宗族之内也要兼用"尊尊""亲亲"之法加以维系。

兄甥舅也。"此语《左传》僖公二十五年记作："此谁非王之亲姻?!"尽管天子与阳邑之国人的亲缘关系,在事实上恐怕已经相当疏远,但是他们仍然以天子之"亲姻"自居。①

这个重要现象提示我们:中国古代的所谓"亲亲",是相当"泛化"的,它并不仅仅限于真实的亲缘关系。君主们与国人的同族姻亲关系在事实上的疏远,并不妨碍其在政治文化观念中的浓厚存留。"亲亲"关系的"泛化"还体现在作为社会基石的社区共同体中。周代的社会细胞——村社聚落的形态,原本也与氏族纽带的长期存留直接相关。这种村社聚落或称为"里",或称为"井";或说所谓"单"也是这种性质的组织。② 虽然所谓"井田制"中构成一"井"者可能有时已属不同家族了,但是以土地公有、定期重新分配为基础的经济形态,依然使同一"井"者维持着一种非常密切的凝聚关系。如学人所言,"公社作为一种人们共同体单位要比单个家庭更为重要"。③《国语·齐语》:"伍之人祭祀同福,死丧同恤,祸灾共之。人与人相畴,家与家相畴,世同居,少同游……居同乐,行同和,死同哀。"《逸周书·大聚》:"以乡为闾,祸灾相恤,资丧比服。五户为伍,以首为长;十夫为什,以年为长;合闾立教,以威为长;合族④同亲,以敬为长。饮食相约,兴弹(即'单')相庸,

---

① 此事又见《国语·晋语四》,此处记仓葛之语有"阳人有夏商之嗣典,有周室之师旅、樊仲之官守焉;其非官守,则皆王之父兄甥舅也"。语中"其非官守"四字,可证"皆王之父兄甥舅"是指阳地国人而言的。

② 参看俞伟超:《中国古代公社组织的考察——论先秦两汉的单—僤—弹》,文物出版社,1988 年。

③ 引自谢维扬:《周代家庭形态》,中国社会科学出版社,1990 年,第 302 页。在考察周代庶人的农村公社家庭时,他指出:"土地是以一个公社为单位共同使用的。这就使每个家庭都受到公社其他家庭的制约。因而在经济活动上庶人家庭的独立性并不完全。公社各成员家庭间因此而在日常生活中建立起十分密切的、固定的互助关系,即所谓'祭祀同福,死丧同恤,祸灾共之'。互助原则是农村公社内部处理一切问题的主题。公社成员对于公社的依赖因而到了不能随意离开的地步,以至'死徙无出乡'。"又,谢维扬认为,公社土地由各个家庭独自耕种;而俞伟超认为,公社中存在着"耦耕"的协作劳动。

④ "族"原作"旅",据朱右曾《逸周书集训校释》卷四改。

耦耕俱耘。男女有婚,坟墓相连,民乃有亲。"《孟子·滕文公上》:"死徙无出乡,乡里同井,出入相友,守望相助,疾病相扶持,则百姓亲睦。"由于此种关系所达到的密切程度,我们不妨说它已具有"准亲缘"的意味了:乡党、聚落或村社之中,长辈长者皆视同于父,同辈长者皆视同于兄。这种人际关系构成了群体秩序和成员团结的主要维系。有许多礼仪关涉于这种"亲亲"维系,如社祭之礼、飨燕之礼、敬老之礼、婚丧之礼。值得一提的还有籍田礼,"天子率领卿大夫士庶人一起来参加籍田上的耕作,这显然是父系家长制下大家长率领家族成员共同耕作的遗迹。……天子及其妇子和田官们都要到耕地上来馈食……这显然还保留着父系家长制下生活资料公有的遗迹"①。

　　这样我们就看到了"亲亲"原则是如何"泛化"的:原始氏族纽带遗留下来的深厚骨肉同胞关系,"泛化"到了各种情境、各种社会角色之间,并由此而形成了整合社会的强大力量。因此我们在此所说的"亲统""父道"等,并不能与今之所谓亲缘系统及其规则、规范全然等同,并且其间之差异,恰好反映了中国古代政治文化观念的独特性。这种"泛化"也可说是一种"拟化",因为它并不限于真实的亲缘关系,而且也包括在不同场合、以不同程度对非亲缘关系所作的"亲亲"关系的比拟与认定。为此,对真实的亲缘关系,就更有在政治上着意加以维护的必要了。学人或称中国的君主专制在相当程度上来源于父家长制,但这父家长制除了强调父权之外还强调着父爱,这就影响了由之演生的君权的性质——被统治者多少也有权利以"子民"身份向之要求"父母"式的恩爱,贤明的君主也在着意承担起为父之责,施予这种父爱,因为这与其统治的合法性息息相关。《吕氏春秋·顺民》记祈雨之礼上,"汤乃以身祷于桑林,曰:余一人有罪,无及万夫;万夫有罪,在余一人。无以一人之不敏,使上帝鬼神伤民之命"。斯维至指出:"他在久旱之后向上帝求雨,甚至不惜'以身为牺牲',正是'公社之父'领导生产活动的具体体现。只有把商汤看做父家长,才能理解他何以愿意替

---

① 韩连琪:《西周的土地所有制和剥削形态》,《先秦两汉史论集》,齐鲁书社,1986 年,第65—66 页。

'万夫'承担'罪过'。"①

"尊尊"和"亲亲"原则以及古人在其之间建立的联系,始终是中国古代政治文化体系的中心内容。这样一点,在本书随后各章中还可进一步看到。后世儒家所着力申说的"义"和"忠",就是从"尊尊"生发出来的;而"仁"和"孝",则是从"亲亲"生发出来的。例如汉儒董仲舒之《春秋繁露·三代改制质文》谓:"亲亲多仁朴","尊尊多义节";《汉书·宣元六王传》汉元帝诏:"盖闻亲亲之恩莫重于孝,尊尊之义莫大于忠。"对于仁、义、忠、孝的相异相合关系,儒者为之构建了繁密的理论。

在周代礼制之下,不仅"亲亲"与"尊尊"相异而又相合,甚至"贤贤"也是如此。"乡兴贤能"远没有动摇"世官"。② 西周册命金文中屡见之"官司乃祖考事"一类语句,即是世官制普遍存在之强证。这在春秋并无根本改变。《左传》隐公八年:"官有世功,则有世族。"选官上"爱亲""昭旧族""共旧族"每每与"明贤""明贤良""选贤良"并列③,此实即"以世举贤"④,举贤大致不出世族之内。在尊卑等级、亲疏等级

① 斯维至:《汤祷桑林之社和桑林之舞》,《全国商史学术讨论会论文集》,殷都学刊编辑部,1985 年。

② 俞正燮:《癸巳类稿》卷三"乡兴贤能论":"周时乡大夫三年比于乡,考其德行道艺而兴贤者,出使长之,用为伍长也;兴能者,入使治之,用为乡吏也。其用之止此。……太古至春秋,君所任者,与共开国之人及其子孙也。……大夫以上皆世族,不在选举也。"又赵翼《廿二史札记》卷二"汉初布衣将相之局":"自古皆封建,诸侯各君其国,卿大夫亦世其官。成例相沿,视为固然。"又顾炎武《日知录》卷七"士何事":"三代之时,民之秀者乃收之乡序,升之司徒而谓之士,固千百之中不得一焉。"大夫有世禄亦世官者,有世禄而未得世官者,但总的说来,爵禄官位是士大夫贵族的世袭占有物。

③ 《国语·晋语四》:"爱亲明贤,政之干也。"明见"亲""贤"并重之意。《晋语四》又记晋文公"昭旧族、爱亲戚、明贤良、尊贵宠、赏功劳、事耆老、礼宾旅、友故旧,胥、籍、狐、箕、栾、郤、柏、先、羊舌、董、韩,实掌近官;诸姬之良,掌其中官;异姓之能,掌其远官。"又《晋语七》:"定百事,立百官,育国子,选贤良,兴旧族……"《左传》宣公十二年:"内姓选于亲,外姓选于旧。"昭公十一年:"亲不在外,羁不在内。"周卿士单献公因"弃亲用羁"而被公族所杀,见《左传》昭公七年;周卿士巩简公因"弃其子弟而好用远人"被群公子所杀,见《左传》定公元年、二年。

④ 《荀子·君子》:"以族论罪,以世举贤,虽欲无乱,得乎哉?"这是战国人之态度,春秋时期"举贤"大致不出世族。

和贤愚等级高度一致的情况之下，君主贵族们又是知识技能的集中占有者。他们号称"君子"。"君子"一词西周已有，如《尚书·酒诰》之"越庶伯君子"以及《诗经》中屡见的"君子"之称。楚、越皆有"君子"组成的贵族军队。①《礼记·玉藻》郑玄注："君子，士已上。"又《诗·小雅·小弁》朱熹注："君子，指王也。""君子"既是包括"王"在内的贵族统治阶级之尊称，同时又是个道艺礼义拥有者的美称。"君子"这种角色形态，不仅显示了"尊尊"与"贤贤"的一致性，甚至还显示了"亲亲"与"贤贤"的一致性，因为"君子"之"学"是以"尊尊""亲亲"为内容的。《礼记·文王世子》："故学之为父子焉，学之为君臣焉，学之为长幼焉。"同书《学记》："学无当于五官，五官弗得不治；师无当于五服，五服弗得不亲。"《左传》襄公三十一年："学而后入政。"是"学"关乎"政"；又《国语·晋语一》："非教不知生之族也。"是"学"关乎"族"——"君子"之"学"，不仅包括学习孝悌慈爱之宗法道德训诫，甚至还包括学习族谱世系。经常可以看到士大夫追述世系、辨定族姓之事②，这本领原是经过专门教习而来的。③《国语·楚语上》申叔时论教太子，有"教之《世》"之语，又曰"教之《训典》，使知族类"。韦昭注："《世》，谓先王之世系也"，"《训典》，五帝之书"。当如《世本》《帝系》

---

① 《左传》昭公二十七年：楚"左司马沈尹戌帅都君子与王马之属，以济师"，杜预注："都君子，在都邑之士有复除者。"《国语·吴语》："越王乃中分其师，以为左右军，以其私卒君子六千人为中军。"韦昭注："私卒君子，王所亲近有志行者，犹吴所谓贤良，齐所谓士。"又《史记·越王句践世家》："乃发习流二千人，教士四万人，君子六千人，诸御千人，伐吴。"这里所谓"都君子""私卒君子""君子"，皆当为贵族军队。

② 《左传》襄公二十四年："宣子曰：昔匄之祖，自虞以上为陶唐氏，在夏为御龙氏，在商为豕韦氏，在周为唐杜氏，晋主夏盟为范氏。"此即封建士大夫追溯世系之一例。又同书襄公三十一年："公孙挥能知四国之为，而辨其大夫之族姓、班位、贵贱、能否。"子产遂任之以事。可见"辨族姓"是士大夫之职事知识之一。

③ 按，在20世纪上半叶，四川凉山彝族地区的贵族黑彝，还保存有严格的家支制度，每个黑彝男子几乎自幼都接受背诵谱系的训练，因此他们听到一个人的名字，就能知道他的身份和地位。杨宽认为，周代"贵族所以重视称为'世'或'世系'的族谱，原因也和黑彝重视谱系相同"。参见杨宽：《试论西周春秋间的宗法制度和贵族组织》，《古史新探》，中华书局，1965年，第178—179页。

之类。学宫之内,也有专门讽诵教习世系者。①

《左传》襄公九年:"君子劳心,小人劳力,先王之制也。""君子"是一个"劳心"的阶级,其"劳心"的内容,则被认为是守"礼"行"礼"。如《左传》成公十三年记刘子之语:"吾闻之,民受天地之中以生,所谓命也。是以有动作礼义威仪之则,以定命也。能者养之以福,不能者败以取祸。是故君子勤礼,小人尽力。勤礼莫如致敬,尽力莫如敦笃。敬在养神,笃在守业。""礼"造成了一个"君子""小人"两分的社会结构观念,它认为尊卑差别也是基于贤愚差别,并使教训"小人"成为天授予"君子"的政治义务。《诗·小雅·角弓》:"尔之教矣,民胥效矣。……君子有徽猷,小人与属。"又《大雅·卷阿》:"有冯有翼,有孝有德,以引以翼,岂弟君子,四方为则。""礼治"形态必然使"礼"成为"礼教",如费孝通所言,"礼"诉诸于教化,"礼"要通过教化来养成服膺于传统的习惯。

"君子"不是仅仅依法治官的专门化角色,例如职业官僚之类;他们承担着教化。"礼"之来源——"乡俗"诉诸于原生性的人际关系、原生性的功能方式的性质,也造成了君子贤人独特的角色弥散性。想象一个小型乡土亲缘社区之中德高望重、众望所归的"好人",那几乎就是"君子"的雏形。《左传》襄公三十一年北宫文子曰:"故君子在位可畏,施舍可爱,进退可度,周旋可则,容止可观,作事可法,德行可象,声气可乐,动作有文,言语有章,以临其下,谓之有威仪也。"为"礼教"所陶冶的"君子",甚至要以其言语仪态动作容止来表率小人、感召社区。"师道"所要培养的,正是这种有教化之功,甚至"身教"之效的"君子"。他们就是"礼"之人格化。《礼记·学记》:"能为师,然后能为长;能为长,然后能为君。故师也者,所以学为君也。"师道培养"君

① 《周礼·春官》有"瞽矇"职掌"讽颂诗,世奠系",孙诒让《周礼正义》引俞樾谓当作"奠世系";又有"小史"职掌"奠系世,辨昭穆"。史掌其书而瞽诵其辞,国子由此而习知其事。章太炎曰:"置司商以协名姓,而小史掌奠系世、辨昭穆,瞽矇鼓琴瑟以讽诵之,故能昭明百姓,无失旧贯。"《检论》卷一,"序种姓"上,《章太炎全集》(三),上海人民出版社,1984年,第367页。

子","君子"承担教化。这种"师道"与"君道"的交融,显然也是相当"泛化"的。

而且,师道的精义还不只是由上教下。《尚书·立政》蔡沈《集传》引"吴氏曰:古者凡以善言语人,皆谓之'教';不必自上教下而后谓之'教'也"。此说深合古义。《尚书·无逸》:"周公曰:呜呼,我闻曰,古之人犹胥训告,胥保惠,胥教训。"《左传》襄公十一年魏绛向晋悼公称说乐德礼义,晋悼公曰:"子之教,敢不承命。"《国语·周语上》劭公谏周厉王:"故天子听政,使公卿至于列士献诗,瞽献曲,史献书,师箴,瞍赋,矇诵,百工谏,庶人传语,近臣尽规,亲戚补察,瞽史教诲,耆艾修之,而后王斟酌焉,是以事行而不悖。"又同书《楚语上》:"昔卫武公年数九十有五矣,犹箴儆于国,曰:自卿以下至于师长士,苟在朝者,无谓我老耄而舍我,必恭恪于朝,朝夕以交戒我,闻一二之言,必诵志而纳之,以训导我。在舆有旅贲之规,位宁有官师之典,倚几有诵训之谏,居寝有亵御之箴,临事有瞽史之导,宴居有师工之诵,史不失书,矇不失诵,以训御之。"此皆"人相教"以及"下教上"之例。这种"箴谏规诲"亦被视为是"师道"的重要内容。如《左传》襄公三十一年记子产不毁议政之乡校,称"其所善者吾则行之,其所恶者吾则改之,是吾师也!"这"乡校"正是养贤传道之所。又《国语·晋语八》:"纳谏不忘其师。"韦昭注:"言闻之于师。"

此期史料中屡屡见到的卿大夫谏、士传言、庶人谤、亲戚补察、瞽史规诲之类陈说,显示了一种深厚而久远的传统的存在。古代家、国不甚分的体制使君权渗透着父权,"父母"的身份强化了君权的不可置疑性,但是这多少也把统治者拉向了人间,减少了君权的神性而增加了其人文色彩。统治者并不是神,正如"父母"不会不犯错误一样,君主也非永远正确无误,因此他就有接受训导规谏的必要了。臣民的"子弟"身份使之只能安于被统治者的地位,但是同时,这也使"子弟"们多少保有了一些规谏长辈的传统义务。《汉书·郅恽传》:"臣为陛下孝子,父教不可废,子谏不可拒",即是承自此义。而且,这种传统尤其强调"贤者"或"学习道艺者"拥有特殊的规谏责任,赋予了他们以"师"的资格。例如"瞽史教诲"一语所反映的那样:教官("瞽""师""工"

"瞍""矇")与史官("史")是古文化的集中保有者,"瞽"以"诗"为谏,"史"以"书"为谏;"诗"表达了民意民情,"书"记载着古义古训。故王朝要采风民间,风者讽也;要珍藏古典,典者常也。

《诗·周南·关雎·序》:"风,风也,教也。风以动之,教以化之。……上以风化下,下以风刺上,主文而谲谏,言之者无罪,闻之者足戒,故曰风。"如叶适所言:"论《风》《雅》者必明正变,尚矣。夫自上正下为正,固也;上失其道,则自下而正上矣。自下正上,虽变,亦正也。"①《诗》中多讽刺之语,但依然奏之于宫廷,是"下刺上""下正上"之义确实于古有征。《国语·周语上》记邵公谏周厉王,语有"防民之口,甚于防川"的名言;又《左传》襄公三十一年记子产不毁乡校,亦语有"然犹防川……不如小决使道"。二人皆以"防川"为喻,想必都是源于一个共同的、世世相传的古训。《国语·楚语上》:"若武丁之神明也……犹不敢专制,使以象旁求圣人。既得以为辅,又恐其荒失遗忘,故使朝夕规诲箴谏曰:'必交修余,无余弃也。'"王夫之言"圣人之教"为"道统";而这种"规诲箴谏",即在此"教"之中。政统与道统的这种传统关系,在古人看来已具有一种反"专制"的意义。武丁之"无余弃也",以及前引《楚语上》卫武公"无谓我老耄而舍我"之言,也反映了君主在寻求规诲箴谏时被认为是正当的战战兢兢态度。众所周知,在中国古代,"规谏"后来发展为一种非常重要的政治文化传统,得到了充分的阐发和推崇;而传习"诗书"的贤人学士,即是这种传统的中心承担者,他们以"帝王之师"自任。

按照古人的理解,互教互学,是人际关系的一个基本的、不可或缺的方面。除了君主之教化、教官之教育外,共同体成员彼此皆须"以善言相教"。统治者也要接受教诲训导,他也有失误之可能,不可专制独断;贵族也要接受教训,"夫膏粱之性难正也"。② "教""学"关系深深地渗透于社会网络的各个环节之中。《吕氏春秋·劝学》:"然而人君

① 叶适:《习学记言》卷六,"毛诗·诗序",上海古籍出版社,1992 年,第 92 页。
② 《国语·晋语七》。

人亲不得其所欲,人子人臣不得其所愿,此生于不知理义;不知理义①,生于不学。……是故古之圣王未有不尊师者也。"这就是由此传统衍生出来的申说。确实,古之"礼治"之下,君臣父子皆有待于"教""学",皆要接受"理义"之约束训导,这属于中国古代的那些根深蒂固的观念之一。它体现了一种独特而富于人文理性的考虑,并且构成了"礼"赖以整合社会、维系秩序、调节行为和纠矫失误的重要机制之一。中国古文化的发达、文化领域的分化,在很大程度上,就是在这种"教""学"关系之中产生的,并反过来服务于这种性质的"教""学"。虽然这种发达和分化,已使文化教育日益地依赖于更具专门性的角色、群体和组织了,但此"师道"依然在相当程度上保存了这种"教""学"的初始性质。高级文化的拥有,不仅为权势和财富的等级性占有蒙上了神圣而崇高的光晕、为之提供了合法性,而且这种文化的内容本身还就是直接关涉于家国治道的,是调节政治行为的手段和途径。如上形态的"道统""师道",显然也是相当"泛化"的。它包含着大量的"拟化"成分,例如把据道议政的贤人视之为"师",把"规谏"之类行为视之为"教"。正因为此,这里所说的"道统""师道",也并不正好就是今人所说的"文化系统"及其规范。这种"泛化",依然来源于"礼"在社会分化视角中所呈现的功能弥散性,但是它也逐渐获得了一种相当精致化的形态。

这种"礼治"秩序,赋予了士大夫"君子"以特殊地位。他们掌握了文化知识,因"贤贤"之义而强化了其居位的正当性,并且既维持着阶级制度之"尊尊"等差,也维系着各类社会成员间之"亲亲"纽带。柳诒徵征之史料,论周代政治之重民意,又进而论曰:"君主与人民对待,而公卿大夫,则介乎二者之间。周之盛时,公卿大夫固恒以勤恤民隐诏其君主;即至衰世,亦时时代表民意,作为诗歌,以刺其上。是厉行阶级制度之时,虽作贵族平民之区别,而贵族之贤者,率知为民请命,初非一律阿附君主。……西周之末世,虽曰暴君代作,谗佞迭兴,人民之穷困颠连,已达极点,而学士大夫直言无讳,指陈民瘼,大声疾呼,犹为先世教

---

① "理义"原作"义理",从毕沅校改。

泽绵延未已之征。其言论之自由,或尚过于后世之民主时代也。"①其言自不无过当之处,但亦非尽是无根之谈。封建时代的"君子"阶级在君主和庶民之间所发挥的这种独特作用,在帝国时代仍然为官僚文人士大夫传承下来了。

在与"俗""法"的对比之中,我们就更清晰地看到了"礼"这种规范形态的独特性。在周政的"礼治"秩序之中,政统、亲统和道统业已有别了;然而在此同时,这三者又是互相渗透、互相混溶的。它们都不是业已充分分化了的自主领域,"君道"所不及之处,颇需求助于"父道";二者更其不及之处,又进一步要求助于"师道"。《国语·晋语九》记邮无正语赵简子:"今吾子嗣位,有文之典刑,有景之教训,重之以师保,加之以父兄,子皆疏之,以及此难。"这"重之以师保,加之以父兄",以及前引同书《周语上》"亲戚补察、瞽史教诲"之语等等,都是这种三统之三位一体关系的鲜明反映。那么,作为"尊尊""亲亲"和"贤贤"之"结体"的"礼",其处于"俗""法"之间的功能弥散性质,就可以进一步阐释为政治行政领域、乡土亲缘社区和文化教育领域的相互渗透、相互混溶。由于这种渗透和混溶,这里所说的"政统""亲统"和"道统",并不恰好就是今之所谓的政治系统、亲缘系统和文化系统,并且其间的差异,恰好就反映了中国古代政治文化的独特性。如果说"俗、法之间"这一说法表明了"礼"在分化程度方面的特质的话,那么上述"三统的三位一体",就进一步表明了"礼"在分化形态方面的特质。

第三节　礼治:"和而不同"

社会分化既然是个普遍的历史进程,那么在中国古代,它当然也会引发出相应的意识。古人并非没有看到人类活动层面的分化及其所导致的规范分化和角色分化,但是在此,他们对之却有其独特的表述和态度,并为之发展出了处理其间关系的独特原则。这就体现在诸如对"俗""礼""法"关系,对"尊尊""亲亲"和"贤贤"关系的态度之上。我

---

① 柳诒徵:《中国文化史》(上),台北:正中书局,1985 年,第 265—266 页。

们把"礼治"之精义,解析为政统、亲统和道统的三位一体;"礼治"与"乡俗"已有不同,在其中三统已有所分化,它们各自对应着不相同的领域、规范、活动和角色,然而又以一种特别的方式联系起来了。而古人对待事物分化这个基本现象,曾形成了其独特的态度和理念,它构成了处理社会中分化问题的形上基础。

古人处理分化现象的原则,可以概之为"和",或"和而不同"。在形而上的层次上,它意味着承认事物的分化,并要立足于此;但是更重要的却是不停止于此,而是进而寻求一种贯穿其间的东西,在业已分化的异质要素间建立一种和谐均衡、互渗互补的关系。这种理念贯彻到人事上,事实上就主导了"礼"对三统三位一体关系的精妙安排。当然,古人并没有把"和"或"和而不同",与我们所说的"三统的三位一体"直接地联系起来;但是我们来一步步地分析"礼治"对分化问题的处理,仍可揭示其与"和"这个理念的内在相关性。

《论语·学而》:

> 有子曰:礼之用,和为贵,先王之道斯为美。

是"和"与"礼"直接相关,"和"乃用"礼"之道。我们把"和"与"礼"联系起来,并非凿空之论。《周礼·天官·大宰》:"三曰礼典,以和邦国。"《小宰》:"三曰礼职,以和邦国,以谐万民。"《春官》又有大宗伯"而掌邦礼,以佐王和邦国。"《礼记·儒行》:"礼之以和为贵。"可见人们特别地把"和"看作是"礼"的独特功能,"礼"赖以发挥功能的特有方式,或"礼"处理问题的特殊原则与态度。而当人们谈及"法"的时候,就从来没有说到过它具有"和"之功能了,这构成了一个极重要的对比。

杨树达谓:

> 事之中节者皆谓之和……和,今言适合,言恰当,言恰到好处。①

---

① 杨树达:《论语疏证·学而第一》,上海古籍出版社,1986年,第28页。

"和"之精神近于"中庸",即所谓"致中和""用中为常道"。但仅此还不足以揭示"和"之精神的全部深义。"和"之理念还有一个特别值得注意的含义,此时它是与"同"相对的。《左传》昭公二十年记晏子论"和而不同":

> 公曰:"唯据与我和夫?"晏子对曰:"据亦同也,焉得为和?"公曰:"和与同异乎?"对曰:"异。和如羹焉,水火醯醢盐梅以烹鱼肉,燀之以薪,宰夫和之,齐之以味。济其不及,以泄其过;君子食之,以平其心。君臣亦然。君所谓可而有否焉,臣献其否以成其可;君所谓否而有可焉,臣献其可以去其否。是以政平而不干,民无争心。……先王之济五味、和五声也,以平其心,成其政也。声亦如味,一气、二体、三类、四物、五声、六律、七音、八风、九歌,以相成也;清浊、小大、短长、疾徐、哀乐、刚柔、迟速、高下、出入、周疏,以相济也。君子听之,以平其心,心平德和。……今据不然。君所谓可,据亦曰可;君所谓否,据亦曰否。若以水济水,谁能食之? 若琴瑟之专壹,谁能听之? 同之不可也如是!"

又《国语·郑语》记周大史史伯之语:

> ……今王弃高明昭显,而好谗慝暗昧,恶角犀丰盈,而近顽童穷固,去和而取同。夫和实生物,同则不继。以他平他谓之和,故能丰长而物归之。若以同裨同,尽乃弃矣。故先王以土与金木水火杂,以成百物。是以和五味以调口,刚四肢以卫体,和六律以聪耳,正七体以役心,平八索以成人,建九纪以立纯德,合十数以训百体,出千品,具万方,计亿事,材兆物,收经入,行姟极。故王者居九畡之田,收经入以食兆民,周训而能用之,和乐如一。夫如是,和之至也。于是乎先王聘后于异姓,求财于有方,择臣取谏工而讲以多物,务和同也。声一无听,色一无文①,味一无果,物一不讲。王将弃是类也而与刌同,天夺之明,欲无弊,得乎?

---

① "色一无文"原作"物一无文"。按下文有"物一不讲"句,此"物"字不当重复;又韦昭注:"五色杂,然后成文。"以"五色成文"为释,知此"物"字当作"色"字。径改。

侯外庐论史伯之语：

> 它包括这样的光辉的命题：(一)两个不同的"他"物形成了统一体的一物(和)；(二)一切由对立物而形成的和合物是自然的发展(丰长)；(三)没有发展就一切废置了；(四)又两端的和合而成五,以至十、百、千、万、亿、兆的复杂变化。这是含有素朴的辩证法的因素的。①

"和而不同"确是个出色的命题,但它与西方哲学的辩证法仍有所不同。张岱年说：

> 大概和与同之分别,乃是春秋时人所共讲的。和,同,合,乃相近而实有区别之三个观念。"和"或谐和谓二个或二个以上之相异者之会聚而得其均衡。"同"或同一谓相等或全无区别。"合"或合一谓两个相对待者之不相离。②

"时人共讲""和而不同",可见它并不是一个无关宏旨的论点。就人事层面讲,"和而不同"的直接意义,是申说君权要接受异议的制约,可否相济、"以他平他"是一个政治原则。但在论证中,"和而不同"也已相当地哲理化、"形而上"化了。"以他平他"并不是对抗性的制衡,而是一种和谐的互补。《诗·小雅·伐木》郑玄笺："以可否相增减曰和。"《周书·大开武》注："可否相济曰和。"此二处皆以晏子、史伯"和而不同"之论释"和"。《周礼·天官·食医》郑玄注："和,调也。"又《尔雅·释诂》："和,谐也。""和"即是调和、和谐之意。在形而上的层面上,我们进而看到,古人对于天地间五行、五声、五色、五味以至千品、万方、亿事、兆物的差异分化,给予了特别的关注,并以其特有的方式,将其间关系阐述为相分相异又相济相维。"以他平他谓之和",这是一个相当深刻而精致的理念。

并且在春秋之后,事物之分化依然为人们所关注着。我们还不妨把较后衍生出来的一些相关论说,也引以为参考,这不仅有助于此处的

---

① 侯外庐等：《中国思想通史》第一卷,人民出版社,1957 年,第 126 页。
② 参看张岱年：《中国哲学大纲》,中国社会科学出版社,1982 年,第 112 页。

分析，而且对全书的线索展开大有裨益。这些论说显示，天地万物的"分""合"，人类活动领域和社会角色的分化，确实是中国古代思想中的重要论题。例如《管子·宙合》之中，就有如下一个颇为重要的段落：

> 天不一时，地不一利，人不一事。是以著业不得不多分，名位不得不殊方。明者察于事，故不官于物，而旁通于道。道也者，通乎无上，详乎无穷，运乎诸生。是故辩于一言、察于一治、攻于一事者，可以曲说，而不可以广举。圣人由此知言之不可兼也，故博为之治，而计其意；知事之不可兼也，故各为之说，而况其功。岁有春秋冬夏，月有上下中旬，日有朝暮，夜有昏晨，半星辰序，各有其司。故曰：天不一时。山陵岑岩，渊泉阌流，泉逾瀵而不尽，薄承瀷而不满，高下肥硗，物有所宜。故曰：地不一利。乡有俗，国有法，食饮不同味，衣服异采，世用器械，规矩绳准，称量数度，品有所成。故曰：人不一事。此各事之仪，其详不可尽也。①

这段文字，就反映了古人对于事、业、名、位的分化，以及相应的"乡俗""国法"的规范分化等等，曾有过敏锐体察和深入思考。在其论述之中，此种分化也是被拟同于自然界的万物差异的。作者表达了这样一个极可注意的意向：他既承认分化现象是必要的，不得不如此，同时又在寻求某种足以统摄贯通其间的东西。承认事物的分化又力求其间之贯通，这岂不就是"和而不同"么？进而，这个思考还特别具体到了对社会角色之分化的态度上来。那种仅仅"辩于一言，察于一治，攻于一事"者，即着意以专门化方式来发挥角色功能者，被置于次一等的位置；而"明者察于事，故不官于物，而旁通于道。道也者，同乎无上，详乎无穷，运乎诸生"。在"人不一事"、各种专门角色业已分化了的时候，古人相信存在着一种更高层次的统摄性角色。

又如《淮南子·泰族》所论：

> 天不一时，地不一利，人不一事。是以绪业不得不多端，趋行

---

① 这段文字之中有一些文字校勘问题，请参看本书第一章第 23 页注释①、②。

不得不殊方。五行异气而皆和,六艺异科而皆通。……圣人兼用而财(通"裁")制之,失本则乱,得本则治。其美在和,其失在权。①……夫守一隅而遗万方,取一物而弃其余,则所得者鲜,而所治者浅矣。……孔子曰:"小辩破言,小利破义,小艺破道。道小则不达,达必简。"②……夫彻于一事,察于一辞,审于一技,可以曲说,而未可广应也。

这显然也是表达了同样的意向。自然界的"五行异气而皆和",被用以与人类社会之"六艺异科而皆通"相比拟,并被用作应付"绪业多端""趋行殊方"现象的原则。那么,"和"或"和而不同"是古人处理分化问题时所依据的理念这一点,就更为显明了。"和而不同"这一理念,承认现实中的万事万物的差异和分化,以及社会角色的差异和分化。如叶适所言:"因史伯、晏子所言,验天下古今之常理,凡异民力作,百工成事,万物异生,未有不求其和者。虽欲同之,不敢同也;非惟不敢,势亦不能同。"③然而"守一隅而遗万方,取一物而弃其余"则为古人所不取,因为"彻于一事,察于一辞,审于一技,可以曲说,而未可广应也"。

在其他民族的思想史上,固然也出现过类似于"和而不同"的观念④,但是在中国古代,它与政治的关系就特别地密切了;当然它在"天道"方面也得到了精致的阐发,可是其着重之点决不离人事。随着社会的复杂化和思想的异趋歧分,围绕"分""合"问题,诸子百家基于不同立足点,就发展出了不同态度与回应。在其间的比较之中,"礼"之政治秩序最集中地体现了"和而不同"精神这样一点,就更为明显了。

---

① 按"五行异气而皆和,六艺异科而皆通",原作"五行异气而皆适调,六艺异科而皆同道";"其美在和"原作"其美在调"。均依王念孙说径改。参见刘文典《淮南鸿烈集解》卷十六《诠言训》"物莫不足滑其调"句注引王说,中华书局,下册,1989年,第456—457页。

② "道小则不达,达必简"原作"小见不达,必简",依王念孙、俞樾说径改。参见《淮南鸿烈集解》卷二十引,第677页。

③ 叶适:《习学记言序目》,卷十二,"《郑语》"。上海古籍出版社,1992年,第106页。

④ 对于西方思想史上类似于"和而不同"的观念,可参看钱钟书:《管锥编》第一册,"和别于同"条所引,中华书局,1979年,第236—238页。

我们先来看道家。上引《管子·宙合》《淮南子·泰族》之论，多少是借助了"道论"的，但是在此，其对事物趋"分"的否定尚不明显；而在《淮南子·诠言》中，道家对分化现象的疑虑，就相当地浓厚了：

> 同出于一，所为各异，有鸟有鱼有兽，谓之分物。方以类别，物以群分，性命不同，皆形于有。隔而不通，分而为万物，莫能反宗①，故动而谓之生，死而谓之穷。皆为物矣，非不物而物物者也，物物者亡乎万物之中。

对"分而为万物"的客观事态，《淮南子》表达了"莫能反宗"的深切感慨。具体到道家对社会角色分化的看法上，《庄子·徐无鬼》的如下议论颇有代表性：

> 知士无思虑之变则不乐，辩士无谈说之序则不乐，察士无凌谇之事则不乐：皆囿于物者也。招士之士兴朝，中民之士荣官，筋力之士矜难，勇敢之士奋患，兵革之士乐战，枯槁之士宿名，法律之士广治，礼教之士敬容，仁义之士贵际。农夫无草莱之事则不比，商贾无市井之事则不比。庶人有旦暮之业则劝，百工有器械之巧则壮。钱财不积则贪者忧，权势不尤则夸者悲，势物之徒乐变。遭时有所用，不能无为也。此皆顺比于岁，不物于易者也。驰其形性，潜之万物，终身不反，悲夫！

《庄子·天下》还进一步表达了对文化思想界之"道术"分化的忧疑：

> 天下大乱，贤圣不明，道德不一，天下多得一察焉以自好。譬如耳目鼻口，皆有所明，不能相通。犹百家众技也，皆有所长，时有所用。虽然，不该不遍，一曲之士也。判天地之美，析万物之理，察古人之全。寡能备于天地之美，称神明之容。是故内圣外王之道，暗而不明，郁而不发；天下之人，各为其所欲焉以自为方。悲夫！百家往而不反，必不合矣。后世之学者，不幸不见天地之纯，古人

---

① "莫能反宗"原作"莫能及宗"，亦依王念孙说径改。参见《淮南鸿烈集解》卷十四引，第463页。

之大体。道术将为天下裂。

很有意思的一点是,春秋时人已用五色、五声、五味等来比拟"礼"之运用,这就反映了对异质要素分化的承认和顺应。而《老子》曰:"五色令人目盲,五音令人耳聋,五味令人口爽。"《庄子·马蹄》:"五色不乱,孰为文采;五声不乱,孰应六律!"这也反映了道家对分化现象的态度。《老子》:"塞其兑,闭其门,挫其锐,解其纷,和其光,同其尘,是谓玄同。""解其纷"之"纷"王弼本作"分"[1],"纷""分"义近,与"朴散则为器"之"散",以及《庄子·天下》"道术将为天下裂"之"裂",是一个意思。"分""散""裂"被视为一个退化的过程,它破坏了人类生活的整体性和自然有机性。由是,道家便有了"反朴"之主张。如李约瑟所言,"朴""意味着未经化分,混同一致"[2]。这也就是说要"解其纷"而归于"玄同"。我们利用较为切近传统背景的术语,用"俗""礼""法"来指示中国古代依次演生出来的不同政治文化形态;在这个序列中,道家所追求者近于"乡俗"——混沌未分,尚无"尊尊""亲亲"与"贤贤"之别的原生人类状态。当然道家有时也讲"和",但那是一种尚未化分的"和",而不是"和而不同"之"和"。

法家有关于"分""合"问题的理念,则又有异于儒道二者。法家着眼于现世而求变革,强调"当今争于气力""下世贵贵而尊官",他们立足政统、独尚"尊尊",着意推进政治系统之分化,以建立纯政治性的"法治"秩序。与之相应,他们对"分""合"也有其独特看法。李约瑟在讨论道家的"朴"之观念时又以"分"之观念作为对比,可以说是独具只眼:"'分'字指统治者指派各人以相当的职责。"[3]法家对"分"有非

---

[1] 按此"纷"字本或作"忿",见朱谦之《老子校释》引,中华书局,1984年,第228页;然《老子》帛书甲、乙本均作"纷"。又《文选·魏都赋》《运命论》两注引《老子》无前六句,朱谦之等云为衍文。但帛书本有其文,张舜徽说:"《文选注》所引无此六句,乃节取,非全文。唐人引书,大抵然矣。不可据之以疑本书。"见其《老子疏证》卷上,《周秦道论发微》,中华书局,1982年,第133页。

[2] 李约瑟:《中国古代科学思想史》,陈立夫译,江西人民出版社,1990年,第140页。

[3] 同上书,第131页。

常明确的看法,如《商君书》之"定分"主张。对于法家在此的思维逻辑,可以参考庞朴先生如下之精彩分析:

> 发明"矛盾"这一概念的光荣,就是属于他们的。……法家的所谓矛盾,是非此即彼,是对立两极的绝对排斥或不可两立。在自己的著作中,法家从不放过指出社会上各种对立的机会,尤其善于在常人认为一致的地方将它指出,并使之归结于功利上的冲突,以确证对立的"势不两立"。

> ……当他们谈论对立的时候,他们强调矛之于盾,强调二者的"不同器""不兼时""不两立",即排斥对立在时间空间中有任何同一的余地。更多的时候,法家也谈同一,只是他们所追求的是严禁"二心私学",反对"兼礼""兼听",要求"独断"独行。这种同一,又排斥同一在时间空间上有任何对立的存在。[①]

我们看到,各家学者对"分""合"问题,确实都根据不同立场而做出了不同的处理。他们在此的不同态度,并不是无足轻重的,这都构成了其政治社会学说的形上基础,并影响到了其学说在社会政治发展中的升降沉浮。在后面的有关章节中,对之还要做进一步的叙述。大致说来,道家取向"玄同"、主张"反朴",礼乐法度因而便被说成是"衰世"的产物;在社会角色方面他们崇尚作为"玄同"化身的"真人",在汉初的黄老政治中这曲折地投射为"长者"。法家对分化、对立和同一的态度,则是与其立足政统、独尊吏道、倚重文吏的政治主张相一致的。相形之下,儒家的以礼治国、"君子"政治,最能得"周礼"之精义。并且在与道家的"无为而治"、法家的"法治"加以比较之后,儒家所传承的"礼治"最集中地体现了"和而不同"精神这一点,就越发地凸显、明晰了。

封建时代之"礼制"已不同于"乡俗",在周政之中政统、亲统和道统已经有所分化,"一体"之下,毕竟已经"三位"有别了。然而就是在这种情况之下,"礼制"孕育出了一种深刻的理念,一种处理分化要素的原则,这就是所谓的"和而不同"。"礼治"是立足于"分"(在社会层

---

① 庞朴:《儒家辩证法研究》,中华书局,1984 年,第 9—12 页。

面就是"名分")而求其"和"的,即立足于三统的相异相分,又力求在其间建立和维持互补互渗的协调关系。

我们来看"礼治"对角色分化的处理,这是社会分化的重要方面。在诸多社会角色之中,并不是所有角色都被同等看待的,社会背景和政治传统将造成它们之间的威望高下之别。例如对于"君、父、师",在中国古代就得到了特别的推崇。《国语·晋语一》:

> 成闻之,"民生于三,事之如一"。父生之,君食之,师教之。非父不生,非食不长,非教不知生之族也;故壹事之。唯其所在,则致死焉。报生以死,报赐以力,人之道也!

"成"即栾共子共叔成,他活动于公元前 8 世纪末期[①];由"成闻之"三字,我们推测这是个久已有之的古训。韦昭注:

> 三,君、父、师也。如一,服勤至死也。

"君、亲、师"为"三"而又"事之如一",他们是三位而又一体。又如《礼记·檀弓上》:

> 事亲有隐而无犯,左右就养无方,服勤至死,致丧三年;事君有犯而无隐,左右就养有方,服勤至死,方丧三年;事师无犯无隐,左右就养无方,服勤至死,心丧三年。

我们看到,对于"君、父、师"这三种角色,还发展出了不同的奉侍礼法;有趣的还在于,这些礼法既不相同,又处于可以相互比拟的精心安排之中。郑玄注"事君"之"方丧":"资于事父。"孔颖达疏:"方,谓比方也。有比方父丧礼以丧君,故云资于事父。资,取也。取事父之丧礼以丧君。"又郑玄注"事师"之礼:"戚容如父,而无服也。"孔颖达疏:"无犯是同亲之恩,无隐是同君之义。兼有亲恩、君义,故言恩、义之间为制。""君、亲、师"既有分别,然而又彼此交融、可相比拟。

---

① 《国语·晋语一》:"武公伐翼,杀哀侯,止栾共子曰:'苟无死,吾以子见天子,令子为上卿,制晋国之政。'栾共子遂有此言。"韦昭注:"鲁桓三年,曲沃武公伐翼,杀哀侯。"鲁桓公三年为公元前 710 年。

显然,在古人看来,"君、父、师"是最具纲纪统领作用的社会角色。"君"是政统之最贵者,"父"是亲统之最贵者,而"师"则是道统之最贵者。相应地,君臣吏民关系,父子兄弟关系和师傅弟子关系,也就成了古人观念中最为重要的人际关系。由于三统相异相分又相济相维,皆统摄于"礼","君、父、师"这三者也绝不是全然分立、毫无关联的,三者最终统一于"守礼"的"君子"角色之中。"君子"既是尊者,又是亲者,同时又是贤者:在"礼"所确定的三统之"泛化"或"拟化"关系之中,"君子"又被认定为"民之父母"和"民之师长",他们兼有官员身份、宗法身份和贤人身份,兼以"尊尊"之吏道、"亲亲"之父道和"贤贤"之师道,来经邦治国。众多社会角色业已分化、彼此有别,而又统之于"君子",这也正如各种社会事务业已分化、彼此有别,而最终又统之以"礼"一样。

《论语·子路》:

> 子曰:君子和而不同,小人同而不和。

是"和"关乎君子角色,"和而不同"是"君子"的处事原则。陈天祥释孔子"君子和而不同"语谓:"凡在君、父之侧,师长、朋友之间,将顺其美,匡救其恶,可者献之,否者替之,结者解之,离者合之,此君子之和也。"[1]"和而不同"事涉"君子"对君、父、师关系之处理,其说能得古人之深意;这里主要是就"献可替否"之功而论的,也就是所谓的"以他平他";但是晏子、史伯论"和而不同",还意味着一种对贯通于异质要素之间并使之达致均衡和谐的东西的寻求;如前所述,古人这种理念落实于社会角色层面的时候,就把"辩于一言,察于一治,攻于一物"者置于了次要位置,进而推崇着"不官于事,而旁通于道"的人格。奉行礼义的"君子",恰恰被认为具有这种性质。

《论语·为政》:

> 君子不器。

---

[1] 陈天祥:《四书辨疑》,转引自程树德《论语集释》,中华书局新编诸子集成本,1990 年,第三册,第 936 页。

又《礼记·学记》：

> 君子曰：大德不官，大道不器。

郑玄注曰：

> 谓圣人之道不如器，施于一物。

孔颖达释之曰：

> 大道不器者，大道亦谓圣人之道也。器谓物堪用者。夫器各施其用，而圣人之道弘大，无所不施，故云不器，不器而为诸器之本也。

又陈澔释之曰：

> 不官，不拘一职之任也；不器，无施而不可也。……皆以本原盛大，而体无不具，故变通不拘，而用无不周也。①

儒家"君子不器"之信念，曾被马克斯·韦伯用以概括中国士大夫的反专门化性质。早在封建时代形成的士大夫"君子"那里，就已经追求着一种富于反专门化倾向的人格理想了。"礼"的无所不包性，导致了"君子"角色的功能弥散性。人们相信这种"不拘一职之任"的角色，是"体无不具""用无不周""无施而不可"的。但是推崇"不拘一职之任"，也并不是说可以由"君子"来取代各种专门化的角色。对之《荀子·儒效》有很好的解说：

> 君子之所谓贤者，非能遍能人之所能之谓也；君子之所谓知者，非能遍知人之所知之谓也；君子之所谓辩者，非能辩人之所辩之谓也；君子之所谓察者，非能遍察人之所察之谓也；有所止矣。相高下，视硗肥，序五种，君子不如农人；通财货，相美恶，辩贵贱，君子不如贾人；设规矩，陈绳墨，便备用，君子不如工人。不恤是非、然不然之情，以相荐撙，以相耻怍，君子不若惠施、邓析。若夫谲德而定次，量能而授官，使贤不肖皆得其位，能不能皆得其官，万

---

① 陈澔：《礼记集说》卷六，上海古籍出版社，1987年，第203页。

> 物得其宜,事变得其应,慎、墨不得尽其谈,惠施、邓析不敢窜其察,
> 言必当理,事必当务,是然后君子之所长也。

这就是说,专门化了的角色各有其"一职之任";而"君子"之效,则在于他有能力在各种专门化角色之间,建立起一种贯通统摄的维系。

在晏子、史伯之言中,"和而不同""以他平他"是一个政治原则,涉及臣下的献否成可、献可去否的责任义务,与设置或利用异质因素以制约君主、维系政治秩序直接相关。而"礼治"这种政治文化模式,是要以"亲亲""贤贤"来济"尊尊"之所不及的;亲统和道统,在"礼治"秩序中是足与政统相济相维的最重要的异质因素。在社会角色方面,这些来自亲统和道统的异质角色,就被认为是所谓"亲戚补察,瞽史教诲""重之以师保,加之以父兄"。在史伯"先王聘后于异姓""择臣取谏工而讲以多物"之语中,也透露了类似的消息。在此还不妨引证师旷的一段话,来进一步观察这个"以他平他"的设计。《左传》襄公十四年师旷谓晋悼公曰:

> ……天生民而立之君,使司牧之,勿使失性。有君而为之贰,使师保之,勿使过度。是故天子有公,诸侯有卿,卿置侧室,大夫有贰宗,士有朋友,庶人、工商、皂隶、牧圉皆有亲暱,以相辅佐也。善则赏之,过则匡之,患则救之,失则革之。自王以下,各有父兄子弟,以补察其政。史为书,瞽为诗,工诵箴谏,大夫规诲,士传言,庶人谤,商旅于市,百工献艺。故《夏书》曰:"遒人以木铎徇于路,官师相规,工执艺事以谏。"正月孟春,于是乎有之,谏失常也。天之爱民甚矣,岂其使一人肆于民上,以从其淫,而弃天地之性? 必不然矣!

师旷所申说的"有君而为之贰"这一重要原则,明明就是"以他平他"之意。如果将师旷和晏子、史伯之语加以比较的话,其内在精神之贯通一致是昭然可见的。那么我们就来看看作为异质因素的"贰""他"都是些什么。在师旷之语中,自天子、诸侯、卿、大夫、士、庶人至工商、皂隶、牧圉,首先就显示了一个政治等级序列,或"尊尊"的序列;其次这一段话又常常被用于论证封建制和宗法制的结合,其各级之"贰",又是一

个拟定为侧室、贰宗之类的"各有亲暱""各有父兄子弟"的亲缘关系序列，或"亲亲"的序列；同时构成了"贰"的，还有一个与"师保"功能相关的序列，它既包括士大夫庶人工商的"箴谏""规诲"，也包括较具专门性的文化角色——例如"史""瞽"——依据"诗书"而进行的"谏失常"行为。

在观念上，"和"是取法于天地间五行、五色、五声、五味的精妙关系的；而同时人们也正是用这种关系来阐发"礼"的。《左传》昭公二十五年子大叔言"仪、礼有别"，遂引子产语曰：

> 夫礼，天之经也，地之义也，民之行也。天地之经，而民实则之。则天之明，因地之性，生其六气，用其五行，气为五味，发为五色，章为五声。淫则昏乱，民失其性，是故为礼以奉之。为六畜、五牲、三牺以奉五味，为九文、六采、五章以奉五色，为九歌、八风、七音、六律以奉五声，为君臣、上下以则地义，为夫妇、外内以经二物，为父子、兄弟、姑姊、甥舅、昏媾、姻亚以象天明，为政事、庸力、行务以从四时；为刑罚、威狱，使民畏忌，以类其震曜杀戮，为温慈惠和，以效天之生殖长育……

由于"礼"的这种无所不包性，古人几乎将之看作天、地、人之间的那些"制约关系和统一性的体现和反映"[1]，而这种"制约关系和统一性"的本质，其实就是"和"，如同五行、五味、五色、五声之间的关系那样。相应地，"君子"也被视为一种可与天地相参的角色。《荀子·王制》："故天地生君子，君子理天地；君子者，天地之参也，万物之总也。"

人或谓"礼"的精神是区分贵贱等差，是"分"，此说仅得其一隅而已。"礼"可以进一步区分为"礼""乐"两个方面，它们一主"别"而一主"和"。《礼记·乐记》：

> 乐者为同，礼者为异。同则相亲，异则相敬。
> 礼义立，则贵贱等矣；乐文同，则上下和矣；好恶著，则贤不肖

---

① 引自刘泽华：《先秦礼论初探》，《中国文化研究集刊》第四辑，复旦大学出版社，1987年，第55页。

别矣；刑禁暴、爵举贤，则政均矣。仁以爱之，义以正之，如此，则民治行矣。

大乐与天地同和，大礼与天地同节。……礼者，殊事合敬者也；乐者，异文合爱者也。

乐者天地之和也，礼者天地之序也。和，故百物皆化；序，故群物皆别。

《乐记》是一篇重要的儒家文献，其如上论述，进一步显示了处理"群物"关系的"和"之理念与"礼"之政治精神的密切相关性。它进一步地把天地之间"群物"同异关系的处理原则，落实到对人事上贵贱、亲疏、贤不肖的差异处理之上了。郑玄注："别，谓形体异也。"孔颖达疏："此一节申明礼乐从天地而来。王者必明于天地，然后能兴礼乐。乐者调畅阴阳，是天地之和也；礼者天地之序也，礼明尊卑贵贱。"在较抽象的层次上，群物各有区别、等差，"和"反映的是其间的化合、均衡和协调的关系；而在较具体层次上的差异与均衡，分别以"礼"和"乐"作为其象征。"礼"为异为别，体现为"尊尊"；"乐"主和主爱，象征着"亲亲"。所以我们说，兼"礼""乐"二者而言的"礼"，其处理人事的原则恰好就是"和而不同"。钱钟书也正是以《乐记》来印证晏子、史伯"和而不同"之论的："晏、史言'和'，犹《乐记》云：'礼者，殊事合敬者也；乐者，异文合爱者也。''殊''异'而'和'，即'待异而后成'。"①可知"礼之用，和为贵"之语并非空穴来风。"待异而后成"语出《淮南子·说山》："事故有相待而成者。两人俱溺，不能相拯，一人在陆则可矣。故同不可相治，必待异而后成。"刘宝楠《论语正义》引晏子、史伯之语以释孔子"君子和而不同"语，而《国语》韦昭注又引孔子此语以释史伯"和而不同"之论，皆至为精当。较之"分"，"和"更能体现中国政治精神。《国语·周语下》乐官伶州鸠说："夫政象乐，乐从和，和从平。"此"平"亦即"以他平他"之"平"。

儒家对分化问题的态度，既不同于道家对"玄同"的向往，也不同

---

① 《管锥编》第一册，第237页。

于法家的"不两立"精神。道家推崇的"玄同"之境是并无尊卑贵贱之差的,这些东西都是生于"衰世"的礼乐法度的产物。法家的"法治"唯重"尊尊"——"尊君"与"尊官",这仅得"礼"之一隅而已。而兼"礼""乐"而言的总名之"礼",还有"乐"的方面、"和"的方面;由于这个"和"的方面,"礼"就与"法"大异其趣、泾渭分流了。"礼"肯定了现实中的贵贱等差之分化,也肯定了政统、亲统和道统的活动层面之分化,但是又以特有的方式将诸多差异之物组织起来了。《荀子·大略》:"亲亲、故故、庸庸、劳劳,仁之杀也;贵贵、尊尊、贤贤、老老、长长,义之伦也;行之而得其节,礼之序也。""礼治"表现为三统的三位一体、三道的相异相维,"君子"政治依赖于"无所不施"的"不器"角色,这无不是"和而不同"这个处理分化问题的理念在社会政治领域的具体化。反过来说,在对诸子有关"分""合"问题的态度加以检讨之后,我们说"礼"处理分化现象的原则最契合于"和而不同",也就有了充分的理由。

在周代"礼制"这种政治文化秩序之下,政统、亲统和道统业已有别了;尽管较之后世它们之间依然存在着重大的重合与互渗。然而正是在这初生的差异情况之下,"礼"文化发展出了处理这些差异的精妙原则——"和而不同"。这一原则承认,甚至保障要素之间的差异性,并对"以同裨同"加以否定和排斥;然而其间的差异却并不导向于"分"、导向于"离",差异之中又有同一性。在古人观念之中,万事万物的差异清晰地存在于天地之间,然而它们并不是彼此隔绝、彼此疏离的;异质要素之间是相分相异而又相济相维的关系。这一理念深深地贯注于"礼治"之中,由此本来就具有无所不包性质的"礼",便具有了容纳要素间因时势推移而产生的更大差异的强大涵摄力。"礼"统摄"君、父、师"或"尊、亲、贤",并由此进一步把天子、诸侯、公卿、大夫、士、庶人、工商、皂隶、牧圉、父子、兄弟、侧室、贰宗、师保、瞽史等等形形色色的社会角色,纳入森然不紊的秩序之中,并进而处理和安排"千品""万方""亿事""兆物"的各个层面、各类事项。这其间的维系,就是"和而不同"。"和而不同"业已结晶为一种精致的形上理念,但是它也在深层意义之上,体现在极具体的制度设计之中。

在古代中国，当原生"乡俗"的支配地位消失之后，代之而在政治领域居于主导的并不就是"法制"；换言之，由原生"乡俗"到发展出纯粹政治性的"法制"的时代，曾有一段漫长的"礼"秩序介乎其间。侯外庐把"法"理解为公权制度及其法律，指出"在'亚细亚的古代'中国社会，由于过时的氏族约束，这一'法'的建立的历史形成长期的斗争史（中古封建由于保存了古代的氏族遗制，私有的法律观念仍然薄弱）"①。"法制"的晚出，"礼治"的支配，确实对应着某些方面较为低下的社会分化程度；而在某些现代社会科学作者那里，"社会分化"具有浓厚的"进化"意味。那么在顺水推舟式的推论中，或许就有可能得出如是论断："礼治"是一种不发达的政治文化产物。

但是，尽管在此我们也使用了诸如"非专门化""功能弥散性"等等语词，可这并不意味着我们也将做出这类评价："礼治"是一种较为原始、粗糙或"落后"的东西。我们并不把社会分化的程度看成是唯一的评价标准。此外，至少还要注意到社会分化的形态；特殊的社会分化形态和道路，可能促生独特的文明产物。独特性本身就已意味着一种文化价值。进一步说，古代中华民族并不缺乏文化创造力，也并不缺乏政治智慧。中国古代社会分化推进缓慢、大量原生性的东西与已分化的事象混溶交织；然而由于这种创造力和智慧，它们反而升华了，反而催生了一种独特的政治文化形态——"礼治"，它同样发展得相当丰厚、相当精致。它留下了一种在分化程度上处于"俗""法"之间的政治文化秩序，留下了一种以"和而不同"方式使政统、亲统和道统达致相济相维的社会整合模式，留下了一个把统治者和被统治者的关系表述为"君子""小人"关系的二元社会结构观念，留下了一个由承担了"礼义"而居于"四民"之首的贤人阶级来经邦治国的古老理想。这一传统，作为一种"文化基因"，它将给予此后的历史进程的重大影响，是不可避免也无从回避的。

---

① 侯外庐等：《中国思想通史》第一卷，第 605 页。

第四章　学士与文吏的分化

春秋战国之际，是中国古代社会发生了剧烈变动的时期。生产的进步，文化的积累，战争的频繁，政治的变幻，伴随着社会规模的扩大和结构的趋繁，社会关系日益复杂多样，其间阶层和地域的流动也日益加剧。社会对能力与成就的需要和评价不断提高，下层和平民也获得了远较此前为多的学习、掌握和应用知识技能的机会。社会的复杂化，使各种社会要素获得了更多的自主性。以等级性的社会分层和政治文化上的三统相维为基础的封建礼法，其精致程度在春秋时期达到了顶点，然而这也意味着这一制度业已日益僵固；它已不能适应不断变迁中的社会情势了。政统、亲统和道统及其所统摄的各种要素，其自主程度的积累和相互分化过程的推进，终于突破了宗法封建制度的躯壳。

相对于本书的论题而言，这一变迁的主要内容之一，就是知识文化角色和职业文官角色的分化，自主的学士群体和文吏群体的产生。如果将之与此前的封建士大夫阶层和此后的帝国士大夫阶层联系起来并加以比较的话，这个学士和文吏相对分立阶段的重要意义，就充分地显露出来了。对于战国时代的"士"阶层，学界研究极多，许多业已得到充分揭示的历史细节，这里就不拟做过多的复述了。我们的讨论将着重于学士和文吏的分立，以及周礼秩序的崩解与此分立的关系之上。

第一节　学士与文吏的分化

在封建时代，文化教育为贵族士大夫所集中拥有，"士"被视为"学习道艺者"或"德能居位"之人，他们是与"小人"相对的"君子"。但是随着贵族的衰微和文化的普及，等级身份与知识道艺便被日益理解为

不同的东西,二者不必一致。许多证据表明,春秋后期的许多场合,
"士""君子"一类语词的身份意味经常地变得淡薄了,而日益强调其
"道艺"的一面。

《左传》文公十四年:"公子商人骤施于国而多聚士。"襄公二十一
年:"怀子好施,士多归之,宣子畏其多士也。"昭公二十年:"彼将有他
志,余姑为之求士而鄙以待之,乃见鱄设诸焉,而耕于鄙。"又《国语·
越语上》:"其达士,洁其居,美其服,饱其食,而摩厉之于义。四方之士
来者,必庙礼之。"这里所谓的"士",大抵都是指人士。《论语》中孔子
经常从道德才艺方面对"士""君子"加以阐说,并讨论了"士"面对"贫
贱"和"富贵"时的正当选择,都反映了学士角色在趋于专门化,以及社
会流动加剧所造成的"士"之地位的变动不定。值此之时,"肉食者鄙"
即使还不是经常性的问题,权力拥有者和道艺拥有者的分化,以及各种
社会角色的专门化,依然是不可避免的。

时至战国,几乎凡是拥有一德一艺者皆可称"士"了。据刘泽华统
计,其时以"士"为中心词的称谓已达百余种。① 其中如武士、锐士、剑
士、死士等等,当来源于六乡军士的传统,亦即作为战士之称的"士"之
沿袭。在技艺之士、商贾之士、筋力之士等语中,"士"为"男子之大
号",即从事某种行业的男子之称。而如学士、文士、术士、方士、善士、
志士、信士、修士、烈士、法士、辩士等等,则特别地用以指称一批未必居
官、非必世族,而特以道义才艺见长之人。他们可能来源于贵族或平
民,但又决不等同于贵族和平民,并且构成了一个影响巨大的分立阶
层。他们仍然称"士",这显示了传统的某种连续性;但是他们与春秋
以上之"士"已经大异其趣。这类以"士"为中心词的称谓之所强调者,
已是道艺的分类,而不是等级的分类了。"游士"之称,即表明了他们处
于活跃的行业、地域和等级的流动之中。《庄子·徐无鬼》:"知士无思虑
之变则不乐,辩士无谈说之序则不乐,察士无凌谇之事则不乐,皆囿于物
者也。招世之士兴朝,中民之士荣官,筋力之士矜难,勇敢之士奋患,兵
革之士乐战,枯槁之士宿名,法律之士广治,礼教之士敬容,仁义之士贵

---

① 参见刘泽华:《战国时期士考述》,《郑天挺纪念论文集》,中华书局,1990 年。

际……"从早期作为部族男性成员而兼事耕战之"士",经过仅仅指称为特定等级的"士",到此时形形色色、各擅一长之"士",其间经历了漫长的分化。"男子"们所承担的职能,其由之谋生求食与发展自我的途径与方式,已经大为复杂化、专门化了。

从"士"的社会来源上看,他们最初可能较多地来自贵族中的较低层次,后来庶人也有了越来越多的进入这一层次的机会。对之学人研究颇多。① 此期之称"士"者当然并不都是"知识分子"。范文澜将之分为学士、策士、方士与食客四类。至少其中称为"学士""文士"的那类人的存在,就显示了专门化的知识角色和分立的知识阶层之业已诞生。从社会功能分化方面看,这些知识文化角色是由封建士大夫所承担之文化功能充分分化而来的。费孝通谓自孔子之后,就"构成了和政统分离的道统",出现了"用文字构成理论,对政治发生影响"但已不再"占有政权"者。② 余英时借用《庄子·天下》篇之语表述道统与政统之分离的意义:"自'道术将为天下裂'以后,古代礼乐传统辗转流散于士阶层之手,于是知识分子主观方面的构成条件便具备了。"③从"士"皆有"道艺",到有"道艺"者即可称"士",在这一重大变动之中,一个由学士所构成的群体及其所代表的"师道",脱离了政统而自立于民间了。

"师"这个称谓的意义衍变,也显示了"师道"与政统、亲统之间所经历的分化过程。"师"本训"众"。"众"可指民众,民众须服兵役,师又为兵众,故军事编制称"师",其成员为"士",即甲士或军士。引申之,帅众掌众之官亦称"师",故"师"又训长,即官长,或

---

① 可参看杨宽:《战国史》,上海人民出版社,1980 年,第十章,"一、士的活跃和'百家争鸣'";范文澜:《中国通史简编》(修订本)第一编,人民出版社,1949 年,第五章第二节,"士";余英时:《士与中国文化》,上海人民出版社,1987 年,"一、古代知识阶层的兴起和发展";等等。

② 费孝通等:《皇权与绅权》,天津人民出版社,1988 年,第 25—26 页。

③ 余英时:《士与中国文化》,"二、道统与政统之间"。

称官师。①《尚书·洪范》"八政"之"师"郑玄注："师，掌军旅之官，若司马也。"殷及西周之师长、师氏、大师，以及彝铭所见之师，论者以为事兼文武②，故"师徒"可指将士。③ "师"初为官长通名，师、士关系最初则为统属关系。古者，官长——"师"又承担着教诲训戒所属民众之责，因之"师"又进而成了有以教人者之称，学于人则曰师之。孔颖达释《古文尚书·说命中》"承以大夫师长"句："大夫师长，人臣也。……《周礼》立官多以师为名。师者众所法，亦是长之意也。""师"——民众须以"师"——官长为法，治民者又兼教民，由此"师"遂有了教人者之意。《孟子·梁惠王下》："天降下民，作之君，作之师。"《古文尚书·泰誓上》同语孔颖达疏："治民之谓君，教民之谓师。君既治之，师又教之，故言作之君、作之师。师谓君与民为师，非谓别置师也。"其说深合

---

① 《尚书·尧典》："师锡帝曰"，伪孔传："师，众。"《史记·五帝本纪》作"众皆言于尧曰"。《易·序卦》："师者众也。"是"师"可训"众"。《尚书·洛诰》："和恒四方民，居师。"伪孔传："以和常四方之民，居处其众。"同书《吕刑》："受王嘉师。""嘉师"犹言良民。《诗·大雅·板》："曾莫惠我师。"郑玄笺："又曾不肯惠施以周赡众民。"是"师"可训民众。《说文解字》："二千五百人为师。……众意也。"甲文中有"自"为军队，又有"登众人"出师之事。是"师"为军事编制。《礼记·曲礼上》："前有士师。"郑玄注："士师谓兵众。"《尚书·洪范》："八曰师。"伪孔传："简师，所任必良，士卒必练。"是"师"之成员为兵众士卒。周有"西六师"，这一制度可能与"六乡"有关，而"六乡"既是行政单位，也是军事单位。又《国语·晋语四》韦昭注："师，长也。"《左传》哀公十四年杜预注："官师，大夫。"同书昭公十七年云古有云师、火师、水师、龙师、鸟师，"为民师而命以民事"。《史记·夏本纪》："州十二师。"可见官长称"师"确为古义。《周礼·天官·宰夫》叙"正、师、司、旅、府、史、胥、徒"之"八职"，"师"居其一，为"掌官成以治凡"者。《荀子·儒效》"人师"杨倞注："师，长也。"王先谦《集解》："师长之义甚古，长亦君也。……人师，犹言人君矣。"《周礼》诸书中以"师"名官者至三四十种。《地官·序官》郑玄注："师之言帅也。"贾公彦疏："以其率领百家，故言帅也。"《汉书·董仲舒传》："今之郡守县令，民之师帅。"
② 郭沫若说："师氏之见于彝铭者乃武职。"见其《周官质疑》，《金文丛考》，1952 年，第 85 页。杨宽亦以为"师"初为武职，见其《我国古代大学的特点及其起源》，《古史新探》，中华书局，1965 年。
③ 如《左传》襄公四年："师徒不勤，甲兵不顿。"襄公八年："修而车赋，儆而师徒。"

本旨。故君主又谓"君师"。① 教诲训戒,既为君师、官师之所施,又为部属民众之所效,教人之师,源于帅众之师。西周金文所见之"师",既是军政官员之名,又是教育官员之名。② 这显然是"师"作为帅众之官,其职责在早期尚未充分分化的遗迹。早期之"教""学",无非上施下效之事③,官、师非二,治、教一系也。

"师"又义通于先生。《礼记·曲礼上》"从于先生"郑玄注:"先生,老人教学者。"孔颖达疏:"先生,师也。谓师为先生者,言彼先己而生,其德多厚也;自称为弟子者,言己自处如弟子,则尊师为父兄也。……而《论语》云:'有酒食,先生馔',则先生之号亦通父兄。"又俞正燮考之史籍古义,谓:"然则教诲,老者之业,故曰先生。"④由先生之号,知"师"又义通于父兄。部族社会居首领者为父兄长老,他们既为族众之师,又为幼童之师。⑤ 故

---

① 《荀子·正论》:"诸侯有能德明威积,海内之民莫不愿得以为君师。"又如占《尚书》大半之训、诰,类皆王公之所为。《盘庚上》:"王若曰:格汝众,予告汝训汝。"《酒诰》:"庶士有正越庶伯君子,其尔典听朕教。"《左传》僖公二十七年:"晋侯始入而教其民。"宣公十二年:"楚自克庸以来,其君无日不讨国人而训之。"襄公三十年:"我有子弟,子产诲之。"《周礼》地官大司徒掌土地人民,又"施十有二教焉"。《左传》昭公二十八年:"教诲不倦曰长。"皆见官长施教、治教合一之为古代政治传统。

② 张亚初、刘雨考察了西周金文中称"师"之官的七项职责,指出此期之"师"既是军事长官,也是行政长官,又是教育方面的长官。此外,还有在"师"前冠以地名的"地方诸师",应是地方长官。见其《西周金文官制研究》,中华书局,1986年,第一部分,"二、师官类官"。

③ 《说文解字》:"教,上所施,下所效也。"颛孙师字子张,《广雅·释诂》:"张,施也。"同书又谓"学,效也。"《殷虚文字丙编》22:"王学众人伐于尤方",参以"令众""乎众"之辞例,此"学"当训为"教",《仪礼·燕礼》疏:"学,教也。"为戒饬之意,或如《甘誓》《汤誓》之类。

④ 俞正燮:《癸巳存稿》卷四,"先生释义",商务印书馆,1957年,第118页。

⑤ 《说文解字》:"父,矩也,家长率教者。"《左传》僖公二十三年:"子之能仕,父教之忠。"《老子》四十二章:"吾将以为教父。"朱谦之云:"犹今言师傅。"见其《老子校释》,中华书局,1984年,第176页。《管子·小匡》:"是故其父之教不肃而成,其子弟之学不劳而能。"《庄子·盗跖》:"夫为人父者必能诏其子,为人兄者必能教其弟。"皆见早期教育之关乎父兄。

古制养"三老"于学。吕思勉谓:"三老在学,师、傅、保之伦也。"①封建时代亲亲爱私,各级君师官师,无非大小宗族之主。故又有所谓"父师",《礼记·文王世子》:"乐正司业,父师司成。"疏谓"父师主大子成就其德行也"②。《礼记·学记》:"古之教者,家有塾。"同书《乡饮酒礼》"主人就先生而谋宾介"句,郑玄释"先生"为大夫、士致仕教学者;又孔疏引《书传略说》:"大夫七十而致仕,老于乡里,名曰父师,士曰少师,以教乡人子弟于门塾之基,而教之学焉。"此即部族首领转为长老后司教子弟之遗制。父兄作师与官长作师,一而二、二而一也。由此"师"之诸义,正见封建时代之学、事、族之三位一体,君道、父道、师道之三位一体也。

最早的学校,乃是族众乡民集会、议事和娱乐的场所,幼童亦于此学习成人之生活技能知识,接受师长——官师长老之教诲训戒。但是由社会之进化和分化,也必然逐渐经专门化而发展出专司教育之官师。文献所见之教官,一为师保类,多为君主领主为子弟聘选年高位重、德劭学优者为之,兼司其监护及教诲。《周礼》又称师氏、保氏教国子以德行艺仪。一为乐师类。《尚书·舜典》记舜命夔"典乐、教胄子",又《大戴礼记·五帝德》:"龙、夔教舞。"乐师司教,似乎渊源颇久。《国语·周语上》:"瞽史教诲。"韦昭注:"瞽,乐太师。"西周彝铭中"师"有教射之责,而《辅师嫠簋》记师嫠昔在小学敏而可使,王使之"司乃祖旧官小辅眔鼓钟",论者以为乐师。按《国语·晋语五》记晋伐宋,"戒乐正,令三军之钟鼓必备",韦昭注"乐正主钟鼓"。有钟鼓曰伐,无则曰侵,早期教育文武不甚分,故乐师亦预军事。《礼记·内则》:"十有三

① 《吕思勉读史札记》,上海古籍出版社,1982 年,第 225 页。"三老在学"语出《礼记·礼运》。《汉书·文帝纪》:"三老,众民之师也。"犹存古义。

② 《尚书·微子》:"微子若曰,父师、少师。"或谓父师即纣之诸父箕子,少师即纣之庶伯父(一说庶兄)比干。《史记·周本纪》曰太公、周公为师,召公为保,均为王之舅父、叔父。保、傅官司同师,其义亦与父老有关。《说文解字》:"保,养也。""保"字原为成人背负幼子之形。参看唐兰:《殷虚文字记》,中华书局,1981 年,"释保"。傅通甫,甫通父。《谷梁传》隐公元年:"父,犹傅也。"《礼记·内则》:"十年,出就外傅,居宿于外,学书记。"外傅即外父,郑玄注:"外傅,教学之师也。"

年学乐，诵诗舞勺。"又《礼记·少仪》曰："问大夫之子长幼，长则曰能从乐人之事矣，幼则曰能正于乐人、未能正于乐人。""正于乐人"者，受教于乐师也。《周礼·春官》记大司乐"掌学政"，乐师及大小师、大小胥等辅之。俞正燮谓："虞命教胄子，止属典乐；周成均之教，大司成、小司成、乐胥皆主乐；《周官》大司乐、乐师、大胥、小胥皆主学。……通检三代以上书，乐之外无所谓学。"①学人谓"'乐'是古代最早的教育内容之一。……在关于西周官制的文献中，具体实施教学的多属乐官。……当时乐教内容之丰富，教官之众多，分工之细致，都体现出'乐'在古代教学中的重要性"②。乐师是古代教育的主要承担者。

随教育之发达以及教官之专门化，"师道"应运而生。《周礼·地官·序官》郑玄注："师，教人以道者之称也。"《春官》乐师"率学士而歌彻"句郑玄注："学士，国子也。"国人士众可称"教士"，这是一种"教"；"泮宫所教之士"亦称"教士"，这又是一种"教"，更专门化了的"教"。③乐师为贵族官员而学士为贵族子弟，一"教人以道"，一"学习道艺"，师、士之间，又形成了教育关系。《周礼·春官·大司乐》："凡有道者、有德者，使教焉，死则以为乐祖，祭于瞽宗。"《礼记·文王世子》："凡学，春官释奠于其先师，秋冬亦如之。""先师"被奉之为"乐祖"，与先王、先祖同受祭祀，正是分立之"师道"之萌生标志。《左传》襄公十四年记庾公差学射于公孙丁，后受孙文子命追击卫献公，公孙丁为献公之御，庾公差遂言："射为背师，不射为戮，射而礼乎？"④遂"射两

---

① 俞正燮：《癸巳存稿》卷二，"君子小人学道"，第60—61页。

② 俞启定：《先秦两汉儒家教育》，齐鲁书社，1987年，第7页。

③ "教士"，谓曾经教习之士。《管子·小匡》："君有此教士三万人，以横行于天下。"《史记·越王句践世家》：句践"乃发习流二千人，教士四万人"。这是一种"教士"，即"国人带甲者"。《大戴礼记·虞戴德》："诸侯相见，卿为介，以其教士毕行。"王聘珍云："教士，谓诸侯泮宫所教之士。"见其《大戴礼记解诂》，中华书局，1983年，第175页。这种"教士"即是学士。

④ 末句原作"射为礼乎"，据王引之说改"为"作"而"。"射而礼乎者，射而用礼射，不用军射也。"《经义述闻》卷十八，商务印书馆，1936年，中册，第706页。此事又见于《孟子·离娄下》，情节略异。

轵而还"，在"背师"与违命之间取一折中，是师恩与主命，已有分庭抗礼之势。由教学而形成的师徒关系，正在分离为一种具有约束力的自主社会关系。

《荀子·大略》谓："言而不称师，谓之畔；教而不称师，谓之倍。"师不可背，这大概是一个很古老的传统。又《吕氏春秋·尊师》："君子之学也，说义必称师以论道。"本来，凡可以由之成事之方皆可称"道"，百事皆有其"道"。但是随思维之进化，"道"亦渐由具体而抽象。《国语·周语下》："吾非瞽、史，焉知天道？"韦昭注："瞽，乐太师。……史，太史。""皆知天道者"，乐师、大史同为古文化之集中保有者①，此处"天道"特指乐律风气、星象天时之类。然而古天人相通，因天道以论人事。《国语·楚语上》："史不失书，不失诵。"《左传》襄公十四年："史为书，瞽为诗，工诵箴谏。"司教之师、主书之史以及贵族中之文化精英，他们究天人之际、通古今之变，"道"亦因之由粗入精、由近及远。其论道论政事之见于史籍者，为师者如师服、师存、师旷、师己，为史者如史佚、内史过、左史倚相、史伯、史墨，贵族之文化精英如祭公谋父、虢文公、单襄公、子产、叔向、晏婴、管仲、季札之流。《易·系辞》："形而上者谓之道，形而下者谓之器。"思维之进化，最终导致了"道""器"之别。"道"为普遍意义与一般法则，"器"为具体事物与个别现象。所谓"天命之谓性，率性之谓道"，所谓"道可道，非常道"。当人之认识达到了"形而上"的层次，开始对认知之真伪、道义之善恶、欣赏之美丑做本质探讨，发展出对人、社会、自然和宇宙的系统化理论性认识之时，"师道"就要发生质变；文化活动，也将分化为一个专门领域了。

孔子学说，不妨说标志着思想方面"师道"之质变；孔门私学，不妨说又标志着社会方面"师道"之质变。子贡曰："自生民以来未有夫子也。"②这确实是一个历史性的重大变动。孔子以诗书礼乐教人，其事正承自乐师。《周礼·天官·大宰》："三曰师，以贤得民；四曰儒，以道得民。"郑玄注以此师为师氏，儒为保氏，皆属王官。然而春秋后期王

---

① 广义而言，卜、祝、巫亦属于史，如卜史、祝史、巫史之谓。
② 《孟子·公孙丑上》。

官失守，学下私人，儒门师道已自立于民间了。按封建时代，正如家国不甚分一样，官、私学之界限亦有不甚清晰处。《礼记·学记》："古之教者，家有塾，党有庠，术有序，国有学。"因而不能简单地说孔子之前无私学。但家塾乡党之学，恐怕在很大程度上是因习俗而存在的传统活动，它在教育水准上无法与国学相比拟。孔子自立学门、招纳弟子、收取束脩并教以一己之道，使文教重心转入民间，洵为新式私学之始。

《周礼·地官·大司徒》"四曰联师儒"郑玄注："师儒，乡里教以道艺者。"又《礼记·儒行》："儒有上不臣天子，下不事诸侯，慎静而尚宽，强毅以与人，博学以知服，近文章，砥厉廉隅，虽分国，如锱铢，不臣不仕，其规为有如此者。""师儒"自有文化事务为一己安身立命之处，未必要仕而为臣了。《淮南子·道应》："孔丘、墨翟，无地而为君，无官而为长。"高诱注："无地为君，以道富也；无官为长，以德尊也。"《大戴礼记·文王官人》："三曰官则任长，四曰学则任师"，"师"原即训长，然私学诞生以来，师与长已为二途。由之，韩愈《师说》所谓"师者，所以传道、授业、解惑者也"，也就成了"师"之正诂。又韩愈《原道》述"道统"，谓周公、孔、孟间有一变迁："由周公而上，上而为君，故其事行；由周公而下，下而为臣，故其说长。"《古文观止》编注者谓"事行，谓得位以行道；说长，谓立言以明道也"，"不居其位，不谋其政"，"师道"脱离官司，"立言明道"遂与居位治事分而为二，学、事两分。《庄子·胠箧》："民延颈举踵，曰某所有贤者，赢粮而趣之，则内弃其亲，而外去其主之事。"战国时代之求师者，不仅与"其主之事"分离，也与"其亲"分离了。私学一盛，贵族之家族教育便黯然失色了，以致春秋末年孟僖子"病不能相礼"，乃使其子弟"师事仲尼"。是学、族亦趋两分。《荀子·子道》："从道不从君，从义不从父，人之大行也。"是"从道"已与"从君""从父"相分。又《韩非子·忠孝》："古之烈士，进不臣君，退不为家，是进则非其君，退则非其亲者也。"然而与其说"不臣君""不事亲"是"古之烈士"之行，不如说是战国以来那种流动、分化社会中的新现象。

章学诚《文史通义·原道》称："古者道寓于器，官师合一，学士所肄，非国家之典章，即有司之故事"，"其后治、学既分，不能合一，天也。

官司守一时之掌故,经师传授受之章句,亦事之出于不得不然者也"①。这也就是《庄子》所谓"道术将为天下裂"之意。吕思勉谓:"古人立说所以浑沌、而其时亦无分歧角立之说者,正由其时求道之法尚粗,未知多其途以测之也。至于多其途以测之,则人各专一门,而其说势不能尽合,固事之无可如何者矣。……旧时不知此义,徒见研究愈深,立说愈纷,以为道之不明,实由众说纷歧而然,遂转慨想于古代立说浑沌、众说未兴之世。其言固亦有一面之理,然与学术演进之路,实相背驰。庄子《天下》之篇,与章氏《原道》之说,同一蔽也。"②"师道"脱离了官司之藩篱,便获得了功能自主性以及贯彻其特有法则之广阔天地,遂可在思想和社会上向不同方面自由发展了。儒家不过诸子之一端,战国之世百家争鸣,九流并作,各执其方,穷其极至,立言以明道;亦各有师徒,薪火相传,授业以传道。就学求师者,或及门亲炙,亦可因私淑而领其家法。"师徒"旧指将士,而此时"私学成群,谓之师徒";"学士"旧指国子,而此时则为一切"修行义而习文学"者之通称。《吕氏春秋·尊师》称当时鄙家、大盗、大驵、暴者、巨狡一类"刑戮死辱之人",亦可因就学而成名士显人,王公大臣从而礼之。是求学已经成为一种不受等级身份限制,并可望得到社会充分报偿的特别事业了。思想上,诸子之学云蒸霞蔚;社会上,师徒授受也蔚为大观。这是中华文明史上最辉煌的时代。战国时的文明进步和社会功能的长足分化,造就了形形色色的"士";而其中的师儒学士之类,便可视为业已分化了的知识文化角色和群体;由其发明与传承的"师道",便包含着业已分立的专门性文化活动。

与"师道"分立之同时,另一个重大的分化过程也在日益推进,这就是"吏道"的分立。正如从封建士大夫所保有的文化的发达催生了自主的师儒学士一样,封建士大夫所任政事之复杂化和专门化,促成了官僚制度之演生。由之,作为新式官僚的"吏"之群体,也在日益扩张。

社会生活的复杂化,导致了政府兵刑钱谷、考课铨选等等行政事务

---

① 章学诚:《文史通义》卷二,上海书店,1988 年,第 37—38 页。

② 吕思勉:《文史通义评》,收入《史学四种》,上海人民出版社,1981 年,第 211 页。

的日益复杂化。战国变法运动实质上是一个国家的官僚制化运动;随这一运动推进到秦之统一,君主专制、中央集权制、科层式官制、郡县制、乡亭制、户籍制、监察制、铨选制、考课制、俸禄制、文档制以及成文的法制法规,都有了长足的发展。① 如许倬云之概括:"在春秋晚季,以至战国,封建解体,列国竞争日烈,政权须应付的问题日烦,于是专才日见重要,管理也日见严密。古代中国以此由宗族父权式权威转变为君主式的约定权威。在约定权威之下,职务的分配、俸禄的给付、升黜赏罚、职级品秩、督察计核,均逐渐发展;地方政府也渐以中央代理人的地位,取代了半独立的小型中央。这些似乎就是古代中国官僚制度的若干性质。"②

西周春秋时代世卿世禄,"选贤任能"不出于贵族之外。然而春秋后期这已开始发生变化,"唯其任也,何贱之有"③的观念日浓,"庶人工商遂"④之可能日大;甚至鄙人仆竖亦有为大夫之可能,前者如曹国之公孙强,后者如卫国之浑良夫⑤。士或仕于异姓大夫,大夫或仕于异国君主,所谓"楚材晋用"日益普遍。战国时之客卿制、养士制的发达所造成的人才流动,使功绩才能的铨选标准日趋重要。"游士"所任之官,上至客卿将相,下至邑宰家臣。当然,确如学人所论,"士"阶层在此期构成了新式官僚的重要来源,并且"士"与"吏"的区分在战国仍不甚明晰;"士"在政治舞台上的夺目风采,在某种程度上遮蔽了"士"中的文化角色——学士——与文吏在日益分途的事实。尽管这二者之间肯定存在着各种各样的中间层次,然而其两极化方面的发展,到了秦帝国时就沙石澄清、尘埃落定了:"秦尊法吏",以"明法"为特征的文法吏构成

---

① 此期官僚制度的发展,可参看杨宽:《战国史》,上海人民出版社,1980年,第六章,"封建国家的机构及其重要制度"。

② 许倬云:《战国的统治机构与治术》,《求古编》,台北:联经出版事业公司,1982年,第419页。

③ 《左传》哀公十七年。

④ 《左传》哀公二年。

⑤ 见《左传》哀公七年曹伯"访政事"于鄙人公孙强,"使为司城以听政";同书哀公十五年,卫太子蒯聩许诺孔氏之竖浑良夫,"苟使我入获国,服冕乘轩"。

了这个帝国的行政骨干,此类角色与学士师儒之判然有别,已至为昭明。

春秋以上,已有吏、下吏、群吏、军吏、百吏等等,这类称谓特指有司。《周礼》所记之"府、史、胥、徒",反映了"士大夫"之下,已隐隐存在着一个"吏"的层次了。据说"孔子尝为委吏矣,曰'会计当而已矣'。尝为乘田矣,曰'牛羊茁壮长而已矣'"①。学士、文史之别,最初尚不甚明晰;在行政事务尚较简单之时,维系政治主要是靠"君子守礼"之制。战国之世已大为不同。《隋书·刘炫传》记牛弘问"案《周礼》士多而府、史少,今令史百倍于前,判官减则不济,其故何也?"刘炫答以"今之文簿,恒虑覆治,锻炼若其不密,万里追证百年旧案。故谚云:'老吏抱案死。'古今不同,若此之相悬也。"其实这一变迁自春秋战国之际已发其端。刑鼎、刑书等等日益发达,吏民"弃礼而征于书,锥刀之末,将尽争之"②,意味着"礼"这种杂糅了民俗、道德、礼乐、政制等等的不够分化的混溶物,不得不开始让位于更为分化的、纯政治性的、"锻炼"不得"不密"的官僚法制了。《韩非子·外储说左上》曾经举出了这样的事例:魏王欲与官事,"读法十余简而睡卧矣";又同书《外储说右下》记,齐王欲与会计,"俄而王已睡矣"。政务的复杂化、法制化,必然导致政治角色之专门化,这便是"吏"群体得以分立发达的温床。

"吏"之演化变迁,与"史"有关。《说文解字》:"官,史事君也。"学人或引作"吏事君",实"史"字不误。王国维谓殷商以前"大小官名及职事之名多由史出"③,而王贵民进而论曰"殷周以前,史字原为事字,故大小官名及职事之名,本从事出",后"人事益纷,名位益殊,分职需明,政事、庶事、文事、武事有别,故官名尚别,于是有事、史、吏、司之别"④。很有意思的是,吏、史、事原为一字,古韵同在之部。"吏"这一称呼与指称贵族的"士"不同。"士"是"守礼"的"君子",兼有封建身份、礼乐教养和行政执事多重意味,原是一种更具弥散性的角色;而

---

① 《孟子·万章下》。

② 《左传》昭公六年。

③ 王国维:《观堂集林》卷六,"释史"。

④ 王贵民:《说邘史》,《甲骨探史录》,三联书店,1982年,第338—339页。

"吏"则是个纯粹功能性的称呼,不及其封建身份和礼乐教养。《说文解字》:"吏,治人者也。"杨泉《物理论》:"吏者理也,所以理万机、平百揆者也。""吏"是仅就其治人理事而言的。《左传》成公十三年:"而受命于吏",又曰"敢尽布之执事",是"吏"即执事;《国语·鲁语下》:"今吾子之戒吏人曰",又言"今吾子之教官僚曰",是"吏"即官僚。《尉缭子·原官》:"官者事之所主,为治之本也。"是"官"生于"事"。在行政之"事"日益发展为一个自主领域,并更多地按照理性原则组织起来的时候,那种起于州部、发于卒伍、因能受任而治人理事之专业领俸文官,也就顺理成章地用"吏"做了他们的通称:"吏"生于"事"也。

《说文解字》又谓:"史,记事者也。"是吏、史有别之后,任事者为吏而记事者为史。彝铭中有"作册内史"。又,与乐师同称"知天道"的大史,又掌典册文籍。《周礼·天官·宰夫》叙"八职","六曰史,掌官书以赞治",郑玄注:"若今起文书草也。"称"史"之官"掌官书以赞治"这个责任,特别深刻地影响了后来"文法吏"这种角色的演生。《周礼·春官》记大史"掌建邦之六典以逆邦国之治,掌法以逆官府之治,掌则以逆都鄙之治,凡辨法者考焉,不信者刑之";小史"掌邦国之志";内史"执国法及国令之贰";外史"掌书外令";御史"掌邦国都鄙及万民之治令"。诸史皆与文书法典有关。而行政中使用文书法典的程度,正是衡量行政理性化的重要标志。马克斯·韦伯说:"近代官署的管理,是以书面文书('文件')为基础的;这些文书以其原始的形式保存下来。这样,就有了一批秘书和各种各样的文书。忙碌于'公共'办事场所中的官员们,再加上各类物质手段和文件,就构成了一个'官署'。"①《礼记·曲礼下》郑玄注:"官,谓版图文书之处也",已颇得其意;又依韩非之说,法乃编著之图籍,官府之宪令也,而图籍宪令,原皆史之所掌。《左传》昭公十五年:"且昔而高祖孙伯黡,司晋之典籍,以为大政,故曰籍氏。及辛有之二子董之,晋于是乎有董史。"典籍及司典籍者,其事是关乎国之"大政"的。《战国策·楚策一》言春秋吴楚战乱中,楚之蒙

---

① *From Max Weber: Essays in Sociology*, translated, edited and with introduction by H. H. Gerth and C. W. Mills, p.197.

谷"负《鸡次之典》以浮于江,逃于云楚之中。昭王反郢,五官失法,百姓昏乱;蒙谷献典,五官得法,而百姓大治。此蒙谷之功,多与存国相若,封之执圭,田六百畛"。《鸡次之典》,《后汉书·李通传》李贤注引作"离次之典"。刘向《别录》:"楚法书曰《鸡次之典》,或曰《离次之典》。离次者,失度之谓也。"这"蒙谷献典,五官得法"之事明明显示,典籍宪章已为国家行政所不可或缺。

古之称史之官,并非单纯的宗教官员或记史官员。章太炎有《古官制发源于法吏说》,谓"凡记国事者,皆以史名","士师者,所谓刀笔吏也,其务在簿书期会,于是分裂,而史职始兴。借观秦世,程邈之造隶书,本为吏事作也。汉初,萧何自主吏起,而独留意于图书之事,时大篆已不行,萧何独明习之,以题未央宫前殿。故知书契文史,本法吏所有事;其分而为史官者,用是在也"[1]。是"史"原与法吏相通。《国语·晋语七》:"无乃不堪君训而陷于大戮,以烦刑、史。"韦昭注以"史"为"太史"。虽王引之说"太史非掌刑之官","刑史谓刑官之史"[2],然太史本有掌刑之责。《尚书·立政》:"周公若曰:'太史、司寇苏公式敬尔由狱,以长我王国。兹式有慎,以列用中罚。"是太史事涉狱讼。《逸周书·尝麦》:"王命大正正刑书……太史策刑书九篇,以升授大正。"《管子·立政》:"正月之朔,百吏在朝,君乃出令,布宪于国。五乡之师,五属大夫,皆受宪于太史。大朝之日,五乡之师,五属大夫,皆身习宪于君前。太史既布宪,入籍于太府,宪籍分于君前。"是太史掌管刑书。又《左传》文公十八年:"太史克对曰:'……先君周公……作《誓命》曰:毁则为贼,掩贼为藏……在《九刑》不忘。"杜预注:"《誓命》以下,皆《九刑》之书。"又见太史为掌知刑法者。《大戴礼记·盛德》:"德法者御民之衔也,吏者辔也,刑者策也,天子御者,内史、大史左右手也。"正见法、刑、吏、史相关。由金文所见,周代称史者是官员系统的重要组成部分,其职责为"作册"及传达王命、参与策命、外出巡视等,有的还直

---

① 《章太炎文录初编》,《文录》卷一,《官制索隐》,《章太炎全集》(四),上海人民出版社,1985年,第95页。

② 王引之:《经义述闻》卷二十一,"刑史",商务印书馆,1936年,中册,第289页。

接参与诉讼。① "金文判例中的司寇下面存在着一个庞大的负责司法文书的史官集团,如眚史、中史、史正、书史、大史等。"②

《商君书·定分》设计了法官法吏之制,其"诸官吏及民有问法令之所谓也于主法令之吏""郡县诸侯一受赍来之法令"③的制度,显然源于周代"太史布宪"之法。由秦简所见,"令史"一官在行政司法活动中十分活跃,其官名似与西周之史传达君主命令之责有关。秦御史主书主法,而"御史"原亦周官。史称周宣王时太史籀著《大篆》十五篇,秦太史令胡毋班因之而作《博学篇》;而汉有《尉律》,立制由太史试学童以书写等事,合格者任以为令史。④ 是培训文吏之文书技能,太史有责。汉简有文曰:"苍颉作书,以教后嗣。幼子承调,谨慎敬戒。勉力讽诵,昼夜勿置。苟务成史,计会辩治超等。"⑤所言正是学书"成史"以从政之事。秦有"学室","史子"学习其中,是一种培养文吏的学校。⑥ 汉武帝时,丞相府之三百八十二名官吏之中,多以"史"为称者:丞相史二十人,丞相少史八十人,属史一百六十二人。⑦ 秦汉官制中称"史"者,较高级的如御史、刺史、长史、内史、治粟内史,较低级的如曹史、令史、卒史、佐史、尉史、候史、士史、少史、仓史,等等。以令史为例,中央有尚书令史、御史令史,郡县的诸曹掾下有令史,都尉、候官之下也有令史,还有县令史、候官令史、司马令史、千人令史、城令史、城仓令史、库令史、厩令史、别田令史、门令史等等。⑧ 秦汉之际那种官僚式行政文官习称"文吏",

---

① 据张亚初、刘雨之《西周金文官制研究》"六、史官类官",史官铭文材料多达一百多条。其中如《师旂鼎》所见之中史、《副攸从鼎》所见之省史、《格伯簋》所见之书史,就参与了诉讼活动。

② 胡留元、冯卓慧:《西周金文中的法律资料》,《中国法律史国际学术讨论会论文集》,陕西人民出版社,1990 年,第 107 页。

③ "赍"原作"宝",依高亨说改。见其《商君书注译》,中华书局,1974 年,第 189 页。

④ 参见《汉书·艺文志》《说文解字·后序》。

⑤ 见甘肃玉门花海汉简,李均明、何双全编:《散见简牍合辑》,文物出版社,1990 年,第 10—11 页。

⑥ 见《秦律十八种·内史杂》,《睡虎地秦墓竹简》,文物出版社,1978 年。

⑦ 见《汉旧仪》,《汉官六种》,中华书局,1990 年,第 37 页。

⑧ 参看陈梦家:《汉简缀述》,中华书局,1980 年,"汉简所见太守、都尉二府属吏"。

"文"即"文法"。《论衡·程材》："法令比例，吏断决也。文吏治事，必问法家，县官事务，莫大法令"，"五曹自有条品，簿书自有故事，勤力玩弄，成为巧吏"。"文法"即法令条品、簿书故事之类。《汉书·薛宣传》："吏道以法令为师"，"文法"中包含着基本的行政规程和技术——"吏道"。《论衡·别通》："萧何入秦，收拾文书，汉所以能制九州者，文书之力也。"

可见秦汉之时，文书法典已经成为帝国行政之命脉。而掌管文书法典，在周原为史官之责。章学诚言，"府史之史，庶人在官供书役者，今之所谓书吏是也；五史，则卿大夫为之，所掌图书纪载命令法式之事，今之所谓内阁六科、翰林中书之属是也"[1]。是说周之史官所事，可与后世之内阁六科、翰林中书比拟。柳诒徵进一步申论早期史官对后世帝国官制之影响，"夫古之五史，职业孔多，蔽以一语，则曰掌'官书以赞治'。由斯一义，而历代内外官制，虽名实贸迁，沿革繁多，其由史职演变者乃特多。……故虽封建郡县，形式不同，地域广轮，日增于昔，而内外重要职务，恒出于周之史官"。谓秦汉之御史、内史、刺史，皆源于周之史职；又谓"周官之制，相权最尊，而太史、内史执典礼以相匡弼，法意之精，后世莫及"，汉之中书、尚书"近在宫禁，典治官书，出纳诏奏，其职实周之内史"，以至唐之三省、宋之中书门下、元及明初之中书省、明清之殿阁大学士、清之军机大臣，"皆内史也"——皆是周之内史之流变。[2] 其言颇具独见。

古文化的集中保有者有乐师和大史。乐师的司礼司教之责衍生了"师道"，而大史的主书主法之责则推进了"吏道"。西周春秋时各国都保存和积累着各种典籍，如《夏书》《周书》《郑书》《儒书》《夏令》《周制》《秩官》《先王之令》《世》《诗》《易》《春秋》《志》《礼志》《仲虺之志》《史佚》《大誓》《誓命》《禹刑》《汤刑》《九刑》之类，"师"用之于教，而"史"用之于治。帕森斯说书面语言的发展是知识分子角色产生的条件之一[3]，而我们看到，这也是专业行政文官角色产生的条件之一。

① 章学诚：《文史通义》卷三，"史释"，上海书店，1988年，第66页。
② 柳诒徵：《国史要义》，"史权"，中华书局，1948年，第33—34页。
③ T. Parsons："Intellectual：A Social Role Category"，*On Intellectuals*，ed. by P. Rieffs, New York，1969.

周之史官当然还并不就是后世文史，但是"史"之主书主法之责，在行政的规范化、程序化、文档化、法制化上，无疑发挥了重大的催生作用。文吏这个群体的来源，与之实有密切关系。乐师之所教者为学士，而"史"之发展，则演为文吏。师道、吏道，战国以来日益两分而殊途了。

所谓"秦尊法吏""秦任刀笔小吏""狱吏得贵幸"，以及《论衡·程材》"法令汉家之经，吏议决焉"，都反映了经过变法运动，文吏已经取代了贵族而成为行政的主要承担者。法家"法治""不别亲疏、不殊贵贱，一断于法，亲亲尊尊之恩绝"。吴起变法，废公族之疏远者，封君子孙三世而收爵禄；商鞅变法，刑公族以立威，宗室非有军功，论不得为属籍。秦始皇制四海于掌内，而尺土不封，子弟为庶人。耕战以求富国强兵的理性行政目标，必然要抵制其他领域之法则的干扰，而要求以官僚功绩制取代宗法身份制，把亲缘关系从行政领域中排斥出去。由之，严格意义的(即封建性的)宗法制也日渐让位于家族制。宗法重宗子而家族重父子；或说同尊父兄，而一为宗主，一为家长。二者有同亦有其异，后者的政治色彩大为淡薄了。吏道与父道亦趋分离。

第二节　"礼治"传统与"三统"分化

如同混沌一体的鸡蛋，孕育出具有头躯翼足、五脏六腑的小鸡一样，文明进化使社会分化出越分越细的众多领域，它们随即就显示出了其特有的内在法则和外部联系，并发展出了相应的角色、群体、制度、组织、规范、价值等等。在封建贵族士大夫那里，"事"——行政职事、"族"——宗法身份、"学"——文化教养，是三位一体的，权力、身份和教育的等级相互重合。"事"本含政统，"族"本含亲统，而"学"本含道统。政统生吏道，其人则君臣吏民，其事则治人理事，其性质为政治行政关系；亲统生父道，其人则父兄子弟，其事则慈爱孝悌，其性质为血缘亲族关系；道统生师道，其人则师儒学士，其事则明道传道，其性质为文化教育关系。早期社会或原生"乡俗"中三者不分，周之"礼制"政治精神中"尊尊""亲亲"和"贤贤"三分而一系；但是在春秋战国之际的社会变动之中，自主的学士和文吏群体在日益分途，并使得吏道、父道和师道趋于一分为三。

在这个大为分化和复杂化了的社会之中，昔日"君子"所守之"礼"，已不足以应付和处理各种社会问题。因之而发生"礼崩乐坏"，是可以想见的。但是在另一方面，我们却也不能忽视如下一点：周礼秩序作为一种曾在漫长时期中居于支配地位的政治传统，也必将对此后社会分化的途径、形态以及相应的思想观念，发生深刻的影响。在春秋时代，已经生发了"民生于三，事之如一"的深厚观念。然而在"礼崩乐坏"之后，我们发现"君、亲、师"之三分观念，以及"尊尊、亲亲、贤贤"之义，并没有因此销声匿迹，而是依然支配着人们的社会思想。我们来举征有关阐述。

《管子·大匡》：

> 君谓国子，凡贵贱之义，入与父俱，出与师俱，上与君俱。凡三者遇贼，不死、不知贼，则无赦。

旧注："父贵而子贱也，师贵而资贱也，君贵而臣贱。言人于此三者，所在当致死，所谓在三如一。"《孟子·公孙丑下》：

> 天下有达尊三：爵一，齿一，德一。朝廷莫如爵，乡党莫如齿，辅世长民莫如德。恶得有其一以慢其二哉？

这也是立足于朝廷、乡党与师门之三分，而申说其各有所尊，不得"有其一以慢其二"。《荀子·荣辱》：

> 故先王案为之制礼义以分之，使有贵贱之等、长幼之差、知愚能不能之分，皆使人载其事而各得其宜，然后使谷禄多少厚薄之称，是夫群居和一之道也。①

同书《非相》：

> 人有三不祥，幼而不肯事长，贱而不肯事贵，不肖而不肯事贤，是人之三不祥也。

---

① "知"后本或有"贤"字。王念孙谓元本无"贤"字为是，见《读书杂志》卷十，中国书店，1985年，中册，第70页。又"谷"原作"愨"，据王先谦《荀子集解》卷二引俞樾说改，中华书局，1988年，第70页。

同书《仲尼》：

> 少事长，贱事贵，不肖事贤，是天下之通义也。

贵贱、长幼与贤愚之别，被明确地阐述为"礼义"之分、"天下之通义"。又《庄子·天道》：

> 夫天地至神矣，而有尊卑先后之序，而况人道乎！宗庙尚亲，朝廷尚尊，乡党尚齿，行事尚贤，大道之序也。

尽管道家对文明进化和三统分化的态度未必同于儒家，但是对社会中通行的"大道之序"，他们却也做出了客观的记述。我们再来看法家的有关说法。《韩非子·解老》：

> 礼者，所以貌情也，群义之文章也，君臣父子之交也，贵贱贤不肖之所以别也。

法家对"礼"之为处理君臣、父子、贤不肖关系之规则，原有明晰的了解。又《商君书·开塞》有如下一段精彩阐述：

> 天地设而民生之，当此之时也，民知其母而不知其父，其道亲亲而爱私。亲亲则别，爱私则险，民众，而以别险为务，则民乱。……故贤者立中正，设无私，而民说仁。当此时也，亲亲废，上贤立矣。凡仁者以爱利为务[①]，而贤者以相出为道。民众而无制，久而相出为道，则有乱。故圣人承之，作为土地货财男女之分。分定而无制，不可，故立禁。禁立而莫之司，不可，故立官。官设而莫之一，不可，故立君。既立君，则上贤废而贵贵立矣。然则，上世亲亲而爱私，中世上贤而说仁，下世贵贵而尊官。

法家显然也采用了"亲亲、贤贤、尊尊"的三分模式。他们还把这不同的规范形态纳入了历史进化的不同阶段，这一点尤具卓识。"亲亲"源于人类最为古老的氏族社会维系；与专制官僚制度相联系的"尊尊"——"尊官"，则是社会分化在那个时代的最终结果。尽管道家、法

---

① "爱"下本或无"利"字，据高亨说补，见《商君书注译》，中华书局，1974年，第74页。

家对三统分化和三统关系的态度有异于儒家,但是如上三分模式成为其立论之基本视角,在此他们与儒家并无大异。

在时人看来,君、亲、师之所以构成了"三达尊",是基于天地秩序,故有"天地君亲师"之说。《礼记·礼运》:

> 故天生时而地生财,人其父生而师教之,四者君以正用之。

甚至世入秦汉之后,"三统"之别也依然是人们透视社会政治的基本框架。《白虎通义·封公侯》:

> 天道莫不成于三。天有三光:日、月、星;地有三形:高、下、平;
> 人有三尊,君、父、师。

其《三纲六纪》篇,以君臣、父子、夫妇为"三纲",以诸父、兄弟、族人、诸舅、师长、朋友为"六纪"。而颇能反映下层思想的《太平经》,则径以君、父、师为"三纲",并称之为"天下命门":

> 夫师,开矇为道之端,君、父及师,天下命门,能敬事此三人,道
> 乃大陈。

> 下古之人生于父与母,而共忽其父母,背叛其父母,万未一人
> 而孝也。得解蒙暗于师,已觉去者,忽其师不师,为其师自屈折,执
> 劳苦也。以贫贱得富贵于君,而反相教,下皆共日欺其上,万未有
> 一人有诚信也,群愚共欺三纲,名为反逆而无信也。

> 男女夫妇者,主传统天地阴阳之两手也;师弟子者,主传相教
> 通达凡事文书道德之两手也;君与臣者,主传治理凡事人民诸物之
> 两手也。……君臣不并力,凡事无从得理;夫妇不并力,子孙无从
> 得长,家道无从得立;师弟子不并力,凡结事无缘得解,道德无从得
> 兴,矇雾无从得通,六方八远大化无从得行。[1]

---

[1] 引自王明:《太平经合校》,分见卷九十四至九十五,"阙题";卷九六,"忍辱象天地至诚与
神相应大戒第二百五十三";卷一〇九,"两手策字要记第一百七十七",中华书局,1960
年,第403、427及518—519页。祝瑞开认为,其三纲以"师"代"夫","是为了传播太平
道,树立天师权威的需要",见其《汉代思想史》,上海古籍出版社,1989年,第350页。其
说可以参考。

我们看到,春秋末年以来确实发生了"礼崩乐坏",然而人们依然经常地以"三统"为基本视角来阐述社会政治。在这一视角中,"礼崩乐坏"就可以被阐释为社会分化造成的政统、亲统和道统之间的更大分化,这使得旧日形态的"礼制"不再能够继续维系旧日的社会;专制官僚制度的发达,造成了商鞅所谓"亲亲废""上贤废""贵贵而尊官",以及孟子所谓的"有其一("爵")以慢其二("齿""德")"。但是无论如何,尊尊、亲亲、贤贤以及它们之间的关系,依然是占据人们视野的主要焦点。

然而另一些社会领域,譬如说,经济领域的分化,在政治文化观念中就没有得到如此的评价。战国时的经济发展,特别是工商业的发展已达相当水平,市场性质的交换关系也颇为活跃。"力工商,逐十二之利""候时转物,逐什一之利"的工商业者,往往是当时的巨富,如经营池盐的猗顿,经营冶铁的郭纵、卓氏、孔氏,以及范蠡、子贡、吕不韦一类大商人。他们在政治上有时也获得了某种影响。如子贡结驷连骑,聘问列国,国君无不与之分庭抗礼;吕不韦从事政治投机,使秦庄襄王得立而身为相国。秦为经营丹砂的巴寡妇清筑女怀清台,使经营畜牧之乌氏倮位比封君、以时与列臣朝请。《韩非子·解老》曾把"上有天子、诸侯之势尊",与"下有猗顿、陶朱、卜祝之富"相提并论。《史记·货殖列传》:"凡编户之民,富相什则卑下之,伯则畏惮之,千则役,万则仆,自然之理也。夫用贫求富,农不如工,工不如商。"然而这种基于财富及其交换的自主社会关系,在政治文化评价中却未能进"尊、亲、贤"的序列。《史记·日者列传》所谓"富为上,贵次之",可能在某些场合发挥了影响,但在主流观念中它是被视为异端的。

经济活动在事实上提供了一切文明现象——包括政治活动和文化活动——的发达基础,当然它也是社会分化的基础。但是在战国以来占主导地位的政治文化评价中得到最充分阐发和推重的,却并不是基于财富和交换的那种社会关系。瞿同祖指出:"官僚政治是名望与特权的来源。那些得以进入官僚政治的人,享有最高的社会地位与最多的特权。士人在平民中的地位最高,是因为他们所受的训练是获得官职的基本资格。……韦伯曾敏锐地看到这一点,说:'中国的社会阶级决定于任官资格者,远较决定于财富者为多。'"①变法的各国注重国家富强,注重国家在经济上的管制权力和促进政策,个别工商业者也受到了国君的礼遇并取得了政治影响,但是工商业者并没有作为一个独立阶级而获得与其财力相应的政治地位;作为一种独特的互动媒介的财富或货币,在决定社会成员的威望、身份上,未能得到与权力、亲缘和道艺同等的支配作用。至少,它们没有被政治精英和文化精英——这主要是官僚群体和学士群体及其思想代表——在政治论说上接受为这样一种东西。

在西方的近代化过程中,经济革命是推动社会分化的最强大的力量,并使得阶级的划分依赖于生产关系中的不同地位。这当然离古代太远。可是古希腊在公元前 6 世纪的梭伦改革,已经按财产把公民划分为四个等级了,这种等级决定着公民可以担任的公职的高低。公民对此制度的接受,标志着财产关系在观念上的支配程度。此后克里斯提尼从地域上把公民划分为一百个"德谟"并以此组成十个选区,显然是以财产等级划分的先行为前提的。在前 6 世纪的古罗马,也出现了类似的情况。王政时期塞尔维·图里阿把罗马人按财产标准分为五个等级,分别组成为百人团,而百人团构成了表决单位。② 由此过程,地域和财产关系取代了亲缘关系而成为国家的基础。但是这一情况,对中国古代来说是相当陌生的。

在中国古代的社会威望评价中,不是未曾有过"贵富"的观念。

---

① 瞿同祖:《中国的阶层结构及其意识形态》,《中国思想与制度论集》,台北:联经出版事业公司,1976 年,第 290—291 页。

② 参看周一良、吴于廑主编:《世界通史》(上古部分),人民出版社,1962 年,第十四章第四节及第十五章第三节以及顾准:《希腊城邦制度》,中国社会科学出版社,1986 年,第121—123 页。顾准指出这一变革的意义,是"废除贵族在政治上的世袭特权,而代之以财产法定资格"。孟德斯鸠评论古罗马百人团构成的等级选举制度:"与其说是人在选举,毋宁说是资产与财富在选举。"《论法的精神》,商务印书馆,1961 年,第 10 页。按希腊的政治概念,这是一种"金权政治"。它后来让位于民主政治了,但是这种财产的等级划分,依然是通向民主政治的一个重要的演进环节。

《礼记·祭义》:"殷人贵富。"范文澜论曰:"《洪范》讲五福,富居第二位;讲六极(恶),贫居第四位。讲贫富不讲贵贱,不同于周人尊礼(分别贵贱)的思想。"[1]刘师培云:"上古之时在位者皆富人,而贫者则居下位,故贵贱二字,偏旁从贝。……贤者,多财也,引申之而为圣贤之贤,是古代以富人为贤也。"[2]顾颉刚就"贤"之初义原是"多财"而论曰:"这是商代的贵富观念的反映。"他指出周人言"贤"已近于后世,也就是说,周时"贤""要用才能和德行来区别"了。[3] 周代明智的政治家们已经有了一种对"富"的特殊忧虑。《国语·楚语下》记斗且引斗子文驳"人生求富"语,言从政者不可求富,"民多旷者,而我取富焉,是勤民以自封也,死无日矣!"又《左传》昭公元年记赵文子曰"秦公子富",而叔向曰:"厎禄以德,德钧以年,年同以尊,公子以国,不闻以富。"是说以德、以年、以尊均可报之以禄,而唯不可以富(其所言"年",义同孟子"爵、齿、德"之"齿")。还有一种认为商无大用的古老观念。《国语·晋语八》:"若之何以富赋禄也!夫绛之富商,韦藩木楗以过于朝,唯其功庸少也……而无寻尺之禄,无大绩于民故也。"战国时期的"上农夫""下农夫"的概念以及后世的户等划分、不同户等在法制上的权利义务差异,不过是出于国家的赋税管理之需要而产生的。秦之"粟爵粟任"、汉代的纳赀拜官等,只是一种以财富换取官职的形式;加上汉代家资不满十算不得为官的制度(汉景帝时减为四算以招徕"廉士"),都是以"官"为本位的,并不标志着财产关系的独立意义,与古希腊之以财产划分公民等级不可同日而语。古希腊与战国之工商业的不同发展状况对社会政治形态的不同影响,非本书之所能详论;我们只是由之推定,二者在此的不同,在决定各自社会分化的途径、进程和结果之差异上,必定发挥了重要作用。

战国时代,许多国家发展出因功而授的"赐爵"之法,商鞅变法使

---

① 范文澜:《中国通史简编》修订本第一编,人民出版社,1949 年,第 125 页。

② 刘师培:《读书随笔·富贵贫贱》,《刘申叔先生遗集》,第六十二册,第 6 页。

③ 顾颉刚:《"圣"、"贤"观念和字义的演变》,《中国哲学》第一辑,三联书店,1979 年,第94 页。

军功爵制逐渐成了一种重要的身份等级。二十级爵各自享有不同特权，并且"民之爵"和"官之爵"亦有区分。① 这二十个等级被认为分别相当于诸侯、卿、大夫、士，且仍称为"爵"，说明了官僚等级制是封建等级制的直接变革形态，前者显然不是在后者之外产生的。早在周代，就已经存在着相当发达的官员体制了，它居然曾与宗法封建制和谐交融，乃是一颇令人惊异的事实。中国古代早期国家形态中就已蕴藏着导向专制官僚制度的因素，对之一些学者归之为治水。② 但根据大致可信的材料所反映的"分官设职"情况，亦即不同官司的布局及其演进来看，这个官员体制似乎是在氏族社会逐渐演变为国家之后，针对各方面社会活动的国务管理之整体复杂化的结果，治水仅其一端。《周礼》一书很可能是战国学人充分利用了西周春秋的旧典，如《周制》《秩官》之类，编撰而成的，其中治、教、礼、政、刑、工之六官架构，曲折地反映了封建官员体制向专制官僚体制的过渡。民爵与官爵交融于二十级爵中，也说明了在以地域划分国民的郡县制的建立过程中，财产关系受制于国家权力而依然缺乏自主的政治意义。

进一步说，在一个特定意义上，中国古代此期的政治系统分化，是采取了"吏道"分立的形态。这就是说，在行政、司法和立法诸部门中，只有行政部门得到了最充分的发展，司法和立法是专制官僚行政的附属物。西方历史上有司法独立和私法发达的传统。在近代英国，法律是由相对自主的职业团体，诸如"律师协会"（Inns of Courts）等组织支配的，这当然距古代社会太远。可是古希腊的陪审法庭和法制法庭，其六千名陪审员就是由公民抽签方式产生的，它具有相当的自主性。所以雅典演说家艾索克拉底说："每一个人都承认我们的法律是大众的利益，并且对于人道的生活具有极重要的贡献。"在古罗马，法学者、法官和律师也已构成了相对自主的职业。如博登海默

① 钱大昭《汉书辨疑》："自公士至公乘，民之爵也，生以为禄位，死以为号谥，凡言民爵者即此。自大夫至彻侯，则官之爵也。"

② 这方面最有影响的著作，当然是魏特夫的《东方专制主义》一书了。可参看中译本，徐式谷等译，中国社会科学出版社，1990年。

所言:"把法律当做居住在一个封闭的圈地之中的不可碰的女神来崇拜的努力,可以在古罗马与英国法制史中窥见。"他引述说,在罗马私法中,"公法所设置的限制条件或超越法律权限的责任都被忽视了"①。私法的发达,意味着法具有了在权利与契约基础上解决事务的技术手段的意义,由此而产生了野田良之所谓的"竞技型诉讼"②,以及相对独立的法律职业者和法律组织。而权利和契约观念的发达,与商品交换关系的发达具有重大的相关性。③ 可是在中国,如安格尔所言,却"没有行政命令与法律规则之间的明确区分,没有与统治者的官吏相分离的可认同的法律职业,也没有与其它类型的道德或政策论说相分离的独特的法律论说形态"。安格尔还从社会分化出发讨论了相应原因,指出与欧洲得以形成近代法治的社会背景相比,中国转型时代的一个关键特征,就在于缺乏一个独立于中央集权君主制政府的第三等级:商人既无动力,也无机会维护其利益并发展出自己的法,被吸收到初生的国家官僚组织中的"士"不可能萌生出独立的法律职业。④

据《吕氏春秋·离谓》:"子产治郑,邓析务难之。与民之有狱者约,大狱一衣,小狱襦绔。民之献衣襦绔而学讼者,不可胜数。以非为是,以是为非,是非无度,而可与不可日变。所欲胜因胜,所欲罪因罪。郑国大乱,民口喧哗。子产患之,于是杀邓析而戮之,民心乃服,是非乃定,法律乃行。"对这一记述虽然有些细节真伪的纠葛,但此传说也必

---

① 引自《法理学——法哲学及其方法》,邓正来等译,华夏出版社,1987 年,第 234 页。

② 转引自滋贺秀三:《中国法文化的考察》,《知识分子》,辽宁人民出版社,1989 年。

③ 帕苏卡尼斯认为:"个体法律主体的权利和义务,在法律面前一律平等。这种法律形式是商品形式的直接司法体现和必然结果。"引自罗杰·科特威尔:《法律社会学导论》,潘大松等译,华夏出版社,1989 年,第 137 页。这一马克思主义的观点,科特威尔批评它有失简单化了。但我们仍然相信,经济关系是决定法律形态的重要因素之一,虽然在此同时我们也要考虑其他因素,如文化因素等等。

④ R. M. Unger: *Law in Modern Society*, The Free Press, 1976, pp. 48-53, 99-102.

然是以许多类似事实作为背景的。① 这种研究法律、私造刑书以及代理诉讼、教授法律并收取费用的行为，已略有独立法学者与律师的意味。萧公权谓："是邓析为深通律文之士"，"是析之所行大类后世之讼师"②。《左传》昭公六年记子产作刑书，叔向指责说"民知争端矣，将弃礼而征于书，锥刀之末，将尽争之"。邓析之事，正可为这"锥刀之末将尽争之"的预测做一极好注脚。然而亦如《列子·力命》所言："子产非能用《竹刑》，不得不用；邓析非能屈子产，不得不屈；子产非能诛邓析，不得不诛也。"③精密的法律是政府所需要的，但立法、司法的权力也不能丝毫分割于政府之外。钱穆云："邓析之竹刑，殆即其所以教民为争之具，而当时之贵者，乃不得不转窃其所以为争者以为治也。此亦

---

① 《吕氏春秋》毕沅校云："按《列子·力命》篇亦云子产杀邓析。考《左氏》定九年传，'郑驷颛杀邓析而用其竹刑'，驷颛乃代子太叔为政者，则邓析、子产并不同时。张湛注《列子》云，子产卒后二十年而邓析死也。"邓析的《竹刑》大约优于现行法律，故统治者杀掉他以压制民间的法学者，但又不得不用其《竹刑》。《吕氏春秋·离谓》记曰："郑国多相县以书者，子产令无县书，邓析致之。子产令无致书，邓析倚之。令无穷，则邓析应之亦无穷矣。是可不可无辨也。"范研耕谓："县书者，张之通衢，俾众周知也。……致书者，投递之也。……倚书者，依倚它物杂而寄之，避讥检也。"王启湘谓："县书，盖今匿名揭帖之类。……致书，盖今送匿名信之类。倚，盖夹杂他物中而致送之。"陈奇猷解释则颇为不同："县书，谓以书相对抗也。……致书，谓文饰法律。……倚书者，谓曲解法律条文。"均见陈奇猷：《吕氏春秋校释》卷十八，学林出版社，1984年，第1181页，注八。似以范、王二说为胜。邓析利用"县""致""倚"等语词之异义，来嘲弄子产法令之漏洞。看来，邓析是非常强调法律法令用语的清晰性和准确性的，这正是刑名家的精神。

② 萧公权：《中国政治思想史》，第七章，"商子与韩子"，台北：联经出版事业公司，1982年，第239页。

③ 《列子·力命》说："邓析操两可之说，设无穷之辞，当子产执政，作《竹刑》，郑国用之，数难子产之治。子产屈之。子产执而戮之，俄而诛之。"或以为《列子》乃伪书，参见杨伯峻：《列子集释》，"前言"及《列子著述年代考》，中华书局，1979年。杨伯峻说《力命》篇"是晋人的思想和言行的反映"。近年有学者以为其书实不尽伪。许抗生认为它作于战国中后期，为列子后学所为。见其《列子考辨》，《道家文化研究》第一辑，上海古籍出版社，1992年。

当时世变之一大关键也。"①战国社会的活跃变动所催生的自主法律职业的萌芽,最终是被专制官僚政治所淹没,在后世仅仅以民间包揽诉讼的讼师形式而存在下来。章太炎谓"听事任职为法吏"②,其定义至为精洽:特指则法吏为狱吏,泛称之则凡据法行令、听事任职者皆是"法吏",或称"文法吏"。司法人员与行政人员,原无本质差别。

艾森斯塔得在讨论中国古代政治系统的分化发展时指出,在这里行政系统的自主性已相当之大,但是自主的政治斗争机构却没有出现。③ 他把各种政治力量用以调节冲突、影响政策和确定法权的场所称之为"政治斗争通道"(channel of political struggle),其不同形式,从宫廷圈子、王朝议政机构直到代议机构,甚至可以包括拜占庭的"赛车队"(circus party)。在许多国度,这类通道发展成了自主的机构,如古希腊的公民大会、五百人会议、元老院,古罗马的库里亚大会、百人团会议、特里布森会议、元老院,以及近代的等级会议、国会等。而在古中国,原始氏族的集体议事,在春秋时仅仅以国人时或参与朝会盟誓的形式残留下来,至战国以下就不见踪影了。帝国的政治斗争通道,大致就是由官僚组织的顶端和宫廷圈子构成,立法形式与行政命令的形式无大区别,"君"和"吏"在原则上有权决定一切国家事务和社会事务。

如果回到较为切近传统背景的术语上来的话,那么就可以说,战国以来的政统分化采用了"吏道"——就君主说来就是"君道"——的形式。相对于"礼治"之三统相维的格局而言,战国时代之因君主专制的发达和文吏群体的分立而产生的"法治",已经具有了更为纯粹的政治性质;但是从另一方面说,"吏道"或"君道"的分化形式,又反映了这种分化源于周礼秩序的深刻历史影响。"法治"乃是由周礼所包含的政制吏道因素充分分化而来的。换言之,"礼治"政治传统与此后演生出来的"法治"并不是毫无关联,"礼治"依然深刻地影响了政统的分化方向、途径和形态。

---

① 钱穆:《先秦诸子系年考辨》卷一,"邓析考",上海商务印书馆,1935 年,第 17 页。

② 章太炎:《检论》卷三,"原法",《章太炎全集》(三),上海人民出版社,1984 年,第 436 页。

③ S. N. Eisenstadt: *The Political Systems of Empires*, The Free Press of Glencoe, p. 108.

与政治领域的分化采取了"吏道"的独特形态相应,文化领域的分化,也采取了"师道"分立的独特形式。战国以来文化活动确实已经成为自主的制度领域。思想阐发、知识传授和学士角色,都已经不能局限在家族生活和政治体制之内了。《韩非子·外储说左上》:"中牟之人弃其田耘、卖宅圃而随文学者,邑之半。"《庄子·田子方》:"举鲁国而儒服。"同书《胠箧》:"民延颈举踵,曰某所有贤者,赢粮而趣之,则内弃其亲,而外去其主之事。"这都反映了对"师道"的尊崇及其强大社会感召力。学士群体充分地发展了那种纯粹的文化追求。如庄子向往那种"乘天地之正、而御六气之辩、以游无穷者"的超越心灵境界,他以为居官任职将破坏这一境界。墨家自为组织,诵《墨经》而以巨子为圣人。许行"为神农之言","其徒数十人,皆衣褐捆屦,织席以为食",陈相、陈辛负耒耜而从之。这是对人类生活价值与方式的探索。至于儒家,亦如《庄子·渔父》所言:"既上无君侯有司之势,而下无大臣职事之官,而擅饰礼乐,选人伦,以化齐民。"同书《让王》:"天子不得臣,诸侯不得友。"学士也发展出了独立的威望评价标准。《庄子·盗跖》:"故势为天子,未必贵也;穷为匹夫,未必贱也。贵贱之分,在行之美恶。"政治等级与道艺等级,已不再一致。

但是与之同时,基于"礼治"的"师道"传统,却依然渗透于学士群体的文化活动之中。较之另一些社会中因分化而形成的专门性文化角色、群体、组织和制度,中国古代的学士就显示出了重大的不同。在古希腊的城邦社会中,产生过独立的学者、作家和教师。在古印度,僧侣阶级构成了婆罗门瓦尔那;在西罗马帝国的后期,基督教兴起于下层民众之中,并在后来发展为独立的教会组织。而中国古代的"师道",是从宗法封建时代的君师、官师之教化责任和乐师、学士间之教育关系中衍生的。这一传统,就深刻地影响了战国以来学士群体的面貌。百家学士各执其方、各行其是,但就其各种活动所构成的整体格局而言,依然有一种源于传统的"师道"取向或隐或显地制约其间。

战国学士之"士"之称谓,明明反映了他们是封建士大夫一脉相承的演变形态。"君子""小人"之分依然是根深蒂固的观念,拥有道艺者依然被认为是高于普通民众的一个特殊等级。尽管在一个大大增加了流动性的社会中,这个群体或等级已经不仅仅来源于贵族了,但是它依旧保持了强烈的政治责任感,以及"精神贵族"的气质。《汉书·食货志上》:"士农工商,四民有业。学以居位曰士。"社会观念中,"士"仍是四民之首,他们之居位参政,被视为天经地义的权利义务。孔子"三月无君则皇皇如也",自以为不能如匏瓜之系而不食。《孟子·滕文公下》:"士之失位也,犹诸侯之失国家也","士之仕也,犹农夫之耕也"。"士"与"仕"源远流长的亲和关系,就使得基于道艺的优越感、强烈的政治责任感、入仕参政的传统要求以及有道有艺者为居官任职之天然人选的观念,依然表现为战国以来"士"阶层的鲜明特征。虽有庄子一流之高蹈不仕,但是隐士传说中每每出现的君主"以境内相累"而不受的情节,正反映了一个"相反相成"的关系。"仕"与"隐"成了士人时时面对的选择,即使他决意选择后者。有关士人之"贫贱"和"富贵"的各种阐说,也显示了"富贵"本是学习道艺者的应得待遇,即使他未必就能得到。战国士人或仕于君主,或托于私门,俸禄是其获取社会报偿的主要方式,居官是其实现理想发挥道艺的主要途径,饰小说而干县令、修天爵以要人爵者于史不绝。"礼治"传统,使道统与政统之间保持了千丝万缕的密切联系,因而也就产生了余英时所说的道统和政统之间的如下"紧张"关系:"中国的'道'源于古代的礼乐传统;这基本上是一个安排人间秩序的文化传统。其中虽然也含有宗教的意义,但它与其他古代民族的宗教性的'道统'截然不同。因此中国古代知识分子一开始就管的是凯撒的事;后世所谓'以天下为己任'、'天下兴亡,匹夫有责'等等观念都是从这里滥觞出来的","知识分子不但代表'道',而且相信'道'比'势'更尊。所以根据'道'的标准来批评政治、社会从此便成为中国知识分子的分内之事"①。

"礼"最初关涉于"事神人之事",但是它的"乡俗"来源,依然决定了它最终的人间性、现世性。《礼记·表记》:"殷人尊神,率民以事神。……周人尊礼尚施,事鬼敬神而远之。""尊神"与"尊礼"之分化为二事,不能不说是一个深刻的变迁。在中国历史早期,当然也存在着各

---

① 余英时:《士与中国文化》,上海人民出版社,1987 年,"二、道统与政统之间"。

种原始崇拜、信仰以及宗教的萌芽。殷人信鬼,几乎无事不卜,受祭祀的"帝"是能令鬼神、降福祸的主宰。然而周代有"天子"之称,父子的比拟使得天人关系趋于人文化了。周人之天道观,一方面说是受命于天,另一方面却说"天不可信""天命靡常",由此"敬德保民"就日益重要起来。郭沫若在阐释这一变化时说:"在这周人的思想便更进了一步,提出了一个'德'字。……德字不仅包括着主观方面的修养,同时也包括着客观方面的规模——后人所谓'礼'。……礼是由德的客观方面的节文所蜕化下来的,古代有德者的一切正当行为汇集了下来便成了后代的礼。"①"礼"之作为"道德之器械"的方面成为主导,"神人之事"的重点落到了人事。"礼"原来就具有传统习俗之性质,因而它兼有宗教功能,却较少发展为超越性的、"纯粹"的宗教的可能。春秋时的"天道远,人道迩""国将兴,听于民;国将亡,听于神""未能事人,焉能事鬼""不语怪力乱神"的态度,就已经显现了一种理性精神。卜、祝、巫这些在殷代地位崇高的神职,自春秋以来都在衰微之中。战国时代崇"礼"的荀子申说"天行有常",更不用说"法治"学说的集大成者韩非,斥虚妄之辞则以"巫祝之言"为喻了。《礼记·王制》把祝、卜列于"执技以事上者",他们"不贰事,不移官,出乡不与士齿",郑玄注:"贱也。"孔颖达疏:"非但欲使专事,亦为技艺贱薄,不是道德之事,故不许之。"汉代司马迁《报任安书》:"文史星历,近乎卜祝之间,故主上所戏弄,倡优所畜,流俗之所轻也。"又《史记·日者列传》:"夫卜筮者,世俗之所贱简也。"汉巫不但不能参加国家祭祀,甚至不能为吏。②《盐铁论·散不足》中儒生指责了"今世俗宽于行而求于鬼,怠于礼而笃于祭"。与"尊礼"而不是"尊神"成为主导相应,"礼"之承担者最终是归

---

① 郭沫若:《先秦天道观之进展》,《青铜时代》,人民出版社,1954 年。

② 西汉少数巫能够参加国家祭祀,东汉巫则被严禁参加国家祭祀。郊庙宗社之祭,均属礼官太常。参见张贺泉:《略说汉代的巫》,《秦汉史论丛》第四辑,西北大学出版社,1989 年。又《后汉书·逸民列传》:"(高)凤年老,执志不倦,名声著闻。太守连召请,恐不得免,自言本巫家,不应为吏。"是汉法禁巫为吏。其时皇室及民间有各种祝诅、被襀、降神、占卜活动,儒者指为"淫祀"。《后汉书·第五伦传》:"伦到官,移书属县,晓告百姓,其巫祝有依托鬼神、诈怖愚民,皆案论之。"

于"君子"阶级,而不是僧侣阶级。

这种处于"俗""法"之间的"礼",富于人间性、现世性,因而较少"纯"文化的意味而更多地面向人伦日用、社会政治,这也使得战国时期趋于分立的学士群体,在总体上较少地取向于纯粹的审美追求或理性思辨,缺乏排除了其他考虑的"爱美"或"好奇"。"智"的意思被定义为"知人"。《论语·学而》:"子夏曰:贤贤易色,事父母,能竭其力;事君,能致其身;与朋友交,言而有信。虽曰未学,吾必谓之学矣。"《荀子·修身》:"以善先人者谓之教。"这便是基于"礼"传统而对"学""教"所做出的独特表述。荀子是先秦最富于唯物论精神和最博学的人物之一,然而他也对纯思辨性的研讨表示了明确反对。《荀子·修身》:"夫坚白、同异、有厚无厚之察,非不察也,然而君子不辩,止之也。"又《君道》:"其于天地万物也,不务说其所以然而致善用其材。"①又其最为人称道的《天论》篇亦云:"唯圣人为不求知天。"这集中代表了中国人对世界万事万物的"实用理性"态度。

进一步说,"师道"之义不仅在于成为传道授业解惑之师,还在于成为"帝王之师"。余英时曾经讨论了这一事实:战国士人把其与统治者的关系,阐述为"师、友、臣"的关系。如《战国策·燕策》:"帝者与师处,王者与友处,霸者与臣处,亡国与役处。"余氏论曰:"何以在君主与知识分子之间会发生这种师、友、臣的等级划分? 其中最重要的原因之一是'道'需要具备某种架构以与'势'相抗衡。……在理论上,知识分子与君主之间的结合只能建立在'道'的共同基础上面。"②确实,战国士人以"道"抗"势"之气势最盛,甚至有"师则不臣"的说法。《吕氏春秋·尊师》:"天子入太学③,祭先圣,则齿尝为师者弗臣,所以见敬学与

---

① 此说《韩诗外传》卷四作"其于天地万物也,不说其所以然而谨裁其盛"。许维遹曰:"盛读为成。意谓对于天地万物,不论说其所以然,而谨裁其已成者。"见氏著《韩诗外传集释》,中华书局,1980 年,第 141 页。

② 《士与中国文化》,"二、道统与政统之间"。

③ 毕沅校本"太学"误为"太庙",此从陈奇猷《吕氏春秋校释》,学林出版社,1984 年,第 206 页及第 219 页注六七。

尊师也。"又《礼记·学记》:"君之所不臣于其臣者二:当其为尸,则弗臣也;当其为师,则弗臣也。大学之礼,虽诏于天子,无北面,所以尊师也。"尸为祭主,而师被认为是同等尊贵,"先王之道不北面"。然而在此之时,"知识分子与君主之间的结合"已先被视为天经地义、理所当然的前提了。战国是一个生机勃勃的多元社会,士人的活动展示了巨大的多样性、多向性。在"礼崩乐坏"的局面之下,"礼"传统当然不能规范士阶层的各方面活动。但是在其多样的活动所呈现的整体格局中,我们也确实看到了"礼"传统对"师道"分化的方向、途径和形态的深刻影响。

学士群体和文史群体的形成与分立,也标志着"师道""吏道"对于亲缘组织和封建性宗法关系的进一步分离。章太炎谓"齐家治国"之说"明是封建时代的道德。我们且看唐太宗的历史,他的治国,成绩却不坏——世称贞观之治。但他的家庭,却糟极了,杀兄,纳弟媳。这岂不是把《大学》的话根本打破了吗?要知古代的家和后世的家大不相同。古代的家,并不只包含父子夫妻兄弟;……这等人,差不多和小国一样,所以孟子说:'千乘之家百乘之家'。在那种制度之下,《大学》里的话自然不错,那不能治理一县的人,自然不能治理一省了。"①封建体制的瓦解,遂使家、国趋于两分。

但是在另一方面,战国以来的经济发展和经济关系变动,仅仅是造成了小农经济的生产水平;在这一水平之上,广大社区并没有脱离低下的分化状态。原生性的人际关系——如血缘、姻亲、朋友、邻里等等,依然深刻支配着社会生活的诸多方面。例如,这就反映在其时的邑里聚落的结构之中。让我们来回顾周代的农村公社共同体的面貌。《公羊传》宣公十五年何休注描述说:

> ……在田曰庐,在邑曰里,一里八十户,八家共一巷,中里为校室。选其耆老有高德者,名曰父老,其有辩护伉健者为里正,皆受倍田,得乘马。父老比三老孝弟官属,里正比庶人在官吏。民春夏

---

① 章太炎:《国学概论》,巴蜀书社,1987 年,第 25—26 页。

出田,秋冬入保城郭。田作之时,春,父老及里正旦开门,坐塾上,晏出后时者不得出;莫,不持樵者不得入。五谷毕入,民皆居宅,里正趋缉绩,男女同巷相从,夜绩至于夜中①……男年六十、女年五十无子者,官衣食之。……十月事讫,父老教于校室……

何氏是将之作为"井田"形态而加以阐述的:

井田之义,一曰无泄地气,二曰无费一家,三曰同风俗,四曰合巧拙,五曰通财货。

徐彦疏云:

云井田之义,一曰无泄地气者,谓其冬前相助犁;云二曰无费一家者,谓其田器相通;云三曰同风俗者,谓其同耕而相习;云四曰合巧拙者,谓共治未耜;云五曰通财货者,谓井地相交,遂生恩义,货财有无可以相通。

井田制之为何物是另一问题。我们所关注的是这种村社组织的认同方式和凝聚形态。聚落成员在生产、生活中互惠互助,并有"父老"一类人物,与"里正"共同担当领导角色。原生人际关系和"亲亲"道德规范,犹是这种村社生活的基本维系。

直到汉代的社会基层社区,依然具有这种村社的浓厚色彩。俞伟超以"单"为线索考察了中国古代公社组织的演变,他认为,商代"单"的性质是家长制的家庭公社,周代它演变成了农村公社,战国时土地私有制冲击了公社组织,但是"过去的那种'单',在整个两汉时期还是普遍存在的","两汉时期的村社组织,还是普遍存在和相当完整的"②。学人或把汉代的基层社区称之为"父老的里共同体",并认为它的存在是东汉"豪族共同体"的发展前提。③ 杜正胜则着意揭举与发挥"古代

---

① "男女"二字似有误,《汉书·食货志》的类似记述作"冬,民既入,妇人同巷相从夜绩"。

② 俞伟超:《中国古代公社组织的考察——论先秦两汉的单—僤—弹》,文物出版社,1988年,第72、127页及有关各处。

③ 参见东晋次《东汉的乡里社会及政治的变迁》的有关引述,《秦汉史论丛》第四辑,西北大学出版社,1989年。

聚落共同体"概念。他说：

> 我们可以看出古代聚落共同体在封建崩解数百年内，犹见其生机，虽然与封建城邦时代聚落的本质不尽相同。
>
> 春秋以前零散的聚落经过整顿，造成郡县乡里的行政体系后，已为中央政府权力下达地方，铺好一条条畅通的管道。然而中央的实际力量只达到县这一层，县以下的乡里凝聚性仍相当强韧，它们自成为完整的有机体。
>
> 聚落中民间的主导力量是父老阶层，他们的身份和权威系于社会敬老的传统；而敬老在祭祀燕饮等社区活动表现出来。荀子说，"吾观于乡，而知王道之易易也"（《乐论》）。王道的根本在于孝悌，举凡同里邑的老者都待之如父，长者都待之如兄，凡同里邑之年轻人都视同子或弟，于是有孝悌，于是有敬老，这是古代聚落一体感和认同意识促成的。故《礼记·乡饮酒义》曰："君子之所谓'孝'者，非家至而日见之也，合诸乡射，教之乡饮酒之礼，而孝弟之行立矣。"就统治者而言，乡里长幼秩序井然才是孝，不仅止于个体家庭父子之亲情而已。《管子》说"民有善，本于父，荐之于长老，是治本也"（《君臣上》），即是此义。
>
> ……西周至秦汉八九百年的基层社会非无变迁，然而古代聚落的社会功能仍以不同形态维持不懈。传统中国社会的一些特质也不难从这里寻绎出一些端倪。[1]

其言这种聚落形态是决定传统中国社会特质的一个重要因素，这是个颇精到的论断。费孝通把传统中国基层社会视为"乡土社会"，并进而指出了其中的"长老统治"特征：这种支配形态既不是基于同意，也不是基于强暴，既非民主，又异于专制，它是一种"教化权力"。[2]

了解了这种"聚落形态"和"长老统治"，我们也就了解了中国古代

---

① 杜正胜：《编户齐民——传统政治社会结构之形成》，台北：联经出版事业公司，1990年，第227—228页。

② 费孝通：《乡土中国》，三联书店，1985年，第65—70页，"长老统治"。

社会分化的又一条重要线索。这就是说,在知识文化群体和专制官僚组织对于社区的充分分化业已发生之后,社区中泛化了的"父道"依然保持了重大的影响和支配。"亲亲""孝悌"以及仁、义、忠、和等等依然是其基本的人际规范,教化依然是这些规范的基本维系。而这些规范内容和维系方式,原本是"礼治"赖以整合社会的主要机制。当然,周代的那种宗法纽带,自战国秦汉以来已发生了重大变动。秦汉之间,三至六口人同居共财的小家庭已占到了大多数①;周代的族坟制演变为汉代的家族墓制。② 但东汉时期宗族组织又在各地兴起③,说明亲族关系在社区中依然拥有强大活力;其他由自然经济造成的村社聚落中之原生性人际关系,亦是如此。"聚落形态"和"长老统治",事实上是处于一个微妙的临界点:它们已面临着社会流动性的经常侵蚀,但是也依然维持着其深厚的传统影响。唯其如此,儒者就益发感到其"教化"之责的不可或缺,且当仁不让了。

叙述至此,我们也就理解了为什么"君、父、师"或"尊、亲、贤"之三分视角,依然经常是学人立论阐说的基本框架。一个发达的君主专制官僚政权、一个活跃于社会的知识文化群体以及一种依然广泛存在的、依赖于父老角色和"亲亲"维系的村社聚落社区,确实也就是经历了充分的社会分化之后呈现在人们面前的东西,因而它们也就成了学人立论时自觉不自觉地引为前提之物。由于政统、亲统、道统之间的剧烈分化,出现了"礼崩乐坏"之局;但是某种意义上又不妨说,这个分化又是沿着"三统间的更大分化"这一独特路线推进的。在政治文化阐释上,并不是所有获得了相当分化的社会关系都得到了同等评价的。例如自

---

① 参看杜正胜:《编户齐民——传统家族与家庭》,《吾土与吾民》,台北:联经出版事业公司,1982年,第23—27页。

② 参看李发林:《战国秦汉考古》,山东大学出版社,1991年,第三章第八节,"'族坟制'的破坏和家族墓的兴起"。

③ 例如,张鹤泉的《东汉宗族组织试探》指出,"东汉时代,是社会中宗族组织发展的重要时期。宗族在各地分布广泛,实际已经成为重要的社会组织"。宗族中有共同尊奉、祭祀祖先的仪式,共同的族人会议,族长拥有支配族人的权利,亲族范围为"九族"内的族人,他们有相互救恤、扶助的义务,在法律上负连带责任。《中国史研究》1993年第1期。

主的财产关系,在政治精英和文化精英的主导阐说中,就不能取得与"尊尊、亲亲、贤贤"同等的地位。"礼治"作为一种在漫长时期中结晶出来的、并占据过支配地位的政治文化传统,在崩解的同时,又显示了它深厚的传统影响。如同在后面将要看到的那样,这样一点,还要继续影响学士和文吏这两个群体在此后的分合变迁。

第五章　儒法之争

　　战国时期文明的发达、社会的分化和复杂化，导致了文吏群体和学士群体的分立和分离；这又分别对应着各国的官僚政治随变法运动的长足推进而不断完善，以及自立于民间的学术文化活动的昌明繁荣。在旧秩序瓦解而新秩序尚未确立之时，社会和思想都显示了充分的自由度和旺盛的创造力。学人立足于各自不同的角度，纷纷对社会政治提出了各自的见解，百家争鸣而处士横议。

　　在此，我们当然无意对诸子思想做分别或综合的评述。我们只准备立足于本书所确定的任务——讨论中国古代士大夫政治的演生，结合文吏和学士的分合这一线索，来观察政治思想上与之相关的那些分歧。在此，儒家的"礼治"思想和法家的"法治"思想，相对说来最为重要。如蒙文通所言："儒家之传本于周，而法家之术大行于战国而极于秦，则儒法之争者为新旧两时代思想之争，将二家为一世新旧思想之主流，而百家乃其余波也"，"……秦用法家，其行事皆本法家之义。儒家从周，故儒皆推明周政之本。由周秦之政治不同，而知儒法者两种政治之说明也"①。当然这一论点也是从特定角度出发的，换一个视角结论可能就相当不同；但就本书说来，仍可以将之引为前提。由"周政"与"秦政"之争、儒家与法家之争，可以进一步了解战国时代的社会分化所造成的政统、亲统和道统的分立在观念层面所引发的回应；这观念层面的回应，反过来又深深地影响了此后的政治社会变迁。

　　当然，先秦时期学派林立，一家之内又有不同分支。孔子身后

---

① 蒙文通：《法家流变考》，《古学甄微》，巴蜀书社，1987 年，第 295、297 页。

"儒分为八",墨子以降"墨离为三","取舍相反不同"。道家方面,或谓老学、庄学、黄学其间有异;法家方面,以《管子》为代表的齐法家和以《商君书》《韩非子》为代表的晋法家亦非尽一致。梁启超说:"分类本属至难之业,而学派之分类,则难之又难。后起之学派,对于其先焉者必有所学,而所受恒不限于一家。并时之学派,彼此交光互影,有其相异之部分,则必有其相同之部分。故严格的驭以论理,而簿其类使适当,为事殆不可能也。"[1]其说诚为至言。所以在此我们有必要申明,这里所做结论之效度,将只限于本书的特定视角之内。而且我们论儒法之"异",并不否定其间之"同";尤其是先秦业已生发的兼综儒法的倾向,在我们看来与其间的对立同样重要。在下面,我们就将分别以商鞅、韩非和孔丘、孟轲为法家和儒家的主要代表,来分别讨论"法治"思想和"礼治"思想的对立;最后则以荀子之儒法兼综为中心,来阐释后世所形成的"礼法"秩序和士大夫政治在先秦的思想先声。其他如《管子》之类思想,则视情况时或引以证荀、时或引以证法。

第一节　法家的法治学说

法家学说,代表了当时封建政治向专制官僚政治过渡这一变革。如子产、李悝、吴起、商鞅等等,皆被视为法家的先驱。商鞅、韩非著作传世可考、影响重大,二人之学说行之于秦而助成帝业,其思想在法家中又成一系,所以基于本书视角,将商、韩之言视为"法治"学说的一极而加阐说。

章太炎说,"著书定律为法家"[2]。其定义言简而义赅。律书的制作,法吏的兴起,皆是"法治"的中心内容。或以为儒家重"德"而法家重"刑","法治"即是严刑峻法的统治;亦有人指出法家之严刑峻法本

---

① 梁启超:《饮冰室合集・文集》第十八册。

② 章太炎:《检论》卷三,《原法》,《章太炎全集》(三),上海人民出版社,1984年,第437页。

质上仍是"人治",并非现代意义上的法治。① 这些意见皆有其据。按"法""治"连称古已有之。《商君书·壹言》:"治法明则官无邪。"《晏子春秋·内篇·谏上》:"修法治,广政教。"法家的"法治"肯定大不同于现代法治,但这并不妨碍在另一些含义上使用这一语词。我们先取"法"之古义,用"以法为治"来定义"法治",然后在本书的脉络之中,将之解说为专制官僚政治之"吏道"的主要规范、机制与安排。它不仅仅是君主专制与严刑峻法的结合而已,因为这一意义上的"法治"之所指涉,还可包含专制官僚体制的理性行政方面。

《慎子》有言:"礼从俗,政从上。"又《管子·宙合》云:"乡有俗,国有法。"由"俗"而至"礼"、由"礼"而至"法",这是中国古代因社会进化、分化和复杂化而导致的政治文化形态变迁的独特路线。"礼"体现为三统或三道的三位一体,而"法"则是由"礼"所蕴涵的政统吏道因素充分分化而来的;但是它也就因此而成了"礼"的异化物和异己物了。《左传》昭公六年记郑人作"刑书",叔向预言"民知争端矣,将弃礼而征于书",这实是一个非常深刻的变化,礼俗与刑书由此而真正地分化开来了。《商君书·更法》曰:"前世不同教,何古之法?帝王不相复,何

① 不少学者指出传统中国所谓"法治"在本质上不同于西方与现代之法治。梁治平说:"不但儒家的'治人'不是西方人说的'法治',法家的'务法'、'治法'也丝毫不具有法治的精神。"见《寻求自然秩序中的和谐——中国传统法律文化研究》,上海人民出版社,1991年,第59—60页。张中秋说:"现代意义上的'法治'和'法学'一样,并不是中国文化的产物,而是来源于近代西方法律文化。……笔者确认传统中国未曾出现过法治。"《中西法律文化比较研究》,南京大学出版社,1991年,第277—278页。又俞荣根:"儒法两家都是人治主义者,区别只是在程度上,法家表现为极端的君主专制之人治,儒家表现为相对的君主主义之人治,但这只能说明,儒法两家在这一问题上的分歧不能归结为人治和法治的对立。"《儒家法思想通论》,广西人民出版社,1992年,第39页。不过俞氏把中国古代人治和法治之对立,称为"一条虚构的儒法斗争主线"(见其书第二章第一节),这虽非无据但仍嫌过当。我们似乎不能因其不同于现代意义的人治和法治,就全然否定传统意义脉络中曾经有过的"人治"和"法治"之争。这样的处理,或将从另一路线上陷入以西方或现代概念剪裁中国历史的误区。我们应该承认在另一些意义上使用"人治"(以及"礼治")与"法治"之对立这样一个视角的可行性,在中国古代它们之间确实存在着并非无关宏旨的区别。

礼之循?"主张"当时而立法,因事而制礼","然则反古者未必可非,循礼者未足多是也"。又《战国策·赵策二》记赵国"胡服骑射"事,公子成固守所谓圣贤之教、仁义之施、礼义之用,而赵武灵王则宣称要"因其事而制礼":"今卿之所言者,俗也;吾之所言者,所以制俗也。"固守礼教者,其意仍是"从俗",《礼记·曲礼下》所谓"君子行礼,不求变俗";但是时势之变异,也必然导致图谋变革者之以"法"来"制礼""制俗"、变礼易俗。在"礼"中所包含的政统吏道成分充分分化而具有了自主的性质、并因而发展为"法"的时候,昔日统摄于"礼"的众多事项,就不能不转而由"法"的态度和方式来处理。"法生于礼"而别称之"法",意在割断传统的脐带;"因事而制礼"之"事"乃军国政事,所制之"礼"已是统摄于"法"的典则。至于儒家所崇的那种"礼乐""诗书",则已经被列之于"六虱"了。[①]萧公权谓:"按封建宗法社会之中,关系从人,故制度尚礼。冠婚丧祭、乡射饮酒、朝会聘飨之种种仪文,已足以维秩序而致治安。及宗法既衰,从人之关系渐变为从地,执政者势不得不别立'贵贵'之制度以代替'亲亲'。"[②]又张纯、王晓波论曰:"国君与大夫也由宗法的'亲亲尊尊',转变成为纯粹政治的君臣上下的关系。有'亲亲'的关系故有'孝弟',有'孝弟'故有仁与义,有'亲亲'之'礼'。'亲亲'已不存在,故君臣的关系只剩下势与力,维系此关系的是刑与赏,刑赏的标准和运用是法和术。因此,仁、义、礼,和法、术、势,也成为儒法二家争论的焦点。"[③]又徐复观亦云:"西周的封建政治,是以宗法制度为中心所建立起来的。而宗法中的'亲亲',是维系封建政治的精神纽带",但经过春秋时代,"上述礼仪中的亲亲精神,一天天地稀薄,并演变向权谋术数,凌弱暴寡的方向。"[④]

他们的申论,都指出了春秋战国间有一个"尊尊"取代"亲亲"的变

① 《商君书·靳令》:"六虱:曰礼乐,曰诗书……"

② 萧公权:《中国政治思想史》,第一册,台北:中国文化大学出版部,1985年,第105页。

③ 张纯、王晓波:《韩非思想的历史研究》,中华书局,1986年,第260页。

④ 徐复观:《汉代思想史》(卷一)(原题《周秦汉政治社会结构之研究》),台北:学生书局,1980年,第65、69页。

动。"礼"之精神为"尊尊""亲亲"和"贤贤",法家在阐发政见时也使用了类似的三分之法,但其结论则大为不同。《商君书·开塞》:"上世亲亲而爱私,中世上贤而说仁,下世贵贵而尊官。"侯外庐谓"这上中下三世颇相当于西周、春秋、战国这三个阶段",它反映了从"严密的氏族贵族之古代奴隶制"到"公权制度的设立"这一历史进程。[①] 冯友兰则以为其所反映的是春秋初期到战国时代之社会变动。[②] 按《开塞》:"天地设而民生之,当此之时也,民知其母而不知其父,其道亲亲而爱私。""亲亲"乃"乡俗"社群中最为古老的整合方式和规范价值;较后则有"贤者立中正,设无私,而民说仁";而至法家立论之时,"民众而无制,久而相出为道,则有乱。故圣人承之,作为土地、货财、男女之分。分定而无制,不可,故立禁;禁立而莫之司,不可,故立官;官设而莫之一,不可,故立君;既立君,则上贤废而贵贵立矣"。其废"亲亲"、废"贤贤"而独取"尊尊"之意,昭然可见。对之孟子称为"有其一('爵')以慢其二('齿''德')"。当公共政治权力真正在社会中分化为一个相对独立的系统的时候,"制""禁""官""君"便都具有了自主的意义。从政统与亲统、道统相渗相融的封建贵族政治进化到专制官僚政治,法家对于政治与制度的历史演进,具有富于唯物论色彩的清晰认识,并且在此选择了一意促成政统与吏道充分分化的鲜明立场。又《韩非子·五蠹》:"上古竞于道德,中世逐于智谋,当今争于气力",细节虽异而大旨全同于商鞅。直接地指导了变法运动的法家学说,其中心目的,就是确立和巩固"贵贵而尊官"的制度。由此,法家就告别了"周政",而开辟了通向官僚帝国体制的道路。

在组织结构上,官僚政治以中央集权的分科分层形式分配职能、权威和资源。《韩非子·扬权》:"事在四方,要在中央;圣人执要,四方来效。"《管子·君臣下》:"君者制本,相执要,大夫执法,以牧群臣,群臣尽智竭能,以役其上。"地方行政也采取科层形式,例如家、轨、里、连、乡一类设计,什伍相保制和郡县制一类制度。

---

① 侯外庐:《中国思想通史》第一卷,人民出版社,1957 年,第 609 页。
② 冯友兰:《中国哲学史》,中华书局,1961 年,上册,第 387 页。

在行政规则上，官僚政治依赖于系统的成文法规。《韩非子·难三》："法者，编著之图、籍，设之于官府，而布之于百姓者也。"又《定法》："法者，宪令著于官府，赏罚必于民心①，赏存乎慎法，而罚加乎奸令者也。"故典章律令的制定，刑书刑鼎的公布，都是变法中的大事件。依法家之阐述，"法"具有要求一切组织成员服从的权威，并且是万事之程式仪表，政务之唯一准绳——"一断于法""刑无等级"。司马谈《论六家要旨》："法家不别亲疏，不殊贵贱，一断于法，则亲亲尊尊之恩绝矣。"这里所"绝"的，是封建宗法贵族的"亲亲""尊尊"，而"法"则要"贵贵而尊官"，要"别黑白而定一尊"。一种非人格化的秩序和普遍主义精神，由之而被贯注于政事国务，即如萧公权所谓由"关系从人"到"关系从地"，或如吕思勉所谓，由"重情""诛意"到"重事""诛事"。②"亲亲"原则，则属于应当排斥出行政领域的非合理因素。这种非人格化的精神，划开了"法治"和"礼治"之间的界限。

就行政人员讲，他们应当是经过特定铨选程序而进入晋升阶梯的领薪专职雇员。《韩非子·外储说右下》："主卖官爵，臣卖智力。"又《难一》："臣尽死力以与君市，君垂爵禄以与臣市。"官员以自由人身份出卖心力以换取爵禄，他们所利用的资源非其所有，而是行政机关所提供的；又《定法》："今治官者，智能也。"官僚行政是专家行政，是以知识为基础的权威；又《显学》："夫有功者必赏，则爵禄厚而愈劝；迁官袭级，则官职大而愈治。"官员因才录用之后，即进入了"迁官袭级"的晋升阶梯——或称"仕途"；晋升的标准，则在于能力、功绩和年资。这种行政人员被定义为奉法行令者。《韩非子·外储说左下》："吏者，平法者也。"又《孤愤》："人臣循令而从事，案法而治官。"《商君书·赏刑》则称之为"守法守职之吏"。

还是在"礼制"时代，科层体制、典章文档和官员体系就已有所萌芽；但其时贵族官员的封建身份，支配行政的宗法制和礼文化，领主臣

---

① "赏罚必于民心"原作"刑罚必于民心"，梁启雄谓"刑罚当作赏罚"，见其《韩子浅解》，中华书局，1960年，下册，第406页。据之径改。

② 《吕思勉读史札记》，"断狱重情"条，上海古籍出版社，1982年，第386—389页。

吏间的主仆、私属以至亲姻等等关系，依然在本质上使之与官僚政治区别开来了。"礼制"之下，治家和治国不甚区别，礼乐和法规不甚区别，行政的手段、过程和目的不甚区别。而官僚制度，则是政治行政系统充分分化的结果。这种分化，使其特有的内在法则获得了充分贯彻的可能性。官僚制度的基本精神，表现为有明确目的的、可计算的、可控制的、合乎逻辑的、普遍主义的和系统化的达到目的的手段。这种合理化精神要求排除与政治行政无关的任何考虑，把千变万化的具体个案的处理化为充分形式化（亦即正式化，formalization）的程序和规程；运用这些程序和规程的，则是专家。这种精神，就决定了科层体制、成文法规和专业雇员的必要性。法家的"法治"，就是在这样一种精神指导之下的合理化行政。他们对于秩序、权力、法规、职责等等的技术意义，对于行政体制的构成和运行机制，都做出了卓越的阐述。

至于"刑"，它确实颇为法家所重，但是它只是"法"的特殊部分。借用《商君书·画策》的说法以喻之，它是"使法必行之法"，即维护专制官僚体制的奖惩措施的惩戒部分，亦即韩非所言"赏存乎慎法，而罚加乎奸令者"的后一项。《汉书·薛宣传》："吏道以法令为师。""法令"之中，包含了全部或主要的行政规程——"吏道"。《商君书》首篇《更法》记秦孝公决意变法，"于是遂出《垦草令》"，这《垦草令》即其所"更"之"法"。① 正见"刑""法"非全等概念。《周礼·天官·大宰》"二曰法则"郑玄注："法则，其官之制度。"章太炎就汉律中有官制、有驿传法式、有度数章程，称"由是言之，汉律非专刑书。……亦以见汉律之所包络，国典官令无所不具，非独刑法而已也。"② 又秦简所见秦律，除了刑法之外，又有《田律》《仓律》《工律》《金布律》《司空律》《徭律》《傅律》《置吏律》《传食律》等等，杨宽因谓："这类律令实质上是官

---

① 高亨谓《商君书》第二篇《垦令》，即是商鞅的垦荒方案。见其《商君书注译》，中华书局，1974 年修订本，第 19 页，《垦令》"解题"。《垦令》中除了刑罚之外，又有商品税制度、徭役制度、抑商政策、打击游学政策等等，非止是刑。

② 章太炎：《检论》卷三，《原法》附"汉律考"，《章太炎全集》（三），第 438 页。

府统治上需要的各种规章制度。"①是秦律亦非独刑法，同于章氏之论汉律。春秋时叔向反对郑人作刑书，在他申说先王旧制时，也提到了"严断刑罚以威之"，可见他反对的不是"刑"，而是"弃礼而征于书"。"礼""法"之区别不止是"刑"。刑鼎、刑书、《法经》之类的出现，意味着法律的公开化、正式化和普遍化，更意味着一种更为纯粹的、直接服务于富国强兵目的的政治规范，从那种杂糅了民俗、道德、宗教、礼乐、仪典、政制的混溶物——"礼"中，脱胎而出了。

同时，"法"可以是具体的法规法令，但是也可以理解为行政合理化的精神和原则。对这一点，还可以从法家和道家的思想渊源关系之中得到理解。《老子》所言之"道"是高度抽象的，为万事万物所依准遵循。由此"道"，就可以引申出充分形式化的、作为普遍原则的"法"来。长沙马王堆三号汉墓出土的帛书《经法·道法》："道生法。法者，引得失以绳，而明曲直是非者殹。"《韩非子·主道》："道者，万物之始，是非之纪也"；又《解老》："道者，万物之所然也，万理之所稽也。""是非之纪""万理之所稽"，也正是"法"的精义所在。由此亦见以"刑"释"法"，未免以偏代全。

但是法家之"法"确实有"刑"之意，而且古语中"刑""法"正可互训，这也不是偶然的。②《尚书·吕刑》："惟作五虐之刑曰法。"《说文解字》："法，刑也。"《管子·心术》："杀戮禁诛谓之法。"这是因为，"法"的形态，使执政者对于政治暴力的依赖，更为直接和深刻了。封建时代的"礼治"之下，"失礼则入于刑"，"刑"统摄于"礼"中。然而"礼治"使吏道与父道、师道高度混溶，遂使"刑"之暴力强制一面相对隐而不显。"礼"不训"刑"而"法"可训"刑"，正在于政统的分化，使其作为系统化公共强制的方面，充分地显露出来了。商鞅、韩非学说之鲜

---

① 杨宽：《战国史》，上海人民出版社，1980年修订本，第216页。

② 对此，梁治平的《"法"辨》一文给予了揭示，见《中国社会科学》1986年第4期。"从时间顺序上看，我们今天称之为古代法的，在三代是刑，在春秋战国是法，秦汉以后则主要是律。……不过，三者并非平列而无偏重。应该说，三者的核心乃是刑。……依传统观念，法不过是镇压的工具，是无数统治手段中的一种，可以由治人者随意运用、组合。"

明的"刻暴寡恩"特色,并不仅仅出于单纯的残暴;那首先也是基于对时局的认识,以及对于人情、人性的特别看法。商、韩主"性恶"之说——"人性恶""民性善乱""吏欲为奸"。这种对人性的不信任,与现代官僚制理论对人性的假定,不谋而合。① 郭沫若说,韩非"是把一切人看成是坏蛋的"②。那么可取的,就是利用赏罚使之趋利避害而已。《韩非子·八经》:"凡治天下必因人情。人情者有好恶,故赏罚可用。"由此,"刑赏"就成了推动行政的"杠杆"。

至于"礼"所赖以发挥功能的人之善性,如人情的忠、恕、信、义、爱、敬,人际的感召、表率、同情、理解之类,在法家看来是属于不可计算、不可控制的东西。人固然有可能洗心向善,但行政却需立足于禁人为恶。《韩非子·五蠹》曾论证说,对于"父母之爱、乡人之行、师长之智"皆不能使之改行的不才之子,"州部之吏操官兵、推公法而求索奸人,然后恐惧,变其节、易其行矣"。任用官吏亦同此理:贞信之人寥若晨星,但如果"人主处制人之势,有一国之厚,重赏严诛,得操其柄,一修明术之所烛,虽有田常、子罕之臣,不敢欺也。奚待于不欺之士!"甚至君主亦无待圣主。尧舜千世不一出,而若"使中主守法术,拙匠执规矩尺寸,则万不失矣"③。如能坚守法度,法家认为就无求于教化和道德。为了论辩的需要,商、韩充分利用了"极而言之"的表述方式,公然把修善孝弟、诚信贞廉、仁义、非攻羞战,与礼乐、诗书同列于"六虱"。④依赖道德教化,君子表率而治国行政的主张,在其看来不过是"巫祝之言",因为其过程难以控制,其结果难以预测,其效率难以保障。如杨鸿烈所言,"法家最看重效率",并且认为"法有最高效率"。⑤

---

① 例如官僚制的研究者 Anthony Downs 认定:"即使在其以纯官员资格活动之时,每一个官员在本质上也是为其一己私利所驱动的。"这一点被用为"中心设定"。参见其 *Inside Bureacracy*, Boston, 1966, p. 2。

② 郭沫若:《十批判书》,《韩非子的批判》,人民出版社,1954 年,第 324 页。

③ 《韩非子·用人》。

④ 见《商君书·靳令》。"六虱"诸项的划分,从高亨《商君书注译》,见其书第 106—107 页正文及注 22。

⑤ 杨鸿烈:《中国法律发达史》,上海书店,1990 年,上册,第 87—88 页。

学人对之或称为"非道德主义"，然而这也包含了对社会分化的清晰认识。在国家与社会业已分化之时，行为规则就不能不发生相应分化。商鞅、韩非并非绝对地反对仁义孝悌之类，《韩非子·忠孝》也把"臣事君、子事父、妻事夫"视为"天下之常道"，且称"人生必事君养亲"，从而肯定了子对父、妻对夫的道德义务。但是这种道德义务，与君主官员之奉法行令，决不能视同一事。社会分化也造成了社会公德、家族道德、人格美德和官吏职业道德之分化，它们分别通行于不同社会情境，商、韩每每将之表述为"公义""公行"与"私义""私行"之两分。君之能吏与父之孝子，这二者已不再高度一致，如同宗法封建时代那样；父之孝子经常可能是君之背臣。民之"公行""公义"，就是"朴壹""勉农""为上忘生而战"；吏之"公行""公义"，就是"居官无私""清廉方正奉法""夙兴夜寐，卑身贱体，竦心白意，明刑辟、治官职，以事其君"。君主之"公行""公义"，就是"守法责成以立功"。在各种行为规范之间发生冲突之时，法家对匹夫之美、私门之义给予了坚决否定。

进一步说，在此商鞅、韩非对行政的手段、目的和结果之区分为不同层面，也有了相当之认识。一方面他们经常说"仁之不可以为治""君安能以爱持国""吏于民无爱"；但是在另一方面，他们也有变法所以"爱民"、治民期于"利民"之说。《商君书·更法》："法者所以爱民也。"《韩非子·心度》："圣人之治民，度于本，不从其欲，期于利民而已。故其与之刑，非所以恶民，爱之本也。"问题在于，爱民、利民只是行政过程的结果，却不能直接用作自身的实现手段。在此法家与现代政治理论，不无隐然契合之处。[①] 萧公权亦有见于此，论曰："且儒家混道德政治为一谈，不脱古代思想之色彩。韩非论势，乃划道德于政治领域之外，而建立含有近代意味纯政治之政治哲学"，商鞅深信"政治之

① 例如阿尔蒙德和鲍威尔，把政治过程分解为输入——政治要求与政治支持、转换——政策制定、对环境的输出——提取、分配、管制、象征以及环境结果——社会的福利与安全。《比较政治学——体系、过程和政策》，曹沛霖等译，上海译文出版社，1987年，《绪论》、《1.2 输入和输出》。这种分析框架，产生高度分化的现代社会背景。

直接目的的效用为维持秩序而非推进道德"①。行政的有效手段被认为是"法术",政治行政过程的特征被认为是"以刑去刑"。立足于政统那么就要"度于本,不从其欲"——在这一领域之内的直接任务,是"行法"而不是"施爱",判定可行性的直接标准是功利,即所谓"以功利为之的彀";由之,在此领域中"术""势"即政治权术、政治权势的充分利用,也具有了正当性。那种"赦罪以相爱""以公财分施""与贫穷地以实无资"之类的盲目"爱""利",将付出损害法制耕战之代价。如《韩非子·六反》所称:"故法之为道,前苦而长利;仁之为道,偷乐而后穷。"这不能不说是一种深刻的思想,虽然它采取了极端化的表达方式。商鞅变法之初,秦国言令之不便者以千数;其法行之十年,而秦民大悦。

对商鞅、韩非之所谓"反智"倾向,也可以从类似角度得到进一步的理解。一方面,他们每每申说"民智之不可用""上贤任智无常,逆道也""一法而不慕智";另一方面却又称"治官者智能也""上君尽人之智"。社会的分化也造成了智能的分化,所谓"智",也被相应地区分为学士之文化思辨、政客之诈谲权谋以及官吏之技能智力。学士之"恍惚之言""无用之辩""棘刺白马之论""纤微难察"之语,不周于用,不合于功。莫衷一是、自由驰骋的文人谈辩即令时或有补于治,其本质上却具有极大的随意性、不确定性;辩士政客之诈谲权谋、纵横捭阖,也经常地侵害了法制、危害了君主。政治行政所需之智能,却是以法为归依的。《韩非子·饰邪》:"臣下饰于智能,则法禁不立矣,是妄意之道行","道法万全,智能多失……释规而任巧,释法而任智,惑乱之道也"。在对因"郢书燕说"而"举贤"作"治则治矣,非书意也"的批评之时②,韩非对于政治行为的可控制性、可计算性以及法制化、程序化的

---

① 萧公权:《中国政治思想史》,第七章《商子与韩子》,台北:联经出版事业公司,1982 年,第247、235 页。

② 《韩非子·外储说左上》:"郢人有遗书燕相国者,夜书,火不明,因谓持烛者曰:'举烛',而误书'举烛'。'举烛',非书意也。燕相受书而悦之,曰:'举烛者,尚明也;尚明也者,举贤而任之。'燕相白王,王大悦,国以治。治则治矣,非书意也;今世学者,多似此类。"

追求,就表现得更为冷峻峭刻了。这种追求甚至达到了这一程度:政治活动决不可以非理性的方式达到目的,即使由此确实地达到了目的。《商君书·修权》如下之语也体现了这一精神:"夫释权衡而断轻重,废尺寸而意长短,虽察,商贾不用,为其不必也。"

这样看来,法家对道德和智能的认识,确是体现了对社会分化的意识与体察,就是说,他们把政治行政领域视为一个业已分化了的自主领域,有其独特的角色、规则与目标。他们着意维护这种专门性以确保行政效率,并力图排斥这一领域与其他社会领域的混溶。进一步说,由于商鞅和韩非对专制官僚政治是如此地一意追求,以至它们本身就成了目的。在《商君书》《韩非子》中,充斥着霸、富、强、威、功、用、战、争、力、势、权、术、法、禁、刑、杀一类字眼,"令行禁止""富国强兵"的所谓"霸道"与"霸业",政治行政中所体现出来的秩序和强权,一个巨大官僚机器的高度精密可靠的运转,本身就被视为最高目的。爱民、利民,不过是他们偶尔提到的字眼儿。在这种秩序崇拜和权力哲学之中,道德完善和道义价值、文化发展和学术研讨,几无意义可言。吏员不过是官僚机器的齿轮与螺钉,民众不过是人格化的力役和赋税:他们仅仅在数量和功能上具有意义。《韩非子·六反》:"君上之于民也,有难则用其死,安平则尽其力。"官僚制由手段变成了目的,形式上的合理性,表现为实质上的非理性。

曾经有过一些学人,运用自然法和实证法两分的视角,把法家归入所谓实证法学派。近年的文献中,如金勇义说道:"当我们在中国儒学中发现了与自然法相象的观念时,我们同时在法家学说中找到了现代实证法学派的先驱。"[1]他说法家所追求的是"法律之下的正义",这话在特定意义上也许不错;但法家的正义观与近代实证法学派依然大为不同。实证法学派源于这样一种法传统:在其中,法律在很大程度上成

---

[1]　金勇义(Hyung I. Kim):《中国与西方的法律观念》,陈国平等译,辽宁人民出版社,1989年,第18页。他在此书的《导论》中说道:"我的基本假定是,西方法中基本的法律观念(自然法、平等、权利和义务以及责任)同时也作为中国传统法中的基本原则,这是有稽可查的。"(第2页)

了个体之间在权利和契约基础上解决其间事务的技术手段，由之私法或民法构成了法的基础和骨干①，并发展出了野田良之所谓的"竞技型诉讼"②。在此基础之上，实证法把由国君或统治者来立法视为一个已然的前提，正义就是合法性，由此把价值考虑排除在法理学之外，而最终把"分析法律术语、探究法律命题在逻辑上的相互关系"③作为中心课题。但是中国古代的社会分化，并没有因为财产和商品关系的发达，而使个体间产生出西方式的权利和契约观念；战国以来，不是个体间的平等权利义务关系，而是国家对个人的政治统治关系，在影响法的形态上具有了决定意义。因此对于法家的"法治"来说，国家或君主立法决不只是一个为排除价值考虑而预设的前提而已；立法考虑，也不会仅仅出于使术语、命题合乎逻辑以便"竞技"。立法、司法在此全都服从于"治"。在这种有异于"私法文化"的"公法文化"中，侵犯私人权益的行为大抵也是从侵犯国家利益、破坏社会秩序上被考虑的。④ 社会法学派的安格尔称中国的法是"官僚制的法"，他指出，法家的"法"之普遍性与特殊性因统治者的政策目标而定，缺乏自主性的特征；即使与其他非欧洲的法传统比较而言，中国的传统法离现代法治也最为

---

① 勒内·达维德说："罗马日耳曼法的另一个特征在于这样的事实：由于历史原因，这些法首先是为了规定公民间的关系而制定的；法的其它部门只是从'民法'的原则出发，较迟并较不完备地发展起来的。民法曾经长时期是法学的主要基础。"见《当代主要法律体系》，漆竹生译，上海译文出版社，1984年，第25页。

② 转引自滋贺秀三：《中国法文化的考察——以诉讼的形态为素材》，《知识分子》，辽宁人民出版社，1989年。

③ 朱利叶斯·斯通（J. Stone）语，转引自博登海默（E. B. Heimer）：《法理学——法哲学及其方法》，邓正来等译，华夏出版社，1987年，第111页。

④ 参见张中秋：《中西法律文化比较研究》，第三章第二节。他指出中国传统法律的"公法化"和"刑事性"的原因，是"传统中国国家权力和观念的发达"，"这种社会情形势必形成一切以国家利益和社会秩序的稳定为最高价值，也必然造成这种价值观的无限扩散，以至渗透到包括纯私人事务在内的一切领域。为此，以维护最高价值为目的的国法只可能是废私立公的公法"。（第97页）

遥远。① 韦伯在讨论中国古代的官僚制度的时候,使用过"功利理性主义"一词(他说这一精神被礼教和孝道所削弱了)。② 我们不妨把法家的"法"精神,称之为"官僚制的功利理性主义",它把专制官僚政权的行政目标、组织效能、运作便利和自身安全,作为立法的基本出发点。相应地,法家所倚重的"文法吏",并不是另一些法传统中的自主法律职业者,而是训练有素的行政官员。

这种"法治",与君主的独裁专制显然极易沟通,并且与现代法治划开了界限。在英语中有两个词都可以译为"法治",它们分别是 rule of law 和 rule by law ,前者指现代法治,后者则意为"用法来统治"。法家的"法治"大致就是后者。君主私欲或许还不是法家的出发之点,但是官僚帝国秩序却不能没有一个作为"霸业"代表的专制寡头,因此就不能不充分地保障君主权益。《韩非子·六反》:"霸王者,人主之大利也。"这个庞大政治机器同时也是君主个人的"大利"。君主拥有"势",即由世袭而来、由法制保障并由官僚行政来实现的最高权势;君主运用"术",即操纵官僚机器、督责吏民守法行令的政治权术。由此专制君主与官僚法治结为一体。"贵贵而尊官"也就意味着"贵贵而尊君"。

这种官僚帝国设计,必然要在一种强控制之下,使国家吞噬了社会。除了君主独断、官吏行法和农夫战士的耕战之外,一切非秩序的活动都应加厉禁。"学者""言古者"(辩士)、"带剑者""患御者"(远战求安者)和商工之民,被韩非称为"五蠹",他们的自由是对秩序的挑战。甚至隐居不仕者也应加诛杀,因为他们是"不为君用"的"不令之民"。如郭沫若所说,"在韩非子所谓的'法治'的思想中,一切自由都

① 参见 R. M. Unger: *Law in Modern Society*, The Free Press, 1976, pp. 102—104。按,安格尔把法形态分为:1. 习惯法(customary law);2. 官僚制的法(bureaucratic law)或统治法(regulatory law);和 3. 法秩序(legal order)、法体系(legal system)或法治(rule of law)。

② M. Weber: *Economy and Society*, ed. and trans. by G. Roth and C. Wittith, University of California Press, 1968, p. 1050.

是被禁绝了的。"①基于国家至上的原则,法家力主破私立公。《韩非子·有度》曰:"能去私曲就公法者,民安而国治。"又《诡使》:"法令行而私道废矣,私者所以乱法也。"故私学、私议、私名、私誉、私剑、私斗、私欲、私党、私门等,与公法、公义、公行、公善、公战、公民、公门等判然两立。又《八经》"知臣主之异利者王。……明主审公私之分",蒲阪圆《韩非子纂闻》释曰:"主利在公,臣利在私"②,甚得其意。法家所崇之"公"之最大获益者,是君主和国家,而不是臣民和社会。古"官""公"二字时可通用,"公法"又作"官法",国家又称"县官",皆非偶然。"尊官"就要"立公"。柳宗元谓"秦之所以革之者,其为制,公之大者也。其情私也,私其一己之威也,私其尽臣畜于我也。然公天下之端自秦始"。君主之"私情""私威"与"公天下"之官僚体制,原本是一体化的。叶适云:"先王以公天下之法使民私其私,商鞅以私一国之法使民公其公,此其所以异也。"③这种"法治"的贯彻,必将导致魏特夫所说的"国家比社会强有力"④。

战国时期的社会分化所造就的与文吏相对的另一个群体,是学士。他们代表了由周代"礼"文化分化而来的"师道"。作为文吏政治的设计师——法家,对这个活跃于世的群体充满了敌意。学士之文化活动,吸引了大批劳力脱离力役和兵役,并使国家禄位为其所充斥占据。《商君书·农战》:"农战之民千人,而有诗书辩慧者一人焉,千人者皆怠于农战矣。"韩非甚至认为,即便是言治言兵、治管商孙吴之书者,如

① 郭沫若:《十批判书》,《韩非子的批判》,第335页。"……不仅行动的自由当禁(《禁其行》),集会结社的自由当禁(《破其群以散其党》),言论出版的自由当禁("灭其迹、息其说"),就连思想的自由也当禁("禁其欲")。韩非子自己有几句很扼要的话:'禁奸之法,太上禁其心,其次禁其言,其次禁其事'(《说疑》)。这真是把一切禁制都包括尽致了。"

② 转引自梁启雄:《韩子浅解》,中华书局,1960年,下册,第451页。

③ 叶适:《习学记言》卷二十,"史记二",上海古籍出版社,1992年,第174页。

④ 魏特夫(Karl A. Wittfogel):《东方专制主义》,徐式谷译,中国社会科学出版社,1989年,第三章《国家比社会强有力》。

果徒事言谈而不服其事,那也将使国贫兵弱。① 更可警惧的,是学士之"二心私学"而"诽谤法令"之举。《韩非子·问辩》:"乱世则不然,主上有令,而民以文学非之;官府有法,民以私行矫之。"此乃最为法家所深忌者。商鞅称习学"诗书"之行为"随从二权",这"二权"正与韩非"二心私学"之"二心"同义——当学士游离于政治体系之外之时,他们是被视为异己物、敌对者的。商鞅主张"作壹",即"壹言""壹务"。据《韩非子·和氏》所记,商鞅变法曾"燔诗书而明法令"。《管子·法禁》:"昔者圣王之治人也,不贵其人博学也,欲其人之和同以听令也。……拂世以为行,非上以为名,常反上之法制以成群于国者,圣王之禁也。……列上下之间,议言为民者,圣王之禁也。"在政统、道统业已分化之时,二者之间的失调与冲突,业已构成严重问题。《韩非子·说疑》:"疾争强谏以胜其君,言听事行,则如师徒之势;一言而不听,一事而不行,则陵其主以语,从之以威,虽身死家破,要领不属,手足异处,不难为也。如此臣者,先古圣王皆不能忍也,当今之时,将安用之!"臣僚与君主间出现"师徒之势",是绝难容忍的;对"礼治"所认可的"重之以师保""瞽史教诲"的"以下教上"之传统,商、韩明示红灯。

但是"治官者智能也",官员必得智足以知法、能足以行法,民众亦须具备相应法律知识,"法治"才有贯彻的基础。为此,法家提出了"以吏为师"的著名主张。商鞅一方面要求"愚农",同时又强调普及法律知识的重要性。《商君书·定分》:"故圣人必为法令置官也、置吏也,为天下师。……故圣人为法,必使之明白易知,名正,愚知遍能知之。"郑良树谓"提到法律,本期商学派最了不起的文章就是《定分》篇"②。

---

① 《韩非子·五蠹》:"今境内之民皆言治,藏管、商之法者家有之,而国愈贫,言耕者众,执未者寡也;境内皆言兵,藏孙、吴之书者家有之,而兵愈弱,言战者多,被甲者少也。故明主用其力不听其言,赏其功必禁无用。"

② 郑良树:《商鞅及其学派》,上海古籍出版社,1989 年,第 263 页。

或谓《定分》篇非商鞅所作①，但是它至少是包含了商鞅的构想在内的。②《韩非子·五蠹》："故明主之国，无书简之文，以法为教；无先王之语，以吏为师。"章学诚说："以吏为师，三代之旧法也。秦人之悖于古者，禁诗书而仅以法律为师耳。……秦人以吏为师，始复古制。而人乃狃于所习，转以秦人为非耳。"③可是禁诗书而仅以法律为师，摈学士而专以文吏为政，仅此之"悖于古"者，就已意味着社会的本质变动了。

在吏道、父道与师道业已一分为三之时，商鞅、韩非既代表了吏道压制师道的倾向，也代表了吏道排斥父道的倾向。"亲亲而爱私"早已是上古陈迹，在法、术、势所支配的当代政治形态之下，人主无须为民"父母"，臣民也无权要求父母式的恩爱。韩非还以一种异乎寻常的冷酷，揭示了"亲亲"纱幕背后那最为阴暗险恶的方面。《韩非子·八奸》以"同床""父兄"居"八奸"之二；《八经》论"乱之所生者六也"，主母、后姬、子姓、弟兄居其四；《备内》专论了人主与妻子间之钩心斗角："夫以妻之近与子之亲，而犹不可信，则其余无可信者矣！"又《六反》更索性直言："父母之于子也，产男则相贺，产女则杀之。……虑其后便、计之长利也。故父母之于子也，犹用计算之心以相待也，而况无父子之泽乎？！"章太炎对商鞅、韩非之"法治"颇多赞词④，但是，他毕竟又有如下一针见血的评述：韩非"然不悟政之所行与俗之所贵，道固相乏（即相反，所谓"反正为乏"），所赏者当在彼，所贵者当在此。今无慈惠廉爱，则民为虎狼也；无文学，则士为牛马也。有虎狼之民、牛马之士，国虽治、政虽理，其民不人。世之有人也，固先于国。且建国以为人乎？

---

① 高亨《商君书注译》《定分》篇"解题"谓此篇有"丞相"字样，秦设丞相在商鞅后三十年秦武王之时，故此篇应非商鞅所作。又刘汝霖以为是秦统一后之记载，陈启天以为成于秦武王二年以后，容肇祖以为是汉初作品，郑良树以为成于秦统一后、秦始皇三十三年下令以吏为师之前，参见郑良树：《商鞅及其学派》，第二章第十九节《定分篇》。

② 蒋鸿礼谓秦设丞相不始于秦武王，"然此固亦可云商君草创其制"，并引述了朱师辙的相近说法。参见其《商君书锥指》，中华书局，1984 年，第 143 页。

③ 章学诚：《文史通义》"内篇"五，《史释》。

④ 可参看《章太炎文录初编·文录》卷一，"秦政记"；以及《检论》卷九，"商鞅"。

将人者为国之虚名役也？韩非有见于国，无见于人；有见于群，无见于子！"①尽管社会分化造成了"政"与"俗"、国家与社会之分离，并由此出现了"政之所行"与"俗之所贵"的相异相反；然而从道义上讲，国家并没有压制社会与个人的权利。而商鞅、韩非之学，正是一种使"其民不人"、使"人为国家虚名役"的学说。《法言·问道》："申韩之术，不仁之至矣，若何牛羊之用人也！"在此种学说指导之下的秦帝国，遂"见万民碌碌，犹群羊聚猪，皆可以竿而驱之"②。可见就是在中国古代，人们对那种"其民不人"的政治压迫也已有强烈抵制。并且，法家的国家主义并不压迫一切个人——少数权势者从中得到了"大利"，他们从国家无所不在的统制之中得到了最大好处。

当然，一个强大的国家，有时也是民族生死竞争的保障之一，即令它具有压迫的性质。无论如何，战国以来的社会发展，已使专制官僚帝国的诞生势不可免。在此，法家学说对于理性行政的卓越阐释，及其思想之中的秩序崇拜、权力哲学、国家主义和君主专制理论，对秦帝国的诞生起到了直接的促进作用，并且进而给此后两千年的政治制度和政治思想留下了深远影响。这种专制官僚政治理论的发达、精致化程度，对应着那个时代的社会演进和社会分化的推进程度——特别是政统的分化程度：由"俗"而来之"礼"已进一步脱胎出"法"来；以及政统的分化形态：它表现为"吏道"，也就是说，它是以专制官僚政治的片面发达为特征的。商、韩学说的思想成就，确实达到了某种"片面的深刻"；而这种"片面"性，很可能既是此后秦帝国成功的重要原因，也是其失败的重要原因。

第二节　儒家的礼治学说

战国时代，与政统、道统之两分相应的是学士和文吏之两分；学士群体之内亦百家分流，各言其"道"。儒家虽仅学士之一支，但他们是

---

① 章太炎：《国故论衡·原道下》，上海大共和日报馆，1912 年，第 170 页。
② 《太平御览》卷八六引桓谭《新语》。

"礼"文化的直接传承者,对之学人似无异辞。进而考虑到经秦入汉之后儒术终于取得了独尊的正统地位,那么对春秋后期和战国时代发展起来的儒家学派,就不能不给予特别的注意了。法家对于"周礼"仅仅承袭其吏道成分并将之发展为"法",并转而以法"制礼""制俗";与之同时,儒家构成了异趋歧出的另外一极。孔子之后,儒分为八;汉人以荀、孟并称,唐宋之儒者则唯以孟轲为孔门嫡传,这绝不是没有道理的。荀子之兼综儒法倾向与士大夫政治之演生的关系,我们将于第三节讨论;在此我们以孔子到孟子这一发展路线,来叙述儒家对"礼"文化的传承,是如何地与法家之文吏政治构想成为对立,并成为汉代儒生、文吏之分途的先声的。

"儒"之起源,至今犹为疑案。① 这个复杂问题自非本书所能详究,但是对相关问题略加追溯,对理解后来儒家的思想和社会倾向,不无裨益。如学者所言,儒者来源于贵族知识礼乐专家。稽诸史料还可看到,儒家与乐师或司礼、司教之官,关系颇为密切。

《论语·雍也》:"女为君子儒,毋为小人儒。"由此学人谓儒名不始于孔门。许慎谓"儒"为"术士之称"②,颜师古曰"凡有道术皆为儒"③,俞樾亦云"凡有一术可称,皆名之曰儒"④。由"儒"名这一广义,知儒

---

① 胡适谓"儒"为保存殷之礼制文化的殷遗民,见其《说儒》一文,载《历史语言研究所集刊》第四本第三分,1934 年。其说不为无见,然其偏疏之处,冯友兰之《原儒墨》和郭沫若之《驳说儒》已有驳议,分见《三松堂学术文集》,北京大学出版社,1984 年;《青铜时代》,人民出版社,1954 年。冯氏谓儒者为贵族政治崩坏后散在民间的"知识礼乐专家",郭说略同(又,对于胡氏和郭氏的观点对立,邓广铭有《胡著〈说儒〉与郭著〈驳说儒〉平议》一文加以评价,1991 年 10 月香港中文大学中国文化研究所主办"胡适与现代中国文化"研讨会论文)。又刘节有《辨儒墨》一文,谓"儒"原意为"侏儒",即"小人",乃墨家对儒者之蔑称,其文收入其《古史考存》,人民出版社,1958 年。近年刘忆江作《说儒——兼论子夏学派的历史地位》一文,谓儒者来源于王室贵族的教官"保",见《中国社会科学季刊》第二卷总第三期,香港,1993 年 5 月。

② 《说文解字》卷八上。

③ 《汉书·司马相如传·下》"列仙之儒居山泽间"句注。

④ 俞樾:《群经平议》卷十二。

者于古为以技艺为生者，他们是后来之知识阶层的前身。章太炎有《原儒》一文，进一步辨析"儒"有三科："达名为儒，儒者术士也"；"类名为儒，儒者知诗书射御书数"，亦即所谓"师儒"；"私名为儒"，特指"儒家者流"。其于"术士"一义，云儒者冠圜冠，圜冠即鹬冠，又名术士冠，亦即古代雩祭祈雨之皇舞上舞师、舞人所戴之羽冠。[①] 如此，则儒

---

① 见章太炎：《国故论衡·下》。章氏从历史流变和广义狭义角度讨论"儒"之称谓，且云就"达名""术士"一意言"明灵星舞子吁嗟以求雨者，谓之儒"，极富启示。《尔雅·释诂》："舞，号雩也。"陈梦家说，甲骨文中之"霝"字所指或即祈雨之皇舞，见《殷虚卜辞综述》，中华书局，1988 年，第 600—601 页。甲骨文中又有专门从事舞乐之事者称"万"，字作人之侧象上加一横，其事也与祈雨有关，后世因有万舞。可参看裘锡圭《释万》，《中华文史论丛》，1980 年，第 2 辑。"儒"字从"需"，"需"字上部从雨；其下部，《说文解字》谓从"而"，徐铉注："李阳冰据《易》'云上于天'，云当从天。"而"天"字本亦正面人形之象（参看高明：《古文字类编》，中华书局，1980 年，第 28 页，"天"）。是"需"字可能本由雨符与正面人形合之而成。这似乎就暗示着早期称"儒"者事涉祈雨，与乐人舞人相关。故曾子志舞雩，原宪服华冠。又《礼记·檀弓下》记鲁穆公因岁旱而问县子以"暴巫"事；汉儒董仲舒之《春秋繁露》有《求雨》《止雨》等篇。是儒者通知雩祭（又《论衡·明雩》记孔子预知晴雨，"孔子出，使子路赍雨具。有顷，天果大雨……"）。当然皇舞不限于雩祭。《说文解字》释"翌"（即"皇"之或体）为"祀星辰"之舞；《周礼·春官》郑玄注："四方以皇。"大抵"六舞"之类皆乐师所掌，而乐师、舞师于古本为一事也。

近见傅剑平作《〈周易·需卦〉探源》（《中国文化》1992 年第 7 期），以为"需"初是"无"（巫）之礼冠，转指巫术行为，进而转指从事巫术之人，即儒士。我们也推测"需"与初与巫术相关，古"巫""无""舞"同义，庞朴先生已发其义。但由字形推测，"需"之初义当为巫术行为与从事其事者，而不是"礼冠"。

学人多指出"儒"源于知识礼乐专家，这与"儒"为舞人正可沟通。古乐师以乐舞教国子学士，舞人即是学士。《周礼·春官·大司乐》："以乐舞教国子……大合乐，以致鬼神示。"《礼记·内则》："十有三年，学乐诵诗、舞勺，成童舞象。"《周礼·春官·大胥》注引汉代《大乐律》："卑者之子，不得舞宗庙之酎。除吏二千石到六百石，及关内侯到五大夫子，先取适子，高七尺已上，年二十到三十……以为舞人。"学者以为这一制度源于周代国子二十八大学舞大舞之制，而它确实也应有其悠久的来源。在早期小型氏族社会，可能大部分青少年都要做舞人，但到了后来的较为复杂的社会中，舞人大概就主要由各种首领或贵族子弟担任了。而且做舞人也就意味着做学士、受教育，所谓"受教于乐人"。当然，以上仅仅是一个推测而已。

者之业颇涉于乐师、舞师之事。又乐师于《周礼》为礼官,其下有"眂瞭",亦即所谓"相",而孔子颇知为相之道。① 又赞礼之人亦通之谓"相",而孔子少好礼,以陈俎豆、设礼容为戏,成年预助祭、任傧相。其弟子公孙赤愿为宗庙、会同之"小相"。由孔子与乐师之交往,亦见儒家与乐师关系之密切也。②

儒家为"礼"之传承者,"礼"字之初形作豊从壴,裘锡圭云壴即鼓,而"钟鼓"为乐师之所掌,《国语·晋语五》韦昭注:"乐正主钟鼓。"又乐师通掌乐舞歌诗,为古之教官。《墨子·非儒》:"孔某盛容修饰以蛊世,弦歌鼓舞以聚徒。"《史记·孔子世家》:"三百五篇,孔子皆弦歌之,以求合韶、武、雅、颂之音。"其事明明承自乐师。又孔子以"诗书"教弟子;而以"诗书"教人,本亦乐师之责。《礼记·王制》:"乐正崇四术、立四教,顺先王诗书礼乐以造士,春秋教以礼乐,冬夏教以诗书。"《孔子家语·弟子行》记曰:"卫将军文子问于子贡曰:吾闻孔子之施教也,先之以《诗》《书》。"此语《大戴礼记·卫将军文子》记作"卫将军文子问

---

① 《周礼·春官》有"眂瞭"三百人,"凡乐事,相瞽"。郑玄注:"相谓扶工。"瞽、工皆指乐师。《仪礼·乡饮酒礼》:"工四人,二瑟,瑟先,相者二人。"此"相"亦以"扶工"为事者,亦名"相步"。《论语·卫灵公》:"师冕见,及阶,子曰'阶也';及席,子曰'席也'。皆坐,子告之曰:'某在斯,某在斯。'师冕出,子张问曰:'与师言之道与?'子曰:'然,固相师之道也。'"《礼记·少仪》:"其未有烛而后至者,则以在者告,道瞽亦然。"方观旭《论语偶记》"某在斯"条:"道瞽即是相师。子曰'相师之道',《少仪》云'道瞽亦然',知此是古礼矣。"《清经解》卷一三二七,上海书店 1988 年影印本,第七册,第 547 页。孔子与乐师关系密切,故深知"相师之道"。

② 这除"师冕见"一事之外,又如《论语·八佾》:"子语鲁大师乐。"《泰伯》:"师挚之始,《关雎》之乱,洋洋乎盈耳哉!"《微子》对乐师之流散情况还有专门记述:"大师挚适齐,亚饭干适楚,三饭缭适蔡,四饭缺适秦,鼓方叔入于河,播鼗武入于汉,少师阳、击磬襄入于海。"(对此八人,汉儒多以为是殷末人,赵翼指出,"八人中已有二人与孔子同时者,可知八人皆鲁乐官,而非殷人也"。《陔余丛考》卷四,"挚、干、缭、缺或以为殷人"条,河北人民出版社,1990 年,第 64—65 页)。《韩诗外传》卷五:"孔子学鼓琴于师襄子。"(《初学记》卷十六引作"师堂子";《文选》枚乘《七发》李善注引作"师堂子京"。)

于子赣曰：吾闻夫子之施教也，先以《诗》《世》。"①是"《书》"即"《世》"。《世》即世系、《世本》之类。征诸史籍，以《世》教人，原本亦乐师之事，而孔子承之。② "师儒"是否直接源于乐师，此点史阙有间、尚难定案；但是在文化上，他们之间确实有着千丝万缕的联系。这在塑造儒者的思想性格和政治态度上，自有重大影响。

孔子思想的直接来源是周政之"礼治"。他痛伤于礼崩乐坏，疾憎于弃礼僭乐，立志"克己复礼"。《论语》申说礼、乐之处凡四十九章，礼

---

① 按，中华书局 1983 年排印本王聘珍《大戴礼记解诂》，王文锦点校此句，依《解诂》以"世"字下属，作"先以《诗》，世道者孝悌"（107 页）。不辞。王聘珍以"诗"为"六诗"，又引《吕览》高诱注释"世"为"时"，误。"世"即世系、世本之类，详下注。"道者孝悌"之"者"通"诸"，《孔子家语·弟子行》作"而道之以孝悌"，"诸"乃"之以"合言。

又，王聘珍《解诂·目录》云："《史记·仲尼弟子列传》多取此篇语。太史公曰：'《弟子籍》出孔氏古文，近是。'则《古文记》二百四篇中，尚有《弟子籍》篇名也。"（第 5 页）是王氏以为《卫将军文子》篇出自先秦古文，即《弟子籍》。

② 《国语·楚语上》记申叔时论教太子，有"教之《世》，而为之昭明德而废幽昏焉"。韦昭注："《世》，谓先王之世系也。"由此知《世》之性质，以及《世》之可以为教。《周礼·春官》有"瞽矇"掌"讽诵诗，世奠系"（孙诒让《正义》引俞樾，说"世奠系"当为"奠世系"），又有"小史"掌"奠系世，辨昭穆"。是讽诵《诗》《世》以教人，正是乐师之责任。"《世》"即《世本》《五帝德》《帝系姓》一类。《大戴礼记·五帝德》篇明记有孔子教宰予以帝王世系之事，是孔子以《诗》《世》教人其事不虚。《史记·五帝本纪》："孔子所传《宰予问五帝德》及《帝系姓》，儒者或不传。……其所表见皆不虚。"又可见《五帝德》《帝系姓》即为孔子所传所教。《史记·五帝本纪》即据《五帝德》《帝系姓》而作。王聘珍《大戴礼记解诂·目录》亦据《周礼》"瞽矇"及注，云："据此，则帝系本古史之流。"（第 5 页）吕思勉谓："窃疑《大戴记》之《帝系姓》，乃古《系》、《世》之遗，《五帝德》则瞽矇所讽诵者也。"见《吕思勉读史札记》，上海古籍出版社，1982 年，第 234 页。那么孔子所教之"书"，就不仅是《尚书》而已。孔子之教《诗》《书》，与乐官之诵《诗》《世》，明明一脉相承。乐师、瞽史之传诵史诗、史事，又可参见徐仲舒：《左传作者及其成书年代》，附载其编注之《左传选》，中华书局，1963 年，"五、春秋时代的瞽史"。徐氏又谓左丘明即是瞽史。《论语·公冶长》："巧言、令色、足恭，左丘明耻之，丘亦耻之；匿怨而友其人，左丘明耻之，丘亦耻之。"是孔子及见左丘明，且与之爱恶相同。由此又见儒家与乐官关系密切也。

字七十四见,乐字二十五见,共九十七个礼乐字。①《孟子》中言礼达六十四次,言乐作"礼乐"之"乐"讲的有二十二次②,略同于《论语》。萧公权说:"考诸古籍,春秋时人之论礼,含有广狭二义。狭义指礼之仪文形式,广义指一切典章制度";"而孔子所谓礼者固不限于冠婚丧祭、仪文节式之末。盖礼既为社会全部之制度,'克己复礼'则天下归仁矣"。③

　　孔、孟言"礼",固不限于仪文节式。但是"礼"逐渐发展成了一个复杂的多面综合体,有必要对这个多面体的各个层面做进一步的分疏。"礼"源于"乡俗"或"礼俗",至封建时代,由于文明和国家的发达,它已经发展为"礼制"了。社会的复杂化,必然导致"礼"的复杂化和分化。人文的进化带来了节文仪典的繁多,人们在不同场合对之的不同运用方式、态度看法也将日趋歧异纷繁。"礼制"产生后,依然存留在乡土亲缘社区之中的"礼俗",就将与"礼制"有所分离而渐为二事。作为礼节仪式的"礼仪",与作为一切典章制度的广义的"礼",亦渐生不同。对"礼"所体现的原则加以阐发而日益升华出来的义理,当其积累到一定程度的时候,便将成为理念体系而有别于具象仪文,对之可名之为"礼义"。同时"礼"之政治方面和文化方面,又将因社会分化而出现分离。偏重从文化角度,并特别地重视"礼"中的乐舞歌诗、服章仪容的那些方面,强调其文化的意义,基于这种态度所看到的"礼",我们可以称之为"礼乐"。而偏重从政治方面,强调乐、仪、服、物的政制意义,并将官制、军制、法制、田制等等都纳入其统摄之中,那么从这一角度所看到的"礼",我们不妨称为"礼法"。以"礼"为教,我们称为"礼教"。而在以上诸方面所体现出来的、作为"尊尊""亲亲"与"贤贤"之"结体"的政治文化秩序,我们依然称为"礼治"。这些区分不无勉强之处,因为它们之间的区分是相对的,多有重叠交叉之处,有时简直就是同一事物在不同方面呈现出来的不同侧影,或人们对同一事物在不同场合

---

① 参见侯外庐:《中国思想通史》,第一卷,第 143 页。杨树达《论语译注》(中华书局,1980 年)所附《论语词典》统计乐字四十六见,作音乐讲的二十二次,见第 302 页及第 311 页。

② 杨树达:《孟子译注》,中华书局,1960 年,附《孟子词典》,第 461 页及第 474 页。

③ 萧公权:《中国政治思想史》(上),中国文化大学出版部,1985 年,第 100 页及第 58 页。

的不同看法与态度。但是对于本书的讨论说来,这种区分仍是颇有意义的。法家的"法"原本也是从"礼"中分化出来的,但那是"礼"之政制方面或吏道因素充分分化和发展而来的异化之物。不忽略"礼"的政制方面,并从"礼法"角度发挥"礼义",荀子是其代表,对之将在下面一节讨论。而孔、孟之言"礼义",多由"礼乐""礼教"以明之。

孔、孟之言"礼",以及他们所寻求的"礼治",多是从"礼乐""礼教"角度加以发挥的,这与其在文化传统上传承了乐师之业,似多所关联。乐师司礼、司教而较少直接涉身兵、刑、钱、谷之行政,这一点看来深深地影响了儒家的思想取向。在儒学的理路中,"礼"可以进一步分解为"礼""乐"这两个方面。《礼记·乐记》:"乐者为同,礼者为异。同则相亲,异则相敬。……礼义立,则贵贱等矣;乐文同,则上下和矣。……礼者,殊事合敬者也;乐者,异文合爱者也。……乐者天地之和也,礼者天地之序也。……仁近于乐,义近于礼。""乐"为"天地之和",而"和"之精义,一是它主亲、主爱,珍重并维系和谐亲密的人际关系;二是它强调异质因素间的和谐调适,这曲折地投射到政治理想上,就意味着对政统、亲统和道统之间或"尊尊""亲亲"与"贤贤"之间相异相维关系的着意寻求——如同五声六律七音八风九歌一样。"礼"确定尊卑等差,这对应着"尊尊";但由于"乐"这个主亲主和的方面的存在,它也就不同于法家"法治"所寻求的"贵贵而尊官"了。"礼"之"尊尊"讲求"敬",强调彼此的内心善意;"法"之"尊尊"则仅仅依赖于外在的赏刑。

孔子从"礼乐"之中阐发出了"礼义"——"仁",并由此促成了中国古代的所谓"哲学的突破"。春秋以来论"礼"之语已渐多渐精,且已产生了"仪、礼有别"的观念。此期的礼书中已有道德说教之内容了,例如一种《礼志》中就有"欲人之爱己也,必先爱人"之类论说。[①] 这种"由礼见义"之举为孔子所蹈袭发扬。《论语·阳货》:"礼云礼云,玉帛云乎哉? 乐云乐云,钟鼓云乎哉?"孔子从"玉帛""钟鼓"之具体仪制之中,阐发出了更为"形而上"的东西。《颜渊》:"子曰,克己复礼为仁。

---

① 《国语·晋语四》:"《礼志》有之曰:'将有请于人,必先有入焉。欲人之爱己也,必先爱人。欲人之从己也,必先从人。无德于人,而求用于人,罪也。'"

一日克己复礼,天下归仁焉。"他所发挥的"礼义",集中体现在所谓"仁学"之中。杨伯峻指出春秋时相对较少讲"仁",《左传》讲"礼"达462次,讲"仁"为33次;而《论语》中讲"礼"75次,讲"仁"却达109次。杨氏说:"由此看来,孔子批判地继承春秋时代的思潮,不以礼为核心,而以仁为核心。而且认为没有仁,也就谈不上礼,所以说'人而不仁,如礼何?'"①又《孟子》一书讲"礼"为64次,讲"仁"则为157次②,与《论语》情况相近。我们对孔子思想中的"仁""礼"关系之解说有异杨氏,但孔、孟思想以"仁"为主,则无可置疑。

"仁"的意思是"爱人"。《庄子·天地》:"爱人利物之谓仁。"《韩非子·解老》:"仁者,谓其中欣然爱人也。"这里引道、法以证儒,是因为他们对异己学派思想有深刻理解。以"爱人"释"仁",其说实不始于孔子。《国语·周语下》已曰"言仁必及人""仁,文之爱也""爱人能仁"。但孔子确实把"仁"发扬光大了,并使鲜明的人道主义精神,成为孔、孟一系的儒家学派的思想主调。在各色各类的社会角色之上,有了一个一般性的"人"的概念。"爱人"就要给所有人以生存和幸福的权利。由此,"大同"之境就成了儒家之最高理想。③ 孟子对人民"仰不足

---

① 杨伯峻:《论语译注》,序,"试论孔子",第16页。

② 杨伯峻:《孟子译注》,附《孟子词典》,第357页及第475页。

③ 《礼记·礼运》所记孔子论"大同"之语,或以为出自墨、道。萧公权谓其"不当取作孔学之代表,殆已成为定案"。但他又说,"大同似仁道之别名,小康近从周之大意,彼此虽有程度之差,而内容无品质之别。吾人如放弃疑古之谨慎态度,承认大同为孔子之理想,或不至蹈严重之错误"《中国政治思想史》,第69页。此说不无可取。《韩非子·外储说右上》:"仁义者,与天下共其所有而同其利者也。"由此即见"仁道"合于"大同"之义。"大同"说或非儒家独持,但不可谓儒家不重"大同"。儒家从周,墨家法夏,道家之"小国寡民"所取法更在尧舜之前。但是儒家之"从周",又如何焯所言:"'吾从'不过咏叹周文之盛","周文之盛,全由'监二代'而来。"《义门读书记》卷三,"《论语》下",中华书局,1987年,第35—36页。三代之仁政皆儒之所尚,而且儒者决非不法尧舜。《论语·泰伯》赞美"巍巍乎舜禹之有天下也而不与焉",岂非"天下为公"之义? 又曰:"舜有臣五人而天下治。……孔子曰,才难,不其然乎? 唐虞之际,于斯为盛!"岂非"选贤与能"之义? 又儒家主张"爱"应"施自亲始",但因"老吾老以及人之老,幼吾幼以及人之幼"之义,此"爱"与"不独亲其亲,不独子其子"也就并不矛盾了。儒家立足"小康",又执"大同"以绳"小康",二者是最高理想和现实理想的关系。

以事父母,俯不足以畜妻子,乐岁终身苦,凶年不免于死亡"的切肤之痛,对"杀人盈野""野有饿莩"的愤慨之情,皆是出自仁者的伟大情怀。此"仁"之见于政治,即为"仁政",这就是要对各个类别、各个等级的权利、义务和利益,做出合于"仁义"原则的分配。周礼的"制"的方面充分分化演生了"法",其"乐"的方面引喻阐说则生发了"仁"。这种分途,标示出了儒法两家分别为自己所确定的不同政治社会取向。作为学士的儒者以社会道义的维系者自居——"仁以为己任",这是其大不同于法家的地方。

"仁"出于"乐"。《论语·八佾》:"子谓《韶》:尽美矣,又尽善也;谓《武》:尽美矣,未尽善也。"这因为《武》事涉杀伐,而《韶》则体现了人之仁爱礼让。[1] 孔子重韶[2],这也就意味着"仁"高于"义"。儒家当然也主张敬奉官长君长,他们本是由氏族时代的长老族长演变而来的。《孟子·离娄上》以"仁之实"为"事亲","义之实"为"从兄","礼之实,节文斯二者是也;乐之实,乐斯二者,乐则生矣"。《孟子·梁惠王下》由"古之乐"、由"钟鼓之声、管籥之音"引申出了"独乐乐不如众乐乐"和"王与百姓同乐"之义,并称说齐景公使乐师作《徵招》《角招》("招"同"韶")——"君臣相说之乐",此足以明"仁近于乐"之义。上古氏族之集体歌舞狂欢活动,集中体现并充分强化了同胞骨肉之间的

---

[1] 《韶》为舜乐,《武》为周文王或武王之乐。或谓孔子此语,意谓文王或武王尚未天下太平。如《日知录》卷七"武未尽善"条:"则知夫子谓武未尽善之旨矣;犹未洽于天下,此文之犹有憾也;天下未安而崩,此武之未尽善也。"又如焦循《论语补疏》:"武王未受命,未及制礼作乐,以致太平,不能不有待于后人,故云未尽善。"按何晏《论语集解》:"孔曰,韶,舜乐名。谓以圣德受禅,故尽善。""武,武王乐也,以征伐取天下,故未尽善。"邢昺疏:"然以征伐取天下,不若揖让而得,故其德未尽善也。"朱熹《论语集注》:"舜绍尧致治,武王伐纣救民,其功一也,故其乐皆尽美。然舜之德,性之也,又以揖逊而有天下;武王之德,反之也,又以征诛而得天下,故其实有不同者。"杨伯峻《论语译注》:"'美'可能指声音言,'善'可能指内容言。舜的天子之位是由尧'禅让'而来,故孔子认为'尽善'。周武王的天子之位是由讨伐商纣而来,尽管是正义战,依孔子意,却认为'未尽善'。"(第33页)此取何、邢、朱、杨等说。

[2] 孔子重《韶》,又如《论语·述而》:"闻《韶》三月不知肉味。"《卫灵公》:"乐则韶舞。"

友爱与和睦,这就是"乐"之主"仁"的由来。《礼记·祭统》:"是故天子之祭也,与天下乐之。诸侯之祭也,与竟内乐之。"《杂记》记子贡与孔子观蜡祭,所见"一国之人皆若狂",孔子感叹为"百日之蜡,一日之泽"。乐师对此场景不仅耳闻目睹、感同身受,而且还就是这种活动的赞司之官。儒家通过具象的"礼乐"这一载体,把浸淫盈融于其间的"仁爱"传承下来了。

"乐"的这种"合爱"之功是一种原生性的功能方式,它在不分化的小型原生社群中才会有更大效能。我们看儒者对尧舜禅让、舜耕历山、渔雷泽、陶河滨之类传说的津津乐道,就知道那种原始性的人际关系、政治形态,原来也体现着人性的固有要求,及其在某种社会条件下得以实现的可能性了。李泽厚说:"'仁学'思想在外在方面突出了原始氏族体制中所具有的民主性和人道主义。"[①]又余敦康在批判宗法思想时又指出:"但是另一方面,儒家的伦理思想贯注了一种血缘亲属的骨肉感情,这种感情不仅在原始社会就已产生,而且是人类延续的必要条件,和人类的自然本性有着深刻的联系。"[②]由之,对儒家之"复古"所欲"复"之"古",便可有更深刻的理解。"礼"来源于分化程度低下的"乡俗"状态,以及吏道、父道和师道互相渗透的秩序,儒家把这些社会作为理想境界加以推崇,相信其中寄托着古老的道义价值。当然对儒家来说,这种"亲亲"的骨肉感情,已不限于氏族、宗族之内了,它被推延、引申,被"泛化""拟化"到了一切人之间,所谓"老吾老以及人之老,幼吾幼以及人之幼","泛爱众而亲仁"。这样,儒家就对封建时代的"亲亲"传统做出了"创造性转化",淡化了其维护贵族世袭特权的方面,通过"仁"的普遍性,使"亲亲"传统中之"合爱"精神得以发扬光大。

对"亲亲"传统有所扬弃,使儒术突破了封建秩序而获得了进一步发展的生命力;对"亲亲"传统加以传承,则使由之推演出来的政治设

① 见李泽厚:《孔子再评价》,收入《李泽厚哲学美学论文选》,湖南人民出版社,1988年,第15页。其"外在方面"一语,是相对于"心理原则"而言的。

② 见余敦康:《儒家伦理思想和中国传统文化》,《文化:中国与世界》第三辑,三联书店,1987年,第307页。

计，与法家分道扬镳了。《论语·为政》："或谓孔子曰：'子奚不为政？'子曰：'《书》云，孝乎惟孝，友于兄弟，施于有政。是亦为政，奚其为为政？'"这与法家对于"为政"的看法，判然不同。其说引自古《书》①，看来这一思想确是源远流长。《孟子·离娄上》："天下之本在国，国之本在家。"其治国之道之所取法者，乃家国不甚分之时代。"君君、臣臣、父父、子子"这一设计，意味着事君如同事父，意味着统治者要"作民父母"；也意味着父如父、子如子，乃是一个政治性的目标和执政者的责任。如果法律伤害了珍贵的人性人情，那么就应该屈法从情。对于"其父攘羊"而"其子证之"之事，孔子颇以为非②；孟子申说舜封象于有庳之义："身为天子，弟为匹夫，可谓亲爱之乎？"③"仁"乃是由"亲亲"之义"泛化"而来的，那么对于真实的血亲关系，就更有必要专意维护了，因为那是"仁"之原型。相应地，法律就不能是彻底普遍主义的和非人格化的。既然父子、兄弟、姻亲、朋友等等关系之中包含着基本的人性人情，那么它们就被理所当然地引入了行政范畴之内。这与法家之力图排斥"亲亲"之干扰而使行政较为理性化的意向，恰恰相反。

《论语·雍也》："夫仁者，己欲立而立人，己欲达而达人。""爱人"首先要使民众丰衣足食，但最终更是要"立人""达人"，使人成为完美的人。胡适说："仁字不但是爱人，还有一个更广的义。……仁即是做人的道理。……蔡孑民《中国伦理学史》说孔子所说的'仁'，乃是'统摄诸德，完成人格之名'，这话甚是。"④禽兽——小人——君子这一层次安排，昭示了人的生存意义在于人的自我完善；而"我欲仁，斯仁至矣""人皆可以为尧舜"⑤，又为每个人开示了达致完善的康庄大道。孔子论治国"先富后教"；孟子论君主"为民父母"后又极言"设为庠序学

① 杨伯峻以为孔子在此所引之《书》止于"施于有政"，以下为孔子个人见解。见其《引号的运用》，《中国语文》1980 年第 1 期。此语为《尚书》佚文，被《伪古文尚书》采入《君陈》篇。

② 见《论语·子路》。

③ 见《孟子·万章上》。

④ 胡适：《中国哲学史大纲》，卷上，第四篇第五章，《胡适学术文集》，中华书局，1991 年，第 81—82 页。

⑤ 分见《论语·述而》及《孟子·告子下》。

校以教之",引述古《书》"天降下民,作之君,作之师"之语。① 都见"兴礼乐"兼含"仁政"与"教化"之二义。萧公权谓:"近代论政治之功用者不外治人与治事之二端,孔子则持'政者正也'之主张,认定政治之主要工作乃在化人。非以治人,更非治事。故政治与教育同功,君长与师傅同职。国家虽另有庠、序、学、校之教育机关,而政治社会之本身实不异一培养人格之伟大组织。"② 乐师司教之责,在儒家那里就发展成了"教化"。

从纯粹"治人""治事"之角度来看待政治,乃是一种立足于社会分化的观念;法家之"法治"便近乎于此。然而在儒家看来,行政本身就应该成为发掘人之善性之过程;道义理想不仅表现于行政的结果,而且在行政过程中就要得到充分的贯彻。《孟子·告子下》:"是君臣父子兄弟去利,怀仁义以相接也,然而不王者,未之有也。何必曰利?" 只要君臣吏民全都能在行政中表现出仁爱孝悌礼让忠信,那么这种行政本身就有了至上的价值;令行禁止、富国强兵的目标,反倒退居其次了。许多依赖于法规强制之处,都可以代之以人际的感召、理解、信任和表率。《论语·子路》:"其身正,不令而行;其身不正,虽令不从。""刑""政"因而就不能不让位于"德""礼"了,《论语·为政》:"道之以政,齐之以刑,民免而无耻;道之以德,齐之以礼,有耻且格。" 儒家当然不是要放弃"刑""政";但在面对"刑""政"所针对的那些问题的时候,他们所格外强调的却经常是这样一些东西:"有不孝之狱则饰丧祭之礼也","有弑狱则饰朝聘之礼也","有斗辨之狱则饰乡饮酒之礼也","有淫乱之狱则饰昏礼享聘也"。③

由之,"君子"这种角色,也就具有了中心的意义。他们原本是乐师之培训、造就者。《论语》中称说"君子"之处多达 107 次,《孟子》中亦达 82 次。④ 对于"君子"之人格、操守、教养、学识以及其功能、地位、

① 分见《论语·子路》及《孟子·滕文公上·梁惠王下》。

② 萧公权:《中国政治思想史》,上册,第 63 页。

③ 《大戴礼记·盛德》。

④ 杨伯峻:《论语译注》附《论语词典》,第 63 页;《孟子译注》附《孟子词典》,第 380 页。

义务、责任等等的论述，充斥于孔、孟的言论之中。"君子"是仁政和教化的承担者，他们布恩泽德化于小人，并要使之归心于和被陶冶为"君子"。用孟子的话说，他们是"先知""先觉"者。《孟子·万章下》："天之生此民也，使先知觉后知，先觉觉后觉也"，"以斯道觉斯民"。同书《滕文公上》从分工的角度论述了君子阶级的存在理由："百工之事固不可耕且为也，然则治天下独可耕且为与？有大人之事，有小人之事。"而"大人之事"，却被解说为"教以人伦，父子有亲，君臣有义，夫妇有别，长幼有叙，朋友有信"之类。他一方面强调了分工与分化的合理性，另一方面其所推崇的，却是一种奇特的角色：他们既是已分化的，又极具弥散性质。《论语·为政》："子曰：君子不器。"何晏《集解》引包咸曰："器者各周其用。至于君子，无所不施。"邢昺疏云："形器既成，各周其用。若舟楫以济川，车舆以行陆，反之则不能。君子之德则不如器物，各守一用；见几而作，无所不施也。"在封建时代居于各种社会角色之上的"君子"，其功能弥散的性质，在孔、孟那里充分地精致化了。"君子"决不仅仅是处理兵刑钱谷、唯务奉法行令的行政工具，"举贤措诸枉"，也决不仅仅是为某一官位觅得了胜任其事的能吏而已。甚至不妨说，培养和选拔这种"君子"并使之居于上位，这本身就是政治成就，本身就是社会已臻至境的标志与内容。马克斯·韦伯说："'君子不器'这个根本的理念，意指人的自身就是目的，而不只是作为某一特殊有用之目的的手段。"①君子正是以其极富于整体性的人格，而成为儒家心目中之最高政治角色的。以工具性职能视"君子"是一种降格，那必将破坏其人格的整体完美性，并使之丧失精神感召力。在此，儒家与法家又趋于两极。

不难看到，孔、孟的"礼治"思想与西周春秋的"礼"秩序，有着多么密切的联系。在其"礼治"学说之中，吏道、父道和师道，尊者、亲者和贤者，依然依"和而不同"之义而融为一体。这个"礼治"，与其说是一种政治秩序，不如说它是一种整体性、弥散性的社会文化秩序：在其中，

---

① 马克斯·韦伯：《中国的宗教》，简惠美译，台北：远流出版事业股份有限公司，1989 年，第225—226 页。

国家与社会相互渗透,君臣吏民的角色都不是纯粹政治性的,他们有如一个家庭,一群合作的朋友,一个学人切磋道艺的学校。这种既有社会分化,又与社会分化的继续推进相左的社会图式,充分地显示了其与法家"法治"的判然不同。相对于商、韩而言,孔、孟对于正在日益分化发展的政统吏道,对官僚政治的构成原则、组织方式和运作规程,对行政的技术意义,是很少投注其中、设身处地地给予真正、切实的关注的;他们更多的是处身其外,来申说其文化理想、社会道义和政治批评。

孔门弟子当然也不是没有参政者,孔子也曾官居司寇①。但就大体而言,儒家仍如《庄子·渔父》所言:"既上无君侯有司之势,而下无大臣职事之官,而擅饰礼乐,选人伦,以化齐民。"在学士角色事实上是相当专门化了的时候,孔、孟为自己所确定的安身立命之处,最终是在于师道之中。《论语·先进》:"夫子喟然叹曰:吾与点也!"皇侃《义疏》引李充曰:"先生之门,岂执政之所先乎!"②《孟子·尽心上》言"君子有三乐,而王天下不与存焉","三乐"乃"父母俱存,兄弟无故""仰不愧于天,俯不怍于人""得天下英才而教育之"。这更反映了"君子"自有所务,"王天下"仅止一端而已。在战国政统与道统日趋分途之时,相对于法家而言,儒家的立场、事业就显得是不在政统之内、而在道统一方了。乐师司礼司教、专务诗书礼乐,但并不直接涉身行政事务一点,依然构成了儒者的社会性格。

章太炎有一个颇可注意的看法,他说孟子疏于"王政":"孟子通古今,长于诗书,而于礼甚疏。他讲王政,讲来讲去,只有'五亩之宅,树之以桑;鸡豚狗彘之畜,无失其时;百亩之田,勿夺其时'等话,简陋不堪。"③按孟子之"长于诗书",又见赵岐之言:"通《五经》,尤长于《诗》、《书》。"④孟子当然不是不重"礼",这本是儒家思想的来源;但是章氏

---

① 见《史记·孔子世家》《荀子·儒效》《春秋繁露·五行相生》等。
② 转引自程树德:《论语集释》第二十三卷,中华书局新编诸子集成本,1990年,第三册,第811页。
③ 章太炎:《国学概论》,巴蜀书社,1987年排印本,第55页。
④ 赵岐:《孟子题辞》,见中华书局影印本《十三经注疏》,下册,第2661页。

所谓孟子"于礼甚疏",主要是就其疏于"王政"而言的。周之"礼制",原是统摄了王制、刑政在内的,这一方面因法家而发展并异化为"法治";孔、孟则是着重从"礼乐"方面阐发"礼义"的,但同时他们也就因此而远离了具体的"王政"。叶适亦云:"孟子教治滕,则曰:'死徙无出乡,乡田同井,出入相友,守望相助,疾病相扶持。'盖治小国,合散民,以亲睦为先,虽有罪奇邪,亦未暇相及也。"[①]但那种基于"治小国"而形成的"礼制",明明已经不适用于战国大型复杂社会之"王政"了。其实"疏于王政"一点,孔子又何尝不是如此。《韩非子·显学》:"今世儒者之说人主,不善今之所以为治,而语已治之功;不审官法之事,不察奸邪之情,而皆道上古之传誉、先王之成功。儒者饰辞曰:'听吾言则可以霸王',此说者之巫祝,有度之主不受也!"这一尖锐批评,并非尽皆是过甚之辞。

由孔子到孟子这一系的儒家学者,其论"礼"多取"礼乐"立场,这还导致其对古礼古乐的一种特殊态度。我们经常看到孔子在"礼"之节文、器物的细节之上斤斤计较,这在他看来都是大有深意的。自然,"礼乐"是人文的轨迹、文明的结晶,但其之所以得到珍视,还因为"礼乐"是"礼义"的具象。古代或特定样式的历法、车舆、冠冕、乐舞的兴复,本身就被看成是"为邦"的内容;"复礼"被视为"天下归仁"的标志、象征,甚至手段、途径。乐师的司礼司乐之责,也影响到了儒家对"礼乐"的这一奇特态度;并且这一直影响到了后世——汉儒对"制礼作乐"作极意强调,由此导致了王莽的大规模复礼复古。对这一思路的进一步解析,为了方便,我们就置于有关王莽变法的章节之中了。

尽管主观上儒家取向于复古、取向于三统不甚分的那种政治秩序,但是他们礼乐传承的角色行为,其礼义阐发的精致程度,在客观上仍然具有了越来越大的专门性。值此之时,孟子立足道统而抗衡政统的态度,也就益发地鲜明了,故蒙文通论儒法之对立,大抵引《孟子》以明之:"《孟子》书中多斥法家之论……于《孟子》一书,实已见此新旧两文

---

① 叶适:《习学记言序目》卷二十,"史记二",中华书局 1977 年排印本,上册,第 284 页。

化之为冰炭。"①这就导致了孟子另一种"极而言之"的论辩方式,与法家在否定礼乐、孝悌时的"极而言之"相映成趣。《孟子·离娄上》极言"城廓不完,兵甲不多,非国之灾也;田野不辟,货财不聚,非国之害也。上无礼,下无学,贼民兴,丧无日矣!""故善战者服上刑,连诸侯者次之,辟草莱、任土地者次之。"由此便可进一步理解孟子所传承之"礼"竟是何物,以及他"疏于王政"的原因了。他为此"礼"此"学",不惜否定法家奉为至务的"耕战"。《告子下》索性把"能为君辟土地、充府库""能为君约与国,战必克"的"良臣"——商、韩"法治"所倚重的"良臣"——直斥为"富桀""辅桀"的"民贼"。至如"民贵君轻""诛一夫纣"之论,更把传统中国的所谓"民主性因素",发挥到了那个传统所可能的极致。

"我无官守,我无言责",立足政统之外,孟子当然可以肆情纵论了。因为他所选择的,乃是近乎于政治批评家和自由知识分子的立场。在他看来,批评政治是学士的天然权利。孔子曾有"天下有道,则庶人不议"之语,见《论语·季氏》,这反过来说,也就是"天下无道则庶人当议"了。又同书《先进》:"以道事君,不可则止。"邢昺疏云:"言所可谓之大臣者,以正道事君;君若不用己道,则当退止也。"君主如不用其道,则学士可以收回为之提供的服务。孟子在此是青出于蓝。所谓"威武不能屈",所谓"说大人则藐之,勿视其巍巍然",其意皆在于弘扬学士在面对政治权势时所应具有的道义尊严、自主人格和规谏权利。在《孟子·万章下》所引子思之语中这就更为明显:"以位,则子君也,我臣也,何敢与君友也;以德,则子事我者也!"《公孙丑下》:"故将大有为之君,必有所不召之臣,欲有谋焉则就之。其尊德乐道不如是,不足以有为也。"要君主对贤人"学焉而后臣之"。这种"疾争强谏以胜其君,言听事行,则如师徒之势"的行为,最为法家深忌;而孟子却正是以

---

① 蒙文通:《法家流变考》,"三、儒法为周秦新旧思想之主干",《古学甄微》,巴蜀书社,1987年,第295—297页。按孟子并未标明法家而斥之,但对此蒙文通也做了合理的解释:"乃孟子徒明辟杨墨而不及法家者,殆以杨、墨之言早已盈天下,而法家于是时徒见之行事,未有著书,故孟子亦直从行事辟之而已。"

这种"不召之臣""帝王之师"自命的。古乐师以古事古训、民风民谣箴诫君主的义务,以及臣民"以下教上"的权利,孟子发挥得淋漓尽致。当然,孟子思想并非真正意义的"民主"。陶希圣说:"孟子的民主主义是中间阶级士人对贵族主张的","他的理想政制是贤人作君主的政制"[①]。但这毕竟为抵制暴君暴政提供了精神资源,故明太祖朱元璋必欲删其书而后快。而且可以说,那些看上去近似、但又并不是民主的东西,恰好就反映了中国古代政治文化的独特性。

《孟子·公孙丑下》所谓"三达尊""爵、齿、德"分别对应着政统、亲统和道统,而孟子反对的是"有其一以慢其二",那么也就说明他之所务,将是"申其二而制其一"了。尽管儒法两家处于同一社会大背景之下,他们的深层思路或有相通之处;但就特定意义而言,孔、孟与商、韩是分别地代表了两个极端:前者本于政统、亲统和道统三位一体的"礼治"秩序,后者所追求的却是一种立足政统、独尊吏道的专制官僚政治秩序;因而儒家趋向复古,而法家却主张变革。"礼治"对应着较为低下的功能分化程度,借助于许多非政治性的以至原生性的功能方式;"法治"则强调政统的分化,着意保障和促进其专门化的性质,体现了更高的理性行政精神。

儒家"复古"主张具有象征的意义,也可以说是"托古"以寄存其理想。儒家学派的产生及其活动本身就意味着时代的变迁,他们之阐发"古道"至少在客观上是面向现实与未来的,在其对传统的传承中他们阐发的"礼"已悄悄地发生了转化。儒家主张贤者居位一点足以使之突破封建世袭制度,这与官僚政治原是可以沟通的;但其政治理想毕竟与周政以及周政以上的"古",有着千丝万缕的血脉关系,不能否认儒家对分化程度较为低下的政治形态的着意取法,这种取法使得儒家不无非官僚制以至反官僚制的倾向。然而儒家传承了华夏民族古老的、

① 陶希圣说,孟子"所达到的结论,是士人对贵族主张民主主义及身份平等,而对于农民则主张封建制度及身份差别"。"他所说'民为贵,社稷次之,君为轻',只可以叫做贵民思想,决不是农民参政的意义。"见氏著:《中国政治思想史》,新生命书局,1933 年,第157—158 页。

特有的道义价值,法家则与专制和独裁联手合流了。在政统、亲统和道统日益分化为三之时,儒家力崇师道和父道,法家则专崇吏道和君道。这归结到理想的治国角色上,就是前者推重"不器"的"君子",后者则专倚"行法"的文吏;这二者在功能弥散性和功能专门性上,也正成泾渭判然的两极。那么,蒙文通以及其他许多学人,把儒法斗争视为此期政治文化冲突的主线,就是有充分理由的;我们基于特定视角而得出的看法,也可以印证那一论断。

第三节　荀子的兼综礼法

前节所述,为儒法思想形成对极之诸要点。但是先秦诸子形同水火、相生相灭,又有殊途同归、相互采撷的方面。并且一家之中,又有不同流派。《韩非子·显学》称孔丘以后,"儒分为八"。《荀子·非十二子》嘲骂了"子张氏之贱儒""子夏氏之贱儒""子游氏之贱儒",且力诋子思、孟子,称其传人为"世俗之沟犹瞀儒"。汉人以荀、孟并称,而先秦荀、孟实已有分途之处。荀子之兼综礼法、沟通王霸体现了又一种重要倾向,因切关本书论题而有必要专门论述;尤其是荀子在政治角色的设计上,其思想具体化为对所谓"官人百吏"和"士君子"这两种人物的深入分疏,这对于中国古代士大夫政治演生的密切关联,应给予充分评估。

我们业已看到,儒家的政治学说源于对"礼"的传承,他们取法于"周政"以及周代以上之"古",取法于分化程度较为低下的社会政治形态;但是同时我们又指出,儒家的"复古"实际上又是一种"托古",至少其学说的客观意义是针对现世和指向未来的,在传承那古老传统之时,他们的阐发实际上已使"礼"发生了重大转化。例如,儒家的"亲亲"之义已经被泛化为具有普遍性的"仁",其"贤贤"的主张也适应着更分化、更流动的政治,这在实际上是突破了封建制度。如徐复观所言,"宗法中的'尊尊',是尊血统中的尊;所以《礼记·大传》'上治祖祢,尊尊也'。这应用到政治上当然会引起严重的弊害。但《中庸》上说'亲亲之杀,尊贤之等,礼所生也',这是在政治上把尊血统中的尊,转而为尊贤之尊;把由血统而来的亲亲尊尊的礼的骨干,转变在亲亲之中,却限制之以尊贤,以作为礼之所由生的根据",由此"孔子……把封建政治中的身份制度,都彻底抽掉了",所以他断定,"礼在儒家手中,适应时代的要求"而做出了"本质的转变"。[1] 瞿同祖指出:"儒家所提倡的成就类型,它强调德性与功绩的重要性,这点对封建制度特性的出身类型相冲突。"[2]研究科举制度的金诤相信,孔子也"在为后世两千多年的封建大一统王朝的文官政治勾画蓝图",儒家的贤能思想"为后世不讲门第出身的科举——文官制度的产生、发展和完善作了理论的准备"。[3] 这也不是毫无根据的。孔子并不认为可以不要富足、不要法制,儒家只是不赞成法家的独尚"尊尊",而不是一笔抹杀现实中必不可少的政治秩序。尽管孔子对官僚政治的演生和发展缺乏深刻的理解,孟子又主要致力于以"亲亲""贤贤"制"尊尊",但是在先秦儒者中依然出现了荀子这样的人物,他在继承"周政"又超越"周政"上,进一步说,在使源于较不分化状态的"礼"经转化而真正适应于更分化的社会之上,做出了特出贡献。

蒙文通论儒法异同,大抵引孟子以证之。但荀子就不同了。傅青主谓:"《荀子》三十二篇,不全儒家者言;而习称为儒家者,不细读其书也。有儒之一端焉,是其辞之复而啴者也;但少精挚处则即与儒远,而近于法家、近于刑名家。"[4]正因为如此,荀子时或为后人所非。朱熹谓"荀卿则全是申韩"。[5] 清人复为荀子回护,或引韩愈"大醇小疵"之说以评定之。[6] 然韩愈论"道统"以孟轲为正宗,于荀子则曰"择焉而不

① 徐复观:《两汉思想史》卷一(原题《周秦汉政治社会结构之研究》),台北:学生书局,1980年,第99—100页。

② 瞿同祖:《中国的阶层结构及其意识形态》,《中国思想和制度论集》,台北:联经出版事业公司,1985年,第278页。

③ 金诤:《科举——文官制度与孔子》,《传统文化与现代化》1993年第3期。

④ 《傅山〈荀子〉、〈淮南子〉评注》,上海古籍出版社,1990年,第272页。

⑤ 《朱子语类》卷一三七,中华书局,1986年,第八册,第3255页。

⑥ 如《四库全书总目提要》"子部·儒家类"曰:"平心而论,卿之学源出孔门,在诸子之中最为近正,是其所长;主持太甚,词义或至于过当,是其所短。韩愈'大醇小疵'之说,要为定论。余皆好恶之词也。"中华书局,1965年,上册,第770页。

精,语焉而不详",非无扬孟抑荀之意。郝懿行力图对"孟道性善,荀道性恶;孟子尊王贱霸,荀每王霸并衡"加以弥缝,说是"孟遵孔氏之训,不道桓文之事;荀矫孟氏之论,欲救时世之急。……因时无王,降而思霸。孟、荀之意,其归一耳"①。但荀子毕竟有"矫孟"之言;这恐怕并不如李慈铭所言,仅仅是"因其徒之不善而归咎其师"。②

章太炎论荀、孟异同,别有新意。他说孟子长于《诗》《书》而荀子长于制度:"荀子和孟子虽是都称儒家,而两人学问的来源大不同。荀子是精于制度典章之学,所以'隆礼义而杀诗书',他书中的《王制》、《礼论》、《乐论》等篇,可推独步;而孟子则"疏于礼"、疏于"王政","简陋不堪,那能及荀子的博大!"③

按"隆礼义而杀诗书"语出《荀子·儒效》:"……略法先王而足乱世,术缪学杂④,不知法后王而一制度,不知隆礼义而杀诗书……是俗儒者也。"王先谦《荀子集解》引郝懿行说:"杀,盖敦字之误。"则语义判然不同。然"杀"字实不误,郝说非是。《荀子·劝学》:"……下不能隆礼,安特将学杂志、顺诗书而已耳,则末世穷年,不免为陋儒而已!……不道礼、宪,以诗书为之,譬之犹以指测河也。"复申扬"礼宪"而抑"诗书"之旨,即是明证。故注家多不取郝说。又同书《非十二子》斥孟子"略法先王而不知其统"语,与上引《儒效》"略法先王而足乱世"所斥同义,那么"不知法后王而一制度,不知隆礼义而杀诗书"一语,正是针对孟子而言的。遂见章氏以"诗书""制度"区别孟、荀,并非无根之谈。

荀子并非不言"诗书",孟子也并非不言"礼"。萧公权论荀学近于法家时说:"礼法间之界限本细微而难于骤定。法有广狭二义,与礼相似。狭义为听讼断狱之律文,广义为治政整民之制度。就其狭义言之,

---

① 郝懿行:《荀子补注·与王引之论孙卿书》,王先谦:《荀子集解·考证上》,中华书局新编诸子集成本,1988 年,第 15 页。

② 李慈铭:《越缦堂读书记》,中华书局,1963 年,上册,第 30 页。

③ 章太炎:《国学概论》,巴蜀书社,1987 年,第 55 页。

④ "杂"后原有"举"字,据北京大学《荀子》注释组《荀子新注》(中华书局,1979 年)删,见其书第 106 页注③。

182　士大夫政治演生史稿

礼法之区别显然。若就其广义言之,则二者易于相混",战国时"执政者势不得不别立'贵贵'之制度以代'亲亲'。然礼之旧名,习用已久,未必遽废。于是新起制度亦或称礼,而礼之内容遂较前广泛,其义亦遂与广义之法相混"①。这一说法当然也颇有见地,但是我们还是需要进一步的辨析。前已指出,周之"礼制"本含"吏道"成分在内,战国之际法家由之发展出"法"来;孟子言"礼"则偏重于"礼乐"立场,故于"制度"、于"王政""简陋不堪"。而荀子就不同了,他以"诗书"服从于"礼法"。《荀子》中有《乐论》之篇,其论"乐"精义并不亚于孟子。他并非不重视"礼"之"礼乐"方面,但他对"礼"之乐歌、仪节、义理、政制诸方面的阐释,因其对政制的不同态度,而具有了不同的意义,并由此与孟子区别开来了。其"隆礼义而杀诗书"的所谓"礼义",在很大程度上指的是"礼法"。《荀子·劝学》就直接表述为"不道礼宪,以诗书为之"。"宪"者"法"也。面对汲汲于富国强兵、攻战杀伐的各国执政者,孟子作为政统的局外人、作为自由知识分子而采取了政治批判态度,着意维护学士的自主人格、文化理想以及社会源远流长的道义价值。作为儒者,荀子当然也有类似之举,但是荀子还有一个基本立场与之不尽相同,这就是,对于发展之中的君主专制和官僚政治,荀子是作为必须接受的前提和应促其完善的事物来看待的。

对荀子之尊君,叶适有言:"世俗为之说曰尧舜礼让,荀卿明其不然,以为天子至尊,无所与让。……孟轲言'民为贵,社稷次之,君为轻',虽偏,然犹有儆也;而荀卿谓天子如天帝、如天神。盖秦始皇自称曰朕,命为制,令为诏,民曰黔首,意与此同,而荀卿不知,哀哉!"②谭嗣同斥荀子"冒孔之名以败孔之道","又喜言礼乐刑政之属,唯恐箝制束缚之具不繁也"③。二论虽嫌过当但不为无据。《荀子·君道》:"知隆礼义之为尊君也。"

至于其对官僚政治,尤见其"精于制度"一点。对于兵刑钱谷、考

① 萧公权:《中国政治思想史》,台北:中国文化大学出版部,1985年,第105页。
② 叶适:《习学记言序目》卷四十四,"荀子",上海古籍出版社,1992年,第407页。
③ 谭嗣同:《仁学》,中华书局,1958年,第47页。

课铨选等等，《荀子》多有精深论述。如《王制》篇以"王者之政"论选贤任能、赏善刑奸、平政裕民、王霸富强之纲领；以"王者之人"论官员行事之规范；以"王者之制"论器服宫室之制度；以"王者之论"论考课选官之方法；以"王者之法"论财政经济之政策。又如《富国》《王霸》《君道》《强国》等篇论治道政略，《臣道》《致士》论臣吏轨范、选贤之方，《议兵》篇论军政兵制，皆有精义可称。其序官，则宰爵、司徒、司马、大师、司空、治田、虞师、乡师、工师、巫觋、治市、司寇、冢宰、辟公之权责条分缕析；其议兵，则齐之技击、魏之武卒与秦之锐士之优劣洞若观火；其于食货，则田税、关市、贡纳、方物了然掌上。按重法治者又多以论兵见长，如《汉书·艺文志》中商鞅之书又列于兵家；而刘歆《七略》列《荀子》书于儒家类之同时，又将之入于兵家，知荀子论兵精义可以名家，又见其原不疏于政制兵刑。① 而《论语·卫灵公》："孔子对曰：俎豆之事，则尝闻之矣；军旅之事，未之学也。"《孟子·离娄上》："故善战者服上刑。"孔、孟、荀之趋舍异同，于此亦见一斑。在对官僚政治的深刻理解上，荀氏之学显非孟子"五亩之宅，树之以桑"一类空论所能望其项背，而与法家颇多契合，故荀门高足有韩非、李斯。对于专制官僚政治，孟子每取超身其外的批评立场，荀子却多设身处地的具体规划。他们同尊"礼治"，然而孟子特崇师道，而荀子不弃吏道。二者对"礼"的承继，着眼点绝不全同。

荀子对于"礼""法"，或分说之，或合言之。合言之则曰"礼法"；分说之，则以"礼"为"治之始"、"法"为"治之端"；然其言"礼"又时时有"法"的意味，所谓"非礼是无法也"。与孟子不同，荀子不是基于"形而上"的心性，从"内铄"的方向上阐发"礼"的；他是从"天行有常"的唯物论出发，以"性恶"为前提——这与法家合若符契——从历史中找到了"礼"的依据。人性本恶、各有私欲，群居而构成社会则不能无争，

---

① 《汉书·艺文志》有《孙卿子》三十三篇在儒家；然"兵权谋家"又记："省《伊尹》《太公》《管子》《孙卿子》……二百五十九种，出《司马法》入礼也。"按《汉志》本于刘歆《七略》，《七略》两载者，《汉志》或省略之。是《孙卿子》一书（或其部分篇章），曾被刘歆列于兵家。由此可见荀子论兵之价值。

由此就必须制作礼义,以"合群定分",使贫富贵贱各安其位,士农工商各服其职。《荀子·王霸》:"《传》曰:农分田而耕,贾分货而贩,百工分事而劝,士大夫分职而听,建国诸侯之君分土而守,三公总方而议,则天子共己而已矣。出若入若,天下莫不平均,莫不治辨。是百王之所同也,而礼法之大分也。"这样,荀子就不能不给予"礼"的政制方面以充分强调。《儒效》:"礼者,人主之所以为群臣寸尺寻丈检式也。"《议兵》:"礼者,治辨之极也,强国之本也,威行之道也,功名之总也。"这种作为人主为臣民所定之"检式",服务于"治辨""强国""威行""功名"之"礼",便不能不具有了接近于"法"的性质。所以如陶希圣所说,荀子认为"礼"是靠"势"来施行的,"没有权力,礼不能施行于民众之间",这一点荀子说得很明并看得很重。①《荀子·荣辱》:"君子非得势以临之,则无由得开内焉。"由此,对章太炎前述论点——较之孟子,荀子更长于"制度"、长于"王政",就可以得到更为深入的理解。

在另一方面,以"礼"为"治之始"、"法"为"治之端",在此荀子仍然未与法家完全合流。这也见之于他对"王道"和"霸道"的看法。商、韩以为上古竞于道德而当今争于气力,"气力"即政治强权,其所欲行正在于"霸道"。孟子曰"以力假仁者霸","以德行仁者王"。② 荀子当然也采取了类似于孟子的王、霸定义,然而其王霸观的意义却在于,他既对达致"霸道"的政治途径——诸如陈政令、定约法、乡方略、审劳佚、谨蓄积、修战备等等——给予了足够的强调和重视,因而不同于孔、孟在此的"简陋不堪";同时又力崇"王道"。他认为"王道"和"霸道"是可以互相转化的:"义"加之于"霸道"即是"王道"。在"义立而王"的申说中,荀子最终不背儒家之大旨。较之孟子,荀子当然有更多的尊君倾向,但如其"天之生民,非为君也;天之立君,以为民也""尧让贤,以为民,泛利兼爱德施均"一类话语,依然反映了其立场最终不离"民本"。法家虽然也说"法"因人情,但那不过是因人性好恶以为刑赏而已;虽然也说变法所以"利民",但最终是把富国强兵、令行禁止,把一

---

① 陶希圣:《中国政治思想史》,新生命书局,1933 年,第一册,第 262 页。

② 《孟子·公孙丑上》。

个巨大官僚机器的精密高效运作和全能统制作为至上目标的。这种化手段为目的的取向，最终是要背弃社会基本道义的。而荀子则着意维护道义对政治的指导，他相信蔑弃道义最终将使统治者丧失合法性而走向覆亡。《王制》："水则载舟，水则覆舟。"《正论》："天下归之之谓王，天下去之之谓亡，故桀、纣无天下而汤、武不弑君。"

战国社会的变革与分化，使社会成员的政治文化取向也复杂化了。值此之时，有庄子一流，从几乎纯然超脱的角度思考人生、社会和宇宙，以"人之君子"为"天之小人"；有商、韩一流的法家，务于专制官僚政治之建设，独尊吏道而以法、术、势治国；孟子一流的儒家，则力崇师道，强调道义、道德的自足、自主意义，申说其文化理想和政治批评；那么相对而言，荀子看上去却是更直接地传承了"礼制"的整体性。"礼"之精义，是"尊尊""亲亲"和"贤贤"之结体。孟子虽然也把"爵、齿、德"视为"三达尊"，但他明确表示，其所反对的是"有其一而慢其二"，其所致力的则是"申其二而制其一"了。相对而言，荀子则是三统并重皆不偏废，而统之以"礼"的。《荀子·非相》："幼而不肯事长，贱而不肯事贵，不肖而不肯事贤，是人之三不祥也。"《仲尼》："少事长，贱事贵，不肖事贤，是天下之通义也。"学者多谓荀子论"礼"无所不包。随举一例，陈大齐说，"荀子所说的礼范围至为广大，上至人君治国之道，下至个人立身处事之道，乃至饮食起居的细节，莫不为其所涵摄"[1]。周之"礼制"，正具有这种无所不包性。由孔至孟之传"礼"，更多地取道于"复古"，固守先王旧礼，且由孟子而日益远离了政统，专重师道之尊、亲亲之爱。而由孔至荀这一系脉，则继续致力于维系三统间三位一体的整体性。荀子"法后王"的口号更具现实感，其重"王政"、重制度一点充分地顺应了时势。因而可以说，他是在承认并顺应了三统间更大分化的前提之下，创造性地发扬了那一传统的。

荀子的兼综"礼""法"倾向，在其对政治角色的结构设计上充分具体化了，这集中体现在他对"士君子"和"官人百吏"的分疏之中。中国古代各家学说，皆有对与其社会蓝图相应的理想治国者的设想。商、韩

---

[1] 陈大齐：《荀子学说》，中华文化事业出版委员会，1954年，第140页。

专倚文法之吏以富国强兵，斥学士为"五蠹"；孟子则把能"辟土地，充府库""约与国，战必克"的所谓"良臣"，斥为"富桀""辅桀"的"民贼"。而荀子对"士君子"和"官人百吏"的分疏，却与二者都不相同。

《荀子·荣辱》：

> 志行修，临官治，上则能顺上，下则能保其职，是士大夫之所以取田邑也。循法则、度量、刑辟、图籍，不知其义，谨守其数，慎不敢损益也，父子相传，以持王公，是故三代虽亡，治法犹存，是官人百吏之所以取禄秩也。

此处原以天子、诸侯、士大夫与官人百吏分说。天子、诸侯位为君主，我们只录其后面两项。类似论说亦屡见于《荀子》的其他诸篇。如《君道》之论"三材"：

> 材人：愿悫拘录，计数纤啬而无敢遗丧，是官人使吏之材也；修饰端正，尊法敬分而无倾侧之心，守职修业，不敢损益，可传世也，而不可使侵夺，是士大夫官师之材也；知隆礼义之为尊君也，知好士之为美名也，知爱民之为安国也，知有常法之为一俗也，知尚贤使能之为长功也，知务本禁末之为多材也，知无与下争小利之为便于事也，知明制度权物称用之为不泥也，是卿相辅佐之材也。

按荀子随事为说，这里又以"官人使吏""士大夫官师"与"卿相辅佐"三分。但是后二者在等级上都处于君主之下、"官人使吏"之上，在讨论中可以视同一事，庶几不悖荀子之大旨。又如《正论》："圣王以为法，士大夫以为道，官人以为守，百姓以成俗。"《君子》："圣王在上，分义行乎下，则士大夫无流淫之行，百吏官人无怠慢之事，众庶百姓无奸怪之俗。"皆是。

我们看到，士大夫与"官人百吏"的区别，首先是基于政治等级或官僚等级，但又决不仅仅如此。《荀子·王霸》：

> 若夫贯日而治平，权物而称用，使衣服有制，宫室有度，人徒有数，丧祭械用皆有等宜，以是周挟于万物，尺寸寻丈，莫不循乎制度数量然后行，则是官人使吏之事也，不足数于大君子之前。

我们看到,在此与"官人使吏"相对的,却是"大君子"了。这种阐述,同样地屡见于《荀子》诸篇。如《君道》:

> 法者,治之端也;君子者,法之源也。故有君子,则法虽省,足以遍矣;无君子,则法虽具,失先后之施,不能应事之变,足以乱矣。不知法之义、而正法之数者,虽博,临事必乱。……故械数者,治之流也,非治之原也;君子者,治之原也。官人守数,君子养原。原清则流清,原浊则流浊。

"君子",当然是个道艺等级之中的概念了。对此道艺等级,荀子亦随事为说,将之或表述为庸人、士、君子、贤人、大圣;或表述为圣人、士君子、小人、役夫;或表述为俗人、俗儒、雅儒、大儒,等等不一。但是,他认为政治等级应与道艺等级相应相合,这一态度却昭然无疑。

《荀子·王制》:"虽王公士大夫之子孙也,不能属于礼义,则归之庶人。虽庶人之子孙也,积文学,正身行,能属于礼义,则归之卿相士大夫。"又《君道》:"上贤使之为三公,次贤使之为诸侯,下贤使之为士大夫。"荀子之以"道礼义者为君子",这是人所共知的。他申说士大夫应由"能属于礼义"者担任,也就等于说是应由"君子贤人"担任;并且"贤"止于士大夫,"官人百吏"则别作考虑。"君子""小人"之辨,本来是儒家的中心观念之一;而荀子又别以"君子"与"官人百吏"为相对概念而专为分疏,这一点尤见荀学之独到处。

由"君子"担任的士大夫,掌握了"治之原"或"法之义";而"官人百吏"的特征则是"不知其义,谨守其数"。从"法者,治之端也""械数者,治之流也"之类语句中不难看到,"数"或"械数"指的就是"法","官人百吏"所"谨守"之法则、度量、刑辟、图籍皆在其内。度量亦法。《管子·七法》:"尺寸也,绳墨也,规矩也,衡石也,斗斛也,角量也,谓之法。"刑辟亦法。《说文解字》:"法,刑也。"图籍亦法。《韩非子·难三》:"法者,编著之图籍。""三代虽亡,治法犹存"被认为是"官人百吏"之功,其所"谨守"之"数",便正是那"治法"了。

"数"的本义是数目。《汉书·律历志》:"数者,一十百千万也。""数"可一一而数,具有"可计算性"。《说文解字》:"数,计也。"《九章算术》又名"九数",这是伴随着人畜土田粟米钱谷的统计簿记而发达起来的。"数"又可引申为一切技术性的计划筹算,故又通于技术。《孟子·告子上》注:"数,技也。"《广雅·释言》:"数,术也。"荀子或以"械""数"连称,而"械"泛指工具,为"器"之总名。《说文解字》:"械……一曰器之总名。"《易·系辞上》:"形而上者谓之道,形而下者谓之器。"那么"法之义"与"法之数"的区别,也便就是"道""器"之别。由此观之,荀子以"数"或"械数"视"法",意味着他把"法"看成是一种具有可计算性、技术性和工具性的东西,而这正是官僚法制的基本性质。《荀子·富国》:"量地而立国,计利而畜民,度人力而授事,使民必胜事,事必出利,利足以生民,皆使衣食百用出入相揜,必时臧余,谓之称数。故自天子通于庶人,事无大小多少,由是推之。"量、度、计皆与"数"相应;而"称数"即是"胜事"。"数"所针对的,正是"事"这一层面,"称数"即是合乎官僚行政的基本原则、规程和技术。那么与之相应,"官人百吏"也就是一种承担技术性职能的工具性角色。

以"数"或"械数"视"法",这当然并不意味着荀子就轻视"法"。前已述及,较之孟子,荀子对王制政典给予了多得多的重视。可是荀子确实又认为"法之数"上还有一个更高的"法之义",对他来说那就是"礼"。《荀子·劝学》:"礼者,法之大分,类之纲纪也。""礼"在荀子那里,固然包含着王政的制度规划,但不同于"法"的地方在于它含有价值理念——"仁义",并由此而超越了"器"而进入了"道"的层面。《大略》:"故王者先仁而后礼,天施然也。""仁,爱也,故亲;义,理也,故行;礼,节也,故成。……仁、义、礼、乐,其致一也。君子处仁以义,然后仁也;行义以礼,然后义也;制礼反本成末,然后礼也。三者皆通,然后道也。"是"礼"原有本末多端。向"末"推之,或为仪节、或为乐歌、或为政制;由政制一项可以进而推及于"法";而向"本"推之,则由"仁义"而至于"道"。就此而言,荀子最终不能使"礼"等同于"法"。那么,士大夫、"君子"之不同于"官人百吏"者,首先就在于他们掌握了"法之义",并因而成为"治之原"。

法家言"数"多与荀子义近,如申不害曰:"圣君任法而不任治,任数而不任说。"慎子曰:"为人君者不多听,据法倚数以观得失。"韩非曰："夫治法之至明者,任数不任人。"管子曰："申主任势守数以为常。"①然而荀子以为"数"上有"义"、"法"上有"礼",并且"礼"构成了"类之纲纪",遂与上述诸说同中有异。《荀子》颇多言"类"之处,或谓之"统类"。这是一种"举措应变"的能力和原则。《非十二子》"壹统类"句杨倞注："统谓纲纪,类谓比类,大谓之统,分别谓之类。""统类"即由此纲纪而比类行事之意,简言之则谓之"类",如"听断以类",反之则为"僻违无类"。② 在《儒效》一篇中荀子曾论及两种人物,前者"其言行已有大法矣,然明不能齐法教之所不及、闻见之所未至,则知不能类也";其后者则能够"以浅持博、以今持古、以一持万、苟仁义之类也,虽在鸟兽之中,若别白黑;倚物怪变,所未尝闻也,所未尝见也,卒然起一方,则举统类而应之,无所儗怎;张法而度之,则晻然若合符节"。这一区分也颇有助于我们理解"士君子"与"官人百吏"的差别,以及"法之数"和"法之义"之关系。就高下层次讲,这意味着"法"服从于"义",它只是实现道义价值的手段。就涵盖范围讲,这意味着"法"所不能穷尽的万变个案,都应依据"礼"来处理,《王制》所谓"其有法者以法行,无法者以类举"。"士君子"之所以异于"官人百吏"者,就在于他们有能力在决策施政之中,对君主臣民间之权利、义务、责任和利益的分配,做出合于仁义原则的判断。这一职能的意义,已经超越了工具性、技术性的层面。

"士君子"之维系道义,特别地体现在其谏、争、辅、拂的"言责"之上。《荀子·臣道》："故谏、争、辅、拂之人,社稷之臣也。……《传》曰:从道不从君。此之谓也。"这种"言责"构成了中国古代政治传统的制约君主、纠矫失误的特有机制,它源于为儒家所发扬光大的"师道"。

---

① 分见《艺文类聚》卷五十四引、《慎子·君臣》《韩非子·制分》及《管子·七臣七主》。《七臣七主》之"申主",王念孙释为"信主",见其《读书杂志》八,"管子第九",中国书店,1985年,中册,第31页。

② 《荀子·非十二子》"甚僻违而无类"句杨倞注："谓乖僻违戾而不知善类也。"以"类"为"善类"。王先谦《荀子集解》引王念孙说,据《方言》《广雅》释"类"为"法"。此"类"似以直释"统类"最胜。"僻违无类",谓偏执一端,不能比类而统以纲纪也。

《荀子·大略》："国将兴，必贵师而重傅，贵师而重傅则法度存。"但此以道抗势之举，就非"官人百吏"之所能为了，且颇为商、韩所非。"士君子"的另一功能，是实施礼义教化以达致政权和社区之间的和谐整合。《荀子·儒效》："儒者在本朝则美政，在下位则美俗。"法家力图把"俗""政"两分并以"政"制"俗"，以维护吏道的纯粹政治性质和独尊地位；而荀子所论之"士君子"，却以如下方式沟通了"俗""政"：《非十二子》："遇君则修臣下之义，遇乡则修长幼之义，遇长则修子弟之义，遇友则修礼节辞让之义，遇贱而少者则修告导宽容之义。无不爱也，无不敬也，无与人争也，恢然如天地之苞万物。如是，则贤者贵之，不肖者亲之。"这种教化功能和沟通功能，就使得业已颇为分化的官僚帝国政权和颇不分化的广大乡土亲缘社区，更为有机地整合起来了；在那种社区之中，"父道"依然具有纲纪性的权威，体现于"乡俗"之中的孝悌慈爱忠信等等，依然支配着人际关系的主要方面。把纯粹的政治强权强加于这种乡俗社区，潜伏着引发诸多紧张和冲突的可能性；而"士君子"在沟通"俗""政"时所建立的理解、同情和信任，反而有可能达致更高行政效率。这一任务当然也非官人百吏所能完成。

正是因为"士君子"承担了道义、承担了规谏、也承担了教化，荀子遂有"有治人，无治法"的著名论断。他不相信法律、法吏的万能。我们知道法制如果过于复杂，反而将增加违法的可能性；而且万变的个案会使一切"完备"的法律显得贫乏。面对每一个个案，执法者仍须做出判断，这时他的价值观就是决定性的。"合法地滥用权力"丝毫不比违法危险更小，官僚主义的态度能使任何指令在忠实执行中变得面目全非。而且对那些指令本身的正当与否，文吏并没有加以评判的义务和信念。但君臣之道义信念的淡漠、道义纽带的松弛，却可能导致如下一类弊端——《荀子·君道》："合符节、别契券者，所以为信也；上好权谋，则臣下百吏诞诈之人乘是而后欺。探筹投钩者，所以为公也；上好曲私，则臣下百吏乘是而后偏。衡石称县者，所以为平也；上好倾覆，则臣下百吏乘是而后险。斗斛敦概者，所以为啧也；上好贪利，则臣下百吏乘是而后丰取刻与，以无度取于民。"所以"法不能独立，类不能自行。得其人则存，失其人则亡"。"人治"所欲得之"人"，当然只能是

"士君子"。

不难看到,荀子所设计的"士君子—官人百吏"模式,既不同于孔、孟,也不同于商、韩。前者对"治法"和"官人百吏"并没有给予多少重视,相对说来他们重"义"而不重"数";后者则又如韩非所言,是"任数而不任人",文史就是在这种工具意义上被设计出来的。就是在这二者之间,荀子一方面充分肯定了"三代虽亡,治法犹存"是"官人百吏"的"守数"之功,同时又使"士君子"居身其上,承担了道义、规谏和教化。《荀子·君道》:"故君子之于礼,敬而安之。……其于百官之事、技艺之人也,不与之争能而致善用其功。"就是说"士君子"与"官人百吏"各有功能,因而他们在不同层次上各有其位。当然,"士君子"也非不须执法治官之人。所以《荣辱》论士大夫之责,以"治行修,临官治"并列,二者不可缺一;《富国》说自天子至庶人皆须"称数""胜事";《君道》分疏"三材",对士大夫卿相之"尊法敬分""守职修业""尚贤使能""务本禁末""知明制度权物称用"等等责任,给予了充分的强调。在这一意义上,又可以说"官人百吏"专门地承担了"治法",而"士君子"则兼"治人""治法"而有之。总的说来,等级愈高,其所承担的"礼义"分量也就愈重,这也正如"礼"含政制、时或近于"法"但又不等于"法","霸道"加之以"义"则为"王道"一样。"官人百吏"是专门性的角色,他们的存在保障了行政效率、维系着行政秩序;"士君子"则是一种特别的弥散性角色,他们的存在维系着社会整合与政治文化秩序。如果考虑到帝国时期的士大夫政治,也正存在着一个"士大夫—胥吏"之基本角色架构的话,那么,荀子为之做出了清晰阐释的"士君子—官人百吏"模式,其意义就不可低估了。

于是我们就进一步理解了这样一点:荀子对于"礼"的传承,一方面是全面传承了其政统、亲统和道统三位一体的整体性,一方面又顺应了三统之间业已发生的更大分化和社会的更大复杂性。其对"劝学""修身"等等的阐述,适应了师道方面的更大分化;其对"王制""王霸"等等的阐述,又适应了政统方面的更大分化。同时这又集中体现在他"士君子—官人百吏"的模式之中。他说庶人之子属于礼义则归之士大夫卿相,士大夫子孙不能属于礼义则归之庶人,这显然已与封建士大夫政治的世卿世禄制度大异其趣,而适应了由于社会分化而造成的官僚帝国对社会流动、对"自由流动资源"的迫切要求。又西周春秋时的士大夫"君子"阶级之下已经隐隐地存在着一个"吏"的层次了。如《周礼》中之府、史、胥、徒,他们居身士大夫之下,分别"掌官契以治藏""掌官书以赞治""掌官叙以治叙""掌官令以征令"[①];又如《左传》《国语》中所见作为有司之属的"吏""下吏""群吏""军吏""什吏""百吏"等等。荀子对承担"礼义"与承担"法数"者的清晰分疏,既适应了"士君子"与"官人百吏"各自所承担的事务都已大为分化和复杂化了的事实,同时又传承了"礼治"运作所不可或缺的基本政治角色架构。

我们基于一个特定视角,提出"周礼"源于"乡俗",对应着较为低下的社会分化程度,因此在战国社会大为分化和复杂化了之后,就有了"礼崩乐坏"之局。但是荀子的思想学说却显示了这样一种可能性,就是说,"礼治"传统在经过"创造性转化"之后,那种源于"礼制"、依赖"君子"的三统相维秩序,可以在一个更为分化的社会状况下得到重建。此种可能性一方面取决于这样一种社会条件:由于周之政治文化秩序的传统影响,以及中国古代社会演进的连续性,在某种意义上可以说,战国以来的社会分化,是沿着三统所确立的格局而推进的;至少在政治文化观念之中,"君、亲、师"依然具有纲纪性的地位,"尊尊、亲亲、贤贤"依然是支配性规范。这就为以三统相维的传统方式重新整合社会提供了基础。在另一方面,儒门学士的"法先王"把"周礼"秩序的基本精神精致化为"礼治"学说,从而在观念层面延续了这一传统使之不致中断;而荀子的"法后王",又进一步为"礼治"经"创造性转化"而适应于一个更分化社会的政治体制,开辟了前景。

荀子对秦国政治的态度,就反映了这一点。在《荀子·强国》中,他曾对秦之文吏政治的成就,例如其官府"百吏肃然",其士大夫"明通而公",其朝廷"听决百事不留"加以盛赞;但同时他又指出秦之"无儒"之短,向之呼吁要"节威反文,案用夫端诚信全之君子治天下焉",并向秦昭襄王、范睢力陈"儒效"。叶适对此颇加非议:"荀卿谈王道若白

---

① 《周礼·天官·小宰》。孙诒让《正义》曰:"以上府史胥徒四者皆无爵,所谓庶人在官者也。"

黑,嗣孔氏如冢嫡,不秦之仇,而望之以王,责之以儒,呜呼固哉!"①但在我们看来,这正反映了荀子所设计的"士君子—官人百吏"的政治模式,已是以秦国那样的正在走向大一统的官僚帝国为背景的了。他既看到了以"秦政"为代表的专制官僚制化已是不可避免,并积极地顺应和促成这一趋势;同时又力图使儒术、儒者及其所代表的"礼治"传统,重新取得政治支配地位。

当然,荀子的思想学说在当时并未化为现实。在列国为富国强兵而做生死搏斗之时,其所需要的尚不是吏道与父道、师道的综合,而是推进政统的分化、独尊吏道,通过行政的法制化、文官的专门化而取得更佳的军政效率。如梁启超所言,"如荀子说,纯以计较效率为出发点,则用礼之效率不如用法,吾敢昌言也"。②《荀子·尧问》称荀子的学说是"君上蔽而无睹,贤人距而不受"。"杂戎狄之俗"的秦国,最终走上了经由军国主义的官僚制化道路,荀子的期望因而落空。但是荀子一类思想学说的存在,毕竟表明"礼治"政治文化传统依然是冰层下的潜流,并且预示着这样一种可能,就是说儒家思想与专制官僚政治尽管有尖锐对立的一面,但二者最终并不是不可以协调的——它们毕竟出于和处于同一社会大背景中。荀子学说的出现当然不是偶然的;其兼综儒法的倾向,也并非一枝独秀。

例如,慎子术兼道、法,但也颇有礼、法并言之处。《太平御览》卷七六引《慎子》:"昔者天子……故无失言失礼也。"又《群书治要》引《慎子》:"法制、礼籍所以立公义也。……定赏分财必由法,行德制中必由礼。"《史记》叙慎子为赵人,居齐为稷下先生;而荀子亦赵人,居稷下"最为老师",是二人出于同一学术背景之中。

又出于齐地的《管子》一书,刘向归之法家,《汉志》归之道家。其书论官制、法律、田土、金币、关市、赋税、水利、盐铁、军制、兵法等等,不逊商、韩,且曾为韩非所称道。③ 但如其《牧民》如下之论:"仓廪实则知

---

① 叶适:《习学记言序目》卷四十四,"荀子",中华书局,1977 年,下册,第 649 页。

② 梁启超:《先秦政治思想史》,商务印书馆,1933 年,第 163 页。

③ 《韩非子·奸劫弑臣》:"治国之有法术赏罚……管仲得之齐以霸,商君得之秦以强。"

礼节,衣食足则知荣辱,上服度则六亲固,四维张则君令行","何谓四维?一曰礼,二曰义,三曰廉,四曰耻",却明近于儒家者流。其《权修》篇"教训成俗则刑罚省"语,颇近孔子"有耻且格"及"无讼"之意;《侈靡》论"政""教"各有其功,"政"之特点是"威形","教"则能使"贤者不肖者化焉";《君臣上》还设计了"吏啬夫任事、民啬夫任教"之制。蒙文通说,《管子》"其书乃儒家而采法家之长者也,儒、法、道调和之作也"①。

很可能也是出于齐地的《周官》,通过"分官设职"的架构,表现了同样的倾向。观其职官体系,以及"六典""八法""八则""八柄""八统""九两"等等官法,不难看出其中刑政法制和礼乐教化相互配合而融为一体,与《荀子》《管子》异曲同工。章太炎说:"法者,制度之大名。周之六官,官别其守而陈其典,以扰乂天下,是之谓法。"②此"法"当理解为广义之"法"。如就狭义的"法"而论,《周官》之六官有礼官、教官,六典有礼典、教典,八法有祭祀、礼俗,八统有亲亲、进贤,九两之中牧、长、吏、薮③任政事,师、儒任教化,宗、主、友④则是赖以维系乡俗社区秩序者,不宜概之以"任法"了。汉人名《周官》为《周礼》,自有其道理。此书之所设计,很像是周之"礼制"整体地进化、分化与复杂化的产物;混溶于"礼制"之中的各种要素,已被作者推演为更复杂、更专门化的官位系统,其官僚科层制的意味更为浓重,其中刑政法制具有了更大的自主性;但是在整体上,君道、吏道依然与父道、师道相济相维。我们可以相信《周官》作者所遵从的,乃是广义的"礼",而非狭义的"法";或正可称为"礼法",如郑玄对大宰"六典"的解释:"典,常也,经

---

① 蒙文通:《法家流变考》,《古学甄微》,第306页。

② 章太炎:《检论》卷九,"商鞅",《章太炎全集》(三),上海人民出版社,1984年,第605页。

③ 《周礼》郑玄注:"薮亦有虞,掌其政令。"

④ 《周礼》郑玄注:"宗,继别为大宗,收族者","友谓同井相合耦锄作者"。又"主",郑玄以为是卿大夫之有采邑者,孙诒让《正义》引俞樾说,言主与友盖相近,皆人之所因依;孙氏因言"盖凡侨寓之宾旅于所寄之主人,与庸赁之闲民于执役之家长,并谓之主"。秦简所见之"主"与之义近。《法律答问》:"臣妾告主,非公室告。"此"主"亦即"臣妾"执役以事的"主"。

也,法也。王谓之礼经,常所秉以治天下也;邦国官府谓之礼法,常所守以为法式也。"

我们曾经从是否通"王政"、是否重制度一点,来讨论荀、孟异同。在此指出这样一点是同样重要的:对于那些以儒为本或以"礼"为宗者,他们对于现实中的专制官僚政治制度,如果不是仅仅置身其外做纯粹的局外人或批评家,而是投注其中、设身处地地来具体规划这一体制的架构与运作的话,那么,他们几乎就不能不在阐发"王政"和制度之时,生发出近乎于法家的议论或倾向来。当然也可以将之说成是"采法家之长";然而这也是局势使然——至少战国社会之规模、形态和复杂程度,已使专制官僚制式的统治势在必行、势不可免了。而重视政制并加以具体筹划,正是《荀子》《管子》和《周礼》的共同特色,因而它们就都表现出了相近的"礼法兼综"倾向来。

《周官》一书或成于战国,但是也必是充分地利用了西周春秋的历史材料。《管子》非出一时一人,故稍显"驳杂",但此驳杂之作汇为一帙,亦非偶然。又《吕氏春秋》一书兼采诸子,号称"杂家"。《汉志》说杂家"兼儒墨、合名法,知国体之有此,见王治之无不贯,此其所长也"。郭沫若说:"杂家代表《吕氏春秋》一书,事实上是以荀子思想为其中心思想。"[①]上述这类"兼综"倾向,说明荀子学说并非"孤军作战",而是有其广泛的社会基础和思想基础的。他们所寻求的都是一种"王治之无不贯"的境界,而这"无不贯"的东西都包括了些什么,就并不是汗漫无际的了,那是由这个古代文明的特定传统所决定和限定的。这个传统所包含着的诸多要素,在发展中出现了变化和异化的多种可能性,这在思想层面体现为诸子百家的水火分途。但是为此传统所决定和限定了的那些东西,最终有一个"无不贯"的联系存于其间。儒法两家毕竟出于同一历史背景之中,各自学说在判然两立的同时,也并不是没有沟通其间的共同文化基础。法家所独尚的"尊尊"原本也是由"周礼"之一端发展而来;而儒家也并不是只讲"亲亲"、不讲"尊尊"。即令是商、韩,也不是没有说到"利民""爱民"的时候,学人或谓商鞅"仍没有脱离

---

① 郭沫若:《十批判书》,《荀子的批判》,人民出版社,1954 年,第 218 页。

'民为邦本'的范畴"①；而孔子也有过"政宽则纠之以猛"之论、"谨权量，审法度"之言，赞扬过管仲的政治成就，并且是主张先"富"方才后"教"的。那么，荀子为代表的那种兼综儒法、融会王霸的倾向的出现，当然也就不是偶然的了。

荀子对汉代思想的影响颇深。《史记·吕不韦列传》："如荀卿之徒，著书布天下。"清人汪中考求荀子传经事，给予了荀子颇高评价，说是"六艺之传赖以不绝者，荀卿也"。《鲁诗》《毛诗》皆其所传；《韩诗》亦屡引荀子为说；《左传》《谷梁》亦其所传；大小戴《礼记》皆有与荀子文同义近者；荀子亦善说《易》。② 其事虽未尽凿实，但是毕竟反映了荀子学术在当时影响之大。钱穆说："大抵史迁言汉初传经本师，其可信者也；诸师或出荀子之门，则有可信、有不可信。荀子在汉时为近古大儒，其弟子李斯当秦政，荀学独得势。谓汉人多传荀子学，可也。"③冯友兰说，汉代编辑的大小戴《礼记》许多篇章出于《荀子》④，"《礼记》各篇除了《中庸》一篇外，其余基本都是荀子思想的继续和发展"⑤。秦汉间政治变迁多与荀子的预期相合，对之后面还将有讨论。

周予同说："在'传经'事业上，荀子也高于孟子"，"战国时期的儒家学说，到荀子就作了综合。虽然在汉武帝以后……荀子在儒学中的地位不及孟子显赫……可是他实为孔子以后儒家的传经大师，实为战国末儒家学说的集大成者，实为秦汉时期为封建专制主义的统一政权准备了理论基础的儒家学派的先驱人物"⑥。这也是许多学人的共同看法。谭嗣同说"二千年来之学，荀学也"。在帝国时代，官僚政治已

---

① 张纯、王晓波：《韩非思想的历史研究》，中华书局，1986 年，第 26—27 页。

② 汪中：《荀卿子通论》，王先谦：《荀子集解·考证下》。

③ 钱穆：《先秦诸子系年考辨》卷一，"孔门传经辨"，上海商务印书馆，1935 年，第 81 页。

④ 冯友兰：《中国哲学史史料学初稿》，上海人民出版社，1962 年，第 73 页。按谢墉先发此说："则知荀子所著，载在二戴《记》者尚多。"见其《荀子笺释序》，转引自王先谦：《荀子集解》，"考证上"。

⑤ 冯友兰：《中国哲学史新编》，人民出版社，1964 年，第 34 页。

⑥ 周予同：《从孔子到孟荀——战国时的儒家派别和儒经传授》，《周予同经学史论著选集》，上海人民出版社，1983 年。

经常规化了,无须特别地强调;在意识形态上学士弘扬道统以制政统时,孔孟学说处于显示、标榜和被强调的层面之上。因此不但独尊吏道的法家学说隐而不显,荀子亦因儒法兼综而被摒。但是帝国政治实际上仍然是"儒表法里",荀子在此实有继往开来之功。周政之"礼治"政治文化传统中所蕴涵的种种不同要素,在战国时为诸子分别地在不同方向上加以发挥,"道术将为天下裂";而荀子却是较少地偏执一端,并在对三统相维之"礼治"加以创造性的转化之上,做出了诸子多不能及的特殊贡献,从而为中国古代士大夫政治的传承和发展奠定了理论基础。他所规划的"士君子—官人百吏"模式,上承封建时代的士大夫政治,下溯则为帝国时代的"士大夫—胥吏"政治格局之先声。

第六章 文吏政治与秦帝国的兴亡

　　战国变法所导致的社会与国家的官僚制化运动,标志着吏道业已脱离,至少是暂时地脱离了"礼"秩序的束缚而获得了相当程度的自主性。就那个时代而言,这种分化是个相当剧烈的变动,它造成了一种颇大的冲击之力,由之催化了以"片面的深刻"来推进这一分化的态度,例如商鞅、韩非一系的法家人物对学士居官和以仁义行政的极端否定,以及他们对于"守职奉法"之吏和富国强兵之术的极意推崇。换言之,其立论的"极而言之"程度,实源于社会分化的剧烈程度。

　　政统分化、官僚制化的剧烈程度,因秦之统一列国而至顶点。周政"礼"传统的兴衰演变,本是个颇具连续性的过程;但是秦帝国因其特殊历史经历和社会性格,它的政治发展对此进程多少有点儿"插入"的意味儿。中原列国"礼"秩序虽已崩解,但诗书礼乐之传统余响不绝、旧巢犹温;秦帝国则与此传统瓜葛较少,在列国政治文化变迁中它有点近乎"异端"。少了这个传统的制约羁束,确实也使政统的分化在此获得了更广阔的天地。这个帝国中吏道独尊,君主专制下的文吏政治,构成了帝国体制的基本形态,并与法家学说相映生辉。它的崛起、兴盛与二世而亡,都是同样地引人注目。继之而起的汉帝国中之关怀治道的人们、特别是儒生,大抵是将秦作为一个反面的样板来加以评论,这种态度,又推动着帝国体制向与"秦政"颇为不同的方向演化。中华帝国奠基伊始,最初出现的是秦帝国的文吏政治,这对于本书的论题——中国古代士大夫政治的演生,是不可不加考察的环节之一。在此我们必须首先申明,本书并不想把这个帝国的兴亡全都归结为后面将要讨论的那些要点；它的兴亡必定是有更为复杂的原因。但是我们也相信，下面将要讨论的那些东西并不是无足轻重的。

第一节　军国主义传统与文吏政治

秦人先祖或与东方之商族有关，其部族早年地位低微，或以为曾为奴隶。① 周平王时秦方得列为诸侯，处戎狄之间而渐东进。《史记·秦本纪》说："秦僻在雍州，不与中国诸侯之会盟，夷翟遇之。"战国之齐鲁学者，亦每以"夷狄"视秦。② 商鞅所谓"始秦戎翟之教"③，恐怕还不止于"父子无别"之类。秦部族最初的游牧、狩猎性质④，及其处于戎狄之间的地理位置，大约相当深刻地影响了其社会风貌，造就了秦人尚武、剽悍之风。⑤《诗·秦风》多田猎战伐之事，王照圆《诗说》言秦声"尤雄厉，或以为水土使然"⑥。直至汉代，秦地仍以尚气力、重射猎著

---

① 参看黄灼耀：《秦人早期历史探索》，《学术研究》1980 年第 6 期。他认为"秦人原是奴隶"。如《史记·秦本纪》言秦人曾为商王御，御是奴隶的劳动。秦后来得为商之诸侯，但周初因参与反抗又沦为奴隶。秦字通"舂"，"舂"为舂米之奴隶劳动。又非子为周孝王养马，养马亦是奴隶劳动。

② 如《公羊传》僖公三十三年"晋人及姜戎败秦于殽"传曰："其谓之秦何？夷狄之也。"同书昭公五年："秦伯卒，何以不名？秦者，夷也，匿嫡之名也。"《谷梁传》僖公三十三年注殽之战："不言战而言败，何也？狄秦也。其狄之何也？……乱人子女之教，无男女之别。"《公羊传》《谷梁传》成书于汉，然其经说当传自战国。

③ 《史记·商君列传》。

④ 如秦先祖造父为周穆王御，非子为周孝王养马。后来秦地多出善于相马之人，如伯乐、九方皋。秦人之狩猎习俗，可参看《诗·秦风》及《石鼓文》中有关狩猎场面的描写。

⑤ 可参看顾颉刚：《秦与西戎》，见《史林杂识初编》，中华书局，1981 年；及杜正胜：《编户齐民——传统政治社会结构之形成》，台北：联经出版事业公司，1991 年，附录十五，《秦社会的戎狄性》。

⑥ 转引自马非百：《秦集史》，中华书局，1982 年，下册，第 520 页。

称,有"山东出相,山西出将"之谣。①《战国策·韩策一》:"夫秦卒之与山东之卒也,犹孟贲之与怯夫也。"这赋予了秦国社会浓厚的军事化色彩,并为其后来经由军国主义道路的专制官僚制化,提供了丰沃的土壤。

春秋之时秦德公迁都于雍。至秦穆公之时,此地宫室积聚之盛,已令人有"使鬼为之,则劳神矣,使人为之,亦苦民矣"之叹。② 今雍之故地陕西凤翔所发掘的秦君陵寝,规模相当惊人,如一号陵园的面积达二十万平方米,其中 M1 墓面积达 5300 多平方米③,"是已发现先秦墓葬最大的"④。魏特夫称东方专制社会的统治者为"伟大的建设者",其建筑的特点是"宏伟的风格"。⑤ 春秋时代秦国的经济发展水平虽不算低,但也未必就高于关东列国。其早期建筑的宏伟规模,不妨看成是如下政治特点的物质标志:秦国专制君权较早就发展出了相当之高的政治控制和社会动员能力。举世闻名的兵马俑的出土,更加强了我们的这一观感。据推测,"如果按照出土的兵马俑排列形式复原,这三个坑的武士俑可能有七千个,驷马战车一百多辆,战马一百多匹"⑥。这支令人震慑的庞大"俑军",堪称秦国军国主义精神之缩影。确实,秦之国民似乎在尚未获得山东列国"国人"干预政治的那种力量之时,就日益沦为君主至上权威之下的齐民黔首了;而春秋时山东"国人"时可干预国政、与君盟誓,甚至驱逐

---

① 《汉书·地理志下》:"天水、陇西,山多林木,民以板为室屋。及安定、北地、上郡、西河,皆迫近戎狄,修习战备,高上气力,以射猎为先。故《秦诗》曰'在其板屋';又曰'王于兴师,修我甲兵,与子偕行'。及《车辚》《四载》《小戎》之篇,皆言车马田狩之事。汉兴,六郡良家子选给羽林、期门,以材力为官,名将多出焉。……故此数郡,民俗质木,不耻寇盗。"又同书《赵充国辛庆忌传赞》:"秦汉已来,山东出相,山西出将。"山西,即崤山、华山之西,正是秦之故土。

② 见《史记·秦本纪》由余对秦穆公语。

③ 参见中国社会科学院考古研究所编:《新中国的考古发现和研究》,文物出版社,1984 年,第310 页。

④ 李学勤:《东周与秦汉文明》,文物出版社,1984 年,第 178 页。

⑤ 参见卡尔. A. 魏特夫:《东方专制主义》,徐式谷等译,中国社会科学出版社,1989 年,第二章第四节及第五节。

⑥ 参见《新中国的考古发现和研究》,第 387 页。

君主之举,曾使某些学者产生过"城邦国家""民主制度"之观感。① 近年来云梦秦简的出土和研究,证明了统一之前秦国政权对于土地和农民的控制已是细密而有力,以致一些论者认为,此期此地是国有土地制度占据主导。② 秦之封建制、宗法制,也未曾发展到山东列国的那种程度。秦国国君子弟和王族贵戚,皆无尺土之封。③ 马端临说:"盖秦之法未尝以土地予人,不待李斯建议而后始罢封建也。"④秦之立君不甚论嫡庶,而是"择勇猛者立之",因而被《公羊传》讥之为"夷"。嫡长子继承制的不严密,当然也意味着宗法礼制的淡弱。确实,对中原学人所崇之"礼义",秦人往往视若无睹,如宣太后之荒淫无耻所反映的那样。⑤ 野蛮的人殉习俗在秦长期存留。秦武公卒,"初以人从死",秦穆公曾以一百七十七人殉葬。⑥ 秦墓中人殉相当普遍,虽然秦献公令"止从死",但事实上直到秦之统一,人殉现象依然见之于秦墓。⑦

在战国之人看来,秦国已经是一个"虎狼之国"了。《吴子·料敌》:"秦性强,其地险,其政严,其赏罚信,其人不让。"《战国策·魏策三》:"秦与戎翟同俗,有虎狼之心,贪戾好利而无信,不识礼义德行。

---

① 例如日知:《孔孟书中所反映的古代中国城市国家制度》及《从〈春秋〉称人之例再说亚洲古代民主政治》等文,分见《历史研究》1980 年第 3 期及 1981 年第 3 期。

② 如高敏:《云梦秦简初探》(增订本),河南人民出版社,1981 年;吴树平:《云梦秦简所反映的秦代社会阶级状况》,载《云梦秦简研究》,中华书局,1981 年;韩国李成珪:《秦统治体制结构的特性》,载《中国史研究的成果和展望》,中国社会科学出版社,1991 年;等等。

③ 《史记·秦本纪》记秦武公子白封平阳,《国语·楚语》韦昭注以征衙为公子铖之地。但林剑鸣辨其为食邑性质,参见氏著:《秦史稿》,上海人民出版社,1981 年,第 80—81 页。

④ 《文献通考》卷二六五,《封建考·六》。

⑤ 如《战国策·韩策二》所记宣太后对韩使尚子事、《秦策二》记其爱魏丑夫事,以及《史记·匈奴列传》记"义渠戎王与宣太后乱"事。其与义渠王事,顾颉刚存疑,见其《秦与西戎》;但林剑鸣以为可信,见其《秦史稿》,第 259 页及第 274 页注。

⑥ 见《史记·秦本纪》及《诗·秦风·黄鸟》。

⑦ 例如 1959 年在山西侯马乔村发现了七十多座秦人墓葬,其时已在战国晚期至秦代了,但是仍有人殉现象,最多的一墓中有人殉十八人。参见山西省文管会、考古所:《侯马东周殉人墓》,《文物》1969 年第 8、9 期。又如秦始皇陵园之东亦发现了殉葬墓,见《新中国的考古发现和研究》,第 388 页。

苟有利焉，不顾亲戚兄弟，若禽兽耳。"《荀子·议兵》："秦人其生民也
陿陋，其使民也酷烈。劫之以势，隐之以阸，忸之以庆赏，鳈之以刑罚，
使下之民所以要利于上者①，非斗无由也。"又《强国》篇述其入秦观感：
"入境观其风俗，其百姓朴，其声乐不流污，其服不挑，甚畏有司而顺，
古之民也！……故四世有胜，非幸也，数也！"民众朴实剽悍又驯顺畏
官，这真是寻求富强、致力"法治"者的天赐之资。

　　这最终促使秦国在军国主义道路上突飞猛进，并为其政治体制的
专制官僚制化，提供了优于六国的得天独厚的基础。由之，姗姗来迟的
商鞅变法，转而呈现出后来居上的强劲势头。"中国"的"礼"传统在战
国时的崩解，已使吏道、父道和师道一分为三。面对这一局面，秦国对于
"礼"之文化的、意识形态的方面——其"礼义""礼乐"的方面——无大
兴趣，而对其因政统之分化发展而兴起的变法，却显现了特殊的敏感。

　　秦与三晋接壤，而三晋乃法家辈出之地。有趣的是晋人也曾被称
为"虎狼"②，其民风亦有相近处③。秦与三晋屡相攻伐，风气观念遂深
受其影响。商鞅受李悝《法经》六篇④以相秦，改法为律，三晋法制遂入

---

① "下之民"前原有"天"字，据北京大学《荀子》注释组《荀子新注》删，中华书局，1979 年，
　　第 236 页注 15。

② 《左传》文公十三年："士会辞曰：晋人，虎狼也。"

③ 《汉书·地理志下》说魏地"康叔之风既歇，而纣之化犹存。故俗刚强，多豪杰侵夺，薄恩
　　礼，好生分"，韩地"其俗夸奢，上气力，好商贾渔猎，藏匿难制御也"，韩都颍川"高仕宦，
　　好文法，民以贪遴争讼生分为失"，赵地"丈夫相聚游戏，悲歌慷慨"，"上党、太原又多晋
　　公族子孙，以诈力相倾，矜夸功名，报仇过直"，"钟、代、石、北，迫近胡寇，民俗懁忲，好气
　　为奸，不事农商，自全晋之时，已患其剽悍，而武灵王又益厉之"。又王照圆《诗说》论秦
　　晋乐歌风格相类："秦晋之风多剽急，而少舒缓之体，与齐音正相反"，"晋音迫促，秦音雄
　　大"。转引自马非百：《秦集史》，下册，第 521 页。

④ 李悝著《法经》，商鞅用之于秦国变法，见《晋书·刑法志》和《唐律疏议》；又明董说《七
　　国考》引桓谭《新论》（原作《新书》），亦述及李悝《法经》。这几种文献时代偏晚，遂有学
　　者怀疑它们的可信性。有关讨论可参看张晋藩主编：《中国法制史研究综述》，中国人民
　　公安大学出版社，1990 年，第三章第二节"一、关于法经"；杜正胜《编户齐民——传统政
　　治社会结构之形成》，附录九《李悝著法经考辨》。就目前的讨论看，李悝著《法经》六篇
　　事似难以否定，云梦秦简的出土加强了学者的这一信念。

秦而发扬光大了。云梦睡虎地秦简所见之秦法,大抵以"律"为名。其中如《法律答问》,其内容颇能与《法经》六篇相印证。又《为吏之道》后抄有《魏户律》及《魏奔命律》各一条,为魏安厘王二十五年(前252年)所颁①,说明商鞅之后魏国法制仍然在不断传入秦地。商鞅的"垦草"等主张,大约与李悝的"尽地力之教"有关。根据郝家坪出土的秦牍《为田律》和银雀山汉简《吴问》,秦所行之田制,即二百四十步的大亩及阡陌制度,可以溯源于三晋。春秋时秦、楚、晋、燕皆有"县",但战国时三晋之县有"县令""县丞""县吏"之名,与秦制相通。三晋之赵国,其先与秦同祖,其北迫边胡一点也类似于秦;其统治者的议论,颇有同于商、韩者,如赵武灵王"反古未可非,而循礼未足多"之言,以及赵威后"不臣于王"之隐士当杀之论。② 秦孝公时主持变法的卫人商鞅,曾仕于魏;楚小吏李斯曾从赵人荀子学帝王之术,后入秦而据要津;为秦始皇所推重的韩非,乃韩之诸公子,亦曾师事荀子;又曾学于商鞅、而后入说秦王的尉缭,为魏人③;商鞅之师尸佼,亦是晋人。④ 吕不韦

---

① 见《睡虎地秦墓竹简》,文物出版社,1978年,第293页。下引秦简不另注则出此。

② 《战国策·赵策二》《齐策四》。又《韩非子·外储说左上》李疵语赵武灵王:"夫好显岩穴之士而朝之,则战士怠于行陈;上尊学者,下士居朝,则农夫惰于田。"亦见赵人议论近于法家。

③ 《汉书·艺文志》杂家类有《尉缭》二十九篇,颜师古注"刘向《别录》云缭为商君学"。兵家类又有《尉缭》三十一篇。1972年山东银雀山一号汉墓出土的《尉缭子》残简证明传世本不伪。传世本中多尉缭与梁惠王对答之语,那么尉缭还可能与商鞅同在魏国,或曾亲受其学。马非百以为见秦始皇者乃杂家尉缭,与兵家尉缭非一人,见《秦集史》,下册,第527页。钟兆华之意见相近,见其《尉缭子校注》,《前言》,中州书画社,1982年。《史记》所记尉缭事迹,钱穆以为"不足尽信",见《先秦诸子系年考辨》,《尉缭辨》,上海商务印书馆,1935年,第456页。但也可以做另一种猜测,就是《史记》记尉缭所见之"秦王"非秦始皇,乃另一秦王,史迁剪裁史料时误系为秦始皇时事。《汉志》中一人之书两列分见,也是常见的。

④ 《汉书·艺文志》杂家类有《尸子》二十篇,原注曰:"名佼,鲁人,秦相商君师之。鞅死,佼逃入蜀。"梁玉绳《人表考》卷五曰:"案《史记》集解引刘向《别录》云'佼,晋人。'《后书·吕强传》注同,当是也。乃《史》作楚人,《艺文志》作鲁人,盖因其逃亡在蜀,而鲁后属楚故耳。"见《史记汉书诸表订补十种》,中华书局,1982年,下册,第748页。是尸佼本晋人。

之三千门客，"秦人"之外者统称"晋人"。① 蒙文通说："法家之士多出于三晋，而其功显于秦，则法家固西北民族之精神，入中夏与三代文物相渐渍，遂独成一家之说，而与儒家之说相冲击，若冰炭之不可同器。"②

荀子谓秦"四世有胜"，数自秦孝公以下。秦孝公以商鞅变法，自此秦遂沿着军事官僚制之路大步推进了。由商鞅奠基并在此后不断完善的官僚法制，并非照抄三晋，而是因其传统自有创造。这除了因"人不弥土"而行"徕民"法等等之外，新式爵制的建立，尤其具有重大意义。

商鞅时所建立的爵制，爵级或曰十五、或曰十八；或曰有军爵、公爵之分，或曰军爵含公爵在内。其细节姑置不论，总之商鞅草创其大体，后来定型为二十级爵制。秦重爵甚于重官，有爵者可以享受多种特权，如获得田宅、役使庶子、入仕居官、穿着华服、免除徭役、食邑赐税、豢养家客、减刑抵罪、赎取奴隶，以及较高的传食待遇等。③ 重要的尤在于获得爵位之条件。《史记·商君列传》："有军功者，各以率受上爵。……宗室非有军功论，不得为属籍。明尊卑爵秩等级，各以差次名田宅，臣妾衣服以家次。有功者显荣；无功者虽富，无所芬华。"尽管秦爵之获得不完全靠军功，但是军功无疑是其主要条件，以致有的学者径称为"军功爵制"。④《商君书·境内》所谓"能得甲首一者，赏爵一

① 《史记·秦始皇本纪》："十二年，文信侯不韦死，窃葬。其舍人临者，晋人也，逐出之；秦人，六百石以上夺爵，迁；五百石以下不临，迁，勿夺爵。"《正义》曰："若是三晋之人，逐出令归也。"观此诏令，知其门客舍人除秦人外，主要为"晋人"。

② 蒙文通：《法家流变考》，《古学甄微》，巴蜀书社，1987年，第304—305页。

③ 其中有些待遇只属于较高的爵级，如不更以上方得免除徭役，五大夫以上方得"税邑"，等等。

④ 如朱绍侯：《军功爵制试探》，上海人民出版社，1980年。但是也有人认为"军功爵制"之称不妥。如李学勤说："有人把秦爵制称为'军功爵'，这是不准确的，因为秦爵也可以通过其他途径获得。"但是他也说，"就其与军制密不可分而言，也不无道理"。见其《东周与秦代文明》，文物出版社，1984年，第209页。杜正胜说："秦虽尝因民纳粟而拜爵，但基本上以军功授爵为主。"他认为"军功爵制"之称对汉代不一定妥当，但对于秦代还是合适的。见其《编户齐民——传统政治社会结构之形成》，第333页及第334页注⑧。

级"。学者对秦简等史料的考察显示,军功与爵制的关系颇为复杂,这也说明这是一个发达的制度。

爵制源于周制。贾谊《新书·阶级》:"古者圣王制为列等,内有公卿大夫士,外有公侯伯子男。"前一序列《白虎通义·爵》称为"内爵",用以确定王畿与列国各自的内部等级关系;后一序列则用以确定列国之间的关系。职事、禄位与宗法身份因之而联为一体,支撑起了封建制度。秦之爵制由此制度脱胎而来。据刘劭《爵制》,二十级爵的一至四级比于士,五至九级比于大夫,十至十八级比于卿,十九级比于"古圻内子男",二十级比于"古列国诸侯","然则卿大夫士下之品皆放古,比朝之制而异其名,亦所以殊军、国也"[1]。商鞅在制定秦爵时使用了士、大夫、侯等称号,显示了源于周制的蜕变胎迹;但是蜕变的结果,则已是个大不相同的东西了。爵级大增为十几以至二十级,适应了社会规模和复杂程度的变动;新增入的许多爵称,如上造、不更、庶长、大良造等等,利用了秦国的特有传统。刘劭说"比朝之制而异其名,亦所以殊军、国也",其实秦爵恰好不是军、国殊途,反倒是军、国为一的。

这个制度大大强化了军队战力。战国时魏、赵、楚、齐、燕等国也存在着各种爵制[2],但是在发达严整程度、与军功紧密结合程度等方面,秦之军爵制远远地超越了它们。《荀子·议兵》盛赞秦军事制度之效能:"故齐之技击不可以遇魏氏之武卒,魏氏之武卒不可以遇秦之锐士。"并认为秦军之勇悍善战在于秦制"五甲首而隶五家",将之归功于军功爵制。[3] 杜正胜指出,山东列国不但赐爵浮滥,而且"爵禄分途",

---

[1] 《续汉书·百官志五》刘昭注引。

[2] 对之可以参看杨宽:《战国史》,上海人民出版社,1980 年,第 234—236 页,第六章第六节之"三晋齐燕的爵秩等级"及"楚的爵秩等级"。

[3] 但是荀子在此的某些推论尚可推敲,例如他论魏制不如秦制,是因为魏国的武卒之制将使国家税收减少。但秦之爵制也不是不会减少赋役。例如秦制爵在不更以上者可以免除徭役。《汉书·百官公卿表》颜师古注:"(不更)言不豫更卒之事也。"汉代非是如此,当为秦制。高爵者有食邑特权,甚至可以蓄养家客,《商君书·境内》:"就为五大夫,则税邑三百家。"大庶长、左更、大良造等"皆有赐邑三百家,有赐税三百家"。五大夫"有税邑六百家者,受客"。这也是要减少国家徭役和税收的。

"爵施于官吏大臣,行伍士卒有功则只能赏禄而已"。① 确实,在"利禄官爵抟出于兵""富贵之门必出于兵"②一点上,山东列国远远非秦之比。进一步说,"修文学、习言谈,则无耕之劳而有富之实,无战之危而有贵之尊"之类情况,以及"则君请以国策十分之一者树表置高,乡之孝子聘之币;孝子兄弟寡,不与师旅之事"之类议论③,在山东列国往往而有之,却少见于秦。秦法所指向的是法家之如下目标。《商君书·画策》:"民之见战也,如饿狼之见肉,则民用矣。……强国之民,父遗其子,兄遗其弟,妻遗其夫,皆曰:'不得(敌首),无返!'"《赏刑》:"是故民闻战而相贺也,起居饮食所歌谣者,战也。"《韩非子·五蠹》:"是境内之民,其言谈者必轨于法,动作者归之于功,为勇者尽之于军。"如荀子之访秦观感:"下之民所以要利于上者,非斗无由也。"

这一制度有力地推动了社会的转型。就其高爵一端而言,商鞅定制"宗室非有军功论,不得为属籍",这就有力地打击了封建贵族,大大限制了其凭藉世资占有权益的可能性。秦简《法律答问》记有"内公孙毋爵者","内公孙"应是宗室成员,其所以"毋爵",大约就是因为没有军功。就其低爵一端而言,平民士伍也得到了因军功(或事功)而获得爵位的可能性。在秦简中,诸如《法律答问》《封诊式》等等文件里,我们经常可以看到"公士某""大夫某""上造某""五大夫某"一类拥有爵位的人物。又睡虎地四号墓出土的一件木牍,为从军淮阳之士卒黑夫的家书,云"书到皆为报,报必言相家爵来未来,告黑夫其未来状"。是黑夫有首功于淮阳,而赐爵依制应达于其家。④ 虽然普通军士获得高爵的可能不会很大,但毕竟有了由此晋身之机会。《商君书·境内》:"能得甲首一者,赏爵一级……乃得入兵官之吏。"⑤就是说士兵得爵之

① 杜正胜:《编户齐民——传统政治社会结构之形成》,第九章,"二、列国的军功和爵禄"。
② 《商君书·赏刑》。
③ 见《韩非子·五蠹》《管子·山权数》。《管子·山权数》中一句原作"孝子兄弟众寡不与师旅之事","众"字疑衍。句谓孝子如兄弟寡少,可以不服兵役而留家养亲也。
④ 参见《湖北云梦睡虎地十一座秦墓发掘简报》,《文物》1976 年第 9 期。
⑤ "入"原作"人",据朱师辙《商君书解诂》卷五改。

后,即可取得在军队或政府做官吏的资格,诸如为百将、屯长之类。《韩非子·定法》:"商君之法曰:'斩一首者爵一级,欲为官者为五十石之官;斩二首者爵二级,欲为官者为百石之官。'官爵之迁与斩首之功相称也。"爵为大夫,官可至县尉。自公大夫以上,即便不为官,也可以与县令、县丞抗礼了。

这一制度的深远影响,如杜正胜所言,"封建制度的君子小人分野取消了,万民同站在一条起跑线上,凭藉个人在战场上的表现缔造自己的身份地位"。他甚至断言:"军爵塑造新社会。"[1]我们相信"军爵塑造新社会"之语,确实是一个足资发挥的精到论断。新式爵制意味着一种不同于旧日村社中传统身份的新身份,这种身份是政权授予的。日人西嶋定生论曰,"里的秩序大概是靠血缘秩序维持的。……而后赐爵以规制礼的秩序,里的氏族结合谅必解体","自天子以至于庶人都含摄于爵制中,所以爵制不只是形成民间秩序的原理,以皇帝为顶点的国家结构也利用爵制组成为一个秩序体"[2]。爵制至少在原则上向平民开放,这就打破了贵族的世袭特权,创造了一个"编户齐民"的流动社会。韦伯曾指出,每一个官僚机构都具有这样一个特征,这就是尽力"平齐"(level out)各种社会差异。[3] 又孟德斯鸠亦言"在专制政体之下,人人也都是平等的"[4]。反过来说,"齐民"社会与专制官僚社会,恰好是一个问题的两个方面。

---

[1] 杜正胜:《编户齐民——传统政治社会结构之形成》,第334—335页及第358页。

[2] 西嶋定生:《中国古代统一国家的特质——皇帝统治之出现》,《中国上古史论文选集》(下),台北:华世出版社,1979年。

[3] 马克斯·韦伯说:"官僚制式组织总是要在平齐(level)了经济和社会差异的基础上,才能发挥效能。这种平齐至少是相对的,并且是在行政职能的拥有上考虑社会和经济差异的意义的。"参见 *From Max Weber*: *Essays in Sociology*, translated, edited and with an introduction by H. H. Gerth and C. W. Mills, p. 224。又见其《宗教社会学论文全集》,图宾根,1922年,第650页以下。这里把 level 或 level out 译为"平齐",是有意与中国古语"编户齐民""齐家治国平天下""整齐天下"之"平""齐"相应。

[4] 孟德斯鸠:《论法的精神》,张雁深译,商务印书馆,1961年,上册,第76页。尽管"在专制国家,人人平等是因为每一个人'什么都不是'"。

军爵以军功为主的流动标准，使得贵族赖以维系统治的"礼乐"教养大大丧失了意义——这个国度本来对"礼乐"就相当淡漠——进而为法制开拓了施展身手的天地。军功的提倡促成了社会的军事化，而在一定条件下的高度军事化，又经常意味着集权官僚制化。发达的军事组织与官僚制度之间，存在着天然的亲和性：在集权制、科层制、分工制、非人格性以及对于效能和纪律的极意追求上，二者所遵循的原则经常是内在贯通的。尽管有人认为军事活动造成了战国官僚管理制度的粗疏①，我们仍然相信问题还有另外一面。如日人籾山明所论，战国时政权的官僚法制化与社会的军事化是相关的进程："这种把社会军事性地再整编，与前面讲的强制机关——官僚群的出现一起，是战国时期法律秩序发展的不可忽视的必要条件"，"加上君主权力自身的强化（尤其是经济基础的确立），这时，法就从单纯的规范进一步发展为强制的命令，刑则是强制执法的手段。法家理想的法治国家，就这样在历史中展现了它的姿态"②。又如郑良树所言，商鞅"非常重视军事"，但是他"非常不同意作战是依赖人民众多、武器精良及谋臣出计制胜的……商鞅将军事的胜利建立在'政胜'的基础上"③。"政"包含下面要讨论的"法制"，也包括这里所论的军爵之制。军功的流动标准对"礼"教养的冲击、对使统治行为之脱身于原生性的礼俗获得更分化、更理性的纯粹政治性质，在当时是起到了强有力的促进作用。军爵制与官僚等级制的结合以及对社会流动的导向，使军事官僚体制变成了

---

① 如楼劲认为，"同时，在激烈的兼并战争中，各种制度看来都呈现了服从于军事活动，并以之为核心而展开的格局，这也构成了战国官僚管理制度呈现出粗疏状态的很大一部分原因"。见楼劲、刘光华：《中国古代文官制度》，甘肃人民出版社，1992年，第26—27页。在有些方面军事活动可能影响了文官制度的发达，但尤其是在秦国，它确实也有促进官僚制度发展的一面。在此，它使兼并战争立足于专制军事官僚体制的坚实基础之上了。较之后世，战国时期的官僚制度确实还是相当粗疏的；但较之真正"小国寡民"的周代，我们毕竟看到了重大的进步。

② 籾山明：《法家以前——春秋时期的刑与秩序》，《国外中国学研究译丛》第二辑，青海人民出版社，1988年。

③ 郑良树：《商鞅及其学派》，上海古籍出版社，1989年，第179—180页。

社会等级的主干。平民可以因其拥有爵位而获得比拟官吏的特权身份，这"齐民社会"是辐辏于专制官僚体制的轴心之上的，遂为一个"君主—官员—庶民"关系重于一切的三元社会奠定了基石，并把古代中国之社会演进，推向了一个新的境地。

封建时代的士大夫"君子"，既是"事"——政治权力——的垄断者，又是"学"——礼乐教养——的垄断者，同时又是拥有世袭特权的宗法贵族。然而军爵制下的"士"与"大夫"之名，已有实质性的变动，意味着全然不同的东西。"礼治"传统在此遇到了最大的挑战和危机。在法家指导下的秦国政治，显然既不讲"亲亲"之父道，又不讲"贤贤"之师道。秦政是吏道独尊，君道独尊。商鞅定爵制以"明尊卑爵秩等级"，即是"贵贵而尊官"之意。如钱大昕言："春秋以降……始有倡为刑名之学，以救时之弊、以尊君而抑臣者。商鞅以之强秦。……秦人用鞅之法并天下，愈益任法。……古之能尊其君，未有如秦者也。"[1]对于因西周春秋"礼"秩序之瓦解而造成的政统、亲统和道统之分化，秦所承继并继往开来的，主要是政统方面的那些变革。这种"片面"的继往开来与秦之固有传统的相互结合，便为"法治"主张在秦的贯彻，敞开了大门。

古兵刑不分，刑法生于军法。秦之军国主义精神，极有力地推动了法律与法吏的尊贵。商鞅开启的变法，对法律和法吏制度有非常详密的设计。《商君书·定分》："公孙鞅曰：为法令置官吏，朴足以知法令之谓者，以为天下正，则奏天子。天子则各令之主法令，皆降受命，发官。……天子置三法官，殿中置一法官，御史置一法官及吏，丞相置一法官。诸侯郡县皆各为置一法官及吏，此皆奉一法官。郡县诸侯一受赍来之法令，学问其所谓。吏民欲知法令者，皆问法官。故天下之吏民无不知法者。吏明知民知法令也，故吏不敢以非法遇民，民不敢犯法以干法官也。……故圣人必为法令置官也，置吏也，为天下师，所以定名分也。"[2]由于文中出现了"丞相"一官，或以为此篇非商鞅所作；但无论

---

① 钱大昕：《潜研堂文集》卷二，《晁错论》，《四部丛刊初编》缩本第三百八十六种，第28页。

② 引文中的一些文字，从高亨之校注意见径改以便阅读，见其《商君书注译》，中华书局，1974年。

如何，它应与商鞅思想一脉相承。这一设计之意图大要有三：一、法律应是行政之基本依据；二、法律应是官员之必习技能；三、法律应该经布达而成为民众之常识。终秦之世，这一直都被奉为立国之本。《史记·秦始皇本纪》记秦始皇"刻石颂秦德"事，《梁父刻石》："皇帝临位，作制明法，臣下修饬。"《琅邪刻石》："皇帝作始，端平法度，万物之纪"，"除疑定法，咸知所辟"，"欢欣奉教，尽知法式"。《之罘刻石》："大圣作治，建定法度，显箸纲纪"，"普施明法，经纬天下，永为仪则！"秦二世，虽以昏庸著称，但他也是自幼习法，并把明法以督责臣民视为巩固政权的利器。《秦始皇本纪》："赵高故尝教胡亥书及狱律令法事。"书写与法律，本是文法吏的基本技能，那么秦二世也不妨说是"明法"之君了。

秦之法律法令，马非百所搜求于文献者有二三十种。[①] 其所爬梳尚有遗漏，如"非所宜言法"[②]。云梦睡虎地秦墓出土简书中所见之律名，亦有三十余种。它们不仅远过李悝之《法经》六篇，而且肯定还不是秦律的全部。就其内容看，秦律决不仅仅是刑律，其中兵刑钱谷、考课铨选无所不及；相当大的一部分，如杨宽所说是"官府统治上需要的各种规章制度"[③]。它们达到了相当可观的细密程度——从劳绩之考课，到徭役之征发；从新故官员之交接，到府库财货之出入；小至斗之衡定、火之预防、锦履之禁、版书之材、传食之差等，公器之标识，大抵皆有可循之规章，有必遵之条文。秦律中包括着帝国政府的主要行政规程，用以处理官府、官吏之间及其齐民之间的各种关系、各类事务。秦简所见之秦律中，诸如"其出入禾，增积如律令""令以律居之""以律稟衣""以赍律责之""以律论度""令居其衣如律然""而以律论其不备""留者以律论之""受者以律续食衣之"等语，触目皆是，显示了行政的法制

---

① 参见马非百：《秦集史》，中华书局，1982年，下册，第837—840页。

② 《史记·叔孙通列传》："于是二世令御史案诸生言反者下吏，非所宜言。""非所宜言"在汉为律条，程树德谓"汉盖本秦律也"。见其《九朝律考》，中华书局，1963年，第105—106页。

③ 杨宽：《战国史》，上海人民出版社，1980年，第216页。

化和规范的书面化所达到的程度。它给学人以如下感受:"《秦律》的律篇之多,篇中的律条之细,充分说明了《秦律》的指导思想是企图把社会的各个侧面,以及每个侧面的细部都纳入法律范围,而不应有不利于社会和危害社会的行为遗脱于法律制裁之外。这正是商鞅以法为社会支撑点的法治思想的再现。"①

因之,官吏对法律的明习,也就成了行政秩序和行政效能的必要条件。《商君书·定分》篇所设计的"以法为教""以吏为师"制度、法官法吏制度,也在相当程度上得到了贯彻。②《秦律十八种·内史杂》:"县各告都官在其县者,写其官之用律。"这是要求各属县到上司之处抄写所遵用的律令。又《尉杂》:"岁雠辟律于御史。"司法之"尉"(或说即是廷尉)每年应前往御史处核对律令原本。而国家律令依制亦应布达于吏民。秦简中之《语书》,即是秦王政二十年南郡守腾下达于所属县、道长官的文书:"凡法律令者,以教道民。……故腾为是而修法律令、田令及为间私方而下之,令吏明布,令吏民皆明智之,毋巨于罪。"此即"以法为教"之一实例。《商君书·定分》规定,法官在回答询问法律者时,须将所答书之于"符",符之左片予询法者,右片藏于官府。秦简中之《法律答问》,或以为即是官吏为吏民解释法律的此类文书。《战国策·秦策一》说商鞅变法之后,已是"秦妇人、婴儿皆言商君之法"了;又《韩非子·五蠹》:"藏商、管之法者家有之。""明法"被视为帝国统治的主要事务和成就标准。

"法治"要求以训练有素的文吏为其基本承担者。秦国为吏员的培训和铨选,建立了周密的制度。《说文解字·后叙》引汉《尉律》:"学僮十七已上始试,讽籀书九千字,乃得为吏;又以八体试之,郡移太史,并课最者以为尚书史。书或不正,辄举劾之。"《汉书·艺文志》说"汉

---

① 吴树平:《竹简本〈秦律〉的法律观及其前后的因革》,收入氏著《秦汉文献研究》,齐鲁书社,1988年,第87页。

② 对秦之法官法吏制度,还请参看林剑鸣:《从云梦秦简看秦代的法律制度》,《西北大学学报》1979年第3期;黄留珠:《略谈秦的法官法吏制》,《西北大学学报》1981年第1期;张金光:《论秦汉的学吏制度》,《文史哲》1984年第7期;等等。

兴,萧何草律,亦著其法。"所指即此《尉律》;而"亦著其法"之"亦"字,表明此制非其所创,那么就应是承之于秦了;或言其就是本于秦之《尉杂》。①《尉律》《尉杂》之"尉"应指廷尉。培训学僮事关廷尉,因为书字之学与司法密切相关。《说文解字·后叙》:"廷尉说律,至以字断法,苛人受钱,苛之字止句也。若此者甚众。"即是其证。故秦廷尉李斯有《仓颉篇》之作。又隶书,传说为程邈作于云阳狱中。据《秦律十八种·内史杂》,秦有"学室","史子"学习其中。秦之"史子"当即汉之"学僮",即吏员的学徒弟子②;"学室"则是培养文吏的学校。《内史杂》:"下吏能书者,毋敢从史之事。"可见"史"应是"能书者",并具有专门资格。《秦律杂抄》中有《除弟子律》:"当除弟子籍不得,置任不审,皆耐为侯。"这是学吏弟子的管理任用之法。《秦律杂抄》中又有"守书私卒",大约是准备从事文书工作的私从卒史,也是一种学徒吏。《商君书·定分》规划了继任官员的法律培训制度:"主法之吏有迁徙物故,辄使学者读法令所谓③,为之程式,使日数而知法令之所谓。不中程,为法令以罪之。"睡虎地秦墓出土的秦律简书,论者以为即有法律教材性质,是官吏习法制度之明证。《史记·秦始皇本纪》记李斯奏言:"若有欲学法令,以吏为师。""以吏为师"学习法令,原是秦之旧制。秦简《语书》:"凡良吏明法律令,事无不能殹。……恶吏不明法律令,不智事,不廉洁,毋以佐上。""明法"又是秦帝国评价所谓"良吏"的中心标准。

结合文献及秦简所见,称"史"之官在秦地位重要。秦简之中,史、令史等是基本的执法行政者,在各级官署中从事书记、刑案、文档等等工作。其名目又有令史掾、司空佐史、司马令史、司马令史掾等等。睡虎地十一号墓的墓主喜,初为史,后为安陆令史、鄢令史等。其墓中所

---

① 张金光谓"按,此《尉律》当本出土秦律之《尉杂》篇。'讽籀书为吏'之制亦当本于秦制"。参见前注所揭张文。

② 《睡虎地秦墓竹简》注谓"史子"为"史的儿子"。张金光认为是"史的学徒弟子"。此从张说。

③ 句中"学"下原无"者"字。

发现的大量法律文书，即是史、令史履行职责的依本。秦简所见，有狱讼则使"令史某往诊""令史某爰书"。习学为吏者称"史子"。又御史、监御史、御史大夫等等，皆主法之官。秦简有《内史杂》，其事亦与法律相关。李学勤说："秦的内史之官，源于周制。《周礼》内史有掌管法令副贰的职责，因而秦武王改定法律，在丞相外要命及内史。秦的内史与法律有关，实由《周礼》演变而来。"[①]太史则负责法吏的培训。《说文解字·后叙》所引《尉律》说太史课学僮为"尚书史"；《汉书·艺文志》则说太史课学僮为"尚书、御史史书令史"。尚书亦秦官，主文书。《战国策·秦策五》说司空马"为尚书，习秦事"，"少为秦刀笔"。秦太史令胡母敬作字书《博学篇》，亦当事涉史子学僮之培训。

周代诸史职责宽泛，但是他们有一个共同之点，就是主书主法；我们认为这一职责后来促成了职业文官角色的发达与分化。秦之称"史"之官的守法执法之责，即是其证。至于官员对于文书的充分利用，在秦律中还有更多的反映，如《秦律十八种·行书》对于公文传发、《司空》对于书写材料的选择和缄束方法的细致规定。又《内史杂》："有事请殹，必以书，毋口请，毋羁请。"这就是说有事必须书面请示，不得口头请示或托人代达。这个"必以书"的制度，显然是为了使行政更为标准化、程式化。《内史杂》又记官衙中有"臧府"、有"书府"，一藏器用，一藏文书，有官啬夫及吏更直看守，令史巡查。按《周礼》"府史胥徒"之"府""史"，一"掌官契以治藏"，一"掌官书以赞治"；《礼记·曲礼下》："在官言官，在府言府。"注谓："官谓版图文书之处，府谓宝藏货贿之处也。"与之正合。当然，秦之主书主法之官不必尽称为"史"；称"史"之官职责也不必限于主书主法。但是"官"在中国古代很早就与版图文书密切相关。"书府"的存在，以及"掌官书以赞治"的令史、诸史的活跃，应该是秦官僚制度完备健全的一个重要表征。它使各级官署对于法律文书的依赖日益增加，由此而使政府工作日益具有了更多的理性行政意味，并有力地促进了中央集权。例如，"县"之名本源

---

① 参见李学勤：《竹简秦汉律与〈周礼〉》，收入《中国法律史国际学术讨论会论文集》，陕西人民出版社，1990 年。

于周，春秋时不止一国有县之设置，它渐渐成为行政性的地方单位。然而最终是因秦之商鞅变法，县制才获得了最充分的发展。这与秦之法官法吏制度的完备直接相关——在秦简律文中，我们看到令史在县之司法行政中分外活跃，这在使县真正成为专制君主能以行政方式来控制社区的单位之上，肯定是发挥了重要作用。

在吏道发达方面，对"文法吏"角色做充分评价，当然不是说可以忽略其他因素。例如"客卿"，对于秦国的兴盛及其官僚制度的发展，也曾起到了重要作用。学人多有"秦用他国人"[①]"喜用别国人"[②]"秦固以客兴"[③]一类说法。商鞅变法之后，自秦惠文王以张仪为相始至秦始皇时，秦之二十二位为相者，至少有十八位有"客"的身份。[④] 此时秦之主要封君，有七分之四来自"外来的有功的客卿"[⑤]。苏轼论历代仕进之制，言"战国至秦出于客"[⑥]。秦国还专门设有"客卿"一官以待士。[⑦] 客卿的任用，对各国贯彻"选贤任能"原则都是重大的促进。但在另一方面，也必须有一个严整发达的职业文官体制的存在作为前提，客卿制才能真正收到促进官僚政治之效。职业文官体制为政客们提供了发挥政治才能的舞台，并将之纳入官僚政治的范畴之内，从而抑制了客卿活动的负面影响。这些负面影响时见于关东列国，故韩非不仅斥责"文学之士"，也斥责"纵横之士""辨智之士"。《韩非子·忠孝》："故世人多不言国法而言纵横。……山东之言纵横，未尝一日而止也，然而功名不成、霸王不立者，虚言非所以成治也。……是以三王不务离

① 见洪迈：《容斋随笔》卷二，"秦用他国人"条，上海古籍出版社，1978年，上册，第23页。

② 洪亮吉：《更生斋文甲集》卷二，《春秋十论·春秋惟秦不用同姓而喜用别国人论》。

③ 罗大经：《鹤林玉露》甲编卷三，《齐秦客》，中华书局，1983年，第43页。

④ 参见黄留珠：《秦汉仕进制度》，西北大学出版社，1985年，第40—43页。

⑤ 参见杨宽：《论秦汉的分封制》，《中华文史论丛》1980年第1辑。

⑥ 《东坡续集》卷八，《论养士》，《苏东坡全集》，中国书店，1986年，下册，第250页。

⑦ 马非百辨"客卿"有广、狭二义。在狭义上，"客卿乃一特定之官名，专为位置某种诸侯人之来仕于秦者而设，而非泛指一切为客于秦之诸侯人甚明"；广义上，则"举凡诸侯之人不产于秦而来仕于秦者，皆得名之为客卿"。见其《秦集史》，中华书局，1982年，下册，第941—942页。

合而正,五霸不待纵横而察,治内以裁外而已矣。"①"舍法而任智则危",韩非甚至以"田氏代齐"一类事变相儆。游士之作风,是"君有势,我则从君;君无势则去"②,与奉法行令之文吏大异其趣。秦嬴政一度有"逐客"之举,为李斯谏止。《秦律杂抄》中有《游士律》,专设其法以限制游士。列国皆重客卿而秦独"以客兴",与秦国存在着严整的法制和文吏体制,当有密切关系。

秦之法制多源于三晋,然而到了战国后期,三晋已自叹不如了。《战国策·秦策五》:

> 司空马说赵王曰:"……请为大王设秦、赵之战,而亲观其孰胜。赵孰与秦大?"曰:"不如。""民孰与之众?"曰"不如。""金钱粟孰与之富?"曰:"弗如。""国孰与之治?"曰:"不如。""相孰与之贤?"曰:"不如。""将孰与之武?"曰:"不如。""律令孰与之明?"曰:"不如。"司空马曰:"然则大王之国,百举而无及秦者,大王之国亡。"

其中"律令明"一点,就构成了秦国民众、财富、国治、相贤、将武的坚实基础。《荀子·强国》记荀子自叙入秦所见:

> ……及都邑官府,其百吏肃然,莫不恭俭敦敬忠信而不楛,古之吏也!入其国,观其士大夫,出于其门,入于公门,出于公门,归于其家,无有私事也;不比周,不朋党,偶然莫不明通而公也,古之士大夫也!观其朝廷,其朝闲③,听决百事不留,恬然如无治也,古之朝也!故四世有胜,非幸也,数也。是所见也。故曰:佚而治,约而详,不烦而功,治之至也,秦类之矣!

---

① 文中一句原作"是以三王不务离合,而止五霸不待纵横,察治内以裁外而已矣"。从日本、翼毳、纂闻等本径改。参看梁启雄:《韩子浅解》,中华书局,1960 年,下册,第 509 页。

② 《史记·廉颇蔺相如列传》。

③ 句中"朝"字原脱,据北京大学《荀子》注释组《荀子新注》补,中华书局,1979 年,第 264 页注⑥。

荀子曾游历多国,他对秦国吏治印象如此之深,可知秦国之法制与法吏颇优于列国。在这种政治形态之下,君主很像是一个最大的文吏;他就是文吏之首。《史记·秦始皇本纪》:"天下之事无小大皆决于上。上至以衡石量书,日夜有呈,不中呈,不得休息。"尽管秦之青铜兵器,较之楚国、燕国在战国晚期大量使用的铁兵器相形逊色[1];尽管列国的将相贤才、政客辩士们,也在政治舞台上演出了一幕又一幕引人入胜的史诗;但是在法制与法吏的水平和效能上,列国已无法望秦之项背了。

经由军国主义道路的专制官僚制化,在秦国获得了重大成功。法制、军制、田制、税制等等之改革皆始于山东,而最终收成于秦,这自非偶然。秦国的相对独特的历史传统与社会风貌,诸如其早期君权的强大、其民风的驯朴勇悍、其礼乐传统之淡漠、其封建制和宗法制的薄弱,都为商、韩法治学说之贯彻,提供了沃土,由其所孕育出来的强大军事专制官僚政权,山东列国难以抗衡。最终,秦政告别了周政,并以"六王毕,四海一"划定了一个时代的结束。

第二节　秦政优劣论:文吏政治的限度

顾立雅对秦汉时期的官僚体制给予了充分的评价。他说,"还是早在基督教时代开始之时,中华帝国就已显示了众多与二十世纪的超级国家的类似之处了","在由中央集权的官僚政府加以管理之上,中国远远超过了罗马帝国,并且超过了近代以前所有可比的国家"。罗马帝国并没有发展出在范围和复杂程度上可与中国相比的官僚机构,甚至拜占庭帝国也是如此。[2] 尽管其论断是兼秦汉帝国而言的,但是汉承秦制,秦代政治体制业已奠定了中华帝国的坚实基础。前无古人

---

[1] 参见《新中国的考古发现和研究》,第 388 页。"秦俑坑中出土的数千件实用兵器,除个别的铁镞和铁铤铜镞外,全系青铜铸造。比起南方的楚国和北方的燕国在战国晚期已大量使用铁兵器,不免稍有逊色。"

[2] H. G. Creel:"The Beginning of Bureaucracy in China: The Origin of the Hsien", *Journal of Asian Studies*, XXIII, 1964, pp. 155-156.

的统一事业,显示了秦国的军事官僚体制的巨大效能。秦始皇"振长策而御宇内""履至尊而制六合",庞大政府中的各级训练有素的吏员,有效地担负起了兵刑钱谷、考课铨选等等事务,管理着数以千万计的小农。在当时的科技和通讯水平之下,这是一个巨大的历史成就。诸如驰道、长城、阿房宫、骊山墓等等的修建,以及对匈奴、南越的打击等,无不反映了帝国的巨大社会动员和资源组织能力,它代表着古代世界行政体制的最高发展水平。法家所设计与追求的"法治"和"霸业",至此而达顶峰。所谓"平定天下,海内为郡县,法令由一统,自上古以来未尝有,五帝所不及",非尽夸饰之辞。

然而同样令人惊异的,是这个庞大帝国居然"二世而亡"。无论是"戍卒叫,函谷举,楚人一炬,可怜焦土"也好,还是所谓"以六合为家、崤函为宫,一夫作难而七庙堕,身死人手,为天下笑"也好,都是说这一帝国的强大和脆弱,形成了太过鲜明的对比。自汉以后秦政就成了人们谴责斥骂的对象,说明在中国古代社会中存在着抵制此类政治形态的深厚传统。在叙述了秦帝国的"法治"成就之后,我们不能不转而对文吏政治的限度加以考虑。

章太炎之《秦政记》,因其对秦政颇多褒辞而不同凡响。他首先认定,"人主独贵者,其政平。不独贵,则阶级起";"人主独贵者,政亦独制;虽独制,必以持法为齐"。而在此历代以秦为最优:"古先民平其政者,莫遂于秦。秦皇负扆以断天下,而子弟为庶人。所任将相,李斯、蒙恬,皆功臣良吏也。后宫之属,椒房之嬖,未有一人得自遂";"自法家论之,秦皇为有守。非独刑罚依科也,用人亦然","世以始皇为严,而不妄诛一吏也"。"独秦制本商鞅,其君亦世守法。……要其用意,使君民不相爱,块然循于法律之中。秦皇固世受其术,其守法则非草莽、缙绅所能拟已。"较之汉帝之贵宗室女宠、滥赏擅杀诸端,"秦皇之与孝武,则犹高山之与大湫也。其视孝文,秦皇犹贤也"。在他看来,"秦皇微点,独在起阿房,及以童男女三千人资徐福;诸丞食言,乃坑术士,以说百姓。其它无过"。至于秦之速亡,他归之为六国公族欲复其宗庙,以及"继世而得胡亥"。"藉令秦皇长世,易代以后,扶苏嗣之,虽四三皇、六五帝曾不足比隆也;何有后世繁文缛礼之政乎?"贾谊之《过秦论》遂被讥为"短识";"秦政如是,然而卒亡其国者,非法之罪也!"①

　　章氏以为秦之卒亡"非法之罪",由之我们不难联想到柳宗元《封建论》说秦"失之在政,不在制"的著名论断。"政""制"两分当然是个有助的视角,但是在我们看来,秦帝国的政治成败与其"法治"之间,依然存在着并非外在的关系。秦国的特殊传统,其经由军国主义的专制官僚制化道路,使之将战国"法治"化运动推向了极致。不错,秦帝国的专制官僚体制,在其规模、复杂性和完善程度之上还是不能与后世相比的。把秦之丞相诸卿制比之于唐代的三省六部制、秦之选官制比之于唐之科举制、秦律比之于唐律,那么前者显然仍属草创粗疏。但如不仅着眼于行政组织的复杂程度,而且也着眼于体制运作的总体倾向性时,我们不能不看到秦政代表了一种更"纯粹"的"法治"。"君臣块然循于法律之中",这不仅与其前的"周政"相异,甚至与此后以儒术为标榜的"繁文缛礼之政"大不相同。科举时代文人兼为官僚的士大夫形态,曾被某些学者指为专门化和专业化原则的对立物;礼教、孝道以及诗赋八股的取士标准等,被认为是损害了官僚行政的合理化程度。而在中国古代第一个大一统官僚帝国之中,恰恰不是由士大夫,而是由职业文官角色——文吏,来担负行政的;礼教、孝道之类在此很少影响。

　　在战国时代,"礼"秩序的崩解造成了"断裂",社会变革的剧烈程度似乎造就了一种非常之大的"冲击力",社会分化的推进显示了"尽其极至"的势头。不仅师道之分化、学士之分立造成了"百家争鸣"的灿烂局面和后世难以企及的文化创造力,作为平行的观照,吏道之分化、文吏之分立,也促使国家的专制官僚制化运动采取了"片面的深刻"的形式。艾森斯塔得在分析历史上的官僚帝国的时候,把这类政权的目标取向区分为文化性的、政治—集体性的、经济—社会性的等等不同类型。文化特殊主义的目标取向,强调特定文化传统的维持;而政治—集体性的目标则强调政治共同体的强盛、政治领域的自主性和优先性,追求对外征服、领土扩张、政权之军事经济实力以及政权和统治者的存续等等。后者对应着更高的政治领域的分化程度。中华帝国被

---

① 章太炎:《秦政记》,《太炎文录初编》卷一,《章太炎全集》(四),上海人民出版社,1985 年。

认为是文化取向的典型。① 但是法家和秦政的"法治",却相当接近于所谓政治—集体性的那种取向,这是不应忽略的。

法家与秦政所达到的"深刻的片面",固然是由于摆脱了"礼治"的束缚而使政统吏道获得了充分发展的更大空间,但是这种片面性同时也就划定了它的限度。首先,战国至秦政统的分化特别地采取了吏道的形式,这也就是说,在此官僚行政的组织机构片面发达,立法、司法和所谓"政治斗争通道"并无多少自主性可言。法家与秦政之"法治"所谓的"法",只是一种"官僚制的法"。就是说,这个体制是个缺乏自我调节能力的系统。进之,在政统、亲统和道统因社会分化而各自自主性大为增加的时候,秦政吏道的片面发达伴之以对父道、师道的强力压抑,三统相维的整合秩序与调节机制,被吏道的独尊取代了;而这个三统相维的政治文化模式,却依然是这个社会、至少依然是关东列国的根深蒂固的传统,秦之法治与之格格不入,而难以有机地整合为一体。

官僚机器即使是卓有效能的,它仍然不能完全决定政权的目标。作为一个工具,它忠实地执行至高无上的专制君主为之确定的政治方针。专制制度在中国古代社会的出现有其必然性,但是这种集立法、司法和行政于一人之身的制度,却有其特有问题。在较不分化的社会里,例如封建时代,天子自由行使个人权力意志的范围相当有限,并且更多地受制于传统。尽管人们把夏之灭亡归罪于桀、殷之灭亡归罪于纣,但君主的个人性专断妄为对社会的损害在此时很可能仍是较小的。但是对于一个更为分化的政治体系就不同了。官僚制式的控制可以直达社会基层,并使巨大人力物力的调动及其滥用成为可能。事变紧迫性的压力、决策应时性的要求,也因社会分化而大为增加了。在这种情况下,君主个人意志固然仍要承受"局势"的制约,但其自由行使已经获得了更大的制度化空间。《汉书·文帝纪》"天下治乱,在予一人",《新书·保傅》"天下之命,县于太子"都反映了古人对君主个人意志关乎"天下治乱"的深切感受。

---

① 参见艾森斯塔得:《帝国的政治体系》第九章有关部分,阎步克译,贵州人民出版社,1992 年。

法家的"法治"学说，在此就面临着一个悬而未决的问题。商鞅、韩非设想君主是据"势"运"术"而依"法"治吏治民的角色，他是专制官僚秩序的最高代表。确实，艾森斯塔得把君主对专制集权政治目标的寻求，视为官僚帝国得以演生的内部条件。[1] 但是君主个人的权势欲和享乐欲的无度扩展倾向，却可能在新的体制下成为新的危机根源。孟德斯鸠说："专制政体的原则是不断在腐化的，因为这个原则在性质上就是腐化的东西。"[2]这种"腐化"也包括不含享乐意图的权势欲的无限扩展：当专制君主发现可以自由调动如此之大的人力物力的时候，他往往不会错过这一滥用权力的机会。当然，商鞅、韩非所设计的"法治"，对君主个人意志也不是全无制约；官僚行政一旦成为按照理性原则运转的实体，那么违反行政规程就也将受到抵制。但是这种抵制往往是只限于技术层面；并且法家承认君主的至上权威，那么是"法"大还是"势"大，就依然如前所说，是"悬而未决"的。就此而言，秦之"政"与秦之"制"，又并非可截然划分为二者。

秦始皇完成统一大业，随后就开始了亟役万民之举。至秦二世之时，问题就日益表面化、尖锐化了。二世公然作如下申说："凡所为贵有天下者，得肆意极欲，主重明法，下不敢为非，以制御海内矣。夫虞、夏之主，贵为天子，亲处穷苦之实，以徇百姓，尚何于法？朕尊万乘，毋其实。吾欲造千乘之驾，万乘之属，充吾号名……"见《史记·秦始皇本纪》。同书《李斯列传》所记二世尚有"专用天下适己而已矣"这样一句名言。《传》又记李斯惧而上书曰：

> 夫贤主者，必且能全道而行督责之术者也。督责之，则臣不敢不竭能以徇其主矣。此臣主之分定，上下之义明，则天下贤不肖莫敢不尽力竭任以徇其君矣。是故主独制于天下而无所制也，能穷乐之极矣，贤明之主也，可不察焉！
>
> 故申子曰"有天下而不恣睢，命之曰以天下为桎梏"者，无他焉，不能督责，而顾以其身劳于天下之民，若尧、禹然，故谓之"桎

① 见《帝国的政治体系》第二章第一节。

② 孟德斯鸠：《论法的精神》，张雁深译，商务印书馆，1961 年，上册，第 119 页。

梏"也。夫不能修申、韩之明术，行督责之道，专以天下自适也，而徒务苦形劳神，以身徇百姓，则是黔首之役，非畜天下者也，何足贵哉！……是以明君独断，故权不在臣也。然后能灭仁义之途，掩驰说之口，困烈士之行，塞聪揜明，内独视听，故外不可倾以仁义烈士之行，而内不可夺以谏说忿争之辩。故能荦然独行恣睢之心而莫之敢逆。若此，然后可谓能明申、韩之术，而修商君之法。法修术明而天下乱者，未之闻也。……

胡亥与李斯均引述法家之说以证成其论，申、韩、商鞅之法术被服务于君主恣睢极乐之欲求，由是而见。尽管商鞅、韩非更多地强调了君主是恪行法律者，可是"主独制于天下而无所制"一点，是把君主推到了"法"亦不能制的独裁寡头地位。"明法""督责"不仅服务于"法治""霸道"，而且也服务于君主"专用天下适己"的个人欲望。李斯等官僚对之先谏后屈，证明了这种"法治"对君主制约的微弱无力。尽管也有人怀疑《史记》所载胡亥、李斯上述之言"非当时实录也"①，但至少目前尚无确切证据能够将之否定。其语之毫无掩饰，确实有点骇人视听；但是我们来看商鞅、韩非对道德仁义的公然抹杀，《盐铁论》中法家代表对财富、权势的津津乐道，那么胡亥、李斯发言之悚人听闻，也就非无可能了。即令其中有汉人的有意增益，但大致上仍可反映秦政的倾向性；那种增益也未始不是出于深切的体察，且可反映中国传统政治文化对之的天然抵制。要知道，不是我们今天的看法，而是当时人对秦政的态度，决定着这个政权的历史命运。

进一步说，官僚体制自身也有一种把一切社会要素纳入行政式统制之下的天然倾向，只要存在着可能，它就要施展其无所不在的控制，以及一种通过追求"宏大事业"、显示其调动资源的巨大能力以实现其存在价值的天然倾向。这与君主之权势欲一拍即合，并且经常构成对社会之沉

---

① 吕思勉认为："且如《李斯列传》二世问赵高责李斯，及李斯上书，皆以行督责恣睢广意为言。此乃法家之论之流失。世有立功而必师古者矣？有图行乐而必依据师说者乎？故知《李斯列传》所载赵高之谋，二世之诏，李斯之书，皆非当时实录也。"见其《秦汉史》，上海古籍出版社，1983年，第24页。

重压迫,进而成为社会的异化物和对立物。秦之驱役天下,并非如章太炎所说只是"微点"而已。史料中充斥着这一类的描述:"秦始皇以千百国之民自养,力疲不能胜其役,财尽不能胜其求","男子疾耕不足于粮饷,女子纺绩不足于帷幕","丁男被甲,丁女转输","戍者死于边,输者偾于道","头会箕敛,输于少府","发闾左之戍,收太半之赋","赋敛众数,百姓任罢……"①据范文澜统计,"秦时全中国人口约二千万左右,被征发造宫室坟墓共一百五十万人,守五岭五十万人,蒙恬所率防匈奴兵三十万人,筑长城假定五十万人,再加其他杂役,总数不下三百万人,占总人口百分之十五。使用民力如此巨大急促,实非民力所能胜任"②。在这个时候,用以维持秩序的法制就被用于压制反抗,进而造成了"赭衣半道,群盗满山"之局。众多人口沦为"刑徒",秦始皇时修建阿房宫、骊山墓的"刑徒"达七十多万人。强制剥夺民众自由而使之服务于国家,这一点尤其能够反映官僚帝国的本质。

然而小农经济的天然脆弱性,却使这个庞大的专制官僚机器必须在一个难以掌握的平衡点上运转,既要保证资源的敛取,又不能使剥削超过限度,否则千万小农的破产终将造成严重动乱。然而这一体制的结构,却使之难以由自身来矫正政策的偏差。文吏固然训练有素,他们却只具备执行功能,由严刑暴敛引起的动乱反馈至中央,新的指令仍是严刑暴敛,并在无异议的情况之下被再次贯彻下去了。近代社会政治系统的分化中,出现了立法、司法和行政的三权分立,并有各种民主通道和政党政治使社会可以由之制约国家。但是在中国古代战国至秦政治系统的分化形态,却表现为吏道的"孤军深入"——专制官僚体制的片面发达。论者或说秦之灭亡是因为遗弃了"法治",我们却并不作如是

---

① 可参看安作璋编:《秦汉农民战争史料汇编》,第一编第一节,"附录:汉人论述陈胜、吴广起义"部分的有关辑引,中华书局,1982 年。

② 范文澜:《中国通史简编》修订本第二编,人民出版社,1949 年,第 18 页。又据萧国亮估计,"当时农业生产所提供的剩余粮食只能负担二百万人从事徭役劳动。但秦始皇滥用民力,征发徭役往往超过二百万"。见其《秦二世而亡的经济原因——斥"四人帮"在秦汉史上的一个谬论》,《社会科学》1980 年第 6 期。

观:秦二世时代胡亥、李斯仍以"明法"为务。这也不仅仅是个"缺乏统治经验"的问题。它关涉于一种体制的内在趋向,这甚至还不仅仅表现在秦代,例如隋王朝专制与法制的结合及其二世而亡,颇可成为类比。①在秦帝国,"法治"确实达到了"片面的深刻",但这种君主专制与文吏政治相结合的体制,无论就其内部机制而言,还是就其与社会的关系而言,它都还不是一个平衡的、富有调适能力的系统,也不足以长期地整合那个拥有其特定传统的社会。

在文化传统上秦国与列国有异。"礼乐"及其所体现的"仁义"理念在关东列国源远而流长。春秋时代"国人"之活跃,已反映了与秦之重大差异;时至战国,孟子仍把"国人皆曰可杀"视作行法的前提。②据孟子所述,齐军攻燕,燕人竟"箪食壶浆,以迎王师。岂有他哉?避水火也"。已见民心向背之效。③在中原尽管也发生了"礼崩乐坏",但在政统之外的民间学士却把它们传承下来并阐释得更加精致、更加系统了。这里有孔、孟、荀、墨一大批申说"仁爱"、为民请命的学士。韩非

---

① 例如很有意思的是,古人往往把秦、隋帝国相提并论。隋王朝也是二世而亡;宋人洪迈说:"自三代迄五季,为天下君而得罪于民、为万世所麾斥者,莫若秦与隋。"见《容斋随笔》,上海古籍出版社,1978 年,上册,《容斋续笔》卷五,《秦隋之恶》。而隋帝国的政治倾向,恰恰也是重法制而不重礼义,其君主以豪华奢侈著称的。隋源于北朝,北朝的特殊历史条件使之也经历了一个类似于秦的军国主义的官僚制化道路,并由此完成了对南朝的统一。《隋书·循吏传序》:"(隋)高祖……不敦诗书,不尚道德,专任法令,严察临下。"同书《刑法志》:"高祖性猜忌,素不悦学,既任智而获大位,因以文法自矜,明察临下。"可参看拙著:《察举制度变迁史稿》,辽宁大学出版社,1991 年,第十三章第四节《武功、吏能和文学、经术》。又高明士在对隋代的立法活动的内容与过程加以考察后,指出"其与魏、晋,尤其是西晋,最大不同的地方是藉律令制度的厘正,而将皇帝为顶点之中央集权体制的重要性,凌驾于儒家的贵民说之上"。例如隋《开皇令》对晋《泰始令》篇目次序的变更,就"提示治统高于道统"。见其《从律令制度论隋代的立国政策》,收入中国唐代学会编辑委员会编:《唐代文化研讨会论文集》,台北:文史哲出版社,1992 年。秦、隋的对比,颇有助于我们理解中国古代"专制"与"法制"的关系,甚至二者的速亡和后人对之的斥责都是相近的。

② 《孟子·梁惠王下》。

③ 见《孟子·梁惠王下》。《战国策·燕策一》谓其时燕人"士卒不战,城门不闭"。

也言及"今世之学士语治者,多曰与贫穷地,以实无资"①。这种人道主义精神并非凭空产生;"大同"之理想,对"野有饿殍""杀人盈野"之愤慨,对暴君之痛恨,也并不仅仅存在于少数哲人的头脑之中。春秋战国的历史进程造成了自由人的普遍存在,这就是"仁学"得以产生并成为"显学"的深厚基础。

而且,暴秦之时,陈胜已有"王侯将相宁有种乎"、刘邦已有"大丈夫当如此也"、项羽已有"彼可取而代也"之语了。孔子时还只是说"富与贵,是人之所欲也"②,荀子则已称"夫贵为天子、富有天下,名为圣王,兼制人,人莫得而制也,是人情之所同欲也"③。这都可证明社会分化、流动性增加所造成的下层个人期望所达到的水平。那么"诛一夫纣"的行为,确实就有现实的可能性。秦之法治或可通行于关中而无大阻碍,但在关东就要遇到多得多的困难。战国时代齐人鲁仲连就已有如下之声明:"彼秦者,弃礼义而上首功之国也,权使其士,虏使其民。彼则肆然而为帝,过而遂正于天下,则连有赴东海而死矣,吾不忍为之民也!"④又《战国策·楚策一》:"夫秦,虎狼之国也,有吞并天下之心。秦,天下之仇雠也。"可以相信这是颇有代表性的普遍态度。故秦之独尊君道、吏道的政治形态,难以与关东社会达致整合;基于那种三统相维的政治文化传统,它在此就要被视为异己之物。而时人的这种态度,原本构成了决定帝国存亡的重要因素,即使它不是唯一的因素。不是今人的看法,而是当时古人的爱恶,将对秦政权的命运发生影响。而时人之敌视秦国,并不仅仅由于它是敌国而已,那更在于他们对秦之政治形态,怀有由衷的厌恶和巨大的恐惧。

在关东列国,代表师道之学士的根据道义而议政规谏的活动,构成了制约政统的重要分力。这原是中国古代文化之非常富有特征性的方面。齐设稷下学宫,使士人为"列大夫","不治而议论"。邹忌变法时,

① 《韩非子·显学》。

② 《论语·里仁》。

③ 《荀子·王霸》。

④ 《战国策·赵策三》。

齐威王令"群臣吏民,能面刺寡人之过者,受上赏;上书谏寡人者,受中赏;能谤议于市朝、闻寡人之耳者,受下赏"[①]。这在秦国是闻所未闻的,那里既不生发、又不容忍这种"士君子"。李斯《谏逐客书》称"士不产于秦";秦孝公之《求贤令》,所求乃"出奇计强秦者",非"君子"意义上的贤士。《荀子·强国》称秦"无儒",同书《儒效》记秦昭襄王公然怀疑"儒无益于人之国乎?"后世诗人有"孔子西行不到秦"之句。秦有大量客卿,李斯所谓"愿忠者众";但是士之入秦者,多为法家、纵横家之流,他们很少是以维系道义的"士君子"姿态活动于秦的。

当然,墨家曾有田鸠、腹䵍、唐姑果、谢子等人于秦惠文王时活动于秦。其中田鸠、谢子来自东方,腹䵍史称"居秦",唐姑果则为"秦之墨者"。钱穆说"其时墨徒乃颇盛于秦矣"[②]。但是这仍然不能动摇我们的上述论断。郭沫若就曾指出了墨学与法家有沟通之处。[③] 马非百论秦墨时,称墨学"与秦之立法精神,根本上不唯不相冲突,而且适足以相反相成"。[④] 观腹䵍令其子伏法事,以及《墨子》某些篇章中所体现的严法酷刑精神,马氏之说信是不诬。[⑤] 马非百言"惠王以后墨者在秦发展情形如何? 今已不能详知"。[⑥] 其实此后秦墨之活动除参与《吕氏春

---

① 《战国策·齐策一》。虽然这未必尽是信史,但至少可以视为社会风尚的反映。燕国曾经发生过国君"禅让"于臣下的著名事件,足见学士的申说有时确实能令君主为之所动。

② 参看钱穆:《先秦诸子系年考辨》卷三,《田鸠考》,中华书局,1985 年,上册,第 353—355 页。

③ 郭沫若认为,韩非"绝对君权的主张已经就是墨子'尚同'的主张";《韩非子·问田》篇两述田鸠其人其说,而田鸠正是活动于秦的墨者。见其《十批判书》,《韩非子的批判》,人民出版社,1953 年,第 302—306 页。又《孔墨的批判》一文说,墨子的告密、连坐和刑罚思想,"后来为商鞅、申不害、韩非之流的法家所极端扩大了"。同书,第 100 页。

④ 马非百:《秦集史》,中华书局,1982 年,上册,第 346 页。

⑤ 《吕氏春秋·去私》记云:"墨者有巨子腹䵍,居秦,其子杀人。秦惠王曰:'先生之年长矣,非有它子也,寡人已令吏弗诛矣。先生之以此听寡人也。'腹䵍对曰:'墨者之法曰:杀人者死,伤人者刑。此所以禁杀伤人也。夫禁杀伤人者,天下之大义也。王虽为之赐,而令吏弗诛,腹䵍不可不行墨者之法。'不许惠王,而遂杀之。"又《墨子·号令》:"奸民之所谋为外心,罪车裂";"其以城为外谋者,三族"。《尚同下》:"见淫辟不以告者,其罪亦犹淫辟者也。"车裂、三族、见知不举,皆秦之重法。

⑥ 马非百:《秦集史》,上册,第 346 页。

秋》写作之外,学者的研究已能提供新的线索。清人曾谓《墨子·备城门》篇以下"皆兵家言"①,蒙文通则断定其乃秦墨之作。② 陈直以居延、敦煌汉简与之对勘,判定"《备城门》以下十一篇为秦人所作";但他又将之归入"秦时兵家守长城之著述"③,似不无可商,因为墨家亦以擅长守城著称,因有"墨守"之词。李学勤进一步以秦简与之对勘,指出它们"很可能是惠文王及其以后秦国墨者的著作。篇中屡称禽滑厘,墨学的这一支派大约是禽子的徒裔。墨学何以在秦兴盛,与墨家擅长城防技术有关"④。侯外庐谓后期墨家有"墨辩""墨侠"二流⑤,秦之墨者恐在此二流之外。他们已不复申说"兼爱""非攻"之宏旨,而是转而为帝国献技守城、服务于兵防了,其变化颇给人以"橘越淮则为枳"之感——"水土异也"。

秦之统一前后,六国之学士儒生已颇有入而事秦者。"阳翟大贾"吕不韦当政,羞其宾客不盛,"亦招致士,厚遇之,至食客三千人"⑥,因之而成《吕氏春秋》。其书兼儒墨、合名法,并贯以阴阳五行之说——这也可以反映其门客的成分。言谈之风遂兴之于秦,且"使诸侯之士斐然争入事秦"⑦。秦始皇兼并天下,"悉召文学方术士甚众,欲以兴太平"⑧。遂有齐鲁儒生博士七十人效力秦廷,"掌通古今",承担了议政、议礼之责。关东学士活动和博士制度对秦政的影响,在统一前后显然

① 《四库全书总目提要》卷一七七,"子部·杂家类一",中华书局,1965 年,第 1006 页。又清代学者苏时学《墨子刊误》以为"此盖出于商鞅辈所为,而世之为墨学者取以益其书也。倘以为墨子之言,则误矣"。

② 蒙文通:《墨学源流与儒墨汇合》,《古学甄微》,巴蜀书社,1987 年,第 215 页。"自《备城门》以下诸篇,备见秦人独有之制……其为秦墨之书无惑也。"岑仲勉赞成其说,见其《墨子城守各篇简注》,古籍出版社,1958 年,《再序》。

③ 陈直:《〈墨子·备城门〉等篇与居延汉简》,《中国史研究》1980 年第 1 期。

④ 李学勤:《秦简与〈墨子〉城守各篇》,收入《云梦秦简研究》,中华书局,1981 年。

⑤ 侯外庐:《中国思想通史》第一卷,人民出版社,1957 年,第十一章有关部分。

⑥ 《史记·吕不韦列传》。

⑦ 《史记·太史公自序》。

⑧ 《史记·秦始皇本纪》。

是增大了。

入秦之儒生也多少发生了类似于秦墨的变化，例如参与定"皇帝"名号、"刻石颂秦德"。但是他们随即就与秦之政治精神发生了冲突。《吕氏春秋》之《怀宠》篇主张暴君可诛："若此者天之所诛也，人之所仇也，不当为君！"《达郁》篇主张纳谏使言："是故天子听政，使公卿列士正谏，好学博闻献诗，矇箴师诵，庶人传语，近臣尽规，亲戚补察，而后王斟酌焉。"《精通》篇说"圣人南面而立，以爱利民为心"。《贵公》篇说"天下非一人之天下也，天下之天下也！"郭沫若说："读《吕氏春秋》，你可以发觉它的每一篇每一节差不多都是和秦国的政治传统相反对，尤其和秦始皇后来的政见和作风作正面的冲突。"①熊铁基亦云："吕不韦和韩非、秦始皇是针锋相对的。吕不韦反对君主专制，这一主张突出地体现在由他亲自主持纂定的《吕氏春秋》中。"②徐复观谓此书"系统合儒、道、墨、农、阴阳五家思想而成；因含有反对秦国当时所行法家之治的深刻意味，故一字不提法家"。③

吕不韦事败，其宾客门人多被逐、夺爵、迁徙者，这对学士的著书、议政是一沉重打击。又据《史记·秦始皇本纪》，统一之后"诸生""愚儒"们公然"不师今而学古，以非当世，惑乱黔首""私学而相与非法教，人闻令下，则各以其学议之，入则心非，出则巷议，夸主以为名，异取以为高，率群下以造谤"，李斯因而上言：

> 臣请史官非《秦记》皆烧之。非博士官所职，天下有敢藏《诗》《书》百家语者，悉诣守尉杂烧之。有敢偶语《诗》《书》者弃世，以古非今者族。吏见知不举者与同罪。令下三十日不烧，黥为城旦。所不去者，医药、卜筮、种树之书。若欲有学法令，以吏为师。

这就是著名的"焚书令"。数年之后，秦始皇又因方士侯生、卢生之诽谤，下令廉问咸阳诸生：

---

① 郭沫若：《十批判书》，《吕不韦与秦王政的批判》，第 353 页。
② 熊铁基：《秦汉新道家论稿》，上海人民出版社，1984 年，第 45 页。
③ 徐复观：《两汉思想史》第二卷，香港中文大学出版社，1975 年，第 2 页。

于是使御史悉案问诸生,诸生传相告引,乃自除犯禁者四百六十余人,皆坑之咸阳。使天下人知之,以惩后。

这就是著名的"坑儒"事件。

对"焚书坑儒"事件学人颇多聚讼。如谓"以吏为师"是以博士为师,"坑儒"所坑者为方士而非儒生。李斯"若欲有学法令,以吏为师"语,《史记集解》引徐广云:"一无'法令'二字。"或据以为说。然如吕思勉所云:"此语为史公元文与否不可知,要不失李斯之意。或谓若有欲学,指凡学问言;又或谓吏即博士,以此为秦未尝灭学之征,则翻其反而矣。"①查《秦始皇本纪》载李斯语有:"今天下已定,法令出一,百姓当家则力农工,士则学习法令辟禁。今诸生不师今而学古……""师今"显指"学习法令辟禁","学古"则为学习"《诗》《书》、百家语",李斯之意明是倡前者而禁后者。"以吏为师"乃商鞅、韩非的一贯主张,其意皆是以法吏为师而学法令,而李斯承之。《论衡·案书》:"韩非著书,李斯采以言事。"这是于史有征的。郭沫若说:"焚书本出于李斯的拟议,其议辞和令文,不仅精神是采自韩非,连字句都有好些是雷同的。"②又"坑儒"一事,扶苏曾进谏曰"诸生皆诵法孔子,今上皆重法绳之,臣恐天下不安"。被坑者当然未必皆是儒生,但此事显然是因方士诽谤而连及儒生的。坑儒目的不仅是因方士"终不得药",主要仍在于打击"为妖言以乱黔首"之行,"学古"之儒生当然首当其冲。钱钟书云:"谓所坑乃'方伎之流',非'吾儒中人',盖未省'术士'指方士亦可指儒者。"③既就方士而言,侯生、卢生斥秦始皇专任狱吏而不任博士,"乐以刑杀为威",这批评完全是儒家口吻。

博士之官属奉常,奉常掌宗庙礼仪、礼乐,其属官有大乐、大祝、大史、大卜。儒者本与礼乐之官关系密切,就制度安排而言,秦博士之设还是颇得古义的;但是在政治上儒生只被容许以其技艺奴事帝廷,其以"士君子"资格"为帝王师"之理想、"从道不从君"之气象,已趋幻灭。

---

① 《吕思勉读史札记》,"以吏为师"条,上海古籍出版社,1982年,第376页。
② 郭沫若:《十批判书》,《韩非子的批判》,人民出版社,1954年,第337页。
③ 钱钟书:《管锥编》,中华书局,1979年,第一册,第262页。

博士"特备员弗用"之说即当指此。《法言·五百》："周之士也贵,秦之士也贱;周之士也肆,秦之士也拘。"究其原因,遂如许倬云之言:"秦帝国需要的是一批称职的官吏,而不是求知心切的知识分子。……天下的教育则只是限于以吏为师,学习书写。教育的目的只是为了在庞大的政府机构中担任文牍记录的工作。……知识分子无所用于秦,折而为秦的敌人。"[1]对于秦廷之高压,博士们颇有抵制甚至逃亡者。[2]《论衡·死伪》:"秦始皇用李斯之议,燔烧诗书,后又坑儒。博士之怨,不下申生;坑儒之恶,痛于改葬。"陈胜起义,鲁地诸儒持孔氏之礼器往归之,孔甲任其博士,都是出于对高压的反抗。

秦亦有"君子"之称,但与儒家所崇扬之"君子"大异。如秦简《秦律杂抄》中之"署君子",《秦律十八种》中之"君子主堵者""君子毋害者"。然此"君子"只是某种官员之称,"毋害"即所谓"文无害",为秦朝称述吏员素质之习语,"谓其文深,无人能胜害之也"[3]。《论衡·谢短》:"文吏晓簿书,自谓文无害以戏儒生。"《史记·萧相国世家》"萧相国何者,沛、丰人也,以文无害为沛主吏掾"即是。这种"君子"以"毋害"为选拔标准,实乃文吏一流,与孔、孟所言之"君子"大异。又秦之

---

[1] 许倬云:《秦汉的知识分子》,《中央研究院国际汉学会议论文集》,历史考古组,中册,第946页。

[2] 《史记·儒林列传》记伏生"故为秦博士……秦时焚书,伏生壁藏之"。这就是一种抵制。又同书《叔孙通列传》记秦博士叔孙通于秦二世时"亡去即之薛"。《淮南子·道应》高诱注:"卢敖,燕人,秦始皇召以为博士,使求神仙,亡而不反也。"(《新唐书·宰相世系表》:"秦有博士敖。")或说即诽谤秦始皇之卢生。《集韵》卷七引《炅氏谱》:"桂贞为秦博士。始皇坑儒,改姓昋。"又《古今姓氏辨证》卷三十:"一云本姓炔名贞,为秦博士,坑儒后改此姓。"《隶释》卷十六引《陈留耆旧传》:"圈公为秦博士,避地南山。"圈公或记为园公,《齐东野语》卷五引《风俗通》:"至秦博士逃难,乃改为园。"

[3] 李慈铭:《越缦堂读书记》,"《汉书》",中华书局,1963年,第167页。对"文无害"学人有不同解释,或释"无害"为"不深刻害人",或释为"通晓无凝滞"。当以《汉书音义》"无害者如言无比,陈留间语也"及颜师古"言无人能胜之者"最为近实。《史记·李斯列传》秦二世语:"故吾愿赐志广欲,长享天下而无害",此"无害"即"无人能胜之"之意。我的看法,还可参看《察举制度变迁史稿》第一章附录一,"二、文无害",辽宁大学出版社,1991年。

"士""大夫",用作军功爵位之名目,也大异于孔子对"士"的定义。这也正是秦政异化了周之传统而独尊吏道的反映。

吏道的独尊,也导致了对"礼治"意义上的父道和"亲亲"的排斥——儒家的"仁爱",就是从这种"亲亲"中引申、升华出来的。小农经济的生产结构,并没有使广大乡村脱离低下的分化水平。原生性的人际关系,如血缘、姻亲、朋友、邻里等等,依然深刻地影响着村落邑里共同体生活的诸多方面。这种共同体的整合与调节,依然依赖于"乡俗",依赖于仁爱孝悌忠信,依赖于"父老"的教化权力与责任,依赖于社区成员的互助互惠。但是法家和秦政仅仅立足于充分分化了的官僚"法治",却在很大程度上将与社区处于两相对立的状态。

商鞅、韩非皆以为礼义孝悌非治国之具,甚至以父之孝子为君之背臣。他们主张以纯粹的法制手段统制社区。《史记·秦始皇本纪》:"刚毅戾深,事皆决于法,刻削毋仁恩和义,然后合五德之数。于是急法,久者不赦。"直至二世仍然是"遵用赵高,申法令"。但是官僚法制与聚落乡里共同体形态,却并非丝丝入扣。商鞅变法,"令民为什伍而相牧司连坐"[1],"有奸必告之"[2],乡党邻里的互助互惠,遂一变而为互相监视、检举和连坐的关系。《淮南子·泰族》:"使民居处相司,有罪相觉,于以举奸,非不掇也;然而伤和睦之心,而构仇雠之怨。"杜正胜谓:"原来相保、相爱、相救与相赒的聚落,所重视的德行是孝友、睦娴任恤;现在则一变而为猜忌、监视、防范、告奸,表面上古代聚落的'联'依然存在,实际已经变质。"[3]贾谊曾有记述:"商君遗礼义、弃仁恩,并心于进取。行之二岁,秦俗日败。故秦人家富子壮则出分,家贫子壮则出赘。借父耰锄,虑有德色;母取箕帚,立而谇语;抱哺其子,与公并倨;妇姑不相说,则反唇而相稽。其慈子耆利,不同禽兽者亡几耳。"[4]如果

---

[1] 《史记·商君列传》。

[2] 《商君书·说民》。

[3] 杜正胜:《编户齐民——传统政治社会结构之形成》,台北:联经出版事业公司,1991年,第207—208页。

[4] 《汉书·贾谊传》。

其说属实的话，那么，商鞅变法后秦之古代聚落中"人与人相保""家与家相亲"的乡俗，就已遭到了相当程度的冲击和破坏。

《盐铁论·刑德》："昔秦法繁于秋荼，而网密于凝脂。然而上下相遁，奸伪萌生，有司治之，若救乱扑焦不能禁。非网疏而罪漏，礼义废而刑罚任也！"又《史记·张释之传》："秦以任刀笔之吏，吏争以亟疾苛察相高，然其敝徒文具耳，无恻隐之实，以故不闻其过，陵迟而至于二世，天下土崩。"当时的这类评述，不仅转达了有关史实，也告诉了我们那个社会的人们是如何看待秦政的。秦之法制不谓不完备，其吏治也并不腐败，其吏员的士气和效率看上去甚至还是相当之高的："吏争以亟疾苛察相高。"但是这种纯倚政治强制、纯倚形式化的条文、纯倚训练有素的文吏的政治形态，终归是与基层社区陷入了尖锐冲突。聚落共同体成员的生活形态，使其成员不能习惯那种非人格化的书面法律，这与他们传习的行事方式格格不入。在当时的教育和技术条件之下，要他们完全了解各种相关条文法令，也有相当的困难。当法律和法吏变得日益严苛酷烈并具有越来越强的压迫性质之时，国家和社会的冲突就将是不可调和的了。陈胜吴广以屯戍失期、依法当斩，遂揭竿而起，以"伐无道，诛暴秦"为号召而天下影从响应，"诸郡县皆多杀其长吏以应陈涉"。① 这一斗争的矛头在在直指"秦吏"而不是地主，因为"天下苦秦久矣"。② 秦地的民众或许曾经较为适应于秦政，但据《史记·高祖本纪》，刘邦入关，"召诸县父老豪杰，曰：'父老苦秦苛法久矣，诽谤者族，偶语者弃世。……吾当王关中，与父老约，法三章耳……余悉除去秦法……。'秦人大喜，争持牛羊酒食献飨军士……唯恐沛公不为秦王"。看来秦人也无法忍受秦法了。秦之法制，本是战国变法的最高成果之一；然而废止秦之苛法，在后来却成了一个一呼百应的政治号召。

当然，说法家和秦政排斥成为社会基本价值观念的"礼义"，这是在总体倾向上比较而言的。我们有时也会看到另一方面的现象。《韩

---

① 《史记·高祖本纪》。

② 《史记·陈涉世家》。

非子·忠孝》:"臣事君、子事父、妻事夫,三者顺则天下治,三者逆则天下乱。"或以为此语为"三纲"说之发端。秦孝公亦谥之为"孝"。秦始皇《梁父刻石》:"专隆教诲""男女礼顺";《琅邪刻石》:"合同父子""六亲相保";《之罘刻石》:"光施文惠""振救黔首";《会稽刻石》:"男女洁诚""和安敦勉"。《史记·李斯列传》记赵高称美胡亥于李斯,除"学以法事数年矣,未尝见过失"外,又有"慈仁笃厚,轻财重士,辩于心而讷于口,尽礼敬士"等语。① 秦律有"不孝"之罪②,父母擅杀、刑、髡子,则别为"非公室告"。③ 秦廷也先后制定了各种礼乐仪制。如秦始皇之定"皇帝"名号,以水德定正朔仪节,封禅望祭山川等。二世有诏:"增始皇寝庙牺牲及山川百祀之礼。"又如秦廷的一位官员的如下表白:"阙廷之礼,吾未尝敢不从宾赞也;廊庙之位,吾未尝敢失节也。"④

　　这固然反映了从一个更大的范围来看,秦与关东列国处于同一社会背景之中,它们在观念和传统上当然会有相通的方面。但是秦之"法治"与儒家所传承的"礼治",毕竟表现了鲜明差别。在总体倾向上,礼义孝悌之类对于秦政,只能说是一层淡淡的粉饰而已;君权和法制,才是其政治赖以运作的主轴。并非凡是讲"仁义",就能与儒家所说的"仁义"等量齐观。如兵家亦论将帅应施恩义于军士,但其目的却是功利性的,是"使士卒乐死"的手段,如吴起为士兵"吮疽"所反映的

---

① "辩于心而讷于口"与孔子"君子欲讷于言而敏于行"语近。又同传记胡亥语有"废兄而立弟,是不义也;不奉父诏而畏死,是不孝也";赵高语有"臣闻汤武杀其主,天下称义焉,不为不忠,卫君杀其父,而卫国载其德,孔子著之,不为不孝";对李斯语有"君听臣之计,即长有封侯,世世称孤,必有乔松之寿,孔、墨之智"。是皆以礼义忠孝慈仁为说,且似乎很尊崇孔、墨。这只是口角之言而已,但也反映了社会普遍观念的影响力。

② 秦简《法律答问》:"免老告人以为不孝,谒杀,当三环之不? 不当环,亟执勿失。"注者释"三环"为"三宥"或"三原"。

③ 《法律答问》:"父母擅杀、刑、髡子及奴妾,不为公室告";"子告父母,臣妾告主,非公室告,勿听";"可(何)为'非公室告'? 主擅杀、刑、髡其子、臣妾,是谓'非公室告',勿听。而行告,告者罪"。当然这不是说父母可以擅杀子女。《法律答问》:"擅杀子,黥为城旦舂。""擅杀、刑、髡其后子,黥之。"

④ 以上见《史记·秦始皇本纪》。

那样。如钱杭所指出,秦与三晋的宗法思想相对地更重"尊尊",更重父权①,而不是"亲亲"与父母之爱。它强调的只是"子事父"这一经引申而可以强化君权的方面。此外,还不妨引述汉代盐铁会议上法家代表对"孝"的阐发作另一个比较。《盐铁论·孝养》记一位丞相史——他是儒生之对手——说:"与其礼有余而养不足,宁养有余而礼不足","孝莫大以天下一国养,次禄养,下以力。故王公人君,上也;卿大夫,次也。夫以家人言之,有贤子当路于世者,高堂邃宇,安车大马,衣轻暖,食甘毳。"于是我们就看到,尚"孝"原来也有不同考虑。上引论"孝"之语中,充斥着对权势、财富的欲望;而儒家的"孝道",则是与更高的"礼义""仁爱"密切交织的。固然秦简中的《为吏之道》之中,也有诸如"君鬼臣忠,父兹子孝,政之本殹""除害兴利,兹爱万民"一类语句,学人或认为是儒法合流的反映②。但余英时已指出这不是官方文书,而是私人编写的③;马雍更认为此书乃六国人作品,非秦书,不能用以解释秦之"法治"。④

中原的礼乐文化对秦国当然会有影响。如秦穆公之赋诗断章也显得彬彬有礼。《诗·秦风》颇为可诵,季札说秦声为"夏声"、为"周之旧"。⑤ 然秦声虽有承周的成分,但据李斯《谏逐客书》:"夫击瓮叩缶、弹筝博髀而歌呜呜快耳者,真秦之声也;郑、卫桑间,昭、虞、武、象者,异

---

① 钱杭:《周代宗法制度史研究》,学林出版社,1991 年,第六章《宗法伦理结构类型》,第三节《以偏重"尊尊"为原则的秦晋类型》。

② 例如高敏:《秦简〈为吏之道〉中所反映的儒法合流倾向》,收入氏著《云梦秦简初探》,河南人民出版社,1979 年。

③ 余英时:《士与中国文化》,上海人民出版社,1987 年,第 173 页。

④ 马雍:《读云梦秦简〈编年记〉书后》,收入《云梦秦简研究》,中华书局,1981 年。马雍指出,《为吏之道》多犯秦国国讳之处,"这些例子足以证明这卷书非秦国的书,也不会是秦王政时期的秦人抄写的。此卷疑系六国人杂抄之作,以其有关为吏之道,所以被喜收藏珍视,死后遂置于墓中。按始皇严禁私学,其议发于李斯,其令始于三十四年。喜之死在此前四年,当时书禁未起,故得私藏这类书籍。我们若用此卷来解释秦之'法治',恐有未谛之处"。

⑤ 《左传》襄公九年。

国之乐也。""昭、虞、武、象"等等古之雅乐本非秦之所有,且传入秦后又发生了变质。因为儒家所言之"雅乐"乃是"礼教"之具象,是更高文化秩序与道义理想之象征,所谓"设辟雍泮宫庠序之教,陈礼乐弦歌移风之化";在秦它们却与"郑卫之音"混杂一起而供君主贵族享乐与使用,故汉儒决不以秦乐为正。①《诗·秦风·车邻·序》:"秦仲始大,有车马、礼乐、侍御之好焉。""礼乐"与"车马""侍御"并列,这也正是《史记·乐书》"二世尤以为娱"之意。又《史记·李斯列传》李斯语云:"退弹筝而取《昭》《虞》,若是者何也?快意当前,适观而已矣。"《史记·礼书》:"至秦有天下,悉内六国礼仪,采择其善,虽不合圣制,其尊君抑臣,朝廷济济,依古以来。"此即秦仪以"尊君抑臣"为宗之证。在秦廷,礼乐被用于崇隆君权和娱悦耳目。故秦有天下,悉纳六国礼仪,贾谊却以"废礼义,捐廉耻"为"秦之败俗"。②

贾谊曾指出,秦帝国并不是没有得到过巩固统治的良机。"秦并海内、兼诸侯,南面称帝,以养四海,天下之士斐然向风","既元元之民冀得安其性命,莫不虚心而仰上"③。在经历了"诸侯力政,强陵弱,众暴寡,兵革不休,士民疲敝"的乱世之后,人民确实也曾因统一而激起过热切的太平向往。严安亦云:"元元黎民得免于战国,逢明天子,人人自以为更生。向使秦缓其刑罚,薄赋敛,省徭役,贵仁义,贱权利,上笃厚,下智巧,化于海内,则世世必安矣!"④但是秦政最终未能满足人们的这一期望而走向了其反面。这不仅在于其"政"、也在于其"制"的内在弊端。它的统治既未能把活跃繁荣的学士群体及其思想文化传统有机地整合在内,也未能把聚落村社及其"亲亲"教化传统有机地整合在内;而这二者原本是关东社会的固有因素和内在特征,是任何君临这一社会者都无从回避、不可置之度外的。其实在战国时期曾对秦国政治颇多赞词的荀子,同时也已洞悉了秦政的弊端,并为之开示了救治之

---

① 参见本书第九章。

② 《汉书·礼乐志》。

③ 《史记·秦始皇本纪》引贾谊《过秦论》。

④ 《史记·平津侯主父列传》。

方。《荀子·强国》:

> 力术止,义术行。曷谓也?曰:秦之谓也。威强乎汤、武,广大乎舜、禹,然而忧患不可胜校也,諰諰然常恐天下之一合而轧己也,此所谓力术止也。……然则奈何?曰:节威反文,案用夫端诚信全之君子治天下焉,因与之参国政,正是非,治曲直,听咸阳,顺者错之,不顺者而后诛之。若是,则兵不复出于塞外而令行于天下矣,若是,则虽为之筑明堂于塞外而朝诸侯,殆可矣!

儒者对秦政的看法是否可以视为定论,那是另一问题;但是它确实反映了那个时代的政治期望和政治要求。不是我们,而是当时的人们是否接受秦政,最终要影响那个时代的历史进程。

徐复观言:“法家政治,是以臣民为人君的工具,以富强为人君的唯一目标,而以刑罚为达到上述两点的唯一手段的政治。这是经过长期精密构造出来的古典的极权政治。任何极权政治的初期,都有很高的行政效率;但违反人道精神,不能作立国的长治久安之计。秦所以能吞并六国,但又二世而亡,皆可于此求得解答。”[1]无论是汉儒还是荀子都表明了这样一种态度:吏道独尊的文吏政治是不可尽赖的。社会在经历了剧烈分化之后也必然要求着新的整合,但是法家“法治”指导下的秦政,其排斥父道、师道而独尊君道、吏道的政治精神,最终不足以整合那个拥有其特定传统的社会。它在某些方面确实达到了“片面的深刻”,取得了巨大的成就,但那“深刻”终归是“片面”的——其成功的原因中也包含着失败的缘由,何焯所谓“商君,秦之所以兴亡”。[2]

---

① 徐复观:《两汉思想史》第二卷,第43页。
② 何焯:《义门读书记》卷十四,中华书局,1987年,第217页。

第七章　"无为"与"长者"

秦帝国的二世而亡,使纠矫秦之弊政成为汉人思考的焦点。不管在今人看来这个帝国取得了什么样的历史成就,那样一个"功过五帝、地广三王"的庞大帝国的转瞬瓦解,使继起王朝的统治者和思想界,总是不能不首先把矫秦之弊,当成不容回避、亟待探讨的问题。宋人洪迈说:"自三代迄于五季,为天下君而得罪于民,为万世所麾斥者,莫若秦与隋。"他征引了西汉张耳、张良、陆贾、王卫尉、张释之、贾山、贾谊、晁错、董仲舒、刘安、吾丘寿王、徐乐、严安、司马相如、伍被、路温舒、贾捐之、刘向、梅福、谷永、刘歆等二十余人的斥秦之论——当然这也只是其中的一部分而已。洪迈云"岂二氏(指秦、隋)之恶深于桀纣哉? 盖秦之后即为汉,隋之后即为唐,皆享国长久。一时议论之臣,指引前世,必首及之,信而有征。是以其事暴白于方来,弥远弥彰而不可盖也"[1]。其言不无"纣之不善,不如是之甚也"之意。汉人对秦的政治批评,其影响要比后世的"指斥前朝"深远得多了。因为秦帝国是中国古代大一统官僚帝国的发轫之始,而汉人对之的谴责所导致的政治变迁,深刻地影响了两千年帝国政治文化的基本形态。

在西汉初年,统治者中流行的是黄老之学,较后则有儒术的兴起。这两个学派均源于先秦,此期又都是作为法家思想的反动而影响于政治的。于是,秦汉间法术、道术和儒术的迭为兴衰,就构成了此期政治文化史上的奇观。这种主导政治思想的此起彼伏,与我们的"士大夫政治的演生"这一主题,可以说息息相关。在这一章和下一章中,我们

---

[1]　洪迈:《容斋续笔》卷五,《秦隋之恶》,《容斋随笔》,上海古籍出版社,1978 年,上册,第271—273 页。

就要对此变迁加以探讨。

对这三家学说，我们似乎还不能仅仅一视同仁地称之为"指导思想"就到此为止了，对其性质上的差异还可以做进一步的解析。例如，现代社会科学把意识形态、世界观、信仰、思想运动、政治纲领、科学等等视之为不同的东西而加以界定①，这对我们就很有启发。我们不必照搬那些分类，但就其对于政治的影响而言，相对地说来，儒术看来具有最为浓厚的意识形态性质，道术显现了更多一些的政治哲学色彩，法家则主要地是一种专制官僚政治行政理论。这一点与三家学说在"指导思想"层面的嬗替不无关系。另一个有趣之点是，这三家学说对文明进化和社会分化，也正抱有着颇不相同的看法。道术取法的"至德之世"，实即原生社会状态；儒家亦主"复古"，但其取法的是尧舜和三代，实际就是"礼治"；法家则立足当世主张变革。由此就导致了对"文质"关系的论辩，并进而及于对不同政治角色的推崇。在目前的一章中，我们先从西汉前期的"无为"政治谈起。

第一节 "清静无为"与"重厚长者"

在一个帝国覆灭之后，继起的王朝中出现了大批学士对前朝之政治得失做理论探讨，基于不同立场提出不同救治之方，而且还直接地影响了继起帝国的政治变迁，这本身就构成了一个颇为特异的历史现象。尽管人们对此已经有点儿"视而不见"，但并不是每一个帝国兴衰之时都发生过这类现象。人们似乎也已习惯于一个政权必须或必然有一个"指导思想"这种观念了。不适合时势的"指导思想"将导致政治的挫折败坏，反之则将带来秩序与繁荣；可一个"指导思想"却似乎总是必不可少的。

秦汉间法术、道术与儒术的嬗替，看来颇能加强这一观念，因而这也就成了讨论此期政治变迁的惯常思路了。例如苏轼的如下议论："伏惟《制策》有'推寻前世，深观治迹，孝文尚老子而天下富殖，孝武用

---

① 参见第一章第 11 页注释①。

儒术而海内虚耗,道非有弊,治奚不同?'臣窃以为不然。孝文之所以为得者,是儒术略用也;其所以得而未尽者,是用儒之未纯也;而其所以为失者,是用老也。……且夫孝武亦可以谓儒之主也?博延方士而多兴妖祠,大兴宫室而甘心略远,此岂儒者教之?"①但是即使事情真的是如此,那也未必就这么简单。必须把某一家学说奉为正统"指导思想",这似乎只是某种类型的政权和某些社会的特殊现象。比如说,同样也活动于那一时代的南越或匈奴部族,似乎就没有什么"指导思想"。他们可能有其宗教信仰和传统价值观念,可那并不就等于法术、道术与儒术这样的由于学人角色加以阐发而精致化了的一家之学。对于中国人来说,一种行为每每要与某家之"术"联系起来;但另一些地方就未必如此,在那里政治行动或社会行为的选择可能仅仅是传统或时势使然,并不一定要标榜为或诉诸于某家之学。

但是问题在于,至少战国、秦、汉社会的国家规模、体制和复杂程度,已使"日用而不知"的传统行事不敷应用了。即使是排斥学士的秦廷,毕竟还要"以法为教""以吏为师",而不能无教无师。秦也有博士之官,承担了"通古今、备顾问"的责任。另一方面,由周礼秩序分化而来的道统表现为"师道"。学士承担的这种师道,既包括做"传道、授业、解惑"之师,也包括做"帝王之师"。司马谈《论六家要旨》:"夫阴阳、儒、墨、名、法、道德,此务为治者也。""务为治"的师道传统,促使学士不断地阐发和提供着"治道"、评论着政治,甚至以学士入仕参政为天经地义之事。确实,并不是每个古代社会都存在着类似情况的。在中国古代,"学士"之所以名之为"士",本身就显示了他们与统治者的密切关系:"士"在周代曾经是贵族统治者的称呼。且不论各家学说宗旨为何,这种"处士横议"本身就构成了一种文化传统和政治力量,其影响是政统方面的执政者所不能忽视和无从回避的。《孟子·滕文公下》:"予岂好辩哉?予不得已也。"《荀子·非相》:"君子必辩。"一种政治行为的合理性有待于探讨和推敲,一个政权的合法性有待于阐发和论证,它们都不能离开"辩"。中国人在把其行为或意念归结到一个

---

① 《东坡后集》卷十,《御试制科策》,《苏东坡全集》,中国书店,1986 年,上册,第 547 页。

什么学说体系的时候,他们特别能获得心理上的稳定感和正当感;尽管这种归结的逻辑实际存在着非常复杂的情况。无论如何,这种状况是使"指导思想"这种东西经常成为必要了。而且当学人的阐说诸家各异、譬犹水火之时,统治者也不能不有所选择取舍,这也为法术、道术和儒术在政治上的因时进退、迭为兴衰,提供了可能。

汉初诸子互相采补,并且在不同时期、不同程度上对汉廷政治发生了不同影响;但是汉初的七十余年中,最初是黄老之学占据了相当地位。统治者的与民休息、轻刑薄赋、省事节用以及选用"宽厚长者"为吏等等措施,与黄老学的影响有较大的关系。然而问题在于,后世王朝奠基之初往往也有类似措施,但那每每是揭举儒家"仁义"之旗,未必是以"无为"为称、以"黄老"为宗的。黄老思想本身是一问题,统治者从中领悟了些什么、如何在实践中运用它,则是又一问题。这两个方面当然密切相关,但仍不宜视为同一。

《论衡·自然》:"黄者,黄帝也;老者,老子也。"《汉书·艺文志》录有黄帝书21种;又马王堆汉墓出土了4种古佚书,即《经法》《十六经》《称》和《道原》,为黄学之代表作。学人以为成于战国,或即《黄帝四经》。① 先秦之老学、黄学、庄学之取舍不尽相同,不宜混为一谈,其取舍之异对后来的政治各有影响;但在汉初大致形成了一个"黄老"学派,可统名之为道家,汉初黄老政治就是在这个思潮指导之下的政治。② 司马谈是汉初著名黄老学者,其《论六家要旨》颇能反映时人对

---

① 钟肇鹏认为这四种古佚书成于韩非之后、战国秦汉之际,见其《论黄老之学》,《世界宗教研究》1981年第2期。唐兰认为这四种古佚书即是《黄帝四经》,成于战国中期以前。见其《黄帝四经初探》,《文物》1974年第10期。陈鼓应亦以为"至迟作成于战国中期",见其《关于帛书〈黄帝四经〉成书年代等问题的研究》,收入《国故新知:中国传统文化的再诠释》,北京大学出版社,1993年。

② 西汉前期道家思想也颇有庄学影响,且已有"老庄"之并称。江瑔《读子卮言》卷二说老庄并称始于魏晋;洪亮吉《晓读书斋初录》卷下六说老庄并称始于《魏志·曹植传》;陈澧《东塾读书记》卷十二说始于东汉马季长。任继愈等编《中国哲学发展史》(秦汉)(人民出版社,1985年)认为《汉书》始老庄并称(第127页)。按《淮南子·要略》:"《道应》者,……考验乎老庄之术。"是西汉前期已有老庄并称者。

之的看法：

> 道家使人精神专一，动合无形，赡足万物。其为术也，因阴阳
> 之大顺，采儒、墨之善，撮名、法之要，与时迁移，应物变化，立俗施
> 事，无所不宜。指约而易操，事少而功多……

> 道家无为，又曰无不为。其实易行，其辞难知。其术以虚无为
> 本，以因循为用，无成执，无常形，故能究万物之情。不为物先，不为
> 物后，故能为万物主。有法无法，因时为业；有度无度，因物为合。
> 故曰：圣人不朽，时变是守。虚者道之常也，因者道之纲也……

司马谈这番话，主要是从功用、效能方面来赞述道术的。"无为无不
为"之旨，他说是"其实易行，其辞难知"。张守节《正义》："各守其分，
故易行也"；"幽深微妙，故难知也"。"难知"而又"易行"，看上去构成
了一个颇有趣的说法。就其"难知"方面讲，这大概涉及了许多"幽深
微妙"的自然哲学、政治哲学和人生哲学的哲理，统治者从哪些方面、
以什么方式、在多大程度上理解了它们，我们只能从其"易行"的方面、
也就是政治实践方面来加以观察了。

《汉书·艺文志》："道家者流，盖出于史官，历记成败存亡祸福古
今之道，然后知秉本执要，清虚以自守，卑弱以自持，此君人南面之术
也。"对此"君人南面之术"，张舜徽给予了特别的强调，例如把"道"与
"无为"释为"古代人君控驭臣下的方法"。[①] 虽然他有意淡化"道"之
本体论和人生观方面的意义，可这一"术"的方面，也确实是"道论"的
重要内容。例如"无为无不为"又可解释为"君无为而臣有为"，"道"
又衍化为君主高深莫测、督责独断、驭人役智之术。吕思勉谓："老子
之主清虚，主卑弱，仍系为应事起见，所谈者多处世之术。"[②]或以为《老
子》乃"兵书"，王夫之称其"言兵者师之"。[③] 章太炎说老子"约《金版》
《六韬》之旨，著五千言，以为后世阴谋者法"，"然天下唯胆怯者权术亦

---

① 张舜徽：《周秦道论发微》，中华书局，1982 年，有关部分。

② 吕思勉：《先秦学术概论》，中国大百科全书出版社，1985 年，第 35 页。

③ 王夫之：《宋论》卷六，中华书局，1964 年，第 127 页。

多,盖力不能取,而以智取,此乃势之必然也"①。朱熹亦言:"老氏之学最忍,它闲时似个虚无卑弱底人,莫教紧要处发出来,更教你支捂不住。……可畏,可畏!"②

黄老帛书的出土,更加深了人们对"道论"之"术"的方面的认识。帛书诸篇从作为宇宙法则或自然秩序的"道"中,推衍出了"执道""循理""审时""守变"等处理成败、祸福、得失、顺逆等等的人事原则。这体现于"刑名"。《经法·道法》:"刑名立,则黑白之分已。"体现于"法度"。《经法·君正》:"法度者,正之至也;而以法度治者,不可乱也。"体现于"王术"。《经法·六分》:"不知王术,不王天下。"又如"六顺""六逆""六危""四度""八正""七法""六柄"之类。《十六经·姓争》:"天地成,黔首乃生。莫循天德,谋相复倾。……作争者凶,不争亦毋以成功。"金春峰说:"面对春秋战国的大争之世,老子全力研究着战争、角智、斗力、弱肉强食,以及保存自己发展自己的谋略和方法";"老子的思想包含着两方面发展的可能性",或发展为庄学的出世主义,"或者面向政治和社会,由否定文化、道德、教育的作用与价值,而全力倾注于成败、祸福、得失的研究,发展出一套和儒家对立的社会、政治、军事思想。《黄老》帛书即战国时的黄老思想,代表了《老子》思想向后一方面的发展。……所谓'黄老',正是《老子》思想向法家、兵家发展并与之相互结合的结果"③。汉墓所见之黄老帛书与《老子》同录,对之李学勤指出:"在《老子》这样重要的子书前面写录的书,就不能认为是附抄的,其重要性至少是和《老子》相等。"④

魏源说:"老子主柔宾刚……阴之道虽柔,而其机则杀。故学之而善者,则清静慈祥,不善者则深刻坚忍,而兵谋权术宗之。"⑤那么汉初

---

① 章太炎:《訄书·儒道》,《章太炎全集》(三),上海人民出版社,1984年,第9页;《诸子学略说》。

② 《朱子语类》卷一二五,台北:正中书局,1962年,第八册,第4787页。

③ 金春峰:《汉代思想史》,中国社会科学出版社,1987年,第23页。

④ 李学勤:《马王堆帛书与〈鹖冠子〉》,《江汉考古》1983年第2期。

⑤ 魏源:《论老子》,引自《诸子集成》,上海书店1986年影印本,第三册,第4页。

的黄老学在政治实践方面,其主要倾向为何呢? 我们要从黄老尊奉者的具体行事中,来观察黄老政治的实践倾向。在此我们将看到,汉初黄老政治所推崇的理想治国者,既不同于"法治"之能吏,也不同于"礼治"之君子,而是所谓"长者";它说明其时黄老学主要是以其"清静慈祥"的方面影响于政治实践的。

钟肇鹏《论黄老之学》一文,以《表》胪列了西汉时期十八位黄老学者与尊奉者。① 统治者中尊奉黄老的,钟氏之《表》列有汉文帝、窦太后和汉景帝三人。《后汉书·樊准传》:"昔孝文、窦后性好黄老,而清静之化流景、武之间。"《史记·礼书》:"孝文即位,有司议欲定仪礼,孝文好道家之学,以为繁礼饰貌,无益于治,躬化谓何耳。故罢去之。"《正义》释"躬化"为"躬化节俭"。又《孝文本纪》记其遗诏薄葬轻服,"死者天地之理,物之自然者,奚甚可哀"。以为繁礼饰貌无益于治、躬化节俭以及薄葬轻服,这皆合于道家之义。又《史记·外戚世家》:"窦太后好《黄帝》《老子》言,帝(景帝)及太子(武帝)、诸窦不得不读《黄帝》《老子》,尊其术。"汉景帝之"不任儒者",见《史记·儒林列传》。窦氏为皇后 23 年,皇太后 16 年,太皇太后 6 年。《儒林列传》记辕固生贬老子为"家人言",太后怒曰:"安得司空城旦书乎?"②申公、王臧、窦婴、田蚡议明堂、巡狩、封禅、改历、服色事及崇儒兴礼之举,为窦氏所抑,这

---

① 钟肇鹏:《论黄老之学》。

② "司空城旦书",《史记集解》:"徐广曰:司空,主刑徒之官也。骃案《汉书音义》曰:道家以儒法为急,比之于律令。"又《正义》佚文引虞喜《志林》:"道家之法,尚于无为之教;儒家动有所防,窦太后方之于律令,故言得司空城旦书也。"引自张衍田:《史记正义佚文集校》,北京大学出版社,1985 年,第 428 页。俞正燮《癸巳存稿》卷七《家人言解》:"司空城旦书,谓其时《公羊》学惨刻过申、商,而托名儒者。"商务印书馆,1957 年,第 200 页。按秦廷《焚书令》:"天下有敢藏《诗》《书》、百家语者,悉诣守尉杂烧之。……令下三十日不烧,黥为城旦。""城旦"为刑徒之一种,司空主之。"司空城旦书",谓秦时儒书为禁书,窦太后以此反唇相稽也,并无兼斥法家及《公羊》学惨刻过申、商意。可参看钟肇鹏:《论黄老之学》。杜正胜说:"司空城旦即是刑徒","太后于是怒斥儒者是刑徒,比家人更贱"。见其《编户齐民——传统政治社会结构之形成》,台北:联经出版事业公司,1991 年,附录十一,《司空城旦解》。此说似未达一间。

与文帝罢去定礼仪事相近。此外孝惠帝和吕后也承黄老政治之流风。《史记·吕太后本纪》："太史公曰：孝惠皇帝、高后之时，黎民得离战国之苦，君臣俱欲休息乎无为，故惠帝垂拱，高后女主称制，政不出房户，天下晏然。"这一"无为"政策，曹参为其奠基者。

《史记·曹相国世家》记曹参初为齐相，即采纳了黄老学者盖公"治道贵清静而民自定"之见，"其治要用黄老术，故相齐九年，齐国安集，大称贤相"。曹参后为汉之相国，仍依黄老为治。检其行事，一："举事无所变更，一遵萧何约束"；二，"择郡国吏木诎于文辞、重厚长者，即除召为丞相史。吏之言文刻深、欲务声名者，辄斥去之"；三、"不治事"，"欲有言，至者参则饮以醇酒"，"见人之有细过，专掩匿覆盖之"。

曾经以同样方式治理齐国者，还有出自石氏家族的石庆，并且这与信奉黄老的窦太后直接相关。《史记·万石张叔列传》："郎中令王臧以文学获罪，皇太后以为儒者文多质少，今万石君（石奋）家不言而躬行，乃以长子建为郎中令，少子庆为内史。"王臧之获罪，乃汉初儒、道之一大冲突。此后窦太后选任石氏，明有取代之意。史称石奋"无文学，恭谨无与比"，被"不任儒者"的景帝尊之为"万石君"，家族世传"恭谨"之风。石庆为齐相时，"举齐国皆慕其家行，不言而齐国大治"。末句《汉书》作"不治而齐国大治"，颜师古注："不治，言无所治罚。""不言"或"不治"，岂不正与《老子》"圣人处无为之事，行不言之教"相合么？以"不言"而治的石氏家族，取代"文多质少"的儒者，与曹参择吏取"重厚长者"颇有相通之处。这都反映了黄老政治在理想治国角色方面的选择。尽管石氏未见治黄老学，不见钟肇鹏之《表》，我们却不妨将之列入黄老政治的"躬行"者之列。又张释之，亦不见于钟《表》，但《史记·张释之冯唐列传》记有其为黄老学者"结袜"之举，可见其政治倾向。[①]《传》记叙文帝赞美"代尉对上所问禽兽簿甚悉，欲以

---

① 《传》云有"王生者，善为黄老言"，于朝廷上使张释之为之结袜，张欣然从命，"跪而结之"，"诸公闻之，贤王生而重张廷尉"。按汉初儒道形同水火，《史记·老子韩非列传》所谓"世之学《老子》者则绌儒学，儒学亦绌老子，道不同不相为谋"。那么张释之之于王生，应是出于"道同"而相礼敬了。

观其能口对响应无穷者"的虎圈啬夫,张释之言"夫绛侯、东阳侯称为长者,此二人言事曾不能出口,岂效此啬夫谍谍利口捷给哉?且秦以任刀笔之吏,吏争以亟疾苛察相高,然其敝徒文具耳,无恻隐之实,以故不闻其过,陵迟而至于二世,天下土崩。今陛下以啬夫口辩而超迁之,臣恐天下随风靡靡,争为口辩而无其实"。绛侯周勃、东阳侯张相如,后来参与了对儒生贾谊的倾害。张释之推崇"言事曾不能出口"的"长者",这与窦后赏识石氏、石庆"不言"而治和曹参之用人原则正同。又张释之数谏文帝守法,这也近于曹参之"守法不失"。

又直不疑,亦不见于钟肇鹏之《表》。然《史记·万石张叔列传》记其"学《老子》言,其所临,为官如故,唯恐人知其为吏迹也。不好立名称,称为长者"。"为官如故"之"故"指故官或故官之行事,事同于曹参之"一遵萧何约束";而其"不好立名称,称为长者",也正合于曹参之"欲务名声者罢去之"和择用"重厚长者"为吏。

又武帝时之汲黯,据《汲郑列传》:"迁为东海太守。黯学黄老之言,治官理民好清静,择丞史而任之。其治责大指而已,不苛小。黯多病,卧闺阁内不出。岁余,东海大治,称之。上闻,召以为主爵都尉,列于九卿。治务在无为而已,弘大体,不拘文法。"《传》又记其"常毁儒";又憎恶张汤等舞文弄法之吏,称"天下谓刀笔吏不可以为公卿,果然。必汤也,令天下重足而立、侧目而视矣!"其治道既非儒术、又非文法;其所"择丞史",自然既非儒生、又非刀笔吏一流可知。

又郑当时,《汲郑列传》:"庄(当时字)好黄老之言,其慕长者如恐不见。""每朝,候上之间,说未尝不言天下之长者。"是亦推重"长者"之人。又云其"未尝名吏,与官属言,若恐伤之"。"未尝名吏",是说他未尝以吏治求名或得名;其对官属的态度,也反映了他并非主张苛察者。

其他奉黄老之术者,如田叔,"学黄老术于乐巨公所",为黄老之嫡传[1],文帝称其为"长者",见《史记·田叔列传》。又刘德,"常持老子

---

[1] 《史记·乐毅列传》叙自河上丈人以下的黄老学传授:"乐臣公善修《黄帝》《老子》之言,显闻于齐,称贤师。……乐臣公教盖公。"司马贞《索隐》:"本亦作'巨公'也。""乐巨公"即"乐臣公"。

知足之计”，“亲亲行谨厚”，“宽厚好施生，每行京兆尹事，多所平反罪人”，见《汉书·楚元王传》，是亦以“长者”自持，不主严刑峻法者。余陈平、司马季主、杨王孙、邓章、安丘生等人之事迹，与黄老政治之关系，或史载语焉不详，或与大政方针不甚相关了。

由此我们可以看到，尽管黄老思想中有所谓“深刻坚忍”“兵谋权术”之内容，然西汉初年的黄老政治实践之所以收成效者，不妨说却是其“清静慈祥”的那一方面。辕固生指《老子》为“家人言”，俞正燮谓“家人言，本意谓仁弱似妪媪语”①。这“仁弱”，也意味着当时黄老所务偏重于“清静慈祥”。“治道贵清静”之宗旨见之于政治者，一是反对文吏之进取苛察，二是反对儒生之“繁礼饰貌”；在政治角色上，所谓“重厚长者”，则得到了最大的推重。何焯评曰：“谨厚长者，其为治乃能务与秦吏相反。年又长大，非唯历事多，其人亲受秦法酷烈之害，必事事思顺民情，与之休息也。”②“长者”实代表了一种清静放任的黄老政治精神，非仅年长宽厚而已。

汉承秦制，对于那个社会来说，这种官僚帝国体制已是势在必行而无法不加承袭。但是在秦代，这一体制的固有弊端，加之由统一海内的巨大功业而来的蓬勃进取精神，及其与统治者的权势欲、奢侈欲的结合，便使官僚机器的运转达到了其所可能的最大极限，并最终因耗尽民力、丧尽民心而土崩瓦解。对于继起的汉代统治者来说，时局既迫使他们去承继那个体制，但同时也迫使其把这个官僚机器的转速降至最低，尽量减少其所承担与发动的事务，从而缓和对社会的压力，使那个为此体制提供资源且已疲惫不堪的社会，获得一个休养生息的喘息之机。所以在汉初，一方面有萧何次律令、韩信申军法、张苍定章程、叔孙通制

---

① 俞正燮：《癸巳存稿》卷七，《家人言解》，“宫中名家人，盖宫人无位号，如言宫女宫婢”。商务印书馆，1957 年，第 200 页。杜正胜释“家人者，庶民也”，“辕固轻视太后所好之《老子》是普通人的思想，无大道理”。亦可通。见其《编户齐民——传统政治社会结构之形成》，附录十一，《司空城旦解》。“家人”多义，或指庶民，或指仆役，又《史记·刘敬列传》：“而取家人子名为长公主，妻单于。”《汉书·外戚传》：“上家人子，中家人子，视有秩斗食云。”《老子》主阴柔雌伏，似以俞氏所释更胜。

② 何焯：《义门读书记》卷十七，中华书局，1987 年，第 279 页。

礼仪，另一方面又有"政不出房户""不治事""不言""清静无为""卧闱阁内不出"。秦末的酷政战火后社会凋敝至极，"户口可得而数者十之二""半石五千，人相食，死者过半""民亡盖臧，自天子不能具均驷，而将相或乘牛车"。在感到有必要求助于学士政见之时，统治者只能在既存的诸家中择善而从。此时最先打动他们的是黄老"清静无为"之说，因为承秦之制而又使这一体制的转速降至最低，在当时是最为"易行""易操"的。客观的政治需要经过道论的精致阐释，就更显得具有充分的正当性了。

相应地，斥去"吏之言文刻深、欲务声名者""谍谍利口捷给"之人，宁可选用"木讷于文辞""言事曾不能出口"的"重厚长者"，也不能不说是从秦代文吏政治之"税民深者为能吏""杀人众者为忠臣"走向了另一个极端。行政官僚的吏能，本是官僚制度赖以运作的最基本前提；然而当时的统治者在未能找到更合适的统治之术时，宁可牺牲官僚的行政能力和行政效率，也不敢轻举妄动以避免失误。方孝孺谓："若参可谓知治乱之方矣。秦之亡不在乎无制，而患乎多制；不患乎法疏，而患乎过密。使参而相汉，复苛推而详禁之，是续亡秦之焰而炽之也。"[1]如胡适之释"无为"："你们不配有为，不如歇歇罢；少做少错，多做多错，老百姓受不了啦，还是大家休息休息罢！"[2]陈鼓应亦云，"无为""好静""无事""无欲"，乃是针对统治者之骚扰搅乱、烦苛政举、扩张意欲而提出的。[3]在"百姓新免毒蠚，人欲长老养亲"之时，社会普遍厌恶好大喜功、繁文宏论，厌恶秦式的能吏而向往着"长者"。《史记》有《循吏列传》，太史公《自序》曰："奉法循理之吏，不伐功矜能，百姓无称，亦无过行。作《循吏列传》。"虽然《传》中并无汉人，但正如余英时所言，"司马迁心中的循吏是汉初文、景之世的黄老无为式的治民之官"，如汲黯、郑当时之类，"循"乃司马谈《论六家要旨》"以因循为用"之

---

① 方孝孺：《逊志斋集》卷五，《曹参》，《四部丛刊初编》。

② 胡适：《中国古代思想史长编》，第三章第三节，《胡适学术文集》，中华书局，1991年，第337页；又可参见其第350页。

③ 陈鼓应：《老子注释及评介》，中华书局，1984年，第33—34页。

意。① 就是说，汉代的循吏最初是由黄老政治所促生的，最初不甚涉于儒术。

　　儒术最初不甚为统治者所推重，其原因可以部分地从汉文帝之如下态度中看到："繁礼饰貌，无益于治。"其实汉文帝也曾尝试过制礼改制之事。贾谊定德改制之议未为其所采；但后因公孙臣、新垣平再度倡议，文帝遂下诏施行其事。可这最终因新垣平为诈事败，而令"文帝怠于改正朔服色神明之事"了。以"正朔服色神明之事"视"礼乐"，这是当时对"礼乐"的一种特别看法。武帝初年窦太后打击务于明堂、巡狩诸事的赵绾、王臧等时云："此岂欲复为新垣平也！"比其事于方士。儒家以为"礼义"当与"礼乐"和"礼仪""贯而为一"，行"礼治"必得要复古礼、定新仪。这在法家看来不过是"巫祝之言"，而持有机自然观的道家也不以为然。司马谈《论六家要旨》："夫儒者以六艺为法，六艺经传以千万数，累世不能通其学，当年不能究其礼。故曰：博而寡要，劳而少功。"这大约就是汉初崇奉道术者对儒家的基本看法。"繁礼饰貌"之举不仅繁杂浩费，而且与现实中的政府行政距离太远。在社会凋敝、百废待举之时，那显非治世之急务。

　　儒家文化以邹鲁为基，春秋时已有"周礼尽在鲁"之说。②《庄子·天下》："其在于《诗》《书》、礼、乐者，邹鲁之士、缙绅先生多能明之。"而汉初统治者对道术的偏重，看来则是反映了楚文化对汉廷的影响。老子为楚人而庄子为宋人，二人为楚文化的代表，学人多有其说。任继愈言："带有荆楚文化特点的莫过于《楚辞》、《老子》以及受《老子》影响的庄周。"③黄老帛书出于楚之故地，龙晦根据其中所引用的楚言、楚

---

①　余英时：《士与中国文化》，上海人民出版社，1987年，《四、汉代的循吏与文化传播》。文中引及了泷川资言和冈崎文夫的观点，以为《史记·循吏列传》之后即叙汲黯、郑当时，此即汉代之"循吏"。而汲、郑皆治黄老之术。按何焯《义门读书记》卷十四："叶石君云，《循吏传》后即次以汲黯，其以黯列于循吏乎？何太史公深得春秋之旨……黯尚无为之化，而以郑当时附之，盖当时尚黄老言，亦无为。"中华书局，1987年，第230页。

②　《左传》昭公二年，韩宣子入鲁观书，称"周礼尽在鲁矣！"又同书襄公三年记季札访鲁观乐，也认为是见到了周礼。《庄子·田子方》："举鲁国而儒服。"《管子·大匡》："鲁邑之教，好迂（艺）而训于礼。"

③　任继愈：《中国古代哲学发展的地区性》，载《中华学术论文集》，中华书局，1981年。

谚,论证其作者为西楚淮南人。① 余明光说:"帛书,它所反映的主要是楚国的意识形态。"②刘邦集团起于丰、沛,而战国时沛属宋,后齐、楚、魏三分其地,"楚得其沛"③。楚文化在春秋末年已经取代了江淮间的土著文化,战国时此地已为楚文化昌明之地④,那么它当然会进一步向更北之处辐射。鲁迅说汉宫多楚声,刘邦之《大风歌》"亦楚声也",汉武帝左右"多以楚辞进"者⑤。又曹参治齐用道术,而齐之稷下学宫本道论盛行之地,这或许也是"无为"思想在汉初踞于上流的又一原因。法家兴于三晋而收成于秦,汉初朝廷之偏重黄老,则既反映了楚文化与邹鲁文化之异,也是楚文化对于三晋与秦文化的反动。

道家"清静无为"主张,还在如下一点上颇适合于汉初统治集团:这一集团多武力功臣,"少文多质"。无为政治崇尚"木讷于文辞"的"重厚长者",简约而"易行",相对说来这更易于为其所纳。《史记·儒林列传》:"孝惠、吕后时,公卿皆武力有功之臣。"《汉书·刑法志》:"萧曹为相,填以无为……及孝文即位,躬修玄默……而将相皆旧功臣,少文多质,惩恶亡秦之政,论议务在宽厚,耻言人之过失。化行天下,告讦之俗易,吏安其官,民乐其业,蓄积岁增,户口寖息,风流笃厚,禁罔疏阔。"不难看到,"填以无为"与将相之"少文多质",实有微妙的内在联系。所以后来生事行法之举,多遭功臣将相之抵制。例如贾谊欲兴礼乐,"绛、灌、东阳侯、冯敬之属尽害之"。见《史记·贾生列传》。又晁错欲更定法令,"袁盎诸大功臣多不好错","丞相申屠嘉心弗便","窦婴争之,由此与错有隙"。见《史记·晁错列传》。依赖精通礼文之儒生的儒术之治,依赖精通律文之文吏的法术之治,皆不如道术更适合于这群"少文多质"的草莽英雄。

① 龙晦:《马王堆出土〈老子〉乙本卷前古佚书探原》,《考古学报》1975 年第 2 期。

② 余明光:《黄帝四经与黄老思想》,黑龙江人民出版社,1989 年,第十章《黄老帛书——楚文化的明珠》。

③ 《汉书·地理志》。

④ 参见杨立新:《江淮地区楚文化初论》,收入楚文化研究会编:《楚文化研究论集》,荆楚书社,1987 年。

⑤ 参见鲁迅:《汉文学史纲要》,人民文学出版社,1973 年,第六、八、九、十篇有关部分。

第二节 "恍惚"与"恬淡":"君人南面术"的限度

黄老政治为社会提供了一个休养生息的机会,但如前所述,此方针的实践意义,仅是把专制官僚机器的转速降至最低,政策上的"无为"伴随着体制上的"汉承秦制",文吏政治并没有发生根本性的变化。正如陈启云对之的评述:"尽管普遍指责秦政权和其法家学说,西汉早期的朝廷仍然几乎没有离开它从秦代继承下来的法家学说和实践的范围。遵循道家无为的准则,朝廷很可能发现从事别的激烈的改革是行不通的,于是就满足于让下级政府按照既定的常规,由秦政权残留下来的或按这种常规训练出来的官吏管理",这种官吏构成了"新法家"。①确实,"法吏"与"长者"这两种角色间其实存在着微妙的联系,尽管他们看上去大不相同。早在高祖入关时便宣布了"诸吏人皆案堵如故",仅除秦苛法,而对其官吏体系则不加破坏地予以承袭的态度,灼然可见。这与此前关东在"刑其长吏""皆杀其守尉令丞反"的做法,已颇有不同。

当社会元气渐复,其中所潜藏的各种问题、冲突,就会通过这个社会的巨大规模和复杂程度的放大,而重新以尖锐活跃的形式表现出来。西汉帝国正处于上升时期,欣欣向荣的王朝不惧怕那些问题;可这毕竟就意味着,官僚机器不能够继续处于"无为""清静"的状态之中了。汉武帝以雄厚的国力作为资本,着意改制建功、开边兴利,欲在政治、经济、军事和文化事业上有一番宏大作为。庞大的专制官僚机器重新加快了运转,并在武帝之朝达到了顶点。

《盐铁论·刺复》对之有如下的记述:

> 人主方设谋垂意于四夷,故权谲之谋进,荆楚之士用。将帅或至封侯食邑,而克获者咸蒙厚赏,是以奋击之士由此兴。其后干戈不休,军旅相望,甲士糜弊。县官用不足,故设险兴利之臣起,磻溪熊黑之士隐。泾、淮造渠以通漕运,东郭咸阳、孔仅建盐铁,策诸

---

① 见崔瑞德、鲁惟一编:《剑桥中国秦汉史》,杨品泉等译,中国社会科学出版社,1992 年,第 15 章《后汉的儒家、法家和道家思想》,第 823—824 页。

利,富者买爵贩官、免刑除罪,公用弥多而为者徇私。上下兼求,百
姓不堪抚弊而从法,故惛急之臣进,而见知废格之法起。杜周、咸
宣之属以峻文决理贵,而王温舒之徒以鹰隼击杀显。

在此我们就看到,文史角色开始重新崭露了头角。那种"木讪于文辞"
"言事曾不能出口"的"重厚长者",不得不让位于能吏以至"酷吏"了。
张汤、赵禹、杜周、王温舒、桑弘羊、东郭咸阳、孔仅、卫青、霍去病等等一
大批人物应时而起。这些能吏、利官①和武将们,既干练精明又忠实驯
顺,卓有成效地担负起抑藩、理财、治狱、御侮等等军政事务,从而使汉
帝国在武帝之时达到了全盛。但是,文史政治,也因而在政治舞台上再
度地展现了它的存在和活跃。帝国扩张政策逐渐主导了政治走向——
这里所说的"扩张"一词是广义的,它不仅指领土的军事经营,而且也
包括专制政权的在政治、经济和文化上的支配控制,向社会各个层面、
各个角落的深入和扩展。这种近乎艾森斯塔得所谓的"政治—集体取
向",需要一大批能吏去奉行贯彻。这些角色并不是什么新鲜的东西。
自汉初文史就一直占据着各级政府职位,当时机已到,他们便从如同蛰
伏般的状态中活跃起来。高后之时已有酷吏名侯封,景帝时酷吏有郅
都、宁成等。汉武帝时天下益发多事,此类人物便纷纷脱颖而出了。

西汉王朝在矫秦弊政的时候,曾有意废秦苛法。刘邦入关,"约法
三章";惠帝除挟书律,高后除三族罪、妖言令,弛商贾之律;文帝除诽
谤、妖言之罪,除肉刑。但是这个庞大帝国,毕竟不能不以相当数量的
律令典章来维持其基本秩序,"约法三章"之难敷应用,是断然无疑的。
《汉书·刑法志》:"其后四夷未附,兵革未息,三章之法,不足以御奸。
于是相国萧何捃摭秦法,取其宜于时者,作律九章。"韩信申军法、张苍
定章程、叔孙通定礼仪,也是出于同样需要。汉之除秦苛法,似乎偏重
于刑法,而不是行政法方面,至少行政规章在此期仍处于不断完善和增
设之中。汉武帝时一大批军政、财政、行政措施纷纷出台,相应的法律
法令的贯彻,又必然伴随着刑法的再度趋繁。程树德说,"法令之繁,

---

① "利官"是汉儒对兴利之臣的贬称。《盐铁论·本议》:"立盐铁,始张利官以给之,非长策也。"

自武帝始也。"①这是较然可以征之于史实的。《魏书·刑罚志》:"孝武世以奸宄滋甚,增律五十余篇。"张汤作越宫律二十七篇,赵禹作朝律六篇;又如推恩之令、左官之律、附益之法、刺史之制、沈命之法、首匿之科、知从之律、告缗之令,以至"腹诽之法比",等等。《汉书·刑法志》:

> 及至孝武即位,外事四夷之功,内盛耳目之好,征发烦数,百姓贫耗,穷民犯法,酷吏击断,奸轨不胜。于是招进张汤、赵禹之属,条定法令,作见知故纵、监临部主之法,缓深故之罪,急纵出之诛。其后奸滑巧法,转相比况,禁罔寖密。律令凡三百五十九章,大辟四百九条,千八百八十二事,死罪决事比万三千四百七十二事。文书盈于几阁,典者不能遍睹。

官僚制度天然地趋向于"繁文缛节",希求把一切事务的处理都化为正式的规章条文,这甚至经常超过任务与条件所需要、所许可的程度。这样一点,不仅在秦代,而且在汉武帝时也表现得非常鲜明。

尽管汉初统治者参鉴了黄老之说而将政治机器的转速降至最低,可是一旦这个体制重新加快了转速,那么它的固有特质和倾向就将重新地表现出来。在这一过程中,文吏层中之"长者"形象日渐隐而不显,而"能吏"甚至"酷吏"则日益面目峥嵘。官僚帝国体制之对领土扩张、财政富足,对法制秩序和无所不在的国家干预、控制的天然追求,再一次达到了活跃的巅峰。秦所开创的帝国体制,是因之而进一步完善了;但其代价,则是社会的再次陷入凋敝和动乱。唐人司马贞云:"孝武纂极,四海承平,志尚奢丽,尤敬神明。……疲耗中土,事彼边兵,日不暇给,人无聊生。俯观嬴政,几与齐衡!"②又宋代史学家司马光亦曰:"孝武皇帝穷奢极欲,繁刑重敛,内侈宫室,外事四夷,信惑神怪,巡游无度,使百姓疲弊,起为盗贼。其所以异于秦始皇者,无几矣!"③在以汉武帝与秦始皇相比之上,二司马之见地不谋而合。甚至汉武帝自

---

① 程树德:《九朝律考》,中华书局,1963年,第143页。

② 司马贞:《史记索隐》,《孝武本纪述赞》。

③ 见《资治通鉴》汉纪武帝后元二年。

己也认识到了这一点，他说过"若后世又如朕所为，是袭亡秦之迹也！"①对秦皇汉武二帝之事业，我们无意做"肯定"或"否定"的价值判断；要指出的只是这样一点：他们之间的相似性，从根本上说是来源于官僚帝国体制的内在倾向性，非仅是个人因素使然；并且这种倾向，很容易就发展到压迫和损害社会的地步。

对这一从"无为"到"有为"的转变，固守汉初黄老政治传统者有不同方式的抵制。例如汲黯与张汤间的屡次冲突。② 又如，曾深得黄老尊奉者窦太后之信任的石氏家族的成员，即石庆、石德，在此时也有相应举动。丞相石庆随帝国扩张政策的展开而日益失势，"事不关决于丞相"，但是他也曾向幸臣所忠、酷吏咸宣发难，尽管未能成功。③ 在汉

---

① 据《资治通鉴》汉纪武帝征和二年，汉武帝对卫青说："汉家庶事草创，加四夷侵陵中国，朕不变更制度，后世无法；不出师征伐，天下不安。为此者不得不劳民。若后世又如朕所为，是袭亡秦之迹也！"

② 《史记·汲郑列传》："黯数质责汤于上前，曰：'公为正卿，上不能褒先帝之功业，下不能抑天下之邪心，安国富民，使囹圄空虚，二者无一焉。非苦就行，放析就功，何乃取高皇帝约束纷更之为？公以此无种矣！'黯时与汤论议，汤辩常在文深小苛，黯伉厉守高不能屈，忿发骂曰：'天下谓刀笔吏不可以为公卿，果然。必汤也，令天下重足而立、侧目而视矣！'"

③ 《万石张叔列传》："是时汉方南诛两越，东击朝鲜，北逐匈奴，西伐大宛，中国多事。天子巡狩海内，修上古神祠，封禅、兴礼乐。公家少用，桑弘羊等致利，王温舒之属峻法，倪宽等推文学至九卿，更进用事，事不关决于丞相，丞相醇谨而已。在位九岁，无能有所匡言。尝欲请治上近臣所忠、九卿咸宣罪，不能服，反受其过，赎罪。"司马迁记石庆"无能有所匡言"时先总叙时事，这决非闲笔。石庆所欲惩治的所忠，其事迹于史传可见者，有其曾上言请惩治世家子弟犯令者、相引数千人，奏上司马相如封禅书，方士公孙卿欲因之奏言宝鼎事诸端。又广川王刘齐"数上书告言汉公卿及幸臣所忠等"，独标出所忠之名（参见《史记·平准书》《司马相如列传》《封禅书》《五宗世家》等）。推测在汉武帝弃"无为"而生事兴功上，所忠曾是一个重要的推波助澜者。咸宣，乃著名酷吏，为御史中丞几二十年，《酷吏列传》称其"微文深诋"，"其治米盐，事大小皆关其手。……痛以重法绳之"（"米盐"为细杂之意，见《汉书·酷吏咸宣传》注及俞正燮：《癸巳存稿》卷七，《米盐》，商务印书馆，1957年，第199—200页）。石氏家族素以谨小慎微著称。石建因误书"马"字而惶恐不安，石庆以策数马毕方答上问，都是读史者熟知的典故。而此时石庆居然向所忠、咸宣这样的人物发难，或无其没落的激忿。而发难的失败，也说明石庆之"无能有所匡言"，本来是无由进言，而不是无所欲言的。据《史记·万石张叔列传》，武帝元封四年，石庆因公卿请徙流民事而遭武帝之责，先被赐告又令复视事，已进退失据了。

武帝与卫太子刘据的那场重大冲突中,石氏家族的倾向就更为鲜明了。田余庆先生有《论轮台诏》一文,专门对此案的前因后果做了精细揭示。他指出卫太子代表了"宽厚长者"的政治势力和"守文"的政治倾向,这与汉武帝和文吏们兴功立业之志格格不入,因而最终遭到了谴黜。[①] 此时太子少傅石德站在太子一方,并促使太子铤而走险、矫节收捕江充,并很可能在兵败后遭到了诛杀。[②] 石氏之失势,以及汲黯抵制张汤一类行为的不能成功,都是汉初黄老"无为"政治之休止符前的音节。

　　崇尚"无为"、推重"长者"的黄老政治,为汉初的休养生息做出了贡献;但是在帝国扩张政策重新抬头之时,它就在政治上走向了没落,并且在两千年的帝国历史上,只成了一个短暂的插曲。道家的文化影响另当别论;但在人们讨论帝国政治的时候,或说儒家是其正统意识形态,或说它实质上是"儒表法里",而道术往往就被搁置不论了。汉武

---

① 文载《历史研究》1984 年第 2 期。

② 《资治通鉴》汉纪征和二年,记汉武帝曾称刘据"敦重好静",乃"守文"之主;然而"上用法严,多任深刻吏,太子宽厚,多所平反,虽得百姓心,而用法大臣皆不悦。……群臣宽厚长者皆附太子。而深酷用法者皆毁之。邪臣多党与,故太子誉少而毁多"。而石庆自元狩初年,出任太子太傅达七年之久;征和二年江充兴巫蛊之狱时,石德正为太子少傅。司马光说"群臣宽厚长者皆附太子",而石庆、石德皆为太子师傅,而且一向是以"长者"形象见之于世,并因而得尊奉黄老的窦太后之任用的。矫节收捕江充之策即为石德所建,他告诫刘据说:"太子将不念秦扶苏事邪?"田余庆先生指出:"石德点破秦扶苏事,是洞悉当时政局底蕴之谈。"太子刘据因而铤而走险。《史记·万石张叔列传》未叙及石德下场。但《汉书·万石君传》也只是说到石德嗣侯,"后为太常,坐法免,国除"而已。其事据《外戚恩泽侯表》及《百官公卿表》在天汉元年。但据《汉书·刘屈氂传》,太子刘据起兵失败,"长安男子景建从通(即莽通,《资治通鉴》作马通)获少傅石德",武帝以为"元功",封景建为侯;同时"诸太子宾客尝出入宫门,皆坐诛;其随太子发兵,以反法族"。石德大约就于此时被诛杀了。景建俘获石德事,又见《景武昭宣元功臣表》。《表》记景建为"长安大夫","大夫"应为其爵位,其人仍当为平民;所封为三千七百三十五户,由之亦见武帝以获石德为大功。夏燮《校汉书八表》卷五:"按如侯、石德,皆谋反之人,此(指景建)与莽通、商丘成俱同封,疑皆卫太子事坐预逆谋而被击杀者,故以功封。"见《史记汉书诸表订补十种》上,中华书局,1982 年,第 294 页。按石德应是生得后被处死的。

帝虽尊崇儒术,但其所积极奉行的帝国扩张政策,明明是法家"法治"的借尸还魂。这从助成这一政策贯彻的干将桑弘羊对商鞅与秦政的公然赞扬中,就可看到。

但是司马谈之《论六家要旨》说道家是"撮名、法之要"的,"道术"与"法术"本有相通之处。先秦时已有不少道、法兼综的学者,如慎子;《管子》的《心术》《内业》《白心》等篇,亦为道家之言。《史记·老子韩非列传》:"申子之学本于黄老而主刑名。"韩非"喜刑名法术之学,而其归本于黄老"。道论之"君人南面术"的方面,对汉代执政者似乎也不是没有影响,如曹参之"守法勿失"、张释之之"守法不失大理"、陈平之"六奇并用"、张良之"制胜于无形",或许都与黄老思想的法术刑名方面有关。《史记·礼书》说汉文帝"好道家之言",然同书《儒林列传》又曰"孝文帝本好刑名之言";或谓此"刑名之言"与道家为一事。① 又《三国志·魏书·钟会传》:"及会死后,于会家得书二十篇,名曰《道论》,而实刑名家也。"也见"道论"本有与"刑名"相通之处。特别是,司马谈说道家之术是主张"与时迁移,应物变化"的,汉初的黄老学确实也是在努力旁采诸子、适应时势,所以有人名之为"新道家"。② 那么,当帝国扩张政策日渐抬头之时,道术为何不能以其"术"的方面,亦即其刑名法术的方面,去"与时迁移"、积极地响应这一变化呢?

我们暂不考虑学说的自身理念体系如何,而单单就其对政治发生影响的方式加以区分,那么在此,就可以把道家的"道术"主要地看成是一种政治哲学,而把法家的"法术"主要看成是一种专制官僚政治行政理论。也就是说,我们不是笼统地将之称为"指导思想"就到此为止了,它们在性质、取向、抽象程度和运思层面上的差别,本来是具有重大意义的。不同的思想以什么方式与机制"指导"了实践,那其间还有很大的差异。一种抽象理念还原到具体行事,或一个具体行事被归结到某一个抽象理念,要经过许多层次和环节;而每一个层次或环节上,都

---

① 熊铁基谓司马迁对道家之学、刑名之言、黄老之术未曾严加区别,文帝所好之"刑名"即是黄老。见其《秦汉新道家论稿》,上海人民出版社,1984年,第184页。

② 参见前注所引书。

可能发生异化与脱节。道家、法家以及名家均有"刑名"之说。法家虽有取于黄老，但其思想主要地来源于"富国强兵"的"变法"实践，在此他们就已经把刑名法术化为更具可操作性的东西，因而有别于黄老而自成一家了。"本于黄老而主刑名"，也意味着所"本"与所"主"已非一事。《商君书》《管子》对兵刑钱谷、考课铨选的翔实规划，申不害、韩非对权术与法治的具体阐发，较之《老子》，甚至较之四篇黄老帛书，都更直接地关乎实事而更为深切著明。

"道"被还原为具体的专制官僚政治行政学说，这就已经意味着一种"异化"了。《韩非子》中有《解老》《喻老》，对《老子》的解说不乏精见；然而其《六反》篇批评学者"不察当世之时事"时，直斥老子"知足不辱、知止不殆"之说；其《忠孝》篇又谴责"为恬淡之学而理恍惚之言"者。[1] 郭沫若说："这……主要的虽是在打庄子，但连法家的老祖宗——老子也被推翻了。"[2]钱钟书称此语"岂非指无为清静之治，坐可言而起不可行欤？已操入室之戈矣"[3]。蒙文通亦云："他所指责的恍惚之言，正是黄老之所谓'道'，所谓'大道混混冥冥'，'其辞难知'。"[4]这"恍惚"与"恬淡"，也正是令法术与道术泾渭分流之处。

所谓"恍惚"，可以从老子道论之"幽深微妙""其辞难知"上加以理解。它在哲理层面上是高度精致化了的，然而却也就不同于具体的、可以即时操作的政治行政措施了。由于它抽象程度较高，在实践还原时也就有了多个方向、多种可能，例如还可能还原为庄子的人生态度。陈鼓应谓："就黄老之学来说，由'道生法'可以看出，它使老子的道论向着更积极的方向发展，引出了一系列社会政治准则；而庄学则把道演

---

① 《韩非子·六反》："老聃有言曰：'知足不辱，知止不殆。'夫以殆辱之故而不求于足之外者，老聃也。今以为足民而可以治，是以民为皆如老聃也。"又同书《忠孝》："臣以为恬淡，无用之教也；恍惚，无法之言也。……事君养亲，不可以恬淡；……言论忠信法术，不可以恍惚。恍惚之言、恬淡之学，天下之惑术也。"

② 郭沫若：《十批判书》，《韩非子的批判》，人民出版社，1954 年，第 317 页。

③ 钱钟书：《管锥编》，中华书局，1986 年，第二册，第 436 页。

④ 蒙文通：《略论黄老学》，《古学甄微》，巴蜀书社，1987 年，第 282 页。

化成了一种人生境界。"①黄老帛书在向政治实践的还原上,虽较《老子》进了一步,但是相对于法家的法术,其哲理色彩仍然相当地浓厚;设若从商鞅、韩非的角度看来,那恐怕还是太过"恍惚"了。

金春峰说:"就刑名法术思想而言,《黄老帛书》具有前期法家思想的特点,强调法治的重要,但'法'的含义包含极广,主要是指统一的'法度'、'标准'……到《韩非子》,法的主要含义指国家的成文法,即由国家公布而由官吏执行的法令和法律。"②他只是说黄学"具有前期法家思想的特点",而没有将二者等同,还是比较谨慎的。前期法家如子产、李悝、吴起以至商鞅,其思想主要来源于"富国强兵"的变法实践,其所致力之"法"大致就是"由国家公布而由官吏执行的法令和法律";引"道"以证"法",大约倒是稍后的事情。而黄学的"法"含义之广这一特点,也可以从其抽象程度较高、哲理意味更重方面加以理解。黄学所谓"刑名"亦是如此。这又如学人所言:"法家将形名与法术相结合,为法治提供理论根据。而名家讲形名则着重于逻辑思想的演绎。黄老学派讲形名吸取了法家和名家的双重意义,并在逻辑思维领域有所深入","《帛书》注重探寻逻辑思想的规律"。③ 并且,此"刑名"笼罩于"用雌节"的、"虚静"的宗旨之下,归本于"恍兮惚兮"的"无形"之"道"。《经法·道法》:"反索之无刑","故能至素至精,恬弥无刑,然后可以为天下正"。

那么,西汉时期之所谓"刑名",是偏重于道术还是法术呢?按《汉书·元帝纪》:"(元帝)见宣帝所用多文法吏,以刑名绳下",遂谓"陛下持刑太深,宜用儒生"。颜师古注引刘向《别录》:"申子学号刑名。刑名者,以名责实,尊君卑臣,崇上抑下,宣帝好观其《君臣》篇。"可见西汉政治中所言之"刑名",主要是指申、韩之学而言的。宣帝多用文法吏,这本是法术、法治的特征;而汉初黄老政治所崇乃"重厚长者",

① 陈鼓应:《关于帛书〈黄帝四经〉成书年代等问题的研究》,收入《国故新知:中国传统文化的再诠释》,北京大学出版社,1993 年。

② 金春峰:《汉代思想史》,中国社会科学出版社,1987 年,第43—44 页。

③ 任继愈等:《中国哲学发展史》(秦汉),人民出版社,1985 年,第116—117 页。

是反对文法吏之"以刑名绳下"的。汉文帝术兼道、法(同时还有儒术的影响,后将论及),他赞赏虎圈啬夫"吏不当如是邪"之语,反映了他"循名责实"的一面;张释之驳议之所阐发的,方是黄老政治的宗旨。司马谈《论六家要旨》以道、法分说,并不混同一事。如果把黄老思想和此期之黄老政治稍加区分的话,那么,此期之黄老政治即使包括"刑名"方面,那它也是较为"恍惚"的,而不同于"以刑名绳下"的做法。

黄老帛书出于楚地;在致思层面上偏重于哲理思辨,而这本来也是楚文化的特点。陈鼓应认为《易传》出自道家别派,为楚人所作,《易》学在战国广传于楚。① 高亨考察了《彖传》的押韵情况,以为是南方人所作。② 这可能也深深地影响到了黄老之学的"恍惚"——浓厚的哲理思辨色彩。任继愈说:"这一地区的文化更偏重于探讨世界万物的构成、起源、人与自然界的关系、人在自然界中的地位。这些问题涉及的范围恰恰是中原文化所不甚重视的。人伦日用、政治生活则是老庄哲学所轻视的,即使有时涉及,也往往以轻蔑的态度看待它。"③

韩非又对道家的"恬淡"颇不以为然。这个"恬淡"方面涉及了道论对文明的总体评价,相关的精致论证,也深刻地影响到了汉代黄老政治的主导倾向。《淮南子》是西汉黄老政治的代表作。其《泰族》篇:"圣王在上,廓然无形,寂然无声,官府若无事,朝廷若无人。"由之我们不难联想到《老子》的如是之说:"小邦寡民,使有十百人之器而勿用,使民重死而远徙。有舟车无所乘之,有甲兵无所陈之,使民复结绳而用之。甘其食,美其服,乐其俗,安其居。邻国相望,鸡犬之声相闻,民至老死而不相往来。"④其所描述的那种人事更多地融合于自然的状态,

---

① 参见陈鼓应:《老庄新论》,上海古籍出版社,1992 年,《〈易传〉与楚学、齐学》。

② 参见高亨:《周易大传今注》,齐鲁书社,1979 年,第 7 页。

③ 任继愈:《中国古代哲学发展的地区性》,载《中华学术论文集》,中华书局,1981 年。

④ 此段文字诸本互异,张舜徽参合帛书甲乙本加以疏证,此从其校订之文。见其《周秦道论发微》,《〈老子〉疏证》卷上,中华书局,1982 年,第 148 页。

我们有理由将之视为尚少分化的原生性乡俗社会。儒家所主之"礼治"和法家所主之"法治",都已程度不同地远离了那种状态了;而这种"日用而不知"的"结绳"之世,却正是道家所由之取法者。陈鼓应说:"老子'自然无为'的主张是有他的历史背景的,在上古'日出而作,日入而息,帝力于我何有哉'的安闲自足的社会,事实上政府的存在,在一般人民的生活中并不是一件有必然相关性的东西。"①又孙思昉、童叔业、胡寄窗等,亦认为老子的"小国寡民"取法于农村公社。② 萧公权论"老子以放任致无为,申韩以专制致无为","黄老思想中君主之地位殆远逊封建小君之重要尊严,而惟其荒古之部落酋长,或可勉强相比"③。

在那个时代,肯定还有许多接近于"结绳"状态的村社、部族,可供人们对之有深切了解。《吕氏春秋·恃君》就历数过四方众多的"无君"而"其民麋鹿禽兽"之地。④《史记·秦本纪》记载了托为由余与秦缪公的一段颇为有趣的对话:"缪公怪之,问曰:'中国以诗书礼乐法度为政,然尚时乱,今戎夷无此,何以为治,不亦难乎?'由余笑曰:'此乃中国所以乱也。夫自上圣黄帝作为礼乐法度,身以先之,仅以小治。及其后世,日以骄淫,阻法度之威,以督责于下;下罢极,则以仁义怨望于上,上下交争怨而相篡弑,至于灭家,皆以此类也。夫戎夷不然。上含淳德以遇其下,下怀忠信以事其上,一国之政犹一身之治,不知所以治,此真圣人之治也!'"此番言论颇近于"大道废,有仁义"之旨,分明为道

① 陈鼓应:《老子哲学系统的形成》,《老子注释及评介》,中华书局,1984 年,第 35 页。

② 见陈鼓应,前注引书,"注释今译与引述"部分,第 357—359 页。

③ 萧公权:《中国政治思想史》(上),第七章,《商子与韩子》,台北:联经出版事业公司,1982 年,第 263—264 页。

④ 《吕氏春秋·恃君》:"非滨之东、夷秽之乡,大解、陵鱼、其、鹿野、摇山、扬岛、大人之居,多无君;扬、汉之南,百越之际,敝凯诸、夫风、余靡之地,缚娄、阳禺、骓兜之国,多无君;氐、羌、呼唐、离水之西,僰人、野人、篇笮之川,舟人、送龙、突人之乡,多无君;雁门之北,鹰隼、所鸷、须窥之国,饕餮、穷奇之地,叔逆之所,儋耳之居,多无君。此四方之无君者也,其民麋鹿禽兽。"作者对这众多"无君"之地十分了解。

家之言。① "内诸夏而外夷狄"本是儒家之大旨,而此"大夷狄而小中国"之意,却是"道失而求诸野"了。孕育了老、庄、黄老帛书之学的楚地,亦如《史记·货殖列传》所记:"楚越之地,地广人希,饭稻羹鱼,或火耕而水耨,果隋蠃蛤,不待贾而足,地势饶食,无饥馑之患,以故呰窳偷生,无积聚而多贫。是故江、淮以南,无冻饿之人,亦无千金之家。"较为优越的自然条件,减少了生活中的人事、人力的因素;尽管楚为大国,然其社区生活或有大不同于北方之处——相对说来有更多与"小国寡民"状态相近相通的地方。老子重"朴",据说这"朴"正是南方之民的特点,《大戴礼记·千乘》:"南辟之民曰蛮,信以朴。"道家未必是真要复于上古、归于"结绳",但是那种原生状态的社会,很可能包含着文明社会业已丧失了的许多东西。

张舜徽说,对于"小国寡民",老子只是"偶尔称述及之"②,恐非的论。对"小国寡民"的称述,实出于深切思考,而非称述偶及。《庄子》《淮南子》等都有类似述说,自非偶然。③ 我们曾经用"俗""礼"

---

① 《汉书·艺文志》有《由余》三篇,属杂家;又有《繇叙》二篇,属兵形势家。是颇有喜托名由余作论者。或以为由余出陇西绵诸之戎,由余、繇叙乃一声之转。参看林剑鸣:《秦史稿》,上海人民出版社,1981年,第264页。《史记》言由余为晋人之入戎者。秦缪公时他是否可能有那种言论,未可深信。《史记·匈奴列传》记汉文帝时宦者中行说降于匈奴,与汉使辩论匈奴之俗,语有"匈奴之俗……其约束轻,易行也。君臣简易,一国之政犹一身也";"且礼义之敝,上下交怨望"。其言与由余相近。所谓由余之言,或本于汉使与中行说之言而踵事增华者,或中行说之说有取于所谓"由余"之言,均未可知。但无论如何,戎夷之俗看来是影响过道家的某些想法。叶适言:"由余言治类老子,偏驳不概于道,然能行其意耳。"见《习学记言序目》卷十九,中华书局,1977年,上册,第264页。又泷川资言《史记会注考证》:"司马光曰,是特老庄之徒,设为此言,以诋先王之法,太史公遂以为实而载之,过矣。"见《史记会注考证及校补》,上海古籍出版社,1986年,上册,第127页。

② 张舜徽:《周秦道论发微》,第148页。

③ 《庄子·胠箧》:"昔者容成氏、大庭氏、伯皇氏、中央氏、栗陆氏、骊畜师、轩辕氏、赫胥氏、尊卢氏、祝融氏、伏牺氏、神农氏,当是时也,民结绳而用之,甘其食,美其服,乐其俗,安其居,邻国相望,鸡狗之音相闻,民至老死而不相往来。若此之时,则至治已。"《淮南子·齐俗》:"是故邻国相望,鸡狗之音相闻,而足迹不接诸侯之境,车轨不结千里之外者,皆各得其所安。"

"法"来描述中国古代因社会分化的推进而递次相生的不同政治文化形态。儒家法三代，要以"礼"来沟通"法""俗"；法家催生了秦政，要以"法"来制"礼"制"俗"。而在同一视角之中，我们不妨说道家是取法于原生"乡俗"的。《老子》曰"乐其俗"，"俗"者，人之传统自然之行事也。《淮南子》有《齐俗》一篇，高诱注释"齐"为"一"，其说或本于《要略》篇。按此"齐"非整齐划一之意。《齐俗》："故行齐于俗，可随也；事周于能，易为也。矜伪以惑世，伉行以违众，圣人不以为民俗。"这"齐俗"又可曰"齐于俗"，正与《庄子·齐物论》之"齐"同义，乃曲尽自然之物情人性使合于"道"之意。① 当然道家已处于战国秦汉之世，"时移则俗易"，故有上古之俗，有当世之俗，有衰世之俗，道家言"俗"并无固定用法，不尽同于本书所言之"俗"；但是他们却有另一些概念与此原生状态相应，如"质"，如"朴"。《淮南子·原道》："所谓天者，纯粹朴素，质直皓白。"《本经》："太清之始也，和顺以寂漠，质真而素朴。"《齐俗》："是故仁义立而道德迁矣，礼乐饰则纯朴散矣。"《老子》谓"朴散则为器"，主张复归于"朴"了。而此"质""朴"状态，不过是"小国寡民"之"形而上"化而已。李约瑟考察了道家常用的"纯朴""浑沌"等语，认为"朴"是"道家政治思想中最重要的一个名词"，"'朴'字原来是指原始集产主义的浑同、朴质和单纯的特征"②。其说甚是。《淮南子·主术》："昔者神农之治天

---

① 《齐俗》篇论九州四夷各有其俗，皆合于道，"是故入其国者从其俗，入其家者避其讳"。任继愈等著《中国哲学发展史》（秦汉）谓《齐俗训》以'齐俗'命篇，其实意是以不齐为齐，承认差别，统而包容之"。见其书第291页。《庄子·齐物论》："且吾尝试问乎女，民湿寝则腰疾偏死，鳅然乎哉？木处则惴栗恂惧，猨猴然乎哉？""物论"即"物伦"，"物伦"本不齐，而"道"则要曲尽自然状态的物情人性。

② 李约瑟：《中国古代科学思想史》，陈立夫主译，江西人民出版社，1990年，第三章第七节，《道家对封建制度的攻击》。"他们希望有一天，人类能回复到实行集产主义的原始部落的社会形态。他们的理想是铜器时代之初那种混同自然的生活形态。……我们也许不信远在阶级分化以前，那种混同纯朴的社会理想，竟然能够历久而不衰，令道家在多少年代之后，还醉心不已。但是我们知道，即使到了封建时代，在中国的边疆地区，还有些民族是过着这种生活的。"

下也……其民朴重端悫,不忿争而财足,不劳形而功成,因天地之资而与之和同。"

这种社会思想,当然也会反映到对不同政治角色的不同评价上来。道家对社会角色的分化也有敏锐体察,但是他们之所推崇者,就颇异于儒法二家了。《庄子·天下》辨析说:"不离于宗,谓之天人";"以仁为恩,以义为理,以礼为行,以乐为和,熏然慈仁,谓之君子";"以法为分,以名为表,以参为验,以稽为决,其数一二三四是也,百官以此相齿"。这"天人""君子"和以法数为治的"百官",显然是对应于不同政治形态的三种不同角色。儒家重"君子",他们是"礼"的人格化;法家重能吏,他们是"法"的人格化。汉初黄老政治所重却是所谓"少文多质""朴重端悫"之"长者",在"道论"中其精致化了的称呼则是所谓"天人""真人"之类。《淮南子·诠言》:"洞同天地,浑沌为朴,未造而成万物,谓之太一。……能反其所生,若未有形,谓之真人。真人者,未始分于太一者也。""真人"是"道"的人格化。道家认为人不必积极有为,或更准确地说,不能违"道"妄为,"道"作为宇宙秩序将自然地把万物调节到适宜状态。《史记》张守节《正义》:"无为者,守清静也;无不为者,生育万物也。""无为无不为"即清静无为而万物自为生育之意。《老子》遂有"圣人处无为之事,行不言之教"之论。道论之"反情""复朴""返真""复反无名"之说,落实到理想政治角色上,则是要由能吏、"君子"反之于"真人"。《淮南子·俶真》:"圣人之所以骇天下者,真人未尝过焉;贤人之所以矫世俗者,圣人未尝观焉。"

陶希圣说:"这是一种生存于商品社会及军事王国里面的个人处世哲学,原没有所谓南面术的成分在内。"[①]至少道论这个"恬淡"方面的充分发展,在逻辑上就要否定黄老学的"南面术"的方面——其法术刑名、兵略权谋方面。《庄子》中居然颇有非议黄帝之处,例如其《缮性》篇:"德又下衰,及神农、黄帝始为天下,是故安而不顺。"又前引《史记》中由余之语,对黄帝也颇不以为然,说是他"仅以小治"。《淮南

---

① 陶希圣:《中国政治思想史》,新生命书局,1932 年,第一册,第 180 页。

子·览冥》曰"昔者黄帝治天下,而力牧、太山稽辅之","明上下,等贵贱"而"法令明"——"然犹未及于伏戏氏之道也"。这也是说黄帝之治并非至境。而黄老之学原以黄帝为宗,帛书《十六经》正是以黄帝、力黑①、太山之稽的对话形式来表述其政治哲学的。

道论中所包含的"其辞难知"的精妙哲理,当它曲折地还原到西汉政治之中、化为那些个"其实易行"的举措的时候,看来就显示了韩非所谓的"恍惚"和"恬淡"的倾向。汉初黄老政治所崇之"重厚长者",也就是"真人"人格在政治实践上的曲折投射。"无为"落实到政治实践中不过是"与民休息"而已,而道论之"其辞难知"本身也将构成一种影响力:"天道无为"论的精致性本身就足以引发敬畏,其"玄而又玄"或许也坚定了时人对"与民休息"的信念。但是如前所论,理念与实践之间的关系是复杂的,"与民休息"也可能仅仅是迫于时势,并且也可以与其他的什么理念联系起来,例如归结到儒家的"仁义",如同后世一些王朝在采取类似措施时所标榜的那样。黄老所谓"南面术",可以丰富人们的政治智慧,但这又如韩非所言,"术不欲见",它应该是隐而不显的;并且"术"也可以仅仅源于政治经验,而不必定要诉诸于或标榜为道论哲理。不错,黄老之学是主张"与时迁移,应物变化"的,在思想方面它也确实包含着多向性;但是它在汉初特定时期被塑造出来的特定政治实践形态,一旦形成了传统,就成了一个大致定型、不易变动的东西了。而且它作为政治哲学的性质,也划定了其迁移变化的限度,如果从哲理层面进入专制官僚政治行政的操作层面,那么这就是法家和文吏的纵横驰骋之地了。正如先秦申、韩"本于黄老"而"主刑名"一样,"道术"在"应物变化"上"变"到一定程度时,就会在更为具体的层次上变为大为不同的东西——变为"法术"而别成一物了。

汉武帝之后,西汉仍有治《老子》学者。《汉书·艺文志》记有《老子傅氏经说》三十七篇,《老子徐氏经说》六篇,刘向《说老子》四篇,均

① "力黑"即"力牧",敦煌汉简作"力墨",见《流沙坠简·小学术数方技书考释》。

亡佚。又有《老子河上公章句》①，以及成帝时严遵所作《道德指归》②等，今犹可见。其政治思想大致承袭了汉初道家的余绪，但它们对现实政治却很少有影响了。当社会元气的恢复导致了政治上更为积极的举措之时，汉初黄老"无为"方针就不能不丧失其最初所具有的显赫地位。理念上的"真人"或现实中的"长者"，"小国寡民"的"质朴"状态引申出来的"清静无为"之旨，并不足以"治大国"。进一步说，汉初的黄老政治主要表现在"无为"政治方针之上，而不甚及于制度层面——"汉承秦制"，"无为"方针并没有使得汉代政治体制发生相对于秦代的重大变化。柳宗元说秦"失之在政，不在于制"，但是"制"的方面的承继，也必将使汉帝国在某个时候，重新呈现出类似于秦"政"的那些特征与倾向来。在这个时候，"无为"之"政"不足以抑制这一倾向，因而也就不得不让出其最初拥有过的所谓"指导思想"的地位。

---

① 《老子河上公章句》为西汉作品，作于《道德指归》之前，参见金春峰：《也谈〈老子河上公章句〉之时代及其与〈抱朴子〉之关系》，《汉代思想史》，中国社会科学出版社，1987 年，附录三。《河上注》"在阳不焦，托阴不腐"语，引自帛书《经法·道法》"在阴不腐，在阳不焦"，可以反映其与帛书思想的关系。

② 《道德指归》不是伪作，参见王利器：《道德真经指归提要》，《中国哲学》第四辑；张岱年：《中国哲学史史料学》，三联书店，1982 年，第 112—113 页。

第八章 "独尊儒术"下的汉政变迁

　　黄老"无为"政治可能也留下了其历史的积淀物,但汉武帝时期它"指导思想"地位的丧失,最终仍使它在两千年的帝国政治史上,只成为一个短暂的插曲。在帝国扩张政策轰轰烈烈地推进展开之时,我们又看到了儒家学派的地位在不断上升,并最终在"指导思想"上成为黄老学说的取代物。

　　汉儒的政治理想和政治批评,承于先秦而又有所损益光大。蒙文通谓:"则先汉经说之所由树立者,以周秦历史之衍变;自汉而下之历史之所由为一轨范者,亦先汉经说之所铸成。先后思想,与今学之不相离也如彼,而先后历史,与今学之不相离也如此。"[1]"以道术发展之迹寻之,实周秦之思想集成于汉代,若百川之沸腾,放乎东海而波澜以息也。"[2]汉儒的政治阐说,有许多在后世已成了老生常谈;然而在秦汉之际,其所铸成的"轨范"的意义却是划时代的。实行文吏政治的秦帝国是中国古代大一统官僚帝国的发轫之始;而汉儒的努力,却最终使得儒生加入了政权,使儒术变成王朝正统意识形态,帝国政治文化模式的变迁因之而发生了。有人会问是否说儒家"解决"了秦政的弊端? 但我们也许不必采用这个有失散漫的提法:尽管汉儒确实有矫秦弊政的明确意图,但是对于何为"解决"仍然将有颇不相同的标准。但无论如何,较之黄老学说,儒术促成了从秦政到汉政的更大变迁,并使得这个帝国政权的运作,相对地较为适应于这个文明古国的社会背景和文化传统了。一种大不同于秦帝国的政治形态,即"士大夫政治",就在其间奠定了其基本格局,并延

---

① 蒙文通:《儒学五论题辞》,《古学甄微》,巴蜀书社,1987 年,第 241 页。

② 蒙文通:《论经学三篇》,《中国文化》第四期,三联书店,1991 年 8 月。

续了两千年之久。就我们的论题——士大夫政治的演生——而言,在这个转变过程中发生了些什么呢? 由于我们所解析的最终是一种特殊的政治文化模式,这里就先来梳理汉儒有关政治学说的内在理路。

第一节 "文敝"的救治:"反质"

汉初的黄老政治,是作为秦政的反动而出现的,但是它最终不能够抵制大一统官僚帝国的内在扩张倾向。那么儒术的继之而起,其取代道术的理由,其制衡、统摄法术的机制,就成了我们瞩目的又一焦点了。自始我们就已说明,从社会分化角度透视中国古代政治文化,是本书的主要视角之一,在下面我们将继续遵循和推进这一思路;而切入之点,则是战国秦汉间有关"文质"问题的不同论说。

如前所述,道术、儒术和法术,曾分别取法于分化程度不同的社会状态。尽管对于道家和儒家,这种"取法"的表述经常地含有比附、引申和借喻的意味,可是我们并不因而就轻视其立论深意和现实影响。因为我们已经看到,由之而生发出来的不同政治理论,直接地导致了现实政治的不断变迁,并使其提倡者承担政坛的不同政治角色。法家主变革,儒家法三代;道论的阐发者,则极力推崇和要求复返于"质朴"。崇奉黄老的窦太后指责儒家"文多质少",又《汉书·刑法志》说汉初黄老政治时期将相"少文多质";道家学者经常地贬"文"尚"质"。然而事实上,"文、质"之辨是汉代儒生也在极意发挥的重大论题,并且汉儒同样有"反质"之说,这是不可不加注意的。

汉儒有关"文质"问题的立论,约略可以分为两种。一是"文质"说,即周尚文、殷尚质,进而主张改周之文、从殷之质;一为"三教"说,以为夏尚忠、殷尚敬、周尚文,进而主张损周之文,用夏之忠。二说虽异,但都以周秦为"文敝""文致""文薄""文烦"之世。汉初儒、道二家皆欲矫秦之弊,至少其"反朴""反质"的论述在形式上的相近性,就足以引起我们的特别注意了。对之的解析,将有助于我们理解汉儒社会学说的理论前提和深层构造,以及它取代道术、抗衡法术的基本原因。在此我们将要看到,儒家在据以立论的前提中,也包括了一个回溯性的"复古"视角,但是与道家大不相同的是,儒家的思想基础依然是"礼治",他们是基于"尊尊""亲亲"和"贤贤"相异相维的框架,来审视和解决秦汉之际的政治社会问题的。这一点也关系着儒、道二家的不同政治命运。

"文质"说见于《春秋繁露·三代改制质文》《尚书大传》①《春秋纬·元命苞》②《礼纬·含文嘉》③《诗纬·推度灾》④《三正记》⑤《五经通义》⑥《汉书·严安传》《白虎通义·三正》《公羊传》桓公十一年何休注等;而"三教"说见《史记·高祖本纪·赞》、董仲舒《天人三策》⑦,及《尚书大传》⑧《春秋纬·元命苞》⑨《乐纬·稽熠嘉》⑩《白虎通义·三教》等;又《说苑》《盐铁论》《论衡》等,均见"文质""三教"之说。治《五经》各家均有涉其说者⑪,这也意味着它们在汉儒学说中占有重要

---

① 见《白虎通义·三正》引。

② 马国翰:《玉函山房辑佚书》卷五七所辑,上海古籍出版社 1990 年影印本,第二册,第 2138 页。

③ 同上书,卷五四所辑,第二册,第 2042 页。

④ 见《宋书·礼志一》载曹魏高堂隆语所引。

⑤ 见《白虎通义·三正》及《礼记·表记》疏引。

⑥ 见《太平御览》卷五三一引。

⑦ 《汉书·董仲舒传》。

⑧ 参见陈寿淇:《尚书大传辑校》,引自王先谦《皇清经解续编》卷三五六,上海书店,1988 年影印本,第二册,第 417 页。

⑨ 《礼记·表记》疏引。

⑩ 《白虎通义·三教》引。

⑪ 上文所引已涉及了《诗》《书》《礼》《乐》《春秋》诸家(当然是多出于纬书),至于治《易》而论"文质"者,亦不无可考。《论衡·齐世》:"语称上世之人,质朴易化,下世之人,文薄难治。故《易》曰:上古之时,结绳以治,后世易之以书契。……故夫宓牺氏之前,人民至质朴……至宓牺之时,人民颇文。……故宓牺作八卦以治之。至周之世,人民文薄,八卦难复因袭,故文王衍为六十四首,极其变,使民不倦。"即是治《易》者用"文质"说解释"重卦"之例。《三国志·魏志·三少帝纪》:"《易》博士淳于俊对曰:'包羲因燧皇之图而制八卦,神农演为六十四,黄帝、尧、舜通其变,三代随时,质文各繇其事,故《易》者,变易也。'"便是承自其说。

又晋人干宝治《京氏易》,他亦有"三教""文质"之论。其论"三教"见李鼎祚《周易·杂卦·集解》引干宝《易注》,又可参见张惠言《易义别录》所辑《周易干氏》卷下(《清经解》卷一二四一,上海书店,第七册,第 135 页);其论"文质",见《文选》(转下页)

地位。

关于"文质"说，董仲舒《春秋繁露·三代改制质文》所论最为详密复杂：

> 王者以制，一商一夏，一质一文。……
> 主天法商而王，其道佚阳，亲亲而多仁朴……
> 主地法夏而王，其道进阴，尊尊而多义节……
> 主天法质而王，其道佚阳，亲亲而多质爱……
> 主地法文而王，其道进阴，尊尊而多礼文……
> 故四法如四时然，终而复始，穷则反本。

语中所谓"商""夏"，并非朝代之名，而是两种礼法之称。《说苑·修文》："商者常也，常者质，质主天；夏者大也，大者文也，文主地。故王者一商一夏，再而复者也。"以此"四法"与"三统"相配，可以得到一个以十二为周期的法统变迁模式。[①]董仲舒认定舜法商、禹法夏、殷法质而周法文，继周者则又当"主天法商而王"了。但是商与质、周与文名异而实同，大旨不过由文反质而已。[②]《春秋繁露·玉杯》："然则《春秋》之序道也，先质而后文。"《王道》："此《春秋》之救文以质也。"《十指》："承周之文而反之质，一指也。"《公羊传》桓公十一年何休注的说法是："《春秋》改周之文，从殷之质。"其说或承自胡毋生[③]，不及商、夏

（接上页）卷四九干宝《武帝革命论》。蒙文通谓干宝之学多述《京氏易》，"干氏之革命论，即本之京氏《易》学。"见其《儒家政治思想之发展》，《古学甄微》，巴蜀书社，1987年，第168页。干宝的"三教""文质"之论，或亦述自京房《易》学。

① 参看顾颉刚对"四法"与"三统"关系的解释："因为三统以三数循环，四法以四数循环，故必历了十二代始得一次大循环。"见氏著《五德终始说下的政治和历史》，《古史辨》第五册，朴社，1935年，第443页。

② 董氏为商、夏、质、文所罗列的礼法节文二三十项，其中商与质、夏与文同者居半，且商与质皆主"亲亲"，夏与文皆主"尊尊"。苏舆云"其实商、夏亦文、质之代名"。《春秋繁露义证》，中华书局，1992年，第184页。说是。

③ 何休《公羊传序》："传《春秋》者非一……往者略依胡毋生《条例》，多得其正。"据何休说，胡毋生为公羊氏弟子，参与了将《公羊传》"记于竹帛"（《公羊传》隐公二年何休注）。胡毋生传《公羊》于齐而董仲舒传之于赵，何休"从殷之质"的说法或本于胡毋生。

而较董氏为简。另一些说法也是径言"正朔三而改,文质再而复",不曰"四而复"的。① 较之殷质、周文说,董氏之商、夏、质、文之"四法",不过是为了把虞、夏、殷、周四代做更精巧的搭配,以神其说。② "商"之一法,在名号上原可与"殷"沟通,《史记·三代世表》褚少孙追溯商朝历史时,说"商者质,殷号也",即是道出了这种关联。

"三教"说董仲舒亦曾论及,在其《天人三策》中他回答了汉武帝"三王之教所祖不同"之问:"然夏上忠、殷上敬、周上文者,所继之捄,当用此也。……今汉继大乱之后,若宜少损周之文致,用夏之忠者。"《史记·高祖本纪·赞》亦有其说:

> 太史公曰:夏之政忠,忠之敝,小人以野,故殷人承之以敬;敬之敝,小人以鬼,故周人承之以文;文之敝,小人以僿,故救僿莫若以忠。三王之道若循环,终而复始。周秦之间,可谓文敝矣。秦政不改,反酷刑法,岂不缪乎?故汉兴,承敝易变,使人不倦,得天统矣。

据《太史公自序》,司马迁曾于董仲舒闻《春秋》大义,他的如上议论,很可能也是"闻董生曰"的。

《史记·高祖本纪》司马贞《索隐》注司马迁"三教"论云:"然此语本出《子思子》,见今《礼·表记》。"查《礼记·表记》,其中正有一大段讨论夏、殷、周风教不同以及虞、夏、殷、周文质变迁的文字。细绎《表记》之论述,多有与汉代之"文质""三教"说相异之处:

> 子曰:夏道尊命,事鬼敬神而远之,近人而忠焉。先禄而后威,先赏而后罚,亲而不尊。其民之敝,蠢而愚,乔而野,朴而不文。殷

---

① 见《春秋纬·元命苞》《三正记》等。又《诗纬·推度灾》:"三而复者,正色也;二而复者,文质也。"又《说苑·修文》:"故王者一商一夏,再而复者也;正色,三而复者也。"则是截取了董氏"四法"的前两项作为"再而复"的内容。

② 当然,尽管董仲舒尽力使这一体系更为精巧,但是仍然难免疏漏难圆之处。徐复观已指出其"文质"说和"三统"说之间存在矛盾,见其《两汉思想史》(卷二),"受命、改制、质文问题",学生书局,1979 年,第349—351 页。

人尊神,率民以事神,先鬼而后礼,先罚而后赏,尊而不亲。其民之敝,荡而不静,胜而无耻。周人尊礼尚施,事鬼敬神而远之,近人而忠焉。其赏罚用爵列,亲而不尊。其民之敝,利而巧,文而不惭,贼而蔽。

子曰:夏道未渎辞,不求备,不大望于民,民未厌其亲。殷人未渎礼,而求备于民。周人强民,未渎神,而赏爵刑罚穷矣。

子曰:虞夏之道,寡怨于民;殷周之道,不胜其敝。子曰:虞夏之质,殷周之文,至矣。虞夏之文,不胜其质;殷周之质,不胜其文。子言之曰:后世虽有作者,虞帝弗可及也已矣!君天下,生无私,死不厚其子,子民如父母,有憯怛之爱,有忠利之教,亲而尊,安而敬,威而爱,富而有礼,惠而能散。其君子尊仁畏义,耻费轻实,忠而不犯,义而顺,文而静,宽而有辨。《甫刑》曰:"德威惟威,德明惟明。"非虞帝其孰能如此乎?

我们看到,在《表记》述"夏道尊命"时,"其近人而忠焉"被置于第三句;而汉之"三教"说中,"忠"被提到了首位,特别被用作了夏道的特征。《表记》之"殷人尊神",在汉代"三教"说中变成了"殷上敬"。《表记》言殷"其民之敝,荡而不静",而在《春秋纬·元命苞》(《表记》疏引)则云"周人之立教以文,其失荡","荡"由殷道之弊端变成了周道弊端。依《表记》之说,夏人"近人而忠焉""亲而不尊",殷人"尊而不亲",而周人复又"近人而忠焉""亲而不尊"了;而在汉人"一商一夏、一质一文"的框架中,"质"意味着"亲亲而多质爱","文"意味着"尊尊而多礼文",那么就是说殷道"亲亲"、周道"尊尊"了,这恰与《表记》相反。又汉"三教"说主张反周之文、用夏之忠,则周不得如《表记》说以"忠"为其道。《表记》中还另有一段关于"亲""尊"的讨论,说是"土之于民也,亲而不尊;天尊而不亲"。而在董仲舒的说法之中,则是天质地文、天"亲"地"尊"的,亦与《表记》相反。

尽管细节上《表记》与汉儒之说有如此的不同,《表记》的总体思路,即三代风教不同、由质而文、并因文而生敝、而以"虞帝"之世为文质相得等等,对汉儒的"三教""文质"之说显然是颇有启迪、足资取材

的。《表记》旧说出于《子思子》，我们经考证相信其说可从①；《子思子》

————————

① 战国时有两子思。一是孔子弟子原宪，见《史记·仲尼弟子列传》；作《子思子》二十三篇
的是孔子之孙孔伋，其生卒年约为公元前483—前402年。《隋书·音乐志》载沈约奏
言："《中庸》《表记》《防(坊)记》《缁衣》，皆取《子思子》。"清人魏源即取此四篇而作《子
思子章句》。当然也有不同说法。如《礼记正义序》及《经典释文》引刘瓛说以为《缁衣》
是公孙尼子所作；又钱穆认为"《中庸》伪书出秦世"。见其《先秦诸子系年考辨》卷二，
《子思生卒考》，中华书局，1985年，第135页。周予同说："除《中庸》外，据南朝的沈约
说，《礼记》中的《表记》《坊记》《缁衣》诸篇，也都取于《子思子》，但还找不到佐证。"见
其《从孔子到孟荀》，《学术月刊》1979年第4期。按清人黄以周辑解《子思子》，征之诸
书所引《子思子》，以为沈约"斯言洵不诬矣"（《叙》）。其论《表记》出于《子思子》，所引
证据一出马总《意林》，一出《太平御览》卷四〇三（《内篇》卷三）。蒙文通《儒家法夏法
殷义》（收入《古学甄微》）一文及钟肇鹏著《孔子研究》（中国社会科学出版社，1990年增
订版，第217—218页）论证《表记》出于《子思子》，所举证据不出此两条。
但我们还有另一条材料足资印证。《孔丛子·杂训》："（鲁）穆公问于子思曰：'立太
子有常乎？'答曰：'有之，在周公之典。'公曰：'昔文王舍适而立其次，微子舍孙而立其
弟，是何法也？'子思曰：'殷人质而尊其尊，故立弟；周人文而亲其亲，故立子。亦各其礼
也。文质不同，其礼则异。文王舍适立其次，权也。'"
此段文字，宋人汪晫编《子思子全书》辑取而列之于《外篇·鲁缪公第七》；黄以周则
入于《子思子·外篇》卷七。《孔丛子》一书或言伪作，然而也如黄以周所言："《孔丛子》
虽赝书，而售赝者必参以真，其术方行。若概以赝，不能售也。魏晋时《子思子》具存，作
伪者欲援以为重，录其真者必多，王肃《家语》其故智也。"（《子思子·叙》）蒙文通亦谓：
"《孔丛子》述子思言行，每与它书征《子思子》者相合，明有所据。"子思与鲁缪公之关系，
又见《孟子·万章下》等。在《孔丛子》上引这段文字中，子思恰好就论及了尊、亲、文、质
问题。他的说法是"殷人质而尊其尊""周人文而亲其亲"，这不同于汉人的质与亲相应、
文与尊相应，以及"殷道亲亲，周道尊尊"之论，但却恰与《表记》"殷人尊而不亲""周人
亲而不尊"之说相合。显然，这足为《表记》出于《子思子》之说提供强证。
又《春秋繁露·三代改制质文》之"四法"中，法商、法质者"立嗣予子，笃母弟"，法
夏、法文者"立嗣予孙，笃世子"，似亦取自《子思子》殷人质而立弟、周人文而立子之说，
加以损益而来。《史记·梁孝王世家》："殷道亲亲者，立弟；周道尊尊者，立子。殷道质，
质者法天，亲其所亲，故立弟；周道文，文者法地，尊者敬也，敬其本始，故立长子。周道，
太子死，立嫡孙；殷道，太子死，立其弟。"
此段史料由陈苏镇友见告，特此致谢。汉儒之说之与上引《孔丛子·杂训》文之异
同，已见上说，无庸赘论。可见《子思子》确是汉代的"文质""三教"说的重要来源。（转下页）

之论述应是个更古老的说法,大约就是汉代"文质""三教"说之主要渊源所自。此外,蒙文通言"文质"说发自邹衍①,陈苏镇云其说兼采《表记》和《邹子》而成②,亦均有其据。《汉书·严安传》:"臣闻《邹子》曰:'政教文质者,所以云救也,当时则用,过则舍之,有易则易之。'""邹子"本或作"邹衍",颜师古注:"邹衍之书也。"邹衍对"文质"论之发挥,在于它明确地揭举了"变救"之旨。又《逸周书·周月解》:"其在商汤,用师于夏,除民之灾,顺天革命,改正朔,变服殊号,一文一质,示不相沿,以建丑之月为正,易民之视,若天时大变,亦一代之事。亦越我周王致伐于商,改正易械,以垂三统……"更开"文质""三统"、正朔服号相配之端。徐复观认为,"此篇乃出于阴阳说盛行之后,可能系战国末期之作,为董仲舒所本"。③

《论语》《孟子》以及礼书之中,已屡有论及"文质"关系和三代礼法变迁之处。④汉代的学者每每用"文质"来解说古礼异同,例如殷为质

(接上页)《子思子》一书于《隋志》和新、旧《唐志》均有著录,为司马贞之所及见(钟肇鹏谓其书至明始佚,见前引书第215页)。所以,《史记索隐》说司马迁之"三教"说本于《子思子》,应该是可信的。

① 见蒙文通:《答洪廷彦》,《古学甄微》,第161页。又顾颉刚说:"这所谓'变',就是随着五德之运而流转,这是他的理论的仅存者。至于'政教文质,所以云救',更是后来董仲舒、司马迁们常说的话了。"见其《五德终始说下的政治和历史》,《古史辨》,第五册,第421页。

② 陈苏镇说:"董仲舒的文质说当是综合了这两种说法而来。""两种说法"指《表记》和《邹子》。见其《汉道·王道·天道——董仲舒〈春秋〉公羊说新探》(《国学研究》第二卷,北京大学出版社,1994年7月)。苏镇友以待刊稿借阅,特此致谢。

③ 徐复观:《两汉思想史》卷二,第349页。"则由邹衍所提出的文质互救的观念,已见用于《周书》的《周月解》,仲舒亦必组入到他的改制思想中,由此而伸张他的政治社会思想。"

④ 例如《论语·雍也》:"质胜文则野,文胜质则史。文质彬彬,然后君子。"《颜渊》:"子贡曰:文犹质也,质犹文也。"又《为政》:"殷因于夏礼,所损益可知也;周因于殷礼,所损益可知也。其或继周者,虽百世可知也。"《八佾》:"夏后氏以松,殷人以柏,周人以栗。"《卫灵公》:"行夏之时,乘殷之辂,服周之冕,乐则韶、舞。"

家爵三等,周为文家爵五等①;"文家称叔,质家称仲"②;文家左宗庙右社稷,质家左社稷右宗庙③;"文者以一言为谥,质者以两言为谥"④;"王者受命,质家先伐,文家先正"⑤;"质家法天尊左,文家法地尊右"⑥;"质家亲亲先立弟,文家尊尊先立子"⑦;等等。这些说法或确有其历史根据⑧,或只是出于后儒的编排。对于我们的讨论来说,更重要的当然是其面向社会政治的立论深意了。《子思子》的说法,到了汉代就有了损益,这决不是偶然的。汉儒之所以要对之做出那些损益,究其目的,当然是要使之更适合于汉代政治的要求。

蒙文通之《儒家法夏法殷义》一文,论述了汉儒"文质"与"三教"之说。他以为这反映了今文学者之兼综法、墨:"诚以儒家之义,有取之法家者,儒法固相儳,因曰法殷,不谓取法家也。又有取之墨家者,因曰法夏,不谓取墨家也。"⑨其言"法夏"是取法墨家,或有约略可通之处;谓"法殷"是取法于法家,则与今文家宗旨恰成泾渭。按《春秋繁露》之说,继周而起者应该是"主天法商而王"的,"商"的精神则被定义为"亲亲而多仁朴",与"夏"之"尊尊而多义节"各为一端;同时"质"之一法是"亲亲而多质爱",与"文"之"尊尊而多礼文"各为一端。何休《公羊传》桓公十一年注云:"天道本下,亲亲而质省;地道敬上,尊尊而文烦。故王者始起,先本天道以治天下,质而亲亲。及其衰敝,其失也

---

① 说见《春秋繁露·三代改制质文》及《公羊传》桓公十一年何休注、《春秋纬·元命苞》《白虎通义·爵》等。

② 说见《礼记·曲礼上》正义及《檀弓上》正义引《礼纬·含文嘉》。

③ 《太平御览》卷五三二引刘向《五经通义》:"……文家右社稷、左宗庙何?文家握地而王,地道长右,得事宗庙,以有社稷,故右之也。质家左社稷、右宗庙……"

④ 《白虎通义·谥》。

⑤ 《白虎通义·三军》。

⑥ 《白虎通义·嫁娶》。

⑦ 《公羊传》隐公元年何休解诂。

⑧ 例如殷行质家立弟之法,牟润孙谓为母系时代之遗俗。见其《春秋时代母系遗俗公羊证义》,《注史斋丛稿》,中华书局,1987年,第24—25页。

⑨ 蒙文通:《儒家法夏法殷义》,《古史甄微》,第229页。

亲亲而不尊,故后王起,法地道以治天下,文而尊尊。及其衰敝,其失也尊尊而不亲,故复反之于质也。”汉代之儒者当然有其兼综法术之处,但是就其“文质”“三教”说而言,“反质”“用忠”皆不宜做此解释。孔广森云:“《春秋》承衰周之敝,文胜而离,人知贵贵,莫知亲亲。开端首见郑段之祸,将大矫其失,非因人情所易亲者而先示之亲,则其教不易成。”[1]汉儒之旨,在于“文而尊尊”导致了“尊而不亲”,“复反之于质”就是要以“亲亲”“仁朴”“质爱”来矫“尊尊”之弊。蒙文通说今文家“法殷”之义,是取法于法家之张君权、明法治,这明明与《公羊》学者的本意不合。蒙氏论古代思想颇多精义,此说则似为智者千虑之一失。

对于由原始“乡俗”发展而来的“礼治”,我们曾经用较为切近于传统背景的术语,将之表述为“尊尊”“亲亲”和“贤贤”之三位一体;在此我们进而看到,汉儒正是从这一视角以“文质”与“尊尊”“亲亲”等术语相配合,来解说、阐发救敝求治之道的。这便为我们把“三统的三位一体”视为中国古代政治文化传统之精义的论断,以及由之而构建的分析框架,提供了进一步的可行性论证。法家的“法治”,是由混溶于“礼制”之中的政统吏道因素充分分化而来的,因此它以“尊尊”为尚。《商君书·开塞》:“然则上世亲亲而爱私,中世上贤而说仁,下世贵贵而尊官。上贤者以道相出也,而立君者使贤无用也。亲亲者以私为道也,而中正者使私无行也。此三者非事相反也,民道弊而所重易也,世事变而行道异也。”商鞅论历史进化与治道变迁也正以“亲、贤、尊”分说,且也正有变道以“救弊”之意,但其所取则在于“尊尊”;并且“尊尊”的制度,在秦政之中达到了极点。从远古经三代到秦汉的历史变迁,“务为治”的各家学人都给予了深切的审视反思;“质”与“文”这样的术语的使用,意味着他们的政治对策中,还包含着对文明进程和社会分化的总体评价。

《礼记·表记》:“虞、夏之质,殷、周之文,至矣。虞、夏之文,不胜其质;殷、周之质,不胜其文。”在儒家看来,文明是个由“质”而“文”的

---

① 孔广森:《公羊春秋经传通义》卷二,《顨轩孔氏所著书》。

进程;但是"虞、夏之道,寡怨于民;殷周之道,不胜其敝"。文明的每一步演进也都必然伴随其相应的弊端、病态或产生弊端、病态的潜在可能性,正如"夏道尊命"而有"朴而不文"、"殷道尊神"而有"胜而无耻"等所反映的那样。就"周人尊礼"而言,"其民之敝,利而巧,文而不惭,贼而蔽"。孔颖达正义释云:"以其尚礼,本数交接往来,故便利机巧,多文辞而无惭愧之心也。……尊卑错失,为饶狱讼,共相贼害而困蔽,以其礼失于烦,故致然也。"《表记》又曰:"夏道未渎辞,不求备,不大望于民,民未厌其亲。殷人未渎礼,而求备于民。周人强民,未渎神,而赏爵刑罚穷矣。"郑玄注:"赏爵刑罚穷矣,言其繁文备设。"孔颖达正义释云:"殷言未渎礼,则周渎礼矣。……周人贵礼,礼尚往来交接,故赏爵刑罚之事穷极烦多。""文"的内容,古人认为是礼仪法度的日趋繁密;换言之,"文烦"既包括礼文之烦,也包括律文之烦。《晋书·刑法志》:"传曰:'殷周之质,不胜其文。'及昭后徂征,穆王斯耄,爰制刑辟,以诘四方,奸宄弘多,乱离斯永,则所谓'夏有乱政而作禹刑,商有乱政而作汤刑,周有乱政而作九刑'者也。古者大刑用甲兵,中刑用刀锯,薄刑用鞭扑。自兹厥后,狙诈弥繁。"亦以巧伪日繁及刑法日滋,为"文繁"的内容,其言自当是承自战国秦汉儒者旧说。而理想的状态,当然是要使"文""质"之间保持和谐融洽。当东周社会因"渎礼"而致敝的时候,《表记》在"虞帝"那里看到了"文""质""亲""尊"间的协调:"后世虽有作者,虞帝弗可及也已矣",因为那个时代"亲而尊,安而静,威而爱,富而有礼……义而顺,文而静,宽而有辩"。

汉代儒生承秦之弊,他们对于"文烦""文敝"的感受当然也更为痛切了。董仲舒说,"今汉继大乱之后,若宜少损周之文致,用夏之忠者";司马迁说,"周秦之间,可谓文敝矣。秦政不改,反酷刑法,岂不缪乎?"秦政之"法治"是政统吏道充分分化的产物,它与"文敝"直接相关。司马迁云"文之敝,小人以僿,故救僿莫若以忠"。《史记正义》云:"僿,犹细碎也。言周末世,文细碎鄙陋薄恶,小人之甚。……周人承殷为文,其末细碎薄陋文法无有悃诚。秦人承周不改,反成酷法严刑。"①又《集解》："徐广曰：（僿）一作薄。……郑玄曰：文，尊卑之差也。薄，苟习文法，无悃诚也。"是"文敝""文烦"之"文"原针对律文之烦而言，其矛头所指实际是秦政，甚至也包括汉承秦制的那些法度和举措。

《春秋繁露·三代改制质文》说"故天将授舜，主天法商而王"，以"商"之一法为虞舜之道，明显地是吸取了《表记》"虞帝弗可及"的说法，并进一步使之与"从殷之质"说沟通起来。"商""质"二法为"亲亲"、为"多仁朴"、为"多质爱"，而"夏""文"二法为"尊尊"、为"多义节"、为"多礼文"，那么其要以"亲亲"救"尊尊"之敝的意图，就至为显明了。而何休所传承的改周之文、从殷之质的主张，也正是要以"质省"救"文烦"的。"三教"说主张"救之以忠"，《史记集解》："郑玄曰，忠，质厚也。"是"忠""质"相通。又柳诒徵论"夏尚忠"之"忠"有"忠利之教""忠而不犯"与"近人而忠"三义，"则言君主及官吏之忠于民者二，而言官吏忠于君主者一"，"足见夏时所尚之忠，非专指臣民尽心事上，更非专指见危授命，第谓居职任事者，当尽心竭力求利于人而已"②。按《左传》桓公六年："上思利民，忠也"，"所谓道，忠于民而信于神也"。《孟子·滕文公上》："教人以善谓之忠。"因知柳氏之说深得"忠"之古义。傅武光考察《左传》"忠"字六十余见，亦言其义"一是无私，一是奉献于全民"。③ 是"忠"道全合于质厚仁爱。又柳氏谓"夏道尚忠，复尚孝"，章太炎亦谓"《孝经》本夏法"，"孝"本亦儒家"亲亲"题中之义。是三教说"用夏"与文质说"从殷"大指略同。《论衡·对作》："是故周道不弊，则民不文薄；民不文薄，《春秋》不作。"这就是汉儒、尤其是《春秋》学者，对到此为止的文明进化的基本看法。

---

① 引自张衍田：《史记正义佚文辑校》，北京大学出版社，1985 年，第 35 页。中华书局《史记·高祖本纪·正义》佚此文。

② 柳诒徵：《中国文化史》（上），台北，正中书局，1985 年，第 110—111 页。

③ 傅武光：《释"忠"》，《中国思想史论集》，台北：文津出版社，1980 年。"'忠'的对象绝对不是一个人，或一个集团，更不是国君、元首、领袖"，"'忠于民'的实际做法是'利民'，也就是造福人民，为民奉献"。

"反质""用忠"口号的提出,是痛感于周秦之间的"大乱",是针对秦政的;儒者也在力图探索这"大乱"的由来。所谓"文烦",既包括礼文之烦,也包括律文之烦;并且律文之烦,被认为是礼文之烦进一步发展的结果。这也为我们曾经做出的如下论断——"法"是由"礼"所包含的政统吏道因素充分分化而来,提供了进一步的论证。"文烦"被认为是"礼"中的"尊尊"因素,即"赏罚爵列"因素日益"穷极繁多"的片面发展结果。朱熹云:"看秦将先王之法一切扫除了。然而所谓三纲、五常,这个不曾泯灭得。如尊君卑臣,损周室君弱臣强之弊,这自是有君臣之礼。……秦之所谓损益,亦见得周末许多烦文缛礼如此,故直要损其太过,益其欠处,只是损益得太甚。然亦是事势合到这里,要做个直截世界,做个没人情底所为。你才犯我法,便死,更不有许多劳劳攘攘。如议亲,议贤,议能,议功之类,皆不消如此,只是白直做去,他亦只为苟简自便计。"①然而只讲"尊尊"而不及"礼"之"亲亲""贤贤"之义,那么三统相维意义上的"礼治"也就要因而变质——演变为"法治"了。事实上,礼、律之间初无绝对界限,出"礼"则入于"刑"原本就是一个古老传统。当王朝之礼制日益复杂化、形式化、正规化和程序化,越来越多地集中服务于纯政治性的"尊尊"考虑、纯技术性的吏治考虑,并日益依赖于强制和惩戒之时,它也就将与工具性的"法"日益接近了。然而此时"礼"被认为曾经和应该具有的文化表征功能与价值体现意义,就将因之而丧失;而那些文化功能和价值意义,本是儒家思想的中心成分。

譬如说,"乐"是"礼"的主要构成和儒家赖以寄托其政治理想者,而汉有《大乐律》——它已被化之为"律"了;"祭"亦为"礼"之要项,而汉有《祠令》《祀令》《斋令》,相应地有《酎金律》、有"牺牲不如令"罪;"朝"为古之"八礼"之一,而汉有《朝律》,为文吏赵禹所定,又称《朝会正见律》。汉初叔孙通定礼仪,《汉书·礼乐志》:"今叔孙通所撰礼仪,与律令同录,臧于理官。"《晋书·刑法志》:"叔孙通益律所不及,《傍章》十八篇。"程树德说:"通之《傍章》,即《汉仪》也。"这种礼仪,实已颇近于律令。程氏又谓:"三代皆以礼治……其时八议、八成之法,三

_____

① 《朱子语类》卷二四,中华书局,1986 年,第二册,第 599—600 页。

宥、三赦之制，胥纳之于礼之中，初未有礼与律之分也。……汉沿秦制，顾其时去古未远，礼与律之别，犹不甚严。《礼乐志》叔孙通所撰《礼仪》与律同录藏于理官，《说文》引《汉律》祠宗庙丹书告，《和帝纪》注引《汉律》春曰朝，秋曰请。是可证朝觐宗庙之仪，吉凶丧祭之典，后世以之入礼者，而汉时则多属律也。"①汉律本于秦律，《汉书·刑法志》："于是相国萧何攈摭秦法，取其宜于时者，作律九章。"而叔孙通所作之汉仪亦本于秦仪，《史记·礼书》："至秦有天下，悉内六国礼仪，采择其善，虽不合圣制，其尊君抑臣，朝廷济济，依古以来。至于高祖，光有四海，叔孙通颇有所增益减损，大抵皆袭秦故。"秦之礼制以"尊尊"为尚，这一点当时史家已加论定，而汉承其绪。又《史记·叔孙通传》记鲁有两生斥叔孙通"公所为不合古"，而汉高祖则曰"吾乃今日知为皇帝之贵也"。故《论衡·效力》称"叔孙通定仪，而高祖以尊"，并将之与"萧何造律，而汉室以宁"并列合说。是汉初之仪礼颇承秦之旧而近于律，不尽合儒门古礼之意。由于"法"是由"礼"分化而来的异化物，且由汉初之礼、律关系揆之周秦礼、法，那么汉儒以为律文之烦关涉于礼文之烦，原是可以斑斑征之于史实时事的。

我们看到，汉儒对秦政的批评，决不仅仅局限于对其具体政治举措的否定，如同某些论者之"用刑还是用德"之争的诠释。对秦政弊端之救治，不仅仅是个"软硬兼施"的"反革命两手"的问题。儒者在此原有一个更深切的思考：他们俯瞰历史演进的各个阶段，对文明进化和社会分化的进程重新加以审视。并且由此我们也就知道，汉儒之"文质""三教"说对先秦《表记》加以修订损益的良苦用心了。他们把"夏人尊命"修订为"夏尚忠"，略去其周人"近人而忠"之说，并把周人"亲而不尊"改变为周道"法文"而"尊尊"，把"虞、夏之质，殷、周之文"进一步安排为"一质一文"，并以"质"道配天、配阳而以"文"配地、配阴，这都是为了使由"质"到"文"的线索更为鲜明，以论证现实中"尊而不亲"的弊端及其缘由，由此把纠矫之方，论定为由"文"反"质"。

那么在此，儒家与道家看上去就颇有了相似之处，因为他们在面对

---

① 参见程树德：《九朝律考》，中华书局，1963年，卷一，《汉律考》。

周秦之弊的时候，都认为是文明演进和社会分化的极度发展造成了弊端。廖平说："《春秋》去文从质，因时救弊意，本于老子，而流派为子桑、惠、庄之流。"①大约也是因其说之相似而发。道家主"反朴"而儒家主"反质"，"朴""质"原意义相通。《后汉书·王充王符仲长统列传·论》："损益异运，文朴递行。"李贤注："朴，质也。《礼记》曰'文质再而复'也。"汉廷初用黄老，而朱熹认为汉初所用即是"质"道："太史公、董仲舒论汉事，皆欲用夏之忠。不知汉初承秦，扫去许多繁文，已是质了"，"汉承焚灭之后，却有忠质底意"②。唐人《艺文类聚》卷二十二"质文"条，已举曹参"载其清静，民以宁一"、张释之对虎圈啬夫等为例以说"质"。汉初在高祖时就在倡导"无为"的，事实上还有儒生陆贾。其《新语·无为》云："道莫大于无为"，"寂若无治国之意，漠若无忧民之心③，然而天下大治"。又同书《至德》："是以君子之为治也，块然若无事，寂然若无声，官府若无吏，亭落若无民。"其说影响到了《淮南子·泰族》的类似说法。《四库全书总目提要》卷一谓《新语》："汉儒自董仲舒外，未有如是之醇正也。"然而其中融入的"无为"之论，也至于使有的学者将之归入了"新道家"。④《论衡·案书》："《新语》陆贾所造，盖董仲舒相被服焉。"董仲舒之《春秋繁露》也有"无为"之论⑤；

---

① 廖平：《今古学考》卷下，《廖平学术论著选集》（一），巴蜀书社，1989年，第85页。

② 《朱子语类》卷一三五，第八册，第3219页。但是朱熹又以为秦已扫周之繁文："周太繁密，秦人尽扫了，所以贾谊谓秦'专用苟简自恣'之行。秦又太苟简自恣，不曾竭其心思。"这与汉儒说法有异。云秦"苟简"，是就其不行礼义、不用礼乐而言的；但是"赏罚爵列"的"穷极繁多"，"秦政不改"，反而走向了"文敝"之极。

③ 原作"无忧天下之心"，从宋翔凤之说改。参看王利器《新语校注》，中华书局，1986年，第60页注⑤。

④ 参见熊铁基：《〈新语〉是汉初新道家的代表作》，《秦汉新道家略论稿》，上海人民出版社，1984年。

⑤ 如《春秋繁露·离合根》："故为人主者，以无为为道。"《立元神》："故为人君者，谨本详始，敬小慎微，志如死灰，形如委衣，安精养神，寂莫无为，休形无见影，掩声无出响……"《天地之行》："无为致太平，若神气自通于渊也。"余明光认为董氏言"无为"近于黄老帛书，见其《董仲舒与"黄老之学"——〈黄帝四经〉对董仲舒的影响》，载《道家文化研究》第二辑，上海古籍出版社，1992年。

《新语》之论仁、义、尊、亲，与董仲舒后来对这些概念的发挥，也颇有相通之处。① 盐铁会议上儒法互讦，其时贤良文学多次引《老子》以证其说。如《盐铁论·本议》："老子曰：贫国若有余。"《通有》："古者……各安其居，乐其俗，甘其食，便其器。"《周秦》："上无欲而民朴。"可证廖平之说非尽虚辞。《史记·叔孙通列传》记鲁两生责叔孙通云："今天下初定，死者未葬，伤者未起，又欲起礼乐！"何况礼文之烦，还被视为律文之烦的直接原因呢。

　　总之，汉儒也有一个明确的意识，就是说文明的过度发展造成了弊端与病态，这甚至包括"礼文"之烦所造成的问题。在此他们的"反"的回溯，看上去就与道家颇有了相似之处。此外，由"质"到"文"还意味着人类由素朴到奢华，遂使贫富不均，这也与道家，以至墨家相似。② 但是最终，儒家文质观仍然与道家存在着重大不同，这就决定了它们在此后的政治发展中的不同命运。

---

① 《新语·道基》："《谷梁传》曰：仁者以治亲，义者以利尊，万世不乱，仁义之所治也。"又谓"骨肉以仁亲"，"君臣以义序"。这里以"仁"主"亲亲"、"义"主"尊尊"，与董仲舒以"质"主"亲亲"而为"仁"、"文"主"尊尊"而为"义"的论说相通。按《四库全书总目提要》以为"《谷梁传》汉武帝时始出，而《道基》篇末乃引'《谷梁传》曰'，时代尤相牴牾。其殆后人依托，非贾家原本欤？"但是余嘉锡《四库全书总目提要辨证》及戴彦升《陆贾新语序》等均论证《谷梁》虽"著之竹帛"在汉，但在先秦自有传人，陆贾之学多本于《谷梁》。参见王利器：《新语校注》，中华书局，1986 年，附录三，《书录》。

② 例如，《新语·道基》篇批评了后世的"雕文刻镂，傅致胶漆、丹青、玄黄、琦玮之色，以穷耳目之好，极工匠之巧"。《盐铁论》之论"文质""三教"也常从节俭奢华立意，如《救匮》："贤良曰：盖桡枉者过直，救文者以质。……故民奢，示之以俭。"其《散不足》篇之论颇近于《墨子·节用》之说。又《说苑·反质》言秦始皇"大侈糜"，而侯生为之言尧之道"以其文采之少、而质素之多也"。亦就"侈糜"而论"文质"。《说苑》论"反质"有引道家言者，有引墨家言者，并明记墨子申说"先质而后文"之语。蒙文通说"法殷"是"取于法家"不合汉儒本义，但他说"法夏"是"取于墨家"，犹是约略可通。近年黄朴民亦申此说，言董仲舒之"损文用忠"是"受墨家学说影响"，见其《董仲舒与新儒学》，台北：文津出版社，1992 年，第 86 页。黄氏在论"文质"之辨时，又谓"董仲舒针对当时汉武帝大肆铺张礼典的情况，又婉约地表示自己的保留意见，主张'救文以质'"。上书第 145 页。此说虽然仅得"文质"说深义之一隅，然亦可参考。

第二节 "文质彬彬"

如前所述,汉儒用以纠矫治道之弊的"文质""三教"之说,看来在如下一点上与道家相似:他们都把周秦之间的社会问题归结为文明的病态,并都要从分化程度较低的社会状态中去寻求救弊之方。然而,儒家的"反质""用忠"的主张,最终在本质上与道家的"反朴"立场大为不同。在由"俗"而"礼"、由"礼"而"法"的政治文化演进路线中,道家所珍重的,是尚无礼乐法度的"纯朴""玄同"的原生社会状态;而当"礼治"形成的时候,则已经出现政统、亲统和道统之分化了。汉儒之"反质"实际是一种"过正"的"矫枉",其最终目的,是由"尊而不亲"的文吏政治,回归于"尊尊、亲亲、贤贤"相济相维的"礼治"秩序。正是在此,儒家与道家划开了界限。

道家的"反朴",体现了对文明与分化的多得多的否定,以及对于"礼乐"的全面排斥。《老子》曰"朴散则为器",王弼注:"朴,真也。真散则百行出、殊类生,若器也。""朴"被理解为不分化的状态,那么"反朴"则意味着对"百行出、殊类生"的社会分化的反动了。《老子》又曰:"夫礼者,忠信之薄也,而乱之首也。"[1]河上公注云:"礼者贱质而贵文,故正直日以少,邪乱日以生。"《淮南子·齐俗》:"礼乐饰则纯朴散矣。"《诠言》:"文胜则质揜。"严遵《道德真经指归》斥仁义礼仪使"天下背本去根,向末归文"(卷三),倡言"反本归根,离末去文"(卷七);又《太平经》亦云:"文者主相文欺,失其本根,故欺神出助之也,上下相文,其事乱也。""故古者上君以道服人,大得天心,其治若神,而不愁者,以真道服人也;中君以德服人,下君以仁服人,乱君以文服人,凶败之君将以刑杀伤服人。是以古者上君以道德仁治服人也,不以文刑杀伤服人也。"[2]《太平经》又言帝王之治"大凡有十法",它们分别为元气治、自

---

[1] 此为依《老子》帛书甲乙本校定之句,参见张舜徽:《老子疏证》,《周秦道论发微》,中华书局,1982 年。

[2] 王明:《太平经合校》卷三十五,《分别贫富法第四十一》,中华书局,1960 年,第 32 页。

然治、道治、德治、仁治、义治、礼治、文治、法治、武治,这可算是对由"俗"而"礼"、由"礼"而"法"的演进历程更详密的辨析;在此"十法"中,前三法是"应天地人谶"的,"过此三事而下者,德、仁为章句,过仁而下,多伤难为意","三转,故数乱道也也"。① 这无疑是道家历史观的进一步精致化。从"元气治"到"武治",历史被勾画为一个不断退化的过程。

汉儒的"反质",虽然也包含了对礼文之片面趋烦的深切忧虑,然而这最终却不是要全盘否定礼乐。所谓"礼"又可以进一步析分为"礼"与"乐"两个方面,且是可以与"文"与"质"分别对应起来的。《春秋繁露·玉杯》:"礼之所重者在其志。志敬而节具,则君子予之知礼;志和而音雅,则君子予之知乐。"语中前一个"礼"字,便是兼下文之"礼""乐"二端而言的。《荀子·乐论》:"乐合同,礼别异。"《礼记·乐记》:"礼义立,则贵贱等矣;乐文同,则上下和矣。……乐由中出,故静;礼自外作,故文。……礼者,殊事合敬者也;乐者,异文合爱者也。……乐由天作,礼以地制。……仁近于乐,义近于礼。"同书《郊特牲》:"乐由阳来者也,礼由阴作者也,阴阳和而万物得。"《白虎通义·礼乐》:"乐者阳也,动作倡始,故言作;礼者阴也,系制于阳,故言制。乐象阳也,礼法阴也。"②由之不难看到,"礼乐"说与"文质"说,原是可以一一对应的。依"文质"说,文家"尊尊",多礼文义节,文主地,其道进阴;而质家"亲亲",多仁朴质爱,质主天,其道佚阳。这与"礼乐"说之"礼"别异而使贵贱等,由外作而文,主别主敬,礼以地制,义近于礼,礼法阴,而"乐"合同而使上下和,由中出而静,主和主爱,乐由天作,仁近于乐,乐象阳等等,无不一一相应。《乐记》中有礼乐偏行则生弊端的看法:"乐胜则流,礼胜则离","乐极则忧,礼粗则偏"。而"文质"说也正是认为,文质偏行则会有"亲而不尊"或"尊而不亲"之弊。汉儒看来已经把"礼乐"说和"文质"说沟通起来了。刘向《五经通义》:"乐贵

---

① 《太平经合校》卷六十七,《六罪十治诀第一百三》,第253—254页。

② 此据陈立:《白虎通疏证》,王先谦:《皇清经解续编》卷一二六七,上海书店,1988年,第五册,第512页。上海古籍出版社"诸子百家丛书"1990年影印本《白虎通德论》有异文。

和而上质也"①,那么业已佚失的另一句话,就应该是"礼贵别而上文"之类了。这正是"文质"说与"礼乐"说相通之强证。

陈澔《礼记集说》卷七《乐记》引蔡氏曰:"礼、乐本非判然二物也。……知阴阳礼乐之所以为二,又知阴阳礼乐之所以为一,则达礼乐之体用矣。"就"合"的方面而言,礼、乐为一,我们可以总名为"礼",而"质"合于"乐",那么由"文"反"质",就依然在"礼"的范畴之内;而就"分"的方面讲礼、乐为二,当"礼"因"文烦"而导致了律文之烦、"尊而不亲"的时候,儒者就要救之以"乐"、救之以"质"、救之以"仁朴""亲亲"了。质言之,汉儒的救弊之方,依然是源于周之"礼治"精神。周政及周政以上之"古"实皆儒家之所取法,孔子曰"吾从周","礼治"传统本至周而大备。在"改周之文,从殷之质"或"用夏之忠"的说法中,周、殷、夏皆被用为某种政治形态的象征"符号";汉儒为使其理论精致化,力求这些符号的表述具有形式上的整齐性。但是他们也明明表示了,"救弊补偏"所针对的实际是周末导致了"暴秦"的末流弊政,而不等于周政本身。与道家不同,儒家有"德弥尊者文弥缛"之说,他们最终是追求"文质彬彬"的。

《论语·雍也》郑玄注:"斌斌,杂半之貌。"②又孔安国注:"彬彬,文质见半之貌。"③《荀子·礼论》于此颇有精见:"凡礼,始乎梲,成乎文,终乎悦校。故至备,情文俱尽;其次,情文代胜;其下,复情以归大一也。"语中"梲"《史记》作"脱",脱略也;"悦校"郝懿行释"悦快"。④ 荀子所说之"情文"犹言"质文"。《礼记·表记》赞美虞帝"文而静",郑玄注云:"静或为情。"同书《乐记》:"情深而文明","乐由中出,故静"。黄以周谓:"静亦情之借,古文对文。"⑤《论语·雍也》"文胜质则史"句

---

① 《北堂书钞》卷一〇五引。刘向是服膺"文质"说的,其《说苑》有《修文》《反质》二篇。

② 见吐鲁番阿斯塔那一八四号墓出土唐写本《论语郑氏注》,转引自王素:《唐写本论语郑氏注及其研究》,文物出版社,1991年,第61、71页及图版一六。

③ 《文选》卷一七陆机《文赋》注引,中华书局,1977年,第240页。

④ 参见王先谦:《荀子集解》卷十三所引,中华书局,1988年,第355页。

⑤ 黄以周辑《子思子·内篇卷三》。

郑玄注："质，谓情实。"①故"情"通于"质"。又《荀子·礼论》杨倞注："情用，谓忠诚。"是"情"又通于"用夏之忠"之"忠"。《礼论》所谓的"大一"，则是质素无文之世了。②《荀子新注》解释荀子这段话说："所以，礼达到最完备的程度，就能把感情和仪式两方面都充分、完善地表达出来；其次是，或者感情胜过仪式，或者仪式胜过感情；再其次，那就是只注重质朴的感情，而符合于太古时代的情况。"③《荀子·礼论》进一步论述说："文理繁，情用省，是礼之隆也。文理省，情用繁，是礼之杀也。文理、情用相为内外表里，并行而杂，是礼之中流也。故君子上致其隆，下尽其杀，而中处其中。"是情文关系本有三境：或文繁情省，或文省情繁，或二者"并行而杂"，也就是"文质彬彬"之意。

《春秋繁露·玉杯》："质文两备，然后其礼成。文质偏行，不得有我尔之名。俱不能备而偏行之，宁有质而无文。"这一论述，在"文质"三境的区分上同于荀子的"情文"三境，差异仅仅在于"宁有质而无文"的态度。吕思勉云荀子"法后王"之论以及"欲知上世，则审周道"之说，"殊与《春秋》通三统之义不合"④。但这只是因时势之异而产生的对策不同而已，他们在基本立足点上仍是一致的。承秦朝弊政之余，董仲舒特别关注于周道之"敝"，其与"三统"相应的"一质一文"模式只相当于荀子的"情文代胜"；但是他所高悬的至境仍是"文质两备"，同于荀子的"情文俱尽"，如《春秋繁露·楚庄王》之申说"制礼于初"而"作乐于终"，"应其治时，制礼作乐以成之；成者，本末质文皆以具矣"。并且"礼"源于人性、人情，又是制约人性、人情的东西。从性、情中既可以生发出"亲亲"，引申出"仁爱"，但它们也包含着因流荡而生弊的可能。《春秋繁露·天道施》："夫礼，体情而防乱者也。""礼"既体现了"情"，又是用以检防此"情"的。又《实性》："性者，天质之朴也；善

---

① 唐写本《论语郑氏注》，转引自王素：《唐写本论语郑氏注及其研究》，第60、71页。

② 《荀子·礼论》杨倞注"大一"："虽无文饰，但复情以归质素，是亦礼也。"以"质素"释"大一"，是；但是说"是亦礼也"，则似有未当，荀子似不以"质素"状态为"礼"。

③ 北京大学《荀子》注释组：《荀子新注》，中华书局，1979年，第314页。

④ 吕思勉：《先秦学术概论》，中国大百科全书出版社，1985年，第87页。

者,王教之化也。无其质,则王教不能化;无其王教,则质朴不能善。"亦是说礼教之不可或缺。《盐铁论·错币》:"夫救伪以质,防失以礼。"因"文"而生"伪"时要救之以"质",放任流荡时则要防之以"礼",其所追求的则是"礼""乐""文""质"之间的均衡协调。

陆贾《新语》称说"无为",但同时又力陈礼义教化。董仲舒主"反质",但其《春秋繁露·三代改制质文》也为"质"之一法配备了繁复的礼乐节文。刘向《说苑·修文》亦主张文质兼备,说是"易野无礼文",即是"欲同人道于牛马"。《盐铁论·刺复》:"夫举规矩而知宜,吹律而知变,上也;因循而不作,以俟其人,次也。是以曹丞相日饮醇酒,倪大夫闭口不言。"明明以黄老之"因循",为次一等的政治;"以俟其人",是要等待称说礼义的儒家了。用夏之忠,从殷之质,以及"宁有质而无文"的态度,实际不过是一种"过正"的"矫枉"之举。《盐铁论·救匮》:"盖桡枉者过直,救文者以质。"《春秋繁露·竹林》:"方救其质,奚恤其文?!"但是"矫"的结果,只是矫正了秦政之"尊而不亲"——吏道独尊、文法独用,这在事实上仍然是回到了"礼治"的范畴之内。廖平说:"周制到晚末,积弊最多,孔子以继周当改……凡其所改,专为救弊,此今学所以异古之由。至于仪礼节目与一切琐细威仪,皆仍而不改,以其事文郁足法,非利弊所关,全用周制。"后进而又言:"继乃知三统为先师救敝循环之变例,《春秋》乃斟酌百王通行之大法。……古者三代历时久远,由质而文,至周略备,孔子专取周文,故云用周以文。实则孔子定于周,文所未备,尚有增加,安得预防其敝反欲从质与?"[①]姑且置其旧经学家立场不论,其言今学之"救弊之变例"与孔子之"通行之大法"其间异同,不无可取。那么在"文质"问题上儒、道异趋歧分之处,便因之而明明可见了。

自然,如司马谈所言,道家还有其"采儒、墨之善"的方面。例如黄老帛书之《经法·君正》:"兼爱无私,则民亲上。"《四度》:"参于天地,阖于民心。"《十六经·立》:"畏天爱[地]亲民";"亲亲而兴贤"。

---

① 分见廖平:《今古学考》卷下,《经话甲编》卷一,《廖平学术论著选集》(一),巴蜀书社,1989年,第78页及第414—415页。廖平前后立场有所变化,但这与本书关系不大。

《观》:"先德后刑,顺于天。"又《称》:"帝者臣,名臣,其实师也;王者臣,名臣,其实友也;霸者臣,名臣也,其实[宾也;危者]臣,名臣也,其实庸也;亡者臣,名臣也,其实虏也。"皆合儒、墨之说。又《淮南子》一书,是西汉道家思想集大成之作,然其中也时见儒家仁义礼教之说,一些篇章可能还就是出于儒者之手。① 但是,正如道术在"撮名、法之要"方面未能形成抵制法术的东西一样,在其"采儒、墨之善"的方面,汉初之黄老政治最终也没有生发出足以与儒家抗衡的变动来。

秦汉间诸子相互采补,其部分论点有类似之处,是很自然的。他们毕竟出于一个共同的文化传统之中,我们只能从其总体框架上观察其异同。从总体上说,黄老之学时或夹杂着类似儒家的说法,但二者仍大不相同。对黄老帛书的"刑德"思想,金春峰就有如是评述:"其内容和儒家孔子所讲的'德'治的部分内容相同,但孔子讲'导之以德,齐之以礼',孟子讲'王道'、'仁政',虽包括物质利益的恩惠,主要内容却是宗法情谊和道德的感化,是从人文主义思想出发的。帛书讲'德',则主要指物质恩惠,贯彻着功利主义思想。"又帛书讲文武并用,"文不是指文化、文明,而是指物质方面的恩惠、利益","刑德思想所强调的天德、天刑,其基本精神是以人为自然物而反对儒家的人文主义思想。……刑德并用是制服和驱使人们为达到战胜守固和增加生产等目的的最重要手段"②。《老子》谓"天地不仁,以万物为刍狗;圣人不仁,以百姓为刍狗"。此"仁"如"麻木不仁"之"仁","不仁"谓无情无爱也。钱钟书说:"求'合'乎天地'不仁'之'德',以立身接物,强梁者必惨酷而无慈悯,柔巽者必脂韦而无羞耻。黄老道德入世而为韩非之刑名苛察……岂尽末流之变本忘源哉?或复非迹无以显本尔。"③道家的反人文倾向笼罩了其总体构架。《淮南子》中虽不无可以沟通儒术之论,但总体上说来,仍如高诱《序目》所言:"其旨近《老子》,淡泊无为,蹈虚守静,出

---

① 高诱《淮南子序目》曰:"于是遂与苏飞、李尚、左吴、田由、雷被、毛被、伍被、晋昌等八人,及诸儒大山、小山之徒,共讲论道德,总统仁义,而著此书。"

② 金春峰:《汉代思想史》,中国社会科学出版社,1987 年,第 37—39、42—43 页。

③ 钱钟书:《管锥编》,中华书局,1986 年,第二册,第 421—422 页。

入经道。"这也就造成了它意识形态意味的相对淡薄。

我们推定,就其对现实政治的影响方式而言,道术主要表现为一种政治哲学,法术主要表现为一种专制官僚政治行政理论;而强烈的意识形态色彩,则是儒家思想的特征。在此我们把意识形态理解为一种无所不包的道德和认知模式,它围绕一个或几个价值信条来构建思想体系,以此处理尽可能多的社会事项,并由此规划出"完美""神圣"的社会理想蓝图。它强烈地要求将此社会蓝图付诸于政治社会实践,赋之以强烈的感情色彩,向社会成员发出宣传号召,要求追随信奉者为之而奋斗,并使得文化知识角色处于特殊的领导位置。意识形态与其他"思想"形态的区别是相对的,但其间之区分却非无意义。而且一种思想体系的意识形态色彩之淡薄与浓厚,不仅取决于它自身的理念结构,同时也取决于人们对之的态度,也就是说,还取决于人们是否在实践中用意识形态的方式去贯彻它。中国古代的各家学说程度不同地都具有上述特征;但是儒家学说之意识形态色彩,相对说来是最为浓厚的。它以"仁义"为核心价值,由此构筑了以"尊尊""亲亲"和"贤贤"的三位一体为特征的"礼治"社会蓝图,由此安排天地间的万事万物,并赋予"君子"角色以统摄性的中心地位。

中国古代社会对无所不包的思想体系有一种天然的特殊需要(这或许与其政治文化发展历程由"俗"到"法"之间有一个漫长的"礼治"阶段相关——"礼"是无所不包的)。《吕氏春秋》这样的号称"杂家"的著作的出现,似乎就是这种需要的产物。李泽厚曾专论战国后期到秦汉间的思想综合倾向:"从荀子到《吕氏春秋》,再到《淮南鸿烈》和《春秋繁露》,这种情况非常明显。"[1]可尽管《淮南子》也顺应着这一趋势,构建了一个"天地之理究矣,人间之事接矣,帝王之道备矣"[2]的天地人体系,但其黄老思想的根源造成了它"清静无为"的消极倾向,这种倾向削弱了它在一个复杂文明社会中的能动性。黄老的"君人南面之术",其策划、谋略和权术的方面,决不是足以向社会民众发动号召、

---

[1] 《李泽厚哲学美学文选》,湖南人民出版社,1985年,第33页。

[2] 《淮南子·要略》。

宣传的那种东西。它以"道"为本，遂使仁、爱、孝、义等等社会基本价值丧失了"本"的至上意义。其反人文或反文明的倾向，又大大降低了它充分利用文化影响和思想论辩之力量的可能性。而儒家思想就大不相同了，尤其是董仲舒的天地人庞大体系，不仅满足了社会通过无所不包的体系把握人、社会、自然和宇宙的内在需求，也满足了社会维系基本道义价值的需求；并且，它还充分地动员了文化、文明的力量，将其理想贯注于高度精致化了的"诗书""礼乐"形态之中，并且是通过"诗书""礼乐"之教来有效实现的。

在先秦时代，中国已被认为是一个文明古国了。《战国策·赵策二》："中国者，聪明睿智之所居也，万物财用之所聚也，贤圣之所教也，仁义之所施也，诗书礼乐之所用也，异敏技艺之所试也，远方之所观赴也，蛮夷之所义行也。"在这个文明古国之中，"仁义""孝悌"，以及"尊尊""亲亲"和"贤贤"等等，已经成为最基本的社会道义价值和行为规范，为统治层和被统治层所共同遵循和认同。《汉书·刑法志》："夫人……有生之最灵者也。爪牙不足以供耆欲，趋走不足以避利害……故不仁爱则不能群"，"上圣卓然先行敬让博爱之德者，众心说而从之。……圣人取类以正名，而谓君为父母，明仁爱德让，王道之本也"。这种阐述包含着对那个社会背景的深切体察。今人未必赞同这种历史观和社会观，可并不是今人，而是古人的观念影响着当时的政治变迁和思想走向。在诸子百家学说之中，道家贬低礼义，法家无视道德，就是墨家具有平民精神的"兼爱"，也不如儒家学说那样，更集中地体现和更有力地维护了社会的主流道义观念。那些道义观念为社会提供了基本文化秩序，只要是生活于那个社会之中就无法摆脱它们；而儒术则把它们升华成了系统化的理论学说。

道、法、墨基于不同角度都有否定文化的倾向，可是在这个文明古国中，文化、特别是高级文化的生产、传播和消费，已经成了民族生活的最基本内容之一。儒家作为"师儒"，已成为社会公认的基本教育角色，"诗书""礼乐"皆其所以教人者。古代的主要典籍，大抵为儒家之所传，这在决定儒者历史命运上实有重大意义。《庄子·天下》："其在于《诗》《书》《礼》《乐》者，邹鲁之士、缙绅先生多能明之。"司马谈《论六家要旨》:"夫儒者以《六艺》为法,《六艺》经传以千万数。"《史记·孔子世家》:"中国言《六艺》者折中于夫子。"《后汉书·徐防传》:"诗书礼乐,定自孔子。"故王夫之云:"六艺之科,孔子之术,合三代之粹而阐其藏者也。"①秦汉之际,"文学"一语往往就是特指儒术、儒生而言。《论语·先进》皇侃《义疏》引范宁曰:"文学,谓善先王典文。"范仲淹《选任贤能论》原注:"文学,礼乐典章之谓也。"②皆深得古义。王利器言:"自从有了文学——即后世之所谓儒家,这样的之人、之书、之术以后,如《史记·汲郑列传》、《儒林列传》之所谓'文学儒者',即指其人;如《史记·李斯列传》、《儒林列传》、《汉书·司马迁传》之所谓'文学经书',即指其书;如《汉书·宣帝纪》、《张安世传》、《匡衡传》之所谓'文学经术',即指其术:都在其人、其书、其术之上,贴上'文学'的标签。"③

　　在代表古典文化上,儒者显然具有更充分的资格,这便使儒家学派在文化领域处于得天独厚的有利地位。对于那个社会的政权来说,它需要充分利用结晶于"诗书""礼乐"之中的高级文化来强化其合法性和整合社会,把它们转化为其政治象征;对于社会来说,也需要这种能够体现其基本道义的高级文化来自我维护,通过它们来形成政治期待,促使国家保障那些价值,并仅仅赋予这样的政权以合法性。于是我们就看到,儒家的"礼治"相对能够更全面地满足那个社会对意识形态的需求。同时那个社会也有其意识形态赖以生发的丰沃土壤。意识形态不同于宗教,它是"入世"的。而"礼"出自"俗"的来源,不但赋予了"礼"以无所不包的性质,而且还使"礼"形成了不离人伦日用、不离政治人事的重大特征。

　　那么,由主张"反朴"而归于"大一"的道术哲学所促成的黄老政治,其不得不在意识形态上让位于儒术,其原因就是显而易见的了。《老子》主张"行不言之教";《庄子·齐物论》云"大辩不言";又其《天

---

① 《读通鉴论》卷三,"二",中华书局,1975 年,第 58 页。

② 《范文正公集》卷五,《四部丛刊》本。

③ 王利器:《盐铁论校注》,《前言》,天津古籍出版社,1983 年,第 7 页。

道》:"世之所贵道者,书也。……世虽贵之,我犹不足贵也,为其贵非其贵也。"《淮南子·氾论》:"以《诗》《春秋》为古之道而贵之,又有未作《诗》《春秋》之时。夫道其缺也,不若道其全也。"然而在一个"君子必辩"的时代,此种态度,必将大大削弱其学说充分动员文明要素、文化能量的实践能动性。尽管儒道二家在对待社会进化所造成的弊端时都采取了回溯的视角,但是道家把人类的至境一直追溯到上古洪荒之时,所取法的是那种"日用而不知"的质朴、自然状态——实即原生乡俗状态,所谓"道之全"者。《太平经》:"迷于文者当还反质,迷于质者当还反根。根者,乃与天地同其元者也,故治。眩乱于下古者,思反中古;中古乱者,思反上古;上古乱者,思反天地格法;天地格法疑者,思反自然之形;自然而惑者,思反上元灵气。"①而儒家之"礼"在承继了"俗"中的"情""爱""亲亲"等传统价值及其三统相维的整体性之时,却又是已经立足于三统业已分化的社会状态了,其"反质"所指向的已是尧、舜、三代这一进化阶段,而不是混沌未分之世,其"礼治"因而大大地提高了"文"的程度。尽管在道家看来,这是个"道之缺"的时代,"礼"却由此而具有了强大得多的文化能量。例如儒家特别强调并一向致力于文化教育、社会教化,仅此一点,就足以在社会政治实践中夺道术之席。正是由于这相对更高的"文"的程度,儒术具有了与更分化的社会政治相沟通的潜力和动能。事实上儒家在传承古"礼"时已做出了创造性的转化,如荀子之学,就已开通了使儒术适应于三统之间更大分化局面的坦途。蒙文通说:"战国末期,百家之学渐趋于汇合,综百家之长而去其短者为杂家,《吕览》为之始,而《淮南》继之。惟杂家以道德为中心,故偏于玄言,不切世用。继杂家而起者为经术,为儒家,推明仁义之说,固视道家为精,其言政术亦视杂家为备,其取杂家而代之固宜。"②学人或认为"老、庄所创始的道家是中国哲学的主干"。③即令在哲学史方面是如此,我们似乎也不能不承认,在政治传统方面,

---

① 《太平经合校》卷三十六,《三急吉凶法》,第48页。

② 蒙文通:《论经学三篇》,《中国文化》第四辑,1991年8月。

③ 陈鼓应:《老庄新论》,《香港版序》,上海古籍出版社,1992年。

儒家才是主流的真正代表。

而作为专制官僚政治行政理论的法术，也不能不在"指导思想"层面让位于作为意识形态的儒术，也可以由此而明之。与儒、道学者的回溯性思路都不相同，法家是主张变革的，他们不但立足于政统吏道的高度分化，而且要建立吏道之全能性的统制。在理念上法家强调对立之极端不相容，其对"同""兼""两""分"关系之既异于儒又异于道的处理，服务于实践上之独尊吏道、独倚律文的意图。相形之下，儒家的"和而不同"原则，比这种极意求"分"的治道具有大得多的弹性、灵活性和适应性——它更能适应于这个文明古国源远流长的政治文化传统。

意识形态并不等于是真实的生活与行动，而是一种对生活与行动的特别解释和规划。由于这是围绕一个或几个特定的价值原则而展开的，所以在某种意义上几乎就是一种"曲解"。但是无论如何，就其本来性质而言，它必须处于显示、标榜的层面之上，必须投注于宣传、号召，必须取得不可置疑性以统摄一切。但是专制官僚政治理论，特别是官僚行政理论，就不是如此了。官僚行政一旦常规化了，就无须特别地标榜和强调；与黄老道术一样，商、韩法术最终也不是可以用于宣传、号召民众的那种东西。君主专制的事实，有必要将之纳入意识形态的光晕之中，才能获得不是基于强权，而是基于文化价值和文化象征的合法性。不妨说，专制官僚政治是一个事实上的存在，但即使对统治者来说，也有必要为之蒙上意识形态的光晕，使之呈现为不同的形象；但是这样一来，它也就不能以其"本来"面目出现了，例如秦政"法治"的那种形象。刑名法术，一直到帝国时代之末都是王朝大厦的支柱，但是在儒家意识形态中，它就降为仁义礼乐之"辅"了——"德主刑辅"。

而且儒家意识形态的理想之与专制官僚政治和社区生活的现实之不一致方面，也将构成一种足以制衡与调节的"必要的张力"，这本来就是意识形态的功能之一。对那日益趋繁的法令刑律，古人又常常名之为"武"而与"文"相对。例如前述《太平经》罗列的元气、自然、道、德、仁、义、礼、文、法、武之"十法"中，以"武"为一极，"武者斩伐，故武为下也","武者以刑杀伤服人"。① 荀子曾告诫秦统治者要"节威反文"。② 陆贾劝说刘邦不可以马上治,"且汤、武逆取而以顺守之,文武并用,长久之术也","昔者吴王夫差、智伯极武而亡,秦任刑法不改,卒灭赵氏。乡使秦已并天下,行仁义,法先圣,陛下安而得有之?"③《盐铁论·险固》:"地利不如人和,武力不如文德。"冯友兰说:"到战国末期以至秦汉之际,'礼'和'法'的对立就成为统治阶级统治人民的'两手'的对立。'礼'是'文'的一手,主要靠教化;'法'是'武'的一手,主要靠暴力。"④"礼"已经不同于"俗",但它依然有别于政制法律,后者由于进一步的功能分化和阶级分化而具有了纯粹的政治性质和专制性质,而"礼"中却依然含有"质"的因素,体现了构成社会传统价值之基础的人性人情,这个"质"的方面约束着严刑黩武的可能性——"礼"沟通了"俗""法","文"制约着"质""武","亲亲""贤贤"制约着"尊尊"。道家崇"真人",其在黄老政治实践中的曲折投射是"长者";法家重能吏,此类人物因其依赖于强制、刑罚而以"狱吏"为代表。而儒家"礼治"及其所推重的"君子",则由于代表了古代中国传统文化的精义,而终将在"指导思想"上,进而在理想治国角色的认定上,取代法家和道家。

第三节　汉儒的政治批判

通过对"文质"问题的讨论,我们解析了汉儒政治论辩的理论前提和深层构架。"文"与"质"、"尊"与"亲"、"仁"与"义"、"礼"与"乐"等等命题,都表明汉儒是透过"礼治"的框架,来审视历史与时事,并进而来表达其政论和政见的。在了解了如上理论前提和深层构架之后,我

---

① 王明:《太平经合校》卷三十五,《分别贫富法第四十一》,中华书局,1960 年,第 32 页;卷六十七,《六罪十治诀第一百三》,第 253—254 页。

② 《荀子·强国》。

③ 《史记·郦生陆贾列传》。

④ 冯友兰:《中国哲学史新编》,人民出版社,第 32 页。

们就可以进入对汉儒具体政治批判的叙述了。

汉儒政治批判的目标是秦政与"法治"，并由于"汉承秦制"，其批判锋芒也就同时直指汉之承秦的那些方面。这种批判秦政和改造汉政的努力贯穿了整个汉代，他们通过著书立说、上言进谏、对策陈政等等方式，积极宣扬与发展儒家学说，为汉政提供新的指导原则。其总体纲领，是针对秦政的吏道独尊，而重建吏道、父道和师道之相济相维的协调关系；具体说来，他们对秦政的批判可以概括为以下几点：秦帝国政权，缺乏使权益分配合于"仁义"之最高道义原则的指导，缺乏足以"缀万民之心"的礼乐教化，缺乏能够约束君主、纠矫失误的规谏机制；最终，其弊政被归结为缺乏一个能够同时承担道义、教化和规谏之责的君子贤人集团。相应的救治之方，就是要实行仁政，尊崇儒教，与民为惠，兴复礼乐，开道求谏，礼敬儒生，察举贤德，充兴太学，等等。这些历代士人反复申说的老生常谈，在大一统帝国刚刚创立又未得改造之时，却具有重大意义。

对于秦帝国那种蔑弃社会基本道义、以文吏为主体、绝对服从于君主个人意志和欲望的体制，汉儒力图在其之上树立起更高的道义原则作为指导。依"从道不从君"的原则，道义要高于君主的权威，其所维护的不仅仅是君主的私利，而且要对社会各阶层、各集团的权利、义务、责任和利益，做出合乎于"仁义"的分配。董仲舒的《公羊》学抬出了神圣的"天道"。他形式上承认"君为阳，臣为阴"[①]，但又申明"屈民而伸君、屈君而伸天"[②]。臣民虽然屈居君主之下，君主却须屈从于"天道"。或曰"使君主对天负责，就是使君主不必对民负责"。[③] 此说将因简单化而致误会。《春秋繁露·王道通三》："天常以爱利为意……王者亦常以爱利天下为意，以安乐一世为事。"君主只是一个"替天行道"者，而不是可以任意扩展其个人权势欲、享乐欲的独夫。《尧舜不擅移汤武不专杀》："天之生民，非为王也；而天立王，以为民也。故其德足以安乐民者，天予之；其恶足以贼害民者，天夺之。"或又谓董氏以神学化

① 《春秋繁露·基义》。

② 《春秋繁露·玉杯》。

③ 陶希圣：《中国政治思想史》，第二册，新生命书局，1936 年，第 150 页。

的论证强化了君主专制的合法性。但是自战国以来,中国文化人间性的发展,就已使君主权威不能仅仅依赖于神学论证了。秦亦有其祭天祭祖之"礼",秦始皇自认为合于"水德",但是这并无补于人心的丧失。董仲舒一流的贡献在于,他所谓的"天"不仅是神性的,也是道义的;君主对"天"负责,也就是要对社会太平和民众富足负责。

《韩诗外传》卷四:"王者以百姓为天。"《汉书·鲍宣传》:"天下乃皇天之天下也,陛下上为皇天子,下为黎庶父母,为天牧养元元。"同书《贡禹传》:"天生圣人,盖为万民,非独使自娱乐而已也。"儒家所维系的社会基本道义包括"尊尊"之义,但更重要的是它还有"亲亲"的方面。君主之"父母"角色,被论证为"天"所赋予的责任;然而它实际来源于"礼治"所传承的"亲亲"传统——氏族成员间骨肉同胞的友爱关系和共同的生存、幸福权利,以及长老首领对之加以保障的天然义务。汉儒宣称:"天下之君王为万夫之黔首(意谓做其服役者)、请赎民之命者帝。"①至于庶民,在秦帝国他们不过是人格化的赋税和力役,"见万民碌碌,犹群羊聚猪,皆可以竿而驱之"。②而汉儒申明:"方制海内非为天子,列土封疆非为诸侯,皆以为民也!……天下乃天下之天下,非一人之天下也!"③那么那种法制、暴力为后盾的强兵富国(而非富民)目标,就应该让位于以民为本的目标。社会分化也造成了国家与社会在取向上的殊异,但是在政统史道业已充分分化了的时候,它就更有必要在决策时把各阶层、各集团的利益,以及这些利益赖以形成时所依据的社会基本道义,考虑在内了。此之谓"德政"。

在汉儒那里,"德政"还不仅意味着"为政以德",而且还包括"导民以德","德政"与"德教"相辅相成。《春秋繁露·精华》:"教,政之本也;狱,政之末也。"《天人三策》:"是故南面而治天下,莫不以教化为大务。立太学以教于国,设庠序以化于邑,渐民以仁,摩民以谊,节民以礼,故其刑罚甚轻而禁不犯者,教化行而习俗美也。"当法家断言教化

---

① 《史记·三代世表》褚少孙语。此语原冠以"《传》曰",是其原有所本。

② 《太平御览》卷八六引桓谭《新语》。

③ 《汉书·谷永传》。

不及法制更有效率而对之嗤之以鼻的时候,他们很可能只是说出了一个片面的事实。而汉儒意欲充分调动文教力量,使整个社会在共同信念的基础上达到更高的整合、实现更和谐的调节,教化的这种功能在人类社会中却也是固有的。秦帝国在统一文化上的成就也促进了社会的信息沟通;但是它以法治国,来自政权的这种命令性、压制性的信息,却将造成社会的对抗态度。用刘向的话说,是"终无信笃之诚、无道德之教、仁义之化,以缀天下之心"。①

秦汉这样的幅员广阔、情况复杂、官僚制度又相当早熟的社会,面临着一个尖锐矛盾:尽管官僚帝国政权业已相当分化,但是广大乡土亲缘社区却大抵仍是处于低下的分化状态,在其中礼俗、"父道"依然占据着支配地位;而高度繁密的成文法律,对之经常是一种外来的、相当陌生的东西。并且这种法律,甚至在政权之内,也每每因其固有的趋繁倾向,而发展到官吏也不能掌握的地步了。汉儒对之的敏锐体察,见于《盐铁论·刑德》:"方今律令百有余篇,文章繁,罪名重,郡国用之疑惑,或浅或深,自吏明习者不知所处,而况愚民乎! 律令尘蠹于栈阁,吏不能遍睹,而况于愚民乎! 此断狱所以滋重,而民犯禁滋多也。"这一点就是统治者也深切地感受到了,例如元帝和成帝都有针对"律令烦多"问题的诏书。② 这就明明显示了官僚法制与乡土社区之间并不是没有脱节的方面。

"任刑"还是"任德","任法"还是"任教",并不仅仅是个"反革命两手"的问题,它关涉于不同社会整合与调节手段所花费的不同"制度成本"。③《潜夫论·爱日》曾专论其事:"今自三府以下,至于县道乡

---

① 刘向:《战国策叙录》。"终无信笃之诚"句"无"原作"于",据上海古籍出版社 1985 年《战国策》下册"附录"部分第 1198 页注〔六〕改。

② 如《汉书·刑法志》记元帝诏书曰:"夫法令者,所以抑暴扶弱,欲其难犯而易避也,今律令烦多而不约,自典文者不能分明,而欲罗元元之不逮,斯岂刑中之意哉?"又记成帝诏书曰:"今大辟之刑千有余条,律令烦多,百有余万言,奇请它比,日以益滋。自明习者不知所由,欲以晓喻众庶,不亦难乎?"

③ 可以使用"制度成本"概念分析这一问题,这是一次讨论会上友人刘东向我提出的意见,特此致谢。

亭,及从事督邮、有典之司,民废农桑而守之,辞讼告诉,及以官事应对吏者,一人之日废,日废十万人。又复下计之,一人有事,二人护饷,是为日三十万人离其业也。以中农率之,则是岁二百万口受其饥也。然则盗贼何从消,太平何从作!"①对此种小农经济基础上的聚落村社,"无讼"理想并不是腐儒清谈。直至历史后期,狱讼仍被看作是"废业伤财"之事。② 被乡土社区视为异己因素之法制,其极度贯彻往往伴随着破坏性的代价。《韩非子·解老》亦有见于此:"狱讼繁则田荒,田荒则府仓虚,府仓虚则国贫。"但法家欲用"以刑去刑"之法减少狱讼的思路,则每每如《新语·无为》之言:"事逾繁,天下逾乱;法逾滋,而奸逾炽③;兵马益设,而敌人逾多。"《盐铁论·刑德》所谓"昔秦法繁于秋荼,而网密于凝脂,然而上下相遁,奸伪萌生。有司治之,若救烂扑焦不能禁"。汉儒激烈地批评了什伍之法、首匿之罪对乡区"相保""相救""相好"的礼俗的破坏,斥责它"贼仁恩,害上化,所和者寡,欲败者多,于仁道泯焉"④。而儒家"礼治"之扎根于"乡俗"的方面,则使之更贴

---

① 按,"一人之日废"句原夺"日废"二字,"又复下计之"句"又"原作"人","二人护饷"句"护"原作"获","二百万"原作"三百万",所改均据《潜夫论笺》,汪继培笺,彭铎校正,中华书局,1979 年,第 220 页。

② 梁治平曾引述了宋、明、清人有关诉讼"废业伤财"的议论,指出"古人轻讼、贱讼的心态,不但可以由价值的方面来说明,也可以由更加实际的物质生活的方面来解释"。诉讼的结果每每是"在城之银钱,糜费若干,在乡之田畴,荒芜无算"。参见其《法意与人情》,《讼之祸》,海天出版社,1992 年。宋、明、清时农业水平又有提高,但物质生活条件依然不能容纳过多的诉讼活动。

③ 此句本或作"法逾滋而天下逾炽",参见王利器《新语校注》,中华书局,1986 年,第 64 页注⑪。

④ 如《韩诗外传》卷四:"古者八家而井田……八家相保,出入更守,疾病相忧,患难相救,有无相贷,饮食相招,嫁娶相谋,渔猎分得,仁恩施行,是以其民和亲而相好。……今或不然。令民相伍,有罪相伺,有刑相举,使构造怨仇,而民相残,伤和睦之心,贼仁恩,害上化,所和者寡,欲败者多,于仁道泯焉。"又《盐铁论·周秦》:"今以子诛父,以弟诛兄,亲戚连坐,什伍相连,若引根本之及华叶,伤小指之累四体也。如此,则以有罪诛及无罪,无罪者寡矣。……自首匿相坐之法立,骨肉之恩废,而刑罚多矣。父母之于子,虽有罪犹匿之,其不欲服罪尔。闻子为父隐,父为子隐,未闻父子之相坐也!"又《淮南子·泰族》亦云:"使民居处相司,有罪相觉,于以举奸,非不辍也,然而伤和睦之心,而构仇雠之怨。"

近原生的人情人欲,更易于唤起社区的响应认同。《礼记·中庸》所谓圣人之道夫妇之愚可以与知、可以能行①,荀子所谓"吾观于乡而知王道之易易也"②,说的都是这个道理。又《韩诗外传》卷五:"故圣王之教其民也,必因其情而节之以礼,必从其欲而制之以义。义简而备,礼易而法,去情不远,故民之从命也速——孔子知道之易行也!"

汉儒对于秦帝国的政治体制之缺乏规谏机制,给予了特别的强调。贾山谓:"秦皇帝居灭绝之中而不自知者,何也?天下莫敢告也。其所以莫敢告者何也?亡养老之义,亡辅弼之臣,亡进谏之士,纵恣行诛,退诽谤之人,杀直谏之士。"从而要求"开道而求谏,和颜色而受之,用其言而显其身"。③ 又如路温舒曰:"秦……贵治狱之吏,正言者谓之诽谤,遏过者谓之妖言……此乃秦之所以亡天下也",进而要求"除诽谤而招切言,开天下之口,广箴谏之路,扫亡秦之失"。④ 他们要在帝国行政体制中增加一个具有相对独立性的规谏机制,它不只是服从于君主意志,而是服从于君主与儒生所共同遵循的"道",以此来约束和纠矫君主和官员对于"道"的偏差。这一设计同样是源于"礼治",源于那个"人相教""下教上"的传统。例如贾山是这样为之论证的:"古者圣王之制,史在前书过失,工诵箴谏,瞽诵诗谏,公卿比谏,士传言谏,庶人谤于道,商旅议于市,然后君得闻其过失也。"⑤ 又贾谊《新书·保傅》:"天子有过,史必书之……于是有进善之旌,有诽谤之木,有敢谏之鼓,瞽史诵诗,工诵箴谏,大夫进谋,士传民语。"此类申说,不止一次地见之于《左传》《国语》等;并且对此规谏的重要性,自战国以来学人一直

---

① 《礼记·中庸》:"君子之道费而隐。夫妇之愚,可以与知焉;及其至也,虽圣人亦有所不知焉。夫妇之不肖,可以能行焉;及其至也,虽圣人亦有所不能焉。……君子之道,造端乎夫妇;及其至也,察乎天地。"或以为儒家伦理"悬的过高",但我们也不宜忽略它深深扎根于人伦日用之中的方面。唯其如此,才有"涂之人可以为禹""人皆可以为尧舜"的可能。

② 《荀子·乐论》。"乡"指乡饮酒礼。

③ 《汉书·贾山传》。

④ 《汉书·路温舒传》。

⑤ 《汉书·贾山传》。

在着意阐发。这种规谏可以看成是"教"的引申,而"教"也是要上及于天子的。故贾谊《新书》及《大戴礼记》皆有《保傅》之篇。《新书·保傅》论太傅、太师之责:"傅,傅之德义;师,道之教训。"又曰:"天下之命,悬于太子;太子之善,在于蚤谕教。"

最终,汉儒认为,秦政之弊在于拒绝和排斥能够同时承担道义、教化和规谏的君子贤人。在此,他们对于在秦代高踞政坛、在汉初依然是行政骨干的文吏角色,做出了不遗余力的抨击。在先秦时,法家崇文吏而抑学士,孟子则把法家所谓"良臣"斥为"民贼",荀子亦屡屡论及"士君子"与"官人百吏"的关系。时至汉代,这个问题依然是论争的焦点。

贾谊论曰:"夫移风易俗,使天下回心而乡道,类非俗吏之所能为也。俗吏之所务,在于刀笔筐箧,而不知大体。"①董仲舒论曰:"今废先王德教之官,而独任执法之吏治民,毋乃任刑之意与?"②路温舒论曰:"臣闻秦有十失,其一尚存,治狱之吏是也。……狱吏专为深刻,残贼而亡极,媮为一切,不顾国患,此世之大贼也。"③王吉论曰:"今俗吏所以牧民者,非有礼义科指可世世通行者也,独设刑法以守之。其欲治者,不知所繇,以意穿凿,各取一切。"④匡衡论曰:"今俗吏之治,皆不本礼让而上克暴,或伬害好陷人于罪,贪财而慕势,故犯法者众,奸邪不止,虽严刑峻法,犹不为变,此非其天性,有由然也。"⑤谷永论曰:"夫违天害德,为上取怨于下,莫甚乎残贼之吏。诚放退残贼酷暴之吏锢废勿用,益选温良上德之士以亲万姓。"⑥《盐铁论·申韩》:"今之所谓良吏者,文察则以祸其民,强力则以厉其下,不本法之所由生,而专己之残心。"《韩诗外传》卷七的一段话,可以说是荀子"士君子"与"官人百

---

① 《汉书·贾谊传》。

② 《汉书·董仲舒传》。

③ 《汉书·路温舒传》。

④ 《汉书·王吉传》。

⑤ 《汉书·匡衡传》。

⑥ 《汉书·谷永传》。

吏"之辨和先秦士人"师、友、臣"之论的糅合:"智如源泉,行可以为表仪者,人师也;智可以砥砺、行可以为辅弼者,人友也;据法守职而不敢为非者,人吏也;当前快意、一乎再诺者,人隶也。故上主以师为佐,中主以友为佐,下主以吏为佐,危亡之主以隶为佐。"①强调"师"高于"吏"。甚至《淮南子·主术》亦云:"府吏守法,君子制义;法而无义,亦府吏也。"

那种相对独立于政统并具有批判性和理想精神的儒生,就被说成是君子贤人的代表,因而也就是高于文吏的治国者。李寻主张不通一艺之官员"宜皆使就南亩","明朝廷皆贤材君子";谷永主张君王左右"皆使学先王之道,知君臣之义"。② 他们驳斥了"儒生能言不能行"之说。《盐铁论·能言》:"能言而不能行者,国之宝也;能行而不能言者,国之用也。"东汉王充有数篇论文专论儒生、文吏之异同优劣,可以说是汉人在这一论题上最深入的阐说。在其中他对儒生承担了文吏所不能及的道义、教化和规谏之责一点,予以了明确强调:

> 夫文吏能破坚理烦,不能守身,则亦不能辅将。儒生不习于职,长于匡救,将相倾侧,谏难不惧。案世间能建謇謇之节,成三谏之义,令将检身自敕,不敢邪曲者,率多儒生。阿意苟取容幸,将欲放失,低嘿不言者,率多文吏。文吏以事胜,以忠负;儒生以节优,以职劣。二者长短,各有所宜,世之将相,各有所取。取儒生者,必轨德立化者也;取文吏者,必优事理乱者也。……文吏、儒生皆有所志。然而儒生务忠良,文吏趋理事。苟有忠良之业,疏拙于事,无损于高!③

王充生活于东汉初年,他的这番议论,就包含了对西汉文吏、儒生不同特质和取向的历史总结。他将此作为重大论题专加讨论,再次显示了

---

① 旧本"砥"下脱"砺","快"旧作"决",兹据许维遹《韩诗外传集释》补,中华书局,1980年,第186页。

② 《汉书·李寻传》及《谷永传》。

③ 原文"不能守身"后衍一"身"字,"三谏之义"原作"三谏之议",据北京大学历史系《论衡》注释组《论衡注释》改,中华书局,1979年,第二册,第680页。

这是战国秦汉政治文化史上的斗争主线之一。"礼治"与"法治"、"王道"与"霸道"之争，最终在理想治国角色方面，具体化为儒生和文吏之争。这两种分别取向于"轨德立化"和"优事理乱"的角色所构成的不同势力，代表着不同的政治文化传统。封建时代的士大夫在功能上是集政治、文化于一身的；世入战国，师道和吏道趋于两分，到了秦汉之间，学士，特别是儒生与文吏的冲突，业已变得如此鲜明、尖锐，已经是帝国政治斗争所不能回避的课题了。

吕思勉说："中国之文化，有一大转变，在乎两汉之间。自西汉以前，言治者多对社会政治，竭力攻击。东汉以后，此等议论，渐不复闻。"[①]此说堪为卓见。先秦之政治批评，压抑于秦，至西汉则由郁积反转为磅礴，这确实是斑斑可见。东汉以降士人当然不是没有政治批评，然而西汉儒生之议论，确实有后世"渐不复闻"的独特之处，例如今文家的"非常异义可怪之论"。蒙文通之《儒家政治思想之发展》考诸西汉今文学所树诸义，自"改制""素王""革命"诸说始，进及于井田、辟雍、封禅、巡狩、明堂诸义。"则凡经旨微言之不可书见者，其必有与当世威权相妨之实……以其不容于时、不可书见，再经摧挫，说遂幽冥"，而蒙氏一一发之："素王改制"说以孔子作《春秋》为一王大法、为汉定道；"汤武革命"说高张孟、荀"诛一夫纣""除天下之同害"之旨；井田说"既以夷周人贵贱之殊，亦以绝秦人贫富之隔"；辟雍说"建学遍于乡里，不如周之限六乡也"；封禅说本于"官天下""选贤"之说，"禅以让有德也"；巡狩说有以德黜陟诸侯意；明堂说意在"明堂而观于贤，听于人，以观人诽，则以听于大学之士，而士恣于议政也"。[②]

今文大师董仲舒之"天人感应"说及"三统"说，以君主为替天行道者，然而"天道"的解释权，却被认定是在儒生手里。并且"天不变，道亦不变"，帝系常因三统而循环代谢，儒家的原理在宇宙中却是长存的；君主固然可以引证天命以论证其受命的合法，那前提却是行仁义、去贪欲、任贤人，否则天将以灾异相谴，直至褫夺其位而另择有德。这

---

① 吕思勉：《秦汉史》，上海古籍出版社，1983 年，第 197 页。

② 蒙文通：《儒家政治思想之发展》，《古史甄微》，巴蜀书社，1987 年。

样,儒者所任之道义、教化和规谏,就因之而闪耀出了神圣的光晕。昭帝时眭孟引董氏之"受命"说要皇帝"禅以帝位"①;宣帝时盖宽饶引《韩氏易传》向皇帝申说"五帝官天下"②。甚至皇族刘向都说"王者必通三统,明天命所受者博,非独一姓也"③。尽管这种神学化的倾向后来也导致了王莽变法这样的事件,对之将在下一章中讨论;但是它也以一种特别的方式,强化了汉儒建树"非常异义可怪之论"的信念。我们不是说西汉儒生在指斥君国弊政上就更具个人勇气,这是另一问题;但西汉儒生的政治批判相对说更是整体性的,经常包含了对现实政治社会的全面否定。他们的文化理想,与承秦未改的专制官僚政治现实经常形成了更大的反差。吕思勉论及汉儒"易姓革命"说及"官天下"之义:"此为专制之世,绝无仅有之事","汉人好言易姓革命者,非欲徒取诸彼以予此,其意乃欲于政事大有所改革"④。

汉儒为汉廷提供的政见是否是"积极""进步"的,这种价值判断并非我们之所关注。在此我们只是要指出,汉儒从这个社会中源远流长的"礼治"传统中汲取了足够的营养。通过对"文质"模式的分析及其与道家和法家的比较,我们进一步了解了"礼治"在分化程度方面处于"俗""法"之间的性质。"仁政"之来源于原生氏族的"亲亲",教化和规谏来源于传统形态的"人相教""下教上";而以"君子"这种极富弥散性的角色来治国行政,尤其反映了这样一点。如前所引,王充明明指出了儒生之"不习于职"——师道的分化已使文化角色远离了政务;然而他依然认为,非专业化的儒生是更优良的治国者,"疏拙于事,无损于高!"我们必须强调这样一点:儒家不是在推进政统分化的方向上来规划治国之方、寻求治国角色的。如艾森斯塔得所指出,儒家意识形态"对工具性和行政性问题相对较少地从其本身意义上加

① 《汉书·眭孟传》。
② 《汉书·盖宽饶传》。
③ 《汉书·楚元王传》。
④ 吕思勉:《蒿庐札记》,"西汉官天下之义",《论学集林》,上海教育出版社,1987年,第721页。

以考虑"，"这些问题的解决，被认为是蕴涵在正当的文化和道德行为之中的"。

艾森斯塔得把官僚帝国的政治目标区分为政治—集体取向的、文化取向的等等类型；我们已指出秦帝国较近于前者，而后者则被艾森斯塔得认为是中华帝国的常态："统治者的合法性既不是以纯粹的'传统主义'、也不是仅仅以皇位世袭为基础的；其合法性，主要是建立在君主对'天命'的领受，以及他的行为合乎于天命及其训条之上。……从理想上说，他对一个能使人民生活于太平盛世之中的仁爱和自然的秩序负责。"①儒家向往的"太平"文化秩序，确实大不同于法家一意孤行的"富国强兵"之"霸道"。《论衡·治期》："世称五帝之时，天下太平，家有十年之蓄，人有君子之行。"陆贾《新语·至德》更详细地描述了"至德之世"："老者息于堂，丁壮者耕耘于田，在朝者忠于君，在家者孝于亲。于是赏善罚恶而润色之，兴辟雍庠序而教诲之。然后贤愚异议，廉鄙异科，长幼异节，上下有差，强弱相扶，小大相怀，尊卑相承，雁行相随，不言而信，不怒而威，岂待坚甲利兵、深牢刻令、朝夕切切而后行哉！"这与其说是一个政治设计，不如说是一个更具整体性的文化设计。在"非常异义可怪之论"中，这种"尊尊、亲亲、贤贤"各得其所的秩序，甚至被认为是与天地自然相通的，因此"太平"的来临，还将伴随着麒麟、凤凰、甘露、醴泉、紫芝、嘉禾等等的出现。② 在经历了秦政这样一个"片面的深刻"阶段之后，古老的"太平"理想——"礼治"理想，重新显示了它的历史存在。

第四节　汉政的变迁

清人赵翼曾经论及了"汉初布衣将相之局"。他说："盖秦汉间为天地一大变局"，"汉祖以匹夫起事，角群雄而定一尊，其君既起自布衣，其臣亦自多亡命无赖之徒，立功以取将相。此气运为之也。天之变

---

① 《帝国的政治体系》，第 232、234—235 页。
② 见《论衡·宣汉》。

局,至是始定。"①"匹夫起事""多亡命无赖之徒"的成员背景,拉开了刘邦创业集团与学士,特别是与儒生群体的距离。《史记·陈丞相世家》:"今大王慢而少礼,士廉节者不来。"又同书《郦生陆贾列传》记"沛公不好儒",溲溺儒冠,"未可以儒生说也"。陆贾向刘邦说称《诗》《书》,刘邦初答以"乃公居马上而得之,安事《诗》《书》!"陆贾"名为有口辩士",常出使诸侯,他首先是以政客身份为刘邦所纳并活动于时的;郦食其亦是如此。值此争战杀伐的生死竞争之时,学士醇儒在政坛中变得无足轻重,是极其自然的,专门化了的文化角色在中原逐鹿中成了非必要因素。单凭武力就能夺取天下之可能性、学士在秦之低微地位以及汉初将相多"武力有功之臣""少文多质"的情况,大约都加深了刘邦集团与学士儒生间的隔阂。《史记·绛侯世家》:"(周)勃不好文学,每召诸生说士,东乡坐而责之:'趣为我言!'其椎少文如此。"又《陆贾列传》:"陆生曰:……臣常欲谓太尉绛侯,绛侯与我戏,易吾言。"汉廷初崇黄老,更令儒术冷落了相当一段时间。

然而在另一方面,代表中原文化传统之主流的儒术,其潜在影响事实上仍在汉初不断扩大,这却也是不宜忽略的事实。《史记》专立《儒林列传》,固然是由于史迁之尚儒和汉武帝时儒学已成官学,但是结合其他材料也可看到,《五经》之师承传授系统在社会上根基之深厚,实际上是既超过法家,也超过道家的。孔子号称是弟子三千,《儒林列传》谓"自孔子卒后,七十子之徒散游诸侯,大者为师傅卿相,小者友教士大夫",战国至秦"儒术既绌焉,然齐、鲁之间,学者独不废也","及高皇帝诛项籍,举兵围鲁,鲁中诸儒尚讲诵习礼乐,弦歌之音不绝。……夫齐、鲁之间闲于文学,自古以来,其天性也。故汉兴,然后诸儒始得修其经艺,讲习大射乡饮之礼"。秦汉之际言儒生数量,时以数十、上百为称,而法家、道家之学者,就没有如此之规模了。叔孙通初投汉,所从儒生弟子达"百余人",后来又使汉廷征召鲁儒达"三十余人"。田蚡为相,黜百家言,"延文学儒者数百人"。申公居鲁家教,"弟子自远方至

① 赵翼:《廿二史札记》卷三,《汉初布衣将相之局》,中华书局,1984 年,王树民校证本,第36 页。

受业者百余人"。民间之从事文教活动者,似仍以儒家势力为最盛。

还在秦始皇时,其博士七十人大抵已为齐、鲁儒生,被坑之诸生四百六十人"皆诵法孔子";秦二世之博士诸生三十余人,大抵亦是儒生。① 秦汉间言文学、诸生,往往就是指儒术、儒生。儒家在传承古典文化上的重大作用,为自己培植了深厚的社会根基。儒家所传承之《六艺》乃古代之基本典籍,治法术、道术者往往也不能不读其书,这一点决非别家可比。先秦法家之集大成者韩非,对孔子也不是毫无尊重。汉代之桑弘羊坚守法术,但仍然时引《诗》《书》《春秋》以为说。崇尚道术的司马谈,又对司马迁盛赞"孔子修旧起废,论《诗》《书》,作《春秋》,则学者至今则之"。即就秦统治者而言,秦始皇刻石中亦有"专隆教诲""男女礼顺""光施文惠""振救黔首"之语,赵高、胡亥亦时而申说孝义、征引孔子之言②,这也都反映了儒家之所倡导者,深植于那个社会的基本观念之中。《淮南子·修务》:"儒有邪辟者,而先王之道不废,何也?其行之者多也!"

在陆贾向刘邦申明"宁以马上治"的道理之后,刘邦遂即改容,请其"试为我著秦所以失天下,吾所以得之者何,及古成败之国"。《汉书·艺文志》"诸子·儒家类"有《高祖传》十三篇,"高祖与大臣述古语及诏策也";又有《孝文传》十三篇,"文帝所称及诏策"。二帝之言论居然入于"儒家类",自不能不加注意。吕思勉谓:"今观《史》、《汉》,

---

① 《史记·秦始皇本纪》:"博士七十人。"而《封禅书》记秦始皇封禅,"征从齐、鲁之儒生、博士七十人",其数恰合。不论秦廷所坑之诸生是否全为儒生,扶苏"诸生皆诵法孔子"之语,至少反映了儒术影响之大。又《史记·叔孙通列传》:"二世召博士诸儒生问曰,……博士诸生三十余人前曰……"按秦博士当然不全是儒生。据张汉东之统计,秦博士之可考者十二人,其学派可知者约八人,其中儒者六人,为淳于越、李克、伏生、叔孙通、圈公、羊子;神仙家一人,为卢敖(即斥责秦始皇之卢生);名家一人,为黄疵。又《说苑·至公》记"始皇召群臣面议,博士七十人未对,鲍白令之对……"其言本于儒家,或以为即是"包丘子"或"浮丘伯",但张汉东以为非。见其《论秦汉博士制度》,《秦汉官制史稿》,齐鲁书社,1984年,上册,附录二。无论如何也可看到,秦博士中儒生确实占到了大多数。

② 参见本书第六章第二节。

两帝诏策,多粹然儒者之言。"①《史记·高祖本纪》记诸侯将相欲尊刘邦为帝,刘邦称"吾闻帝贤者有也,空言虚语,非所守也,吾不敢当帝位。"后"不得已曰:诸君必以为便,便国家"。对此《汉书·高帝纪》记作:"寡人闻帝者贤人有之,虚言亡实之名,非所取也。今诸侯王皆推高寡人,将何以处之哉?""诸侯王幸以为便于天下之民,则可矣。"又《史记·孝文本纪》,有司请立太子,孝文帝曰:"今纵不能博求天下贤圣有德之人而禅天下焉,而曰豫建太子,是重吾不德也,谓天下何?……"吕思勉谓二帝之语"虽为虚辞,然天下非人君私有之义,固明白言之矣"②。按刘邦本不学之人,文帝亦非儒者。对之我们只能做如是理解:如"贤者为帝""立君为民"等等已成为那个社会的普遍观念,而儒术与之息息相通,并且是其理论化的升华物。

　　虽然汉初一度黄老学得到了朝廷的较大尊崇,但是与之同时,此期的诸帝诏策,仍然反映出了儒家所集中代表的那些传统观念,正在不断向政权渗透。这又如惠帝《重吏禄诏》:"吏所以治民也,能尽其治则民赖之,故重其禄,所以为民也。"吕后《废少帝诏》:"凡有天下、治万民者……上有欢心以使百姓,百姓欣然以事其上,欢欣交通而天下治。"文帝《振贷诏》:"吾百姓鳏寡孤独穷困之人或陷于死亡,而莫之省忧,为民父母将如何?"《议除连坐诏》:"且夫牧民而道之以善者,吏也。"《日食求言诏》:"朕闻之,天生民,为之置君以养治之。人主不德,布政不均,则天示之灾,以戒不治。"《置三老孝悌力田常员诏》:"孝悌,天下之大顺也。力田,为生之本也。三老,众民之师也。"《除肉刑诏》:"《诗》曰:'恺悌君子,民之父母。'今人有过,教未施而刑已加焉,或欲改行为善,而道亡繇至,朕甚怜之。"景帝《诏定箠令》:"笞者,所以教之也。"《谳狱诏》:"欲令治狱者务先宽。"《令二千石修职令》:"朕亲耕,后亲桑……减太官,省繇赋,欲天下务农蚕,素有蓄积,以备灾害,强毋攘弱,众毋暴寡,老者以寿终,幼孤得遂长。"《颂系老幼诏》:"高年老

①　《吕思勉读史札记》,《儒术之兴·中》,上海古籍出版社,1982 年,第 642 页。
②　吕思勉:《蒿庐札记》,《西汉官天下之义》,《论学集林》,上海教育出版社,1987 年,第724 页。

长,人所尊敬也;鳏寡不属逮者,人所哀怜也。"由"亲亲"发展而来的"为民父母"之义,以及爱民、富民、教民之旨,都或隐或显地渗透、体现于如上诏文之中。统治层是如此,可以想见它们也必是社区的基本共识。我们未必将之都视为儒者所教,但这至少已构成了儒术昌明的社会基础。

儒生日益活跃起来了。高祖时有陆贾,又叔孙通弟子百余人、所征之鲁儒三十余人,后来都得到了任用。高祖时之博士有叔孙通、随何,惠帝时有孔襄,文帝时博士有公孙臣、贾谊、晁错、申培、韩婴,景帝时博士有辕固生、张生、董仲舒、胡毋生。① 其中只有公孙臣不是以《五经》为博士的。儒术的浸润波荡,至汉武帝时就孕育出了决定性的变动。武帝即位伊始诏举贤良,官任丞相的卫绾遂奏定"所举贤良,或治申、商、韩非、苏秦、张仪之言,乱国政,请皆罢"②。武帝建元五年,王朝置《五经》博士。董仲舒元光元年对策,请"诸不在六艺之科、孔子之术者,皆绝其道,勿使并进"③。罢黜百家、独尊儒术后,"天下学士靡然乡风"。元朔五年,丞相公孙弘主定太学制度,"自此以来,公卿大夫士吏彬彬多文学之士矣"。④ 自此以降,儒学就被帝国政府确定为正统官学了。

《史晨碑》:"西狩获麟,为汉制作。"《韩敕碑》:"孔子近圣,为汉定道。"孔子被尊为"素王",其学说成为汉政的指南针。赵翼论汉时"多以经义断事":倪宽以古义决疑狱,奏辄报可;张敞引古今处便宜,公卿皆服;隽不疑引《春秋》决伪太子案,宣帝及霍光为之叹曰"公卿当用经术、明大义者";和亲匈奴之议,萧望之引《春秋》而定之;哀帝时,龚胜据《春秋》定傅晏之罪;毋将隆引《论语》,请收还董贤武库之兵。赵翼说:"汉初法制未备,每有大事,朝臣得援经义以折衷是非。"⑤其实在法制已备之时,"援经义以折衷是非"何尝不屡见于朝议之中。皇帝诏

① 参见张汉东:《论秦汉博士制度》。

② 《汉书·武帝纪》。

③ 《汉书·董仲舒传》。

④ 《汉书·儒林传》。

⑤ 赵翼:《廿二史札记》卷二,《汉时以经义断事》,第43页。

书、公卿奏议之引经据典,历代莫不如是。尽管统治者并没有,也不可能在事实上放弃"法治",但是在标榜、显示和宣传的层面上,他们是要把儒家意识形态置于首位了。这种意识形态赋予了统治者"为民父母"、保障民生的责任;自高帝、文帝以来,统治者就已日益表示他们将要承担这一责任,"独尊儒术"则使之得到了最终的正式确认。对"仁义"原则的接受,确实导致了政策的诸多变化,它使民众的福利,成为决策的参考之一。秦尊法律而汉崇经术,形成了鲜明反差。作为帝国政治命脉的法制,在意识形态上被置于次要地位而让位于儒家经典。

当"仁义"原则在意识形态上成为正统之后,"教化"也被列入了王朝大政的议事日程。太学直接服务于这一目的。汉武帝制云:"其令礼官劝学,讲议洽闻,举遗兴礼,以为天下先。太常议,予博士弟子,崇乡里之化,以厉贤材焉。""崇乡里之化"和"厉贤材"构成了兴学的双重目的。公孙弘遂以"教化之行也,建首善自京师始",定制为博士官置弟子五十人。昭帝时博士弟子员满百人,宣帝末倍增之,元帝更为设员千人,成帝末增至三千人。[①] 平帝时王莽秉政,增博士至三十人,弟子万八百人。[②] 东汉末年,太学"诸生三万余人"。[③] 郡国亦广置学官。景帝时蜀郡守文翁修起学官于成都市中,"至武帝时,乃令天下郡国皆立学校官"。[④] 平帝之时"立官稷及学官,郡国曰学,县道邑侯国曰校,校、学置经师一人"。[⑤] 州有孝经师主监试经[⑥],郡国有五经百石卒史[⑦]。学官或称"文学",有文学掾、文学史、文学师等。一郡之文学教

---

① 以上见《汉书·儒林传》。
② 《太平御览》卷五三四引《黄图》:"王莽为宰衡……《六经》三十博士,弟子万八百人。"
③ 《后汉书·党锢列传》。
④ 《汉书·文翁传》。
⑤ 《汉书·平帝纪》。
⑥ 《续汉书·百官志》四。
⑦ 《汉书·儒林传》。

官或多达数十人,而学徒多者数百、上千。① 不仅专职教官,许多在职官僚也同时承担着儒术传授。如《史记》《汉书》之《儒林传》所见之经师,多半在以行政官员身份兼授《五经》。日益遍布民间的私学师儒,后来也发展到了动辄有弟子数十、数百、上千以至上万的规模。②《后汉书·班彪传》:"四海之内,学校如林,庠序盈门。"文教事业的发达养成了知识文化群体的雄厚政治势力,并与秦之"焚书坑儒"恰成反比。就是在此过程中,专门性的政治角色——文吏,开始向另一种颇具弥散性的角色——儒生"君子",让出了独踞政坛的地位。

同时,这种文教事业也服务于"崇乡里之化"的任务。蜀郡守文翁"仁爱好教化",兴学校,使官学弟子为"孝弟""力田"之乡官,"每出行县,益从学官诸生明经饬行者与俱,使传教令,出入闺阁",蜀郡"繇是大化"。③ 颍川太守韩延寿"令文学校官诸生,皮弁执俎豆,为吏民行丧嫁娶礼,百姓遵用其教"。④ 会稽太守张霸表彰有业行者,遂使"郡中争厉志节,习经者以千数,道路但闻诵声"。⑤ 郡邑学校经常举行飨射之礼。如《史晨飨孔庙后碑》曾载其事。《后汉书·杨厚传》:"郡文学掾史,春秋飨射。"同书《秦彭传》:"崇好儒雅,敦明庠序。每春秋飨射,辄修升降揖让之仪。"荀子曾云"吾观于乡(飨礼)而知王道之易易也"。秦汉

---

① 如《蜀学师宋恩等题名碑》所录,文学掾、师合计四十三人。《三国志·魏书·管辂传》注引《管辂别传》:"于是黉上有远方及国内诸生四百余人。"《华阳国志·先贤士女总赞上·蜀郡士女》:"张霸……为会稽太守,拨乱兴治,立文学,学徒以千数。"《后汉书·刘梁传》:"除北新城长……乃更大作讲舍,延聚生徒数百人。"

② 发展到了东汉,民间儒学教育已非常发达了。《后汉书·儒林列传》:"自光武中年以后,干戈稍戢,专事经学。自是其风世笃焉。其服儒衣,称先王,游庠序、聚横塾者,盖布之于邦域矣。若乃经生所处,不远万里之路;精庐暂建,赢粮动有千百。其著名高义、开门受徒者,编牒不下万人。"教授常数百人者,如刘昆、欧阳歙、魏应、董钧、周泽、甄宇、甄承、程曾、刘淑、檀敷、刘茂、廖扶、唐檀;教授常数千人者,如曹曾、牟长、牟纡、宋登、杨伦、杜抚、姜肱、郭泰、夏恭、索庐。又张兴,弟子著录万人;牟长君,弟子著录前后万人;颍容,门徒著录者万六千人。均见《后汉书》。

③ 《汉书·文翁传》。

④ 《汉书·韩延寿传》。

⑤ 《后汉书·张霸传》。

之际鲁儒亦传飨射之礼不绝。这是向社区传布"王道"的重要形式。据
《续汉书·礼仪志》，东汉明帝永平二年令"郡、县、道行乡饮酒于学校，皆
祀圣师周公、孔子"。注引郑玄曰："今郡国十月行乡饮酒礼。……凡乡
党饮酒，必于民聚之时，欲其见化、知尚贤尊长也。"调动贤人、父老在乡
区的影响，即是行礼的目的。《志》又记明帝"率群臣躬养三老、五更于辟
雍"，乡间亦有三老、孝悌、力田等掌教化。《后汉书·百官志》五："三老
掌教化，凡有孝子顺孙、贞女义妇、让财救患，及学士为民法式者，皆扁表
其门，以兴善行。"孝文帝称三老为"众民之师"。《三老掾赵宽碑》："优
号三老，师而不臣。"三老"非吏比"又领有教化之责①，正反映了王朝的
如下意图：要充分利用社区之"父道"来完善社会调节和整合，以使相
当分化的官僚政权与颇不分化的乡邑村社，达至有机的一体化。

　　另一个引人注目的制度，是汉武帝元光元年建立的"孝廉"察举。
《汉书·武帝纪》元朔元年诏："朕……深诏执事，兴廉举孝，庶几成风，
绍休圣绪……今或至阖郡而不荐一人，是化不下究，而积行之君子雍于
上闻也。二千石长官纪纲人伦，将何以佐朕烛幽隐、劝元元、厉蒸庶、崇
乡党之训哉？"有司之奏亦云："今诏书昭先帝圣绪，令二千石举孝廉，
所以化元元，移风易俗也。"东汉张衡云："自初举孝廉，迄今二百岁矣，
皆先孝行。"②尽管事实上孝廉察举标准在实施上有更复杂的情况，但
是举士科目冠之以"孝廉"，依然具有重大的象征意义。这种以居家之
"孝"举用治国之吏的制度，既为商、韩所斥，又于秦代无闻。它使政统
和亲统的相互渗透，获得了相当制度化的形式。

---

① 《史记·平准书》："非吏比者三老、北边骑士。"《集解》引如淳曰："非吏而得与吏比者，
官谓三老、北边骑士也。"三老非政府正式官吏。又据《续汉书·礼仪志》、《论衡·谢短》
等，汉廷对年过七十的老人授以"王杖"以示敬老。甘肃武威发现的"王杖十简"印证了
这一制度的存在。简文曰："年七十受王杖者，比六百石入官廷。"参见考古研究所编辑
室：《武威磨咀子汉墓出土王杖十简释文》，《考古学报》1960 年第 6 期。这也是"非吏而
得与吏比"之意。父老比拟官员，亲统的等级比拟政统的等级，这就是"礼治"的"拟化"。
西汉自初即有三老。《汉书·高帝纪》："举民年五十以上，有修行，能帅众为善，置以为
三老。"但是独尊儒术后此制显然是得到了更大的重视，如汉明帝之养三老五更于辟雍。

② 《后汉纪·顺帝纪》。

"富而后教"是儒家极力倡导的政治方针,其对汉廷政治的影响,余英时之《汉代循吏与文化传播》有详尽分析。他先后列举了文翁、倪宽、韩延寿、黄霸、召信臣、何敞、杜诗、王景、张导、王宠、任延、茨充、崔实、孟尝、周憬、杜畿、牟长、伏恭、鲁丕、刘宽、刘梁、唐扶、刘熹、鲁恭、吴祐、荀淑、韩韶、陈实、钟皓、刘矩、刘宠、卓茂、仇览、朱邑、卫飒、冯立、薛宣、张谌、李膺、童恢、秦彭等一批实例,来说明接受了儒家思想影响之官员,是如何同时承担了"富民"和"教民"之双重责任的。他指出,这些循吏兼有"吏"和"师"的双重身份,其"师"的一面就代表了"以教化为主的文化秩序",它沟通了儒教"大传统"和民间"小传统"。余氏认为,"从制度史的观点说,汉代循吏以'教化'自任则是完全没有根据的。汉廷并没有规定守、令有'教化'的任务。……不过由于汉廷已公开接受儒教为官学,因此不得不默认地方官兼有'师'的功能而已"①。然而这恐怕还不只是被动的"默认"而已。如前引汉武帝察举诏,即已申明了"二千石长官纪纲人伦"的义务。

在儒教影响之下,官员的司法行为也发生了有趣的变化。东郡太守韩延寿遇兄弟争田,自以为"不能宣明教化",遂"闭阁思过",使"两昆弟深自悔"。② 中牟令鲁恭"专以德化为理",使争田者深为感化,"退而自责,辍耕相让"。③ 胶东相吴祐,"民有争诉者,辄闭阁自责,然后断其讼,以道譬之"。④ 太守许荆遇兄弟争财,叹曰"吾荷国重任而教化不行","乞诣廷尉",遂令"兄弟感悔"。⑤ 对这种"无讼"观念影响下的司法行为,梁治平指出"因为古代的法律,就其本质而言,并非是正常社会生活必需的一部分。我们古代法律,也象其他制度一样,服从文化的根本追求,乃是实现社会中'绝对和谐'的手段"。⑥ 以"教化"

---

① 见其《士与中国文化》,上海人民出版社,1987 年。

② 《汉书·韩延寿传》。

③ 《后汉书·鲁恭传》。

④ 《后汉书·吴祐传》。

⑤ 《后汉书·循吏许荆传》。

⑥ 梁治平:《寻求自然秩序中的和谐——中国古代传统法律文化研究》,上海人民出版社,1991 年,第 197 页。

方式处理诉讼，这本是不分化的原生社会的调节方式，可是它确实相当贴近社区生活。循吏刘宠为会稽太守，"简除烦苛"而至"民不见吏"，深受属民称道①，也反映了在发达的官僚体制和不分化的社区间儒生"礼治"所发挥的功能。通观史籍与汉碑中对守、相、令、长们的评价，就不难感受到，其中包含着一种对官员职责的大不同秦的认定。《汉书·王尊传》："出教告属县曰：'令长丞尉，奉法守城，为民父母。'"《后汉书·杜诗传》记召信臣、杜诗先后为南阳守，"南阳为之语曰：前有召父，后有杜母"。又《敦煌长史武斑碑》："学夫丧师，士女凄怆。"《巴郡太守樊敏碑》："州里金然，号曰'吏师'。"②汉吏之吏、父、师之三重责任，与秦吏"奉法守职"之纯行政性定义，恰成对照。诸如韩延寿因罪去郡时百姓"老少扶持车毂，争奏酒炙""莫不流涕"之类事例③，在"天下苦秦久矣"的时代，也是未曾有过的。

　　"礼治"传统之"教"，原有所谓"下教上"之意。"师道"崇隆，学士臣民的规谏便也获得了充分的正当性。汉惠帝除挟书律，吕后、汉文帝下令除诽谤、妖言之法。《汉书·文帝纪》："古之治天下，朝有进善之旌、诽谤之木，所以通治道而来谏者也。今法有诽谤妖言之罪，是使众臣不敢尽情，而上无由闻过失也，将何以来远方之贤良？"把此举的目的及其思想根据，说得极为明白。文帝初行贤良方正对策陈政之法。《纪》载文帝二年《举贤良诏》："……天下治乱，在予一人。……令至，其悉思朕之过失，及知见之所不及，匄以启告朕。及举贤良方正能直言极谏者，以匡朕之不逮。"又同书《晁错传》载文帝十五年策贤良诏："及永惟朕之不德、吏之不平、政之不宣、民之不宁，四者之阙，悉陈其志，毋有所隐。"在那古老而深厚的政治文化传统中，君主不被认为，也不自

---

① 《后汉书·循吏刘宠传》。刘宠被征将离郡，山阴县有五六老叟各赍百钱以送之，曰："它守时吏发求民间，至夜不绝，或狗吠竟夕，民不得安。自明府下车以来，狗不夜吠，民不见吏。年老遭值圣明，今闻当见弃去，故自扶奉送。"尽管有人论说过传统中国的"乡村自治"，但政府官吏对社区的控制、干预能力依然非常之大。而奉行儒家"礼治"的官员，对乡村生活的负面破坏就小得多了。

② 分见严可均辑《全汉文》卷九十八、卷一〇五。

③ 《汉书·韩延寿传》。

认为是神明,他承认自己有"过失""不德"之可能以及"知见不及"之处,于是他就不能不向学士和臣民的规谏求助了。这种"对策"以"求言"的制度,是与选官相结合的;"能直言极谏"者被委以官职,等于在原则上认可了官员在行政职事之外的据道谏君之责。又《后汉书·明帝纪》记明帝因日食求言:"古者卿士献诗,百工箴谏,其言事者,靡有所讳。"这"卿士献诗,百工箴谏"的古老政治传统,也已被帝国时代的君主所接受了。《潜夫论·考绩》:"侍中、大夫、博士、议郎,以言语为职,以谏诤为官。"而大夫、博士、议郎,大抵以儒生任之。

博士议政,较之秦代也有了大得多的范围与规模。汉廷还建立了吏民上书制度,其事由公车司马令主之。《汉书·东方朔传》:"武帝初即位……四方士多上书言得失,自炫鬻者以千数。"同书《萧望之传》:"上(宣帝)初即位,思进贤良,多上书言便宜。"《扬雄传》:"策非甲科,行非孝廉,举非方正,独可抗疏,时道是非,高得待诏,下触闻罢。"郡国出现了"议曹""议曹祭酒""议掾""议史",以优礼那些称说"圣人之道"的名士儒者①,其职事略近于先秦稷下学宫、"列大夫"之"不治而议论"。后来还出现过"师友祭酒"一职,其名显然取义于先秦士人"师、友、臣"之说。它意味着一种特别的官员关系模式,使以道义相规的关系渗透于行政角色之间。② 高后元年,曾为皇帝置太傅;哀、平之际,置太傅、太师、太保之官,号称上公。《汉书·孔光传》:"国之将兴,尊师而重傅,其令太师毋朝……"《续汉书·百官志》说太傅"掌以善导,无常职"。师、傅在实际上能够发挥多少"以善导君"的作用另当别论,但这种官职的出现本身,就是具有重大象征意义的。东汉之太傅往往以名臣为之,兼录尚书事,百官总己以听。

---

① 《汉书·朱博传》:"博尤不爱诸生,所至郡辄罢去议曹,曰:'岂可复置谋曹邪?'"可知议曹以任儒生。"议曹祭酒"见《后汉书·任延传》,"议生"见《后汉书·袁宏传》,"议史"见《北海相景君碑》。

② 《三国志·蜀书·秦宓传》:"广汉太守夏侯纂请宓为师友祭酒,领五官掾,称曰仲父。"又如《汉书·何并传》:"(严)诩本以孝行为官,谓掾史为师友,有过辄闭阁自责,终不大言。"

制度变迁伴随着政治变迁。贤良对策、下诏求言、吏民上书以及臣工的廷诤面折，都成了经常性的活动。汉武帝时董仲舒之对《天人三策》，有力地促成了儒术之"独尊"；壶关三老茂和高庙寝郎田千秋的上书，成了汉武帝在与太子冲突后其好大喜功政策发生转变的契机。盐铁会议上儒生纵论时政，横斥公卿，"心卑卿相，志小万乘"，"辩讼于公门之下，汹汹不可胜听"①，当涂者亦无奈如何，仍皆加任命，并部分地采纳了其意见。赵翼曾专论汉"上书无忌讳"，说是汉人上书言事"多狂悖无忌讳之语"，而"帝受之，不加谴怒，且叹赏之，可谓圣德矣！"其实所谓"狂悖"，乃是高度专制下的清人之见，汉时却是引以为直节的。赵翼又论及"汉诏多惧词"事，说汉代诏书每有"朕甚自愧""是皆朕之不明""朕晦于王道""朕以无德，奉承大业，……涉道日寡，又选举乖实，俗吏伤人，官职耗乱，刑章不中，可不忧欤！"②这与"上书无忌讳"正成对照。皇帝的游猎、宴乐、兴造等侈靡之举，时时遭儒生百般谏阻。谷永、匡衡曾上书论后宫妃德，刘向曾上书薄葬，连皇帝的私生活甚至死后丧葬，儒生都加干预。

至于皇家子弟的教育，儒生更引为天职。贾谊《治安策》及其《新书》曾专门论及为太子置师保事。武帝、昭帝、宣帝、元帝等皆幼受儒经，这显然都影响了日后政局。秦国虽然也曾为太子设置过师傅，如商鞅变法时所黥之太子师傅，但这只是一种监护人而已。秦始皇时未有此职。汉代太子太傅、少傅之地位，特别是武帝之后其教授儒经的作用，是大不同秦的。③曾居其任者如叔孙通、申公、疏广、韦玄成、萧望之、丙吉、夏侯胜、周堪、匡衡、师丹、林尊、黄霸等等，往往是当时的名臣、名儒，许多人后来迁升到了丞相之位。《汉书·疏广传》："太子国

---

① 《盐铁论·利议》。

② 赵翼：《廿二史札记》卷二。

③ 安作璋认为，西汉的太子太傅制度建立以后是不断完善的，武帝以前的只能起保养、辅翼作用，昭宣以后的则能起到教师的作用；武帝以前太子太傅固然重要，但并不十分尊崇，昭宣以后的选任就迥然不同，并且显然是尊师重傅的。见其《秦汉官制史稿》，齐鲁书社，1984 年，上册，第313—314 页。这一变化与儒家思想影响的日益扩大相一致。

储副君,师友必于天下英俊。"《后汉书·桓荣传》记光武帝诏问谁可傅太子者,博士张佚曰:"今陛下立太子,为阴氏乎?为天下乎?……为天下,则固宜用天下之贤才。"师傅的选任,被认为关系到天下之治安。正如黑格尔所言,中国君主"职权虽然大,但是他没有行使他个人意志的余地;因为他的随时督察虽然必要,全部行政却以国中许多古训为准则。所以各个皇子的教育,都遵照最严格的规程"。① 虽然这首先只是儒者理想上的设计,但它也确实经常地变成支配实际政治的重要因素之一。

尽管汉武帝"外行仁义而内多欲",其帝国扩张政策使得"法治"重新活跃起来,但是他"独尊儒术"之举仍然使之不同于秦始皇。在《资治通鉴》汉纪武帝后元二年,司马光论汉武帝"其所以异于秦始皇者无几矣"后,又曰:"然秦以之亡、汉以之兴者,孝武能尊先王之道,知所统守……晚而改过,顾托得人,此其所以有亡秦之失而免亡秦之祸乎!"司马光所说的"先王之道",当然是指儒术而言的。对汉武帝在后期颁布《轮台诏》而改行与民休息政策,田余庆先生的《论轮台诏》一文有精辟细致的分析。② 这一转变是到昭帝时才大致完成的,但武帝之时,已经存在着一个抵制帝国扩张政策的"守文"势力了。其代表者包括太子刘据,其师傅石庆、石德的立场表明"守文"倾向部分承自黄老"无为"的流风余韵;同时刘据幼习《公羊传》《谷梁传》③,儒家的影响也非无踪迹可寻。《轮台诏》颁布仅仅八年之后即有昭帝的盐铁会议,其时贤良、文学们对武帝之兴功生事政策,基于儒家立场而大加伐挞,这就暗示了此前潜伏的"守文"势力的又一深厚背景。司马光指出,昭帝时的政策转变与参与盐铁会议的儒生有关。《资治通鉴》卷二三汉纪昭帝始元六年:"秋七月,罢榷酤官,从贤良、文学之议也。武帝之末,海内虚耗,户口减半。霍光知时务之要,轻徭薄赋,与民休息。至是匈奴和亲,百姓充实,稍复文、景之业焉。""与民休息"的政策再度得到了奉

① 黑格尔:《历史哲学》,三联书店,1956 年,第 167 页。
② 文载《历史研究》1984 年第 2 期。
③ 《汉书·武五子传》言刘据"少壮,诏受《公羊春秋》,又从瑕丘江公受《谷梁》"。

行,但是它已是更多地源于儒家的"仁义"而不是道家的"清静无为"了。决意召开盐铁会议的昭帝刘弗陵自称"夙兴夜寐,修古帝王之事,通《保傅传》《孝经》《论语》《尚书》"①,大将军霍光也颇"重经术士"②。对于君主之权势欲、奢侈欲和官僚帝国的扩张倾向,较之黄老道术,儒术显然构成了更强有力的制衡。

儒生的参政,导致了由"秦政"转变为"汉政"的深刻变迁。对儒家在帝国政治中的作用,狄百瑞有一个看法:

> 儒家学者对于他们所长久拥护支持的专制制度的一切,是无法完全逃避历史责任的。不过在我们匆促地下这样一个判断以前,却有一件事同样值得我们考虑:儒家思想一方面透过他们的道德说教,不断地给专制权力种种限制,一方面又不断地从事于政府组织的改革,这些对中国专制政治似乎有调和与软化的作用。③

艾森斯塔得在分析中华帝国之不同于政治—集体取向的"文化取向"时,对儒家士大夫的功能还有更深入的分析:

> ……这种文化取向及其所决定的基本合法性,极大地影响了统治者的具体目标及其所需资源类型的形成。
>
> 在任何历史官僚帝国之中,统治者都需要多种资源(特别是人力资源和经济资源),以实现其权力和完成其政治目标。但是由于这种强烈的文化取向,统治者所需资源的数量,有时就相对较少。在这种政权之中的统治者,一般被期望给予政治—集体性目标——诸如领土扩张、军事强盛和经济增长——以较少的重视。这些目标太过于昂贵了;当它们被置于次要地位之时,统治者所需的花费巨大的资源就会减少。

---

① 《汉书·昭帝纪》。"《保傅传》"即贾谊《新书·保傅》及《大戴礼记·保傅》。

② 《汉书·隽不疑传》:"天子与大将军霍光闻而嘉之,曰:'公卿大臣当用经术、明于大义。'"同书《夏侯胜传》:"光、安世大惊,以此益重经术士。"

③ W. T. de Bary:《中国的专制政治与儒家理想》,《中国思想与制度论集》,台北:联经出版事业公司,1976 年,第 215 页。

我们并不是说,诸如集体的强盛、扩张等等,就不被中国的统治者(或古埃及的统治者)视为重要目标。然而重要的是,它们总是在文化方面被表达出来,并且是作为文化价值与取向的从属物而形成的。即使一位皇帝热衷于纯粹的军事扩张目标,但是他贯彻这一目标的能力,在很大程度上依然取决于文化取向的群体。这样,皇帝就必须把他的基本合法性考虑在内,而这些合法性强调的就是那些文化取向。

　　在这一点上,统治者与儒家士大夫之间的各种紧张,贯穿了整个中国历史。皇帝倾向于强调大量各种各样的集体扩张目标,而儒家士大夫则着意限制这些目标,而去强调文化目标和意识形态。在中国,这种论战是政治斗争的一个主要焦点。[①]

秦始皇、汉武帝时帝国政治的变迁,以及儒生集团在其间所发挥的作用,似乎就显示了艾森斯塔得对这两种取向的区分,确实是有助分析的;尽管他没有充分讨论过在中华帝国的秦王朝时期,曾经有过颇不相同的“霸道”占支配地位的政治形态。

　　值得注意的还有这样一点:艾森斯塔得认为文化取向对应着政治系统的较低分化程度。事实上,不但汉代统治者并没有放弃法制,汉代社会结构和政治体制的复杂程度也决不会低于秦代。但是,汉代政治的许多变迁,例如君主、官员“为民父母”的义务,以“礼乐”教化民众的责任,对“三老”“孝悌”的尊崇褒奖,以“明经”“孝廉”察举行政吏员的制度,太学和郡国学官的发达,行政官员对经典的传习和对儒家道义伦常的承担,等等,也确实是在与政统之分化与专门化相左的方向上发生的,就是说,是以吏道、父道和师道之相济相维的“礼治”为归依的。由于中国古代社会分化形态的独特性——“吏道”的片面发达,以及传统所造成的“父道”和“师道”的社会影响力,社会分化的推进,特别是政统之分化的推进,经常是以意识形态上“礼治”的崇隆为补偿的。艾森斯塔得在讨论官僚帝国类型的政治体系之时又进一步指出:

---

① 艾森斯塔得:《帝国的政治体系》,阎步克译,贵州人民出版社,1992年,第233页。

但是属于这类社会的那种政治体系的最为重要的特征,并不仅仅在于这些较为分化类型的政治活动、政治组织和政治斗争课题的出现。那种最为重要的特征,在于它们在同一个框架和组织之中与颇不分化的政治态度的并存。在所有我们所研究的社会之中,这些"发达的"、"能精致表意的"和"已分化的"类型的政治活动和政治组织,与那些较不分化的类型一起共存。但是它们还不只是共存而已,各种类型还被分隔在彼此绝缘的界域之中。当然,在地方层次上,较不分化的、缺乏精致表意能力的政治活动类型,总是占据着优势。但是它们通过较为分化、较能精致表意的政治活动类型,而与中央政治建制联结起来了。在某种意义上,较为分化的和能够精致表意的政治活动,把较不分化的政治活动包容在它们的框架之内了。这种联结作用,可能构成了历史官僚社会的政治体系的独一无二的最为重要的特征。①

我们相信这一分析,确实是揭示了前现代官僚帝国在社会分化和整合方面所面临的关键性问题。而儒家"礼治"之所提供于帝国朝廷、所影响于"汉政"变迁的,很可能就包括这种已分化要素和未分化要素之间的联结、沟通作用。它使得相当分化的官僚政体、学士群体与颇不分化的广大乡土亲缘村社聚落,较为融洽地一体化了。当专制官僚政权把较不分化的政治活动和社会组织包容在其框架之内的时候,它自身也出现了相当的调整,并由此获得了更大的适应性与整合力。

　　我们把此期的"礼治"首先视为是一种政治文化模式,一种意识形态,就是说,并不将之完全视为实际的政治运作。封建时代的"周礼",相对更多地具有实际政治秩序的性质,帝国时代则已不是如此了。这是事实上的社会分化——道统和政统的进一步分化所造成的。但是无论如何,儒生参政和儒术的尊崇为帝国政治带来了新的因素,包括制度上的变迁。例如面向学人的选官制度,在后来一直发展为科举制。尽管专制制度和官僚制度的固有弊端,诸如其极权、压迫倾向和腐化、老

---

① 艾森斯塔得:《帝国的政治体系》,第225—226页。

化倾向,也经常地冲破儒者的理想规划而导致了整个社会的危机,但是"礼治"毕竟为帝国提供了一种不仅仅基于法制、强权,而是立足于"尊尊""亲亲"和"贤贤"之三位一体以及吏道、父道和师道之相济相维的整合与调节方式。

官僚帝国体制纯由文吏组成与有儒生参政,二者确实存在着重大的不同。其政治取向、运作目标、专制程度、整合能力等等,都发生了程度不同的变化。如果说对于帝国体制的创建儒家无甚贡献,那主要是法家和文吏之功的话,那么谈到对这一体制的改造,就不能不联系到儒生们的贡献了。"秦坑儒邪? 儒坑秦邪?"这非尽过甚其辞之谈。所谓"百代多行秦政法"之语,如果改言"百代多行汉政法"或许更为贴切。因为大一统官僚体制至汉代方才确定了其基本原则、规范和特征,包括其特有的矛盾形式,如士大夫与皇权的矛盾;那些原则、规范和特征,在中华帝国的两千年历史中相沿不替。

第九章 "奉天法古"的王莽"新政"

西汉王朝到了末年,逐渐陷入了不可自拔的矛盾之中。然而也就是在这个时候,出现了外戚王莽逐渐篡夺了最高政治权力、建立"新朝"的重大事件。王莽当政,并没有挽救帝国的覆灭;但是极可注意的是,王莽是以"变法""改制"作为夺权号召和施政纲领的,他发动了一场规模巨大、轰轰烈烈的"奉天法古"的改革运动。这一事件,放在整个中华帝国的历史上看就显得分外突出了,并使得我们不能等量齐观,以一般的王朝覆灭来看待西汉末年的历史。这一事件所包含的政治文化意义,是超出了一般的王朝覆灭之外的。在古代,已经有将王莽之"新政"与秦始皇之"秦政"加以对比者;汉儒参政导致了从"秦政"到"汉政"的变迁,但是这一变迁并未全合于西汉儒生所崇扬的"王道"。帝国政治形态在总体上是所谓"霸王道杂之",这是君主所公然申明的。儒生对此"汉政"的不满和对更纯粹的"王道""礼治"的寻求,促成了王莽"新政"的登场。

对于本书的"士大夫政治之演生"这一论题,这一事件同样地具有重大意义而有必要专门讨论。我们一直在叙述、解析儒家与法家、"王道"与"霸道"、"礼治"与"法治"、儒生与文吏的矛盾演进,而王莽变法的政治文化意义,就在于它构成了这些矛盾演进过程中的又一环节。在某个特定意义上,甚至可以把王莽"新政"形态与秦之"秦政"形态置于对极的位置来加讨论,尽管在此要充分考虑到问题的复杂性。我们认为,"礼治"与"法治"、儒生与文吏之矛盾未经调整而充分相互调适,是王莽变法的出现及其失败之重要原因。近代之学者,已有人把东西汉之交,视为政治文化史上的分水岭之一。在我们看来,王莽变法事件标志着中国古代士大夫政治演生史上的又一个阶段,它的结束则导致了一个新阶段的开始。那么本章之所论，主要地就是王莽变法为何出现和失败的政治文化原因，而不是西汉王朝的覆灭原因，这一点也是必须事先申明的。

第一节　"霸王道杂之"

汉政相对于秦政的变迁，并不意味着"礼治"取代了"法治"。儒术独尊和儒生参政，确实为帝国政治带来了新的因素，可儒者的势力兴盛需要一个过程，这并没有因汉武帝"独尊儒术"就一下子达到顶点；而且"汉承秦制"的方面依然是帝国体制的基础，正如后人所论，汉家政治精神是"杂霸"，是"儒表法里"。王利器所辑有关论说，就表明了这样一点：

王霸之争，既是西汉时期政治生活中的严峻现实，从而后世尚论汉事的，一般都抓住这一要害，来表达其对汉代统治阶级的看法，张栻所谓"学者要须先明王伯之辨，而后可论治体"是也。《御览》引《帝王世纪》玄晏先生曰："《礼》称至道以王，义道以霸。观汉祖之取天下也，遭秦世暴乱，不阶尺土之资，不权将相之柄，发迹泗亭，奋其智谋，羁勒英雄，鞭驱天下，或以威服，或以德政，或以义成，或以权断，逆顺不常，霸王之道杂焉。"薛道衡《隋高祖颂序》："秦居闰位，任刑名为政本；汉执灵图，杂霸道而为业。"吴兢《贞观政要》卷一《政体》篇："秦任法律，汉杂霸道。"唐高宗李治问令狐德："何者为王道、霸道？又孰为先？"德棻对曰："王道任德，霸道任刑。自三王已上皆行王道，唯秦任霸术，汉则杂而行之，魏、晋以下，王霸俱失。"秦观《淮海集》卷七《法律》上："唐、虞以后有天下者，安危荣辱之所从，长久亟绝之所自，无不出于其所任之术，而所任之术，大抵不过《诗》《书》、法律二端而已。盖用《诗》《书》者三代也，纯用法律者秦也，《诗》《书》、法律杂举而并用，迭相本末，迭为名实者汉、唐也。"《诗》《书》与法律，实即指儒家与法家而言。程颢《明道先生文集》卷二《论王霸之辨》："汉、唐之君有可称者，论其人则非先王之学，考其时则皆驳杂之政，乃以一曲之见，幸至小康,其创法垂统,非可继于后世,皆不足用也。"释契嵩《镡津文集》卷六《问霸》:"汉氏曰:'吾家杂之王霸而天下治',暂厚而终薄,少让而多诤。"张栻《汉家杂霸》写道:"宣帝谓'汉家杂伯',故其所趋如此。然在汉家论之,盖亦不易之论也。自高祖取天下,固以天下为己利……则其杂伯固有自来。夫王道如精金美玉,岂容杂也? 杂之,则是亦伯而已矣。文帝……亦杂于黄、老、刑名,考其施设,动皆有术。……至于宣帝,则又伯之下者,威(桓)、文之罪人也。西京之亡,自宣帝始。"……①

其所引论议固然是出于旧史家的眼光,但它们并不是无助于参考。此后的帝国王朝或许也可以说有"儒表法里"情况;然而汉代、特别是武帝、宣帝时期,儒者和儒术在朝廷上仍未扎定根基,"杂霸"的情况具有特别意义。

"霸道"所依赖的治国角色是文法能吏;而事实上自汉初始,文吏正是帝国行政的实际承担者。随帝国之政治机器的运转加速,文吏就日益活跃起来了,以至涌现出了一批"酷吏"。"酷吏"也并不是仅仅"惨酷"而已,他们多以明法著称,以"能"著称,以"文无害"著称,并以此受到了君主的格外赏识。② 而且那些奉法行令的文吏们,并不仅仅

---

① 王利器:《盐铁论校注》,《前言》,天津古籍出版社,1983年,第20—22页。
② 例如,据《史记·酷吏列传》所记,赵禹,周亚夫称"极知禹无害,然文深","以刀笔吏积劳,稍迁为御史,上以为能,至太中大夫,与张汤论定诸律令";张汤,少习狱法,"其文辞如老狱吏",宁成"以汤为无害,言大府,调为茂陵尉","上以为能,稍迁至太中大夫,与赵禹共定诸律令,务在深文,拘守职之吏";义纵,治县"县无逋事,举为第一","直法行治","上以为能,迁为河内都尉","河内道不拾遗";王温舒,治狱出身,治广平"声为道不拾遗","天子闻之,以为能,迁为中尉";尹齐,"以刀笔稍迁至御史","上以为能,迁为中尉";杨仆,"天子以为能,南越反,拜为楼船将军";减宣,卫青"见宣无害,言上,征为大厩丞,官事办";杜周,"事张汤,汤数言其无害,至御史","天子以为尽力无私,迁为御史大夫"。所谓"文无害"("文法无比")本是秦之选官标准,在汉武帝时它再次成为酷吏的进身之由。太史公曰:"自郅都、杜周十人者,此皆以酷烈为声。……然此十人中,其廉者足以为仪表,其污者足以为戒。方略教导,禁奸止邪,一切亦皆彬彬质有其文武焉。虽惨酷,斯称其位矣!"

是在忠实地奉行法规所赋予的任务。他们经常地要滥用权力、滥用"三尺法",为君主,也是为其自己。①

这样一批角色在武帝时的兴起,不仅仅是政治原因,也是出于体制的原因。很重要的一点是,汉帝国的创业集团本来就颇多文吏出身之人。《史记·高祖本纪》:"及壮,试为吏,为泗水亭长。"《正义》曰:"秦法,十里一亭,十亭一乡。亭长,主亭之吏。……盖今里长也。民有讼诤,吏留平辨,得成其政。"亭长的主要职责之一,即是司法捕盗。

同书《萧相国世家》:"萧相国何者,沛、丰人也,以文无害为沛主吏掾","给泗水卒史事,第一"。可见萧何原来纯是刀笔吏出身。刘邦入咸阳,"何独先入收秦丞相、御史律令图书藏之。……汉王所以具知天下阸塞、户口多少、强弱之处、民所疾苦者,以何具得秦图书也"。萧何之取秦律令图书,显然是出于文吏之职业本性;这些律令图书在造成"汉承秦制"之上,必是发挥了继往开来的重大作用。萧何所定之《九章律》,即斟酌秦律损益而成。《史记索隐》引《春秋纬》:"萧何感昴精而生,典狱制律。"又《论衡·效力》:"萧何所以能使樊、郦者,以入秦收敛文书也。众将拾金,何独掇书,坐知秦之形势,是以能图其利害。……故叔孙通定仪,而高祖以尊;萧何造律,而汉室以宁。"这都是时人对萧何政治业绩的评价。

同书《曹相国世家》:曹参"秦时为沛狱掾,而萧何为主吏,居县为豪吏矣"。《汉书·萧何曹参传·赞》:"萧何、曹参,皆起秦刀笔吏。"《史记·张丞相列传》:"张丞相苍者……秦时为御史,主柱下方书。"(《史记索隐》释"方书"为"四方文书")"是时萧何为相国,而张苍乃自秦时为柱下史,明习天下图书计籍",张苍因以列侯居丞相府,领郡国

---

① 如《史记·酷吏列传》所记,张汤"所治即上意所欲罪,予监史深祸者;即上意所欲释,与监史轻平者";杜周,"上所欲挤者,因而陷之;上所欲释者,久系待问而微见其冤状"。且公然宣称:"三尺安出哉?前主所是著为律,后主所是疏为令,当时为是,何古之法乎!"他们舞文弄法,"所爱者,挠法活之;所憎者,曲法诛灭之"。王温舒死,"家直累千金","其吏多以权富"。杜周"初征为廷史,有一马,且不全。及身久任事,至三公列,子孙尊官,家訾累数巨万矣"。

上计,后经由御史大夫而迁为丞相。他参与了律令的制定,《汉书·高帝纪》:"张苍定章程。"张苍在传承秦之吏治传统上,亦当为关键人物之一。《史记·张丞相列传》又记:"周昌者,沛人也,其从兄曰周苛,秦时皆为泗水卒史。"二人后从刘邦,皆官至御史大夫之法职。同传又记:"任敖者,故沛狱吏",后亦为御史、御史大夫。又同书《郦生陆贾列传》:"郦生食其者……为里监门吏。"

刘邦创业集团中那些出身文吏者,我们特别地将之看成是一批政制上的承上启下人物。他们虽非皆居上层,但对秦之吏治传统却并不生疏。他们许多人最初是丰、沛之吏,而所谓"丰、沛子弟"本是刘邦创业集团的中坚,《论衡·偶会》:"高祖起于丰、沛,丰、沛子弟相多富贵。"当他们推翻了秦廷而成为新帝国之统治者的时候,便"顺水推舟"地承继了旧日帝国的吏治体制,并无重大更革。

汉武帝之尊崇儒术,当然不能仅仅视之为"粉饰",可是"粉饰"这一用语也不是就没有道理。《汉书·汲黯传》:"上方招文学儒者,上曰吾欲云云,黯对曰:'陛下内多欲而外施仁义,奈何欲效唐、虞之治乎!'"是说其内外表里不能如一。又同书《儒林传》:"上问治乱之事,申公时已八十余,老,对曰:'为治者不在多言,顾力行何如耳。'是时上方好文辞,见申公对,默然。"申公之语,明有婉讽其徒事文饰而不能"力行"之意,故武帝为之"默然"。金春峰论西汉时代之思想,以武帝崇儒为一次转折,"然而好景不长,接着就开始了第二次转折。……这个转折就是由和平到战争的转折",结果"政治权利(力)自然地落到了崇尚申商,富国强兵有术的桑弘羊等手中……儒生,在残酷的战争面前,则黯然失色,被历史扫进了无权的角落。昨天被罢黜的,今天成了政治、国家的主人;昨天被尊奉的,今天成了破落寒酸、被斥责受讥笑的对象"[①]。尽管其笔调略嫌渲染,但是汉武帝时确实出现过尚法用武的转折。我们无法悬拟假如没有外部军事威胁,这种转折是否就不会发生;但是官僚帝国体制的本身特性,是为外部威胁触发帝国扩张政策并使之变本加厉提供了基础。例如汉武帝命李广利伐大宛,这已经超出

---

① 金春峰:《汉代思想史》,中国社会科学出版社,1987 年,第 305—308 页。

了单纯防御的需要了。①

吕思勉说:"汉崇儒之主,莫过于武帝;其为治,实亦儒法杂。一读《盐铁论》,则知桑弘羊之所持,纯为法家之说矣。"②或认为桑弘羊不代表法家思想③,但更多学者并不做如是观。金春峰云"盐铁会议上儒法思想的斗争,短兵相接"。④ 萨孟武言:"若察大夫(桑弘羊)所发表的意见,则宜视之为法家。"⑤侯外庐将盐铁会议上的争论,视为"儒林与酷吏"之争、"儒法的辩难",并指出汉武帝的政策意味着"土地和重要的生产资料都归国家所有,特别在法律上是国家所有","武帝时代的这些法令不是和平的,而是属于封建式的财产动员性的","封建社会是经常的在动员状态之下,一切人力物力的收夺都超出了经济的报偿法则"。⑥ 盐铁会议上的交锋,固然已不尽同于先秦的儒法对立,但无疑就是其延续和发展。参加盐铁会议的贤良、文学"怀六艺之术""祖述仲尼";另一方面,在这一会议上桑弘羊公然推崇商鞅、韩非,推崇"法治"和"霸道",鼓吹国家无所不在的干预和控制,并经常赤裸裸地对权力、财富之占有津津乐道,嘲弄儒生之贫穷和卑微。

---

① 汉武帝之伐大宛,《史》《汉》以求汗血马加以解释。今人余嘉锡有"改良马政"说,见其《汉武伐大宛为改良马政考》,《余嘉锡论学杂著》,中华书局,1963 年,上册。张维华提出了求天马升天说,见其《汉武帝伐大宛与方士思想》,《汉史论集》。田余庆先生则指出,伐大宛是汉武帝向西不断开边的必然结果。见其《论轮台诏》,《历史研究》1984 年第 2 期。

② 《吕思勉读史札记》,上海古籍出版社,1982 年,第 648 页。

③ 王利器认为,汉武帝和桑弘羊所用乃"杂霸"之儒术。见其《盐铁论校注》,《前言》。按桑弘羊之言论虽然多引经传,但这不能作为其非法家的证据。因为六艺乃社会之普通教材,人人得而引之;韩非亦时或引之以证其说。汉武帝"内法外儒",或可说是"杂霸"之君主,但桑弘羊等则大致代表了"法治"倾向。徐复观说桑弘羊"也是法家的罪人","没有代表法家发言的资格",见其《两汉思想史》卷三,《〈盐铁论〉中的政治社会文化问题》,台北:学生书局,1979 年,第 192 页。徐氏此说有其特定的立论角度,但在我们看来,桑弘羊与贤良文学的冲突仍可视为先秦以来儒法矛盾的继续和发展。

④ 金春峰:《汉代思想史》,第 298 页。

⑤ 萨孟武:《中国政治思想史》,台北:三民书局,1980 年,第 194 页。

⑥ 侯外庐等:《中国思想通史》第二卷,人民出版社,1957 年,第五章。

其实在汉武帝的时候，儒生与帝国政策维护者之斗争已经开始。《汉书·严助传》："公孙弘起徒步，数年至丞相。开东阁，延贤人，与谋议。"传说这"延贤人"之处包括一个"钦贤馆"，一个"翘材馆"和一个"接士馆"。[1] 然而这个引人注目的呼朋引类之举，后来却遭到了抵制破坏。《汉书·公孙弘传》：公孙弘"于是起客馆，开东阁，以延贤人，与参谋议。……其后，李蔡、严青翟、赵周、石庆、公孙贺、刘屈氂继踵为丞相，自蔡至庆，丞相府馆舍丘虚而已"。后之儒生颇以此耿耿于怀。《盐铁论·救匮》记儒生的追恨："而葛绎、彭侯之等，隳坏其绪，纰乱其纪，毁其客馆议堂以为马厩妇舍，无养士之礼而尚骄矜之色，廉耻陵迟而争于利矣！"

盐铁会议之后，儒者大大地扩张了其政治影响，但是仍然不能认为"杂霸"的情况有了根本的改变。昭帝时主持政务的霍光在转向"与民休息"时参考了儒生的意见，但是他之"重经术士"仍是有限的。《汉书·循吏黄霸传》："自武帝末，用法深。昭帝立，幼，大将军霍光秉政，大臣争权，上官桀等与燕王谋作乱，光既诛之，遂遵武帝法度，以刑罚痛绳群下，繇是俗吏上严酷以为能。"又同书《霍光传》记宣帝时霍山之语："今丞相用事，县官信之，尽变易大将军时法令，以公田赋与贫民，发扬大将军过失。又诸儒生多窭人子，远客饥寒，喜妄说狂言，不避忌讳，大将军常仇之。今陛下好与诸儒生语，人人自使书对事，多言我家者。"作为帝国权贵的霍氏家族敌视儒生的方面，由是可见。霍光之法令在宣帝时被变易者遽难一一考知，但"以公田赋与贫民"的主张很可能就是发自儒生的。所谓"丞相用事"之"丞相"指魏相，他是学《易》

---

[1] 《西京杂记》卷四曰："平津侯以布衣为宰相，乃开东阁，营客馆，以招天下之士。其一曰钦贤馆，以待大贤。次曰翘材馆，以待大才。次曰接士馆，以待国士。其有德任毗赞、佐理阴阳者，处钦贤之馆。其有才堪九列、将军、二千石者，居翘材馆。其有一介之善、一方之艺，居接士之馆。而躬自菲薄，所得俸禄以奉待之。"上海古籍出版社"四库笔记小说丛书"本，1991 年，第 1035 页。公孙弘之"开东阁"并非无足轻重之举，所以才产生了相关的传说。

出身,曾举贤良对策并参加了盐铁会议①;在协助宣帝摧毁霍氏势力上,他发挥了重要作用。在此前此后对霍氏发起抨击的,还有儒生萧望之、茂陵徐生、王吉等等。② 又何焯以为路温舒之《尚德缓刑疏》,实亦针对霍氏而发。③

汉宣帝少时受《诗》《论语》《孝经》,因卫太子好《谷梁》而崇其学,甘露年间召开石渠阁会议"杂论五经同异",其统治时期儒生的地位进一步上升,但是他在政治上并不纯用儒生、儒术,而是继续沿承了汉武帝之"杂霸"方针。《汉书·元帝纪》:

> (太子,即后之元帝)柔仁好儒,见宣帝所用多文法吏,以刑名绳下……尝侍燕从容言:"陛下持刑太深,宜用儒生。"宣帝作色曰:"汉家自有制度,本以霸王道杂之,奈何纯任德教、用周政乎!且俗儒不达时宜,好是古非今,使人眩于名实,不知所守,何足委任!"乃叹曰:"乱我家者,太子也!"繇是疏太子而爱淮阳王,曰:"淮阳王明察好法,宜为吾子。"而王母张婕妤尤幸。上有意欲用淮阳王代太子,然以少依许氏,俱从微起,故终不背焉。

这是一段为读史者熟知的记载。宣帝在此所公然申明的"霸王道杂之"的原则,涉及了帝国之政治文化模式选择的根本性问题。在帝国政权崇儒未久,儒术与"法治"在意识形态上尚多抵触的情况之下,统治者清晰地意识到了"王道"和"霸道"这两个层面的存在,并有意维持着其间的张力。颜师古注"以刑名绳下":"刘向《别录》云申子学号刑名。刑名者,以名责实,尊君卑臣,崇上抑下。宣帝好观其《君臣》篇。

---

① 《汉书·魏相传》记其举为贤良,但同书《韩延寿传》曰其"以文学对策"。王利器以"贤良"为是,并考证他参加了盐铁会议。见其《盐铁论校注》,《前言》,第4—6页。

② 分见《汉书·萧望之传》《霍光传》。

③ 路氏疏谓"臣闻秦有十失,其一尚存,治狱之吏是也""惟陛下除诽谤以召切言",何焯云:"霍光既摧上官之后,颇峻刑罚,廷尉王平坐纵不道下狱弃市。温舒不敢斥言,故以秦失尚存立论。深者获公名,平者多后患,皆隐以讥切昭帝时事也","霍山言,诸儒生喜狂说妄言,不避忌讳,大将军常仇之。则所谓除诽谤以召切言者,亦反霍氏之政也。"《义门读书记》卷十七,中华书局,1987年,第283—284页。

绳谓弹治之耳。"《汉书·魏相传》:"宣帝始亲万机,厉精为治,练群臣,核名实。"这"杂霸"原是杂以"刑名"的。

宣帝因太子之"柔仁好儒",而欲用"明察好法"的淮阳宪王刘钦取而代之,我们不禁要联想到在继承人问题上,秦始皇时倾向儒术之扶苏和自幼习法之胡亥的不同命运,以及汉武帝与"守文"代表卫太子的冲突。《汉书·韦玄成传》:"淮阳宪王好政事,通法律,上奇其材,有意欲以为嗣。"同书《宣元六王传》:"而宪王壮大,好经书法律,聪达有材,帝甚爱之。太子宽仁,喜儒术。上数嗟叹宪王,曰:'真我子也!'常有意欲立张婕妤与宪王。"太子专好儒术,而刘钦兼好"经书法律",宣帝所赞赏的则在于刘钦"明察好法"一点。仅仅是由于宣帝感许氏之恩,才没有发生更嗣的事件。宣帝时路温舒上疏请"尚德缓刑",这个呼吁应是有针对性的。又《汉书·王吉传》:"是时宣帝颇修孝武故事,宫室车服盛于昭帝。时外戚许、史、王氏贵宠,而上躬亲政事,任用能吏。"不满太子、"任用能吏",都是宣帝"修孝武故事"的反映。[1]《传》记其时王吉批评公卿"未有建万世之长策,举明主于三代之隆者也,其务在于期会簿书,断狱听讼而已","上以其言迂阔,不甚宠异也",也反映了儒者之时时"是古非今",和宣帝"俗儒不达时宜"的看法。《汉书·宣帝纪·赞》:"孝宣之治,信赏必罚,综核名实,政事、文学、法理之士咸精其能。""文学"之外"政事法理之士"依然活跃于时。故《史记·殷本纪·索隐》述刘向《别录》"九主"之说,谓"专君,谓专己独断,不任贤臣,若汉宣之比也"。

《汉书·萧望之传》:"初,宣帝不甚从儒术,任用法律,而中书宦官用事。中书令弘恭、石显久典机枢,明习文法,亦与车骑将军高为表里,论议常独持故事,不从望之等。恭、显又时倾仄见诎。望之以为中书政本,宜以贤明之选,自武帝游宴后庭,故用宦者,非国旧制,又违古不近刑人之义,白欲更置士人,繇是大与高、恭、显忤。"同书《盖宽饶传》亦记:"是时上(宣帝)方用刑法,信任中尚书宦官。宽饶奏封事曰:'方今

---

① 关于汉宣帝着意效法武帝一点,又如《汉书·礼乐志》:"修武帝故事,盛车服,敬齐祠之礼,颇作诗歌。"同书《何武传》:"是时,宣帝循武帝故事,求通达茂异士。"

圣道寝废,儒术不行,以刑余为周、召,以法律为《诗》《书》。'"弘恭、石显所占据的"中书",职掌同于尚书,掌文书、通章奏,以士人任则曰尚书,以宦者任则曰中书。全国文书依制得经尚书上奏。据《汉书·霍光传》,霍光死后其侄孙霍山领尚书事,宣帝为抑其势力,"令吏民得奏封事,不关尚书",同时提高中书权力,凡封事至宫门,"辄下中书令出取之,不关尚书"。中书遂成中枢机要,故萧望之称之为"政本"。《汉书·佞幸石显传》:"石显……宣帝时任中书官,恭明习法令故事,善为请奏,能称其职。恭为令,显为仆射。"祝总斌先生指出:"'善为请奏'就不仅是传递文书,主要当指根据法令故事,对所传递奏上文书同时提出处理建议,颇中宣帝之意。这样一来,中书便从具体事务上转为从政治上发挥作用","到元帝时中书权力进一步扩大。……宠任中书令石显,'事无小大,因显白决',用京房的话说便是'与图事帏幄之中,进退天下之士'。这样更使中书在西汉一个时期的政治舞台上扮演了举足轻重的角色,权力扩展到了顶峰"。① 后来尚书权力实际也落入其手。《汉书·楚元王传》:"显干尚书事,尚书五人,皆其党也。"中书权力的扩张,压抑霍氏固然是直接的原因,但是霍氏翦灭之后这一机构的权力依旧在扶摇直上,就只能用当时任中书之职者"明习法令故事"来解释了——这一点与宣帝"霸王道杂之"的方针一拍即合。扬雄《法言·先知》:"或问曰:'载使子草律?'曰:'吾不如弘恭。'"也是说弘恭以法律见长,故盖宽饶有"以刑余为周、召,以法律为《诗》《书》"之抨击。对"刑余"的这个抨击可能还包括外戚许嘉;宣帝深所倚仗的外戚许、史,政治态度与弘、石相近。②

　　当朝廷之臣日益浸润于儒术之时,不是依靠其贤德、而是以依附于

---

① 祝总斌:《两汉魏晋南北朝宰相制度研究》,中国社会科学出版社,1990年,第324页。

② 按,王应麟指出盖宽饶所攻击者不止是弘恭、石显:"宣帝以刑余为周召,非特宏、石也,平恩侯亦刑余。"《困学纪闻》卷十二,"刑余为周召",商务印书馆,1935年,下册,第1028页。"平恩侯"即宣帝许皇后父许嘉,曾受宫刑。这位许嘉,也是谨守故事、抵制"改制"的。成帝时匡衡等议改郊庙,许嘉时为大司马车骑将军,"以为所从来久远,宜如故"。作为外戚而站在弘、石一方的,还有宣帝外家乐陵侯史高,见《汉书·萧望之传》所记弘恭、石显"亦与车骑将军高相为表里,议论常独持故事"。

皇权来谋取权势财富的内廷宦官与皇亲权贵，在此时就成了"霸道"的辅弼。而且，这一矛盾一直持续到元帝之时。此时领尚书事的是名儒萧望之、周堪，他们和一批士人与石显等发生了激烈冲突。而其结果，据《汉书·佞幸石显传》是"望之自杀，（周）堪、（刘）更生废锢，不得复进用。……后太中大夫张猛、魏郡太守京房、御史中丞陈咸、待诏贾捐之皆尝奏封事，或召见，言显短。显求索其罪，房、捐之弃市，猛自杀于公车，咸抵罪，髡为城旦。及郑令苏建得显私书奏之，后以它事论死。自是公卿以下畏显，重足一迹"。又《盖宽饶传》记盖宽饶在宣帝时数以儒术上疏谏争，王生劝其"方今用事之人皆明习法令，言足以饰君之辞，文足以成君之过"，后盖宽饶果然"以言事不当意而为文吏所诋挫"，"引佩刀自刭北阙下"。《石显传》说石显"恐天下学士姗己，病之"，正反映了这批以"明习文法"见长的宦官，与"天下学士"的形同水火。

　　《汉书·王吉传》说宣帝"颇修孝武故事"，这并不是泛泛之语。汉武帝的帝国扩张政策和"法治"方面，与文、景之时的"与民休息"，在社会效果上颇为不同，而宣帝在相当程度上继承了武帝的"杂霸"政治路线，于是，"文、景之政"和"武、宣之政"，就经常被视为是两个极端。这在汉代政治论争中构成了一个极有特色的现象。《汉书·杜延年传》："见国家承武帝奢侈师旅之后，数为大将军光言：'年岁比不登，流民未尽还，宜修孝文时政，示以俭约宽和，顺天心，说民意，年岁宜应。'光纳其言，举贤良，议罢酒榷、盐铁。"昭帝时之政治转变，明以"修孝文时政"为宗旨。在盐铁会议上文学就曾公然抬高文帝、贬低武帝："昔文帝之时，无盐铁之利而民富，今有之而百姓困乏"，"当公孙弘之时，人主方设谋垂意于四夷，故权谲之谋进，荆楚之士用。……其欲据仁义以道事君者寡，偷合取容者众。"而桑弘羊则贬低孝文："文帝之时，纵民得铸钱、冶铁、煮盐，吴王擅障海泽，邓通专西山，山东奸滑咸聚吴国，秦、雍、汉、蜀因邓氏，吴、邓钱布天下，故有铸钱之禁。禁御之法立，而奸伪息。"① 其实汉文帝术兼黄老刑名，汉武帝反倒有独尊儒术之举。

① 分见《盐铁论·非鞅》《刺复》《错币》。

但是儒生也不尽是缪攀知己，因为就政治效果而言，文帝的"与民休息"更近于儒生政治主张，又事近可征，遂被儒者引以对抗尚法倾向了。

如王利器所言："从此以后，一般对于汉文帝与汉武帝，或者说文、景与武、宣，都认为是判若两途的。"①《汉书·贾捐之传》记其于元帝时上言："至孝文皇帝，闵中国未安，偃武行文……至孝武皇帝……寇贼并起，军旅数发……"同书《贡禹传》记贡禹于元帝时上书，力陈"孝文皇帝时"之"海内大化"，而于武帝则言："武帝始临天下……俗之败坏，乃至于是！"请求"陛下诚深念高祖之苦，醇法太宗（即文帝）之治"。这一态度甚至影响到了东汉。班固于《汉书·景帝纪·赞》说"周云成、康，汉言文、景，美矣！"而于《武帝纪·赞》则云："如武帝之雄材大略，不改文、景之恭俭，以济斯民，虽《诗》《书》所称，何有加焉！"不无微辞。荀悦《前汉纪》卷二三："孝武皇帝奢侈无限，穷兵极武，百姓空竭，万民疲弊，当此之时，天下骚动，海内无聊，而孝文之业衰矣！"又《后汉书·儒林孔僖传》记崔骃语："昔孝武皇帝始为天子，年方十八，崇信圣道，师则先王，五六年间，号胜文、景。及后恣己，忘其前之为善。"

本始二年四月，宣帝诏有司议武帝庙乐，儒生夏侯胜公开攻击"武帝虽有攘四夷、广土斥境之功，然……亡德泽于民，不宜为立庙乐"。②这当然不合欲"修孝武故事"的宣帝之意。"六月庚午，尊孝武庙为世宗庙，奏《盛德》《文始》《五行》之舞，天子世世献。"③应劭注："宣帝复采《昭德》之舞为《盛德》舞，以尊世宗庙也。"宣帝特尊孝武，一方面是为了强调自身的正统，但同时也就继承了其政治精神。甚至当汉末哀帝企图伸张君权之时，他仍是以武帝和宣帝为榜样的，《汉书·哀帝纪·赞》所谓"欲强主威，以则武、宣"。《纪》云哀帝"长好文辞法律"，这正与淮阳宪王刘钦相类。哀帝即位不久就任命了一度罪免家居的朱博。《汉书·朱博传》："哀帝即位，以博名臣，召见，起家复为光禄大

---

① 王利器：《盐铁论校注》，《前言》，第 16 页。

② 《汉书·夏侯胜传》。

③ 《汉书·宣帝纪》。

夫,迁为京兆尹,数月超为大司空。"而这位朱博,"尤不爱诸生,所至郡辄罢去议曹,曰:'岂可复置谋曹邪!'文学儒吏时有奏记称说云云,博见谓曰:'如太守汉吏,奉三尺律令以从事耳,亡奈生所言圣人道何也!且持此道归,尧舜君出,为陈说之。'"朱博着意反对何武等人的复古改制主张;他为丞相时,儒生扬雄、李寻等曾以"天变"为名要求将之罢免。① 李寻在哀帝时曾上言请令不通一艺者"宜皆使就南亩"②,与朱博的立场正成泾渭。《汉书·何武传》记何武"然疾朋党,问文吏必于儒者,问儒者必于文吏,以相参验"。这已经是在成、哀之世了,但是文吏与儒生的区别,依然构成了朋党的分野,体现着不同政治倾向的冲突。傅乐成考察了西汉一朝的儒法对立,他指出直到成帝以后,朝廷上依然存在着两个冲突的派别。其一是"儒生派",此时他们已日益占据了主导;另一个可名为"现实派",其代表者如陈咸、陈汤、萧育、朱博、朱云、王章、孙闳、逄信等,"他们均极能干,思想属于法家一类","他们多半是极好的吏材,敢作敢为,成帝一代的吏治,颇赖此辈维持"。③

事实上自宣、元以来,儒术影响的蒸蒸日上已经成为不可逆转的趋势;但是即使如此,宣帝"霸王道杂之"的宣称,依然意味着帝国之政治文化模式之仍未最终定型。因为最高统治者仍公然申明"王道"并不是至高无上的,参用"霸道"具有正当性,儒术的地位因而就仍是不稳定的。所以,此期的君主之注重法制、亲信宦官,就与后世君主之类似行为具有了不尽相同的意义,尚不能完全等量齐观。代表"霸道"者和代表"王道"者双方政治主张差距之大,显现了政治走向之更大的不确定性。一方面,是诸如上引朱博"奉三尺律令以从事耳"的鲜明立场;另一方面,西汉"言圣人道"的儒者的政治态度和政治要求,又显示了一种特别的既宏大、又迂阔的气象。西汉儒生们高悬了一个往古太平盛世以绳"汉政",并把其政治文化理想贯注于其中;相对于这个太平

---

① 《汉书·五行志》中之下。

② 《汉书·李寻传》。

③ 傅乐成:《西汉的几个政治集团》,"六、外戚政治下的儒生派和现实派",《汉唐史论集》,台北:联经出版事业公司,1987年。

极境，"汉政"就充分地显露了它的不完美。因此他们不但连代表了西汉帝国事业顶峰的武帝与宣帝，都常常敢于报以否定态度，甚至在对"汉政"的整体评价上都颇作保留。《论衡·宣汉》："儒者称三王、五帝致天下太平，汉兴已来，未有太平。彼谓五帝、三王致太平、汉未有太平者，见五帝、三王圣人也，圣人之德，能致太平；谓汉不太平者，汉无圣帝也。"

英国学者鲁惟一认为，西汉历史可以从如下两种立场的对立中得到理解，它们分别是所谓的"现世派"（modernist）和"革新派"（reformist）。现世派的政治家们致力于现世的问题，其传统来源于秦，制定了帝国政策，努力控制和利用人力、物力使国家富强，强调君权的至高无上和官吏的守职行令；而革新派则回溯于周代道德传统，崇拜天并相信灾异，反对对民众的过度控制，欲代之以皇帝的道德表率，以君主为利民之工具。他的有些论断，如现世派偏重于今文家、偏重于《公羊》，而革新派偏重于古文家、偏重于《谷梁》，这是可以商榷的。① 然而西汉政治中立足现世和主张变革复古的纷争，却无疑是一条重要的线索。特别是在元帝以后，对一种更纯正的"王道"的追求，鼓动着日盛一日要求"改制""变法"的政治浪潮，这最终就导致了王莽"新政"之出场。对之的进一步讨论，就要转入下一节的叙述了。

第二节　汉儒的"奉天法古"

如前所述，西汉政治精神是所谓"霸王道杂之"，汉人以武、宣之政为其代表。它已经改变了秦政的纯任"霸道"，在意识形态上尊崇儒术，但也并没有纯任"周政"或"王道"。汉政是刚刚从秦政过渡而来的，它尚未定型化，依然具有很大的不确定性。王莽新朝之复古改制，

---

① Michael Loewe: *Crisis and Conflict in Han China*, London, 1974, "Preface". 按，在《剑桥中国秦汉史》一书的中译本（杨品泉等译，中国社会科学出版社，1992 年）中，鲁惟一使用的 modernist 和 reformist 二词分别被译为"时新派"和"改造派"，似未能尽达本意；尤其是"时新派"一词，易致误解。

就是这种不确定性所导致的政治文化模式的大幅度动荡摇摆。

对于王莽,传统的评论几乎众口一词,将之视为一个罪大恶极的篡逆之徒;今之学者的看法,就聚讼纷纭了。今人讨论的焦点,大多集中于其经济财政政策的实施动机和客观效果之上。① 本书则由于论题不同而视角也有所不同。还是在古代,就已有人把王莽之"新政"与秦帝国之"秦政"视为两极而加以对比了,这是一个非常有趣的看法。东汉初年的史学家班固说:

> 王莽始起外戚,折节力行,以要名誉,宗族称孝,师友归仁。及其居位辅政,成、哀之际,勤劳国家,直道而行,动见称述。……昔秦燔《诗》《书》以立私议,莽诵《六艺》以文奸言,同归殊涂,俱用灭亡。②

尽管《传》文对王莽持贬斥态度,然而也不能不承认,他至少在表面上是服膺儒术的,并且这与秦统治者的作为恰成对比。又南朝史学家沈约论曰:

> 夫有国有家者,礼仪之用尚矣。然而历代损益,每有不同,非务相改,随时之宜故也。……岂三代之典不存哉?取其应时之变而已。……由此言之,任己而不师古,秦氏以之致亡;师古而不适用,王莽所以身灭。③

这里把"秦氏"与"王莽"也视之为两个极端,并且进一步从"礼仪之用"的角度来观察他们的灭亡。说秦"不师古"就是说它全不用礼义,而王莽的灭亡则是"师古而不适用",就是说其灭亡也与"礼仪之用"相关,这便提示了一个极有意义的线索。

这些评论发自王莽覆灭之后。而值王莽当政、其变法事业如日中

---

① 可参看巴新生:《王莽与王莽改制研究述评》,《中国历史研究专题评述》,黑龙江人民出版社,1990 年。

② 《汉书·王莽传》。

③ 《宋书·礼志一》。

天之时,扬雄之名文《剧秦美新》却有如下之阐说:

> 秦……盛从鞅、仪、韦、斯之邪政……划灭古文,刮语烧书,弛礼崩乐,涂民耳目,遂欲流唐漂虞,涤殷荡周,燃除仲尼之篇籍,自勒功业①,改制度轨量,咸稽之于《秦纪》。是以耆儒硕老,抱其书而远逊;礼官博士,卷其舌而不谈。……

> 会汉祖龙腾丰、沛……拯秦政惨酷尤烦者,应时而蠲。如儒林刑辟历纪图典之用稍增焉;秦余制度、项氏爵号,虽违古而犹袭之。是以帝典阙而不补,王纲弛而未张。道极数殚,阒乎不还。

> 逮自大新受命……是以发秘府,览书林,遥集乎文雅之囿,翱翔乎礼乐之场,胤殷周之失业,绍唐虞之绝风。……帝典阙者已补,王纲弛者已张,炳炳麟麟,岂不懿哉!

扬雄此文因为赞美了逆贼王莽而为后人所不齿,但是《文选》并未以此为瑕而弃之不取,毕竟它为我们了解其时之社会思想动态,留下了可贵的史料。② 扬雄在这里清晰地区分了三种政治形态:秦政、汉政以及王莽新政。秦政是完全蔑弃了"帝典""王纲"的,王莽新政则是"帝典""王纲"发扬光大之至境;最引人注目的又在于,他在此认定汉政"帝典

---

① "燃"原作"爇",李善注:"爇,古然字。"五臣注:"爇,烧也。"此处径代之"燃"字,以便阅读。又"功业",中华书局 1987 年影印本《六臣注文选》作"公业",注曰:"五臣本作功字。"见其下册,第 912 页;李善本作"功业",见中华书局 1977 年影印本《文选》(李善注本),下册,第 679 页。

② 班史称扬雄"恬于势利",然其事莽、颂莽一事,后世依然聚讼纷纭。朱熹《通鉴纲目》"莽大夫扬雄死"是一种评价,而为之回护者亦不乏人。《法言·孝至》:"周公以来,未有汉公之懿也,勤劳则过于阿衡。"此赞莽之语,或认定是"箴规之深切者","明其不可取而取之,则子云之罪莽亦大矣!"见汪荣宝《法言义疏》二十所引。至于《剧秦美新》,陈福滨云其"但剧秦之惨酷,而美诸新,待新犹秦,名美实恶之耳"。见其《扬雄》,台北:东大图书公司,1993 年,第 185 页。洪迈《容斋随笔》卷十三已有此见:"夫诵述新莽之德,止能美于暴秦,其深意固可知矣。序所言'配五帝,冠三王,开辟以来未之闻',直以戏莽尔。"(吉林文史出版社,1994 年,第 131 页)对扬雄当时之复杂处境及心态姑置不论,但我们以为,扬雄用以颂莽之辞,应是含有当时士人之所以视莽者及莽之所自负而乐闻者,由此遂可以窥见其时社会思潮的许多方面。

阙而不补,王纲弛而未张",是个并不完美而有待完善的阶段。如前所述,对代表了帝国事业顶峰的汉武帝,儒生们常常加之微辞,将此与扬雄之论结合起来加以观察,就是非常有意思的了。班固、沈约之以秦政、新政为两极,也包含着别有所取的意思;但他们对这第三种政治形态的态度,可想而知将与扬雄大为不同。

我们曾经引述了吕思勉的这一看法:"中国之文化,有一大转变,在乎两汉之间。自西汉以前,言治者多对社会政治,竭力攻击。东汉以后,此等议论,渐不复闻。"又蒙文通亦云:"西汉之儒家为直承晚周之绪……东京之学不为放言高论,谨固之风起而恢宏之致衰,士趋于笃行而减于精思理想。"①他们认为西汉儒者之风貌与主张不尽同后世,这确是一种发人深思的体察。又许倬云指出西汉儒生"确实的以为他们可以用知识的力量改变政治的权力","中国过去的历史上,只有西汉有这种以自然法则的信仰向政权直接挑战的个例"②。也是揭示了此期思想具有特殊性。

西汉儒生在兴复"礼治"时的思想路线,不妨用汉儒大师董仲舒之"奉天法古"来概括。《春秋繁露·楚庄王》:"《春秋》之道,奉天而法古。"董氏所树"奉天""法天""事天""畏天""知天""天命""天帝""天、君、人"诸义③,其"天"已非自然之天,而是能够奖善罚恶的神性之天,由此汉代儒术便日趋神道化了。"法古"则是以三代"礼治"为法,这不仅包含了儒家所阐发的三代政治精神,也特别意味着要直接地取法于其所传承的古籍和古礼。这些倾向的高涨,深刻地影响于汉廷政治,最终就导致了王莽补"帝典"、张"王纲"的改革。

汉儒对于"礼运"有一个基本估计。《汉书·五行志上》记董仲舒语曰:"昔秦受亡周之敝,而亡以化之;汉受亡秦之敝,又亡以化之。夫继二敝之后,承其下流,兼受其猥,难治甚矣!"同书《礼乐志》辑录了贾

①　蒙文通:《论经学三篇》,《中国文化》第四期,三联书店,1991 年 8 月。

②　许倬云:《秦汉知识分子》,《中央研究院国际汉学会议论文集》,历史考古组,中册,1981 年,第 953 页。

③　参用康有为的分类摘辑,见《春秋董氏学》,中华书局,1990 年。

谊、董仲舒、王吉、刘向四位大儒对汉朝与"礼运"的有关言论。贾谊云:"汉承秦之败俗,废礼义,捐廉耻,今其甚者杀父兄,盗者取庙器,而大臣特以簿书不报期会为故,至于风俗流溢,恬而不怪。"刘向言:"夫承千岁之衰周,继暴秦之余敝,民渐渍恶俗,贪饕险诐,不闲义理,不示以大化,而独驱以刑罚,终已不改。"他们之非议文史,特别地在于他们不能崇隆礼义。王吉所谓"今俗吏所以牧民者,非有礼义科指可世世通行者也"。由此他们就发出"复礼"的强烈呼吁。王吉力请"延及儒生,述旧礼,明王制";刘向要求"宜兴辟雍,设庠序,陈礼乐,隆雅颂之声,盛揖让之容"。可以相信,"复礼"是汉儒的中心政治要求之一。他们要力振那衰微千年的"礼运",以复古改制为其当仁不让之责。

扬雄对"汉政"所做出的"帝典阙而不补,王纲弛而未张"的评价,并非泛泛之语。进一步的考察可以显示,围绕这一点所发生的纷争,曾是西汉政治文化史上的重要线索之一。"帝典""王纲"皆有具体所指。《汉书·礼乐志》:"汉兴,拨乱反正,日不暇给,犹命叔孙通制礼仪,以正君臣之位。高祖说而叹曰:'吾乃今日知为天子之贵也!'以通为奉常,遂定仪法,未尽备而通终。"但是叔孙通所定之礼仪,不仅是"未尽备",主要限于"朝仪",而且并非尽依儒家所传承的古礼,多袭秦之故。《史记·礼书》:"至秦有天下,悉内六国礼仪,采择其善,虽不合圣制,其尊君抑臣,朝廷济济,依古以来。至于高祖光有四海,叔孙通颇有所增益减损,大抵皆袭秦故。自天子称号,下至佐僚及宫室官名,少所变改。"《汉书·礼乐志》:"高祖时,叔孙通因秦乐人制宗庙乐。"这与扬雄"秦余制度、项氏爵号,虽违古而犹袭之"之语,遥相呼应。沈文倬认为叔孙通"定汉仪不过利用现成的秦制、结合当时需要来增删,与齐、鲁所传古礼没有任何因袭关系"。① 故刘向称"初,叔孙通将制定礼仪,见非于齐鲁之士",这大概就是指"鲁两生""公所为不合古"之斥责。秦仪是以"尊君抑臣"为宗旨的,而叔孙通之制礼,也是首先迎合了汉高

---

① 沈文倬:《从汉初今文经的形成说到两汉今文〈礼〉的传授》,《纪念顾颉刚学术论文集》,巴蜀书社,1990 年,上册,第 100 页。

祖"正君臣之位"的需要。① 宋人徐天麟称："叔孙通所起朝仪,谓之秦仪杂就,往往犹祖其尊君卑臣之陋习。"②朱熹更将之与儒家古礼比较："叔孙通制汉仪,一时上下肃然震恐,无敢喧哗,时以为善。然不过尊君卑臣,如秦人之意而已,都无三代燕飨底意思了。"③《汉书·礼乐志》:"今叔孙通所撰礼仪,与律令同录,臧于理官,法家又复不传,汉典寝而不著,民臣莫有言者。"依班固所述,对于此礼理官律家("法家")本有传承之责(或谓此汉仪即是"傍章",在当时它有律令的性质),但他们搁置不传;之所以"民臣莫有言者",大约也出于儒生学士对之的保留态度。《汉书·郊祀志·赞》:"汉兴之初,庶事草创,唯一叔孙生略定朝廷之仪。若乃正朔、服色、郊望之事,数世犹未章焉。"可见叔孙通制礼一事,远未满足西汉儒生的"复礼"要求。

汉文帝的时候,贾谊遂发异议,规划了一个"悉更秦之法"的"复礼"蓝图。《史记·贾生列传》:"贾生以为汉兴至孝文二十余年,天下和洽,而固当改正朔,易服色,法制度,定官名,兴礼乐,乃悉草具其事仪法,色尚黄,数用五,为官名,悉更秦之法。"叔孙通制礼"大抵皆袭秦故",而贾谊则已要"悉更秦之法"了。此议因孝文帝之"谦让未遑"以及"绛、灌、东阳侯、冯敬之属尽害之",而未能实现。又据《史记·封禅书》等,约文帝十二年或十四年,鲁人公孙臣上书,以为秦得水德而汉当土德,再次提出了"改正朔,易服色,色尚黄"的呼吁,然而"是时丞相张苍好律历,以为汉乃水德之始,故河决金堤,其符也。年始冬十月,色外黑内赤,与德相应,如公孙臣言,非也。罢之"。

对于"五德"说对汉代政治的影响,顾颉刚之《五德终始说下的政

---

① 《史记·叔孙通列传》叔孙通曰:"臣愿征鲁诸生,与臣弟子共起朝仪",知其所定之礼主要限于"朝仪",下文即记载了汉七年十月行其朝仪之事。叔孙通先称"臣愿颇采古礼与秦仪杂就之","秦仪"是其制礼的主要参考之一。其时刘邦先谓"可试为之,令易知,度吾所能行为之";后称"吾能为此","吾乃今日知为皇帝之贵也"。这套礼制满足了尊君的要求。直到东汉,仍有人贬低其所制之礼。《后汉书·曹褒传》:"此制散略,多不合经。"

② 徐天麟:《东汉会要》,上海古籍出版社,1978年,第31页。

③ 《朱子语类》卷一三五,中华书局,1986年,第八册,第3222—3223页。

治和历史》一文①和《秦汉的方士和儒生》一书②有深入的论说。秦用水德一事学人或有怀疑者。③ 但是《史记》对秦用水德之记载颇为详细，似不能尽指为凿空作伪。"五德"说发自邹衍，秦统一前后，齐人奏上其说而始皇用之。又约成于秦始皇八年的《吕氏春秋》之中，不仅有五德运转之说，其《应同》篇还有"代火者必将水""水气盛，故其色尚黑"之言。

依"五德"说，不同的"德"各与一整套礼法仪制相关。汉用水德，实是"汉承秦制"的一个重要象征。《史记·封禅书》说刘邦入关中，"乃立黑帝祠，命曰北畤。……悉召故秦祝官，复置太祝、太宰，如其故仪礼"。同书《历书》："汉兴，高祖曰'北畤待我而起'，亦自以为获水德之瑞。虽明习历及张苍等，咸以为然。是时天下初定，方纲纪大基，高后女主，皆未遑，故袭秦正朔服色。"丞相张苍昔为秦之御史，明习天下图书计籍，又善用算律历，在法度的承秦启汉上他是关键人物之一。史称"汉为水德"的说法张苍亦"以为然"，其实此说说不定本是先由张苍提出而后高祖加以采纳的，所以在文帝时他着意维护水德。"袭秦正朔服色"与用水德是密切相关的。叔孙通所制之礼本有服制内容，《天子所服第八》中犹见其事。④ 而叔孙通本来也是秦之博士。他们主张水德和从秦正朔服色，是颇易理解的。汉用水德，则秦不得为水德，

① 见《古史辨》第五册，朴社，1936 年。

② 群联出版社，1955 年。

③ 见崔瑞德、鲁惟一编：《剑桥中国秦汉史》，杨品泉等译，中国社会科学出版社，1992 年，第一章，附录二《〈史记〉中的窜改增添部分》，"前 221 年水德的采用"条的有关引述，第114—115 页。

④ 《汉书·魏相传》："高皇帝所述书《天子所服第八》曰：'大谒者臣章受诏长乐宫，曰：令群臣议天子所服，以安治天下。'"参与其议的有萧何、周昌、王陵、叔孙通等。时叔孙通为太子太傅。据《史记·叔孙通列传》，他于汉高祖七年完成了最初的制礼工作，被拜为太常；九年，为太子太傅。叔孙通之制定汉仪一直为人称述，这次议定服制，他大概仍是中心人物。又，叔孙通所制之朝仪在汉七年的第一次实施，《史记》记为"诸侯群臣皆朝十月"，是其朝仪仍以十月为岁首，仍秦之故制。

这就否定了那个刚刚被取代而为人厌恶的秦王朝的正统资格①；而在另一方面，庶事草创、有意休养生息的汉室，在政策上"清静无为"而在体制上"因循"于秦，那么，在仪节上袭秦之故而不别为纷纭更张，就也是"易行"而可取的。②

但是另一些人就未必作如是观了，因为水德是尚法的象征。《史记·秦始皇本纪》："方今水德之始……刚毅戾深，事皆决于法，刻削毋仁恩和义，然后合五德之数。于是急法，久者不赦。"同书《封禅书》亦云："于是秦更命河曰'德水'，以冬十月为年首，色上黑，度以六为名，音上大吕，事统上法。"《汉书》同语颜师古注引服虔："政尚法令也。"臣瓒曰："水阴，阴主刑杀，故上法。"司马迁对"水德尚法"做着意记述，那么当时儒生对汉用水德耿耿于怀，是可以想见的。儒生主张汉当土德，转而承认了秦也居一"德"，但其深意却是要改弦更张、以土克水，从根本上变更"秦余制度"，"悉更秦之法"。对于西汉围绕"五德"说的纷争，不能仅仅理解为儒生为汉廷（以及后来的王莽）之合法性做宗教论

① 对汉初用水德事，顾颉刚云："这件事可以做两种解释：其一，是承认秦为水德，也承认汉为水德，两代的水德不妨并存。其二，承认汉为水德，但以为汉是直接继周的，不承认秦占有五德之运，其理由是秦的年代太短。这两种解释不知道他们用的是哪一种。看高祖的'亦自以为获水德之瑞'的'亦'字，似乎他用的是第一种。"《五德终始说下的政治和历史》，第 413 页。案，假如《史记》说的是"自以为亦获水德之瑞"，那么顾氏的说法可取；但"亦"在"自以为"之前，其第二个推测就有较大可能：汉廷似乎不会甘于与那个刚刚被推翻的"暴秦"同居水德。

② 《史记·张丞相列传》："太史公曰：张苍文学律历，为汉名相，而绌贾生、公孙臣等言正朔服色事而不遵，明用秦之颛顼历，何哉？"颛顼历的测定年代在公元前 360 年左右，是当时世界上最精确的历法之一，它以十月为岁首，秦国至少在秦昭王时已经使用了这种历法。参见杨宽：《战国史》，上海人民出版社，1980 年，第 450—451 页。张苍主水德，与其"明用秦之颛顼历"以及袭秦正朔服色，应是相关的。《汉书·律历志》："汉兴，方纲纪大基，庶事草创，袭秦正朔，以北平侯张苍言，用颛顼历。比于六历，疏阔中最为微近；然正朔服色未睹其真，而朔晦月见，弦望满亏多非是。"颛顼历至汉武帝时已积累了较大误差，有改历的需要，但是这个技术需要与"五德""三统"的问题纠缠在一起了。苏舆云："太史公于《张丞相传·赞》，咎其绌贾谊、公孙臣等言正朔服色事而不遵、明用秦颛顼历，盖不以汉尚黑统为然也。"《春秋繁露义证》，中华书局，1992 年，第 188 页。

证，而是还有更为深刻的原因；这一纷争，与"礼治"和"法治"之间的长久矛盾冲突，与从秦政到汉政（以及后来的王莽"新政"）的政治文化斗争，原是息息相关的。

文帝十五年黄龙见于成纪，文帝遂用公孙臣申明土德事，与诸生草改历服色事，又用赵人新垣平之说立渭阳五帝庙，更元年①，使博士诸生刺《六经》作《王制》，谋议巡狩、封禅事。但是后来新垣平为诈事败，文帝遂怠于改正朔服色事。然而到了汉武帝时，遂如《史记·封禅书》所记，"汉兴已六十余岁矣，天下艾安，缙绅之属，皆望天子封禅、改正度也。而上乡儒术，招贤良，赵绾、王臧等以文学为公卿，欲议古立明堂城南，以朝诸侯，草巡狩、封禅、改历、服色事"。这虽因窦太后之阻格一度搁浅，崇儒复礼的浪潮高涨，却终于迎来了一系列的改制之事。《汉书·武帝纪》："太初元年……夏五月，正历，以正月为岁首，色上黄，数用五，定官名，协音律。"又《史记·封禅书》："夏，汉改历，以正月为岁首，而色上黄，官名更印章以五字，为太初元年。""太初"这个年号本身就具有不平凡的意义。由"太初改制"，汉廷终于正式认定了其为土德，并以此确定服色诸制；正朔则另采"三统"说。"三统"说董仲舒《春秋繁露·三代改制质文》述之甚详，它是索性把秦摈之于"三统"之外的。

汉武帝太初改制的制礼作乐，固然是来自儒生方面的推动；可是这并没有就终止了汉儒的"复礼""法古"的要求。这不仅因为汉武帝实行帝国扩张政策，其兴礼之举在相当程度上也是出于好大喜功、追求虚荣华饰；进一步说，即使就礼制而论，武帝之所为，实际上仍没有满足儒生的期望与要求。例如武帝多次行封禅，但据《史记·封禅书》，这封禅礼初使儒生议定，而儒生斤斤于《尚书》《周官》《王制》，"牵拘于《诗》《书》、古文而不能骋"，武帝遂"尽罢诸儒不用"，而用方士言，另成一种杂以方术、"不与古同"的封禅礼。其事与秦始皇封禅，初用儒生而后绌之，多采雍畤祀上帝之仪为用类似。又如明堂之制。武帝封泰山时所建汶上明堂，取方士公玉带之说，徐复观谓"这是方士一支所

---

① 文帝更元年源于新垣平，用顾颉刚说。参见其《五德终始说下的政治和历史》。

胡乱凑出来的"①。又如祭祀之制,汉高祖入关后因秦朝雍之四時而立北時,主管者及其仪礼皆如秦旧,秦之陈宝祠等祭祀多被承袭。文帝之郊祀上帝即在雍五時,其所立渭阳五帝庙之祠礼,亦如雍五時。至汉武帝时,又增加了甘泉太一、汾阴后土等一大批祠祀之所。但在儒生看来,这多不合古礼。史迁于《封禅书》详记其事,而云"今天子初即位,尤敬鬼神之祀","余从巡祭天地诸神名山川而封禅焉,入寿宫侍祠神语,究观方士祠官之意,于是退而论次自古以来用事于鬼神者,具见其表里。后有君子,得以览焉。若至俎豆圭币之详,献酬之礼,则有司存"。字里行间的微辞,明明可见。

又如乐歌。《汉书·礼乐志》言汉初有《武德》《文始》《五行》《四时》等庙乐,"大氐皆因秦旧事焉","至武帝定郊祀之礼……乃立乐府,采诗夜诵,有赵、代、秦、楚之讴","是时,河间献王有雅材,亦以为治道非礼乐不成,因献所集雅乐。天子下大乐官,常存肄之,岁时以备数,然不常御,常御及郊庙皆非雅乐"。儒家之雅乐甚至在郊庙上也没有占据一席之地,更不用说取代愉悦耳目之乐了。

又如官制。贾谊曾为改制拟定了新的官名,其详已难考知,但颇有可能是稽之经典而不同于时制的。② 汉初至汉武帝不只一次地改动官名,然以武帝之太初改制最具意识形态意义。大庭脩说:"出现了与过去的官名完全不同的名称,官名使用了新的文字。这肯定是为了使当

---

① 徐复观认为汉初言明堂有儒生、道家和方士三支,见其《两汉思想史》卷二,《明堂的问题》,台北:学生书局,1979 年,第 22—31 页。

② 按贾谊《新书·辅佐》构拟了大相、大拂、大辅、道行、调诤(本或作调讯)、典方、奉常、桃师等组成的官职体系,似乎可供推测本传所言贾谊"为官名"时的思路。徐复观论曰:"贾谊所提出的官名,除了'大相'与汉代所承袭秦制中的相国约略相似,奉常则完全相同外,其他官名则完全不同。以意推之,他整理了先秦诸子百家中理想性的官制,或提出自己对官制的要求,构建一种新的政治构造,所以他所用的官制与时制完全不同,以表示与当时的政治构造,是完全不同的性格和内容。因汉所承的秦制,大部分是用来表现并维护皇帝的绝对身份,而非出自客观政治治理上的需要。贾谊为了突出自己的政治理想,所以把当时的官制摒弃而不用,其中实含有对当时政治结构加以贬斥的意味。"见其《两汉思想史》卷二,第 135 页。

时的人们对这次官名改称有一个极其崭新的印象。……这一年改称的思想背景是很大的。这就是明确地把重新受命与受命改制的思想联系起来。……使用了与先秦以来的官名有本质差别的名称。"[1]直到哀帝之时，刘歆仍把"殊官号"作为武帝的业绩之一。[2] 据《汉书·百官公卿表》，这次的官名改动之可考者，有祠祀令为庙祀令、郎中令为光禄勋、中大夫为光禄大夫、家马令为桐马令、行人为大行、典客为大鸿胪、治粟内史为大司农、考宫室令为考工令、左弋令为佽飞令、居室令为保宫令、甘泉居室令为昆台令、永巷令为掖庭令、中尉为执金吾、东园主章令为木工令、右内史为京兆尹、左内史为左冯翊、都尉为右扶风，等等。然而这种更革，不仅范围仍相当有限，尤其是它们与儒者的向往，例如《王制》《周官》等所记载的那些官称，并无太多的类似之处。大庭脩也提出了疑问："然而，如果以这种思想（指儒家受命改制思想）为基础，那么，为什么会出现光禄勋、执金吾等一类的名称呢？这是一个应该探讨的问题，对此我还未能很快得出结论。"很可能，富于好奇心和想象力的汉武帝，是随心所欲地确定了那些官名的，如同他对待封禅之礼那样，并不斤斤拘泥于古典。[3]

　　方苞亦云："武帝虽好儒术，实不能用。太初所定，不过改正朔、易服色、以文封禅，其宗庙百官之仪袭秦之故，不合圣制。"[4]针对汉政的

---

[1] 大庭脩：《秦汉法制史研究》，林剑鸣等译，上海人民出版社，1991年，第22页。

[2] 见《汉书·韦玄成传》。

[3] 汉武帝所改之官名，史家对光禄勋一名曾有诠释。《汉书》注引如淳曰："胡公曰，勋之言阍也。阍者，古主门官也。光禄主宫门。"章太炎亦主此说："下寻汉世，光禄勋掌宫殿门户。勋者，阍也。……及汉为天子，守门者仍称光禄。"见《章氏丛书》七，《检论》。又执金吾，《汉书》颜师古注："应劭曰，吾者，御也，掌执金革，以御非常。师古曰，金吾，鸟名也，主辟不祥。天子出行，职主先导，以御非常，故执此鸟之象，因以名官。"而俞樾则引崔豹《古今注》以金吾为大棒，"以大棒可御非常，故以吾名之。执金吾者，执此棒也。"见王先谦《汉书补注》"年表"卷七引，中华书局，1983年，上册，第302页。太初改制时官名亦有更革，这固然与儒家改制论者之"定官名"要求直接相关，但是据现有材料所见，这些官名却又没有显示出与儒家礼制的多大关系。这是很有趣的。

[4] 《望溪先生文集》卷二，《书〈史记·礼书·序〉后》，《四部丛刊》本。

"霸王道杂之"，汉儒有一种强烈的矫之以"王道"的意向，而且他们相信"王道"必须寄托于具象的礼制之中；尽管儒生在此也有分歧的说法，或曰应先用先王礼乐以化民，或当下就要制定合于汉家之"德"的汉家礼乐——但这实际也不过是古礼的变体。"三统"与"四法"，董仲舒都为之配备了繁复的礼乐仪文，它们涉及继嗣、婚冠、丧祭、爵禄、郊宫、明堂、服制、器物、乐律等众多方面。而"五德"说，亦如顾颉刚言，"从这一篇三统说的制度里可以推知五德说下的制度亦当为很琐细的，不会像史书里所说的汉武帝改制，数用五，只改了官名的印章为五字"。① 汉武帝的改制并未满足儒生的"复礼"期望，由是此后便继续激荡着"故事"与"古制"之争。

那些"奉三尺律令以从事"者所遵循的是汉王朝的法令制度，即所谓"汉家故事"，其主体包含着自战国变法以来历经数百年不断发展、完善而形成的专制官僚法制，从萧何、张苍到张汤、赵禹等都为之做出了贡献。《汉书·佞幸石显传》说弘恭"明习法令故事，善为请奏，能称其职"，又同书《萧望之传》说弘恭、石显"明习文法"，与史高等"论议常独持故事，不从望之等"。皆强调佐助宣帝用法的弘恭、石显等持守"故事"，这决非班固笔端偶及。同书《贡禹传》记"守经据古，不阿当世"的贡禹于元帝之时进言曰："至孝宣皇帝时，陛下恶有所言，群臣亦随故事，甚可痛也！……皆在大臣循故事之罪也！惟陛下深察古道……独可以圣心参诸天地，揆之往古……"即是以"古道"驳斥"故事"之一例。又《盖宽饶传》记王生劝盖宽饶"惟思当世之务，奉法宣化"，因为"自古之治，三王之术各有制度。今君不务循职而已，乃欲以太古久远之事匡拂天子，数进不用难听之语以摩切左右，非所以扬令名、全寿命者也。方今用事之人皆明习法令，言足以饰君之非，文足以成君之过……"也是说"奉法""循职"与"太古制度"的纷争之难以调和。《传》言"上（宣帝）以其儒者，优容之，然亦不得迁"。"修武帝故事"的宣帝对"古道"兴趣有限。王吉、匡衡都是倡言古道之健者。而《王吉传》："上（宣帝）以其言迂阔，不甚宠异也。"《匡衡传》："（萧）望

---

① 《五德终始说下的政治和历史》，《古史辨》第五册，第 443、445 页。

之奏衡经学精习,说有师道,可观览。宣帝不甚用儒,遣衡归官。"但是时为太子的元帝则"见衡对,私善之"。同《传》:"时上(元帝)好儒术文辞,颇改宣帝之政,言事者多进见,人人自以为得上意。"又《元帝纪·赞》:"少而好儒,及即位,征用儒生,委之以政。"历来的论者,都把宣、元之交,看成是西汉政治史上的又一个分水岭。儒生日益得势,其改制要求也日益高涨。《汉书·匡衡传》记匡衡评述元帝初年之时政:"论议者未丕扬先帝之盛功,争言制度不可用也,务变更之;所更或不可行,而复复之。是以群下更相是非,吏民无所信。"①潜伏的纠葛表面化了,西汉政治陷入又一轮动荡摇摆。

《汉书·韦玄成传·赞》:"司徒掾班彪曰:汉承亡秦绝学之后,祖宗之制因时制宜。自元、成后学者蕃滋,贡禹毁宗庙,匡衡改郊兆,何武定三公,后皆数复,故纷纷不定。"据同书《郊祀志》,贡禹在元帝时就"建言汉家宗庙祭祀多不合古礼"。成帝时匡衡、张谭又启其议,指责雍五畤及武帝之甘泉太一、河东后土之祠"事与古制殊"。其时大司马车骑将军许嘉等八人"以为所从来久远,宜如故",是谨守"故事"的立场;王商、师丹、翟方进等五十人,则主张"复古、循圣制"。结果是导致了长安南北郊制度的实施,并罢雍五畤、陈宝祠,以及638所各种神祠中"不应礼"的475所。但是不久,"众庶多言不当变动祭祀者",成帝又复旧制。于是纷争屡起,改易无常,"三十余年间,天地之祠五徙焉"。钱穆称"此事为循秦制及稽古礼一大争端"。②又,围绕汉室先帝的一百七十余所宗庙和三十余所皇后、太子的寝园,也生发了分歧争

---

① 按,成帝以后匡衡也成了"改制"之与有力者,但此时他的上述奏疏却对"改制"表示了批评:"臣窃恨国家释乐成之业,而虚为此纷纷也。愿陛下详览统业之事,留神于遵制扬功,以定群下之心。"疑此态度与其在元帝时一度畏附石显有关。何焯云:"衡本因史高进,此疏所谓遵制扬功者,盖与高、显等阴为唱和,务坚帝心以率由宣帝故事。"《义门读书记》卷十九,中华书局,1987年,第327页。当是中肯之论。《匡衡传》:"初,元帝时,中书令石显用事,自前相韦玄成及衡皆畏显,不敢失其意。至成帝即位,衡乃与御史大夫共奏显,追条其旧恶,并及党与。"匡衡当机转向,并随即提出了"正南北郊、罢诸淫祀"之议,向"改制派"靠拢,但王尊仍劾奏了此前他阿谀石显之罪。

② 钱穆:《刘向歆父子年谱》,《古史辨》第五册,第130页。

议。据《汉书·韦玄成传》:"至元帝时,贡禹奏言:'古者天子七庙,今孝惠、孝景庙皆亲尽宜毁,及郡国庙不应古礼,宜正定。'"自此直到成帝、哀帝之时,先后参与其议的有韦玄成、郑弘、严彭祖、欧阳地余、尹更始、许嘉、匡衡、孔光、何武、彭宣、满昌、左咸、王舜、刘歆等一大批人,新制旧制又是屡变屡易、纷纭不定。[①]

在官制上也发生了"故事"与"古制"的纠葛。据《汉书·朱博传》,成帝时何武为九卿,主张废除秦汉以来的丞相制而改用古之三公制。此议得到了另一位儒师张禹的支持,成帝遂赐大司马印绶,为置官属,增设大司空,以备三公。但是抵制也就接踵而来了,"议者多以为古今异制,汉自天子之号下至佐史皆不同于古,而独改三公,职事难分明,无益于治乱"。那位曾宣称"奉三尺律令以从事耳"、摧折儒吏的朱博,奏言"帝王之道不必相袭,各繇时务。……故事:选郡国守相高第为中二千石,选中二千石为御史大夫,任职者为丞相,位次有序……"力请"遵奉旧制"。又何武、翟方进以"古选诸侯贤者以为州伯","请罢刺史,更置州牧,以应古制";此时又是这位朱博挺身而出,依据"故事"加以反对,"汉家……部刺史奉使典州……故事:居部九岁举为守相","臣请罢州牧,置刺史如故",奏可改回。[②] 这场改制运动之所波及尚不

① 对此期祭祀制度的改易,除了前注所揭顾颉刚、钱穆之文外,还可参看《秦汉社会文明》第十章,《频繁的祭祀活动》,作者黄留珠,西北大学出版社,1985 年。对毁庙、简祀之议,也有学人从财政耗费角度阐述了其意义。据马大英估计,167 所宗庙,"如果按一年祭二十五次计算,也应该有四千一百七十五次。这项费用也是很可观的","总括而论,西汉宗庙祭祀,又滥又费,这种无谓的消耗,就是统治阶级内部,也觉得未免太无聊,因而有毁庙、停祀或简祀的议论发生"。见其《汉代财政史》,中国财政经济出版社,1983 年,第264—265 页。财政耗费可能也是生发出毁庙等议的原因之一,但在西汉后期的改制运动中,具体政举往往掺杂了意识形态纷争,这一方面也不能忽略。建立新的郊庙制度,也并不是就不要花费,可儒者并未认为这是应该省俭的。

② 何武改三公之议,其目的史家说法不一。如王夫之认为是"冀以分王氏之权",见其《读通鉴论》卷五,中华书局,1975 年,第 122 页。另一些学者则在汉代相权的不断削弱过程中观察这一事件,认为其意图是分割相权。见曾资生:《中国政治制度史》第二册,重庆南方印书馆,1944 年,第 14 页;李俊:《中国宰相制度史》,商务印书馆,1947 年,第 47 页;安作璋:《秦汉官制史稿》,齐鲁书社,1984 年,上册,第 8 页。而祝总斌先生指出,(转下页)

止此,它还涉及了定都、雅乐、辟雍、货币、井田和"存三统"等等一大堆事项。[①]在这个时候,鲁惟一所谓的"革新派"呼声日高一日,而"现世

(接上页)"成帝改制之时并不存在相权威胁君权问题",这一举措的目的是"为了保证统治质量,摆脱统治危机"。见其《两汉魏晋南北朝宰相制度研究》,中国社会科学出版社,1990年,第56—61页。徐复观又以为,何武之意是"在三公名义之下,可以'分职授政',反使丞相与御史大夫能分担到一分职权"。见其《汉代一人专制政治下的官制演变》,《两汉思想史》卷一,学生书局,1980年,第259页。在西汉后期出现了各种政制变动,其原因就包括摆脱统治危机的目的;在此时由于时代思潮的影响,许多变动就具有了浓厚的意识形态色彩。班彪把"定三公"与"毁宗庙""改郊兆"放在一起叙述,并将之与"元、成后学者蕃滋",即儒生势力的扩大联系起来,是汉人已认为它们是同一思潮的产物。何武不仅改定了三公,也改定了州牧之制,"州牧"之名也是源于经典。在西汉后期郊庙、乐制、田制、辟雍等等制度的改动上,何武都是个积极的推动者,如果与此联系起来加以观察,那么何武改三公一事,看来就不是孤立的事件了。《汉书·朱博传》记何武奏言:"古者民朴事约,国之辅佐必得贤圣,然犹则天三光,备三公官,各有分职。今末俗文弊,政事烦多,宰相之材不能及古,而丞相独兼三公之事,所以久废而不治也。"他以为"古制"是可以解决现实问题的。钱穆指出:"何武、翟方进皆治古文,通《左氏》,其学风盖承王、韦而启莽、歆。改易官名以慕古昔,盖亦新政之先声也。"见其《刘向歆父子年谱》,《古史辨》第五册,第151页。其言何武等改官名之举有"慕古昔"之意,甚是。

① 例如郊兆寝庙之议最初始于翼奉,见《汉书·翼奉传》;而为此之改,他索性建言"迁都正本",即把首都迁于成周,"与天下更始":求得一个全新的开始,近乎汉武帝改制时之年号"太初"之意。

又如乐制。据《汉书·礼乐志》,成帝时王禹传河间王所集"雅乐",其弟子宋晔上言之,平当遂主张以之"风示海内",然而"事下公卿,以为久远难分明,当议复寝"。哀帝性不好音,遂罢乐府,使孔光、何武对乐官大加整饬,郊祭乐等"在经非郑卫之乐者,条奏,别属他官",829名乐工中的441人因其"不应经法,或郑卫之声",皆罢。

又如辟雍。汉初儒生已屡言其事。据《汉书·礼乐志》,成帝时犍为得古磬,刘向因是上言"宜兴辟雍,设庠序,陈礼乐",事经公卿、丞相、大司空议定,已"案行长安城南",但终因成帝崩而未果。成帝之谥"成",还是因此而来的。而其时之丞相、大司空,恰恰又是翟方进、何武(参看钱穆的考证。《刘向歆父子年谱》,第152页)。

又如币制。据《汉书·食货志》及《贡禹传》,元帝时贡禹奏言"古者不以金钱为币,专意于农",请"罢采珠玉金银铸钱之官,毋复以为币"。而议者以为交易待钱,其议遂寝。但是哀帝时居然又"有上书言古者以龟贝为货,今以钱易之,民以故贫,宜(转下页)

派"也并没有就放弃他们的抵制。

"奉天法古"的浪潮一直波及了皇帝的称号。据《汉书·哀帝纪》及《李寻传》，哀帝建平二年宣布"再受命"，君号为"陈圣刘太平皇帝"，年号为"太初元将"——又是一个"太初"。这一举措源于李寻所推荐的夏贺良等。李寻曾以"天变"为由要求罢免"现世派"中坚朱博，好阴阳灾异；夏贺良师事齐人甘忠可，后者"诈造《天官历》《包元太平经》十二卷，以言'汉家逢天地之大终，当更受命于天，天帝使真人赤精子下教我此道'"。钱穆指出："时学者可分两派，一好言灾异，一好言礼制。言灾异者，上本之天意。言礼制者，下揆之民生。京房、翼奉、刘向、谷永、李寻之徒言灾异，贡禹、韦玄成、匡衡、翟方进、何武之徒言礼制。虽不尽然，然大较如是。"[①]"言灾异"源于"奉天"，而"言礼制"源于"法古"。这二者也不是截然两分的。例如"奉天"之夏贺良也欲"妄变政事""复改制度"；而"法古"之贡禹等人改郊祀，又何尝不是"奉天"之意。并且从京房、翼奉、刘向、谷永、李寻之言论可知，"言灾异"者也是以"民生"为宗的。《汉书·五行志》叙阴阳灾异说自董仲舒始。与汉儒之复古化思潮并行而交融的，是一个强烈的神道化倾向。各种不尽相同的相关论说，大致是以"天人感应"、阴阳五行为内容，以"天"或"天帝"为宇宙的主宰和善恶的裁判，并推衍出一个五行、五帝、五方、五时、五色、五味、五音、五常等等相配合构成的严整世界图式，一个

（接上页）可改币"者，位居三公的师丹居然以为可改。可这当然要遭到反对——"章下有司议，皆以为行钱以来久，难卒变易"。事见《汉书·师丹传》。

又如井田。《汉书·食货志》记武帝时董仲舒赞扬"井田制"，说"古井田法虽难卒行，宜少近古，限民名田"。哀帝时师丹亦言"古之圣王莫不设井田，然后治乃可平。……宜略为限"。而这也为"现世派"所斥责，《盐铁论·力耕》："大夫曰：……足民何必井田也！"

又"建三统"。建三统而存二王之后，这是汉代《春秋》学者的主张。据《汉书·梅福传》，武帝始封周后姬嘉为周子南君，元帝时又尊之为周承休侯，同时求殷后而"绝不能纪"，匡衡请以孔子后当之，未得采纳。成帝时梅福复言宜封孔子后以奉汤祀，绥和元年王朝立二王后，诏封孔子后人世为殷绍嘉公。

① 《刘向歆父子年谱》，《古史辨》第五册，第152页。

按三统或五德周而复始的、伴随着符瑞灾异的历史进程。学人或释之为儒生与方士之合流。在西汉后期，阴阳灾异以及其他类乎方术的种种奇诡论调，日益弥漫昌炽于朝廷之上，如赵翼言，"援天道以证人事，若有秒乎不爽者"。① 与之同时，谶纬又起。《汉书·李寻传》："五经六纬，尊术显士。"学人或谓纬最先见于史籍，不早于成帝；然而"六纬"的齐备，大约也要经过一个过程。

这种神道化的浪潮虽然也强调了君主的"受命于天"，但是在另一方面它却又直接动摇了君主的权威。它使汉儒的政治批评具有了神圣的支柱。例如李寻之据天道而进谏言，就被王夫之赞许为"所仅能言人之言者"。② 然而这也将导致政治权威的不稳，因为于天有五德三统，于古有禅位让贤，那么运去德衰之君之被取代，就有了理论上的充分根据。就连宗室刘向都有这种说法："王者必通三统，明天命所授者博，非独一姓也！……自古及今，未有不亡之国也。"③据《汉书·眭弘传》，昭帝时眭弘以符瑞言"当有从匹夫为天子者"，竟敢请汉帝"求索贤人，禅以帝位，而退自封百里"，以此被诛。据《盖宽饶传》，仅二十年后，人称"醒而狂"的盖宽饶又进言"五帝官天下，三王家天下，家以传子，官以传贤，若四时之运，功成身去"，被人指为"意欲求禅"而死。观其"若四时之运，功成身去"之语，"传贤"说也是借助了"天道"的。这一说法的弥漫与社会危机的日益深化正成正比。京房向元帝称说灾异，问"陛下视今为治邪、乱邪?"而元帝只能承认"亦极乱耳，尚何道！"又谷永公然向成帝直言汉朝已"直百六之灾厄"。④ 哀帝之"再受命"，不过是这一浪潮激荡出来的一系列产物之一，但它也特别地反映了这一浪潮在朝廷和社会上的汹涌程度。如顾颉刚之概括："那时人都承

---

① 赵翼：《廿二史札记》卷二，《汉儒言灾异》；又可参看其《汉重日食》条。

② 王夫之：《读通鉴论》卷五，中华书局，上册，1975 年，第 127 页。他说，"历成、哀、平之三季，环朝野而如狂，所仅能言人之言者，一李寻而已，其他皆所谓人头畜鸣也。寻推阴阳动静之义，昌言母后之不宜与政，岂徒以象数征吉凶哉?"

③ 《汉书·刘向传》。

④ 《汉书·京房传》及《谷永传》。

认汉运已衰,灭亡在即,但实际上却没有新受命的天子起来,灭亡不了,这又使许多人心焦了。"[①]

这样,对扬雄为什么在秦政、汉政之外又辨析出了第三种政治,我们就又有了进一步的理解。扬雄《法言·寡见》中有如下文字:"或曰:因秦之法,清而行之,亦可以致平乎? 曰:譬诸琴瑟郑卫调,俾燮因之,亦不可以致《箫韶》矣!"李轨注曰:"秦法酷暴,虽欲使圣人因之,不可以致康哉。"其实这一问答有更直接的所指,它实际是就汉政而言的,如汪荣宝疏云:"汉法多因秦制,故以为问。"[②]这方是得其深义。叔孙通因秦仪而制汉礼,扬雄就颇不以为然。[③] 汉政因秦之"制"而改良其"政",而在儒生看来,欲"致太平"就须彻底告别"秦余制度、项氏爵号",使礼制仪典焕然一新。

我们看到,西汉后期的政治文化纷争,并不仅仅是出于摆脱危机的具体目的。汉儒一直在寻求的,是一种更为完美、更为纯正的"王道"至境。而这种境界是寄托于具象的诸多"礼制""礼乐"之中的;并且由于神道化倾向的发展,这种"王道"日益笼罩于神秘、神圣的光晕之中。西汉后期的政治社会危机,反而反衬了"王道"的完美与神圣,并在寻求摆脱危机的途径之时,把人们引上了"奉天法古"的方向。随着儒生势力影响的不断扩张,最终,这就迎来了王莽大规模的"奉天法古"改制运动的登场。对之陈启云有一个概括:"在前汉后期的儒家学说中,理想主义逐渐压倒了实用主义。……公元前 1 世纪中期的儒家可能有

① 《五德终始说下的政治和历史》,《古史辨》第五册,第 477 页。

② 汪荣宝:《法言义疏》卷十,中华书局,1987 年,上册,第 244—245 页。

③ 《法言·渊骞》:"或问……叔孙通,曰橐人也。"此"橐"诸家所释不同。徐复观曰:"按《说文》六上'橐,胶朴也。'段注'橐谓书版之素,未书者也。'叔孙通杂采秦仪以制汉仪,与古礼乖异,扬氏以为叔孙通实不知礼。则所谓橐人者,叔孙通在秦时虽'待诏博士',又为汉太常,实乃未读书之人,犹橐本以作书而尚未书。"又《法言·五百》:"昔者齐鲁有大臣,史失其名。曰,何如其大也? 曰,叔孙通欲制君臣之仪,征先生于齐鲁,所不能致者二人。"徐复观曰:"他把不肯参加叔孙通制朝仪的鲁两生称为大臣,则他把叔孙通所制的朝仪,及由这一套庄严威武的朝仪所烘托出的皇帝和以皇帝为中心的政治活动,看作一钱不值,是可以断定的。"见其《两汉思想史》卷二,第 537—538 页及第 462 页。

充分的理由相信,他们的学说已经占了上风。受到最好教育的人和擢升到最高职位的人都是儒家;皇帝也是儒家。但是,社会和国家却远不符合理想,太平之世和过去一样遥远。儒家察觉到一定有什么事情出了毛病。……儒家理想主义者发觉,人世还未进入'大同'。"这一思潮所迎来的"王莽新朝的建立因而标志着汉代儒家理想主义的顶峰"①。

第三节 "新政"及其破灭

西汉中后期之政局,儒生、文吏、外戚、宦官、佞幸等多种势力冲突缠绕纠结,异常复杂。从形式上看,自霍氏专权以来外戚就逐渐成了皇权之下最有权势的集团;王莽篡位,也经常被看成是外戚势力扩张的产物。然而我以为,在此期真正推动了帝国政治文化形态变迁的,事实上仍然是儒生、文吏及其所分别代表的政治传统的冲突。当然,由于官场倾轧和个人权位因素也纠缠其间,使得派系矛盾呈现出错综复杂的情态,经常你中有我、我中有你;可是各种因素交互作用的结果,仍然显示出一个总的趋势。王氏家族作为外戚势力,其专权擅政时时受到儒生的指责。然而在时代潮流的影响之下,这一家族本身也在发生变化。《汉书·谷永传》记王氏兄弟皆"修经书,任政事",《元后传》说王氏兄弟"皆通敏人事,好士养贤,倾财施予,以相高尚"。可见王氏的儒学色彩已颇浓厚,故名儒杜钦、杜邺、谷永等已深相与结。相形之下,宣、元时外戚史高、许嘉是与弘恭、石显构成一方,哀帝时外戚丁氏、傅氏则与文吏代表朱博成为党与。

在汉代,"文、景之政"与"武、宣之政"经常被用作对比,而儒生势力之扩张却又导致了元、成以来的新政治发展。学者多把"元、成之政"看成是一个重大转折的开始。其间各种矛盾的展开推进,也就是一个为王莽之篡位变法铺路搭桥的过程。汉宣帝"乱我家者太子也"之语,往往在政治预言意义上被人们引用。钱穆说:"按汉武、宣用儒

---

① 陈启云:《前汉和王莽:传统》,《剑桥中国秦汉史》,杨品泉等译,中国社会科学出版社,1992年,第15章第一节。

生,仅重文学,事粉饰。元、成以下,乃言礼制,追古昔","汉自元、成以下,乃纯用儒术,与武、宣之政不同。不达时宜,是古非今,其风至于莽、歆而极,正其篡汉自败之本也。宣帝时学者已有此风,故能预言之如此"。①

王氏家族的儒学化倾向,最终造就了王莽这样一位人物。据《汉书·王莽传》,他自幼"折节为恭俭,受《礼经》,师事沛郡陈参,勤身博学,被服如儒生"。早年"当世名士"戴崇、金涉、箕闳、阳并、陈汤等便对之备加赞赏。后之班固也不能不承认他"折节力行,以要名誉,宗族称孝,师友归仁。及其居位辅政,成、哀之际,勤劳国家,直道而行,动见称述"。他失势就国之三年中,吏民为之上书讼冤者竟以百数,贤良对策时直诵其德。后来为之争封争赏,动辄百人、千人甚至"四十八万七千五百七十二人"。其"增修雅素以命下国,俊俭隆约以矫世俗,割财损家以帅群下,弥躬执平以逮公卿,教子尊学以隆国化"诸多行为,与既往的汉廷权贵形成了鲜明对比,并且在政治衰败、人心动摇而"奉天法古"一浪高过一浪的时候,为他赢得了"新圣"的巨大声誉——弥漫着"汉运已衰"之说的社会,一直在盼望着这样的一位"新圣"。尽管后人责骂他矫情任算、僭逆无道,当时之人却未必作如是观。禅位迁鼎是个太大的变动,当然会有些儒生心怀疑惧;可是更多的人,仍是表现了近乎狂热的拥戴。众所周知,王莽并没有着意扩大外戚势力,王氏家族的某些成员也同样遭到了他的压抑,甚至其亲子亦被他因罪治死以示无私。掌权后王莽所致力者主要有三:一是拉拢罗致了大批儒生,二是编造了无数的符命图谶,三是立即着手大规模地改制复古。由此他才获得了"新圣"的资格、"受命"的合法性和普遍承认的巨大权威,而使包括少数儒生在内的疑惧者不能抗衡。

总之,王莽之本志并不在于区区王氏一族之发展,而在于使自己成为儒生复古变法之领袖、名垂青史的圣人。外戚身份,对之只是一级必不可少的阶梯而已。对于这一次近乎闹剧似的政变成功,只有在把整个西汉,以至先秦儒生政治思想和社会势力的变迁消长考虑在内的时

---

① 钱穆:《刘向歆父子年谱》,《古史辨》第五册,第122、114页。

候,才能得到理解。吕思勉言:"先秦之世,仁人志士,以其时之社会组织为不善,而思改正之者甚多……此等见解,旁薄郁积,汇为洪流,至汉而其势犹盛……此等思想,虽因种种阻碍,未之能行,然既旁薄郁积如此,终必有起行之者,则新莽其人也。新莽之所行,盖先秦以来志士仁人之公意"。①蒙文通亦谓:"自儒者不得竟其用于汉,而王莽依之以改革,凡莽政之可言者,皆今文家之师说也,儒者亦发愤而归颂之"②,"卒之王莽代汉,一世士大夫翕然归美,固自有故,殆数百年来,师师所口授而面命者,皆以抑于汉家不得伸,亦所以积怨而发愤者也。……近世每称王莽所为为社会改革,岂知王莽所用,一一皆数百年间之经说哉!"③钱穆辨晚汉儒者有"言灾异"与"言礼制"两派,而"莽、歆新政,托于符命,则言灾异之变也。其措施多慕古昔,切民事,则言礼制之裔也"④。徐复观云:"王莽早先既被认为是儒家思想的代表人物,则汉室德衰,由王莽取而代之,乃儒家'天下为公'的理想之实现。"⑤"新政"直承汉末思潮而远承先秦儒家。以单纯的外戚篡权视之,则是只见树木,不见森林。

王莽之变法,至少其主观宗旨,是以儒家经典中之"王道"理想为归依。以其《井田诏》为例:"秦为无道,厚赋税以自供奉,罢民力以极欲,坏圣制,废井田,是以兼并起,贪鄙生,强者规田以千数,弱者曾无立锥之居。又置奴婢之市,与牛马同阑,制于民臣,颛断其命。奸虐之人因缘为利,至略卖人妻子,逆天心,悖人伦,缪于'天地之性人为贵'之义……"钱穆谓:"诵莽此诏,可谓蔼然仁者之言。今世所唱土地国有、均产、废奴诸说,莽已见及,其政治上之理想可称高远。"⑥胡适甚至称之为"一千九百年前的一个社会主义者"。⑦他在灾荒之时带头捐献家

---

① 吕思勉:《秦汉史》,上海古籍出版社,1983 年,第 197 页。

② 蒙文通:《论经学三篇·乙篇》,《中国文化》1991 年第 4 期。

③ 蒙文通:《儒家政治思想之发展》,《古学甄微》,巴蜀书社,1987 年,第 178—179 页。

④ 《刘向歆父子年谱》,第 153 页。

⑤ 徐复观:《两汉思想史》卷二,学生书局,1979 年,第 458 页。

⑥ 《刘向歆父子年谱》,第 208 页。

⑦ 胡适:《王莽》《再论王莽》,《胡适文存》二集卷一、三集卷七。

产、组织扑蝗、免纳租税、为贫民提供居所医药农具等措施,范文澜承认其"对劳动人民也有一些好的影响"。① 这似乎也不能以"收买人心"来一笔抹杀。

秦政之"霸道"独倚文吏,汉政之"霸王道杂之"兼用文吏、儒生,而王莽之"新政"则向儒生敞开了大门。平帝元始五年他"征天下通知逸经、古记、天文、历算、钟律、小学、《史篇》、方术、《本草》及以《五经》《论语》《孝经》《尔雅》教授者,在所为驾一封轺传,遣诣京师,至者数千人"。汉制征召一般是面向个人的;而王莽这次所罗致学者,则"是两汉史上规模最大的一次征召"。② 同时他崇隆文教,于郡县乡邑广设学校庠序,庠序各置孝经师;扩大京师太学,为学者筑舍万区,六经三十博士,弟子万八百人,主事高第侍讲各二十四人,岁课甲科四十人为郎中,乙科二十人为太子舍人,丙科四十人补文学掌故;置《左氏春秋》《毛诗》《逸礼》《古文尚书》博士,置师友祭酒及侍中、谏议、六经祭酒等九祭酒。③ 这都在学士方面收到了投桃报李之效。《汉书·王莽传》叙述其支持者,每每以"诸生"与"公卿""吏民"并列。儒生成了变法的主要依赖者。《王莽传》:"开秘府,会群儒,制礼作乐","其与所部儒生各尽精思,悉陈其义"。与儒生的拥戴成为对照的是,一个法律家族离开了朝廷以为抵制,并壁藏了其家的律令文书。④

至于"复礼",更是王莽变法之重心。他在明堂、辟雍、庠序、正朔、服色、历谱、宗庙、郊祀、雅乐、官制、井田、货币等等方面"改制"

---

① 范文澜:《中国通史简编》,修订本第二编,人民出版社,1949 年,第 93 页。

② 黄留珠:《秦汉仕进制度》,西北大学出版社,1985 年,第 207 页。

③ 见《汉书·平帝纪》《儒林传》《王莽传》《太平御览》卷五三四引《黄图》等。可参考冷鹏飞:《两汉太学述论》,第三章《王莽利用太学进行篡权活动》,北京大学历史系 1985 年硕士论文,藏北京大学图书馆。

④ 《后汉书·陈宠传》:"曾祖父咸,成、哀间以律令为尚书。平帝时,王莽辅政,多改汉制,咸心非之。……既乞骸骨去职。及莽篡位,召咸以为掌寇大夫,谢病不肯应。时三子参、丰、钦皆在位,乃悉令解官,父子相与归乡里,闭门不出入,犹用汉家祖腊。……其后莽复征咸,遂称病笃。于是乃收敛其家律令书文,皆壁藏之。"

的内容,直接地承袭了西汉儒生一向汲汲以求者,并且大为变本加厉。那些湮晦已久、在汉也迟迟不得充分贯彻之"礼",在王莽主持之下居然一一化为现实。如"明堂、辟雍,堕废千载莫能明兴",此时"平作二旬,大功毕成"了,真是"唐虞发举,成周造业,诚亡以加"。认定汉政"帝典阙而不补,王纲弛而未张"的扬雄,对之给予了如下盛赞:

> ……是以发秘府,览书林,遥集乎文雅之囿,翱翔乎礼乐之场,胤殷周之失业,绍唐虞之绝风。懿律嘉量,金科玉条,神卦灵兆,古文毕发,焕炳照耀,靡不宣臻。式轮轩旂旗以示之,扬和鸾肆夏以节之,施黼黻衮冕以昭之,正嫁娶送终以尊之,亲九族淑贤以穆之。夫改定神祇,上仪也;钦修百祀,咸秩也;明堂、辟雍,壮观也;九庙长寿,极孝也;制成六经,洪业也;北怀单于,广德也;若复五爵,度三壤,经井田,免人役,方甫刑,匡马法,恢崇祇庸烁德懿和之风,广彼缙绅讲习言谏箴诵之涂,……帝典阙者已补,王纲弛者已张,炳炳麟麟,岂不懿哉![1]

儒生欢欣之情跃然纸上,因为"帝典阙者已补,王纲弛者已张",自孔子创立儒学至此,儒术终于得到了一个彻底贯彻之机会;一个全新的世界,似乎业已降临。我们看到,从纯用文史、独任"霸道"而儒生仅为点缀的秦政,经兼用儒生文吏、"霸王道杂之"的汉政,直到充分贯彻儒生"王道"理想,而文吏仅为陪衬的王莽"新政",历史仿佛经历了一个奇妙的两极转向。

然而"新政""王道"之命运,却又如班固所言:"秦燔诗书以立私议,莽诵六艺以文奸言,同归殊途,俱用灭亡。"它并未比独任"霸道"的"剧秦"长命多少。有人把它的灭亡归结为黄河水患,持此说者认为"王莽不是革命空想家,而是一个在治理中国时其作为很象在他之前

---

① 扬雄:《剧秦美新》,《六臣注文选》卷四八,中华书局,1987 年,第914—915 页。

的汉代诸帝的务实主义者"。① 有人相信王莽是个"独具卓见的人物",其"复古"只是"表面文章",但他解决兼并、奴婢问题的努力,由于大地主、大商人的反对而失败了。② 还有人强调王莽之亡关涉于"士族大姓"的抵制。③ 这场轰轰烈烈的"变法"运动的成败,看来是有不只一种的复杂原因。

由于本书的特定视角,我们特别地关注于"新政"的意识形态方面,这个方面导致了"变法"的特定形式。许多学人指责王莽之"迂阔"。我们且来看吕思勉的如下评述:"王莽当日所定的法令,有关实际的,怕没有一件能够真正推行,而达到目的,因此而生的流弊,则无一事不有,且无一事不厉害。其余无关实际,徒资纷扰的,更不必说了。王莽是个偏重立法的人,他又'锐思于制作',而把眼前的政务搁起。尤其无谓的,是他的改革货币,麻烦而屡次改变,势不可行,把商业先破坏了。新分配之法,未曾成立,旧交易之法,先已破坏,遂使生计界的秩序大乱,全国的人,无一个不受到影响。王莽又是个拘泥理论、好求形式上的整齐的人。他要把全国的政治区划,依据地理,重新厘定,以制定封建和郡县制度。这固然是一种根本之图,然岂旦夕可致?遂至改革纷纭,名称屡变,吏弗能纪。他又要大改官制,一时亦不能成功,而官吏因制度未定,皆不得禄,自然贪求更甚了。对于域外,也是这么一套,如更改封号及印章等,无关实际、徒失交涉的圆滑,加以措置失宜,匈奴、西域、西南夷,遂至背叛。"④王莽的经济财政政策是学人一向重视的。这些政策不能说没有把诸如经济兼并等现实问题纳入考虑,但其中许多从经济学的角度看却分外奇特。例如他在货币制度上理由荒唐的屡次纷纭更张,其结果就是"使王莽时期的米价暴涨到汉兴以来之

① 参看毕汉斯:《王莽的统治》,《剑桥中国秦汉史》第三章,杨品泉等译,中国社会科学出版社,1992年,第255—256页。

② 参看翦伯赞:《秦汉史上的若干问题》,《历史学》1979年第1期;《秦汉史》,北京大学出版社,1983年,第310—314页。

③ 参看余英时:《东汉政权之建立与士族大姓之关系》,《士与中国文化》,上海人民出版社,1987年,第五章"(四)王莽兴亡与士族大姓的关系"。

④ 吕思勉:《吕著中国通史》,华东师范大学出版社,1992年,第368页。

第二高峰"。① 对此,我们是否还能说他是个"清醒""务实"的改革家呢?

西汉后期,就曾出现过废除钱币或改行古之龟贝的主张,这种一意"复古"而不顾实效的"改制"呼吁,自汉初贾谊等就已发其端。西汉后期郊祀宗庙之制成了儒者着意相争的焦点,而王夫之不以为然:"成、哀之世,天地宗庙之祀倏废倏兴,以儿嬉而玩鬼神甚矣。……宫室之侈,妃嫔之众,服膳之奢,乐之淫,刑之滥,官之冗,赋之重,一能汰其所余以合于三代,而后议郊庙之毁,未晚也。"②郊庙之改是否关乎国计民生,后人以为非,而汉儒以为是。即就政制上的变迁而言,何武等改定三公、州牧之制,其依据都是儒家经典上所记载的古制。当时坚持"汉家故事"者指出古今异制,独改三公而其他官职体系不变,"职事难分明,无益于治乱",这恐怕是个较中肯的批评。王夫之云,"则汉初之分丞相、将军为两涂,事随势迁,而法必变。遵何武之说,不足以治郡县之天下,固矣!"③又吕思勉引朱博驳议及东汉仲长统"任一人则政专,任数人则相倚。政专则和谐,相倚则违戾。未若置一人以总之。若委三公,则宜分任责成"语,以为何武所改之制"固亦不如旧制之善也"。④此外西汉以六百石之刺史监察二千石之郡守,从行政角度来说是个可取的制度。顾炎武说,"夫秩卑而命之尊,官小而权之重,此小大相制,内外相维之意也",他批评何武改制"不达前人立法之意,而轻议变更,未有不召乱而生事者。吾于成、哀之际见汉治之无具矣"。⑤东汉建武十八年就复改州牧为刺史了。至于东汉仍然承袭了西汉后期的三公制,这只是因为顺应君主集权的需要,尚书台日益成为中心政务机构而

---

① 韩复智:《西汉物价的变动与经济政策之关系》,《汉史论集》,台北:文史哲出版社,1980年,第93页。又萧清指出,王莽"既不了解货币的性能和效用,也不了解时代的需要","在货币理论上完全是主观的历史唯心主义、王权货币名目主义的混合物"。见其《中国古代货币史》,人民出版社,1984年,第121—122页。

② 王夫之:《读通鉴论》卷五,中华书局,1975年,第118页。

③ 同上书,第122页。

④ 吕思勉:《秦汉史》,上海古籍出版社,1983年,第629—630页。

⑤ 《日知录集释》卷九,"部刺史",花山文艺出版社,1990年,第407—408页。

职权大为扩张,从而构成了补偿所致①(至于西汉哀帝元寿二年又恢复了三公制这一事件,吕思勉、祝总斌都指出这是为了尊宠董贤②)。

沈约说"师古而不适用,王莽以之身灭"。要求"师古""改制"而不顾"适用"与否,王莽之前的汉儒已往往如此。汉家"故事"与儒家"古制"之争,根源于先秦儒法之争。法家学派及其"法治"学说,原是适应了社会大型化、复杂化的需要而产生的专制官僚政治行政理论,它最终催生了秦帝国这样一个以专业文吏为主体的卓有效能的庞大官僚帝国。官僚制度是一种贯彻了"工具理性"精神的行政体制,它要求以可计算的、合乎逻辑的、运用合理技术的手段达到行政目标。法家学说正鲜明地体现了理性行政精神,而国家的官僚制化也确实在相当程度上推动了中国古代社会的"理性化"进程。虽然"任己而不师古,秦氏以之致亡",但是儒家之"师古"却也并不是就没有问题。我们知道,儒家学派的产生与古代赞司礼乐者——例如乐师——有密切的关系,而那些人员赞司礼乐又并不直接涉身政务一点,对儒家的思想倾向产生了重大影响,并导致了他们对于古礼古乐的特殊态度。

由孔子到孟子这一系的儒家学者之论"礼",其重视"礼"之"礼乐"的方面经常是胜过其政制的方面;而且,"礼义"被认为是寄托于"礼乐"之中的。固然孔子强调"礼"的意义不仅仅在于"钟鼓""玉帛",但仍如叶适所言,"虽然,笾豆,数也;数所以出义也。古称孔子与其徒未尝不习礼,虽逆旅茇舍犹不忘。……贯而为一,孔氏之所守也。执精略粗,得末失本,皆其所惧也"③。其言极是。或引《汉书·礼乐志》"畏敬之意难见,则著之于享献辞受登降跪拜;和亲之说难形,则发

---

① 《后汉书·仲长统传》:"光武皇帝……政不任下,虽置三公,事归台阁,自此以来,三公之职,备员而已。……光武夺三公之重,至今而加甚。"同时三公制度的保存,也在于本已权力有限的三公,其职能分工此时较为明确化了。对这一点,可参看祝总斌:《两汉魏晋南北朝宰相制度研究》,中国社会科学出版社,1990 年,第三章第二节《东汉三公鼎立制度采用、坚持的原因》。

② 吕思勉:《秦汉史》,第 629 页;祝总斌:《两汉魏晋南北朝宰相制度研究》,第 59—60 页。

③ 叶适:《习学记言序目》卷八,"《礼记·曾子问》",中华书局,上册,1977 年,第 102 页。

之于诗歌咏言钟石管弦"之言,以释孔子"礼云礼云"语,亦颇可参考。①
"礼乐"不仅仅是人文的轨迹、文化的遗产而已。我们不在孔子重"礼"
还是重"仁"这一视角中讨论问题,也正是因为这两个方面不是二中择
一、而是"贯而为一"的。又如叶适所言:"按《诗》称礼乐,未尝不兼玉
帛钟鼓。孔子言'礼云礼云,玉帛云乎哉;乐云乐云,钟鼓云乎哉',未
有后语,其意则叹当时之礼乐,具文而实不至尔。然礼非玉帛所云,而
终不可以离玉帛;乐非钟鼓所云,而终不可以舍钟鼓也。"②在孔子弘扬
"礼义"之时,他对"玉帛""钟鼓"实未遗略。③

　　这样,自古以来的仪文乐歌、礼节文物等等,就得到了分外重视。
我们经常看到孔子在礼的节文、器物的细节之上斤斤计较,这在他看来
都是大有深意的。诸如"季氏八佾舞于庭""三家者以《雍》彻""子贡
欲去告朔之饩羊""管氏亦树塞门",以至"觚不觚"都引起了孔子的痛
心疾首。《论语·卫灵公》:"颜渊问为邦,子曰:'行夏之时,乘殷之辂,
服周之冕,乐则韶舞。'"对"为邦"之道的这一阐发,含有一个极为特别
的信念:古代或特定样式的历法、车舆、冠冕、乐舞以及礼典的兴复,本
身就是"为邦"的内容;这种"复礼"被视为使"天下归仁"的标志、象
征,甚至手段、途径。它们不仅是文化的载体,而且还直接就是"礼义"
的具象。同书《八佾》:"或问禘之说。子曰:'不知也。知其说者之于
天下也,其如示诸斯乎?'指其掌。"又如《孟子·梁惠王下》:"夫明堂
者,王者之堂也。王欲行王政,则勿毁之矣。"知"禘"义则治天下于掌
上,"王政"之存亡系乎明堂之存亡。这种引申比附,与儒家阐发"诗
书"上的"断章取义",也颇有异曲同工之处(赋诗而"断章取义"在春
秋时代是很通行的做法)。

---

① 程树德:《论语集释》卷三十五,中华书局,1990 年,第四册,第 1216 页;刘宝楠:《论语正
　　义》卷二十,上海书店《诸子集成》第一册,1986 年,第 376 页。
② 叶适:《习学记言》卷八,"《礼记·仲尼燕居》",上海古籍出版社,1992 年,第 67 页。
③ 皇侃《论语义疏》引缪播曰:"假玉帛以达礼,礼达则玉帛可忘;借钟鼓以显乐,乐显则钟
　　鼓可遗。"缪播《晋书》卷六十有传。此说颇近魏晋玄谈"得鱼忘筌""得意忘言"之旨,但
　　恐不尽合于孔子思想。

但儒家在"礼乐"（以至诗书）和"王政"之间建立的这种联系,既不是必然的、确定的,也不是逻辑的、可计算的。不错,在较为原始的小型乡俗社会里,"礼乐"的那些原生性的功能方式,曾经有过赖以施展的较大天地。或许各民族历史上都曾经有过这样一个阶段,其时社会的文化价值和公共生活,主要靠传统和宗教维系,并以包括礼节、仪式、乐舞、造像、法术等等在内的一整套东西作为其象征、实现和强化的手段。诸如禘祭、明堂,在历史早期可能确有重要社会功能。① 学人的研究显示,西周时代的礼制往往是真实的政治社会制度。但是到了战国秦汉时代,社会分化导致了"礼"与"法"的分途,官僚制化运动也是个政治行政领域的"解魅"(disenchantment)过程。特定形式的礼节乐歌文物之类,已不必关涉于国治民安;"诗书"之学,也并不就等同于经邦治国之术。觚之不觚与国之不国,更已风马牛不相及。而且就思想的抽象程度讲,"礼义"也完全存在着摆脱"礼仪""礼乐"的可能性了,它们并不一定要具象于雅乐韶舞。这个"复礼"方能"归仁"的思路,在法家看来最多不过是"郢书燕说",简直就是"巫祝之言"了。《盐铁论·论诽》中法家代表指责儒家"礼烦而难行,道迂而难遵",以及汉文帝"繁礼饰貌,无益于治"之语,也都是清晰地意识到了"礼"之旧日功能的丧失。甚至"明鬼"的墨家也不以此"礼"为然。《墨子·非儒》:"孔某盛容修饰以蛊世,弦歌鼓舞以聚徒,繁登降之礼以示仪,务趋翔之节以观众,博学不可使议世,劳思不可以补民。"又同书《公孟》记儒者公孟子曰:"君子必古言服,然后仁。"在此还是墨子的态度较为理性:"然则不在古服与古言矣!"

直到秦汉之际,儒生们仍然在传承礼乐。《史记·儒林列传》:"及

---

① "禘"为祭祖之礼,日人岛邦男认为,"其溯义实在是尊严其父。……孔子对某人曾说:知其说者之于天下也,其如示诸斯乎。指的这个掌大概是《孝经》所谓'孝莫大于严父'"。见其《禘祀》,赵诚译,《古文字研究》第一辑,中华书局。斯维至说此礼有性行为的模拟,最初是以先妣配祀上帝,父系社会代替母系社会后,变成以父祖配祀上帝了。见其《汤祷桑林之社与桑林之舞》,《全国商史学术讨论会论文集》,1985 年。这是一个很古老的礼典。明堂见下注所引蒙文通之文。

高皇帝诛项籍,举兵围鲁,鲁中诸儒尚讲诵、习礼乐,弦歌之音不绝。"又《孔子世家》:"鲁世世相传以岁时奉祠孔子冢,而诸儒亦讲礼,乡饮大射于孔子冢……至于汉二百余年不绝。"对西汉经师们"非常异义可怪之论"所陈礼制,蒙文通曾一一考究了它们的"微言大义",如井田以均贫富、辟雍以排世族、封禅以选天子、巡狩以黜诸侯、明堂以议国政之类。[1] 但是,均贫富、排世族以及选贤议政是否必定要寄托于古制古礼,"复礼"是否有如此之大的神秘力量,本是大有疑问的。例如汉武帝多次封禅,也建造过明堂,而民众并未因此得到什么政治权利。或许,上古之封禅、明堂确实曾与选天子、议国政相干;但是这仍不意味着,在秦汉时代再行封禅、建明堂,就能重现选天子、议国政之事。我们看到,儒家"礼治"体系,因其原生的来源而天然地蕴藏着非理性的因素。

皮锡瑞说:西汉经学"其学极精而有用,以《禹贡》治河,以《洪范》察变,以《春秋》决狱,以三百五篇当谏书,治一经得一经之益也"。[2] 但这种旧经学家的赞扬口吻,却也如周予同的评论:"这些论调,就我们现在观察起来,真有点非愚即妄。试问假使黄河决口了,你就是将《禹贡》由首一字背诵到末一字,你能像灵咒似的使水患平息吗?""《六经》和致用的相关度,不仅相去很远,而且根本上还是大疑问。"[3] 所谓"《春秋》决狱",难免地要混淆法律的确定性和严密性;"三百五篇当谏书"源于"赋诗断章"的做法,但是《诗经》本来不过是古代的歌谣而已;至于夏侯胜之"《洪范》察变"的五行灾异说,更意味着西汉儒学已向神道化敞开了大门。儒者的产生与古代司礼司乐者相关,而古之礼乐多关涉于"事神人之事",故学人谓"儒"名义通于"术士"。以至董仲舒对"土龙致雨"之类,仍是津津乐道。汉代儒术之与阴阳家、与方术之混溶,也在于他们之间原有"藕断丝连"之处。虽然孔子"不语怪力乱神",但"礼"最初发挥功能的方式,原本含有宗教的性质。《墨子·公

---

① 蒙文通:《儒家政治思想之发展》,《古学甄微》,巴蜀书社,1987 年。

② 皮锡瑞:《经学历史》,"三、经学昌明时代",中华书局,1959 年,第 90 页。

③ 周予同:《经学历史序言》,前注引书,第 12—13 页。

孟》:"公孟子曰:'无鬼神。'又曰:'君子必学祭祀。'子墨子曰:'执无鬼而学祭礼,是犹无客而学客礼也。'"儒家思想在此含有内在的矛盾。汉儒对"今世俗宽于行而求于鬼,怠于礼而笃于祭"也有批评,然而他们的阴阳五行、天人感应、灾异谶纬那一套,与鬼神淫祀也并不能截然划开界限。

王莽改制承于西汉"言灾异""言礼制"之风,而汉儒之"复礼",原是通向一个天地间无比完美的太平盛世的。陈启云分析了汉儒中"理想主义逐渐压倒了实用主义"的过程,而在这种理想主义之中,"人的生活不只是神圣天命所设计、导演和监督的狭窄舞台上的戏剧演出;它是一个献祭的进程,人类演员在这个进程中与天理和上帝混成了一体"。① 当然王莽也并非尽依古制而无所发明(这或许是因为汉儒有个未曾制礼之前,先因先王礼乐以教民,至太平之时则制成一代礼乐之说)。但无论如何,将其"复古"仅仅看成是"表面文章",并不足以揭示这一事件的全部意义。其具体的政治经济措施,都是那个"礼治"盛世的有机组成部分;忽略了这一点,就不能解释其个别措施的整体意义。

王莽不是一个愚蠢的政治家,但是当他把全部身心投注于那一壮丽事业的时候,我们就很难说他是"务实"的。《汉书·王莽传》:"莽不可谏,而好鬼神,可为变怪以惊惧之";"莽志方盛,以为四夷不足吞灭,专念稽古之事";"莽意以为制定则天下自平,故锐思于地里,制礼作乐,讲合六经之说。公卿旦入暮出,议论连年不决,不暇省狱讼冤结、民之急务"。又同书《食货志》下:"莽性躁扰,不能无为,每有所兴造,必欲依古、得经文。"这些都极充分地反映了这位新天地开创者的性格与思路。《周礼》是王莽变法的主要蓝本。但此书也如黄仁宇之观感:"可以用'金字塔之倒砌'直截了当的形容它。也就是先造成理想上的数学公式,以自然法规(Natural Law)的至美至善,向犬牙交错的疆域及熙熙攘攘的百万千万的众生头上笼罩着下去。当然书内没有言明,这

① 陈启云:《前汉和后汉:传统》,《剑桥中国秦汉史》,中国社会科学出版社,杨品泉等译,1992 年,第 15 章第一节。

行不通的地方,只好打折扣,上面冠冕堂皇,下面有名无实。"①《周礼》一书的体系是体现了儒法兼综的倾向,但是这并不就等于说它的各个细节可以照搬无误地付诸实现;六官架构只是个理想设计,而专制官僚体制却是要从政治实践中自然生长出来的。又吕思勉说"王莽又是个拘泥理论、好求形式上的整齐的人",这一点确实也不应轻轻放过。对太平至境的理论构拟,必然要取得足与天地相参的完美整齐的理想形式,如同他在官称、地名、币制等一系列事项上所致力的那样。这与官僚制度对整齐划一的寻求看上去相似,而实质上却大为不同——其"政令日变,官名月易,货币岁改"②,很少具有基于理性行政的缘由。具有讽刺意味的是,其所定新制不仅在繁密程度上不逊于"故事",而且也是要靠严厉的惩戒来贯彻维持的,以至后汉的统治者要"解王莽之繁密,还汉世之轻法"。③ 官僚制这个理性行政机器之调动资源、动员社会的巨大效能,反而助长了王莽改造社会的雄心,并被用于实现非理性的空幻目标。

西汉儒生的如下思想方法在今人看来或近乎"胶柱鼓瑟""刻舟求剑",而王莽却是其变本加厉者:相信上古三代才是理想境界、政治之楷模,以下则无足取;相信经典中包含了现实问题的一切答案,以六经为政治教科书;把特定形态的礼制如服色、正朔、明堂、辟雍等等视为"王道"的具象,甚至是达致"王道"的直接手段;相信天人感应,人事的处理、人间的秩序应服从于超现实的神圣安排和灾异符瑞的启示。然而由于中国这个农耕社会的特有进化过程,已经发展出了相当复杂化的专制官僚体制,它管理着辽阔的国土和千万小农,处理着兵刑钱谷、考课铨选等等复杂的行政事务,在这个时候,理性行政就已成为那一体制赖以生存和运作的命脉。

其实王莽之改制,有一些颇近于汉武帝之所为,例如"六筦"政

---

① 黄仁宇:《中国历史与西洋文化的汇合——五百年无此奇遇》,《知识分子》,纽约,1986 年秋季号(第三卷第一期),第 33 页。

② 《后汉书·隗嚣传》。

③ 《后汉书·循吏列传》:"光武……至天下已定,务用安静,解王莽之繁密,还汉世之轻法。"

策①；他也不能不借助帝国体制的财力动员和政治控制力量，去实现其文化理想。《汉书·王莽传》始建国三年："莽曰：百官改更，职事分移，律令仪法，未及悉定，且因汉律令仪法以从事。"但是当他自以为新制已定，他就要遗弃那些"律令仪法"了。"奉天法古"如果仅仅作为思想界的一种学说而存在，当然也自有其不容抹杀的文化价值；但是在政统范围之内，置战国变法以来经几百年发展而形成的文法律令、"汉家故事"于不顾，而欲把一大堆非理性的、杂糅了先王遗制、经典训诫以至近于魔法巫术的符命图谶一类东西，强加于本应以合理化方式运营的帝国官僚体制之上，以建设某种乌托邦式的理想秩序，那么它的失败，就是指日可待的意料中事了。王莽所曾赢得的巨大声誉，以及儒生和吏民的充分支持，本来是可以成为稳定社会的起点的。出土的此期简牍、文物显示了"改制"的贯彻程度——那甚至远达于边塞地区。② 这种贯彻程度来源于帝国体制的效能，那个体制的巨大动员能力加强了用人力开创"新天地"的信心；但是这种效能所服务的"改制"，对那个体制又是自拆台脚式的。秦政的纯粹"法治"固然没有提供有效的社会整合与调节，但是儒家"礼治"的内在问题——其相对于"法治"的较低理性化程度，却也通过王莽"新政"而促成了社会的解体。

金观涛在近年提出了这样一个颇有意义的论题："中国文化的乌

---

① 田余庆先生已指出了这一点："六筦中除五均赊贷一项是平准法的新发展以外，其余五项都在汉武帝时实行过。"见翦伯赞主编：《中国史纲要》，人民出版社，1979 年，第 154 页。

② 参见陈直：《汉书新证》，天津人民出版社，1979 年，"王莽传第六十九"等部分。王莽之王田制，就《汉书·王莽传》看是未曾实行，但陈直据简牍及印文推测，它"有部分实行之可能"（第 477、482 页）。边塞简牍所反映的王莽改制，又见〔日〕森鹿三：《居延出土的王莽简》，《简牍研究译丛》，第一辑，中国社会科学出版社，1983 年；以及李均明：《简牍所反映的王莽改制》，《秦汉史论丛》，第四辑，西北大学出版社，1989 年。王莽改制的货币，亦有大量发现。如洛阳西郊汉代墓葬中曾出土新莽钱 4037 枚，见《洛阳西郊汉墓发掘报告》，《考古学报》1963 年第 2 期。洛阳烧沟、陕西刘家渠汉墓等出土过"布泉"，1965 年西安还曾经征集到一个"布泉"钱范。见《洛阳烧沟汉墓》，科学出版社，1959 年；《河南陕县刘家渠汉墓》，《考古学报》1965 年第 1 期；《解放后西安附近发现的西汉、新莽钱范》，《考古》1978 年第 2 期。

托邦精神。"我认为,乌托邦精神是人们对一个现实中不存在但却是完美无缺的理想社会之追求",而"大同社会之理想",就是"儒家文化独特的乌托邦理念"。但他认为,"乌托邦虽然是儒家文化重要的组成部分,但它一直是潜在的,并没有转化为大规模的社会改造实践。……封建国家和士大夫,从未把'大同'乌托邦当作治国的基本出发点。他们或进行劝农、整肃吏治,或主张变法均田,所推行的'仁政'之类现实之社会改造政策都是非乌托邦的,其目标是造就一个小康的太平盛世。那么,究竟是甚么原因使得乌托邦追求在历代儒生的社会改造行为中被遏制,使他们能够表现出一种高度现实主义的'经世'精神呢?"他从儒家文化内部寻找到了相应的原因,即"大同"理念之较少现实性、道德理想之转换为纲常仁政和精英主义;这些原因,使得乌托邦精神没有像它在近代那样被"魔化"(demonization)。[1]

可以相信,这是一个切关中国文化精神的重要问题。然而我们在此要指出,这种乌托邦精神在中国历史上并非"一直是潜在的",它在西汉后期曾经左右了儒生的思想动向,并导致了王莽"新政"的大规模"变法"。这个"变法"的宗旨,正在于建立一个"完美无缺的理想社会"。此期儒学的内部结构与理路并没有能够抑制乌托邦精神的"魔化",反而就是它的根源。

但是在王莽"奉天法古"的变法改制破灭之后,又一个新的深刻政治文化转变发生了。这就是那种"高度现实主义的经世精神"的回归,它体现于东汉时期的王朝"经术"与"吏化"并重的政治路线,儒家政治思想之援法入儒,以及此期儒生和文吏的日益融合之上。在此我们将要看到,是这个庞大官僚帝国的理性行政传统,对于"礼治"做了充分的洗礼,在相当程度上抑制了其中的那些非理性因素,包括其中"乌托邦"性质的理念及其"魔化"的可能。并且就是在这一过程之中,中华帝国的士大夫政治真正奠定了其基本形态,由此而结束了其演生时期。这就是下一章的叙述内容了。

---

[1] 金观涛:《中国文化的乌托邦精神》,香港中文大学中国文化研究所:《二十一世纪》,1990年12月第2期。

第十章 儒生与文吏的融合：
士大夫政治的定型

　　王莽大规模的"奉天法古"变法改制的失败，使得中国古代政治文化的变迁与演进，在一个方向的尝试趋于低落消沉后再次发生转向，开始了另一个阶段。从纯用"霸道"、独倚文吏的"秦政"，经由"霸王道杂之"、兼用文吏儒生的汉政，一直到充分贯彻儒家"王道"理想的王莽"新政"，其间各家学说此起彼伏，王朝的"治道"也显示了颇大幅度的动荡摇摆。这都是帝国的政治文化模式尚未定型化的表现。但是，在王莽变法失败之后，这种不同方向的歧异摇摆，就开始显示出它合力的指向、接近于它的初步归宿了。

　　在东汉时期，自光武帝始，我们就看到了这种变化的迹象。光武帝奉行了一条"经术"与"吏化"相结合的政治路线，它承袭西汉的"霸王道杂之"，但又具有更为精巧、成熟的形态；而学士方面对"霸道"和"王道"的阐说，也显示法术与儒术已开始了进一步的交融汇合。进而言之，就本书的论题——士大夫政治的演生而论，还有一个儒生与文吏日趋融合的深刻变化，也因而在其间发生了。学士和文吏群体在先秦就开始分化开来，并在诸多方面引起了一系列冲突、纠葛；而在两汉四百年的复杂演进中，他们最终是以彼此融合作为归宿的，这在中华帝国的政治文化史上，是一个具有决定性意义的变动。尽管在此后魏晋南北朝时代所出现的士族政治，表明变迁并没有就到此为止；但是我们也相信，两汉四百年的政治演进，已经为中华帝国的士大夫政治模式，奠定了牢固的基础。

第一节　东汉的"经术"与"吏化"

王莽的"新政"固然以破灭告终,但由于历史的惯性它还是留下了许多影响。学人或指出:"东汉初年,光武、明帝、章帝在意识形态方面继承了王莽的政策。"①王莽改制所制定的一些仪典,就作为"元始故事"而被继续奉行着。② 无论如何,新政终结后,儒术在意识形态上的正统地位反而更为稳固了。《后汉书·儒林列传》:"及光武中兴,爱好经术,未及下车,而先访儒雅,采求阙文,补缀漏逸。先是,四方学士多怀协图书,遁逃林薮;自是莫不抱负坟策,云会京师。"对之读史者颇以为美谈。《儒林列传》:"建武五年,乃修起太学,稽式古典,笾豆干戚之容,备之于列,服方领习矩步者,委它乎其中。中元元年,初建三雍。明帝即位,亲行其礼。……帝正坐自讲,诸儒执经问难于前,冠带缙绅之人,圜桥门而观听者盖亿万计……"甚至谶纬之学也依然弥漫于时。《后汉书·方术列传》:"光武尤信谶书,士之赴趣时宜者,皆驰骋穿凿,争谈之也。故王梁、孙咸名应图录,越登鼎槐之任;郑兴、贾逵以附同称显;桓谭、尹敏以乖忤沦败。"光武帝宣称要以"柔道"治国。《后汉书·光武帝纪》:"时宗室诸母因酺燕,相与语曰:'文叔少时谨信,与人不款曲,唯直柔耳。今乃能如此!'帝闻之,大笑曰:'吾理天下,亦欲以柔道行之。'""柔者德也","德政"与"残灭之政"是反其道而行之的。③

---

① 任继愈主编:《中国哲学发展史》(秦汉),人民出版社,1985 年,第 467 页。

② "元始"为汉平帝年号,这个时候"宰衡"王莽所制定的新礼已开始出台了。东汉初年王朝礼典对"元始故事"颇有参考。《续汉书·祭祀志》:"建武元年,光武……祭告天地,采用元始中郊祭故事";"二年正月,初制郊兆……采用元始中故事";"三十三年正月辛未,郊。……如元始中故事";"自永平中,以《礼谶》及《月令》有五郊迎气服色,因采元始中故事,兆五郊于洛阳四方"。

③ 《后汉书·臧宫传》记光武诏报臧宫:"《黄石公记》曰:'柔能制刚,弱能制强。'柔者德也,刚者贼也,弱者仁之助也,强者怨之归也。故曰有德之君,以所乐乐人;无德之君,以所乐乐身。乐人者其乐长,乐身者不久而亡。"或据此而云:"刘秀采用道家学说作为东汉初统治的指导思想","这个'柔道'就是黄老道家所说的'守柔曰强'的'柔'"。见(转下页)

东汉王朝之"奖崇儒术",大致如是。但是设若把视野扩大到意识形态范围以外,我们还是能够发现,尽管在意识形态上王朝继承了王莽的许多政策,但是相对于西汉后期直到王莽变法的政治文化运动而言,帝国政治形态上还是出现了新的重大变动。下面我们就来征引史事,来一步步地观察这些变动并分析其意义。

据《后汉纪》卷六《光武帝纪》:"是时宰相多以功举,官人率由旧恩。天子勤吏治,俗颇苛刻。"郑兴请"陛下留神宽恕以崇柔克之德",光武不从。那么,对光武帝所谓的"柔道",我们就不能不打上一个问号了。《太平御览》卷九一引华峤《后汉书》:"世祖既以吏事自婴,(明)帝尤任文法,总揽威柄,权不借下。值天下初定,四民乐业,户口衣食滋殖,断狱号居前世之十二。中兴以来,追踪宣帝。夫以钟离意之廉法,谏诤恳切以宽和为首,以此推之,斯亦难以德言者也!"又《后汉书·明帝纪》范晔"论曰:明帝善刑理,法令分明。日晏坐朝,幽枉必达,内外无倖曲之私,在上无矜大之色。断狱得情,号居前代十二。故后之言事者,莫不先建武、永平之政。而钟离意、宋均之徒,常以察慧为言,夫其弘人之度未优乎?"较之华峤"难以德言"之评,周天游尚以为范晔"弘人之度未优"语"未免有避重就轻之嫌"。[1]然而范晔也并未全然为光武、明帝回护。《后汉书·循吏列传》:"然建武、永平之间,吏事刻深,亟以谣言单辞,转易守长。故朱浮数上谏书,箴切峻政,钟离意等亦规讽殷勤,以长者为言,而不能得也。所以中兴之美,盖未尽焉!"

(接上页)林剑鸣:《秦汉史》,上海人民出版社,1989年,下册,第203—204页。光武帝的那篇诏书,原本是针对臧宫出击匈奴的建议而发的,在此他确实是引用了道家"柔能胜刚"的说法。但是古代思想发展到了这个百川汇海、百家归儒的时候,偶尔引述诸子以为说辞,与将之作为"指导思想",那还是有相当不同的。在此我们可以举出一个类似的例子以为参照。和帝时议伐匈奴,鲁恭奏疏曰:"今边境无事,宜当修仁行义,尚于无为,令家给人足,安业乐产。"见《后汉书·鲁恭传》。鲁恭传《鲁诗》,他虽引"无为"说反对征伐匈奴,但我们似乎不能就说他是道家。而且我们看到,光武帝对"柔"给出了儒家"为政以德"的解释,"以所乐乐人"之说则当源于《孟子》的"独乐乐不如众乐乐"。

[1]　周天游:《八家后汉书辑注》,上海古籍出版社,1986年,下册,第512页。

陈登原谓:"明帝之政,实为沿承光武,故范书以建武、永平并称。吏治深刻,二代皆然。由此言之,光武所谓柔道,自是英雄欺人","中国专制政治之进展,明帝之时,当为断限之一矣"。① "所谓柔道,自是英雄欺人",可谓一语破的。

中华帝国的专制官僚政治在东汉初年又进一步地强化了,史实足以提供相应的证据。据《后汉书·申屠刚传》:"时内外群官,多(光武)帝自选举,加以法理严察,职事过苦,尚书近臣,至乃捶扑牵曳于前,群臣莫敢正言。"同书《朱浮传》:"(光武)帝以二千石长吏多不胜任,时有纤微之过者,必见斥罢,交易纷扰,百姓不宁",故"群下苛刻,各自为能","光武、明帝躬好吏事,亦以课劾三公,其人或失而其礼稍薄,至有诛斥诘辱之累。任职责过,一至于此!"同书《第五伦传》:"光武承王莽之余,颇以严猛为政,后代因之,遂成风化。"同书《钟离意传》,"(明)帝性褊察,好以耳目隐发为明,故公卿大臣数被诋毁,近臣尚书以下至见提拽,尝以事怒郎药崧,以杖撞之。……朝廷莫不悚栗,争为严切,以避诛责"。同书《宋均传》:"均性宽和,不喜文法。常以为吏能弘厚,虽贪污放纵,犹无所害;至于苛察之人,身或廉法,而巧黠刻削,毒加百姓,灾害流亡所由而作。及在尚书,恒欲叩头争之,以时方严切,故遂不敢陈。"这一"法理严察""严猛为政"之风,一直影响到了章帝之时。《陈宠传》:"肃宗(章帝)初,为尚书。是时承永平故事,吏政尚严切,尚书决事率近于重。"对此风史家或称之为"吏化"。《韦彪传》:"世承二帝(光武帝、明帝)吏化之后,多以苛刻为能。"

东汉王朝之奖崇儒术,顾炎武曾加盛赞:"至东京而其风俗稍复乎古,吾以是知光武、明、章,果有变齐至鲁之功。"②然而我们也看到,在奖崇"经术"、标榜"柔道"的同时,明明还有一个深刻的"吏化"倾向伴随于其间。对之,我们不宜仅仅理解为君主个人性格之"苛察";这一时期统治者的"尤任文法""任职责过",意味着继西汉后期到"新政"的"奉天法古"之后,帝国政治取向出现了新的转折,文吏政治因素再度强化了;"经

---

① 陈登原:《国史旧闻》,三联书店,1958 年,第一分册,第 381—382 页。

② 《日知录》卷十三,"周末风俗",《日知录集释》,花山文艺出版社,1991 年,上册,第 585 页。

术"与"吏化"的兼用,显然是向汉宣帝所申明的"霸王道杂之"的政治路线的回归。故《太平御览》卷九一引华峤《后汉书》曰:"中兴以来,追踪宣帝。"又引《东观汉纪》曰:"汉家中兴,唯宣帝取法。"

同时在朝臣中也出现了用法的呼吁。据《后汉书·杜林传》:"(建武)十四年,群臣上言:古者肉刑严重,则人畏法令;今宪律轻薄,故奸轨不胜。宜增科禁,以防其源。"同书《陈元传》,建武中"大司农江冯上言,宜令司隶校尉督察三公";又同书《梁统传》记"性刚毅而好法律""为政严猛"的梁统,"以为法令既轻,下奸不胜",遂上疏倡言"宜重刑罚,以遵旧典"。梁统所谓之"旧典"是什么呢?"统复上言曰:……窃谓高帝以后,至乎孝宣,其所施行,多合经传。宜方比今事,验之往古,聿遵前典,事无难改,不胜至愿。"显然,那"旧典"就是从汉初高祖迄宣帝所形成的一整套"故事",元、成以下就非其所及了。他的主张遇到了指责而未能兑现,但这也如陈启云所说:"尽管他的法家主张据说受到许多守旧的儒家的反对,他的建议仍为朝廷官员暗中遵循。47 年升任大司空的守旧儒家杜林证实,后汉政权是高度法家性质的。"[1]

赵翼曾经专论"光武信谶书":"光武尤笃信其术,甚至用人行政亦以谶书从事。"[2]光武确实利用了《赤伏符》以自我神化,庙祀之事"以谶决之",偶尔以谶纬用人。然而我们认为这与王莽施政中之援谶说符仍有重大不同,因为在涉及国计民生的重大政治问题上,从光武到明帝都奉行着非常现实的政策。光武帝在更始元年镇慰州郡时"除王莽苛政,复汉官名",建武十六年行五铢钱,王莽改制在官制和货币上造成的混乱,遂得纠矫。王朝连续六次颁布释放奴婢的诏令,实行度田、检核田亩与户口,减免赋税徭役,赈济灾民,大规模地治理黄河和兴修水利,压抑功臣和外戚,裁并四百余县和十分之九的吏职,罢省边塞的亭候吏卒。王朝在政治、经济上所采取的这一系列有力措施,恢复了社

① 陈启云:"后汉的儒家、法家和道家思想",《剑桥中国秦汉史》,杨品泉等译,中国社会科学出版社,1992 年,第 15 章,第 844 页。

② 赵翼:《廿二史札记》卷四,王树民:《廿二史札记校正》,中华书局,1984 年,第 88 页。

会的秩序与安定。① 深入体味这些措施，不难感受到一种与王莽"新政"大不相同的现实态度和政治理性。甚至帝王的谨慎心理，也与王莽之过分高昂的自信形成了反差。《后汉书·光武帝纪》："（光武）帝曰：天下重器，常恐不任，日复一日，安敢远期十岁乎？"王应麟曾将此语与秦皇、新莽加以比较，赞为"真帝王之言哉！"②《续汉书·祭祀志》记建武三十年群臣请封禅，光武"诏书曰：即位三十年，百姓怨气满腹，吾谁欺，欺天乎？……若郡县远遣吏上寿，盛称虚美，必髡，兼令屯田"。《后汉书·明帝纪》明帝永平六年诏："先帝诏书，禁人上事言圣，而间者章奏颇多浮词，自今若有过称虚誉，尚书皆宜抑而不省，示不为谄子蚩也。"

"吏事自婴""尤任文法"是否就是"法家"？表述上这或可斟酌，然而至少本书到此为止的叙述已经显示，这种政治精神与战国秦汉以来的官僚制化运动一脉相承，并与"礼治""法治"间漫长冲突密切相关；尽管其间这种分歧冲突不断变化着形态。较之先秦法家，汉代"法治"已发生了诸多变异，可我们还是能够辨认出许多一脉相承的东西，例如"法治"强调循名责实、倚重法律、法吏的特征。正是在这一意义上，我们说光武帝、明帝统治下的东汉王朝，重新恢复了为王莽"新政"所遗弃、破坏了的专制官僚体制的理性行政传统。

进一步的考察可以继续说明这一论断。王朝的"吏化"倾向，必然导致对官员角色之纯粹职业行政文官方面的强调；而儒家在此所着重的，往往是官员应该成为贤人"君子"方面。这个分歧在东汉前期再次成为一个矛盾焦点，从而反映了当时的政局之走向和矛盾之性质。

《后汉书·光武帝纪》说光武"退功臣而进文吏"，这里"文吏"是相对于武将功臣而言的。可是我们确实也看到了与儒生相对意义上的

---

① 对东汉初年王朝的有关政治措施，可参看田余庆先生的叙述，见《中国史纲要》第一册，人民出版社，1979 年，第四章第三节的第一、二小节。

② 王氏曰："秦皇欲以一至万，新莽推三万六千岁历纪，宋明帝给三百年期，其愚一也。汉世祖曰：日复一日，安敢远期十岁乎？真帝王之言哉！"《困学纪闻》，商务印书馆，1935 年，下册，第938 页。

那种"文吏"在政务上的活跃。据《后汉书·韦彪传》，章帝时韦彪因"世承二帝吏化之后，多以苛刻为能"，而上奏曰："……夫欲急人所务，当先除其所患。天下枢要，在于尚书，尚书之选，岂可不重？而间者多从郎官超升此位，虽晓习文法，长于应对，然察察小慧，类无大能！……往时楚狱大起，故置令史以助郎职，而类多小人，好为奸利。"东汉尚书台颇为事权所归，如叶适言"所谓尚书枢机，人主躬听断者。及光武、明帝，真若一吏，乃代有司行事，所以与群臣日斗其聪明也。自是之后，三公顿为虚器，而尚书遂成朝廷，不可复还矣！"①虽然"三公顿为虚器"之说略嫌夸张②，但是尚书权力的扩大确实是东汉皇权强化的重要标志。而且我们看到，在这个日益成为行政中枢的机构中，尚书以及尚书令史之职多为"晓习文法"，即文吏类型的角色所占据；而尚书机构中多明习法律之吏，本是西汉已然的。由韦彪之语可知，尚书由尚书郎选迁。《后汉书·周荣传》记陈忠奏疏："尚书出纳帝命，为王喉舌。臣等既愚暗，而诸郎多文俗吏，鲜有雅才。"是尚书诸郎亦多为"文俗吏"。东汉制度，尚书郎由三署郎官选试，而三署郎来自郡国察举。③《后汉书·第五伦传》："郡国所举，类多办职俗吏。"是由郡国而举荐中央者，也以文吏居多。并且我们还看到，当时居尚书令者也往往是以吏才著称之人。如建武中侯霸为尚书令，"明习故事，收录遗文，条奏前世善政法度有益于时者，皆施行之"。④ 郭贺"能明法，累官，建武中为尚书

---

① 叶适：《习学记言》卷二十四，上海古籍出版社"诸子百家丛书"本，1992 年，第 213 页。

② 据祝总斌先生的意见，东汉尚书台的权力在不断扩大，但是三公"备员"的说法不尽符合实际。见其《两汉魏晋南北朝宰相制度研究》，中国社会科学出版社，1990 年，第五章，"东汉的尚书"。

③ 《续汉书·百官志》注引《决录注》："故事，尚书郎以令史久缺者补之，世祖始改用孝廉为郎。"这里说的"孝廉"，指的是以"孝廉"举自郡国而居于三署为郎官的孝廉郎中。《初学记》卷十一引《汉官》："尚书郎初从三署郎选，诣尚书台试。每一郎缺则试五人，先试笺奏。"《北堂书钞》卷七十九引《汉旧仪》："武帝（元光）元年令郡国举孝廉各一人，诣御史举试，拜为郎中。"

④ 《后汉书·侯霸传》。

令,在职六年,晓习故事,多所匡益"。① 又如"八岁善计""有高能称""在事精勤"而被光武称之为"佳乎吏也"的冯勤,先后为尚书、尚书仆射、尚书令。②

《论衡·程材》叙述世风:"将以官课材,材以官为验,是故世俗常高文吏,贱下儒生","守古循志,案礼修义,辄为将相所不任,文吏所毗戏","科用累能,故文吏在前,儒生在后,是从朝庭谓之也"。这一风气,就促使昔日欲以儒生资格入仕者,纷纷去转习文吏之事。《论衡·程材》说:"是以世俗学问者,不肯竟明经学,深知古今,急欲成一家章句。义理略具,同趋学史书,读律讽令,治作情奏,习对向,滑习跪拜,家成室就,召署辄能。……是以古经废而不修,旧学暗而不明,儒者寂于空室,文吏哗于朝堂。"文吏与儒生这两个群体的相对关系,一向就是"法治"和"礼治"之矛盾的主要焦点。文吏或具有文吏风貌干才者在东汉前期所发挥的功能和所占据的地位,我们有理由将之看成是"法治"因素重新抬头,以及帝国政府中理性行政复归的重要标志。

王充于和帝永元年间病卒,所以他"世俗常高文吏,贱下儒生"的叙述反映了光武至和帝时期的情况。在和帝、安帝之时还有另一个颇可关注的事件,这就是太学之衰。据《后汉书·樊准传》:"邓太后临朝,儒学陵替",樊准上书说"博士倚席不讲"。又据同书《儒林传》,东汉初年太学还算兴盛,但"及邓后称制,学者颇懈。……自安帝览政,薄于艺文,博士倚席不讲,朋徒相视怠散,学舍颓敝,鞠为园蔬,牧儿荛竖,至于薪刈其下"。太学制度发展至此,竟然出现了如此衰败的景象,这是值得深思的。对之我们还可以找到另一些旁证材料。《艺文类聚》卷四十六引《李郃别传》:"郃上疏太后,数陈忠言。……博士著两梁冠,朝会随将、大夫列,时贱经学,博士乃在市长下。公奏以为:'非所以敬儒德、明国体也。'上善公言,正月大朝,引博士公府长史前。"查《后汉书·李郃传》,此"太后"当为邓太后。《续汉书·百官志》:"博士祭酒一人,六百石;……博士十四人,比六百石",又"及洛阳

① 《后汉书·郭贺传》。
② 《后汉书·冯勤传》。

市长、荥阳敖仓官,中兴皆属河南尹"。注引《汉官》:"市长一人,秩四百石;丞一人,二百石。明法补。"朝会位次是官位贵贱的直接反映。博士秩六百石、比六百石,而市长秩四百石;且博士乃明经授业的清贵之官,而市长是"明法补"。然而此时朝会中,博士竟被置于四百石之猥官市长之下;可见"时贱经学"到了什么程度,无怪太学为衰。《后汉纪》卷十五《殇帝纪》载尚敏《陈兴广学校疏》:"自顷以来,五经颇废,后进之士,趣于文俗;宿儒旧学,无与传业,由是俗吏繁炽,儒生寡少。……太学之中,不闻谈论之声;从横之下,不睹讲说之士。……今百官伐阅,皆以通经为名,无一人能称。……自今官人,宜令取经学者,公府孝廉皆应诏,则人心专一,风化可淳也!"依其所言,则其时"俗吏"——这是儒生对文吏的蔑称——在选官上也排挤了儒生,公府辟召、州郡察举,都不重经学之士。

我们认为,和、安之间的"时贱经学",是光武、明帝以来婴心吏事、重视文法的直接后果。尽管史称光武帝与明帝崇尚经术,但这只是问题的一个方面而已。其政治方针的"吏化"方面,发展到一定时候就显示出了其深刻程度,并在和、安之时导致了"时贱经学"。当然此期的"儒学陵替",可能还有其他原因,但是当时之人已经将之与"俗吏繁炽"联系起来了,可见"时贱经学"与"吏化"相关。[①] 而委政文吏,应该追溯到光武、孝明之"婴心吏事""尤任文法",非始于和、安之世。建武、永平中明法之吏已颇能施展其能。如郭贺以能明法,建武中为尚书令,已见前引。又如《北堂书钞》卷五十三引《东观汉纪》:"张禹字伯

---

① 《后汉书·樊准传》,樊准奏有"博士倚席不讲,儒者竞论浮丽"语。其时经学之衰可能与士人学风变迁有关。此外,和帝以来外戚专政,其亲党往往布列朝廷,这可能也构成了压抑儒生仕进的原因。对于东汉太学之衰,或有以此为释者。但除此之外,时人以"俗吏繁炽"与"儒生寡少"并说,仍然反映了这一现象与"吏化"有关。据《后汉书·儒林传》,顺帝时由于朝廷的努力,太学再次兴盛起来,"然章句渐疏,而多以浮华相尚,儒者之风盖衰矣"。顺帝以降学者"浮华"之风与宦官、外戚势力并未消减,太学却繁荣起来了,这说明和、安之时"儒学陵替"和"俗吏繁炽"现象还有其他原因,我们认为那就是此前的"吏化"政治方针。

达,作九府吏……明帝以其明达法理,有张释之风,超迁,非次拜廷尉。"①沛国陈氏、颍川郭氏是汉代著名的法律世家。《南齐书·崔祖思传》:"陈、郭两族,流称武、明之朝。"《资治通鉴》东汉明帝永平七年记宗均②语:"国家喜文法廉吏,以为足以止奸也。"

选官制度是联结士人和政府的桥梁。儒生和文吏在帝国政府中的相对地位,必然直接地反映到选官制度上。那么我们就来看光武帝在选官上所颁布的一个重要诏书。《续汉书·百官志》注引应劭《汉官仪》:

> 世祖诏:方今选举,贤佞朱紫错用。丞相故事,四科取士。一曰德行高妙,志节清白;二曰学通行修,经中博士;三曰明达法令,足以决疑,能按章覆问,文中御史;四曰刚毅多略,遭事不惑,明足以决,才任三辅令;皆有孝悌廉公之行。自今以后,审四科辟召。

这一诏书,在章帝时又再度重申。③ 这个"丞相故事"源于西汉汉武帝所定制度,在卫宏《汉旧仪》中犹可看到,且称:"以为有权衡之量,不可欺以轻重,有丈尺之度,不可欺以长短,官事至重,古法虽圣犹试。故令丞相设四科之辟,以博选异德名士,称才量能,不宜者还故官。"

方北辰说这"四科"是丞相从九卿属吏中之同秩官员里选拔丞相府属的标准④,这是很准确的。但是在一种引申的意义上,我们也可将

---

① 按《太平御览》卷二三一引《汉官仪》:"光武时有疑狱,见廷尉曹史张禹所问辄对,处当详审,于是册免廷尉,以禹代之。虽越次而授,亦足以厉其臣节也。"这里又说是光武帝擢拔了张禹。钱大昭之《后汉书补表》卷七"公卿上"于明帝永平七年列入"廷尉张禹伯达",云据殿本《东观记》。见《后汉书三国志补表三十种》,中华书局,1984年,上册,第371页。又练恕《后汉公卿表》亦于明帝永平七年列入"张禹为廷尉"。前引书,中册,第702页。但《后汉书·张禹传》言其永平八年举孝廉,章帝建初中为扬州刺史,与永平七年为廷尉不甚合。王先谦《集解》引及《东观记》,但仅云"此传所无"而已。中华书局,1984年,上册,第524页。在此我们所知的只是这样一点:此期有一位廷尉曹史,因为"明达法理"而被越次授为廷尉了。

② 按"宗均"即宋均,见《后汉书·宋均传》。

③ 见《后汉书·和帝纪》注引《汉官仪》:"(章帝)建初八年十二月己未,诏书辟士四科……"

④ 见方北辰:《两汉的"四行"与"四科"考》,《文史》第二十三辑。

之视为汉代帝国政府的总体选官标准。① 由其强调"权衡之量""丈尺之度""官事至重""称才量能"，它之生发于官僚政治的理性行政要求一点判然可见，这与"法治"精神是内在沟通的。"四科"的标准为德行、经术、法律、政事，则进而反映了帝国选官同时面向儒生和文吏这两大群体的现实：儒生所长为经术，崇尚"德政"、主张"以德取人"；文吏所长为法律，务于"法治"、主张"以能取人"。经术中包含着见于儒家经典中的意识形态和政治思想，文法中包含着见于法规簿记中的行政规程和行政技术。经术、法律是就其所习之知识性质立科；德行、政事则是就其行为取向立科。汉代选官之体制，就是在此基础上建立起来的。这样一个体制，明白无误地反映了帝国政治之"霸王道杂之"的精神。

王莽变法为儒生之施展身手、贯彻"王道"敞开了大门。王莽把太学博士增至三十，博士弟子增至万八百人，征召天下通一艺、教授十一人以上的"异能之士"前后千数。值此之时，另一种"四科"被王莽采用了。《汉书·王莽传》始建国三年："令公卿大夫诸侯二千石举吏民有德行、通政事、能言语、明文学者，各一人，诣王路四门。"又天凤三年："复令公卿大夫诸侯二千石举四行，各一人。"此"四行"即始建国三年所举之"四科"②，它另有所本，源于所谓"孔门四科"。《论语·先进》："德行：颜渊、闵子骞、冉伯牛、仲弓；言语：宰我、子贡；政事：冉有、季路；文学：子游、子夏。"《后汉书·郑玄传》："仲尼之门，考以四科。"较之汉代丞相辟士之"四科"，这里恰少"明法"一项，这就反映了儒法两家，对于"政事"的不同理解。儒家崇尚"德政""王道"，但是其"礼治"思想中，对于一个行政实体的周密构建和可靠运行的理性技术，却很少阐述；在这方面他们远较法家逊色。法家的"法治"，则充分体现了依赖理性规程操纵官僚机器的精神，那么吏员之"明法"就是不可或缺的。王莽变法舍汉代丞相之"辟士四科"而另用"孔门四科"以选官，废置了秦汉"明法"取人的传统，这与其复古化、神道化的政治倾向是一致的。那么

---

① 参看拙作：《汉代选官之"四科"标准的性质》，《社会科学研究》1990 年第 5 期；以及拙作：《察举制度变迁史稿》，第一章第三节，"四科之考析"。

② 颜师古注此"四行"："依汉光禄之四科。"误。参看拙作《察举制度变迁史稿》，第 50 页。

第十章　儒生与文吏的融合：士大夫政治的定型　375

东汉光武帝明令恢复"丞相四科之辟"的传统,其意义就不言自明了。

概而言之,秦汉之间的政治文化变迁,是由"秦政"而"汉政",由"汉政"而"新政";世入东汉,汉政之"霸王道杂之"的政治精神,又重新占据了支配地位。东京之汉政,是立足西京汉政之基础上而推进展开的;王莽"新政"所取向的那种政治模式,已由实践验证是不可取的,尽管它也留下了历史的积淀物。自光武帝以来,王朝着意恢复"霸王道杂之"的方针,正如帝国统治者一方面"爱好经术",另一方面又"尤任文法"所反映的那样。很重要的一点是,"经术"与"吏化",在此是被用一种体现了社会分化的态度来对待的。意识形态上儒术得到了王朝的更大尊崇,甚至谶纬之学也依然盛行于时;但是它们对行政领域的非理性影响,则已得到了相当的抑制。谶纬神学已被限定于某些特定层面之内,而大大缩小了对国务行政的直接干扰,这与王莽一以谶纬符命颁令施政的情况决不相同;王朝在礼制方面的活动,也与兵刑钱谷、考课铨选之政务有了较为明晰的区分,它不能够直接地取代后者,这也是大异于王莽"制定则天下自平"的思路的。在行政领域之中,文法律令、故事旧典,再一次地成为帝国政务的基本维系。我们无意否定东汉王朝奖崇儒术之说,有充分的材料可以证明这一说法;但另一方面,"吏化"倾向及其对东京汉政的支配,同样是斑斑可考于史实的。

这样看来,尽管东汉政权在意识形态上继承了王莽的路线,但是在儒生、儒术与帝国官僚政治的结合方式上,东京汉政与王莽"新政"决不相同。西汉儒生理性精神之薄弱,其复古化、神道化的倾向,造成了王莽企图以上古模式、经典教条和谶纬神学来构建理想乌托邦的尝试,其结果是反而损害了儒生初始所持的道义信念。东京之汉政,则是努力使儒术和文法达成协调,既牢牢抓住文法吏治一环,使专制官僚体制有一个坚实的运转基础,避免重蹈"新政"覆辙,同时也力崇儒术,充分利用其约束君主、调节政治、整合社会之功能,防止秦政之再现。君主之"奖崇儒术",即顾炎武所谓"变齐至鲁之功",与"总揽威权""尤任文法",这二者同样都是真实的。"秦政"和"新政"在文法和儒术上是相互排斥而偏枯了一方,东京汉政则力图使二者各自在其"适宜"层面上发挥不同作用。事实上汉宣帝之"霸王道杂之"亦取意于此,在他统治时期,"政事、文学、法理之士咸精其能"。"孝宣之治"和"建武、永平之政"最为史家称道,也证明了这种王霸兼综、德刑并用、儒法相辅的方针,最为适合中国古代的帝国体制和社会背景。但是汉宣帝对"王霸杂用"作公然申明,这是帝国政治文化模式尚未充分定型的表现;而东汉王朝意识形态上专崇"经术"、实际政务中又不弃"吏化",在这两方面的结合上,无疑又达到了一个新水平。不管这是不是统治者的着意所为,至少东汉以来的帝国的政治倾向、政治行为甚至政治制度,确实是体现出了这一趋势。

由此我们就得出了这样的印象:西汉后期儒学理想主义的"魔化",在东汉时期就已得到了相当的抑制;而抑制这一"魔化"趋势的,则是王朝的"吏化"倾向,是这个庞大帝国的专制官僚体制长期形成的理性行政传统。这个理性行政传统对儒者的思想做了充分洗礼。正如学人所指出的那样,在汉代,"礼治"与"法治"在相互对立、冲突的同时,也在日益合流。尤其在王莽变法失败之后,东汉思想史上的儒法合流趋势就大大加速了。

第二节　儒法合流

王莽变法之后东汉朝廷以"经术"与"吏化"并重,政治理性精神重新主导了帝国政务,这不能不深刻地影响到依然处于独尊地位的儒家意识形态本身上来。正如学人所言,在汉代,存在着一个"儒法合流"的过程。这种合流在先秦的荀子那里就已开端,在汉初以来又不断地推进和积累;在经历了西汉后期的"奉天法古"运动的曲折之后,东汉时期这种合流就进一步地深化了。

对于两汉思想变迁,吕思勉曾有如下出色议论:

> 中国之文化,有一大转变,在乎两汉之间。自西汉以前,言治者多对社会政治,竭力攻击。东汉以后,此等议论,渐不复闻。[①]

---

① 吕思勉:《秦汉史》,上海古籍出版社,1983 年,第 197 页。

蒙文通论东汉思想风貌之变时,进一步说:

> 逮莽之纷更烦扰而天下不安、新室倾覆,儒者亦嗒焉丧其所主,宏义高论不为世重,而古文家因之以兴,刊落精要,反于索寞,惟以训诂考证为学,然后孔氏之学于以大晦。道之散,东京以来之过也,贾、马、二郑之俦之责也。是东京之学不为放言高论,谨固之风起而恢宏之致衰,士趋于笃行而减于精思理想,党锢君子之行,斯其著者,而说经之家固其次也,故董、贾之书犹近孟、荀之迹,而东汉之学顿与晚周异术。①

两汉之间发生了深刻的思想转变,而且这一转变与王莽变法的失败密切相关,我们相信这是一个敏锐的体察。吕、蒙二先生外,治思想史者所见多不及此,这是令人遗憾的。或许有些细节的解说,还可进一步研讨,例如古文经学之兴与这一转变是否有关、关系为何②;但是时至东

---

① 蒙文通:《论经学三篇》,《中国文化》1991 年第 4 期。

② 蒙文通说:“凡莽政之可言者,皆今文家之师说也。”这一论断自有相当道理。古文经学一派在西汉后期才逐渐抬头,西汉儒家政治学说的主调,其“非常异义可怪之论”,多由前期治今文经者所奠定。不过如果过分强调今古文的对立,恐怕也有失拘泥。英国学者鲁惟一(Micheal Loewe)断言“现世派”主今文经,如《公羊传》;“改革派”主古文经,如《谷梁传》和《左传》(见其 *Crisis and Conflict in Han China*, London, 1974, p.12)。这种说法未可深信。例如贾谊亦习《左传》,但是他改正朔服色的呼吁大旨上同于今文家。王莽改制,以古文经《周礼》为蓝本;其国师刘歆,为《左传》力争席地。马勇说:“王莽的种种改革,其名目必与《周礼》合,其说法亦与《左传》近。”但他也说到,“其实,所谓今古文之争,所谓《春秋》三传之间的争论,并无根本冲突,他们对汉朝最高法典的解释虽有所不同,但那只是枝叶末节”(见其《汉代春秋学研究》,四川人民出版社,1990 年,第 116、123 页)。如周予同所言:“王莽依附古文经典,但也援用今文经典;王莽提倡古文经学,但并不排斥今文经学。”(见其《王莽改制与经学中的今古文学问题》,《周予同经学史论著选集》,上海人民出版社,1983 年)“奉天法古”之社会改革路线的奉行者王莽,包括张皇《左传》的刘歆,其思想在“变法”意图上与今文经师其实是一脉相承的。金春峰指出:“汉代只有一个统一的经学,它是由今文经学所代表的,汉代所有的经学家都具有这统一经学的共同学风与特点”,“今古文的几次斗争,主要是围绕应否立学官这一点,并非基于学术上的分歧与对立”(见其《〈周官〉故书之谜与汉今古文新探》,《中国文化》1991 年第 4 期)。这个意见是可取的。我们将主要从时代与政治变迁上讨论汉代政治思想,不拘泥于今古文问题。

汉,儒者对社会政治作彻底改造的不切实际的热情、对"乌托邦"式理想社会的宏远迂阔的追求,确实是日益降温了。

从表面上看,西汉儒家许多作风和论说依然为东汉儒者所承继。例如章帝建初四年因白虎观会议而修成的贯通五经大义的《白虎通义》,其对"礼乐"的态度、对纬书的引用、对灾异的称说以及对历史和现实的"乌托邦"色彩的描绘和解释,集西汉儒家政治思想之大成。学人或谓:"《白虎通》的基本思想,实质上和董仲舒一样,也是以封建伦常为核心,以阴阳五行为骨架。……经学是一个时代思潮。如果说董仲舒是这个思潮的起点,《白虎通》则是这个思潮的顶峰。……《白虎通》的神学思想比董仲舒更为浓厚。"①

但是在另一方面,我们也确实看到儒生们现实主义精神的再起。仕于两汉之际的桓谭就是一例。如董俊彦所云:"桓谭《新论》中有关政治方面的主张,大多是针对王莽政治措施的反弹。"②很有意思的是,新朝覆灭后桓谭也对秦政、汉政和新政做了比较,但是他的论点,已颇异于扬雄之《剧秦美新》:

> 昔秦王见周室之失统,丧权于诸侯,自以当保有九州,见万民碌碌,犹群羊聚猪,皆可以竿而驱之,故遂自恃不任人……故遂以败也。……
>
> 高帝怀大智略,能自揆度群臣,制事定法。常谓曰"卑而勿高也,度吾所能行为之"。宪度内疏,政合于时,故民臣乐悦,为世所思。此知大体者也。
>
> 王翁嘉慕前圣之治,而简薄汉家法令,故多所变更,欲事事效古,美先圣制度,而不知己之不能行其事,释近趋远,所尚非务,故以高义,退致废乱。此不知大体者也!③

---

① 任继愈主编:《中国哲学发展史》(秦汉),人民出版社,1985 年,第 472 页。

② 董俊彦:《桓子新论研究》,台北:文津出版社,1989 年,第 164 页。

③ 桓谭:《新论》,《群书治要》卷四十四。自"自以当保有九州"以下二十四字,及"故遂以败也"五字,据《太平御览》卷八六补入,参见严可均《全后汉文》卷十三。但严补夺一"故"字。

在桓谭看来,在这三种政治形态中,秦政固然不可取,但是新政之"简薄汉家法令""事事效古,美先圣制度",同样是致乱之道。他所欲伸张的"大体",其实就是汉政的"霸王道杂之":

> 唯王霸二盛之义,以定古今之理焉。夫王道之治,先除人害,而足其衣食,然后教以礼义,使知好恶去就,是故大化四凑,天下安乐。此王者之术。霸功之大者,尊君卑臣,权统由一,政不二门,赏罚必信,法令著明,百官修理,威令必行。此霸者之术。王者纯粹,其德如彼;霸道驳杂,其功如此。俱有天下,而君万民,垂统子孙,其实一也。①

蒙文通以为"东京之学不为放言高论",而东汉初年桓谭之欣赏汉高帝的"卑而勿高",当为其始,且可证蒙氏之说。刘邦"度吾所能行为之"之语,乃因叔孙通制礼仪而发;又汉文帝也有"卑之毋甚高论,令今可施行"之言。② 司马迁如下之语有助于进一步理解"卑而勿高"政治精神的深义:"秦取天下多暴,然世异变,成功大。传曰'法后王',何也?以其近己而俗变相类,议卑而易行也。学者牵于所闻,见秦在帝位日浅,不察其终始,因举而笑之,不敢道,此与以耳食无异,悲夫!"③是史学家司马迁对"议卑而易行",也曾有过专门思考。方苞评曰:"迁之言,亦圣人所不易也。"并进而评论说:"故汉之兴,多沿秦法。昔三代受命,相继相因,孔子推之以为百世可知;秦始变古而传,乃曰'法后王',何也? 孔子所谓因者,礼也;迁之所谓法者,政也。政必逐乎情,与世而迁,近己而俗变相类,论卑而易行,乃情之不谋而同,势之往而不返者也。"此论由"礼""法"之别而解说"议卑而易行"之义,颇为精到。④ 司马迁所引述的"法后王",本是荀子的主张。依照这种注重现世的精神,以权、政、法、威为重心的"霸道"及其所体现的理性行政,对

---

① 引自《全后汉文》卷十三。

② 见《史记·叔孙通列传》及《张释之列传》。

③ 《史记·六国年表》。

④ 《望溪先生文集》卷二,"书《史记·六国年表·序》后",《四部丛刊》本。

于帝国体制来说，就并非是一个可以"举而笑之"、弃之如敝屣的东西。而法家学说，原本就是这种务实的"霸道"之学，《史记·老子韩非列传》："申子卑卑，施之于名实。"此"卑卑"，亦即务实之意。①

相形之下，王莽所崇之先圣"高义"、西汉儒生汲汲以求的"乌托邦"式高远宏丽的社会理想，反因议高难行而告破灭。桓谭《新论》对兵刑钱谷之政务的诸多政见颇具务实精神，这当是他历仕三朝后的反思所得。② 有此种转变者或不止他一人；而东汉初年朝廷在解决社会政治问题之时，也正采取了相当现实的政策。光武帝时的一次礼制讨论亦很有意思。《后汉书·杜林传》："大议郊祀制，多以为周郊后稷，汉当祀尧。诏复下公卿议，议者佥同，帝亦然之。林独以为周室之兴，祚由后稷，汉业特起，功不缘尧。祖宗故事，所宜因循。定从林议。"李贤注："《东观记》载林议曰：'当今政卑易行，礼简易从，人无愚智，思仰汉德。基业特起，不因缘尧。尧远于汉，人不晓信，言提其耳，终不说谕。……宜如旧制，以解天下之惑。"又《续汉书·祭祀志》注引《东观记》所记杜林议中尚有如下文字："及至汉兴，因时宜，趋世务，省烦苛，取实事，不苟贪高亢之论。"杜林是两汉之交的一位重要古文经师，他对"政卑易行"的政治原则亦加申明，与桓谭可谓不谋而合。尽管学人

① 《史记集解》释"卑卑"为"自勉励之意也"。《索隐》承之。然此说恐非。卑，本为低、下、贱、微之意。《老子韩非列传》："太史公曰：老子所贵道，虚无，因应变化于无为，故著书辞称微妙难识。庄子散道德，放论，要亦归之自然。申子卑卑，施之于名实。韩子引绳墨，切事情，明是非，其极惨礉少恩。"玩其语意，申子之"卑卑"，乃是与老子之"虚无"、庄子之"放论"相对而言的，此"卑卑"与"施之于名实"相应，与韩非之"切事情"意近，当为务实之义，合于"卑之毋甚高论"之"卑"。中井积德曰："卑卑，卑近之意。"见《史记会注考证附校补》卷六十三，上海古籍出版社，1986 年，下册，第 1305 页。其说近是。

② 按袁宏《后汉纪》称"王莽居摄篡弑之间，天下诸儒莫不兢褒称德美，作符命以求容媚，谭独嘿然，官止乐大夫"。《后汉书》本传承其说。顾炎武《日知录》卷二十六"后汉书"条，据其曾为王莽班行《大诰》、被封明告里附城事，谓桓谭"曾受莽封爵，史为之讳尔"。花山文艺出版社，1991 年，下册，第 1125 页。苏诚鉴亦考之桓谭仕莽事，云《后汉纪》《后汉书》"两皆失实"。见其《桓谭年表》，《中国哲学》第十二辑，人民出版社，1984 年。桓谭对王莽的态度大约经历过一个转变过程。但他早期的某些思想，为其后来的转变和对王莽的深刻批判提供了基础。

称"若两汉,固仍一鬼神术数之世界"①,但是同时,"汉为尧后"这种在王莽变法前甚嚣尘上的说法,在恢复了政治理性的东汉初年,已是"言提其耳,终不说谕"了。"人思汉德"也意味着一个"法后王"的态度。官僚政治以"天行有常"的理性精神为基础,落实到人事上,就必然得出"祖宗故事,所宜因循"的推论。

王充对桓谭评价颇高,《论衡·超奇》称其"又作《新论》,论世间事,辨照然否,虚妄之言,伪饰之辞,莫不证定"。而《论衡》一书,如学者所言,其对儒术之神道化的方面的批判,也颇富唯物主义色彩。他在其书中斥责秦、莽,而专以《宣汉》等篇盛赞汉帝国的功业,力辨古不如今、"周不如汉",批驳了儒者"汉兴以来,未有太平"的说法——这类说法弥漫于西汉后期,并导致了王莽取法周公的复古运动。在《程材》《谢短》等篇中他对儒生、文史之异同优劣做了出色的辨析;虽然他肯定了儒生高于文史,但是同时却也明确承认了"文史更事,儒生不习",文史在"优事理乱"上胜过"轨德立化"的儒生。由之而来的推论,就将大不同于西汉儒生对文史的一味单纯谴责。在《非韩》篇中他对韩非的批评也与之类似:"夫德不可独任以治国,力不可直任以御敌也。韩子之术不养德,偃王之操不任力,二者偏驳,各有不足。"其基本立场体现于如下申说:"夫儒生,礼义也;耕战,饮食也。"隐然有王霸兼综之意。

桓、王二人在当世并无大影响,然而他们这样的思想仍与时势变迁密切相关,而不是偶然或孤立的现象。例如班固的《汉书》是得到了帝国朝廷奖助的历史著作,方苞云《王莽传》"尤班史所用心,其钩抉隐微、雕绘众形,信可肩随子长"②,然此《传》记述王莽复古运动时的贬讽笔调,对"莽意以为制定则天下自平"的荒谬思路的专意揭示,亦见其对秦政、汉政与新政的评价类似于桓谭、王充。这类历史记述一直影响到了三国时的陆景。其《典语》曰:

> 秦汉俱杖兵用武以取天下,汉何以昌,秦何以亡?秦知取而不

---

① 吕思勉:《秦汉史》,上海古籍出版社,1983年,第810页。

② 《望溪先生文集》卷二,《书〈汉书·王莽传〉后》。

知守,汉取守之具备矣乎。中世孝武以成功恢帝纲,元、成以儒术
失皇纲,德不堪也。王莽之世,内尚文章,外缮师旅,立明堂之制,
修辟雍之礼,招集儒学,思遵古道,文武之事备矣。然而命绝于渐
台,支解于汉刃者,岂文武之不能治世哉?而用之者拙也![①]

"元、成以儒术失皇纲"之说,已大异于扬雄对如日中天之时的王莽变
法所作"王纲弛者已张"之盛赞。承认"儒术"用之不当也会有"失皇
纲"的可能,这一见解其实先已隐含在《汉书》对西汉政治史的记述之
中。有趣的是班固是白虎观会议的参与者,意欲贯通《五经》的《白虎
通义》今题班固撰,但是其《汉书》的《纪》《传》以及刑法、食货等等诸
《志》,却给人以颇不相同的务实感受。当然其中也时有迂远之论,可
是在有关史实政制的记述中,占主导的仍是现实态度。研讨历史——
研讨到王莽为止的帝国盛衰史给予时人的启示,是不尽同于研讨经书
而得到的那些东西的。

因而可以相信,尽管表面看来东汉初年的文化思想承袭了西汉的
许多东西,但是某种深刻的政治文化变迁依然是悄悄地发生了。尤其
是在帝国朝廷事实上是采用了"经术"与"吏化"并用的方针,而社会上
儒生与文吏的融合也在日益深化的时候,上述变迁就不是个孤立的现
象了。在东汉后期社会危机日益深重之时,这一变迁就在此期儒者面
对危机的回应之上,更为鲜明地表现出来了。对这种回应学人称为
"社会批判思潮"[②],然而这种批判,已大不同于西汉后期儒生基于"奉
天法古"理路所做的批判,它对"霸道"和法治给予了充分的强调。

---

① 《群书治要》卷四十八。

② 例如,侯外庐主编的《中国思想通史》第二卷(人民出版社,1957 年),其第十一章题为
《汉末社会政治的危机和对宗教道德法律的批判思想》,第十二章讨论了王符和仲长统
的"政治批判思想";任继愈主编的《中国哲学发展史》(秦汉)(人民出版社,1985 年)之
末章题为《东汉末年的社会批判思潮》;金春峰的《汉代思想史》(中国社会科学出版社,
1987 年)之《汉末社会批判思潮的兴起及其与魏晋思想的关系》一章,讨论了王符、崔寔、
仲长统的"社会批判思想";祝瑞开的《两汉思想史》(上海古籍出版社,1989 年)第二十
二章题为《东汉晚期社会、政治批判的思潮》。

王符是这样强调"法"的重要性的:"法者,君之命也","夫法令者,君之所以用其国也","夫法令者,人君之衔辔箠策也"。因为,"民之所以不乱者,上有吏;吏之所以无奸者,官有法";"议者必将以为刑杀当不用,而德化可独任,此非变通者之论也,非救世者之言也!……故有以诛止杀,以刑御残";"要在于明操法术,自握权秉而已矣。所谓术者,使下不得欺也;所谓权者,使势不得乱也"。其中许多语句,都可以在法家著作中找到来源,故汪继培时引《商君书》《韩非子》《管子》《尹文子》等笺注其文[①];而王符不以为然的"任德不任刑",原是董仲舒之论。又荀悦认为,"先教"与"先刑"都是偏执一端:"先王之道,上教化而下刑法,右文德而左武功,此其义也。或先教化,或先刑法,所遇然也。拨乱抑强则先刑法,扶弱绥新则先教化,安平之世则刑教并用。"[②]理念上的"上教下刑",与现实中的因势制宜,得到了颇具理性的区分。仲长统也有类似的说法:"德教者,人君之常任也,而刑罚为之佐助焉。……至于革命之期运,非征伐用兵,则不能定其业;奸宄之成群,非严刑峻法,则不能破其党。时势不同,所用之数亦宜异也。"[③]又崔寔《政论》更明确地提出:"度德量力,《春秋》之义。今既不能纯法八世,故宜参以霸政,则宜重赏深罚以御之,明著法术以检之。自非上德,严之则理,宽之则乱。"范晔称《政论》"指切时要,言辨而确,当世称之。仲长统曰'凡为人主,宜写一通,置之坐侧'"。[④]钱钟书云:"按汉人言治国不可拘守儒家所谓'王道',而必用霸术者,以此论为尤切。"[⑤]

明儒方孝孺斥崔寔"其论至于与韩(非)无异"。[⑥]《隋书·经籍志》以《政论》入法家。崔寔以及王符等人的言论,不同于法家,但确实有取于法家。崔寔的主旨是"达权救弊",强调的是治术之"能行",反

---

① 王符语见《潜夫论·衰制》及《明忠》,引自《潜夫论笺》,汪继培笺,彭铎校,中华书局,1979 年。

② 荀悦:《汉纪》卷二十三《元帝纪下》。

③ 仲长统:《昌言》,《群书治要》卷四十五。

④ 均见《后汉书·崔骃传》。

⑤ 钱钟书:《管锥编》,中华书局,1986 年,第三册,第 1006 页。

⑥ 方孝孺:《逊志斋集》卷五,"崔寔",《四部丛刊初编》本。

对的是"俗人拘文牵古,不达权制":"且济时拯世之术,岂必体尧蹈舜,然后乃治哉?期于补绽决坏,枝拄邪倾,随形裁割,取时君所能行,要措斯世于安宁之域而已。故圣人执权,遭时定制,步骤之差,各有云施。不强人以不能,背所急而慕所闻也。"①崔寔之"取时君所能行",与前述之"政卑易行"大旨略同。他把"上德"之世与"时君"之治区分开来了。"必欲行若言,当大定其本,使人主师五帝而式三王,荡亡秦之俗,遵先圣之风,弃苟全之政,蹈稽古之踪,复五等之爵,立井田之制,然后选稷、契为佐,伊、吕为辅,乐作而凤凰仪,击石而百兽舞。若不然,则多为累而已!"对托之于"五帝""三王"的太平至世的向往,构成了西汉后期儒生所汲汲以求者;崔寔并不否定这一理想,可他认为现实政治中就已不能"纯法八世"了,而要采取"时君所能行"的措施;在全面地"体尧蹈舜""大定其本"已不甚可能的时候,强而为之"则多为累而已"。于是汉宣帝就得到了他的高度赞扬:"孝宣皇帝明于君人之道,审于为政之理,故严刑峻法,破奸宄之胆,海内清肃,天下密如。……元帝即位,多行宽政,卒以堕损,威权始夺,遂为汉室基祸之主。"②侯外庐说:"汉末学者稍敢说话的人,多不侈谈三代,而以取法文宣为已足,左雄、王符、崔寔都是如此。"③这与上一节所述之东汉朝廷"中兴以来,追踪宣帝""汉家中兴,唯宣帝取法",正成呼应。

比较东西汉儒者对王朝后期社会危机所提出的不同救治之方,颇有意义。在其间我们就发现,东汉儒者具有了更多的现实态度和理性精神。他们并未放弃儒家那些最基本的东西。例如王符有如下申言:"帝王之所尊敬,天之所甚爱者,民也!……是以君子任职则思利民。"④崔寔亦云:"是以有国有家者,甚畏其民,既畏其怨,又畏其罚,故养之如伤病,爱之如赤子。"⑤这依然是此期士人所着意维护者。但是

---

① 崔寔:《政论》,《群书治要》卷四十五。

② 《后汉书·崔骃传》。

③ 侯外庐等:《中国思想通史》第二卷,第419页。

④ 《潜夫论·遏利》及《忠贵》。

⑤ 崔寔:《政论》,《群书治要》卷四十五。

在落实"仁政"的途径上,他们把高悬的理想与现世的政治区分开来了。"太平"或"大同"作为一个最高境界,它贯注了儒家的全部文化理想,并以尧、舜、禹或夏、商、周的"盛世"作为其象征;但是儒者也意识到了现世政治的最大可能只是"小康",申说"大同"的真正意义,只是在于这个最高境界与现世政治的反差,构成了儒者维系其道义原则的强大张力。为了维持这种张力,在标榜、宣扬层面上他们仍然时常要求君主以三代为法,但对于在事实层面上这不过是要"法乎其上,得乎其中",他们也逐渐有了相当理性的深切认识。这是东西汉之间发生的一个深刻思想转变。依前引吕思勉、蒙文通之说,是否对社会政治做全盘攻击构成了东西汉前后的思想差异;而上之所述,我们相信就是探寻其间差异的线索之一。

宋儒叶适亦颇不以崔寔之论为然:"绝无义,汉人以为能言,莫晓其故。其大意不过病季世宽弛,欲以威刑肃之。"[1]但崔寔之反对"纯法八代",并不如叶适所说,仅仅是主张季世任以"威刑"而已。只有在对东西汉末年儒者对危机大不相同的反应加以比较之后,我们才能更为深刻地理解崔寔等人的政论之意义。叶适只把"威刑"理解为严刑酷法。但是在崔寔等人强调"刑"的同时,他们对"俗吏"以至"酷吏"的治世之术却也表示了反对。崔寔激烈地谴责了"横暴酷烈"之政和"残猛之人",他们使"百姓之命,委于酷吏之手,嗷嗷之怨,咎归于上"[2]。王符亦曰:"更任俗吏,虽灭亡可也。"[3]他们之重"刑"所真正指涉的是重"法",即专制官僚政治的一整套法纪、法制。章太炎论曰:"东京之末,刑赏无章也。儒不可任,而发愤者变之以法家。王符之为《潜夫论》也,仲长统之造《昌言》也,崔寔之述《政论》也。……上视杨雄诸家,牵制儒术,奢阔无施,而三子闳远矣。名法之教,任贤考功,期于九列皆得其人,人有其第,官有其位。"[4]其说颇优于叶氏之论。当儒者在

① 叶适:《习学记言》卷二十五,上海古籍出版社"诸子百家丛书"本,1992年,第220页。

② 崔寔:《政论》,《群书治要》卷四十五。

③ 王符:《潜夫论·思贤》。

④ 章太炎:《检论》卷三,"学变",《章太炎全集》(三),上海人民出版社,1984年,第444—445页。

实际上已把现世的立足点放在"小康"之上以后,由法家所推动的、在长期发展历程中不断完善起来的官僚法纪,就不仅是"法治"的基础,甚至也将是"仁政"的现实基础了。桓谭、崔寔强调"霸政",意味着儒术和法术之进一步的接近与贴合。

在这个时候,对记载于儒家经典中的先王礼乐仪典的态度,就不能不发生变化。当官僚法制充分分化出来之后,那些礼乐仪典,较之兵刑钱谷之实际政务,便已具有了更多的"繁礼饰貌"的意味,而大大丧失了其在西周春秋时的真实政治功能。社会分化也提供了这样一种可能性:"礼义"不必具象于先王的古礼古乐之中,"觚之不觚"与国之不国已失去了必然的联系。这不是说帝国政治就可以抛弃"礼"的节文方面。祭祀、朝仪以及维系尊卑贵贱亲疏的仪制节文等等,依然因其宗教、文化和社会功能而足资利用;但是人们对之的态度,较之王莽"新政",也已在逐渐地理性化,它们与官僚法制之间获得了协调得多的分工和互补关系。

东汉初年始王朝也曾着意于制定礼仪,儒者任其事,"残缺之余,赖以正定";但是当制礼活动过度发展而超出了所需的限度之时,它就陷入了抵制和挫折。① 章帝好礼,以为"汉遭秦余,礼坏乐崩,且因循故事,未可观省",世传礼学的曹褒受其命,撰新礼百五十篇。章帝估计到了反对者的存在,"以众论难一,故但纳之,不复令有司平奏"。但和帝之时,"太尉张酺、尚书张敏等奏褒擅制汉礼,破坏圣术,宜加刑诛。帝虽寝其奏,而《汉礼》遂不行"。② 后有张奋请和帝奉成曹褒制礼之事,"帝虽善之,犹未施行"。据张奋言,对"汉当制作礼乐"的说法,"众

---

① 徐天麟概述说:"世祖中兴,张纯定郊庙冠婚之制,东平王创制车服冠冕之仪,残缺之余,赖以正定。建武末年,初建三雍。显宗即位,亲行其礼。天子始冠通天,衣日月,备法物之驾,盛清道之仪,威仪既盛美矣;然而中和之化未流,礼乐之文未备,识者犹有憾焉。永平三年,始用曹充之言,正名大予乐,而其说乃出于《尚书·璇玑钤》。肃宗时,曹褒撰次礼制为百五十篇,而乃杂以《五经》谶记之文,故张酺劾其破乱圣术,竟寝不行。"《东汉会要》,上海古籍出版社,1978年,第31页。

② 《后汉书·曹褒传》。

儒不达,议多驳异"。① 反对者之一张敏,史称其"用刑平正,有理能名","在位奉法而已",是位务实的政治家;而张酺"虽儒者,而性刚断,下车擢用义勇,博击豪强"。② 抵制"制礼作乐"者可能各有其具体考虑,但是更重要的是,这种活动已大大失去大气候的波荡鼓动,引不起多大的兴趣和热情了。曹褒"次序礼事"可以说是西汉改秦制、定礼乐运动的小小余波;而这次制礼之结局,则显示了在大部分官僚和士人心目之中这种"礼乐"的实际地位。设若模仿荀子区分"法之义"和"法之数"之思路的话,在东汉以来的儒者心目中,"礼之义"(道义)和"礼之数"(仪文)二者多少是有别的这种意识,很可能也明晰得多了。我们来看东汉儒生在面对社会危机之时,对农桑、田赋、刑法、考课、选举、吏治、兵戎、外戚、宦官等等问题所发出的政见,那较之西汉儒生之汲汲于"制礼作乐",其所务所争已不可同日而语。

儒家"礼乐"所含有的宗教性质,为其在西汉的神道化留下了缺口。但在东汉,这种神道化的趋势,实际上是在不断低落而不是上升。固然如朱彝尊所言:"终汉之世,以通七纬者为内学,通五经者为外学。……当时之论,咸以内学为重。"③史书所谓"自中兴之后,儒者争学图纬"。④ 但是也正如光武帝相信或利用谶纬,然而在实际政务上他却牢牢抓住了吏事文法这个环节一样,作为学术的谶纬之学依然流行于时,但是在朝廷政论中灾异谶纬的援引却越来越像是例行的套话,而大大丧失了西汉末年那种蛊惑人心的能量,其对儒生官僚的实际政治行政行为的影响,已是日低一日了。大儒桓谭、范升、陈元、郑兴、杜林、卫宏、刘昆、桓荣、尹敏、张衡等,或对谶纬明确表示反对,或持冷淡态度。桓谭斥责谶纬,尤其是基于王莽的教训;对王莽"好卜筮、信时日而笃于事鬼神、多作庙兆","当兵入宫日,矢射交集,燔火大起,逃渐台

① 《后汉书·张奋传》。
② 《后汉书·张敏传》及《后汉书·张酺传》。
③ 朱彝尊:《经义考》卷二九八,"说纬"。
④ 《后汉书·张衡传》。

下，尚抱其符命书及所作威斗"，他给予了无情的嘲笑："可谓蔽惑至甚矣！"①仲长统指责"信天道而背人略者，是昏乱迷惑之主，覆国亡家之臣也"；他申明"人事为本，天道为末"，而"人事"则是指"王者官人无私，唯贤是亲，勤恤政事，屡省功臣，赏锡期于功劳，刑罚归于罪恶，政平民安，各得其所，则天地将自从我而正矣"。② 由此可见，抑制了儒术神道化倾向的主要因素，仍是官僚帝国的理性行政，它构成了中国古代之朴素唯物主义精神的重要来源，治思想史者对之不宜忽视。"天道"所提供的形而上论证和"神道"提供的宗教论证，固然也是帝国政治文化体系的内在组成部分，但是它们不能过分损害帝国体制的法理基础，而应与之达成有机的调适。汉代以后统治者就开始抑制甚至打击谶纬之学③，东汉以来的思想转变已为之提供了基础和前提。

清人赵翼论"汉时以经义断事"时说：

> 汉初法制未备，每有大事，朝臣得援经义以折衷是非。……此皆无成例可援，而引经义以断事者也。援引古义，固不免于附会，后世一事即有一例，自亦无庸援古证今，第条例过多，竟成一吏胥之天下，而经义尽为虚设耳。

又论"汉儒言灾异"：

> 上古之时，人之视天甚近。迨人事繁兴，情伪日起，遂与天日远一日，此亦势之无可如何者也。……战国纷争，诈力相尚，至于暴秦，天理几于灭绝。汉兴，董仲舒治《公羊春秋》，始推阴阳，为儒者宗。宣、元之后，刘向治《谷梁》，数其福祸，傅以《洪范》，而后

---

① 桓谭：《新论》，《群书治要》卷四十四。

② 仲长统：《昌言》，《群书治要》卷四十五。

③ 曹魏之时，王朝开始"科禁内学"。苻坚时"禁老庄图谶之学"。北魏世祖拓跋焘、高祖元宏禁图纬，违者处以极刑。南朝梁武帝"禁畜谶纬"。隋"高祖受禅，禁之弥切"，炀帝时"搜天下书籍，有与谶纬相涉者，悉焚之"。唐律，私家藏图纬者徒三年。宋真宗诏，民间谶纬悉纳有司烧之，匿者死。参见陈登原：《国史旧闻》，第一分册，"纬书"条，三联书店，1958 年；以及钟兆鹏：《谶纬论略》，辽宁教育出版社，1991 年，第一章，"（2）谶纬的定型和兴衰"。

天之与人又渐觉亲切。……降及后世，机智竟兴，权术是尚，一若天下事皆可以人力致，而天无权。即有志图治者，亦徒详其法制禁令，为人事之防，而无复有求瑞于天之意。故汉自以后，无复援灾异以规时政者。间或日食求言，亦祇奉行故事，而人情意见，但觉天自天，人自人，空虚寥廓，与人无涉。①

赵翼之如是论说，真可谓能"通古今之变"。早期传统社会，是"视天甚近"的；而战国的文明进程，特别是此期开始的"不期修古"的变法运动，却造成了"与天日远一日"之局。秦帝国当然不是没有其天地鬼神祭祀活动，但是相对说来其在政治事务上是依法制而不依"天理"。其后汉儒之"援古证今""与天亲切"，反映了儒家"礼治"之非理性方面，尚未能与专制官僚政治达成现实的、有机的结合。而后世如王安石之变法、张居正之变法，则已主要关注于兵刑钱谷、考课铨选等现实问题，并不关注空幻之"天道"、礼仪之虚文了。虽然此时儒家思想已更牢固地占据着正统地位，但是所谓"详其法制禁令""奉行故事""有一事即有一例，自无庸援古证今""一若天下事皆可以人力致，而天无权"的情况，毕竟已经意味着"礼治"和"法治"在运作中已经建立了一种新的关系。

欧阳修对三代以来之礼乐变迁，也有一个为人注目的评述：

由三代而上，治出于一，而礼乐达于天下；由三代而下，治出于二，而礼乐为虚名。古者，宫室车舆以为居，衣裳冕弁以为服，尊爵俎豆以为器，金石丝竹以为乐，以适郊庙，以临朝廷，以事神而治民。其岁时聚会以为朝觐、聘问，欢欣交接以为射乡、食飨，合众兴事以为师田、学校，下至里闾田亩，吉凶哀乐，凡民之事，莫不一出于礼。由之以教其民为孝慈、友悌、忠信、仁义者，常不出于居处、动作、衣服、饮食之间。盖其朝夕从事者，无非乎此也。此所谓治出于一，而礼乐达天下，使天下安习而行之，不知所以迁善远罪而

① 赵翼：《廿二史札记》卷二，引自王树民：《廿二史札记校证》，中华书局，1984 年，第 43 页及第 38—40 页。

成俗也。

及三代已亡，遭秦变古，后之有天下者，自天子百官名号位序、国家制度、官车服器，一切用秦。其间虽有欲治之主，思所改作，不能超然远复三代之上，而牵其时俗，稍即以损益，大抵安于苟简而已。其朝夕从事，则以簿书、狱讼、兵食为急，曰："此为政也，所以治民。"至于三代礼乐，具其名物而藏于有司，时出而用之郊庙、朝廷，曰："此为礼也，所以教民。"此所谓治出于二，而礼乐为虚名。故自汉以来，史官所记事物名数、降登揖让、拜俯伏兴之节，皆有司之事尔，所谓礼之末节也。然用之郊庙、朝廷，自缙绅、大夫从事其间者皆莫能晓习，而天下之人至于老死未尝见也，况欲识礼乐之盛，晓然喻其意、而被其教化以成俗乎？呜呼！习其器而不知其意，忘其本而存其末，又不能备具，所谓朝觐、聘问、射乡、食飨、师田、学校、冠婚、丧葬之礼，在者几何？[①]

从历史学、文化人类学的角度看，这一叙述也颇有见地。相对而言，周政以上的礼制更近于真实的政治制度，而后世的仪典礼文，则已与"簿书、狱讼、兵食"等等政府行政层面分而为二了。就"礼之末节"而言，"复礼归仁""制定则天下自平"的思路之非可实行，已被王莽变法的破灭所证明。尽管出于思想惯性，儒者时或为之生发出各种感慨叹惋，可事实上他们是接受了这一现实。《朱子语类》卷一三五："汉儒专以灾异、谶纬，与夫风角、鸟占之类为内学。如徐孺之徒多能此，反以义理之学为外学。且如《钟离意传》所载修孔子庙事，说夫子若会射覆然，甚怪！"宋儒视汉儒，业已"甚怪"了。又王夫之《读通鉴论》，亦将耽于"五行灾祥之说""易姓受命之符"的"汉之伪儒"斥为"巫史"，"大抵皆方士之言，非君子之所齿也！"

赵翼和欧阳修对上述转变的叙述，都强调了"自汉以来"；东西汉之交的政治思想变迁，确实也正是儒法由对立到合流的又一个重要关节点。蒙文通所谓"故董、贾之书犹近孟、荀之迹，而东汉之学顿与晚

---

① 《新唐书·礼乐志》。

周异术"。当然我们也决不是说,儒法之合流仅仅是东汉以来的事情,这是一个复杂漫长的积累过程。蒙文通在此以孟、荀并说,稍嫌疏略。孟、荀之间原有歧分异取之处,荀子之王霸并举、礼法兼综,事实上已遥开东汉风气之先。

董、贾之学当然有取于荀子。刘向说董仲舒曾"作书美荀卿"①,这应该是可靠的。《春秋繁露·深察名号》驳孟子"性善"论,其论"性"近于荀子"化性起伪"之说。刘师培称"《荀子》一书多公羊大义"。②杨向奎言《公羊》讥世卿、大一统合于《荀子》,其"文与而实不与"之精神肯定行权,从而论定"《公羊》是法家的右翼"。③ 范文澜称:"董仲舒据《春秋》经义附会汉朝法律,决断了许多疑难大狱,儒法两家合流了。"④《经典释文叙录》说贾谊所习《左传》出自荀子。叶适已言贾谊之论秦政,实为以"仁义"缘饰"纵横"。⑤ 侯外庐指出:"贾谊的《治安策》在形式上就有荀子的《富国》《议兵》等篇的结构。"⑥金春峰亦言:贾谊异于孔、孟,"荀子的'礼论'思想成为贾谊建设社会秩序的指导思想"。⑦ 荀子之学及其所代表的那个思潮,继承了"周政"又对之做出了"创造性转化",从而使"礼治"在帝国时代之复兴,奠定了思想基础。

"秦政"之独尚"尊尊"的"法治"业已确立了帝国体制,其后参政的汉儒便不能不直接面对君主专制、官僚体制的现实,继续吸取"法

① 刘向:《孙卿新书叙录》。引自王先谦《荀子集解》,中华书局,1988 年,下册,第 558 页。亦见《全汉文》卷三十七。

② 刘师培:《群经大义相通考·公羊荀子相通考》,《刘申叔先生遗书》,第九册,第 21 页。"昔汪容甫先生作《荀卿子通论》谓《荀子·大略篇》言《春秋》、贤穆公善胥命,以证《公羊春秋》之学荀子。惠定宇《七经古谊》亦引《荀子》周公东征西征之文以证《公羊》之说。则《荀子》一书多《公羊》之大义,彰彰明矣。"

③ 杨向奎:《〈公羊传〉中的历史学说》,《绎史斋学术文集》,上海人民出版社,1983 年,第 92 页。

④ 范文澜:《中国通史简编》修订本第二编,人民出版社,1949 年,第 116 页。

⑤ 叶适:《习学记言序目》卷四十四,中华书局,1977 年,下册,第 649 页。

⑥ 侯外庐等:《中国思想通史》第二卷,第 66 页。

⑦ 金春峰:《汉代思想史》,第 95 页。

治"的有关论点(较之商、韩之学,他们更多吸取的是以《管子》为代表的齐法家)。但是学者思想往往是个众多论点所构成的复杂体系,它与现实政治的关系又是极为微妙的。相同的论点在不同时期或不同体系中可能具有不同的意义,不同的论点在不同时期或不同体系中又可能具有相同的意义。董仲舒或有取于法家,然而他吸取的法家论点,却是被纳入了《公羊》神学框架而加表述的,这种神道化倾向不仅异于法家,甚至也悖于荀子"天行有常"的唯物精神。如徐复观之言:"纬书怪诞之说,我发现是由仲舒所引发出来的,对先秦之理性主义、合理主义应有的发展,加上了一层阻滞。"①《史记·太史公自序》:"贾生、晁错明申、商。"可是贾谊汲汲于改定正朔服色,亦非申、商之旨。相形之下,法术色彩更浓厚的晁错就具有更强的现世精神。鲁迅说:贾谊"沉实则稍逊","然以二人之论匈奴者相较,则可见贾生之言,乃颇疏阔,不能与晁错之深识为伦比矣"。② 汉初之儒法互补尚处于摇摆不定的状态,荀子所代表的现世化的倾向未能抑制西汉后期的"奉天法古"运动。但世入东汉,荀子所开启的王霸并用、礼法兼综趋势,事实上是真正化为了帝国政治文化精神的主调,以及士人运思立论之潜在参考了。例如学人谓王充思想近于荀子。林丽雪论王充"夫德不可独任以治国,力不可直任以御敌"之说:"这其实与荀子学说之礼表法里异曲同工。"她说王充思想"有不少是得自荀子的启发",他对荀子虽未刻意师承,但"因为性格的取向及其将儒学理性化缘故,自然而然地承袭或引申荀子之说"。③

张纯、王晓波论汉政之"阳儒阴法":"一为以儒家的理论提出而实践上为法家的主张,其中有'儒家化'的法家,也有'法家化'的儒家。二为在政治上以儒家掌'教化',而以法家掌'吏治'。故儒家'言'而法家'行'。三在意识形态上,提倡儒家的理想,而在现实政治上实行法家的制度。"④这颇为清晰地区分出了变迁由之发生的各个点、面。

① 徐复观:《两汉思想史》卷二,学生书局,1979 年,第 358 页。

② 鲁迅:《汉文学史纲要》,人民文学出版社,1973 年,第 38 页。

③ 林丽雪:《王充》,台北:东大图书公司,1991 年,第 125、123 页。

④ 张纯、王晓波:《韩非思想的历史研究》,中华书局,1986 年,第 249 页。

在西汉时期,诸点诸面上的礼、法、王、霸关系尚多有圆凿方枘之处,世入东汉它们就日益贴合融洽了。由于这种变迁,中华帝国的政治思想变迁进入了一个新的阶段,并且可以认为,这是个政治文化模式奠定了基本形态的阶段。儒家和法家分别代表的"礼治"与"法治",在漫长的冲突、对立中又在日益相互适应、调整和渗透,它们最终是以合流告终而共同融入了帝国的政治模式;尽管在显示、标榜的层面上,是儒家意识形态占据着主导。对之我们或可名之为"礼法秩序",它构成了帝国政治形态的"稳态"——就是说,帝国政治依然在不断地发生着变动,但是这种"礼法秩序",却构成了各种变动摇摆所围绕的中轴。

当然,"礼治"和"法治"的结合,也必然有其"鱼与熊掌不可兼得"的方面。就士人方面来说,这多少也压抑了他们作为"学者"角色的政治批判力和文化创造力,即如吕思勉所谓,东汉以下对社会政治竭力攻击者"渐不复闻",或如蒙文通所谓,东汉之儒者"恢宏之致衰","减于精思理想"。而那由学者发挥的各种"非常异义可怪之论",即使并不具有即时的可操作性,但仍是人类精神生活之展开所需的最宝贵的东西。然而,儒者既然兼有了官僚身份,这两种角色的责任和规范之间的协调,就是不能不付出代价的。就帝国方面而言,我们也决不是说,"礼法秩序"的定型就标志着帝国朝廷已经找到了一种"完美无缺"的统治术。例如傅乐成就认为,"法家的儒家化,使东汉政治趋于迂缓,丧失了西汉盛时发扬蹈厉的政治精神"。[①] 可帝国扩张政策所带来的那种"发扬蹈厉"的蓬勃精神,在汉武帝时却也曾导致了"亡秦之迹";甚至那颇为人称道的、奉行"霸王道杂之"路线的宣帝之治,也有人认为,"经济祸决的口子是宣帝打开的","好儒"而偏重"王道"的元帝则颇有弥缝,"汉室基祸之始"不自元帝始。[②] 我们只能说,"礼法秩序"

---

① 傅乐成:《汉法和汉儒》,《汉唐史论集》,台北:联经出版事业公司,1977年,第62页。

② 丁光勋:《论西汉经济之溃决——"汉室基祸之始"不自元帝》,《秦汉史论丛》第四辑,西北大学出版社,1989年。按,明儒方孝孺对宣帝也有个看法:"宣帝,汉室基乱之主,苟以为明,忍以为断,督责以为能。当斯世也,斯民竞知其可畏,而不知其所可爱,于是高、惠、文、景之泽竭矣!"《逊志斋集》卷五,"崔寔"。

是帝国政治文化形态所可能达到的"稳态",它并不能解决专制官僚体制所潜藏的一切问题。这个官僚帝国依然因其固有的腐化、老化倾向而周期性地陷入内外危机之中。但是较之单纯的"礼治"和"法治",汉代所初步形成的"礼法秩序",毕竟是在传统所提供的资源范围之内,所能够得到的相对较具适应性的演化结果。它相对地延长了各个王朝的寿命,并且保证了帝国在一次次解体之后,又一次次地以类似形态重新建构起来。

第三节　儒生与文吏的融合:士大夫政治的定型

在前面的两节中,我们对王莽变法之后帝国政治形态和士人政治思想的转变做了叙述。这个儒法合流的转变,又进而体现在儒生、文吏这两个群体相互关系的变迁上。"礼治"和"法治"这两种取向不同的政治传统,各有其所推崇、倚重的理想政治角色:前者所崇为"士君子",后者所重为"文法吏"。在至此为止的叙述中我们已经看到,战国秦汉之际儒家与法家、"王道"与"霸道"、"礼治"与"法治"之间的矛盾冲突,与学士、文吏这两个群体的分立和对立,其间一直存在着密切的相关性。东汉的儒法合流,遥承荀子之儒法兼综;而荀子所设计的"士君子—官人百吏"架构,在东汉也有深刻的变动与之相应。

王莽变法过后,儒生文吏之间仍不无矛盾,如本章第一节所述;然而此种矛盾却是沿另一方向渐趋消弭的,事实上在汉代还存在着另一个同样深刻的演进过程:儒生和文吏在漫长对立同时,又处于日益融合之中。称赞了光武、明、章在奖崇儒术上的"变齐至鲁之功"的顾炎武,又云:"光武有鉴于此,故尊崇节义,敦厉名实,所举用者,莫非经明行修之人,而风俗为之一变。"①我们对东汉初年前期文吏地位的考察,已说明了问题不尽如此;但是顾炎武之语,也并不是尽皆虚辞。因为儒生与文吏的相互关系,经漫长变迁的积累,此时已经发生了新的变化。这两大群体之间的对立和冲突,最终是以如下方式而日趋消解的,这就是

---

① 顾炎武:《日知录》卷十三,"两汉风俗",花山文艺出版社,1990 年,第 587 页。

儒生和文吏两种政治角色的相互融合。在这种角色融合的过程中，"经术"与"吏化"的日益贴合、儒术与法术的日益合流，都可以得到更充分的理解和说明。

到了秦代，学士与文吏的分化和分立，可以说达到了中国古代历史上的极点。汉廷之"独尊儒术"，事实上仅仅造成了儒生、文吏并用之局。西汉儒生一时不能全面地取代文吏，也与这种角色分化的程度相关。因为先秦之儒家并未在政治上获得高位而由此直接涉身官僚行政，他们主要以学士身份从事文化活动于民间。因而在秦汉之际，相当一部分儒生已经成了拘执于诵经演礼的所谓"拘儒"。换言之，此时他们的角色主要是专门化了的学士，尚未官僚化。

刘邦举兵围鲁，"鲁中诸儒尚讲诵习礼乐，弦歌之音不绝"，战后"诸儒始得修其经艺，讲习大射乡饮之礼"①。叔孙通征鲁儒入朝，有二生不从曰："礼乐所由起，积德百年而后可兴也"，至被叔孙通嘲为"鄙儒"。许多儒生过于迂阔，连"制礼作乐"的任务都难以完成。汉武帝使诸儒草封禅之礼，"群儒既已不能辨明封禅事，又牵拘于《诗》《书》、古文而不能骋"，累年不决，武帝索性"尽罢诸儒不用"。②博士狄山主张和亲匈奴，张汤斥为"愚儒无知"，武帝责问："吾使生居一郡，能无使虏入盗乎?"强使其戍守边障，"至月余，匈奴斩山头而去"。③ 司马谈在《论六家要旨》中指出：儒者"累世不能通其学，当年不能究其礼，故曰博而寡要，劳而少功"。故武帝虽尊儒但却并不委以政务；宣帝以及桑弘羊、霍光等都认为儒生"不达时宜""不明县官事"。这个群体参政之初，主要是以通古今、备顾问、传授经术和制礼作乐之事显示自己的存在；至于在帝国的实际军政事务方面，许多儒生依然缺乏深入参与和深刻理解。承自先秦的独立学人的身份和意识，使之保持了维系道义的政治批判力和发挥"非常异义可怪之论"的想象力；但是在另一方面，这种学人素质，也使之一时难以取代那些自秦帝国始就卓有成效地担

---

① 《史记·儒林列传》。

② 《史记·封禅书》。

③ 《史记·张汤列传》。

负着政务的文吏集团。苏辙言："西汉自孝武以后，崇尚儒术，至于哀、平百余年间，士之以儒术进用，功业志节可纪于世者，不过三四；而武夫、文吏，皆著节当世，其业比儒者远甚。"[①]陈亮的说法就更为直截了当了："前汉以军吏立国，而用儒辄败人事！"[②]"用儒辄败人事"，当以王莽变法为最甚。

但是问题也存在着另一方面。儒生参政后，也必然有另一些人由于对行政的直接参与而日渐增强了现实感，开始自觉不自觉地致力于儒术与现实专制官僚政治的结合。瞿同祖在讨论儒法二家在法律思想上的异同变迁时，就有如下一个颇中肯綮的论断："还有一点很重要的事实，也是消弭儒法之争的。读书人应试做官后，便不能不懂法律，不应用法律，地方政府自牧令至封疆大吏，都有司法的责任，中央政府也不止三法司与司法有关，九卿常参与司法的讨论，会审制度之下，还得参加审判。听讼成为做官人不可回避的责任，成为考核成绩之一以后，读书人自不会再反对听讼，反对法治，而高唱德治、人治迂论。"[③]参政居位的职业官僚责任，对前此的纯粹学人资质，将形成有力的牵制和改塑。

自汉初始，陆贾、叔孙通、贾谊、贾山、董仲舒等人直到盐铁会议上的贤良文学们，就对刑德、治乱、藩国、边防、选官、赋税、盐铁等一系列重大问题，根据儒家思想做出了系统的论述。他们的阐说当然仍有许多不切实际之处，但如果比较一下先秦儒者的著述，我们依然看到，汉儒所面对和思考的东西已大为具体化了。在进入帝国政府之后，兵刑钱谷、考课铨选的实际政治问题，就不容回避，至少王朝要求他们给出的回答应该具有可行性。还有不少儒生，日益地表现出对官场政坛的

---

① 苏辙：《栾城集》卷二十。

② 陈亮：《上孝宗皇帝第三书》，《陈亮集》卷之一。按，自明成化以来所刻《陈龙川文集》，均将"辄败人事"四字改为"以致太平"，与陈亮原意相反。邓广铭据宋刊《龙川水心二先生文粹》及明永乐中黄淮杨士奇所编《历代名臣奏议》卷九二所收此文加以改正，见其《陈亮反儒问题辨析》一文，收入《燕园论学集》，北京大学出版社，1984 年。

③ 瞿同祖：《中国法律和中国社会》，中华书局，1981 年，第 306 页。

适应。他们多是这样一批人，既通儒术，又有别家之长，是通达能干的所谓"通儒"。例如陆贾，既善"说称《诗》《书》"，又"名为有口辩士"，常出使诸侯。① 叔孙通投刘邦后，去儒服改着楚服以迎合之，先进"诸故群盗壮士"而后其弟子，制定汉仪不拘古礼，人称其"知当世之要务"。② 特别是"学《春秋》杂说"的公孙弘，"恢奇多闻"，"外宽内深"，"辩论有余，习文法吏事，而又缘饰以儒术"。③ 何焯言公孙弘所习"杂说"为"杂家之说，兼儒墨、合名法者也"。④ 《汉书·艺文志》有公孙弘十篇，在儒家类；然《西京杂记》卷三曰："公孙弘著《公孙子》，言刑名事，亦谓字直千金。"他兼长文法，官场上游刃有余，属第一批充分官僚化了的儒生之列。

正如瞿同祖所言，儒生参政居官之后，即使是出于个人的仕途迁升考虑，他们也不能不去留心行政规程和行政技术。尽管"明经"的资质使时人将儒生与文吏视为二事，但是在入仕之后，儒生事实上就也承担起了"吏"的责任。于日常政务中理解了文法律令对于帝国生存的意义之后，许多人就在努力掌握这些东西。公孙弘之兼长经术文法，实是开启了一个深刻变化，即儒生角色兼习文法，进而向文吏角色趋近。

此类事例在西汉已不断出现。《汉书·郑弘传》："郑弘字稚卿，泰山刚人也。兄昌字次卿，亦好学，皆明经，通法律政事。次卿为太原、涿郡太守，皆著治迹，条教法度，为后所述。次卿用刑罚深，不如弘平。迁淮阳相，以高第入为右扶风，京师称之。"在西汉，"以高第入为右扶风"者一般都是有政事之能者。⑤ 同书《孔光传》："孔光字子夏，孔子十四世之孙也。……以高第为尚书，观故事品式，数岁，明习汉制及法令。"

---

① 《史记·陆贾列传》。

② 《史记·叔孙通列传》。

③ 《史记·平津侯列传》。

④ 何焯：《义门读书记》卷十八，中华书局，1987年，第295页。

⑤ 右扶风为西汉"三辅"之一，《汉旧仪》汉武帝所定之丞相辟士"四科"，其四即为"刚毅多略，遭事不惑，明足以照奸，勇足以决断，才任三辅剧令"。如安作璋所说："所谓高第就是经过考核而成绩优异者。成绩优异的郡守才能入守为三辅长官。"见其《秦汉官制史稿》，齐鲁书社，1985年，下册，第42页。

这位儒门祖师"孔圣"之后代，也因居官而明习了故事法令。同书《翟方进传》："经博士受《春秋》，积十余年，经学明习，徒众日广。"后为丞相，"持法刻深，举奏牧守九卿，峻文深诋"，"知能有余，兼通文法吏事，以儒雅缘饰法律，号为通明相，天子甚器之，奏事亡不当意"。这与公孙弘之"习文法吏事，而又缘饰以儒术"，如出一辙。又《后汉书·何敞传》："六世祖比干，学《尚书》于朝错，武帝时为廷尉正，与张汤同时，汤持法深而比干务仁恕。"注引《何氏家传》："比干字少卿，经明行修，兼通法律。为汝阴县狱吏决曹掾，平活数千人。"一些明习经术又号称能吏的人物，陆续出现于帝国政坛。《汉书·张敞传》记张敞"本治《春秋》，以经术自辅"，萧望之"以为敞能吏，任治烦乱"，其弟张武"意欲以刑法治梁。吏还道之，敞笑曰：'审如掾言，武必辨治梁矣！'"虽然史称汉宣帝"所用多文法吏"，但同时他也在积极擢用明经之士。其时丞相韦贤、魏相、丙吉，御史大夫萧望之，皆是一时名儒，在政治上他们不无建树。《汉书·魏相丙吉传·赞》："孝宣中兴，丙、魏有声。"麒麟阁十一功臣，列有魏相、丙吉、梁丘贺、萧望之四位儒者——他们已被视为王朝的赫赫功臣了。西汉儒生的理想主义取向构成了此期政治文化的特色，但是与之同时，其现实主义取向的潜流，同样不可忽视。

东汉统治者尊崇经术之同时又着意于"吏化"，我们相信这对于儒生的文吏化或官僚化，会构成有力的推动促进。《论衡·程材》记东汉世风："是以世俗学问者，不肯竟经明学，深知古今，急欲成一家章句。义理略具，同趋学史书，读律讽令，治作情奏，习对向，滑习跪拜，家成室就，召署辄能。""成一家章句、义理略具"仍是入仕的资格，但同时求仕者又在努力掌握文法律令，以便能够"召署辄能"，得到任用。将这一现象与君主"爱好经术"又"尤任文法"联系起来加以观察，就不是偶然的了。这是一个极可关注的发展，而且完全可以得到印证。

《后汉书·陈球传》："球少涉儒学，善律令。"同书《王涣传》："敦儒学，习《尚书》，读律令，略举大义。"（李贤注引《古乐府歌》记王涣"通《五经》、《论》，明知法令"。）同书《黄昌传》："居近学官，数见诸生修庠序之礼，因好之，遂就经学，又晓习文法，仕郡为决曹。"《三国志·蜀书·张翼传》注引《益部耆旧传》："张浩字叔明，治《律》、《春秋》。……顺帝初立，拜浩司空。"这都是兼习经术文法的例子。又《隶续》卷三《丹阳太守郭旻碑》："君……体明道术（中阙五字），《律》小杜。"《隶释》卷七《车骑将军冯琨碑》："治《春秋严（氏）》《韩诗》（《礼》）仓氏，兼《律》大杜。"所谓"大杜"乃是杜周，"小杜"即其子杜延年。杜周乃西汉著名酷吏，然而他对法律的诠释，居然成为治经术者兼习之学。甚至还有兼以经术、法律收徒教授者。《太平御览》卷六三八引《会稽典录》："董昆字文通，余姚人也。少游学，事颍川荀季卿，受《春秋》，治律令，明达法理，又才能拨烦。……刺史卢孟……问昆：'本学律令，所师为谁？'昆对：'事荀季卿。'孟曰：'史与刺史同师。'"这种经律兼授者，其门徒有的还达到了千人之多。《后汉书·钟皓传》："钟皓字季明，颍川长社人也。为郡著姓，世善刑律。……避隐密山，以《诗》《律》教授，门徒千余人。"（此事又见《三国志·魏书·钟繇传》注引《先贤行状》。）颍川荀氏、钟氏，皆是东汉著名之名士家族，他们尚且如此，则世风可知。大儒们也开始阐释法律。据《晋书·刑法志》，汉廷诸律，"后人生意，各为章句。叔孙宣、郭令卿、马融、郑玄诸儒章句十有余家"。曹魏之时，"天子于是下诏，但用郑氏章句，不得杂用余家"。文法律令，已非文史之所专擅。

这种经术、法律兼习并重的情况，其实西汉已见。如宣帝子淮阳王刘钦"好经书、法律"，定陶王刘欣（即后来的哀帝）"长好文辞、法律"。皇族之如此，自当与世风有关。又《急就篇》第廿五："宦学讽《诗》《孝经》《论》《春秋》《尚书》、律令文，治礼掌故底厉身。智能通达多见闻，名显殊绝异等伦。超擢推举黑白分，积行上究为牧人。"①由这部相传出于西汉元帝时的通俗读物，已见儒家经典与"律令文"，当时已共同构成了"宦学"者当习之业，由此他们方有望得到"超擢推举"，为官"牧人"。由经术法律之兼习并重所体现的儒生"文吏化"趋势，在经历了王莽变法之后、王朝采取了"吏化"方针之时，就具有了更大的广度、深度和速度。

---

① 按《急就篇》之不同版本互有异文，此据王国维：《校松江本急就篇》，《王国维遗书》第六册，上海古籍书店，1983 年。

不妨再对东汉选官制度上的相关变迁略加讨论。本章第一节曾讨论了光武帝对西汉"辟士四科"的重申及其意义，而这篇诏书中还有另一项重要内容。《续汉书·百官志》：

> 及刺史、二千石察茂才、尤异、孝廉、廉吏①，务尽实核，选择英俊贤行廉洁平端于县邑，务授试以职。有非其人，临计过署，不便习官事，书疏不端正，不如诏书，有司奏罪名，并正举者。

诏书中所列之茂才、尤异、孝廉、廉吏，是汉代的四项最重要的岁举科目。茂才西汉称秀才，初为特科，时或与"贤良""直言"同举。② 孝廉科始于汉武帝元光元年，其以"孝"名科，显然体现了儒家之"以德取人"思想。学者或曰元光元年是"中国学术史和政治史上最可纪念的一年"③，因为孝廉科之设置，为儒生之以"经明行修"入仕开启了大门，它的意义不独是政治史上的。然而光武帝之如上诏书却为察举制度增加了"务授试以职"的规定，即州郡长官对于将要加以察举的茂才、孝廉们，应该先委之以一定官职，使之由此"便习官事"，或由此检验其是否"便习官事"，合格者方能举至中央。《后汉书·章帝纪》建初五年诏："建武诏书又曰：尧试臣以职，不直以言语笔札。"就是说不能徒以诵经作文来选官用人，必须由职事来检验候选人之吏干治能。这个"授试以职"的规定，章帝、和帝都曾一再地加以重申④，显示了王朝对

---

① "孝廉、廉吏"原作"孝廉之吏"，又《后汉书·和帝纪》注引《汉官仪》作"孝廉吏"，皆误。此据《太平御览》卷六二八引《汉官仪》校改，详见拙作《察举制度变迁史稿》，辽宁大学出版社，1991年，第32—33页。

② 如《汉书·元帝纪》初元二年诏："丞相、御史、中二千石举茂材异等直言极谏之士，朕将亲览焉。"永光二年诏："其令内郡国举茂材异等贤良直言之士，各一人。"

③ 劳干：《汉代察举制度考》，《历史语言研究所集刊》，第十七本。

④ 参见《后汉书·和帝纪》注引《汉官仪》所载章帝建初八年十二月己未诏，此诏与光武诏内容略同；以及《和帝纪》所载和帝永元五年诏："故先帝明饬在所，令试之以职，乃得充选。"

　　又按，章帝己未诏与光武诏内容同，又同出于《汉官仪》，或以此二诏实为一事，而章帝诏书日期具体可征，遂疑此诏实为章帝所发，而《续汉书》注误冠以"世祖诏"。在《察举制度变迁史稿》(第46页)中我对此有所辨析，引《北堂书钞》卷七十九(转下页)

之的特殊重视。后来"试职"的时限还有了具体规定,其范围被扩大到了公府征辟。《后汉书·左雄传》记顺帝时左雄奏请:"乡部亲民之吏,皆用儒生清白任从政者……吏职满岁,宰府州郡乃得辟举。"由此宰府征辟、州郡察举都要经过"吏职满岁"的"试职"。桓帝时"试职"之时限又增至十年。《后汉书·桓帝纪》:"孝廉、廉吏,皆当典城牧民……其令秩满百石,十岁以上,有殊才异行,乃得参选。"

"试职"之法,目的是通过任职功绩来检验行政能力。东汉王朝对察举的功劳标准,也给予了强调。《后汉书·章帝纪》:

> 夫乡举里选,必累功劳。今刺史守相不明真伪,茂才、孝廉岁以百数,既非能显,而当授之政事,甚无谓也!每寻前世举人贡士,或起圳亩,不系阀阅。敷奏以言,则文章可采;明试以功,则政有异迹。文质斌斌,朕甚嘉之。

察举"必累功劳",是因为被举者是要"授之政事"的。同书《韦彪传》:"是时陈事者,多言郡国贡举率非功次,故守职益懈而吏事寝疏,咎在州郡。"也见对"功次"选官标准的维护,朝廷上有相当呼声。我们认为,这是东汉初年"吏化"方针在选官上的体现。《后汉纪·安帝纪》记鲁丕对策云:"吏多不良,在于贱德而贵功欲速,莫能修长久之道。……吏政多欲速,又州官秩卑而任重,竞为小功,以求进取,生凋弊之俗。"由儒生之指责,可见朝廷选官情况之一斑。事实上在西汉功劳

(接上页)"应劭《汉官仪》云,汉世祖中兴甲寅诏书"一语,证"世祖诏"同样有"中兴甲寅"之具体日期可征,世祖光武实有其诏。在此又可补一证,这就是前引《后汉书·章帝纪》"建武诏书又曰:尧试臣以职,不直以言语笔札"一语。这"建武诏书"应该就是上述"世祖诏",这段话是对"授试以职"之目的的说明。曹魏时朝廷对于察举孝廉的标准曾经有过一场讨论,或以为当以德行,或以为当以经试,王朗则主张"试之以事"。《北堂书钞》卷七十九:"王朗论考试孝廉云:臣闻'试可乃已',谓试之以事,非谓试之以诵而已。""试可乃已"语出《尚书·尧典》言尧时"四岳"举鲧治水事,伪孔传:"未明其所能,而据众言可试,故遂用之。"孔颖达疏:"惟鲧一人试之可也,试若无功,乃黜退之。"光武帝欲令举孝廉"授试以职",故引《尧典》以为证;王朗"试之以事"的主张同于光武,他也承袭了光武对《尧典》的引述。

就是官吏选拔升迁的重要条件,而且存在着严密的考核办法①;但是对秀孝察举科目也开始强调功劳,看来主要是始于东汉初年。

在检验吏能上"试职""累功"之制实为良法,先秦法家已先有此见。《韩非子·显学》:"观容服,听辞言,仲尼不能以必士;试之官职,课其功伐,则庸人不疑于愚智。故明主之吏,宰相必起于州部,猛将必发于卒伍。"这种制度,必然会近乎强制性地推动儒生去学习文法吏事。士子欲求仕进,除"明经"外还要"便习官事",原则上要先经郡县吏职、先为"乡部亲民之吏"。徐天麟对之评述说:

> 东京入仕之途虽不一,然由儒科而进者,其选亦甚难。故才智之士,多由郡吏而入仕。以胡广之贤,而不免仕郡为散吏;袁安世传《易》学,而不免为县功曹;应奉读书五行并下,而为郡决曹吏;王充之始进也,刺史辟为从事;徐稺之初筮也,太守请补功曹。盖当时仕进之路如此,初不以为屈也。②

他指出了东汉"由儒科而进者,其选亦艰",士人由郡吏入仕"不以为屈",对之我们的考察足资印证。南朝沈约对此制就颇多赞语:

> 汉代……黉校棋布,传经授受,皆学优而仕。始自乡邑,本于小吏干佐,方至文学功曹。积以岁月,乃得察举;人才秀异,始为公府所辟。迁为牧守,入作台司。汉之得人,于斯为盛!③

又宋代刘攽亦赞云:

> 夫东西汉之时,贤士长者未尝不仕郡县也。自曹掾、书史、驭吏、亭长、门干、街卒、游徼、啬夫,尽儒生学士为之。才试于事,情见于物,则贤不肖较然。故遭事不惑,则知其智;犯难不避,则知其节;临财不私,则知其廉;应对不疑,则知其辩。如此,故察举易,而

---

① 参看大庭脩:《论汉代的论功升进》,《简牍研究译丛》第二辑,中国社会科学出版社,1987年;《秦汉法制史研究》,林剑鸣等译,上海人民出版社,1991年,第四篇第六章,《汉代的因功次晋升》。

② 徐天麟:《东汉会要》卷二十七,上海古籍出版社,1978年,第405页。

③ 引自杜佑:《通典》卷十六,"选举四",中华书局,1984年,第91页。

贤公卿大夫自此出矣!①

西汉儒者也有仕自郡吏者;而使之进一步严密化、制度化的,则是东汉的"试之以职""必累功劳"之法。另一个值得注意的现象,是西汉博士弟子见于文献的约八十余人,由太学课试入仕者颇有数人可考;而东汉太学生可知者一百余人,竟未见一人由学校直接入仕。② 推测学子们是要先为郡县之吏,经"试职""累功"之后再图察举征辟的。我们相信这种"才试于事,情见于物"的选官之法,有力地推动了大量"儒生学士"通过吏职而"便习官事",变成了谙悉政务的"贤公卿大夫"。

顾炎武说,光武帝"所举用者,莫非经明行修之人",于是东汉"风俗为之一变";但同时我们也发现了"儒者寂于空室,文吏哗于朝堂""俗吏繁炽、儒生寡少"等等记述,与顾氏之说颇不相合。其实通过儒生与文吏的融合过程,就可以把这两种看上去相反的说法沟通起来。一方面,儒术和儒生的地位事实上是更加稳固了,"俗吏繁炽,儒生寡少"的抱怨,也是因为儒生的政治期望值已大为提高;而在另一方面,以"轨德立化"自任的儒生也进而留意于和承担起"优事理乱"之责,他们自身也在发生着变迁。所谓"时贱经学",很可能是特指那些徒能讲诵而不达政务者为时所贱,他们由于不能"典城牧民"而在仕途上步履维艰;但是如果他们兼通文法吏事,情况很可能就大不相同了。王充说士人既要"义理略具,成一家章句",又要趋学文法律令,而尚敏也有"今百官阀阅,皆以通经为名,无一人能称"之语,由此我们就知道,他们所谓"儒者寂于空室""儒生寡少",是就那些"竟明经学、深知古今"的纯粹的经师、"醇儒"而言的;而百官们,却大抵是既略通义理、又明

---

① 刘攽:《送焦千之序》,《彭城集》卷三十四,《丛书集成初编》第一九〇七种,第458—459页。

② 参见冷鹏飞:《两汉太学述论》,北京大学历史系1985年硕士论文,藏北京大学图书馆。西汉之由太学射策入仕者,有倪宽、终军、萧望之、匡衡、何武、褚少孙等人。而至东汉,"我们从文献记载中收集到103名东汉时期的太学生,其中没有发现哪位学生是经由太学考试入仕的。这说明东汉时期太学生考试制度虽然存在,但经由考试入仕的太学生是很少的。据文献所示,许多太学生卒业后的出路是'归为郡吏'"。

习文法的亦儒亦吏式的人物,非单纯之儒生,但也非单纯之文吏。此时之儒生群体的整体形象与角色素质,与刘邦兴兵围鲁时"尚讲诵习礼乐,弦歌之音不绝"的鲁儒之类,显然已大不相同。

当儒生进入帝国政府之后,就必须承担起官僚职责,而非单纯的文化角色了。在中华帝国的历史上,后来也发展出了较为专门化的宗教官员系统,如僧纲司、道纪司等等。[①] 但是儒教是经世之术,儒生是治国之选,这与佛教、道教大为不同。汉代十四博士是传承五经的中心,这博士制度就显示了与僧官系统的重大差异。汉代博士参议大政,这是众所周知的;而且博士并非终身的经师之位,它与行政性官职互为迁转。《汉书·萧望之传》:"是时选博士、谏大夫通政事者,补郡国守相。"这是经常性的制度。《汉书·孔光传》:"是时,博士选三科,高为尚书,次为刺史,其不通政事,以久次补诸侯太傅。"尚书为机枢之职,而刺史为监察之官;博士迁转的"三科"之中,竟然有两科是专门性的行政官职,以"通政事"为选补条件。西汉博士可考者约 109 人[②],其中迁转后曾为诸侯太傅、太子太傅、少傅者约 13 人,约占 11.9%;迁转后曾为其他官职者 49 人(内有 5 人曾历前一类傅职),约占 44.9%,这些官职中除尚书、刺史(及州牧)外,还包括丞相、大司空、御史大夫、太常、大鸿胪、少府、光禄勋,以及国相、郡守、内史等等。东汉博士之可考者约 64 人,其中迁转后曾为诸侯王傅、太子少傅者约 6 人,约占 9.4%;迁转后曾为其他官职者约 31 人(内有 3 人曾历前一类傅职),约占48.4%,这些官职包括司空、司徒、尚书令、尚书、太常、大鸿胪、少府、光禄勋、中郎将、太守等等。那么仅就可考之文献者而言,至少有近半数的博士,被王朝认为是"通政事"的,并确实在担任了博士之后又转而担负起了行政职事。他们不仅仅是传承古典的经师,而且还是治国理民的官僚。这就进一步反映了在帝国体制中,存在着促使儒生官僚化的强大压力和动力。

---

① 可参见谢重光、白文固:《中国僧官制度史》,青海人民出版社,1990 年。

② 下面所做的统计,利用了张汉东《论秦汉博士制度》一文的附表。张文见《秦汉官制史稿》上册,齐鲁书社,1984 年。

随着儒生的日益官僚化，他们的自我设计和评价也在变化。在西汉儒生之官僚化程度尚且有限之时，面对文史方面"儒者口能言治乱，无能以行之"的讥讽，儒者强调的是"能言而不能行者，国之宝也；能行而不能言者，国之用也"。① 东汉儒生则有如下申说："儒者，区也，言其区别古今，居则玩圣哲之辞，动则行典籍之道，稽先王之制，立当时之事，纲纪国体，原本要化，此通儒也。若能纳而不能出，能言而不能行，讲诵而已，无能往来，此俗儒也！"②那些徒能讲诵而不能"纲纪国体"者，就是在儒生方面，居然也被视为"俗儒"了。

而在另一方面，秦帝国的法吏，以及汉武帝时张汤、赵禹、杜周之类的酷吏，也已经不足以描述此时文史的群体形象了。儒生的"文吏化""官僚化"，使得文法律令不再是文吏专擅的技能。这种"亦儒亦吏"的角色一经诞生，就显示了旺盛不竭的生命力，单纯的文史便不能与之争衡了。于是我们又看到了另一个有趣变化，这就是伴随着儒术独尊和儒生"文吏化"，又出现文吏转习经术、向儒生群体靠近和流动的趋势。

这同样是一个漫长的演进过程，并且也是在西汉就已发端的。《汉书·路温舒传》："求为狱小吏，因学律令，转为狱史，县中疑事皆问焉。太守行县，见而异之，署决曹史。又受《春秋》，通大义，举孝廉。"同书《于定国传》："其父于公为县狱史。……定国少学法于父，父死，后定国亦为狱史。……超为廷尉。定国乃迎师学《春秋》，身执经，北面备弟子礼。为人谦恭，尤重经术士。"同书《丙吉传》："治律令，为鲁狱史。……吉本起狱法小吏，后学《诗》《礼》，皆通大义。及居相位，上宽大，好礼让。"同书《王尊传》："尊窃学问，能史书。年十三，求为狱小吏。……太守奇之，除补书佐，署守属监狱。久之，尊称病去，事师郡文学官，治《尚书》《论语》，略通大义。"同书《黄霸传》："霸少学律令，喜为吏"，为廷尉正时因事系狱，"霸因从（夏侯）胜受《尚书》狱中"，后被举贤良。以上诸人，皆发身于文吏，而后来却转习经术并由此而变成了

---

① 《盐铁论·能言》。

② 应劭：《风俗通义》佚文。引自王利器：《风俗通义校注》，中华书局，1981 年，下册，第 619 页。

儒生。事实上，连公孙弘也是"少时为薛狱吏"，何焯言："弘号以儒进，然所以当上意者，习文法吏事，乃少为狱吏之力也。"[1]他"年四十余，乃学《春秋》杂说"，见《史记·平津侯列传》。同书《酷吏列传》云酷吏张汤"决大狱，欲傅古义，乃请博士弟子治《尚书》《春秋》补廷尉史，亭疑法"，这也显示了某种变迁的端倪。又如酷吏张汤、杜周之子张安世、杜延年，皆一改其父惨酷之风。张汤另一子张贺曾以《诗》教宣帝，"修文学经术，恩惠卓异"。而杜周之孙杜钦，"少好经书……不好为吏"，其奏议引经典、说灾异，与儒生无异。法家巨子桑弘羊敌视儒生，其子桑迁却称"通经术"。严彭祖之父为丞相掾，其兄严延年承父风而为酷吏、入《酷吏传》，严彭祖却少从眭孟受业，开《严氏春秋》一家，入《儒林传》。[2]

时至东汉，经术、法律之兼习并重已成时风，我们仅举当时最著名的律家颍川郭氏和沛国陈氏为例。据《后汉书·郭躬传》："躬家世掌法，务在宽平，及典理官，多依矜恕。"其决狱时引《诗经》《论语》；其孙郭禧"少明习家业，兼好儒学，有名誉"。又《陈宠传》："宠虽传法律，而兼通经书，奏议温粹，号为任职相。"陈宠、陈忠父子之奏议，亦时时引经据典。律家是文法律令的传承者，他们的变化颇富代表性：律家之修经术，与儒家之习文法，恰成对比。

这里还可做一个有趣的比较。《史记》《汉书》所载西汉之酷吏约十五人，其中郅都等十一人在景、武时，此后仅田广明等四人，他们全为文吏。而《后汉书·酷吏传》记酷吏七人，为西汉之一半不足。而且其中董宣以刚直著称，号"强项令"，下狱后"晨夜讽诵"，当系儒生；李章"习《严氏春秋》，经明教授"，黄昌曾"就经学"，王吉"好诵读书传"。只有樊晔、周纡、阳球，好申韩。而且周纡、阳球搏击宦官，与儒生实近一党。何焯论此《传》，"董宣、何并之流，不当列之酷吏"，甚至"窃谓东

① 《义门读书记》卷十八，第 295 页。

② 分见《汉书·张汤传》、《杜周传》附《杜钦传》、《杜周传》、《儒林传》。按，陈直据郑康成《六艺论》谓严彭祖原当姓庄，因避汉讳而改。见其《汉书新证》，天津人民出版社，1979年，第 425 页。

京《酷吏传》可以不立"。①

酷吏之儒生化,也不妨说成是儒生的酷吏化。儒生不但掌握了文史之技能,甚至有时还表现出了类似的执法不苟、严苛酷烈之风。较之西汉,他们已"纠之以猛"了。还有一点亦资比较。西汉创业集团文化贫乏,赵翼所谓"其君既起自布衣,其臣亦自多亡命无赖之徒";而东汉创业集团,如赵翼所言:"至东汉中兴,则诸将帅皆有儒者气象,亦一时风会不同也。"②他们多自幼受业,知书通经。东汉之将帅不乏儒者,如号称"凉州三明"的名将皇甫规、张奂、段颎,不但勇悍善战,而且经术通明,甚至收徒教授。③ 汉末军阀曹操、袁绍、刘备等,也都是自幼受业。汉末支配军政局势的,主要就是各地的大小名士。④ 可见儒生们还具有了军事能力。后世之武将当然仍多无学术,可那些文武兼资的所谓"儒将",往往能得普遍敬仰,常为事权之所归。较之西汉前期那些只知诵经演礼,被权贵讥为"重怀古道,枕藉诗书,危不能安,乱不能治"⑤的"拘儒",其间变化不可谓不大!

在两汉四百年的漫长历程之中,儒生与文史之间既充满了矛盾、冲突,然而对立之中这二者又在日益接近、彼此交融。尽管东汉初年王朝有"尤任文法"之事,但是可以说自西汉元帝以后,单纯的文吏,无论如

---

① 《义门读书记》卷二四,第398—399页。

② 分见赵翼:《廿二史札记》卷二,"汉布衣将相之局";卷四,"东汉功臣多近儒"。王树民:《廿二史札记校证》,中华书局,1984年,第36、90页。

③ "三明"都是东汉后期的著名将领。《后汉书·皇甫张段列传》:"赞曰:山西多猛,'三明'俪踪,戎骖纠结,尘斥河潼。"据《传》,他们都曾教授经书或治经学。皇甫规曾"以《诗》《易》教授,门徒三百余人,积十四年";张奂"少游三辅,师事太尉朱宠,学《欧阳尚书》。初,《牟氏章句》浮辞繁多,有四十五万余言,奂减为九万言",失势后"闭门不出,养徒千人";段颎"长乃折节好古学"。

④ 参看唐长孺:《东汉末期的大姓名士》,《魏晋南北朝史论拾遗》,中华书局,1983年。"东汉末年,大姓、名士处于左右政局的重要地位,他们在经济上、政治上广泛地控制农村,文化上几乎处于垄断地位。东汉皇朝瓦解后,他们是各个割据政权的骨干,三国政权的上层统治者主要也是从老一代到年轻一代的大姓名士中选拔出来的。"

⑤ 《盐铁论·殊路》。

何也不再能够取得秦始皇时的李斯、赵高,汉武帝时的张汤、赵禹那种显赫的权势声望了。王朝"尤任文法"促使儒生转习文法吏事,使自身充分地官僚化了,这反过来便确立了儒生在朝廷上不可动摇的地位。

上述深刻变化,最终也在选官制度上反映出来了。我们已经指出,西汉丞相的"辟士四科"体现了王朝选官的基本方针;其取人标准是德行、经术、法律、政事四项,这大体反映了同时面向儒生、文吏的分途选官格局。"四科"之选官标准,在东汉具体落实到了孝廉察举之上。据《后汉书·左雄传》:顺帝阳嘉年间尚书令左雄奏定"请自今孝廉年不满四十,不得察举,皆先诣公府,诸生试家法,文吏课笺奏"。是时孝廉察举仍然以儒生、文吏分途进用。后来黄琼以为此制不够完备,"于取士之义,犹有所遗,乃奏增孝悌及能从政者为四科"。见《后汉书·黄琼传》。这儒生、文吏、孝悌、能从政四科,显然是受了丞相"辟士四科"的影响而来的,其名目略异而大旨全同。《三国志·魏书·文帝纪》黄初三年诏:"今之计孝,古之贡士也。……其令郡国所选,勿拘老幼,儒通经术,吏达文法,到皆试用。"犹以儒生、文吏分科试用;而同书《明帝纪》太和二年诏则下令:"尊儒贵学,王教之本也。……申敕郡国,贡士以经学为先。"自此以来,孝廉之举遂唯以儒生为对象了。①

政治制度的变化经常源于社会背景的变迁,但也常常会比客观情势的变动节奏落后。经汉末名士运动,士人地位已达顶点;时至曹魏,已将进入士族知识阶层这一新的发展阶段了。但是,我们仍然可以把魏明帝太和二年诏的"贡士以经学为先",作为本书所论战国秦汉学士群体和文吏群体漫长冲突的大致终结。因为到了此时,那种"霸王道杂之"、儒生文吏兼取并用的分途选官制度,大致地宣告了终结。

元人程端礼论曰:

> 儒为学者之称,吏则其仕焉之名也。名二而道一也,儒其体,吏其用也。学古入官,古之制也。皋、夔、稷、契、伊、傅、周、召,无儒吏之名而无非儒吏之实。《周官》九两,始曰儒、曰吏,亦因其得

---

① 关于汉代儒生、文吏之对立、融合与汉代选官制度之发展变迁的关系,仍请参看拙作:《察举制度变迁史稿》,在那本书中有更详细的叙述和分析。

民以道与治而言之耳。自李斯严是古非今之禁,一以吏为师,儒、吏虽分而道法裂。萧、曹以秦吏相汉,至赵、张而文法弊极矣。汉非不知用儒以救之也,有一董仲舒不能用,所用者不过章句儒。呜呼! 章句儒与文法吏,其弊等耳。儿宽儒也,能以儒术饰吏事,当时称之。"饰"之为言,不过以儒术为吏事之文饰而已。若曰饰之而已,虽以汤之深文舞法,已能乡上意,取博士弟子补廷尉吏,傅大义、决大狱矣,奚俟于宽哉? 其后薛、贡、韦、匡之迭相,终无以收儒吏之实效,可胜叹哉! ……然则儒、吏果二道而有所轻重于其间哉?①

这个议论的生发,是有感于元代之儒、吏关系。他指出周以上实是儒、吏为一的,至秦则儒、吏相分而汉承之,并引发了诸多冲突纠葛。然而他所向往的"儒体吏用""名二道一",在汉代、特别是东汉以来,事实上就已经相当地深化了。汉魏之际建安名士王粲作《儒吏论》,其中便有如下出色论述:

> 士同风于朝,农同业于野。虽官职殊务,地气异宜,然其致功成利,未有相害而不通者也。至乎末世,则不然矣。执法之吏,不窥先王之典;缙绅之儒,不通律令之要。彼刀笔之吏,岂生而察刻哉? 起于几案之下,长于官曹之间,无温裕文雅以自润,虽欲无察刻,弗能得矣。竹帛之儒,岂生而迂缓也? 起于讲堂之上,游于乡校之中,无严猛断割以自裁,虽欲不迂缓,弗能得矣。先王见其如此也,是以博陈其教,辅和民性,达其所壅,祛其所蔽,吏服训雅,儒通文法,故能宽猛相济,刚柔自克也!②

尽管这个论述带有文学笔调,但仍在纷繁的历史现象中看到了一条重要的演进线索。"执法之吏"与"缙绅之儒"这二者之"相害而不通",并不是自古如此,而是春秋末年以降社会分化的结果:"几案""官曹"与"讲堂""乡校"之别显示了社会活动领域的分化。然而当此分歧在

---

① 程端礼:《儒吏说》,《畏斋集》卷六,《四明丛书》。

② 《艺文类聚》卷五十二引,上海古籍出版社,1965 年,上册,第 939—940 页。

中国古代发生之后,这个社会中却又蕴涵着一种"达其所壅,祛其所蔽"的内在要求和潜在可能,它认为儒与吏本是"名二而道一"的,并促使这一分化在经历了复杂变迁之后,最终以"吏服训雅,儒通文法"作为演进的归宿。对于如上深刻而重大的变化过程,古人先已敏锐地体察到了。

这当然并不是说,此后这个社会中就不存在专门化的学士和文官角色了;相信读者并不会产生这种误会。但是上述儒生文吏的融合过程,毕竟意味着在经历了因分化而来的冲突之后,这两种角色或群体之间又重新建立了密切的制度性联系;当然,这已是立足于长足分化基础之上的全新整合了。尽管此后局部的变迁并未终止,但是我们仍然相信,经历了"吏服训雅,儒通文法"这个儒生、文吏的融合过程之后,以学者(文人)兼为官僚为特征的所谓"士大夫政治",就在中华帝国中真正地扎下了根基。

第十一章　结论与推论

至此，我们已经完成了全书的主要叙述。这个叙述，始于周代封建士大夫阶层的出现，而终于帝国官僚士大夫形态的初步定型。周政、秦政、汉政、新政的政治文化演进过程中学士与文吏这两个群体的分合关系，构成了贯穿其间的中心线索；这个复杂变迁过程的结局，则是经过"礼治"与"法治"的对立与渗透而演生了一种独特的政治文化模式——士大夫政治。我们的叙述止于东汉，这并不就意味着在此之后帝国体制就是一成不变的了；但是也可以相信，在经历了两汉四百年的发展之后，士大夫政治已大致地确定了其最基本的形态。对士大夫政治演生之因果的有关解释，已经散见于全书的有关各章了；在全书的最后部分，我们不避重复而再加总结，并且还将由此出发做一点尝试性推论。

第一节　全书的结论

在本书的发端之处提出了这一问题：中华帝国的官僚政治以学者（文人）作为官员的主要来源，这种特殊类型的官员构成了一个被称为"士大夫"的社会阶层。"士、农、工、商"这种表述，集中地反映了中国古代社会结构的特征性；民间学士"学优而仕"，通过科举制度进入帝国政府成为文人官僚，由此而形成的士大夫阶层与"士大夫政治"，构成了中国古代官僚政治的一个非常特别的方面。对于来自不同历史背景的学人，由这种文人兼为官僚的独特角色所构成的官僚政治，其在社会分化视角中所呈现的特征，曾引起了他们的特别注意，因为在他们自己的历史传统中所出现的官僚制度，是面貌大异的。这也就意味着，士大夫政治是中国古代社会非常富于特征性的现象。它是了解这个社会历史的重要线索之一。

对传统中国的士大夫阶层和士大夫政治，中外学界以往的研究已颇有成就。而本书为自己确定的是一个相当有限的任务，这就是向较早的时代去追溯士大夫政治在中国古代社会得以演生的政治文化动因。中国古代历史进程所表现出的可观的连续性，也加强了这种考察的意义——士大夫政治是一种独特历史传统连续演进的产物，其间有众多的因素彼此环环相扣，并在不同阶段不断地发生着变迁；我们通过一个个发展环节向前追溯，可以发现在中国古代早期的政治文化传统之中，就存在着后来士大夫政治得以演生的"文化基因"了。这种"文化基因"的来源，它对理想治国者的设计以及由此体现出来的对社会分化现象的特殊态度、安排和处理，它对士大夫政治演生过程的各个阶段的导向、制约和影响，就构成了本书叙述的中心线索。这就意味着，我们所讨论的实际是一种政治文化模式的演生及其因果；而社会分化的程度和形态，则是我们观察有关事项的中心视角。

我们的叙述从对"士"的历史追溯开始。"士"这个古老称谓的初义很可能就是成年男子，亦即拥有完整权利和义务的氏族成年男性成员。经过一个近乎今人所谓社会分层的过程，"士"以及"大夫"又逐渐成了贵族官员之称。号称"百辟卿士""庶常吉士"的大小首领及其亲族，发展成了一个拥有特权的阶级。这个阶级可以总名为"士"，甚至也不妨径称为"士大夫"——封建贵族士大夫。他们与帝国时代的官僚士大夫处于相近的层次。由于中国古代社会发展的连续性，我们相信封建士大夫的政治文化特质，对后世帝国官僚士大夫的演生及其特征发生了重大影响。

周代的这个"士"或"士大夫"阶级的政治文化特征，就本书的论题而言，其中有如下几点特别值得注意。一个特征是由此期发达的封建宗法制度所赋予的，如前所述，士大夫阶级是一个贵族阶级。封建制与宗法制的结合，不仅使士与大夫的政治身份依赖于宗法身份，而且还发展出了一种治家与治国融为一体的政治形态和深厚传统。另一个特征，是士或士大夫构成了官员阶级，他们是封建国家的国务政事的承担者。这个国家的"分官设职"之架构，业已显现了后世得以发展出专制官僚制度的诸多因素。潜在的官僚制因素与基于亲缘关系的宗法制度在此期的并存与交融，可以说是中国古代早期国家形态最令人惊异的特色之一。最后但绝不是最不重要的，则在于封建士大夫还是一个拥有文化教养的阶级，他们又是这个文明古国中发展出来的礼乐诗书传统的主要传承者。这种文化具有宗教的意义，但又决不仅仅如此；它还包含着处理政务的知识技能，但也决不仅仅如此。"教化"一词指示了这种文化的独特性质。封建士大夫被称之为"君子"，"君子"逐渐成了一个兼有身份和道艺双重意味的特别称谓，相对于"小人"而言，"君子"在宗法等级、政治等级和文化等级中都处于中心地位。在中国古语之中，"士"这个称谓恰恰也兼有担任政事者和拥有道艺者的双重意味。

封建士大夫阶级的如上特征，表明它是一种独特的社会分化产物。一方面，士大夫承担了政事和文化，这已经表现了一定程度的功能分化了；然而在另一方面，亲缘系统、政治系统和文化系统在这里又是高度混溶的。中国古代早期"氏族纽带"在国家政制中的保存，早已引起了学人的特别注意；我们推测上述的那种功能混溶性，就与中国古代国家形成过程中"族"之因素的特殊作用有关，因为氏族是最具原生性的人类社会单位，其中，亲缘关系表现为最具功能弥散性的人际关系。"族"之因素束缚着政治、法律、经济、文化、宗教、道德、家族和个体人生等等，延缓了它们分化为不同人类活动领域的进程。但是这种富于功能混溶性的政治体制和富于角色弥散性的君子阶级的存在，却并不就意味着相应的政治文化始终如一的原始性。中华民族的先民们既不缺乏政治智慧，也不缺乏文化创造力。在漫长的宗法封建时代，文明依然随着时间的流逝而不断地发展和发达。其间，政治体制的混溶性、政治角色的弥散性，反而由于文明的推进而升华了；在由士大夫阶级所支持的那种体制之中，反而演生出一种相对于其分化程度而言，是相当精致、相当丰厚的独特的政治文化传统。

这种独特的政治文化形态或传统，我们概之为"礼"。"礼"或"礼治"，是任何熟悉中国古代政治史的学者都不会生疏的概念。一方面它与"法"或"法治"是相对的；而另一方面，诸如古人"礼从俗，政从上""乡有俗，国有法"之类阐说，则提示了它的另一极是"俗"，即原生性的、不分化的乡区习俗。"礼"最初关涉于"事神人之事"，但也如学者所言，总体说来它是由原始社会的习俗仪节逐步演化而来的。在社会分化这个特定视角之中，我们把"礼"认定为一种处于"俗""法"之间的政治文化形态。"礼"已表现为封建国家的政治制度、经国之纲纪，但是由于其"从俗"的来源，它依然保存以至升华了"俗"之功能弥散的性质。"礼"显示出无所不包的性质，统摄了社会各个领域，从法度政制直到冠、婚、丧、祭之民间礼俗，大抵都被纳入了"礼"中。"礼"被认为是依人性、缘人情而制，渗透了和充盈着情感因素，并诉诸许多原生性的功能方式，例如各种礼乐仪节发挥功能时所依赖的象征、隐喻、联想、引申以及它所欲唤起的庄严、优雅、亲近或愉悦之感。"礼"不仅是具体的仪节，同时也被认为是行事的规范，仪节所体现出的政治原则和道德价值，与仪节并不泾渭两分，而是一而二、二而一的关系。礼乐又是人文的结晶，诗书礼乐的练达构成了文化教养的主要内容，由之从"礼"发展出了"礼教"，它的贯彻特别要依赖于"教化"，而不是纯粹政治性的法律强制。由于"礼"的充分贯彻本身就意味着各种制度、活动和角色业已达至完美境界，所以"礼治"还不仅仅是个作为手段的东西，它本身就构成了作为社会理想的目的。知"礼"者则为"君子"，所谓"君子勤礼，小人尽力"。"君子"这种既与小人分化开来、又极富弥散性的社会角色，是"礼治"赖以运作的中心角色。

"礼"的基本精神是"尊尊、亲亲、贤贤"。"尊尊"主要是政统的原则，其中各种规范表现为"君道"，其相应的角色有君臣吏民；"亲亲"主要是亲统的原则，其中各种规范统摄于"父道"，其相应的角色有父兄子弟；"贤贤"主要是道统的原则，其中各种规范归结为"师道"，其相应的角色有贤人学士。因"尊尊"而尚"义"、尚"忠"，因"亲亲"而尚"仁"、尚"孝"，因"贤贤"而尚"德"尚"能"。中国自古就生发出了对"君、父、师"的特别尊崇，这正是"尊尊、亲亲、贤贤"之义对主导社会角色的确认。如果对"礼"在社会分化视角中呈现出的功能弥散性质进一步加以解析的话，那么就可以说，"礼"之精义，就在于"尊尊、亲亲、贤贤"的三位一体,政统、亲统、道统的相异相维,君道、父道、师道的互补互渗;相应地,"君子"这种特殊社会角色则是尊者、亲者、贤者或君、父、师的三位一体。"君子"的义务不仅是作为统治者而施治,而且还要"为民父母"以施爱,为民师表以施教。换言之,"礼治"形态与"君子"角色之间存在着内在的相关性,在封建士大夫所承担的"礼治"之中,业已孕育出了"君子治国"的贤人政治理想,这一点在后来就成了帝国时代士大夫政治的基石。因此我们相信,在"周政"之中——在封建士大夫及其所承担的"礼治"之中,就已经存在着士大夫政治赖以演生的"文化基因"了。

今人所谓政治系统、亲缘系统和文教系统,在"礼治"中以一种颇为精致的形态互相混溶、互相渗透起来,并且取得了一种"泛化"或"拟化"的相互关系,例如拟君为父、拟官为师;正是由于这种互渗和拟化关系的存在,我们所说的政统、亲统和道统,并不就恰好等同于今之所谓政治系统、亲缘系统和文教系统,而且其间的差异,恰好就反映了中国古代政治文化的独特性。古人特别强调"礼"的独特功能和基本精神在于"和"。"和"之进一步阐释是"和而不同",这一理念首先承认了万事万物之分化的实然性和必要性,但是其所致力寻求的,却是在已分化要素之间建立一种相异相维、互渗互补的和谐关系,而不是去极意推进分化。古人经常用五色、五声、五味、五行之间的关系来比拟与表达"和"之精神;而在社会政治层面,这一理念则曲折地还原为和深深地贯注于"礼治"秩序与"君子"角色的设计之中,并构成了它们的形而上基础。围绕于此,儒家发展出了一整套精致的理论。例如,"礼"被进而区分为"礼"和"乐"这两个方面,一主"别"而一主"和",它们分别对应着尊与亲、敬与爱、义与仁、外与内、动与静、阴与阳、地与天。这种"和而不同",颇不同于积极推进分化、保障要素专门性前提之下的制衡性整合,后者是能够沟通近代性的处理,我们姑且称之为"机器式整合";而前者却是一种"互渗式整合",在此,已分化要素之间不是清晰划分开来的。这种"互渗"的意义,可以在拟君为父、拟官为师的拟化机制,或者"仁"与"义"、"忠"与"孝"、"德"与"能"之间的相互渗透关系中,得到相当充分的理解。在理想治国角色的认定方面,它就集中体现于"君子不器"的理念之中了:"不官,不拘一职之任也;不器,无施而不可也。"这种非专门化而极富功能混溶性的角色,被认为是"体无不具""用无不周""不器而为诸器本"的。

春秋末年和战国之际,文明的发展造成了社会的剧烈分化和复杂化,周代特定形态的"礼治"秩序不能维持,遂有"礼崩乐坏"之局。战国变法运动的实质,我们理解为一个专制官僚制化运动;随着这一运动,一种更分化的政治形态——"法治"生发出来了。"法"不只是"刑",它也可以理解为专制官僚政治的理性行政原则和规范。在法家的阐释中,"法治"立足于以科层形式分配权威、职能和资源的中央专制集权体制,以非人格化、程序化、具有可计算性并服从于功利目的的系统成文法规作为行政依据。在此它就与"礼治"划开了界限。"法治"是一种纯粹的政治秩序,它由国家来宰制社会及其传统礼俗;而"礼治"则是一种把政治秩序、亲缘秩序、文化秩序等等融为一体的更具弥散性的理想文化秩序,其中传习、礼仪和法制仍是混溶一起而不甚分别的。"法治"并非凭空而生,它是由"礼治"之中的政统吏道因素充分分化而来的。当各国礼制日益形式化、程序化、系统化,并日益服从于纯政治性的考虑和服务于纯功利性目的之时,所谓"法""律"也就将从中脱胎而出了。学人谓汉家之"礼"多在律中,这正是战国秦汉间政统吏道之分化过程的产物。相对于"礼治"之三统相维,"法治"是独尚"尊尊"、独崇吏道的。相应地,在行政角色方面法家独尊文法能吏。"礼治"所推崇的君子贤人之"贤",是兼"德""能"而言的;而基于一种颇富分化意识的考虑,法家公然声称要弃"德"取"能"——由"明法"训练而来的行政之能。在这个时期,"文吏"这种角色的分立、他们对昔日贵族"君子"的取代,也正是政统分化的主要线索之一。

与之同时,另一个重大分化也在日益推进,这就是专门化的知识文化角色和群体——"学士"的分立。随着文明的积累,当思想层面上人们对人、社会、自然和宇宙的认识逐渐达到了系统化理论性的认识之时,社会层面上相应的角色分化就是不可避免的了。自孔门自立于民间始,直到战国时期的"百家争鸣",学士们的义理研讨、师徒授受活动以及他们的灿烂文化成就,都是其角色分化程度的鲜明标志。官学衰微之余,师道自立于民间,并构成了与政统分立的道统。在文吏和学士群体分别得到充分分化的时候,尊、亲、贤就大大地丧失了"礼治"时代它们所具有的那种高度一致性,居位者不必是贵族,贵族未必有道艺,有道艺者非必居位。"周政"的封建"礼治"瓦解了,政统、亲统和道统有一分为三之势。较之宗法封建时代,政治活动和文化活动都大为精致化、复杂化了,相对更分化、更纯粹的形态为之提供了充分发展的更大空间。在这个时候,封建士大夫"君子"阶级,当然也就因分立的文吏和学士的出现,而衰微了。

但另一方面,"礼治"的崩坏,却又并不意味着它没有留下任何痕迹就退出了历史舞台。在漫长历史中所形成的深厚而精致的"礼治"传统,作为一种既存的文化因素,依然深刻地影响着此后社会分化的形态和方向。在某种意义上说,这种影响不妨以如下方式加以表述:"三统"的分化导致封建"礼治"的崩解,但是这种分化的推进方向,又深受"三统"的约束。政统的分化采取了"君道"或"吏道"的形态,就是说,分化的结果是发达的君主专制与官僚制度的演生,而这二者原本就是以萌芽形态存在于"礼治"之中的。"君、臣、吏、民"依然是社会关系的基本表述,自主的司法、立法和政治斗争通道很少分化,法律职业和官僚职业大致就是一事。道统的分化则采取了"师道"的形态,此"师"不仅指涉传道授业之"师",而且还意味着"帝王之师"。尽管学士的致思方向家别人异,但是在整体上,这个群体依然把入仕参政治国平天下视作天职,并使"治国之道"成了"道"的主要内容。与之同时,当吏道和师道都相当分化了的时候,广大乡土社区并未脱离低下的分化水平,在村社邑里的聚落共同体中,原生的"亲亲"关系、礼俗的支配力量和"父老"的纲纪地位,依然是社区生活的基本维系。

进一步说,在"大传统"的政治文化观念之中,吏道、父道、师道或"尊尊、亲亲、贤贤"的三分法,依然是诸子立说论世的基本框架,尽管他们的取舍各有不同。即使着意推进变革者如法家,也依然是以上世亲亲、中世尚贤、下世尊官这种三分模式描述历史进程,来申明其"尊官"之旨的。而儒家如孟子,则力申对"爵、齿、德"三者,不得"有其一而慢其二",以与法家代表的那种倾向对抗。儒家是"礼治"的传承者。

在政治领域中发生了"礼崩乐坏"的时候，在思想领域中"礼治"学说反而由于儒家的不懈阐发而变得更为精致、系统和丰满了。同样值得注意的，是以荀子为代表的兼综"礼""法"的取向。荀子学说的意义在于，他是立足于三统业已大为分化的现实，而寻求重新建立三统之间相异相维的协调关系。这特别体现在他所设计的"士大夫—官人百吏"模式之中，这一模式成为帝国时代士大夫政治之重建的理论先声，并且表明，把业已分立的"法"重新纳入于"礼"，并不是不可能的。

战国的社会变革之中，三统的分离、特别是政统吏道的独尊构成了政治变迁的主流。尤其是秦国的固有传统及其军国主义精神，为"法治"的发展提供了丰沃的土壤，并使之完成了政治统一和有效地管理辽阔国土的宏大事业。这个政治成就，不能不归功于"法治"，归功于充分分化的专制军事官僚体制所提供的行政能力和效率。尽管秦帝国的政制和法制较之后世尚属草创，但是在如下一点上它却特别地体现了极意推进政统分化的趋向："明法"构成了它的行政基础，法吏构成了它的行政骨干。"秦政"终止了"周政"，战国以来文吏与学士的分化，是以文吏政治的全盛和申说"礼义"之学士的低微地位而告结束的。

但是仅仅依靠军政效率，却不足以整合那个拥有特定文化传统的社会。秦之二世而亡，促使汉人去重新思考一种更具适应性的政治文化体制，在此他们就诉诸于传统，在分化程度较为低下的传统时代所能提供的既存遗产中寻求救治之方。儒道两家都把文明和分化进程描述为一个由"质"而"文"的进程，把现实的弊政解释为"文"片面趋繁之病态，进而申说"反质"或"反朴"主张。道家在汉初一度占据了主导地位。他们对混沌未分的原生自然状态、对与之相应的"真人"形象的推崇，曲折地化为了现实政治上的"清静无为"方针，和"少文多质"的"长者"角色。但是这对于王朝来说，不过意味着在社会萧条之时，既承秦之制又把庞大专制官僚机器的转速降至最低而已。当社会逐渐恢复了元气之时，这种既束缚了政治能动性、又束缚了文化能动性的理论，当然就将在那个帝国时代和文明社会中失去其政治指导意义。

儒家就与之不同了。我们用由"俗"而"礼"、由"礼"而"法"来描述中国古代不同政治文化形态的演进过程。在这一特定视角中，如果说道家之"反质"或"反朴"是直欲反于三统混沌未分的原生乡俗的话，儒家之"反质"则是要反于三统已有所分化，但又处于相异相维关系之中的"礼治"。汉儒把周秦之弊论定为"文烦"，亦即"礼文"趋繁而导致的律文趋繁。但是这个"礼"，是与"乐"相对意义上的"礼"，它只象征着"尊尊"；"反质"则是要以"亲亲"救"尊尊"，以"仁朴"救"义节"，以"质爱"救"礼文"。并且汉儒对只有文法之能的"俗吏"做激烈抨击，要求以"轨德立化"的"君子"居位治国，其以"贤贤"救"尊尊"、以"师道"救"吏道"之意亦明明可见。"反质"最终是通过"过正"的"矫枉"来达到"文质彬彬"，重建三统之间互渗互补的"礼治"秩序。

儒家对五经六艺、诗书礼乐的传承，使之成为"文学"的代表；其所主张的"尊尊、亲亲、贤贤"之义，也深植于那个社会的基本价值体系之中。较之道家之"反朴"，儒家"礼治"具有更高的"文"的程度，更利于调动文化能动性，以更充分地适应这个号称"贤圣之所教也，仁义之所施也，诗书礼乐之所用也"的文明古国；较之法家之独尊吏道、"有其一而慢其二"，儒术之以"质"制"文"、以"文"制"武"功能，也较好地适应了"礼治"传统所影响的三统分立格局，而把更多的社会要素和传统要素容纳于其中。它使充分分化了的专制官僚体制、充分分化了的知识群体与依然颇不分化的乡土亲缘社区，更为有机地紧密整合起来了。在汉儒的努力之下，帝国君主转而独尊儒术，儒生通过明经入仕之途而源源进入朝廷而与文吏并立。又一个重大变迁——从"秦政"到"汉政"的变迁，便因而发生了。使各个群体、阶层的权利、义务、责任和利益之分配合于"仁义"的最高道义原则，臣民，特别是士人用以纠矫失误、制约君主的规谏活动，通过文教手段"缀万民之心"的礼乐教化，以及据信是足能同时承担道义、规谏和教化之君子贤人的治国资格，得到了王朝的承认，并引起了制度层面的诸多变化。

在西汉时代这种变迁尚未定型，它还是颇不稳定的。一方面君主实际奉行的是一种"霸王道杂之"的方针，文吏依然是行政的重要承担者；另一方面，儒术之非理性的方面也开始膨胀了。"礼治"的原生性来源，造成了它合理化精神的相对缺乏，而这本是一个庞大帝国的官僚行政必不可少的。儒生传承着"礼治"所蕴涵的"礼义",也传承着古代的仪典礼乐。而且,他们将"礼仪"看作是"礼义"的具象,执信特定样式的礼文仪制的兴复就是"天下归仁"的内容,甚至途径。地位在蒸蒸日上,但在角色意识上尚未充分官僚化的儒生们日益鄙弃"汉家故事",在西汉后期鼓荡起了以"奉天法古"来建立理想"乌托邦"太平盛世的情热,并导致了王莽篡权及其大规模变法改制的"新政",它与"秦政"恰成相形对照的两极。

王莽"新政"昙花一现,此后东京之"汉政"实行"经术"和"吏化"并重的方针。它一方面是对西汉"霸王道杂之"的回归,同时又使"礼""法"的结合达到了更为融洽的水平。儒家学说作为帝国的正统意识形态的地位更加巩固了,但是帝国政治同时又是以官僚制理性行政为其坚实基础的。儒家之"礼治"由此经受了一次重大的理性洗礼——这个庞大帝国理性行政所给予的洗礼。如学人所言,东西汉之交是中国古代思想的又一转折点,东汉以来儒者遂少放言高论,少对社会政治做根本性的批判。他们的现世感大大增强了,开始正视"法治"在兵刑钱谷、考课铨选中的不可或缺性,以"政卑易行"的态度淡化了"乌托邦"性质的空想,并努力把"法治"的要素融会于"礼治"之中。学者所论的自西汉以来就发生了的儒法合流,我们说到此时才真正地深化了,切实地落实到了政治实践之中。当我们把西汉和东汉末年儒者对社会危机的不同回应加以比较之时,这一点就充分显示出来了。

这一重大变迁,随即就影响到了不同政治角色和群体关系的层面,当然这是就文吏和儒生这两大群体的关系而言的,他们分别是"法治"和"礼治"的代表。从功能分化意义上讲,文吏和学士都是从封建士大夫阶级中脱胎而生的。封建士大夫兼行政功能和文化功能于一身,这是其所承担的"礼治"赖以运作的基本保障。战国以来,行政事务的复杂化催生了专门化的文吏角色,文化活动的复杂化则催生了专门化的学士角色。在经历了秦帝国之文吏政治阶段之后,西汉虽已独尊儒术,但这在最初仅仅是造成了文吏和儒生并立朝廷之局。此时这两个群体之间存在着尖锐的冲突,儒生抨击文吏,主要在于其不能"轨德立化";而文吏则指责儒生这种文化角色对政府行政缺乏理解,并无"优事理乱"之能。如是优劣长短之争,显然是战国以来社会之角色分化波及于政治论辩的结果。这个分化既使知识文化角色远离了行政,也使兵刑钱谷事务的承担者失去了昔日"君子"以"礼"调节政治整合社会的功能。进一步说,这种冲突,是儒家与法家、"礼治"和"法治"、王道和霸道之间长期矛盾在新时期的继续和发展。

但是这一冲突,最终却是沿着另一方向得到解决的。这两个群体在不断冲突的同时,还存在着一个二者日益融合的重大过程。参政之后的政务和职责压力,不能不使儒生被迫或主动地使自身官僚化;逐渐熟悉了王朝行政、精通了文法律令的儒生,与日俱增。而在另一方面,许多文吏也转习经术,由此而掌握了儒家义理。东汉以来,随着"礼""法"合流的深化,文吏和儒生的融合也具有了更大的深度、广度和速度。此时王朝基于"吏化"方针而在选官制度上对吏能和治绩的强调,对此融合起到了直接的促进作用。当时学士,大抵要在习一家章句后转习律令簿书,经书和法律的兼修并习成为时尚,名儒也开始注疏法律,甚至有兼以《诗》《律》教授者,门徒或千人之多。战国以来因社会分化而造成的"执法之吏,不窥先王之典;缙绅之儒,不通律令之要"的情况,复因文吏儒生之渐趋融合、其间界限日益含混而生发了新的变化,并最终以"吏服训雅,儒通文法"之局,而宣告两汉四百年这两大群体长期对立的结束。

自西汉始儒生就源源加入了帝国政权,但是我们还不把儒生参政就视为士大夫政治充分演生的标志,因为此时还有一个文吏群体与之并立朝廷,而且后者往往是政务的实际承担者。当儒生角色尚未充分官僚化的时候,他们在帝国政府之中的地位实际仍然颇不稳定。只有当儒生不仅仅在朝廷上承担着传经、议礼之类的文化任务,而且还适应、熟悉和真正地承担起了政治任务以至吏治事务,并且使儒术得到"法治"的充分洗礼之后,我们才能认为上述演生过程是初步地完成了。儒生与文吏的融合,导致了一种"亦儒亦吏"的角色的产生。这种角色一出现,就显示了旺盛不竭的生命力,单纯的文吏遂不能与之抗衡了。汉廷以"明经""明法"分途取士的选官制度,最终在曹魏之时让位于"贡士以经学为先"——此期的经学之士,已是充分地官僚化了的，并由于这种官僚化而确立了他们在帝国政治舞台上的牢固地位；单纯的文吏，则最终演变成了居于士大夫之下的"胥吏"阶层。

经过战国秦汉如上之复杂政治文化变迁，帝国时代的儒生官僚士大夫阶级，以及由其承担的士大夫政治，就演生出来了。我们发现这个阶级，与封建时代"士"和"大夫"构成的"君子"阶级具有同构性，甚至其"士大夫"之名，也是由之而来的。用一种简化了的方式来说，封建士大夫兼任了文化和政治功能，而帝国时代的士大夫依然是如此，虽然这两种功能在此时都已大为复杂化、专门化了。进一步说，宗法封建士大夫所承担的"礼治"传统，由帝国时代的儒生官僚士大夫加以"创造性转化"，在新的基础上将之构拟和重建出来了。中国古代的士大夫政治，是经由周政、秦政、汉政、新政这一系列复杂曲折的政治变迁过程之后，而演生出来的。当政治文化的发展使"礼治"把一度分立的"法治"重新纳入了其统摄约束之下的时候，业已充分分化了的政统、亲统和道统就再度一体化了。这种政治文化模式认定，每一个居身上位者相对于其下属，都同时地拥有官长、兄长、师长这三重身份，都同时地具有施治、施爱、施教这三重义务。"尊尊、亲亲、贤贤"之相济相维，吏道、父道、师道之互渗互补，"君、亲、师"之三位一体关系，再一次地成为王朝赖以自我调节与整合社会基本维系，并由此而造就了一种特殊类型的专制官僚政治——士大夫政治；"君子治国"之政治理想，"士、农、工、商"之分层概念，也就一直维持到了中华帝国的末期。

第二节　初步的推论

在经历了东汉时代之后，"礼治"与"法治"、儒生与文吏之合流具有了更大的深度、广度和速度。在其之后我们便可认为，中华帝国的士大夫政治就由此而奠定了其基本的形态和坚实的基础，并由此而结束了其演生阶段。

这当然也不是说，自此围绕士大夫政治模式就没有发生过动荡摇摆。东汉时代世家大族在社会中逐渐发展起来了,并日益地具有了文化色彩。东汉末年的名士运动使知识文化群体进入了又一个高峰期,累世传经、累世公卿的名士家族,在中古时期发展为士族阶级,并导致了门阀政治的鼎盛局面。在门阀政治之下,族姓、文化和官位再度相对紧密地结合为一体。少数士族门阀世出名士、世居高位,既垄断了文化,也垄断了官职,专制皇权和官僚政治因而在一定程度上有衰微不振之势,以至有"王与马,共天下"之局。于是在此期,"士人""士大夫"几乎就成了士族的同义语,且有"士大夫故非天子所命"之说。①如沈约之谓:"周汉之道,以智役愚,台隶参差,用成等级;魏晋以来,以贵役贱,士庶之科,较然有辨。"②智愚贵贱在此时具有了更大的一致性,其间的社会流动则大为停滞了。这与春秋时代的封建士大夫的贵族政治相比,确实显示了某种类似性。过分优越的特权使士族可以耽于玄理文义,他们也确实留下了独具特色的思想文化成就。但最终这也使士族远离了政务,日益丧失了军政能力。晋代已有"在职之人,官无大小,悉不知法令"之事③;人称南朝"有学业者,多不习世务;习世务者,又无学业"④。士人之"学业"与官僚之"世务"之间显示了尖锐冲突。将此与汉代儒生文吏之冲突的异同做一比较,是很有趣的。

但是中国社会毕竟已经经历了战国秦汉时代,专制官僚政治业已成为传统,士族也不能脱离这一体制而存身。如学人研究所显示,魏晋时代在政治上获得显位者才可能成为士族。⑤ 士族政治主要是就其世代居官而言的,而对此入仕特权,就是在门阀鼎盛的南朝也有人视为弊

---

① 如《晋书·夏侯湛传》:"仆也承门户之业,受过庭之训,是以得接冠带之末,充乎士大夫之列。"又如,《南史·江敩传》记南齐时寒人纪僧真求于齐武帝,"唯就陛下乞作士大夫";不料后来却为士族所挫辱,复言"士大夫故非天子所命"。

② 《通典》卷十六《选举四》。

③ 《抱朴子·审举》。

④ 《隋书·柳庄传》。

⑤ 参看唐长孺:《士族的形成和升降》,《魏晋南北朝史论拾遗》,中华书局,1983 年。

政而提出了批评。① 官僚制度的发展此期并未停滞,反而在走向完善。② 依田余庆先生的看法,真正的门阀政治只存在于东晋一朝,南朝皇权即有复兴之势,与之相对应的则是低级士族、寒人和武将在实际军政事务上的崭露头角。③ 真正的转折是在北方发生的。北方少数民族之部族制度及其武力造就了一个强有力的专制皇权,它给一度接受了士族政治的北朝,注入了走出士族政治的蓬勃活力。北魏后期就出现了"世人竞以吏工取达,文学大衰""进必吏能,升非学艺,是使刀笔小用,计日而期荣;专经大才,甘心于陋巷"④的情况。这在周隋之间就更为明显了:所谓"近代之政,先法令而后经术""咸取士于刀笔"。⑤ 北齐法制的发达已超过了南朝。⑥ 隋源于北朝,北朝的特殊历史条件,使之也经历了一个与秦类似的、经由军国主义的官僚制化道路,并由此完成了对南朝的统一。周隋之际的政治变动与秦政对周政的取代多少有其可比之处,其君主在倚重法制以及独断、奢侈上都是相似的。但另一方面,秦、隋所处的社会条件则已颇为不同。北朝至隋的法制化倾向清洗了士族政治的弊端,但秦式的纯粹文吏政治,也早已失去了在中国社

---

① 例如,孔宁子上言"故当才均以资,资均以地",要把才能、资历的标准置于门第之上;周朗主张"当使德厚者位尊,位尊者禄重,能薄者官贱",申明了"选贤任能"的原则;裴子野宣称"苟非其人,何取士族";甚至梁武帝也表明了"设官分职,唯才是务"的思想,并企图在选官上实现士庶贵贱的"勿有遗隔"。参见拙作:《察举制度变迁史稿》,辽宁大学出版社,1991 年,第十章第三、四节。

② 从汉代的三公制到隋唐的三省制的过渡,魏晋南北朝是一个重要的演进环节。学人的一些研究给了我们这样的印象:此期官僚制度在许多方面仍在进步。例如祝总斌先生指出:此期"宰相机构和秘书、咨询机构的发展与完善,为隋唐三省制的出现准备了条件"。见其《两汉魏晋南北朝宰相制度研究》,中国社会科学出版社,1990 年,第 385 页。

③ 参看田余庆:《东晋门阀政治》,北京大学出版社,1989 年。

④ 《魏书·文苑·邢昕传》及《羊深传》。

⑤ 《周书·儒林传》及《隋书·儒林传·序》。参见拙作《察举制度变迁史稿》第十三章第四节,"武功、吏能与文学、经术"。

⑥ 陈寅恪指出,"江左士大夫多不屑研求刑律,故其学无大发展","北魏前后定律能综合比较,取精用宏,所以成此伟业者,实有其广收博取之功,并非偶然所致也","北齐刑律最为史家所称"。《隋唐制度渊源略论稿》,中华书局,1963 年,第 111—112 页。

会中的立足基础。随着士族的衰微和社会流动的活跃，科举制度破土而出，它标志着经历了政治文化形态的动荡摇摆之后，士大夫官僚政治仍然是演进的最终定局，并且发展到更成熟的形态。此后，除了元帝国的情况比较特殊，其时吏胥显贵而儒生较为低微之外，士大夫政治一直是帝国政治文化的基本模式，它的各种发展，大致说都不出这个框架之外。

"失之毫厘，差之千里"这类习语提示我们，事物在发端阶段的微小差异可能会在后来导致重大不同。中国社会在历史早期形成的"礼治"政治文化传统，最终对此后的政治发展造成了重大影响——它作为"文化基因"和政治传统，在帝国时代深刻地影响了专制官僚政治的形态，使之表现为士大夫政治。"礼治"精神生发于历史早期较小、较不分化、较具原生性，且家、国尚不甚分的政治秩序之中，然而直到明清这样统治着辽阔国土和巨大人口的时代，它依然显示着活力。从某个角度来看，儒生—官僚或文人—官僚的角色是缺乏分化的；但是从另外一个意义上说它又是相当分化的：士大夫本身分化为一个特殊阶层，他们承担的政治事务和文化事务都是高度复杂的。在此我们就看到了"礼治"的巨大适应性。在战国秦汉之间社会的生活条件和分化程度都已大大改变了之后，来源于较低社会分化状态的"礼治"经过复杂的自我调整和发展，却终于适应了一个更复杂的文明，并成为其政治社会秩序的支配因素之一。

我们把"礼治"的精义解析为"三统"之间的相异相维，其理念基础则是"和而不同"。"不同"意味着承认万事万物的既成分化和差异，"和"则是要求对这种分化做互渗互补的独特处理。诸多要素之"异"并不导向于"分"，其专门性的界限不是截然划开的，而是在一种精致的"拟化"处理中互相渗透起来，由此而形成一种相异相离又相济相维的关系。本来就具有无所不包性质的"礼"，因而就具有了容纳要素间更大分化的涵摄力。

"礼""法"关系的复杂变迁，就显示了"礼治"适应于更复杂社会的潜力。"周政"之"礼治"秩序本是落实于一整套具体的仪文典制之中的，在战国以来，这些保留了原生色彩的礼制无疑已经大大地丧失了以旧日方式发挥功能的基础，不得不让位于"法治"。但是，"礼"是一个复杂的复合物,它在不同视角和层面中呈现为不尽相同的东西,例如礼义、礼仪、礼乐等等。此后"礼治"复兴时它的各个方面所发生的变迁,是非常有意思的。

正如学者所言,秦律大抵本于法家精神,而此后则逐渐发生了一个"中国法律之儒家化"的过程。[①] 自汉就逐渐生发了使法、礼相应的呼吁。东汉以法律传家的陈宠有如是之请:"宜令三公廷尉平定律令,应经合义者,可使大辟二百,而耐罪赎罪二千八百,并为三千,悉删除其余,令与礼相应。"[②]这个过程至唐而定型化了,所谓"论者谓唐律一准乎礼,以为出入得古今之平"。[③] 通过这一过程,"中国古代法制制度以儒家思想为指导,构成了富有特色的中华法律体系"。[④] 对之学人的考察已颇深入,无庸赘论。在此要指出的主要是这样一点:"礼"之入"律",主要是就"礼"之"礼义"方面而言的,也就是把"礼治"的纲常名教原则贯注于法律之中;但是在"礼仪"即"礼"之典制节文方面,情况则复杂得多了。

程树德谓:"汉沿秦制,顾其时去古未远,礼与律之别,犹不甚严。《礼乐志》叔孙通所撰礼仪与律同录藏于理官。《说文》引汉律祠宗庙丹书告,《和帝纪》注引汉律春曰朝秋曰请,是可证朝觐宗庙之仪,吉凶丧祭之典,后世以之入礼者,而汉时则多属律也。"[⑤]战国秦汉之间先已有了一个以"礼"入"律"的过程,但是这一过程的性质,却是在法家"当时而立法,因事而制礼"精神指导下的"礼"之法制化。当"朝觐宗庙之仪,吉凶丧祭之典"等等典制节文取得了法制性质的时候,就大大丧失了儒家所赋予它们的作为"礼义"具象的意识形态意义。如果说战国至汉初的"礼"之入律意味着"礼""法"之分化的话,"独尊儒术"之后的以"礼"入律则意味着二者的重新合流;但是这已是一种立足于分化

---

① 可参看瞿同祖:《中国法律之儒家化》,《中国法律与中国社会》,中华书局,1981 年。

② 《后汉书·陈宠传》。

③ 《四库全书总目提要》卷八二,中华书局,1965 年,上册,第 712 页。

④ 张晋藩主编:《中国法制史研究综述》,中国人民公安大学出版社,1990 年,第五章第三节。

⑤ 程树德:《九朝律考》,"汉律考",中华书局,1963 年,第 11 页。

基础之上的更协调的合流了。自汉以后，"律"一方面逐渐被纳入了"礼义"原则指导之下，另一方面它与"礼仪"却又日益分途。如章太炎之言："汉律非专刑书，盖与《周官》《礼经》相邻"，"周世书籍既广，六典举其凡目，礼与刑书次之，而通号为'周礼'。汉世乃一切著之于律。后世复以官制仪法与律分治，故晋有《新定仪注》《百官阶次》诸书，而诸书仪杂礼，公私间作。迄唐，有《六典》《开元礼》。由是律始专为刑书，不统宪典之纲矣"。① 《北周律》中有礼典，程树德《九朝律考》谓其"今古杂糅，礼、律凌乱，无足道者"，而《隋律》之制定也不以周律为本。礼、律杂糅，已被视为一种粗疏落后的形态了。在法规方面，"律"的功能被确定为"正刑定罪"，而且律、令、格、式等等逐渐也有了明确区分；至于礼节仪文，王朝另制礼典，如《大唐开元礼》《政和五礼新仪》《大明集礼》《大清通礼》等等；再加上《六典》《会典》之类，它们在帝国政治中各自发挥着不同功能，以满足王朝在礼仪、官制、刑律等等不同方面对各类典章的需要。在"以礼入律"的同时，明明又有一个"礼、律分途"的过程。

　　"礼""律"之间这种复杂的变迁关系，从一个重要的侧面反映了在帝国时代"礼治"和"法治"之间分合调适的复杂关系和过程。一方面，"律"与"礼"之间有了明确的划分。"律"之限定于刑律，这是政治规范之分化与合理化的表现，如杜预之言："法者，盖绳墨之断例，非穷理尽性之书也。"② 西方人有称赞《大清律》者，言其并无文饰夸张，简洁清晰，充满极能实用的判断并饶有西欧法律的精神。③ 在另一方面，"律"确确实实又在维护着"礼"所确定的政治原则。例如，刑律中列为不赦的"十恶"，对侵害君主与父母者处以极刑，这就是"礼"之"尊尊""亲亲"之义的法律保证。"八议"中有"议贤"，又唐律规定，学生杀死业师

① 章太炎：《检论》卷三，《章太炎全集》（三），上海人民出版社，1984年，第438页。
② 《晋书·杜预传》。
③ 这是1820年《爱丁堡评论》上的一段文字，转引自杨鸿烈：《中国法律发达史》，上海书店，1990年，上册，第6页。

属于"不义",在"不赦"之列①,直到清律中学生杀死业师仍列于"十恶"②,这些都从正面保证了"君子"特权和"师道"尊严,当然又是基于"贤贤"之义的。"八议"之制当然是"礼治"而不是"法治"的产物,然而很有趣的还在于王世杰指出的如下情况:此制"自唐以降历朝刑法典莫不予以保存;清代历届刑律亦莫不保有此制;实则《大清会典》早经声明八议之条不可为训,虽仍其文,实未尝行;而雍正六年且有明谕申述此意"。③ "八议"多"未尝行"而又历代刑律"仍其文",其对"礼""法"关系的处理极具匠心,既确认了"礼"的指导地位又照顾到了"律"的专门性,颇能收"以无用而当其大用"之效。王朝典章之如上分合变迁,特别集中地反映了在帝国时代"礼治"是如何与"法治"相互调适的,这种调适使二者最终获得了相当精致的分工和互渗关系——"和而不同"的关系。

所谓"礼乐"的变迁亦相类似。《新唐书·礼乐志》谓自秦以后,"其朝夕从事,则以簿书、狱讼、兵食为急,曰'此为政也,所以治民'。至于三代礼乐,具其名物而藏于有司,时出而用之郊庙、朝廷,曰:'此为礼也,所以教民。'此所谓治出于二,而礼乐为虚名"。但仍有一点为其所未及深论,这就是在"礼之数"发生了如上变迁之时,"礼之义"的方面,却因而更牢固地确立了意识形态上的正统地位。唐初有一次关于"乐"的有趣讨论。唐太宗问曰:"礼乐之作,是圣人缘物设教,以为撙节,治政善恶,岂此之由?"杜淹答以"前代兴亡,实由于乐",而魏徵进曰:"古人称,礼云礼云,玉帛云乎哉!乐云乐云,钟鼓云乎哉!乐在人和,不由音调。"太宗然之。④ "治政善恶"是"不由音调"的——不在于"乐"之"数"的方面(作为乐歌的方面);同时"乐"之"义"是"人和",这仍然是王朝理当奉行的政治原则。无独有偶,明太祖时也有过

---

① 《唐律疏议》卷一,"十恶","疏议曰:礼之所尊,尊其义也。此条元非血属,本止以义相从,背义乖仁,故曰不义"。

② 《大清律例》卷四,台北:台湾商务印书馆《景印文渊阁四库全书》第672册,第438页。

③ 转引自杨鸿烈:《中国法律发达史》,上海书店,1990年,上册,第5页。

④ 《贞观政要》卷二十九,"礼乐",上海古籍出版社,1978年,第233页。

类似的论调："起居注熊鼎曰：'八音，石声最难和，故书曰：于予击石，百兽率舞。'太祖曰：'乐以人声为主，人声和，即八音谐矣。'鼎曰：'乐不外求，在于君心。君心和，则天地之气亦和。天地之气和，则乐无不和。'太祖深然之。"[①]

"礼治"秩序的功能弥散性在政治角色方面体现为"君子"人格，他们本来也是一种富于弥散性的角色——"君子不器"，并因此在战国变法后让位于更具专门性的文吏了。《隋书·刘炫传》记牛弘问："案《周礼》士多而府、史少，今令史百倍于前，判官减则不济，其故何也？"刘炫答曰："古人委任责成，岁终考其殿最，案不重校，文不繁悉，府、史之任，掌要目而已。今之文簿，恒虑覆治，锻炼若其不密，万里追证百年旧案。故谚云：'老吏抱案死。'古今不同，若此之相悬也。事繁政弊，职此之由。"周代政务及文档制度原始粗疏，故类似于专业文官的角色远少于后世，而以"君子守礼"为治国之本；秦汉隋唐以来的帝国体制，则已不能不任用大量专业吏员来承担政务了。

但是"礼治"所追求的"君子"政治，却也在汉代以来经过复杂的自我调适，而逐渐地与专业吏员体制相适应了。汉政之以德行、经术、法律、政事分科取士，儒生、文吏分途选举，一取其"轨德立化"，一取其"优事理乱"，这就是一种对策。察举制以"孝廉"选官，是基于"以德取人"的"礼治"精神；但东汉矫王莽"新政"之弊，课孝廉以吏能功次，"以能取人"之法大大推动了儒生与文吏的融合。经过儒生的充分官僚化，"君子"角色就真正地承担起了帝国政务。东汉顺帝时孝廉察举实行了"诸生试家法，文吏课笺奏"的制度，选官程序的重点转移到"以文取人"的考试之上来了。这一发展经魏晋南北朝而积累到了隋唐，就演变成为科举制度。较之汉代以推荐为中心的察举之法，日益严密复杂化的科举制，标志着中国古代文官制度的更高发展水平。科举在考试选官方式上适应了官僚制度的进一步分化和复杂化；在考试内容上科举以诗赋八股取士，则在古今中外都受到了批评。但是它的出现却也不是没有理由的。使考试内容多少适合于知识群体的文化兴趣和知识结构（这种兴趣和结

---

① 《明史纪事本末》卷十四，"开国规模"，中华书局，1977 年，第一册，第191—192 页。

构是王朝能够给予影响但不能完全左右的),更有利于吸引其成员大量流向和加入政权,从而将这个分立的群体与政权更紧密地整合起来。且考试内容中也有策论等,以考察士人对国务的理解,尤其是所要求的经典阐发构成了维系儒术正统地位的极重要手段。即使是考试的美文要求也有其独特功效,因为官僚文人的高级文化教养,能够赋予这个体制一种独特的文化感召力①,单纯的文吏则远不能够提供这种"卡里斯马"。在教育低下的古代社会,读写能力毕竟是一种宝贵的资源,而且经过系统文化学习者一般地总是具有较高智力,大部分士人在入仕前就意识到了未来的治国任务,预先调整了自己的取向和行为,入仕后则有一整套考课奖惩迁黜机制,将之有效地纳入到官僚行政秩序中去。换言之,科举时代的帝国政权也有用以保证官员吏能的手段,虽然这没有直接地体现在考试录用环节之上。固然察举制度的许多优点科举制未能继承下来,但是较之因"以德取人"精神而产生的察举制,科举时代通过不同环节对官员"德""能""文"之考核做了新的安排,这同时适应了知识群体和官僚制度之新的分化和发展。②

士大夫阶层构成了维系政治文化模式的骨干;其因文人—官僚二重角色的功能弥散性而损失的行政效率,则有居身其下的一个胥吏阶层构成了补偿。胥吏是承担具体技术性行政事务的骨干。士大夫—胥吏的体制架构,是中国古代官僚政治之独特性的又一突出反映。汉代之时儒生、文吏并立朝廷,二者融合为"亦儒亦吏"的士大夫之后,单纯的文吏遂逐渐降为士大夫之下的一个特别层次了。马端临论述"后世儒与吏判为二途"曰:

> 按成周之制,元士以上,命官也;府史胥徒,庶人之在官者

---

① 马克斯·韦伯认为:"如果科举考试的技术及其实质内容,在性质上全然是俗世的,代表一种'给士人的教养试验';那么,一般民众对他们(士)的看法就完全是另一回事了:它赋予他们一种巫术性卡里斯马的意义。在中国一般民众的眼里,一个通过考试的候选人,绝对不仅只是个在知识上够资格做官的人。他已证明拥有巫术性的特质。"《中国的宗教》,简惠美译,台北:远流出版事业公司,1989 年,第 193 页。

② 可参看拙作:《察举制度变迁史稿》,第十五章。

也。……秦弃儒崇吏，西都因之，萧、曹以刀笔吏佐命为元勋。故终西都之世，公卿多出胥吏，而儒雅贤厚之人，亦多借径于吏以发身。其时儒与吏未甚分别，故以博士弟子之明经者补太守卒史，而不以为恧。元、成以来，至东汉之初，流品渐分，儒渐鄙吏。故以孝廉补尚书郎令史而深以为耻，盖亦习俗使然。[1]

马氏"其时儒与吏未甚区别"之言，是就儒者"亦多借径于吏以发身"来说的。而汉代孝廉察举行"诸生试家法，文吏课笺奏"之法，在此就不可谓"儒与吏未甚分别"了。

曹魏察举演变为"贡士以经学为先"，单纯的文吏在选官中大大丧失了旧有的待遇。中古时代的士族政治之下，选官体制被纳入了九品中正制的统摄之下，中正品第——所谓"乡品"——在二品之上者皆为士族，"凡厥衣冠，莫非二品，自此以还，遂成卑庶"。[2] 南朝梁制，官位十八班，皆乡品在二品以上之士族为之；"位不登二品者，又为七班"，此外又有"三品蕴位""三品勋位"。[3] 官位清浊，较然有辨，三品以下之低级吏职，乃士族不为者，故有所谓"吏门""吏姓寒人"之谓，他们自有"吏名"，不得滥厕"清级"。[4] 北魏亦有"流外勋品"，"八族以上士

---

[1] 《文献通考》卷三五，"选举八·吏道"。

[2] 《通典》卷十六，"选举四·杂议论中"。

[3] 《隋书·百官志上》。

[4] 南朝"吏"已逐渐成为一个低于士族官僚的较为固定的层次。《梁书·武帝纪》言齐制："甲族以二十登仕，后门以过立试吏。""登仕"与"试吏"之分说并不仅仅是修辞上的互文。同书《钟嵘传》："臣愚谓军官是素族士人，自有清贯，而因斯受爵，一宜削除，以惩侥竞。若吏姓寒人，听极其门品，不当因军，遂滥清级。""素族士人"与"吏姓寒人"分别极明。此种"吏"之"门品"多在三品以下。如《宋书·武帝纪》："制诸署敕吏四品以下，又府署所得辄行者，听统府寺行四十杖。"此"四品"即中正乡品。又同书《邓琬传》记宋廷因军用募民上米钱，可分别赐署乡品为五品、四品、三品之令史。《南齐书·百官志》记国子学有乡品三品之典学，五品之户曹、仪曹，六品之白簿治礼吏。在社会地位和选官待遇上，"吏"均低于门阀士大夫(南北朝时"吏"有时又特指一种吏役，参见唐长孺：《魏晋南北朝时期的吏役》，《江汉论坛》1988 年第 8 期；《魏晋南北朝隋唐史三论》，武汉大学出版社，1992 年，第 113—114、181—183 页。这与我们上文所说的"吏"不尽相同)。

人,品第有九;九品之外,小人之官复有七等"。① 南北朝后期出现的流内流外之别,在隋唐就发展成熟了。② 隋唐时期科举制度的产生,进一步使文人官僚与"吏"隔绝开来。官吏之流内流外明明有别,虽说流外官也有经考核而入流之可能,但是其间分别却固定化了。进士起家为县之佐贰以上官员,其下的佐史掾吏则为"学优而仕"者所不耻。其后除了元代为吏者地位较高之外,大抵如是。在唐代,中央主要官府中官与吏的比例约为112:1038③;明代正德年间,文官有两万四百人左右,吏员有五万五千人左右。④

士大夫和胥吏呈现出大不相同的政治面貌。唐人赵匡已言,当时之士人"徒竭其精华,习不急之业,而当代礼法,无不面墙;及临人决事,取办胥吏之口而已"。⑤ 清代赵翼称:其时"条例过多,竟成一吏胥之天下"。⑥ 胥吏熟知刑名钱谷、公务文案,其功能是士大夫所不能替代的。所谓"官之去乡国常数千里,簿书钱谷或非专长,风土好尚或多未习,而吏则习熟而谙练者也。它如通行之案例,与夫缮发之文移、稽查勾摄之务,有非官所能为,而不能不资于吏者","吏胥生长里巷,执事官衙,于民间之情伪、官司之举措孰为相宜、孰为不宜,无不周知"。⑦ 但是在这里也确实存在着一个两难。宋代刘攽言:"今时士与吏徒异物。吏徒治文书,给厮役,蠢愚无智,集诟无节,乘间窥隙,诡法求货,笞侮僇辱,安以为己物,故无可兴善者。而儒生学士之居于乡里,不过闭

---

① 见《通典》卷二十二《职官四》:"后魏令史亦朱衣执笏,然谓之流外勋品。"《魏书·官氏志》:"勋品、流外位卑而不载矣。"及《魏书·刘昶传》孝文帝语。对孝文帝此言,胡三省谓"后之流内铨、流外铨盖分于此。"见《资治通鉴》卷一四〇,齐明帝建武三年。

② 参见任士英:《唐代流外官研究》(上),第二章《流外官溯源》,《唐史论集》第五辑,三秦出版社,1990 年。

③ 参见张广达:《论唐代的吏》,《北京大学学报》1989 年第 2 期。在此胥吏指流内正从第九品、流外勋品至九品准官;如将杂任加入,那么官和吏的比例为112:3522。

④ 参见王天有:《明代国家机构研究》,北京大学出版社,1992 年,第 268 页。

⑤ 《通典》卷十七,"选举五·杂议论中"。

⑥ 《廿二史札记》卷二,"汉时以经义断事"。

⑦ 陈弘谋:《在官法戒录》"序"及卷二。《四部备要》,《五种遗规》。

门养高,其外则游学四方,以崇名誉,然后可以出群过人矣。"①很有意思的是,"元之有天下,尚吏治而右文法,凡以吏仕者,捷出取大官,过儒生远甚"②,这再次引起了元代士人对儒、吏关系的思考③;而其时有人就将之解释为对宋代士大夫"尚文""贵儒而贱吏"之弊的矫枉之举:"故宋之尚文,其弊迂。以故救迂莫若敏,革固莫若通,通而敏者莫吏若也,是故左儒而右吏。"④明太祖朱元璋一方面称"刑名钱谷之任,宜得长于吏材者掌之。然吏多狡狯,好舞文弄法,故悉用儒者",一方面又言"今所用之儒,多不能副朕委任之意"。⑤但是胥吏所承担的只是事务性工作,如谢肇淛言:"大抵官不留意政事,一切付之胥曹,而胥曹之所奉行者,不过已往之旧牍、历年之成规,不敢分毫逾越。"⑥且胥吏之舞文弄法,蠹政害民,历代为人所诟病。即使在胥吏崇贵、有"一官、二吏、……九儒、十丐"之谣的元朝,统治者也认识到了他们的"礼义之教,懵然未知",并认为这是"未尝读书、心术不正所致"。⑦ 元代统治者

① 刘攽:《送焦千之序》,《彭城集》卷三十四,《丛书集成初编》第一九〇七种,第458—459页。

② 方孝孺:《逊志斋集》卷二二,"林君墓表",《四部丛刊初编》。

③ 参看王明荪:《元代的士人与政治》,台北:学生书局,1992年,特别是第三章第二节,"二、入仕之议"。他指出元代重吏而轻儒,"这给予元代士人沉重之心理负担,以及许多困扰",但由此他们"确实也正视了儒与吏之特性,及其优缺点,使两者有交融之机会"。

④ 蒋易:《鹤田集》卷上,"送郑希礼之建宁学录序"。又程钜夫谓:"数十年来,士大夫以标致自高,以文雅相尚,无意乎事功之实。文儒轻介胄,高科厌州县,清流耻钱谷。滔滔晋清谈之风,颓靡坏烂。至于宋之季,极矣。穷则变,敝则新,固然之理也。国朝合众智群力壹宇内,自管库达于宰辅,莫不以实才能立实事功,而清谈无所用于时。"《雪楼集》卷一四,"送黄济川序"。转引自许凡《元代吏制研究》,劳动人事出版社,1987年,第141页。许凡指出,"元代重视吏能,并从吏员中选拔官员,以及整个元代吏制,是对金代儒人专尚词章歌赋及南宋推荐道学,和科举考试不重实务的反动"。

⑤ 《明太祖实录》卷六十四,洪武四年四月辛卯。

⑥ 谢肇淛:《五杂俎》卷十四,"事部二"。

⑦ 《通制条格》卷五,至元九年八月中书省御史台奏:"府州司县人吏,幼年废学,辄就吏门,礼义之教,懵然未知,贿赂之情,循习已著,日就月将,薰染成性。及至年长,就于官府勾当,往往受赃曲法,遭罹刑宪,盖因未尝读书、心术不正所致。"浙江古籍出版社,1986年,第77页。

也曾提出了"儒通吏事,吏晓儒书"的对策。① 将之与汉代"吏服训雅、儒通文法"的演进结局加以比较,我们就更能理解士大夫政治的演生,在这个帝国中并不是偶然的事情了。黄宗羲主张"欲除簿书期会吏胥之害,则用士人"②,顾炎武主张除文法、简吏事并以官御吏③,王夫之盛赞《周礼》"士多而府史少"之制、梁武帝"以士流充令史之选"之法(《读通鉴论》卷十七、十九),这都是特定政治文化传统促使人们自然趋向的救治之方。

从士大夫中不断发出对胥吏之贪饕酷暴的谴责,恰恰说明这个阶层正是制约胥吏的主要力量。士大夫之荣誉感以及道德自制能力,当然优于胥吏。刘晏所谓"士有爵禄,则名重于利;吏无荣进,则利重于名"。④ 而且经国大政、礼义教化,要取决于士大夫君子;管制检防胥吏,也要依赖士大夫君子。故"吏畏民怀"四字,每每成为士大夫官僚之考语。⑤ 洪武七年秋九月福建参政魏鉴、瞿庄笞死奸吏,朱元璋曰:"君之驭臣以礼,臣之驭吏以法。吏诈则政蠹,政蠹则民病。朕尝令吏卒违法,绳之以死。有司多不法,为下所持,任其纵横,莫敢谁何。今两参政能置奸吏于极刑,所谓惟仁人能恶人也。"⑥又洪武十九年常熟知

---

① 元初王朝发布了如下一个政令:"司、县司吏,听本处耆老、上户人等,于概管户内询众推举性行循良、廉慎无过,儒通吏事、吏晓儒书者补充。"见《元典章》卷一二,"试选司吏"。又如《元史·选举志》三,元代至元二十二年,中书省定制:"呈试吏员,先有定立贡法。……唯以经史、吏业不失章旨者为中选。……各道按察司每岁于书吏内以次贡二名:儒一名,必谙吏事;吏人一名,必知经史者。"这种使儒"必谙吏事"、使吏"必知经史"的要求,与汉代所谓"吏服训雅,儒通文法"相映成趣。并且,此期论政者亦多有"刀笔以簿书期会为务,不知政体""儒者治效非俗吏所可企及"之论。

② 《明夷待访录》,"胥吏",中华书局,1981年。

③ 《日知录》卷八,"吏胥":"文法除而吏事简矣,官之力足以御吏而有余。"花山文艺出版社,1991年,第374—375页。

④ 《新唐书·刘晏传》。

⑤ "吏畏民怀"语出《后汉书·朱晖传》:"再迁临淮太守……吏人畏爱,为之歌曰:强直自遂,南阳朱季,吏畏其威,人怀其惠。"末四字《太平御览》卷二六〇引《东观汉纪》作"民怀其惠"。

⑥ 《明史纪事本末》卷十四,"开国规模"。

县成萀奇捕苏州府吏，朱元璋予以盛赞："朕自即位以来，稽古立法，设置诸司，以贵君子、禄贤人，使与朕共守此道，以安养吾民。奈何其间或匪志人，自堕礼法，吏胥之徒，故得凭上司之势而凌侮之。……尔常熟县成萀奇，乃能不畏威势，执越礼之吏胥，此有司之超群者也！"①他欲以"君子""贤人"制驭胥吏，并以"君子""贤人"为与君"守道"者，其意至为昭明。其"君之驭臣以礼，臣之驭吏以法"之申说，表明了"礼""法"之间关系的安排，在政治角色方面就体现于士大夫官僚与胥吏之间关系的安排。士大夫代表了吏道、父道和师道的三位一体，而胥吏则仅仅代表了吏道。

此外还可一提的是，还有一个被称为"幕友""幕宾"的层次与胥吏功能相近。清代地方衙门自督抚至于州县，正印官皆置幕府（个别佐贰官如同知也有置幕的），以任刑名、钱谷、书记、征比等事，多者或十余人，少者或二三人。很有趣的是，其时习幕之事又称"习法家言""为刑名之学""从事申韩"。谢金銮云："州县首重刑名钱谷，然其实有不同者。有公式之刑名钱谷，有儒者之刑名钱谷。公式之刑名，有章程可守，按法考律，不爽而已，此幕友可代者也。儒者之刑名，则准情酌理，辨别疑难，通乎法外之意，此不可以责之幕友者也。"②官、幕之别在如下一点上近乎官、吏之别：用荀子的话说，就是一任以"法之义"，一任以"法之数"。源于"周政"的"君子"治国理想，在帝国时代被继承下来了；可是它发展为一种文人士大夫、胥吏以及幕僚等各类角色相互配合、相互制约的更分化体制，维护意识形态和保障技术效率的不同要求因而得到了协调。这在政治角色安排方面，再一次体现了"和而不同"的处理分化问题的理念，是如何使"礼治"适应于更分化的政治体制的。

在帝国时代，"礼"的实体性已淡薄得多了，作为"礼之数"的仪文礼典大大缩小了功能范围，但是其"礼义"方面则转以意识形态形式发达起来，反而变得更为精致丰满。虽然秦之统一事业表明只有经过

---

① 《明太祖实录》卷一七七，洪武十九年二月丁未。

② 谢金銮：《教谕语》，"居官致用第三"，《有诸己斋格言丛书》本。

"片面的深刻","法治"才能获得充分的发展,"礼崩乐坏"是个无法避免的阶段;然而汉政的"霸王道杂之"则已意味着"礼""法"再度进入了新的综合。假如我们把吏道、父道和师道所涵盖统摄的范围比拟为三个圆圈的话,那么,在宗法封建时代这三者是高度重合的;在帝国时代,其间不相重合的部分确已大为增加,甚至这三个圆圈不能覆盖的那些部分也大为增加了。但是在这个时候,其间依然重合的部分却始终具有主导的意义。在这一特定视角中我们所看到的事实,证明了"礼治"模式虽然生发于分化程度较为低下的社会状态,然而它依然具有经自我调整而适应分化的可观潜力。

　　社会生活背景为"礼治"提供了立足的土壤;而"礼治"本身作为既存传统,它是新的整合所不能忽略的文化要素,并深刻地影响了此后社会的分化格局。进之,"礼治"以"和而不同"方式处理分化要素,这又构成了使其适应更分化的社会的理念基础。这一理念虽不着意推进分化,但是在其致力建立分化要素间"以他平他"关系的时候,它也是把既成的分化作为前提的。"和"既不等于"同",也不同于"分"。"以他平他谓之和",求"和"也就必须维持"他"的存在,须使"亲亲""贤贤"具有一定自主性,它们才有制约"尊尊"的足够能力,这样就进而也使"礼"具有了容纳要素间更大分化的可能性。但是"和"对分化要素的处理又决不同于法家的非此即彼的"不两立",它以"拟化"方式使分化要素相互渗透。例如说,家国两分之后君主和官员已非臣民事实上的父母或族长,然而意识形态上他们仍被比拟于或"认定"为"民之父母",其身份中依然浸透着父权和父爱,君道、吏道与父道相"和"而不相离,如同"父母官"之类语词所反映的那样。南朝刘秀之谓"民敬官长,比之父母",故侵犯本属长官应加严惩。① 此处"比"之一词,正见"比拟""认定"之意。张载谓:"大君者,吾父母宗子;其大臣,宗子之家相也。尊年高,所以长其长;慈孤幼,所以幼吾幼。圣合其德,贤其秀也。凡天下之疲癃残疾、惸独鳏寡,皆吾兄弟之而颠连无告者也。"② 在

---

① 《宋书·刘秀之传》。

② 张载:《西铭》,《张载集》,中华书局,1978年,第62页。

这种"拟化"或"泛化"的处理中,"亲亲"之爱充塞弥漫于天、地之间。与之相似,天子不必才艺更高而士子依然是"天子门生",长官不必德行更优而子民依然要承其教化——这种教化甚至体现在司法过程之中。意识形态本身就具有"曲解"现实的力量。"礼治"意识形态"认定"了三统间"和而不同"的"拟态"。

同时儒家关于文明进化和社会分化的"文质"理论,也为"礼治"与更分化社会的调适提供了可能。"文质"说的一个基本精神就是要寻求传统和进化之间的平衡或协调。《论语·为政》中孔子论夏、殷、周"礼"之损益,何晏集解引孔安国曰:"文质礼变也。"又引马融曰:"所因,谓三纲、五常;所损益,谓文质、三统。"朱熹谓:"此说极好"①,"三纲五常,礼之大体,三代相继,皆因之而不能变。其所损益,不过文章制度小过不及之间"。又引胡氏曰:"夫自修身以至于为天下,不可一日而无礼。天叙天秩,人所共由,礼之本也。商不能改乎夏,周不能改乎商,所谓天地之常经也。若乃制度文为,或太过则当损,或不足则当益。益之损之,与时宜之,而所因者不坏,是古今之通义也。"②又王夫之亦云:"其所因之道曰礼,三纲之相统也,五常之相安也",后世之政制因弊生乱,"必矫前代之偏以自立风尚而为一世。裁前代之所已有余者而节去之曰损,补前代之所不及防者而加密焉曰益,有忠、质、文之递兴也,五德三统之相禅也",故"所因"和"所损益"都必不可少,"所损益也,自其因者而知之,则同此一天下必无不因之理","自其损益者而知之,则拨乱反治之天下必无不损不益之理"。③这大致也就是汉儒一方面言"天不变道亦不变"、一方面又要求"继周当改"之意。"所因"者,是体现于三纲五常中的"尊尊""亲亲"和"贤贤"之义,以及其间的相异相维、"和而不同"关系;但是各个时代具体的政教礼法,则是可以因时势之变迁而有所损益更革的,在此儒家并非固守成物而顽固不化。"传统文化"是与时日新的,而"文化传统"则亘古而不变。"礼"有尚

---

① 《朱子语类》卷二四,中华书局,1986年,第二册,第598页。

② 《论语集注》卷一,《四书章句集注》,中华书局,1983年,第59—60页。

③ 王夫之:《四书训义》,转引自程树德:《论语集释》卷四,中华书局,1990年,第131—132页。

"文"的方面,这使儒术具有了与文明进化相适应的能力;同时"礼"之尚"质"的方面,却也为儒术在更分化的社会中找到了位置。因为,假设承认文明和进化确实可能导致病态弊端的话,那么在经历了剧烈变迁而欲求解决此种问题之时,人们还是不能无视或忽略传统,因为作为社会整合基础的基本道义和文化价值,是在千百年的历史中逐步结晶出来并凝聚于传统之中的。

在帝国时代,"礼治"精神深刻地影响了君、臣、吏、民的政治行为。并且如同我们所看到的那样,它进一步影响了制度层面,引起了诸多独特变迁,例如科举制度。我们认为科举制是"礼治"政治文化传统的产物,有人觉得这是个过于突兀的说法。[1] 如果就作为"礼之数"的礼乐仪典而言,唐初诞生的科举制与这种"礼"当然没有多少直接关系。但是就作为一种政治文化模式的"礼"而言,问题就不同了。"礼治"要求任用"君子贤人"而不是文吏之类的角色治国平天下,"君子贤人"被认为只能来自传承儒教的学士群体,而科举制正是面向这一群体而不是面向文吏的。从一个更长的发展来看,"礼治"在汉代的复兴导致了保证儒生入仕的察举制度的产生,科举制就是由察举制经漫长演变而来的。科举制是士大夫政治的主要支柱,当然它也是"礼治"政治文化模式的支柱。就此而言,"礼治"还不仅仅是一种意识形态而已,它还有能力催化出一整套与之相应的政治制度。这就进一步体现了"礼治"这种政治文化传统的丰厚和精致性,它具有经自我发展而适应于更分化社会的可观潜力。

第三节 几点余论

全书至此,便已大致地完成了主要的叙述内容。在此之余,我们不妨进一步再做一点泛泛之论,当然,在很大程度上这是尝试性的,并未

---

[1] 在1992年5月一次讨论会上,某先生对我的科举制是"礼治"产物之说表示怀疑,她说唐初君主对"礼乐"无大兴趣,而这恰恰是科举制度发端之时,怎么能说科举制的产生与"礼"有关呢?

经过深思熟虑。

孟德斯鸠曾有这样一段论述:"请把君主政体中的贵族、僧侣、显贵人物和都市的特权废除吧!你马上就会得到一个平民政治的国家,或是一个专制的国家。"[①]在中国古代的封建贵族领主政治瓦解之后,所出现的当然不是"平民政治的国家",而是一个越来越专制的国家;然而封建贵族时代的政治文化传统其祚并未尽斩,由于中国古代社会演进的相对连续性,它仍然在诸多方面留下了历史的影响。这其中之一,就在于封建贵族士大夫所承担的以"君子"治国的"礼治"传统,在帝国时代依然构成了影响政治的要素之一,它使帝国的专制官僚政治最终呈现为"士大夫政治"。士大夫不是那种作为君主之权力工具的单纯的官僚,他们横亘于君主与庶民之间,维系着相对独立的"道统",并构成了以独特机制约束政统的分力。我们不能夸大,但也决不能忽略这种约束,仅仅把这个体制称之为"专制的"就到此为止了。进一步说,"礼治"不仅仅是一种政治模式,它也是一种文化和文明的模式,在其中贯注了中国古代哲人的整体社会理想,贯注了先民对人类生活状态的独特理解与追求。正如本书在开端就已申明的那样,我们把讨论仅仅局限在政治文化范围之内,就是说,并不准备用"礼治"解释这个帝国的一切政治现象;但是依然可以相信,"礼治"或"士大夫政治"是了解中国古代专制官僚政治之独特性的主要线索之一。士大夫政治的两千年历史,表明了它与传统社会背景的天然适应性。

当然并不是说,"礼治"就是足以救治专制官僚制度一切弊端并使之长命久祚的万灵仙方。我们只是说,较之文吏那种纯粹的文官,由士大夫角色所支撑的那种政治,相对更好地适应了中国古代的特定社会分化程度和形态。它当然不是没有内在的矛盾。如果从士大夫之学士—官僚二重角色入手,我们也能够由表面的和谐进而察觉到内在紧张的存在,它也伴随着许多特有的政治、文化现象和问题。尤其是当立足今世而评述古史的时候,它们就会特别地凸显出来。譬如说,这些特有的政治或文化性的紧张,就显现为"道"与"势"的冲突、"士"与"民"的冲突、"礼"

---

① 《论法的精神》第一卷第二章,商务印书馆,上册,1961 年,第 16 页。

与"法"的冲突、"学"与"用"的冲突，以及"仕"与"隐"的冲突，等等。

例如"道"与"势"的冲突。儒者主张道义高于权势，士大夫经常地申明其拥有指导和批评政治的权利与责任。《法言·学行》："天之道不在仲尼乎？仲尼，驾说者也；不在兹儒乎？如将复驾其所说，则莫若使诸儒金口而木舌。"《潜夫论·考绩》："夫圣人为天口，贤人为圣译。是故圣人之言，天之心也；贤者之所说，圣人之意也。"即是在申明这种权利的合理性。余英时曾引用明代吕坤"理高于势"之论，来阐说儒家型的知识分子着意"压制和驯服政治权势"。① 但既然士大夫是君权之下的臣工，这身份要求其对君主的绝对忠诚，那么在最高道义与最高权力之间的孰去孰从，就肯定要经常成为问题。"文死谏"这一信条固然显示了使命的不可推卸，却也反映了专制之下坚守道义的艰难。士大夫同时又是行政雇员，而官僚制有关职务、权限和责任的基本原则，也并不承认官员任意发表政见的合法（现代国家对政府文官发表政见的自由亦有明确限制）。那么，士大夫以行政官员身份完成本职事务之外作为知识分子的维护道义之举，就每每被指责为"越职妄言"而并不具有充分的正当性。尽管王朝设有专门的言官，并时常要求臣民进言议政，但是自由批评的范围、限度，以及权势是否对批评负责，并无真正的制度保证。

随君主专制之日益强化，帝国政治系统日益吞噬着社会文化系统，加入了政府的学士文人受到的控制和驯化与日俱增。教条化的程朱理学、僵化死板的八股取士以及严酷的"文字狱"，都是众所周知的例子。又以学校为例，汉代民间私学之地位并不低于太学，而太学也曾发展为士子清议风潮之中心。宋代太学之品藻清议，仍有"无官御史台"之称，但王朝已着手压制消解。《宋元学案》卷八十《鹤山学案》："学规以谤讪朝廷为第一，此规自蔡京创为之，专以禁太学诸公议政。"又《宋

---

① 参见余英时：《中国知识分子的创世纪》，载《知识分子》创刊号，1984 年 10 月。吕坤语曰："故天地间惟理与势为最尊。虽然，理又尊之尊也。庙堂之上言理，则天子不得以势相夺。即夺焉，而理则常伸于天下万世。故势者，帝王之权也；理者，圣人之权也。帝王无圣人之理则其权有时而屈。然则理也者，又势之所恃以为存亡者也。以莫大之权，无僭窃之禁，此儒者之所不辞，而敢于任斯道之南面也。"见《呻吟语》卷一之四。

史·陈宜中传》："立石学中,戒诸生毋妄议国政。"明国子监明伦堂侧有碑镌禁令十二条,曰"建言有禁";清承其制,《光绪会典》礼部卷三二记禁令曰:"生员立志,当学为忠臣清官","军民一切弊病,不许书生上书陈言。如有一言建白,以违制论,斥革治罪"。明清时天下士人皆须先入官学才能参加科举,而自元以后民间的书院亦未能抵御官方干预的涉入。士大夫自读书起,就是作为官僚预备人员而处于控制和驯化之下的。帝国的文化政策当然不是培养学人以"道"抗"势",而是以技艺效忠于君王。如黄宗羲所言:"其始也学校与朝廷无与,其继也朝廷与学校相反。"他大声疾呼"公是非于学校"①,亦显示了道统和政统之间这种特有的紧张形态。

　　而且在"治""教"合一的体制下,士人加入政权而成了统治阶级的组成部分。共同利益的考虑,也将导致"从道"与"从君"之间的摇摆犹疑。方苞称古未有以文学为官者,"诗书六艺特用以通在物之理";公孙弘兴学以利禄诱之入仕,"儒之途通而其道亡矣!"②儒生把专制官僚政体作为前提来接受,"道"与"势"又是互相依存的。自汉以降儒法日益合流,儒术也由早期对君主制的一般承认,发展为一套全面维护专制礼法的正统意识形态。韩愈《原道》:"是故君者,出令者也;臣者,行君之令而致之民者也;民者,出粟米丝麻、作器皿、通货财以事其上者也。……民不出粟米丝麻、作器皿、通货财以事其上,则诛。"以"道统"之继往开来者自居的韩愈如是之说与商鞅、韩非之相似,正说明儒术与帝国体制那贴合融洽的方面。儒生参政为专制政体带来了一些新的因素,但这最终仍然表现为这个体制的内在调节机制和有机组成部分,而不是一种可能经自身发展最终将突破这一体制的因素。

　　此外又如"士"与"民"的冲突。士大夫政治是一种"精英政治",它给予了文化阶级以特殊的政治权利和社会特权,这其中有正式的,也有半正式、非正式的。"士农工商,四民有业,学以居位曰士。""士"被

①　《明夷待访录》,"学校",中华书局,1981 年。
②　《望溪先生文集》卷二,"书《史记·儒林传》后","又书《史记·儒林传》后",《四部丛刊》本。

认为是一高于农、工、商的特殊阶层，自认为是"上智"而视民众为"下愚"，自认为是"先知""先觉"而视其他社会成员为"后知""后觉"。士人主观上时时以民众的代言人自居，然而其强烈的文化优越感、"文化贵族"的心态，却也经常地划开了他们与普通民众的距离，造成了深刻的隔阂。陶希圣说"孟子的民主主义是士人对贵族主张的"①，儒家并不承认普通民众具有同等的政治发言权。宋神宗与文彦博曾有如下对话："上曰：'更张法制，于士大夫诚多不悦，然于百姓何所不便？'彦博曰：'为与士大夫治天下，非与百姓治天下也！'"②王朝承认士人是、士人也自认为是天生的治国治民者。

当学士文人取得了官僚身份之后，便成为统治阶级的成员而参与了特权的分割。尤其在帝国王朝授予士大夫以种种政治、法律、经济和社会特权之时，"士""民"的对立就更趋尖锐了。《复社纪略》卷三："每见青衿之中，朝不谋夕者有之。……及登甲科，则钟鸣鼎食，肥马轻裘，膏腴遍野，大厦凌空，此何为乎来哉！"士大夫特权向社会层面伸展而形成了乡绅地主。《续藏书·海瑞传》记海瑞"独卵翼穷民，而摧折士大夫之豪有力者。……自是士大夫之名贪暴者，多窜迹远郡以避，小民始忻忻有更生之望矣"，所指即是这种"士大夫"；又《四友斋丛说》卷一三亦记其事："此风一起，士大夫家不肯买田，不肯放债。"顾炎武说："一得为此（指生员），则免于编氓之役，不受侵于里胥，齿于衣冠，得以礼见长官，而无笞捶之辱。故今之愿为生员者，非必其慕功名也，保身家而已！"③

其次，又如"礼"与"法"的冲突。士大夫政治使"法治"融入了"礼治"之中，在设计上这种结合仍是相当精致的，但在实践中其内在的问题终归是因之而生。是依靠道德还是依靠法规，经常地成为问题；儒学在工具理性精神上的薄弱，也经常冲击和大大限制了理性行政的发展。它更注重的是"实质的公道"——如韦伯所言，"中国的法官——典型的家产制法官——以彻底的家长式的方式来审案断狱。也就是说，只

---

① 陶希圣：《中国政治思想史》，新生命书局，1933 年，第 157—158 页。

② 《续资治通鉴长编》卷二二一，熙宁四年三月。

③ 顾炎武：《亭林文集》卷一，第 17—18 页，《亭林遗书十种》。

要他是在神圣传统所赋予的权衡余地下，他决不会根据形式的律令和'不计涉及者何人'来加以审判。情形大多相反，他会根据被审者的实际身分以及实际的情况，或者根据实际结果的公平与妥当来判决"，"因此，不仅形式的法律学未能发展，并且也从未设想要有一套系统的、实质的、且彻底理性化的法律"。①

士大夫政治的基本信念之一是"礼"高于"法"，纯粹用"法"的政治，被认为不合"王道"。而"礼"是糅合了人情、风俗、道义、礼节、文教等等的综合混溶物；"礼"的崇高，遂大大降低了"法"在人们心目中的地位，从而使人们习惯于遵循非正式规则的行为，并将此视为常态。在汉代就有"律设大法，礼顺人情"之说，而所谓"人情大于王法"更是这个社会中的通行态度，曲法从情之行在正当性上经常具有更大的空间。在中国古代，"法"当然不是各个利益集团依民主程序而形成的公民合意，故亦不具有那种由此而来的不可侵犯性和神圣性。所谓"前主所是著为律，后主所是疏为令"，法令出自君主，它与"政策"没有实质的区别；并且依传统看法皇权可与父权比拟，而父亲是不会不犯错误的。于是依照士大夫的信念，一项新的法律、法令，就不过是"君父"又一意志和举措而已——它经常是可疑的，并是可以批评的，李斯所谓"人闻令下，则各以其学议之"。对"君父"明显不妥之法令，即便是由于"父命不可悖"而在形式上要照章奉行，但对具有孝子心态的臣工来说，其"君子"的责任感会促使他在贯彻中生发出种种变通弥缝之法，并且这还将因为他事实上是恪守了"礼义"而受到赞许推崇；而对违法谋私者来说，亦不过如狡黠的不肖子逃过了父亲的督责而已。无论如何，在这个政治传统中，以守法为荣的近代公民意识，缺乏深厚的生长土壤。一方面确实存在着堆积如山的繁杂法律规章，但另一方面它们往往流于空文、"尘蠹于栈阁"，这是中国古代特别突出的现象。

再次，又如"学"与"用"的矛盾。官僚制度要求官员具备的是法律、经济、军事等专业技能，而中国古代士大夫的基本训练是人文古典

---

① 韦伯：《中国的宗教》，简惠美译，台北：远流出版事业股份有限公司，1989年，第214—215页。

知识。汉代对儒生已不乏"不明县官事"之类的批评,并且这在科举时代依然构成了令人头痛的两难。考试取士之形式是典型的官僚制原则,但在考试内容上,唐重诗赋,宋试经策,明清行八股文,这与兵刑钱谷之行政技术毕竟有相当距离。固然存在着许多代偿性机制弥缝其间,但古已有之的对科举弊端的批评,也反映了问题的另一个方面。《通典·选举五》记唐赵匡指责科举之弊:"进士者,时共贵之。主司褒贬,实在诗赋。以此为贤,主唯无益于用,实亦妨其正习。……明经读书,勤苦已甚,既口问义,又诵疏文。徒竭其精华,习不急之业,而当代礼法,无不面墙。及临人决事,取办胥吏之口而已。所谓所习非所用,所用非所习者也!""学""用"之间,经常有严重脱节。或以为宋、明之亡,耽于性理艺文之士大夫不得辞其咎。如李塨言:"以空虚之禅悦怡然于心,以浮夸之翰墨快然于手目。……坐大司马堂,批点《左传》;敌兵临城,赋诗进讲。其习尚至于将相方面,皆觉建功奏绩,俱属琐屑,日夜喘息著书,曰:此传世业也。以致天下鱼烂河决,生民涂毒。呜呼,谁实为此!"①故顾炎武至于斥八股之祸甚于焚书。"士大夫—胥吏"构架虽是个精巧的安排,可它也绝非十全十美。马端临曾就对"后世儒与吏判为二途"做出过如下评判:"而二途皆不足以得人矣!"②

---

① 《恕谷后集》卷四,"与方灵皋书",《丛书集成初编》第2488种,第39页。直到清亡之后,仍有人把沟通"政事""文章"视为要务。如清举人许同莘作《公牍学史》,自称"是编之作,将以沟通政事、学术,公牍、文章"。他是有感于如下事实:"……古无公牍之名也,别公牍于文章,后世学术之敝为之也。汉之章句,六朝之玄言,唐宋之明经贴括,明清之制义,举一世之士,相率为支离杳眇迂阔之辞,试之行事而辄败,则流俗非笑之。惩其失者,或才疏意广,虑患不深,则以为纯盗虚声,材廓落而无用,何则?用非所学,学而不知通变故也。"(档案出版社,1989年,第4—5页)

② 《文献通考》卷三十五,"选举八·吏道"。"后世儒与吏判为二途,儒自许以雅而诋吏为俗,于是以繁治剧者为不足以语道;吏自许以通而诮儒为迂,于是以通经博古为不足以适时。而上之人又不能立兼收并蓄之法,过有抑扬轻重之意,于是拘谬不通者,一归之儒;放荡无耻者,一归之吏。而二途皆不足以得人矣!""儒""吏"之分,一方面使"儒"心安理得地淡化了专业精神;同时在另一方面,这也大大挫伤了"吏"的士气与荣誉感,刘晏所谓"吏无荣进,故利重于名"。

一方面是"学"不合"用",另一方面"用"又拘束了"学"。科举取士使八股制艺成了士子主业,使入仕为官成了人生目标,而每每偏离了知识文化活动所应真正追求的东西。"载道""致用"的标准,经常使学人眼界局限于狭隘的实用政治范围,舍此皆为"雕虫小道""奇技淫巧",从而压抑了纯科学、纯艺术的独立充分的发展。本应自由展开的知识分子之"学",又受到帝国官僚政治之"用"的牵制甚至桎梏。如许倬云所论,"知识分子与官僚组织的结合,则一方面赋予知识分子扩大影响力的机会,另一方面也使知识分子的视野永远被局限在政治活动的范畴内了",汉代知识分子获得了"空前的影响力",然而这也伴随着知性活动的"保守与排它";"这也是中国传统知识分子的两难之局"。①

　　虽然"士"与"仕"之间存在着源远流长的亲和关系,但是知识群体和官僚组织毕竟已经经过相当的社会分化而各自发展了其专门性的功能,那么在新的综合中两方面就不可能一一协调、丝丝入扣。多角色涉入会造成"交叉压力",同一要素要承受两个系统的规则的制约,从而成为紧张的来源。同时涉入了文化系统和政治系统、兼任二重角色的士大夫,便处于这种交叉压力之中。这种一身二任使得学士得以直接行使权力以贯彻其理想信念,但是深刻的角色冲突,也可能使之在文化职责和行政职责两方面同时"失职"。这种交叉压力,也使士大夫处于"角色波动"之中。有些人或在有些时候,能够表现出鲜明的知识角色性格,如独立的个性、正义的抗争,和把文化事务视为主业;但另一些人或在另一些时候,却是以技术官僚面貌出现的。这是学士文人官僚化的必然结果。顾炎武谓王朝政事"一以界之初释褐之书生,其通晓吏事者十不一二,而软弱无能者且居其八九矣。……今天下儒非儒、吏非吏,则吾又不识用之何从也"。② 自汉儒参政涉入吏道,"亦儒亦吏"之局因之而成;但由于士大夫二重角色的内在矛盾,"非儒非吏"却也是

经常的结局。仅仅看到士大夫的二重角色这并不够，还要看到他们在知识角色和文官角色之间"非儒非吏"的"波动"，方能更深入地理解其特征。

由于"师道"的独特形态，学士文人们还面临着"仕"与"隐"的两难。这是中国文化传统中学士文人面临的特有问题。在现代社会，知识分子居于知识界内从事专业工作，无所谓"仕""隐"之别，但在中国古代这却形成了鲜明对照的不同人生选择。《后汉纪》卷五："故肆然独往不可袭以章服者，山林之性也；鞠躬履方、可屈而为用者，庙堂之材也。"出于角色特质，学士文人对自由的文化活动和自由的生活方式有天然的追求。庄子有"乘天地之正而御六气之辩，以游无穷者"的向往，入仕为官将破坏这一境界；《礼记·儒行》："儒有上不臣天子，下不事诸侯"，古之儒者，亦不乏"累征不就"而"以经籍自娱"者。但是"士"以"仕"为践履社会使命之人生途径，帝国政府亦以"士"为行政人员之主要来源。同时专制官僚政体造成了以官品官位分配权势、声望和财富的"官本位制"，这进而影响到知识价值之判定。君主权要之赏识与否、所获官位之尊卑高下，往往被视为学者文人成功之标尺。"耕读"毕竟难以供给学人生计，而以纯文化活动获取收入的职业尚不发达，除了家产、恩助等形式之外，为官食俸便成了谋生的主要途径。但是服从权威、奉法行令、例行公事的行政文官规范，毕竟与知识角色大不相同。"案牍之劳形""为五斗米折腰""摧眉折腰事权贵"，都确实引发了失去个性自由的心理挫折感。"身居魏阙"而"心存江海"的"朝隐"之说、"永忆江湖归白发，欲回天地入扁舟"之句，这些想象的两全却也反映了现实的两难。"仕"的吸引、"官"的尊贵，还使得某些人把隐逸化为入仕进身或结交权要之途径，唐有快马加鞭入京应"不求闻达"科之讥，明有"翩然一只云中鹤，飞去飞来宰相衙"之嘲。而且，隐逸之行本质上与这个帝国把一切社会要素纳入专制官僚制秩序的趋势相左。商鞅、韩非都称隐居求名不为君用者理当诛杀。《晋书·庾峻传》："秦塞斯路，利出一官。虽有处士之名而无爵列于朝者，商君谓之六蝎，韩非谓之五蠹。时不知德，惟爵是闻。"朱元璋刑戮不仕者，并于《大诰》中特设"寰中士大夫不为君用科"。在察举制时代，隐逸尚被士人奉为高尚之行而把入仕称为"屈身降志",以此作为自由人格高于王朝爵禄之象征;到了科举时代,士人便须主动投考辐辏朝廷,以冀在国家考试中获得士大夫身份,其自由人格被进一步地削弱了。

我们综汇于上的各项评述,强调士大夫政治也存在着内在的难题。而此时读者当然也不难看出,这些评述在很大程度上是立足于近代社会而产生的观感,含有近人的取舍和评判;并且这些取舍评判与近人的处境——现代化的巨大压力和强烈要求,密切相关。我们相信上述那些两歧冲突对于士大夫政治确实是内在的,如同有关史料所反映的那样;但这对古人还是有着不尽相同的意义:每一个时代都面对着它自己的上帝。近人有权利也有必要立足现实而反思和扬弃既往,这本是历史进步的途径之一;但是也存在着另一种视角,在其之中,或许我们并不做如是观:本来存在着一个更完美的东西,古人本应找到它而使我们可以用唾手可得的方式来享用,然而古人却有负今人厚望,从而给后代留下了一大堆难题。

各个文明都发展出了它特有的生存模式,它适应了环境、保证了民族发展,但也各有其不能克服的内在问题。在不同环境和阶段之中,不同文明模式的特点会相应地时或表现为优点、时或表现为弱点,这是经常在与时迁移而非一成不变。在传统时代,中华文明的生活形态及其制度形态,大致上说是适应于生存环境和历史背景的。除了幅员辽阔、人口众多之外,它的文化传统和政治体制,也曾是民族生生不息的主要因素。在我们把士大夫政治归结为"礼治"传统衍生物,并将其解析为以政统、亲统、道统之互渗互补,吏道、父道、师道之相异相维,君、亲、师之三位一体为内容的政治秩序的时候,我们感觉它仍然是一种深厚而精致的政治文化传统,与中国古代社会背景具有高度的适应性。它并不是能够解决帝国体制一切弊端的万能良药,不乏内在的问题;并且,它也是在经历了春秋战国间的"礼崩乐坏"的断裂后,复经复杂的调整、发展才适应了帝国体制的。但大致上说,它仍是这个帝国在面临社会整合与自我调节等等问题之时,在历史限定了的可能范围之内,所能找到的较好选择。上述的"道"与"势"、"士"与"民"、"礼"与"法"、"学"与"用"、"仕"与"隐"之间的诸多冲突,在另一意义上说,它们却也正是士大夫政治赖以把各种社会要素联结起来并维持其间的张力、制约与均衡的特别机制。正是在这些要素间的冲突中，帝国政治体制变得较有活力和弹性，因而也较具稳定性了。

当社会条件与背景发生了巨变之时，情况当然就将大为不同。近代的外来因素引发了传统中国的巨变。由外部传入的那种近代文明，是建立在大工业基础之上的；物质条件和经济关系是决定社会形态的最重要因素之一，而近代工商业制度，确实是推动社会分化的最强有力的因素。最关键的问题在于，那个士大夫政治从根本上说是"文化取向"的，"礼治"传统之所寻求的最终是基于农业文明的和谐，而不是足以孕育出近代工商业以及相关制度与观念的东西。因而，它再一次地崩坏，显然是势不可免。这次断裂，较之春秋战国的那次"礼崩乐坏"还要深刻得多。在洋务运动时已形成了大约三千人的洋务知识分子群体，他们的知识结构主要已是近代自然科学技术知识和西方社会科学知识，从事的主要已是企事业工作，分布于军队、工交、外交和文化教育部门。[①] 如金耀基之对此期相关变迁的叙述：

> 一百年来，中国社会经历了亘古未有的形变。儒家的意理与价值在西方文化的冲击下，已逐渐由遗落而退隐，原来的士大夫阶级已无力应付一个全新的科学和技术构造的世界秩序。随着工业化的发展，士大夫阶级慢慢地从实际人生退向虚拟的舞台。……由于科技的持续性和倍增性的发展，社会机构越来越趋向分歧，人众的职业角色亦越来越专业化；过去士、农、工、商的四分法已成为历史陈迹，商人阶级已从传统不受重视的地位上升；经理阶层已逐渐在新的工业秩序中得势；军人、律师、医生、电影明星……都以崭新的面目攀据社会金字塔的上层，成为中国转型期社会的重要角色。不错，在现阶段的中国，政府的官僚角色（包括文、武）还是最有权势的，但官僚角色已非传统的士大夫所垄断，反之，已由军人、律师、乃至医生以及专业性的人员所充斥。在这里，我们必须了

---

① 参见李长莉：《洋务知识分子——社会孤立性及其历史命运》，《知识分子》（文丛之一），辽宁人民出版社，1989 年。

解,这些新的角色虽不是"士大夫",但却是广义的知识分子。而比较上承替了传统士大夫地位的人是"狭义"的知识分子,他们是大学教授、大学学生,以及其他从事思想的建构与传播的人士。不容讳言,这些狭义的知识分子与传统的士大夫是有基本性的差异的。其中最重要差异是:他们已非知识与社会价值的垄断和独占者;他们不再与政治权力必然地连在一起;他们不再是一个明显的身分的知识的集团;他们不再是社会金字塔顶层上的人;他们不再是一个排他性的特权阶级。①

换言之,他们的角色已经大大专门化了,所承担的不再是以"君子"资格传承"礼治"、维系儒家政治文化模式的任务。1905 年,清帝国废除了科举制度。学人认为,这个重大变动促使人们转向外部寻求知识,隔断了中央和地方的联系,导致了地方资源的再分配,摧毁了现存的社会等级制度,大大改变了教育在中国发展过程中的地位……"就其现实的和象征性的意义而言,科举制度的改革代表着中国已与过去一刀两断"②。旧式的士大夫于是结束了他们的历史使命。"尊尊、亲亲、贤贤"的旧有诠释,让位于全新的观念;不是三统之间的相互渗透,而是巨大而充分的社会领域分化和社会角色分化,以及相应的观念和制度,成为推动社会进步和建立现代政治文化模式的重要基础。

然而传统"礼治",是否就没有留下任何的历史积淀物呢?很可能,在生活的众多方面,我们仍然能够发展它沉积下来的深层影响,甚至制度层面的影响。近代中国的转型过程中士大夫阶层的瓦解导致了社会的一度脱序,而重新恢复了秩序的那种政治组织,其成员不仅承担了纯政治任务和纯专业任务,而且也承担了结晶为意识形态的道义理想,他们与其他社会角色高度互渗同时又被要求成为社区效法的楷模——在大大变化、升华了的形态中,人们依然看到了某种似曾相识的

---

① 金耀基:《中国的现代化和知识分子》,台北:时报文化出版企业有限公司,1977 年,第79—80 页。

② 罗兹曼主编:《中国的现代化》,"比较现代化"课题组译,江苏人民出版社,1988 年,第634—635 页。

影像。但客观的积淀是一回事，主观上应该做出的选择却是另一回事。人们指出，中国的传统文化，包括其政治文化，生发于社会分化较为低下的状态，是农业社会的产物，曾与专制官僚制度结为一体，其中缺乏科学、民主与现代法制是毫无疑问的。它的本来形态之不适合中国的现代化，已是个不争的事实了。

然而在另一方面，中华民族在数千年文明历程中所创造的深厚文化，是否全然是属于过去而与预期的新时代以鸿沟相隔呢？在近代中国的社会转型中，有关"批判"或"继承"的激烈文化论战，其本身就构成了一个相当特别的文化现象；在另一些社会中问题就来得不那么尖锐，或者是以颇为不同的思维方式提出的。但既然我们处身于本土文化情境，那么以我们自己的方式提出和回答这个情境中生发出来的特有问题，总是无从回避的。当人们提出了"传统文化之创造性转化"这一口号之时，对某些文化要素，例如对古代文学、美术、哲学成就的传承，可能疑问略少；但是对于传统政治文化，就很难做出肯定性的回答了。"清议""民本"的精神是否能够与民主沟通，"勤学""致知"的传统是否能够与科学沟通，这甚至不仅仅是个实证问题，而且还关涉于心态问题——情感上的主观取向。尽管民主、科学、权利、法制等等信念主要来自外部世界，但它们也已逐渐被内化为许多中国人和中国知识分子的共识了。那些申说"中国人有中国人自己的观念"者，他们既不能够也并无权利抹杀这一事实。当人们热切地追求现代化的时候，旧有的观念诸如尊尊、亲亲、贤贤之义等等，就显示了它与现代的平等、自由、民主、人权、法治等等观念的格格不入。

所谓"反传统"，其实也是文化传统应变更新的机制。在面临挑战之时，出现的大胆自我否定以求生存与发展的取向，以及思想界论战之激烈程度，都可视为这个古老文明仍有活力的表象：人们没有听天由命消极待变，而是在对各种可能性做积极探索。各个探讨方向上分力的深入推进，将使所构成的合力具有更大动量。我们相信现代化大大地增进了人类的福利和尊严，对于目前的中国来说现代化更是个生死攸关的选择。由此就会产生如下立场：有必要根据现代化的需要来处理传统文化问题；换言之，现代化是"本"，传统文化是"末"。自"五四"

以来,这个立场确实是推进文化与社会进步的主要动力之一。与之同时,假如我们不仅仅是考虑传统是否对现代化有利抑或有损,而是把狭义的现代化——即以工业化、世俗化、民主化、法制化、官僚制化为内容的过程——视为民族文明发展的手段,则立论的基点便会略微不同,在此现代化是"用"而民族文明的传承与发展是"本";文化传统中将显现出许多东西,它们即使无助于直接推动上述那种现代化,但仍不失其本体的价值。

自后殖民主义时代、特别是学人开始思考"后现代化"问题的时候,人们对各个民族的文化传统开始有了新的认识。例如文化人类学家基辛就表达了如下看法:

> 就某种意义而言,文化特性是部落制的产物——而部落制及其延伸,民族主义,在一个核时代播下了蹂躏群众的深重危机。然而就另一种意义而言,丰富的文化差异是一种极其重要的人类资源。一旦去除了文化之间的差异,出现了一个标准的世界文化——虽然若干政治整合的问题得以解决——可能就会剥夺了人类一切智慧和理想的源泉,以及充满分歧与选择的各种可能性。演化性适应的关键秘密之一就是多样性;不只是指个人与个人之间的,也指地域种群与地域种群之间的。去除了人类的多样性,到最后可能会不断地付出重大代价。

在此他还引述了一位西方学者的如下态度:"西方可以向第三世界学到的很可能与西方可以教给第三世界的一样多。"以及一位第三世界学者的如下信念:"现代文明还不能满足人类的基本需要。尝试着去走一条或许能够满足我们的真正需要的新路,这是没有坏处的。"[①]这确实是一种非常值得深思的文化哲学。它揭示了各个民族之独特生存形态和文明形态,虽然在现今并在今后将继续造成诸多冲突,但这种文明的分歧性,同时也是人类进步的强大活力的源泉。

由此我们可以得到一个略微不同一点儿的视角,它不尽同于"继

---

① R. M. 基辛:《文化·社会·个人》,甘华明等译,辽宁人民出版社,1988 年, 第614—615 页。

承—批判"框架。后者多少给人以这样一种感觉:这里有一堆旧物,有的还能拿来供当下所用,有的就要抛掉以至"砸烂"了。而我们所强调的则是"理解—转化":理解人类在古今中外所曾有过的各种生存状态和生活方式,从那些与"我们的"和"今天的"东西不同的多样性中汲取智慧,并尽力将之转化为创造的源泉。这又如基辛所言:

> 文化人类学家研究世界各地人类的生活方式,他们最后所获得的就是有关多样性——多样性的范围、多样性的本质、多样性的根源——的智慧。这种智慧若能善加利用,那就可以成为人类的一项重要资源:因为从对人类差异的认识中,我们会对人类社会的新可能性产生灵感。[1]

我们切不可陷入狭隘民族主义,文化上的画地为牢和固步自封,与自强之路是背道而驰的,并会成为引发未来世界紧张局势的因素,这对民族和人类都将是有害无益的。同时在另一方面,源于世界局部地区的现代化,也还并不就是完美无缺的、没有伴随着弊端与病态的东西。即使在我们承认现代化确实是大大地改善了人类生活状态,平等、自由、人权、民主、法治等等确实大大增进了人的尊严,因而它们应该成为我们目前的主要追求物时,也是如此。如艾恺在讨论世界范围的反现代化思潮时所指出的那样:"现代化是一个古典意义的悲剧,它带来的每一个利益都要求人类付出对他们仍有价值的其他东西作为代价。"[2]从某种意义上说,现代化也是人类不由自主地走上的一条狭窄出路,而如人所言,我们生活的现实世界本不过是"众多可能性中的孤岛"。人类社会在制度层面的规划和探索,还没有到此终止。在人类多样化选择的可能性中,中华民族的传统文化,包括其政治文化,是否有资格构成分歧性的一元呢?这对目前的中国很可能不是一个迫在眉睫的现实问题,"传统文化能救中国吗"这种诘刺,不是没有一点儿理由的。但

---

[1] 《文化·社会·个人》,第 616 页。

[2] 艾恺:《世界范围的反现代化思潮——论文化守成主义》,中译本,贵州人民 出版社,1991年,第 212 页。

另一方面,在经过了一个世纪的现代化努力之后,我们似乎也不必再给"遥远"的文化传统加上太重的"救国"负担,要它对一切问题负责,以致在把它"压垮"之时只能将之遗弃。又如前所论,我们需要向不同方向推进的分力。即使目前需要"片面的深刻",也不应只存在单一的取向,应允许学人探索各种可能。古今中外文明的碰撞,很可能就是孕育生机的时候。在此我们有一个或许并非没有意义的类比,这就是祖国的传统中医学。以西方人对近代科学的理解,中医学几乎不能算是科学,它的理论基础是阴阳五行说。但是在数千年中中医学家们不断地把经验事实融会其中,并加以精巧的安排从而使之最终变成了一个精致的架构。它不可能产生于现代社会,但今天它在实践上依然显示了生命力。来自传统社会的、非狭义科学的东西在现代并未被科学完全取代,而且它目前的进步也开始借助于科学的手段,这一点似乎能够提供某些启示。

以上的论述当然太过抽象了;并且对传统文化之"创造性转化"的探讨,并没有被本人和本书认定为任务,以上最多不过是一点作为"余论"的感想。但是我们仍然期望,能够通过对士大夫政治和"礼治"政治文化传统的解析,在一个局部上为上述探讨提供一点可资利用的素材。在总体上说,我们感到这种政治文化模式是属于传统社会的东西;但是与之同时,我们也在小心翼翼地告诫自己,不要过于轻率地在当下就做出全盘否定。如前所述,我们还不是要"批判地继承"些什么东西,而是说,"礼"对社会政治所做出的文化设计,构成了一种独特人群生活模式的组成部分,我们可以带着一种同情的理解去体察它,看看它能够为今人提供些什么样的灵感和启示。

在一种尽量中性的观照中,"礼"这种精致而独特的规范形态,其处于"俗""法"之间的性质,既使之沟通了原生性的人性人情与非人格化、形式化了的法制,又以不同于这二者的特殊方式发挥功能;它认为"质""文"各有其弊而力求其间之"和";它不是推进,但是却立足于既成的社会分化,着意于已分化要素的和谐整合,并使社会成员在地位高下、关系亲疏、知识差异等等方面获得一种"和而不同"的协调安排;它期待那些在不同方面对社会负有更大或特殊责任者,不仅仅是工具性的专门角色，而且还应是道德和艺术意义上的完美人格，并能够把社区成员引导到这一方向；它也认定了社会成员在任何情况下相敬、相爱与相教的义务。它是以"和谐"而不是以"发展"、是以"人"而不是以"事"为中心的；它所理解的"治"，自不限于纯粹政治性的目标和秩序，而是一种更大、更高的文化理想的贯彻，并由此赋予了文化群体和教育组织以特殊的政治社会责任。

如马克斯·韦伯所言，"君子不器"这种理念，"意指人的自身就是目的"。① 进一步说，承担"礼治"的士大夫政治传统，至少还在如下一点上留下了遗产：它留下了一种"天人合一"式的"士君子"人格。学者或谓中国哲学的特色是"同真善"；如果将之扩大到中国古代知识分子的特性上，我们不妨说那就是真、善、美的水乳交融、浑然一体。所以中国士大夫，特多既能精研经史、又能建功立节、复又有出色诗赋文章传世者。这种人格在中国社会中曾有过巨大魅力，并已构成了民族精神的组成部分。传统中国的文士学人，融知识、道义与美于一体，视人格完成、文化创造和社会责任为一事。"学而不厌""不知老之将至"的格物致知，并不是单纯枯燥的知识积累，那也被理解为一种超越的人生意境，时时渗透出无尽的画意诗情，并在"事事关心"的信念之中，与天人之际那与恶永恒对立的大善融会贯通。那种"仁以为己任""为天地立心"的宏大气象，那种"横而不流""九死不悔"的凛然节操，那种"说大人则藐之，勿视其巍巍然""志义修则骄富贵，道义重则轻王公"的自尊自重，那种"定臧否，穷是非，触万乘，陵卿相""自置于必死之地"而不辞的政治抗争，确实也培育滋养了无数的志士仁人。特别是，那种传统还赋予了读书人以如下无可推卸的使命、一种"守夜人"的庄重使命，如王夫之所言：

> 儒者之统与帝王之统并行于天下，而互为兴替。其合也，天下以道而治，道以天子而明；及其衰，而帝王之统绝，儒者犹保其道以孤行而无所待，以人存道，而道不可亡。……是故儒者之统，孤行

---

① 《中国的宗教》，第 225 页。

而无待者也；天下自无统，而儒者有统。道存乎人，而人不可以多得，有心者所重悲也。虽然，斯道亘天垂地而不可亡者也，勿忧也！①

毋庸讳言，"礼治"首先只是儒家理念之中的一种政治文化模式，在古代也不能把它们等同于实际政治，在近代它们更是日益变成了某种"遥远的回声"。不过，它确实也曾深刻影响过古代的政治行为和制度规划，并曾经深植于民族心理之中。至今为止，在解析中国传统政治文化时还存在着众多的困惑，远远不能说我们业已接近了它的底蕴；在试图做出价值判断和选择之时，尤其如此。在这里，过分的乐观显然是不够现实的；而且有必要强调，"弘扬传统文化"的口号，不应被利用为抵制现代政治文化的口实。我日益感到，正是百年来的近代文明洗礼，才为传统文化资源的开掘提供了理性的基础。比方说，正是现代的民主、法制、平等、自由等等观念的传入，以及它们逐渐被内化为中国社会的基本观念，人们在讲"忠"时，才不必担心它被扭曲，被用于维系旧日那种"良民的宗教"；人们在讲"孝"时，才不必担心它被滥用，被用于压制青年一代的权利和自由。也就是说，正是在政治现代化上不断赢得的进步，才可能打消我们讳言传统的顾忌，包括对传统专制政治（及其附属物）死而不僵的顾忌。无论如何，人们已开始期待，古今中外的文化碰撞会带来新的转机和创造；这种期待假如是有意义，并且是可能的话，则学人，或说至少有部分学人，应该将之纳入思考。古人当然不曾刻意为今人面临的难题设计过什么救治之方，他们的观念和行事有其自足的缘由；然而今人的反思，并非不能够从中找到可以一脉相承的东西，以及文化创造的灵感。对文化人类学家是如此，对历史学家亦是如此。着眼于未来，怀抱着"同情的理解"，怀抱着"温情与敬意"，继续对传统政治文化进行探讨以俟来者，或许仍是一项有意义的工作。

当然，我们也非常清楚，学人的思考对现实与发展的影响究竟有多大，那经常是很不相同的。斗室书斋中的"书生空议论"与社会现实变

---

① 《读通鉴论》卷十五，中华书局，1975 年，中册，第 496 页。

动的关联,常常是微乎其微;甚至一己之见对社会是否有益而不是相反,我们也并不成竹在胸,每每要随时加以修订斟酌。无论如何,思考不会中止。我们所能做的,只是尽量诉诸良知与理性的指引,如此而已。

后　记

　　早在读研究生的时候,我对中国古代士人问题就发生了些许兴趣。当然,最初生发出来的东鳞西爪的零星想法是非常浅薄的,后来的思路发生了很大变化。最主要的,就是观照角度逐渐转变为"士大夫政治",而不是"古代知识分子"了。但是这只是个业余的兴趣而已。我硕士和博士论文的主题是中国古代察举制度,应付这个课题已占用了有限的精力。这个工作在 1990 年以《察举制度变迁史稿》(辽宁大学出版社,1991 年)一书而告结束。此后,我想把数年来在士大夫政治问题上积累的一些想法,凑成一本小册子而了结了它,结果居然就又用了三年多的时间,才完成了眼下这个不成样子的东西。

　　出版社居然接受了这 40 多万字的稿子,然而此时我仍不知道它是否算是合乎规范的严肃学术著作。这部稿子首先是写给自己的——在多年的读史中,我对中国的政治传统和政治精神,陆续生发出许多困惑;而这部书的写作动机,就是针对这些积年的困惑和疑团,来尝试对有关史实做一初步梳理,并试图求得一个初步回答的。它的主要方法、思路和结构,都形成于 80 年代,尽管是在进入了 90 年代后它才得以完成。人们或谓 80 年代是"思想的年代",不无浮躁和肤浅;而 90 年代已是"学术的年代",强调的已是扎实和深沉。然而我对 80 年代思想界那种热情和勇气、那种求新求异的蓬勃精神,总是抱有不绝如缕的怀念和认同;即就风格而言,假如将此书归之于"80 年代"范畴的话,我并无异辞。

　　在书中,我采用了一些来自现代社会科学的术语,或以为我倾向于某个什么学派。其实,我虽从阅读中得到了某些启示、产生了一些灵感,但是在运用那些概念时,我并未严格地遵循它们的本来含义,而是做了颇自由的引申发挥。叙述中我也使用了许多来自传统的术语，然而也赋予了它们许多新的内涵。当这些来源各异的语词被拼凑在一起而用于构建框架、展开叙述的时候，给人的感受很可能就是不伦不类、非牛非马。

进一步说，必然伴随着变形的"抽象"固然也包含着某种特别的真实，但历史学毕竟是个崇尚"写实"的学科。着意再现历史原貌者大约也都有一个立场在先，然而在实践层面上，较为凸显的"模式"和较为"隐蔽"的立场，毕竟是相当地不同。那么，我所完成的这堆文字，或许就难免有用先验框架剪裁历史之嫌了。在构思立意之时，这部书确实也没有从"写实"开始。有人问我是否有过方法论上的考虑，其实我只是在阅读思考中"不期而遇"地形成了这个东西，而没有刻意去寻求什么。有时我觉得，人们需要以各种方式理解历史，不同叙述方法，好比是从不同角度投射向黑暗的历史客体的许多光束，它们必然各有其所见不及之处，但也毕竟都各自照亮了不同的景象。不错，就某个人的具体方法或模式而言，它们在解释力、涵盖度和精致性上确实有高下之别，但我仍不愿将之看作是是非之分。我期望得到理解，然而并无自信，认定自己所选定的视点能令读者开卷有益。很可能它只是"新瓶装旧酒""艰深文浅陋"，并没有提供什么新东西，甚至疏误百出。如果是这样的话，任其湮灭可也，我不会为之惋惜。毕竟，我只能做我能做的事，我做了我想做的事，这就足够了。

无论如何，以"游于艺"的态度读书写作，对个人来说总是件足以寄托身心的事情。许多年来，我像燕子垒巢、蜘蛛结网一样，从零七碎八的感觉开始，一点点儿地编织着这个东西，尽管它最终仍不完美。这个过程中，我也习惯了远离外面的嘈杂喧嚣，看淡了尘世的荣枯沉浮。我想把这部书稿献给我的爱子——9 岁的培风，他在父亲心中占据了那么大的空间。在我给他讲述一个个历史故事的时候，我无意限定他的未来路程；但我依然在企盼着，他能够选择那种或许不会富足显耀、但必定是充实的生活方式。

1993 年 9 月于北京大学七甲公寓 313 号